Eduard Osenbrüggen

Das Alamannische Strafrecht

AF286958

DOGMA

Eduard Osenbrüggen

Das Alamannische Strafrecht

ISBN/EAN: 9783955802691

Auflage: 1

Erscheinungsjahr: 2013

Erscheinungsort: Bremen, Deutschland

Das

Alamannifche Strafrecht

im

deutfchen Mittelalter

Von

Eduard Ofenbrüggen.

Schaffhaufen.

Verlag der Fr. Hurter'fchen Buchhandlung.

1860.

Vorwort.

Bald find zwanzig Jahre vergangen, feit **Wilda** mit dem erften Bande feiner Gefchichte des deutfchen Strafrechts einen noch nie als Ganzes wiffenfchaftlich erfafsten Gegenftand in Angriff nahm, und leider ift fein Werk ohne die Fortfetzung geblieben, welche er in Ausficht geftellt hatte. Wer nun, nach **Wilda's** Tode, es unternimmt, das unvollendet Gebliebene der Vollendung zuzuführen, mufs nicht allein von derfelben warmen Liebe zur Sache befeelt fein, fondern auch diefelbe Gründlichkeit fich zur Pflicht gemacht haben, die **Wilda** auszeichnete, und wenn wir erft nach zehn oder zwanzig Jahren eine gute deutfche Strafrechtsgefchichte erhalten, ift der Gewinn ein weit gröfserer, als wenn alsbald eine deutfche Strafrechtsgefchichte in fcheinbarer äufserlicher Vollftändigkeit geliefert würde. Von diefem Gedanken geleitet und durch langes Studium mit dem grofsen Material bekannt geworden, das hier zu bewältigen ift, gebe ich in dem vorliegenden Buche eine partielle Fortfetzung des Wilda'fchen Werkes, welche, an den Grundgedanken des Vorgängers fich anfchliefsend, auch äufserlich feine Anordnung und Eintheilung möglichft bewahrt hat.

So lockend es an vielen Punkten für mich war, bei der Darftellung des alamannifchen Strafrechts auf die Vergleichung des Rechts der übrigen deutfchen Volksftämme einzutreten, mufste ich es doch für zweckmäfsiger halten, mich hier auf mein nächftes Thema zu beschränken. Kaum fürchte ich dabei, dem Vorwurfe des Particularismus mich auszufetzen, denn, wie fehr wir auch für die Zukunft Deutfchlands Einheit wünfchen und feine Einigkeit erftreben müffen, Deutfchlands Vergangenheit in dem Zeitraume, den ich zu behandeln hatte, bietet kein Bild deutfcher Rechtseinheit. Die Rechtsgefchichte foll aufweifen, was wirklich Recht geworden und gewefen ift, nicht was hätte fein follen, und fie läfst fich nicht aus den Reichsgefetzen conftruiren. Wer fich auf den Fittigen des Reichsadlers in die Lüfte erhebt, wird in diefer Vogelperfpective das buntgeftaltige Leben auf dem Rechtsboden unter fich nicht in feiner Wahrheit erkennen.

Wenn ich mich bei meinem Gegenftande nicht an einem einigen Deutfchland erfreuen konnte, fo gewährte es dagegen Befriedigung, ein gröfseres Deutfchland in feinen natürlichen Grenzen vor mir zu haben: der Elfafs, der verlorne Sohn, und die Schweiz, die abgefchiedene Tochter, ftanden nicht nur auf dem Gebiete meiner Forfchung, fondern boten oft den reichlichften Stoff für die Erkenntnifs der alamannifchen Rechtsentwicklung. Das gilt nicht blofs von den directen Rechtsquellen des Elfafses, fondern ebenfo von den Chroniken. Hat man längere Zeit mit Königshoven, Clofener und Berler verkehrt, fo ift es, als ob man fich plötzlich in ein fremdes Land verirrt hat, wenn in Schöpflin's Alsatia diplomatica die Urkunden mit einem Schlage franzöfifch werden und man Louis XIV. fprechen hört: »Trés chers et bons amis. Par le traicté heureusement conclud de la paix de l'empire le landgraviat d'Alsace nous ayant été cédé avec la protection de dix villes imperiales etc.«, und der alte gemüthlich-naive Berler, der die Widmung feiner Chronik mit den Worten beginnt: »Kyndliche treuw und pflichtige gehorfamkeit, hertzgelipter liepfter Vatter«, macht ein wunderliches Geficht, wenn er in dem Code historique et diplomatique de la ville de Strasbourg in elegantefter franzöfifcher Verkleidung dem Publicum vorgeführt wird. Die in dem erften Bande diefes prachtvoll ausgeftatteten Werkes enthaltenen Chroniken und ebenfalls die elfäffifchen ftädtifchen Rechtsurkunden und die Weisthümer zeigen, wie deutfch der Elfafs war; ein Blick in die Gegenwart lehrt, wie er entdeutfcht ift. Er ift nicht blofs durch politifche Maafsregel vom Mutterlande abgeriffen, fondern in den Herzen feiner Bewohner demfelben entfremdet; die Schweiz dagegen in ihrer politifchen Selbftftändigkeit wird, wie auch die fonftigen Intereffen leiten, durch die Rechtsbildung in ihren deutfchen Theilen ftets zum Reiche des deutfchen Rechts gehören, und fchweizerifche Rechtsgefchichte ift ein fchönes Stück deutfcher Rechtsgefchichte.

Den Männern, die fo bereitwillig mit Rath und That mich für meine Arbeit, deren Stoff vielfach nicht leicht zugänglich war, unterftützt haben, fage ich hiemit meinen beften Dank, und kann nur den Wunfch hinzufügen, dafs meine Leiftung ihrer Erwartung annähernd entfprechen möge.

Zürich, im September 1860.

Ueberſicht.

—

XII. Die Strafzumeffung.

XV. Die einzelnen Verbrechen.

Ueberſicht der abgekürzten Citate.

Anshelm — Berner-Chronik, herausg. von Stierlin und Wyſs. Th. 1—6. 1825.

Appenzell 1585 — älteſtes Landbuch des gemeinen Landes Appenzell in den: Appenz. Jahrbüchern (Trogen) 1855—57.

Appenzell A. Rh. — Landbuch des Kantons Appenzell Aufserrhoden. Trogen 1828.

Appenzell I. Rh. — Landbuch des Kantons Appenzell Innerrhoden nach der älteſten und letzten Erneuerung im Jahr 1585. St. Gallen 1828.

Attenhofer's Surſee. — Geſchichtliche Denkwürdigkeiten der Stadt Surſee. 1829.

Augsburg 1156 — das älteſte Stadtrecht von Augsburg (1156?) bei Gaupp II.

Augsburg — das augsburger Stadtrecht (Stadtbuch) von 1276 in: M. von Freyberg's Sammlung teutſcher Rechtsalterthümer I. 1828. — Wo der jüngere Text in Walch's vermiſchten Beyträgen IV. benutzt wurde, iſt dieſs durch Walch's Namen und Angabe der Artikel kenntlich gemacht.

Avers — Satzungen der Landſchaft und Gemeind Avers — erneuert 1622 (Handſchrift.)

Baſel im vierzehnten Jahrhundert — herausg. von der basler hiſtoriſchen Gefellſchaft. 1856.

Baſel L. O. — Landesordnung von 1611 in: Ztſchr. für ſchweiz. Recht III. S. 22 ff.

Baſel Rechtsq. — Rechtsquellen von Baſel Stadt und Land. (herausgegeben von Schnell.) I. 1856.

Berler — Chronik von Maternus Berler in: Code historique et diplomatique de la ville de Strasbourg I. 1843.

Bern 1218 — die berner Handfeſte (Aurea bulla) — bei Gaupp II. und genauer in der Ztſchr. für vaterländiſches Recht. N. F. I. Bern 1860.

Bern 1539 — der loplichen von Künigen und Keyſeren hochgefryeten Statt Bern in Uechtland alt und nüw Satzungen und Ordnungen. Ernüweret im 1602 Jahr. (Handſchrift.) vgl. Schnell in Ztſchr. für ſchweiz. Recht VIII. S. 129 ff.

Bern 1614 — der Statt Bern vernüwerte Grichts-Satzung. Bern 1645 fol. vgl. Schnell a. a. O. S. 137.

Blumer — Staats- und Rechtsgeſchichte der ſchweizeriſchen Demokratien oder der Kantone Uri, Schwyz, Unterwalden, Glarus, Zug und Appenzell. I. II. 1. 2. 1850—59.

Bluntſchli — Staats- und Rechtsgeſchichte der Stadt und Landſchaft Zürich. Th. 1. 2. 1838. 39.

Breiſach — Rechtsbrief K. Rudolfs I. von 1275 bei Gengler S. 11 ff.

Bremgarten — der Stadt Bremgarten Handfeſte 1309 in: Kurz und Weiſsenbach, Beiträge zur Geſchichte und Literatur I. (Aarau 1846) S. 239 ff.

Brugg — »Neugemachte Ordnung und Satzung der Stadt Brugg« im Aargau 1620. (Handſchrift.)

Burgdorf — Handfeſte von 1316 bei Gaupp II.

Churwalden — Landbuch erneuert 1650. (Handſchrift.)

Cloſener — Straſsburgiſche Chronik. Stuttgart 1842.

Colmar — Stadtrecht von 1293 bei Gaup,p I.

Cropp — der Diebſtahl nach dem älteren Rechte der freien Städte Hamburg, Lübeck und Bremen in: Hudtwalker's und Trummer's criminaliſtiſchen Beyträgen II. (1826.)

Datt — de pace Imperii publica libri V. Ulmae 1698. Fol.

Dattenried — Stadtrecht von 1358, bei **Gaupp** II.

Davos — Landbuch der Landſchaft und Hochgerichts-Gemeinde Davos im eidgenöſſiſchen Stand Graubünden. Chur 1831.

Dtſchſp. — der Spiegel deutſcher Leute — herausgegeben von Jul. **Ficker.** 1859.

Dieſſenhofen Handfeſte — vom Jahr 1260 in: **Schauberg's** Ztſchr. II. S. 53 ff.

Dieſſenhofen Stadtrecht — in: **Schauberg's** Ztſchr. II. S. 1 ff.

Eichhorn — deutſche Staats- und Rechtsgeſchichte. (4. Ausg.) Th. 1—4. 1834—36.

Einſiedeln, Waldſtattbuch — von 1572 in: **Kothing's** Rechtsquellen der Bezirke des Kantons Schwyz (1853) S. 163 ff.

Engelberg — das engelberger Thalrecht, herausgegeben. von **Schnell** in der Ztſchr. für ſchweiz. Recht VII.

Freiburg 1120 — Stiftungsbrief von Freiburg im Breisgau bei **Gaupp** II.

Freiburg, Stadtrodel — der ſ. g. Stadtrodel von Freiburg im Breisgau bei **Gaupp** II.

Freiburg 1520 — Nüwe Stattrechten und Statuten der loblichen Statt Fryburg im Pryſgow gelegen. Fol.

Freiburg im Uechtland. — Handfeſte von 1249 bei **Gaupp** II.

Freien-Aemter L. G. O. — Die Landgerichtsordnung der Freien-Aemter im Aargau (Handſchrift). Die darin enthaltenen Urtheilsformeln ſind abgedruckt in meinen deutſchen Rechtsalterthümern aus der Schweiz No. XVI.

Fünf Dörfer — Landſatzungen des Hochgerichts der fünf Dörfer (Graubünden). Chur 1837.

Fürſtenau und Ortenſtein — Statuten und Ordnungen beider Gemeinden F. und O. (Graubünden) — erneuert 1702. (Handſchrift.)

Gaſſarus — Annales Augstburgenses in: **Menkenii** Scriptor. rer. Germ. I.

Gaupp — deutſche Stadtrechte des Mittelalters. Bd. 1. 2. 1851. 52.

Gengler — deutſche Stadtrechte des Mittelalters. 1852.

Gerſau — Landbuch von 1605 in: **Kothing's** Rechtsquellen S. 75 ff.

Geſchichtsforſcher — der ſchweizeriſche. Bd. 1—13. Bern 1812 ff.

Geſchichtsfreund — der Geſchichtsfreund. Mittheilungen des hiſtoriſchen Vereins der fünf Orte Lucern, Uri, Schwyz, Unterwalden und Zug. Bd. 1—16, 1844 ff.

Glarus — das alte Landbuch —herausgegeben von **Blumer** in der Ztſchr. für ſchweiz. Recht V. VI.

Grimm, R. A. — deutſche Rechtsalterthümer von **Jacob Grimm.** (2. Ausg.) 1854.

Grimm, Wsth. — Weisthümer geſammelt von **Jac. Grimm.** Th. 1—3 1840—42.

Hälſchner — Geſchichte des Brandenburgiſch-Preuſsiſchen Strafrechtes. 1855.

Hagenau — Freiheitsbrief von 1164 bei **Gaupp** I.

Haggenmüller — Geſchichte der Stadt und der gefürſteten Grafſchaft Kempten. Bd. 1. 2. 1840. 47.

Haller und *Müslin* — Chronik aus den hinterlaſſenen Handſchriften von Joh. **Haller** und Abrah. **Müslin** von 1550—1580. Zofingen s. a.

Hüllmann — Städtewefen des Mittelalters. Th. 1—4. 1826—29.

Jäger's Ulm — ſchwäbiſches Städteweſen des Mittelalters I. 1831.

John — das Strafrecht in Norddeutſchland zur Zeit der Rechtsbücher I. 1858.

Juſtinger — Chronicon herausg. von **Stierlin** und **Wyſs.** Bern 1819.

Kloſters — Landbuch des Hochgerichtes Kloſters (Graubünden). Chur 1833.

Königshoven — Elſaſiſche und Strasburgiſche Chronicke — heraus und mit hiſtor. Anmerkungen in Truck gegeben von Joh. **Schilter.** Strasburg 1698. 4.

Köſtlin's Geſch. — Geſchichte des deutſchen Strafrechts im Umriſs — herausgegeben von **Geſsler.** 1859.

Kothing, Rechtsq. — die Rechtsquellen der Bezirke des Kantons Schw. z. 1853.

Luzern geſchw. Brief 1252 — im: Geſchichtsfreund I. 180.

Luzern Stadtbuch — in **Kopp's** Geſchichtsblättern aus der Schweiz I. (1854) S. 336 ff.

Luzern Stadtrecht — herausg. von Segeffer in der Ztfchr. für fchweiz. Recht V.— auch befonders abgedruckt 1856.

March — Landbuch der March (in vier Recenfionen in Kothing's Rechtsquellen S. 24 ff.)

Memmingen — Rechtsbuch von 1396 in Freyberg's Sammlung hiftor. Schriften und Urkunden. Bd. V.

Meyer v. Knonau, Zürich — der Canton Zürich. Bd. 1. 2. (2. Aufl.) 1844. 46.

J. von Müller — die Gefchichten fchweizerifcher Eidgenoffenfchaft. Winterthur 1786 ff.

Murten — Freiheitsbrief von 1377 und Stadtrodel bei Gaupp II.

Nidwalden — altes Landbuch herausg. von C. Defchwanden in der Ztfchr. für fchweiz. Recht VI.

Nördlingen — Statut aus dem vierzehnten Jahrhundert in: Senkenberg's Visiones diversae. App. S. 355 ff.

Oberhalbftein — Statut und Satzungen der löbl. Landfchaft und Hochgericht Oberhalbftein (Abfchrift des felten geworden Drucks zu Bonadutz vom Jahr 1716).

Ober-Vatz — Statuten des löbl. halben Hochgerichts Ober-Vatz (Abfchrift von 1765).

Obwalden — das ältefte Landbuch herausg. von H. Chrift und J. Schnell in der Ztfchr. für fchweiz. Recht VIII.

Ochs — Gefchichte der Stadt und Landfchaft Bafel. Th. 1—8. 1786—1832.

Ortenftein f. *Fürftenau.*

Peftalutz — vollftändige Sammlung der Statute des eidgenöffifchen Cantons Zürich. Bd. 1. 2. 1834. 1839.

Petri, Mühlhaufen — der Stadt Mühlhaufen Gefchichten von Jacob Heinrich-Petri — im Anfang des fiebenzehnten Jahrhunderts gefchrieben. 1838.

Pfaff, Efslingen — Gefchichte der Reichsftadt Efslingen. 1840.

Pfyffer, Luzern — der Kanton Luzern. Th. 1. 2. 1858. 59.

R. A. aus der Schweiz — deutfche Rechtsalterthümer aus der Schweiz von Ed. Ofenbrüggen. Heft 1—3. 1858. 59.

Renaud, Zug — Beitrag zur Staats- und Rechtsgefchichte des Cantons Zug. 1847.

Reyfcher, Stat. — Sammlung altwürttembergifcher Statutar-Rechte. 1834.

Rosmann, Breifach — Gefchichte der Stadt Breifach von P. Rosmann und F. Ens. 1851.

Rüfch, Appenzell — der Kanton Appenzell. 1835.

Sfp. — das fächfifche Landrecht — herausg. von Homeyer. (2. Ausg.) 1835.

Schaefer — über das ehemalige Criminalwefen im Kanton Appenzell A. Rh. in: Materialien zu einer vaterländifchen Chronik des Kantons Appenzell A. Rh. Jahrg. 1812.

Schaffhaufen, Chronik — (Im-Thurn und Harder) Chronik der Stadt Schaffhaufen. 1844.

Schaffhaufen Rb. — der fchaffhaufer Richtebrief. Die ältesten Satzungen der Stadt aus dem Jahre 1294 — herausg. von J. Meyer. 1857.

Schauberg, Beitr. — Beiträge zur Kunde und Fortbildung der zürcherifchen Rechtspflege. 1840 ff.

Schauberg, Ztfchr. — Zeitfchrift für noch ungedruckte Schweizerifche Rechtsquellen. Bd. 1. 2. 1844. 47.

Schmeller — bayerifches Wörterbuch. Bd. 1—4. 1827—37.

Schilter f. *Königshoven.*

Schoepflin, Als. dipl. — Alsatia diplomatica. Paris I. II. 1772. 75. Fol.

Schreiber, Urk. — Urkundenbuch der Stadt Freiburg im Breisgau. Bd. 1. 2. 1828. 29.

Schwfp. L. — der Schwabenfpiegel — herausg. von Freih. von Lafsberg. 1840.

Schwfp. W. — das Landrecht des Schwabenfpiegels — herausg. von W. Wackernagel. 1840.

Schwyz, Ldbch. — das Landbuch von Schwyz — herausg. von M. Kothing. 1850.

Segeffer — Rechtsgefchichte der Stadt und Republik Lucern. Bd. 1—4. 1850 ff.

Solothurn — Rechtsbrief K. Rudolfs I. von 1280 in: Wochenblatt von Solothurn 1823 S. 414.

Stadlin — Topographie des Kantons Zug. Bd. 1—4. 1818—24.

Staelin — Wirtembergifche Gefchichte. Th. 1—3. 1841—56.

Stalder — Verfuch eines fchweizerifchen Idiotikon. Bd. 1. 2. 1806. 1812.

Stetten — Gefchichte der Stadt Augsburg. Bd. 1. 1743.

Stettler — Schweitzer-Chronik. 1627. Fol.

Strafsburg — ältefte Stadtrecht bei Gaupp I.

Strafsburg 1249 — Statut von 1249 (?) bei Gaupp I.

Strafsburg 1270 — Statut von 1270 bei Strobel I. 316.

Strafsburg 1322 — Stadtrecht von 1322 (Handfchrift).

Strobel — vaterländifche Gefchichte des Elfafses. Th. 1—3. 1841 ff.

Stumpf —.Schweytzer-Chronik. 1606. Fol.

Thun — Handfefte von 1264 mit Anmerkungen herausg. von Rubin. 1779.

Tfchudi — Chronicon Helveticum — herausg. von Ifelin. Tom. I. II. 1734. 36. Fol.

Ulm — Stadtrecht von 1296 in Jäger's Ulm S. 729.

Uri — Landbuch (Handfchrift).

Wächter's Beitr. — Beiträge zur deutfchen Gefchichte, insbefondere zur Gefchichte des deutfchen Strafrechts. 1845.

Walfer — neue Appenzeller Chronik — fortgefetzt von Rüfch. Bd. 1—3. 1740. 1837.

Walter — deutfche Rechtsgefchichte. Bd. 1. 2. (2. Ausg.) 1857.

Weigand Synon. — Wörterbuch der deutfchen Synonymen. 1848.

Weigand Wterb. — deutfches Wörterbuch (dritte Auflage von Schmitthenner's kurzem deutfchen Wörterbuche). 1857 ff.

Wilda — Gefchichte des deutfchen Strafrechts I. (das Strafrecht der Germanen). 1842.

Winterthur — Handfefte (1264) und fpätere Stadtrechte bei Gaupp I.

Ztfchr. für fchweiz. Recht — Zeitfchrift für fchweizerifches Recht. Herausgegeben von Fr. Ott, J. Schnell, D. Rahn, F. von Wyfs. Bd. 1—8. 1852 ff.

Zellweger — Gefchichte des appenzellifchen Volkes.

Zöpfl — deutfche Rechtsgefchichte. (3. Aufl.) 1858.

Zofingen — Handfefte von 1363, erneuert 1396. (Statt des fehr fehlerhaften Abdrucks in der Chronik von Zofingen I. S. 143 ff. habe ich eine genaue Abfchrift des Originals benutzen können.)

Zürich, Blutgerichtsordnung — in Schauberg's Ztfchr. I. S. 374 ff.

Zürich, Rb. — Richtebrief der Burger von Zürich. Die ältefte Recenfion ift citirt nach Seitenzahlen (helvetifche Bibliothek II.), die zweite nach Büchern und Artikeln (Ausg. von Ott im Archiv für fchweiz. Gefchichte Bd. 5).

Zug, Malefizordnung — in der Ztfchr. für fchweiz. Recht I. S. 64 ff.

Zug 1432 und 1566 — Stadt- und Amtbuch von 1432 und von 1566 in der Ztfchr. für fchweiz. Recht I. 13 ff.

Einleitung.

§ 1. Als die fränkifche Monarchie zufammenbrach, war eine natürliche Folge, dafs in den aus ihrer Gebundenheit heraustretenden Theilen die Stammeseigenthümlichkeit sich ftark geltend machte, und dafs die verfchiedenen Stammesrechte ihre Lebenskraft zeigten. Die Sonderung und Fortdauer diefer Stammesrechte sehen wir auch in bemerkenswerthen Fällen vom Gebiete des Strafrechts, felbft im fpäteren deutfchen Mittelalter. Ueber ein Strafurtheil König Heinrich IV. nach alamannifchem Recht berichtet Berthold von Conftanz in feinen Annales a. 1077: · »Rex autem Heinricus habito Ulmae cum quibus poterat colloquio, regem Roudolfum cum ducibus suis Bertholdo et Welfo et ceteris Alemannorum ipsi consentaneorum majoribus, *secundum legem Alemannicam*, quasi dignos iugulari, fecit sententionaliter adjudicatos damnari et pariter dignitatibus et beneficiis suis privari « etc. [1] Bekannter ift die Erzählung von Heinrich dem Löwen. Als diefer zu den drei ihm anberaumten Rechtstagen nicht' erschienen war, machte er geltend, dafs er als ein Schwabe nur auf schwäbifcher Erde gerichtet werden könne. Der Kaifer benannte ihm daher als eine schwäbifche Malftatt· Ulm. Da der Herzog fich aber auch hier nicht ftellte, ward er feines Erbes und feiner Lehen verluftig erklärt. Wie Heinrich fich auf feine Stammeseigenfchaft berief, fo wurde auch noch in fpäterer Zeit auf die perfönlichen Rechte gefehen. Einen merkwürdigen Ausdruck folcher Anfchauung theilt Grimm [2] aus Wegelin's Thes. rer. Suev. mit. Nach einem Landgerichtsbrief von 1455 mufste der nürnberger Landrichter, wenn er einen Franken in die Aberacht thun wollte, auf fränkifchem Erdreich, jenseit der Brücke, die bei Fürth über das

---

[1] Pertz, Mon. Script. V. p. 295. vgl. Stälin I. 507.
[2] R. A. 899.

Waſſer geht, auf der Strafse gen der Neuenſtadt ſtehen; war es
ein Schwabe, auf schwäbiſchem Erdreich, jenſeit der Brücke,
genannt zum Stein, auf der Strafse gen Onolzbach; war es ein
Baier, auf bairiſchem, vor dem Frauenthor zu Nürnberg; ein
Sachſe, vor dem Thiergartenthor auf der Strafse nach Erlangen.
Wenn wir zu ſolchen die Sonderung der Stämme bekundenden
Formen die in Urkunden verſchiedener Art vorkommende Berufung
auf die geſchriebenen oder ungeſchriebenen Stammesrechte [3]) hinzu-
nehmen, ſo liegt der Gedanke nahe, dafs die Rechtsgeſchichte des
deutſchen Mittelalters auf die im Rechtsleben erhaltenen und ſich
fortbildenden Verſchiedenheiten der deutſchen Stammesrechte beſon-
ders zu achten habe, und dafs ſie ihre Aufgabe erſt erfülle, wenn
ſie das Gemeinsame und das Beſondere darſtelle. Diefs gilt denn
auch von einer deutſchen Strafrechtsgeſchichte, die ſich als Fort-
ſetzung an Wilda's Werk anſchliefsen würde. Eine ſolche zu
ſchreiben hatte ich mir vorgenommen; je mehr ich aber durch
Quellenſtudium des Stoffes Herr zu werden suchte, desto mehr
überzeugte ich mich, dafs es beſſer sei, diefe Aufgabe noch einſt-
weilen zurück zu ſtellen, um ſodann ihre Löfung auf Grundlage
genauer, den ungeheuren Stoff bewältigender Vorarbeiten ſicherer
verwirklichen zu können. Als Vorarbeiten diefer Art würden
dienen: Abhandlungen über einzelne ſtrafrechtliche Gegenſtände,
in denen das gemeingültige und das beſondere Recht der verſchiedenen Theile Deutſchlands aufgewiefen wäre, und Bearbeitungen
des geſammten Strafrechts dieser Theile, nach den Stämmen. Eine
Sonderung von Norddeutſchland und Süddeutſchland für diefen
Zweck würde nicht genügen; die Verſchiedenheiten des alamanniſchen, baieriſchen und fränkischen Strafrechts waren ſo bedeutend, dafs ſie in der Entwicklungsgeſchichte des deutſchen Strafrechts nicht als vorübergehende Abnormitäten zu behandeln ſind.
Und wo war denn die Grenze von Norddeutſchland und Süddeutſchland im Mittelalter? Hat ja doch ſelbſt von Schleſien Gervinus
gesagt, es sei eine Art von geographiſchem Problem, ob das Land
und das Volk zum Norden oder zum Süden gezählt werden ſolle.
　　Es liefse ſich zwar ſchon jetzt das Bild eines mittelalterlichen
deutſchen Strafrechts entwerfen, wenn man dafür die allgemeinen

---

[3]) Walter § 314; unten § 4.

Landfrieden und Reichsgefetze, den Sachfenfpiegel und die damit harmonirenden Rechtsdenkmäler verwenden, das übrige Rechtsmaterial zu passenden Verzierungen gebrauchen, oder, wo es sich dazu nicht eignete, als Anomalie zur Seite laffen wollte; das Widerftrebende in den Stadtrechten wie in den Hofrechten könnte als Befonderheit der städtifchen oder ländlichen Verhältnisse angesehen werden. Ein solches Bild möchte recht hübfch fein, aber ein hiftorifches Bild wäre es nicht.

In dem Glauben, dafs durch eine Sonderung nach den Stämmen zuerft das reiche Material genauer geprüft und gewürdigt werden, sodann eine daraus hervorgehende partielle deutfche Strafrechtsgefchichte den Anfpruch auf Treue und Wahrheit machen könnte, wählte ich das mittelalterliche Strafrecht des alamannifchen Gebiets als erftes Angriffsobject, wozu mich vornemlich die Gelegenheit des leichteren Zutritts zu den betreffenden Quellen und Hülfsmitteln, gedruckten und ungedruckten, bestimmen mufste, dann aber auch die Rückficht auf viele Eigenthümlichkeiten in der alamannifchen Strafrechtsbildung, welche der Zweckmäfsigkeit einer befonderen Darftellung dieser Bildung das Wort reden. Wie eng solche Eigenthümlichkeiten mit den politifchen Schickfalen und mit der Culturgefchichte der alamannifchen Bevölkerung zusammenhängen, werde ich hervortreten lassen, wo die hiftorifche Pflicht es verlangt. Dafs manche von diefen Eigenthümlichkeiten in Verbindung ftehen mit den geringen Fortschritten, welche die Romanifirung des Rechts im alamannifchen Gebiet machte, ift nicht zu verkennen.

§ 2. Als es fich im Jahr 1463 darum handelte, einige fränkifche Städte in den schwäbifchen Bund aufzunehmen, war es in Frage gekommen, ob diese oder jene Stadt fchwäbifch oder fränkifch fei; die Städteboten follten darüber berathen und das Mehr follte entfcheiden. [4]) Die Grenze war hier alfo unbeftimmt geworden, und dasselbe gilt zu verfchiedenen Zeiten für die Grenzen Alamanniens auch nach andern Seiten hin. Die daraus für meine Arbeit entftehende Schwierigkeit durfte ich nicht überfehen, aber theils konnte ich mich an die genauen Angaben Stälin's [5]) über

[4]) Stälin III. 720.
[5]) I. 221. 276. 515. 540. II. 647. s. auch Merkel de rep. Alaman. und Delius in Erfch und Gruber's Encycl. III. S. 9.

die Grenzen Schwabens und Alamanniens überhaupt in den verschiedenen Zeiten halten, theils mußte mir der Zufammenhang und das Vordringen der Stadtrechte maafsgebend fein für die Beftimmung des in Betracht kommenden Rechtsgebiets.

Wie der nördliche Theil von Würtemberg zu Franken gehörte, fo bildete der Lech die Grenzen gegen Baiern. Der Elsass hatte nicht ausfchliefslich, aber doch vornemlich alamannifche Bevölkerung, und ich darf wohl ohne Bedenken das Gebiet, in welchem die Städte liegen, deren Rechte unter fich und mit dem Rechte von Freiburg im Breisgau in naher Verwandtfchaft ftehen, als alamannifches Rechtsgebiet nehmen. In der Schweiz war das zeitweilige Vorfchieben der Grenzen Burgunds so wenig eine Veränderung der Sitze des alamannifchen Volksftammes als eine Gebietserweiterung burgundifchen Rechts; [6]) dagegen find die Stadtrechte von Thun, Murten und Freiburg im Uechtlande wichtige deutfchredende Spröfslinge der zähringer Familie von Stadtrechten und in das rhätifche Gebiet find deutfche Sprache und alamannifches Recht erobernd vorgedrungen, vor und nach der Zeit, als Deutfchland den fchönen Elfafs von feinem Körper sich abreifsen liefs. Wir können den Sieg des Deutfchen über das Romanifche in Graubünden zwar nicht als einen politifchen Erfatz für die Einbusse des Elfafses nehmen, aber erfreulich ift es, zu sehen, wie sich das deutfche Element im Bündnerland kräftig erwiesen hat. [7]) Die Umwohner des Walensee's find längft keine Walen mehr; Curia Rhaetorum ift längft die gutdeutfche Stadt Chur; das Hochthal Davos mit feinem romanifchen Namen (davôs = dahinten) erhielt früh deutfche Bevölkerung inmitten einer romanifchen Nachbarfchaft, die sich auch fpäter verdeutfchte; das Prättigau ift deutfch geworden, und viele romanifche Namen von Orten, deren Bewohner deutfch reden, bekunden das Zurückweichen des Romanifchen vor dem Deutfchen. Mit der deutfchen Sprache fasste das deutfche Recht in Graubünden immer mehr Wurzel und »fo weit die deutfche Zunge klingt« darf ich Graubünden in meinen Kreis ziehen.

---

[6]) Segeffer im Gefchichtsfreund I. 222.

[7]) Für die ältere Zeit vgl. die Abhandlung Fickler's »deutfches und keltifch-romanifches Sprachelement im Kampfe um ihr Gebiet« in deffen: Quellen und Forfchungen S. XII ff.

§ 3. Die Zeitgrenzen meiner Aufgabe fcheinen fich leicht beftimmen zu laffen. Wilda ging bis zur Auflösung der karolin-
gifchen Monarchie; es ist alfo der Anfang der Gefchichte des vom
weftfränkifchen Reiche abgetrennten Deutfchlands mein Ausgangs-
punkt. In den erften Zeiten der beginnenden neuen Periode ift
die Gefchichte des alamannifchen Herzogthums reich an Begeben-
heiten [8]); fchon im Jahr 919 fiegte Burkhart, Herzog von Alamannien, bei Winterthur über den burgundifchen König Rudolph und
trieb ihn über die Reufs zurück; allein für die alamannifche Strafrechtsgefchichte fliefsen die Quellen bis zum zwölften Jahrhundert
äufserft sparfam, dann aber fpringen Ströme hervor, von denen
zuerft der Strom der zähringer Stadtrechte klar und grofs seinen
Lauf nimmt. Den Endpunkt meiner Rechtsgefchichte bestimmt
nicht fchon das Erfcheinen der peinlichen Gerichtsordnung Carl V.,
fondern auf dem Boden der Schweiz, auf den fich die freie und
felbftftändige Entwicklung des alamannifchen Rechts hingezogen
hat, ift die Geftaltung des Strafrechts nur wenig bedingt durch
die P. G. O. und das römifche Recht.

Die fchweizerifchen Eidgenoffen, deren Bünde sich von fo vielen
auf dem mittelalterlichen deutfchen Boden entftandenen vorübergehenden Verbindungen durch ihre nachhaltige Wirkung, die zu
einer dauernden ftaatlichen Geftaltung führte, unterfchieden [9]),
hörten bei ihrer Errungenfchaft nicht auf, sich als Stände und
Glieder des römifchen Reichs deutfcher Nation zu betrachten [10]),
den Kaifer oder König als die Quelle aller hohen Gerichtsbarkeit.
Vom Kaifer wurde den Städten, Ländchen und Gerichten der Blutbann verliehen, Zürich 1384. 1400, Luzern 1390, St. Gallen 1401,
Surfee 1417, Rapperfchwyl 1442, Appenzell 1466. 1509, Einfiedeln 1566. 1608 u. s. w. Noch jetzt finden fich Nachklänge
einer folchen Beziehung zum Reiche, das nicht mehr exiftirt, grade
in der Kernfchweiz. Noch jetzt nennt man den im Blutgerichte
als Ankläger auftretenden Beamten in Appenzell den »Reichsvogt« — fo in dem Proceffe der 1849 wegen Mordes zum Tode
verurtheilten Anna Maria Koch —; als »Reichsvogt« erfchien bis

---

[8]) **Merkel**, de rep. Alam. c. XI. XII.
[9]) **Segeffer** II. 7 ff.
[10]) **Segeffer** II. 96. **Blumer** I. 355. **Bluntfchli**, Gefch. des fchweiz.
Bundesrechts I. 230 ff.

zur Gegenwart, nicht blofs in Appenzell, einer der höchsten Beamten zu Pferde, begleitet von einem Waibel in der Landesfarbe bei den Hinrichtungen [11]), und noch kürzlich bezeichnete ein Appenzeller, der fich mit einem Andern über eine Forderung nicht einigen konnte, das Gericht als Reichskammer, indem er fagte: »Wenn's fo weit kommt, fo gehe ich noch vor die Reichskammer«.

Dem nicht untergegangenen Bewufstsein der Zugehörigkeit zum Reiche entfprach die fortdauernde Berufung auf die kaiferlichen Rechte, das Reichsrecht, die Begründung der Richtergewalt durch kaiferliche Freiheiten u. dgl. [12]), wie der Reichsadler prangte an den Thoren und den Rathhäufern, und feiner Ungefährlichkeit wegen noch an manchen Stätten gelaffen ift.

Die fchwyzer »Einung um böfs Schwür« von 1517 fetzt die Alternative zu ftrafen »nach kaiferlichen Rechten oder nach Gnaden«; ein züricher Rathserkenntnifs von 1530 giebt den Landrichtern zu Kyburg auf, zu richten nach Offnungen der Graffchaft Kyburg und nach Reichsrecht [13]). Der Nachrichter fragte, ob er nach dem kaiferlichen Recht gerichtet habe [14]). Nach der zuger Malefizordnung soll der Richter fein Schwert in die Hand nehmen, niedersitzen und richten nach kaiserlichen und königlichen Freiheiten, Gerechtigkeit und altem Herkommen, und das engelberger Thalrecht nennt das Schwert des Richters fortwährend das kaiferliche Schwert.

Allein wie viele Beziehungen der Art zum römifchen Reiche deutfcher Nation und deffen Haupte fich auch anführen laffen, geftaltete fich diefs doch bald zu einer beibehaltenen Tradition, der nur fo weit die Wirklichkeit entfprach, als es ungefährlich war für die politifche Selbftftändigkeit der Eidgenoffen. Als nach ·dem Tode Sigismund's, deffen Befuche in der Schweiz mit dem ihm gewöhnlichen Pompe grofses Wohlwollen für diefelbe zur Schau trugen, weil er die Eidgenoffen gegen Oefterreich gebrauchte,

---

[11]) Walfer S. 507. Schaefer S. 111. Gefchichtsforfcher X. 421. Blumer II., 2. 62.

[12]) Schauberg's Zeitfchrift I. 146 Anm., 375. 376. 377. Bern 1614. III. 26, 5. Davos S. 101. 102. 110. Fünf Dörfer S. 76.

[13]) Dafs diefes nicht die Carolina fein kann, wie Schauberg Ztfchr. I. 146 meint, zeigt das Jahr. f. auch Zellweger, Urk. n. 783.

[14]) Kothing, Rechtsq. S. 228. Davos S. 104.

die Krone des Reichs wieder an das Haus Oefterreich kam, war diefer Uebergang nicht geeignet, die freie Schweiz enger an das Reich zu knüpfen. Wie das Bewufstfein, dafs fie nicht blofs mit einander verbündet, sondern zu einer politischen Einheit verbunden feien, bei den Eidgenoffen um diefe Zeit ftark wurde, zeigt fich auch darin, dafs in den einheimifchen Geschichtsquellen nach der Mitte des fünfzehnten Jahrhunderts der Name »Schwyzer« für die Eidgenoffen gebraucht ist, welcher Name fchon im vierzehnten Jahrhundert auf Grund der Erfahrung von Morgarten in den öfterreichifchen Quellen denselben beigelegt war. Die Entwicklung ihrer Stellung nahm nun diefen Gang, dafs die fchweizerifchen Eidgenoffen aus Gliedern des Reichs Verwandte und dann — Freunde desfelben wurden [15]). Ihre Selbftftändigkeit im Gerichtswesen wufsten fie fich zu wahren durch Fernhalten sowol des Hofgerichts zu Rothweil als des Reichskammergerichts [16]).

Das Erfcheinen der Carolina fällt in die Zeit des, vornemlich feit dem Schwabenkriege, fchon fehr gelockerten Verhältniffes der Schweiz zum Reiche, aber die Vorftellung, dafs alle Strafgerichtsbarkeit vom Kaifer herzuleiten fei, war damals doch noch mächtig, und die Uebernahme der Gerichtsordnung als kaiferliches Recht wäre keine politifche Unmöglichkeit gewefen; dennoch ift fie nie in der Weife wie in Deutfchland in der Schweiz recipirt, sondern lange Zeit nach ihrem Bekanntwerden nur fporadifch benutzt worden. Selbst Segesser [17]), welcher ihren Einfluss auf die Strafrechtspflege in Luzern höher anfchlägt, als es für andere Theile der Schweiz zugegeben werden kann, hebt hervor, dafs man jede formelle Anerkennung der Carolina als eines Reichsgefetzes vermieden habe, und dafs sie nur als Belehrung des Richters über die formelle Fortbildung des kaiferlichen Rechtes, nach welchem man von Altersher in peinlichen Sachen richtete, Aufnahme fand·

Was den ftrafrechtlichen Theil der P. G. O. betrifft, deren offizieller Name anzeigt, dafs fie wefentlich Procefsordnung ist, fo hat er während des sechszehnten Jahrhunderts in der Schweiz wohl kaum irgend welche Bedeutung erlangt. Die den Hoch-

---

[15]) Bluntfchli, Gefchichte des fchweiz. Bundesrechts I. 230 ff.
[16]) Blumer I. 356. Segeffer II. 109. Bluntfchli a. a. O. I. 240. 244. Bafel, Rechtsq. I. S. 313.
[17]) IV. 175 ff.

gerichtsformen und Malefizordnungen beigefügten Urtheilsformeln zeigen einen Apparat und eine Plaftik der Strafen, gegen die das Strafenfyftem der P. G. O. arm erfcheint, und es war nicht diese P. G. O., welche in der Praxis die Strenge reducirte, fondern der Umftand, dafs den Richtern das Richten nach Gnade zuftand und Strafumwandlung bewirkte; es herrfchte, wie Blumer fagt, eine patriarchalifche Willkühr, die denn aber für die fchwerften Fälle eine Anwendung der auf Abfchreckung berechneten exemplarifchen Strafen nicht ausfchlofs. In Deutfchland war es das zur Ergänzung der Carolina gebrauchte römifche Recht und der Rath der Rechtsverftändigen, den Schwarzenberg überall in fchweren Fällen einzuholen vorfchrieb, wodurch fich auf Grundlage der Carolina ein neues gemeines deutfches Strafrecht bildete; diefer Hintergrund der Carolina fehlte aber in der Schweiz. Das römifche Recht war hier überhaupt nicht wie in Deutfchland recipirt, und ebenfo fehlten die gelehrten Juriften und mit Doctores iuris befetzten höheren Gerichte. Ich halte diefes für den Hauptgrund, weshalb die Carolina in der Schweiz fo langfam Wurzel fafste.

Sehr bemerkenswerth ift es, dafs um diefelbe Zeit, als Schwarzenberg in der bamberger Halsgerichtsordnung fo deutlich fein Mifstrauen in die Fähigkeit der rechtsungelehrten Schöffen kund gab, Landammann und Rath von Schwyz ihren Tadel über die ganz volksthümlichen Blutgerichte ihres Landes ausfprachen. In einem Schreiben an den kaiferlichen Kanzler, den fie gemüthlich mit »Lieber Herr Cantzler« anreden, vom 31. Mai 1512 [18]), erklären fie, dafs bisher an dem Richten über das Blut manche unverftändige Menfchen Theil genommen hätten, die vom Recht wenig verftänden; es möchte die kaiferliche Majeftät erlauben, ein Gericht mit Leuten zu befetzen, die fich des Rechten verftünden, damit das Unrecht »defter furer geftraft mocht wärden« etc. Ob und welche Antwort von Wien hierauf erfolgte, wiffen wir nicht.

[18]) Kopp, Gefchichtsblätter aus der Schweiz I. (1854) S. 57.

I. Die Quellen des alamannischen Strafrechts.

A. Die lex Alamannorum.

§ 4. Der ftraf- und bufsenrechtliche Theil-diefes alten Volksrechts [1]) verdient für meine Aufgabe die Berückfichtigung, dafs
überall auf die Beziehungen der jüngeren Rechtsquellen zu demselben zu achten ift, wie z. B. der Schwfp. 273 W. 326 L. eine
Nachbildung der lex Alam. Kar. 71 enthält; aber eine directe
allgemeine Grundlage des alamannifchen Strafrechts in dem für
mein Thema abgefteckten Zeitraum ift diefes Volksrecht nicht mehr.
Zwar finden wir die Wendung »secundum legem Alemannicam«
und ähnliche [2]), allein meiftens ift in folchen Fällen nicht die ge-
fchriebene lex, fondern das lebendige Recht des alamannifchen
Volksftammes überhaupt gemeint [3]). Da nur die freien Männer des
Volksrechts theilhaftig waren [4]), fo galt es für die grofse Maffe
der Bevölkerung des alamannifchen Gebietes nicht [5]), und die zahllosen Hofrechte überwucherten das Volksrecht. Die beiden Länder
Schwyz und Unterwalden, vornemlich das erftere mit feinen freien
Landfafsen, weniger Uri, nahmen in diefer Hinficht eine bevor-
zugte Stellung ein [6]); ebenfo die zahlreichen Gotteshausleute in
der Schweiz [7]). Neben den Hof- und Dorfrechten thun vom zwölften
Jahrhundert an, wo überhaupt eine Mannigfaltigkeit des Rechts
beginnt, die Stadtrechte dem Fortwirken des Volksrechts Abbruch.

[1]) ed. Joh. Merkel in: Pertz Mon. Legum Tom. III. fasc. 1. (1851).
vgl. Merkel de rep. Alam. Stälin, würtemb. Gefchichte I. S. 198 ff.
[2]) f. oben § 1. Pertz Mon. Script. V. 278. 281. 457. Monum. Boica
XXVIII. 1. p. 312.
[3]) Eichhorn II. § 257. Anm. b. Stälin I. 357. 539. II. 672. vgl. III. 730.
[4]) f. den Fall bei Neugart No. 709 vom Jahr 921. Stälin I. 354. Anm. 6.
[5]) F. v. Wyfs in der Ztfchr. für fchweiz. Recht IV. 125.
[6]) Bluntfchli, Gefchichte des fchweiz. Bundesrechts I. 33 ff. 50. 59.
Blumer I. 78 ff. 190.
[7]) Lex Alam. Kar. 9: »Quicumque liberum ecclesiae quem colonum vocant
occiderit, sicut alii Alamanni ita conponatur.« f. H. Efcher im Archiv für
fchweiz. Gefchichte VI. 3 ff. Die Waffenfähigkeit bildete einen Hauptunterfchied
der freien Gotteshausleute von den eigenen Leuten.

B. Der Schwabenspiegel.

§ 5. Der f. g. Schwabenfpiegel oder das fchwäbifche Landrecht, wenn das unter diefem Namen gehende Rechtsbuch nach
Inhalt und Tendenz von vorne herein den Namen verdiente und
nicht erft, aber auch nur annähernd, durch die Benutzung feiner
privatrechtlichen Beftimmungen mit der Zeit dazu geftempelt wurde,
würde für meine Unterfuchungen die erfte Stelle in dem Quellen-
gebiet einnehmen, und es würde mir dadurch ein grofser Vortheil
erwachfen fein, aber wir haben in demfelben nicht ein Rechtsbuch
aus e i n e m Material, wie im Sachfenfpiegel, fondern eine gut und
fchlecht gemachte Compofition fehr verfchiedener Bestandtheile.
Wäre die Anficht richtig, dafs aus dem Schwabenfpiegel, als dem
Original, der Sachfenfpiegel entftanden fei, fo würde der Verfaffer
des letzteren noch mehr als bei der gegentheiligen Anficht das
Lob eines klaren fyftematifchen Kopfes verdienen, der aus dem
Gemifch, das nicht ohne Widerfprüche ift, ein Rechtsbuch von
folcher Einheit zu formen verftand. Freilich haben wir den
Schwabenfpiegel nicht in feiner urfprünglichen Geftalt oder in
einer Form, die dem Original sich fo weit näherte, wie es von
der quedlinburger Handfchrift des Sachfenfpiegels wahrfcheinlich
ift, daher ift die Beurtheilung des Schwabenfpiegels mit bedeutenden Schwierigkeiten verknüpft.

Dafs der f. g. Schwabenfpiegel viel alamannifches Recht, auch
Strafrecht, enthält, ist gewifs, aber um diefes mit Sicherheit zu
erkennen, ift die Controle mittelft der reinalamannifchen Quellen
nöthig, und ich habe vornemlich das augsburger Stadtrecht von
1276, welches in ftrafrechtlicher Hinficht fo reich ift und nicht
unwahrfcheinlich dem Componiften des Schwabenfpiegels fchon
vorlag [6]), zu einer folchen Controle benutzt.

Den Rechten der Städte follte das Landrecht des Schwabenfpiegels keinen Abbruch thun, fo wenig wie der Landesgewohnheit
und der guten Gewohnheit überhaupt (Art. 49. 65. 70. 80. 249.
354 W.), die Quantität der Wette und Bufse ift daher oft unbeftimmt gelaffen; die peinlichen Strafen find zwar beftimmt angegeben, dafs aber je der Schwabenfpiegel in den Städten, über

---

[6]) M e r k e l, de rep. Alam. p. 95. 97.

deren Criminalpraxis wir viele Nachrichten haben, als ein Strafgefetzbuch für die Feftftellung der peinlichen Strafen direct benutzt.
fei, ift fehr zweifelhaft; die localen Rechte und Gewohnheiten
waren ausreichende Normen.

C. Die Stadtrechte.

§ 6. Die Stadtrechte zerfallen in zwei Claffen, erftens die von
Kaifern, Königen und Landesherrn den Städten bei ihrer Gründung oder fpäter verliehenen Stiftungsurkunden und Privilegien,
die oft einfach von Neuem beftätigt, oft mit Zufätzen und Erwei-
rungen verfehen und abgeändert wurden; zweitens die ausführ-
licheren Statuten, welche in den zu gröfserer Selbftftändigkeit und
Autonomie gelangten Städten durch Aufzeichnung und Ueberarbeitung der gegebenen und gewordenen Rechte zu Stande kamen.
I. In der erften Claffe nimmt der Zeit nach die erfte Stelle ein
1) der Stiftungsbrief von Freiburg im Breisgau
1120, und durch feine Uebertragung auf viele andere Städte [9]) ift
fein Inhalt ein fehr verbreitetes Recht geworden, auch im burgundifchen Gebiete; in feiner Umformung für Freiburg im Uechtlande und Murten find aber Zugaben burgundifchen Rechts nicht
zu verkennen.

Ein Satz im freiburger Stiftungsbriefe von 1120 und in mehreren daraus hervorgegañgenen Statuten ift durch feine Beziehung
auf Cölln am Rhein berühmt geworden. Müfste man nach diefer
Stelle annehmen, dafs der freiburger Stiftungsbrief einer cöllner
Urkunde nachgebildet wurde, fo würden wir in demfelben und
feinen zahlreichen Copien und Metamorphofen fränkifches und
nicht ein auf alamannifchem Boden entftandenes Recht vor uns
haben.

Manche Beziehungen Freiburg's im Breisgau zu Cölln laffen
fich aus der fpäteren Zeit nachweifen. In dem freiburger Stadtrodel Art. 40 [10]), wie in dem deutfchen Stadtrechtsentwurf von

---

[9]) Gaupp, Stadtrechte I. p. XXVI. II. p. 1 ff. — Eine Aufzählung der Städte
und Dörfer, denen im Anfange des fünfzehnten Jahrhunderts Freiburg Oberhof
war, f. bei Schreiber, Urk. II. 182.
[10]) Nicht in der Stiftungsurkunde von 1120, wie Zöpfl S. 182. Anm. 10.,
S. 901. Anm. 128 angibt.

1295 ¹¹) ift ein Rechtszug nach Cölln erwähnt; in der Antwort Cölln's auf einige Anfragen von Bürgermeifter ünd Rath der Stadt Freiburg im Jahr 1391 ¹²) kommt auch der Satz vor: »want ir ur recht by uns zo fuochen haft«. Darauf hatten fich die Freiburger berufen; es betrafen aber die Anfragen Verfaffungsfachen, Wahl und Befugniffe des Stadtraths, deshalb antworteten die Cöllner, fie feien zwar nicht pflichtig und fchuldig, Sachen ihrer Stadt jemandem zu kündigen, fie wollten jedoch aus Freundfchaft Bitte und Begehr der Freiburger diefes Mal nicht weigern noch verfagen.

Aus folchen Beziehungen Freiburgs zu Cölln lässt fich aber nicht fchliefsen, dafs das freiburger Stadtrecht von 1120 Nachbildung des Rechts von Cölln fei, wenn nicht der bekannte Satz im Art. 7 jener Stiftungsurkunde zu diefer Annahme zwingt. Der Satz lautet: »Si qua disceptatio vel questio inter burgenses meos orta fuerit, non secundum meum arbitrium vel rectoris eorum discutietur, sed pro consuetudinario et legitimo iure omnium mercatorum, praecipue autem Coloniensium examinabitur iudicio.« Der Satz ift faft unverändert in die Handfefte von Bremgarten 1309 übergegangen, verändert in die Handfefte von Diefsenhofen 1260 Art. 6: »Si aliquando inter eos et cives in iudicio de sententia aliqua lis oritur, non secundum meum arbitrium vel sculteti eorum discutietur, si (sed) pro consuetudinario et legitimo iure civium Coloniensium eadem sententia apud Friburgum discutietur.« Befonders wichtig ift die Form des Art. 5 der berner Handfefte »de privilegiis mercatorum«: »Volumus etiam, ut omnes mercatores tempore fori publici in plateis vel allodio imperii, ubicunque voluerint, praeter allodia civium, sibi areas et tentoria praeparent, sine pretio et contradictione. Et si aliqua disceptatio tempore fori inter burgensem et mercatores orta fuerit, non stabit in meo vel rectoris mei iudicio, sed pro consuetudinario iure mercatorum, et maxime Coloniensium, a civibus dijudicetur.« Diefe Handfefte hat aber noch im Art. 1 »de libertate burgensium« den Satz: »Quum Berchtoldus dux Zeringiae burgum de Berno construxit cum omni libertate, qua Conradus Dux Friburcum in Briscaugia

---

¹¹) Schreiber, Urk. I. 135.
¹²) Schreiber, Urk. II. 87.

construxit ac libertate donavit secundum jus Coloniensis civitatis etc.«, und der vermuthlich aus dem Anfange des dreizehnten
Jahrhunderts stammende Stadtrodel von Freiburg im Breisgau
beginnt: »Notum sit omnibus — quod Bertholdus — in loco pro-
prii fundi sui — secundum iura Coloniae liberam constituit fieri
civitatem.«

Beseler [13]) äulserte den glücklichen Gedanken, dals die iura
Coloniae des Stadtrodels das zu Cölln geltende Handelsrecht bezeichnen, dals die Uebertragung der cöllner Stadtverfaffung auf
Freiburg mit den daraus hergeleiteten Folgerungen fich als un-
haltbar herausftelle. Cölln war der grofse Mittelpunkt des ftädtifchen Handelsverkehrs im Weften Deutfchlands [14]). Zum Markt-
und Handelsplatze beftimmte der Gründer Freiburg im Breisgau
(Art. 1. der Stiftungsurkunde); der Handelsverkehr brachte aber
Rechtsverhältniffe mit fich, für welche das bisherige Recht nicht
ausreichte, daher lag es nahe, eine in dieser Beziehung vorgefchrit-
tene Stadt ins Auge zu faffen und auf deren Recht und Gewohnheit, die zu allen Zeiten fich im mannigfaltigen Handelsverkehr
befonders geltend gemacht hat, als bewährte Autorität zu verweifen. Bemerkenswerth ift es, dals die berner Handfefte für den
Fall einer entftehenden Streitigkeit zwifchen Bürgern und fremden
Kaufleuten während der Marktzeit auf das Gewohnheitsrecht der
Kaufleute, vornemlich der cöllner verweift. Undeutlich ift diefs
in die Handfefte von Diefsenhofen hinüber genommen.

Hegel [15]) ftimmt mit Befeler überein in der Zurückweifung
der Anficht, dals Freiburg im Breisgau Verfaffung und Recht von
Cölln erhalten habe; er berückfichtigt aber noch weiter die Freiheit nach cöllnifchem Rechte, welche die berner Handfefte und der
freiburger Stadtrodel als kürzeften Ausdruck für die weiter ausgeführte Sache hervorheben [16]). Er fieht in diefer Freiheit lediglich die perfönliche; die Befreiung von allen Laften der Hörig-
keit [17]), namentlich vom Erbfall und Heiratszwang, gehöre zu den

---

[13]) Volksrecht und Juriftenrecht S. 229.
[14]) Gaupp, Stadtrechte II. 197.
[15]) Gefchichte der Städteverfaffung II. 410. 447.
[16]) f. auch Schreiber, Urk. I. 54. 74. 123. II. 178.
[17]) Berner Handfefte Art. 1: »et absolventes ab omni servitii exactione, qua
oppressi fuistis.«

erſten und wichtigſten Privilegien, welche die Bürger der Städte nachſuchten und erhielten [18]); dieſe Freiheit des Erbrechts ſtehe auch in der älteſten Verfaſſungsurkunde von Freiburg oben an, und die meiſten folgenden Privilegien bezögen ſich gleichfalls auf das perſönliche Recht der Bürger.

Der Gründer Freiburgs ſagt im Anfange des Stiftungsbriefes: »Mercatoribus personatis circumquaque convocatis quadam conjuratione id forum decrevi incipere et excolere.« Um diefs zu erreichen und ſolche Leute zu gewinnen und zu erhalten, gab er ihnen und ihren Nachkommen für ewige Zeiten Freiheiten, die man als Rechte der freien Bewegung, wie ſie für gedeihliche Entwicklung des Handels nothwendig iſt, bezeichnen kann. Der Kaufmann, welcher in ſeinen Geſchäften die Strafsen befuhr, muſste nicht nur einen beſondern Schutz genieſsen gegen Gewalt und Ueberfall [19]), er konnte auch nicht an die Scholle gebunden und durch die Willkühr eines Herrn für ſeine Perſon und ſein Gut gehemmt ſein; im Gegenſatz zu den Ackerbautreibenden hatte das Lehnrecht für ihn keine Bedeutung, und es zeigt ſich daher überall im Mittelalter, daſs das Stadtrecht Vernichtung des Lehnrechts war.

Befeler und Hegel haben die Beziehung des alten freiburger Rechts zu Cölln auf das richtige Maaſs zurückgeführt, und ihre Abwehr wird auch für mein Thema nutzbar. Es läſst ſich keine Spur nachweiſen, daſs das im freiburger Statut enthaltene Strafrecht ſeine Wurzeln im cöllner Recht habe; ein älteres geſchriebenes cöllner Recht, das hätte benutzt werden können, existirt eben nicht.

Von den zahlreichen Stadtrechten, als deren Mutterrecht der freiburger Stiftungsbrief 1120 anzuſehen iſt, ſind für das Strafrecht die wichtigſten: die Handfeſte von Bern 1218, von Freiburg im Uechtland 1249, von Dieſsenhofen 1260. Von dieſen hat die ſehr erweiterte Urkunde für Freiburg im Uechtland viel Eigenthümliches.

§ 7. 2) Das augsburger Stadtrecht (1156?), bei Gengler nicht erwähnt, findet ſich bei Gaupp II. 185 ff. Eine deutſche

---

[18]) Eichhorn II. § 313.

[19]) Art. 3 des freiburger Stiftungsbriefs, Hagenau § 10. vgl. die dürkheimer Urkunde von 1312 bei Schöpflin Als. dipl. II. p. 99.

Ueberfetzung in drei Stücken in Lori's Gefchichte des Lechrains II. No. 2. 4. 5. [20]) ift für die Erklärung nicht unwichtig.

3) Die Stadt Hagenau im Elfafs erhielt 1164 von Friedrich I.
einen Freiheitsbrief, dem andere Privilegien folgten, und das
Recht von Hagenau ging auf manche andere Städte über [21]).

4) Unter einander und mit der zähringer Gruppe verwandt
find der Rechtsbrief Rudolf I. für Breifach 1275 und die Handfefte K. Adolfs für Colmar 1293. Mit dem Rechte von Colmar
wurden andere Städte bewidmet [22]). Colmar's Handfefte liegt uns
fchon in deutfcher Sprache vor, aber vermuthlich ift diefs Ueberfetzung aus einem lateinifchen Original [23]). Aufmerkfamkeit verdient die Wechfelwirkung zwifchen Freiburg im Br. und Colmar.
Während die Handfefte Colmar's Beftimmungen der freiburger
Stiftungsurkunde in fich aufnahm (Freiburg § 28. 31. vgl. mit
Colmar § 23. 26.), hatte fchon 1282 Freiburg die Rechte einer
Reichsftadt nach dem Mufter von Colmar durch Rudolf von Habsburg erhalten [24]).

5) Die Freiheitsbriefe der öfterreichifchen Territorial-
ftädte in der Schweiz ftehen den zähringern zur Seite, enthalten
aber nicht felten auch freiburger Recht. Das gilt vornemlich von
der Handfefte für Bremgarten 1309. Die wichtigften diefer öfterreichifchen Stadtrechte in ftrafrechtlicher Beziehung find: Winterthur 1264 und Mellingen 1297; Aarau 1283; Brugg 1284;
Surfee 1299; der Rechtsbrief K. Rudolf I. für Solothurn 1280;
die Handfefte von Zofingen, gegeben von Rudolf IV., Herzog
von Oesterreich, 1363, erneuert von Herzog Leopold IV., 1396.

6) Stadtrecht von Ulm, bekannt aus der Ausfertigung für
Ravensburg 1296 (und Biberach 1312). K. Rudolf hatte am
16. April 1274 den Bürgern von Ulm die Rechte der Bürger von
Efslingen verliehen, aber ein efslinger Statut aus diefer Zeit ift
nicht erhalten [25]).

---

[20]) Einen erften Theil hat Lori nicht geliefert; der zweite enthält die Urkunden.
[21]) Gaupp I. 94.
[22]) Merkel, de rep. Alam. XVI. not. 1.
[23]) Gengler S. 74.
[24]) Schreiber, Urk. I. 97.
[25]) Pfaff, Efslingen S. 33. Jäger, Ulm S. 145. 147. vgl. über die Mutter-
rechte in Würtemberg Stälin III. 731. Gaupp I. p. XXIX.

§ 8. II. Ein gröfseres Material für die Strafrechtsgefchichte liefern die Stadtrechte zweiter Claffe (Stadtbücher) [26]. Wenn bei ihnen auch bisweilen kaiferliche und königliche Bewilligung erwähnt wird, wie beim augsburger Stadtrecht 1276, fo ift die-felbe doch nur eine äufserliche hinzukommende Autorität, her-gebrachter Form gemäfs [27]), während ihr Character und Inhalt in der fortfchreitenden Autonomie der Städte ruht. Sie zeigen uns die Eigenthümlichkeiten, welche die Entwicklung des Straf-rechts auf der Grundlage des Stadtfriedens und unter dem Ein-fluffe der ftädtifchen Verhältniffe annahm [28]). Für meine Aufgabe erfcheint es mir nicht nothwendig, eine weitere Sonderung in diefer Claffe vorzunehmen; eine fpeziell der Städteverfaffung ge-widmete Unterfuchung würde freilich das ältefte ftrafsburger Stadt-recht und den luzerner gefchwornen Brief nicht in eine Reihe ftellen dürfen.

1) Das ältefte ftrafsburger Statut, welches nicht dem elften oder gar zehnten Jahrhundert, fondern nach Arnold's [29]) Beweis-führung dem Ende des zwölften Jahrhunderts angehört, findet fich bei Gaupp mit einer deutfchen Ueberfetzung, die im drei-zehnten Jahrhundert gemacht fein foll. Von dem zweiten Statut aus dem zweiten Decennium des dreizehnten Jahrhunderts [30]) find nur zwei Stellen durch Grandidier bekannt gemacht. Ein drittes, dem Jahr 1249 zugefchrieben, in lateinifcher Sprache, findet fich mit einer buchftäblichen deutfchen Ueberfetzung in Mone's Anzeiger 1837 S. 23 und bei Gaupp; eine andere deut-fche Bearbeitung mit Zufätzen bei Strobel I. 548. Davon ver-fchieden ift das Statut von 1270, das Strobel I. 316 im alt-deutfchen Texte mittheilt. Der Anfang desfelben ftimmt mit dem des älteften Stadtrechts überein [31]). Strafsburg's Verfaffungskampf von 1260—1263 hatte entfcheidenden Einfluss auf die Geftaltung diefes Statuts.

[26]) Der Name Köhren, Kühren, Willkühren war in Süddeutfchland nicht gebräuchlich.

[27]), Eichhorn II. § 263 a. E. § 284. 310 a. E.

[28]) f. befonders Köftlin's Gefchichte S. 165 ff.

[29]) Verfaffungsgefchichte der deutfchen Freiftädte I. 90.

[30]) Arnold I. 328.

[31]) Arnold I. 332.

Ein grofses Stadtrecht in 493 (nach Strobel 497) Artikeln wurde 1322 componirt [32]).

2) Rudolf von Habsburg geftattete der Stadt Augsburg am 9. März 1276 die Anlegung eines Stadtbuchs oder ftädtifchen Rechtsbuchs, und beftätigte es im Voraus. So kam das umfaffende, ungemein wichtige Stadtrecht zu Stande, welches ich als Hauptquelle oder Centrum für meine Unterfuchung anfehen mufs, nicht blofs wegen der Fülle feiner ftrafrechtlichen Beftimmungen, fondern wegen feines tieferen Eingehens auf die wichtigften Gegenftände des Strafrechts und die Characteriftik mancher Verbrechen. Dazu kommt der Zufammenhang mit dem Schwabenfpiegel, deffen alamannifche Beftandtheile fich am ficherften mittelft diefes Statuts der Alamanniae metropolis, wie Ekkehard Augsburg nennt, erkennen laffen.

Diefes Stadtrecht im Original hat Freyberg abdrucken laffen; vordem hatte es Walch nach einer fpäteren Abfchrift (1373) bekannt gemacht. So richtig es nun ift, wenn Freiberg die Walch'fche Ausgabe als fchlechterdings unbrauchbar zur Erkenntnifs des urfprünglichen Textes diefes Stadtbuchs bezeichnet, darf man doch nicht unbeachtet laffen, dafs dasfelbe in der Walch'fchen Form nicht blofs eine Abfchrift, fondern eine Ueberarbeitung mit Zufätzen ift und wegen der fachlichen Abweichungen vom Original ein rechtshiftorifches Intereffe hat, f. z. B. Art. 118. 162. 170. 225.

3) In Freiburg im Breisgau wurde der lateinifche Stadtrodel im Jahre 1275 deutfch bearbeitet und erweitert (»Aeltefter deutfcher Entwurf der Stadtrechte« nach der Bezeichnung von Schreiber, Urk. I. 74). Daran fchlofs fich eine neue Stadtrechtsredaction im Jahr 1293 (als »neue Verfaffungsurkunde« von Schreiber, Urk. I. 123, mitgetheilt). Die »nüwe Stattrechten und Statuten der loblichen Statt Fryburg im Pryfsgow gelegen« von 1520 ftehen an der Grenze der neueren Zeit, und weifen daher ein Ueberwiegen der öffentlichen Strafen auf.

4) Einen bedeutenden ftrafrechtlichen Inhalt hat das auf alter Grundlage ruhende Rechtsbuch der Stadt Memmingen vom

---

[32]) Ueber die Abfaffung f. Königshofen V. § 207. Grandidier, his*. de l'église de Strafsbourg II. 35. Strobel II. 176. vgl. Mittermaier, d'.ut- fches Privatrecht I. § 11.

Jahr 1396, welches F r e y b e r g aus dem Original hat abdrucken laffen.

5) Von den fchweizerifchen aus der Autonomie der ftädtifchen Gemeinwefen hervorgegangenen Rechtsurkunden ift die ältefte, für das Strafrecht fehr wichtige, der »gefchworne Brief« von Luzern 1252. Zu beachten find auch die Aufzeichnungen in dem luzerner kleinen Stadtbuche oder älteften Rathsbüchlein, welches im Anfange des vierzehnten Jahrhunderts angelegt wurde. — Das vollftändige Stadtrecht von Luzern, eine amtliche Zufammen-ftellung der feit langer Zeit geltenden Rechtsnormen, entftand im letzten Viertel des fünfzehnten Jahrhunderts, erhielt Zufätze und wurde in neuen Recenfionen auf die neuere Zeit übertragen.

6) Während Z ü r i c h keinen Freiheitsbrief hatte, entwickelte fich diefe Reichsftadt früh zu grofser Selbftftändigkeit, wovon auch die unter dem Namen »Richtebrief der Burger von Zürich« bekannte Aufzeichnung der gewordenen Rechte aus der zweiten Hälfte des dreizehnten Jahrhunderts Zeugniss gibt. Die Bürger haben den Richtebrief »under in felben« aufgefetzt, er ift eine Bürger-Einung. Syftematifirt und erweitert wurde der Richtebrief in der Recenfion von 1304 [33]). Mit der erften Form diefes Statuts im Wefentlichen übereinftimmend ift der f c h a f f h a u f e r Richte-brief, der an einer Stelle das Jahr 1291 nennt und im Anfange auf eine Entlehnung von Conftanz hinweift. Da aber bis jetzt keine Spur eines ähnlichen Statuts von Conftanz gefunden wurde, ift noch manches in dem Verhältniffe der Richtebriefe dunkel. Einige Punkte würden fich wohl durch eine genaue Vergleichung der älteren Recenfion des züricher Richtebriefs und des genauen Abdrucks des fchaffhaufer (von Joh. M e y e r 1859) aufhellen laffen. So ftimmt das in dem letzteren über die Heimfuchung Gefagte nicht mit dem züricher Texte überein, fondern faft buchftäblich mit dem darüber aus dem Stadtbuch St. Gallens von S c h e r e r Mitgetheilten, und Beziehungen des Rechts von St. Gallen zu Con-ftanz find nicht unbekannt.

7) Die Handfeften St. G a l l e n s 1271 (?) und 1291 find für das Strafrecht nicht von Bedeutung, wohl aber und im hohen Grade das ältefte Stadtbuch von St. Gallen, Stadtfatzungen des

---

vierzehnten und fünfzehnten Jahrhunderts und Criminalurtheile enthaltend. Leider find nur Auszüge aus demselben, welche Scherer mittheilte, bekannt [34]).

8) Frauenfeld im Thurgau hat eine Stadtordnung von 1331 aufzuweifen [35]), an welches autonomifche Statut fich ein von den Herzögen Albrecht und Lütpold von Oefterreich gegebenes Stadtrecht von 1368 anfchliefst [36]).

9) Ein Stadtrecht von Diefsenhofen ift aus dem Ende des vierzehnten Jahrhundert, abgedruckt in Schauberg's Ztfchr. II. 1 ff.

10) In Bern wurde 1539 eine Revifion und Zufammenstellung der Rechte der Stadt vorgenommen. Die Handfefte oder goldne' Bulle, »alte Gefatzbücher und Rödlen, althergebrachte ungefchriebene gute Bräuche und Gewohnheiten« lieferten das Material zu »der Stadt Bern in Uechtland alt und nüw Satzungen und Ordnungen«. Diefes Satzungsbuch erhielt nach und nach Zufätze, und wurde revidirt und neu fyftematifirt 1614 dem Druck übergeben unter dem Titel: »Der Statt Bern vernüwerte Grichts-Satzung«. Die Vorrede ift datirt vom Oftermontag 1614; das Titelblatt trägt die Zahl 1615. — Diefes berner Stadtrecht fand Verbreitung im Gebiete der Herrfchaft und Jurisdiction Berns; es ging daraus unter Anderem hervor die »neugemachte Ordnung und Satzung der Stadt Brugg« im Aargau vom Jahr 1620.

11) Aus Bafel haben wir zwar keine gröfsere fyftematifche Zufammenfaffung des Stadtrechts aus alter Zeit, aber eine Fülle der auch für das Strafrecht fehr wichtigen Gefetze und Ordnungen, die jetzt fämmtlich in den von Schnell herausgegebenen »Rechtsquellen von Bafel Stadt und Land, Erfter Band (1856 ff.)« vorliegen [37]).

D. Die Hof- und Dorfrechte.

§ 9. Von den zahllosen Weisthümern [»Offnungen in der Schweiz [38])] ift die Claffe der Hof- und Dorfrechte eine ergiebige

---

[34]) Guft. Scherer, St. Gallifche Handfchriften in Auszügen herausg. 1859.

[35]) Schauberg's Ztfchr. II. 116.

[36]) Krapf in Ztfchr. für fchweiz. Recht I. 59.

[37]) Eine fehr genaue Ueberficht der Rechtsquellen des Cantons Bafel von Schnell f. in Ztfchr. für fchweiz. Recht II. 75 ff.

[38]) Diefer Name gehört übrigens nicht ausfchliefslich der Schweiz an. f. Mone, Quellenfammlung der badifchen Landesgefchichte II. S. 74.

20

Quelle für die Strafrechtsgefchichte. Eine grofse Anzahl derfelben
für alle Theile des alamannifchen Gebiets ift enthalten im erften
Bande von Grimm's Weisthümern, für die Schweiz in Schauberg's Zeitfchrift für noch ungédruckte fchweizerifche Rechtsquellen und in Kothing's Rechtsquellen der Bezirke des Cantons
Schwyz, für Würtemberg in Reyfcher's Sammlung altwürttembergifcher Statutar-Rechte; eine Menge derfelben ift an anderen
Orten mitgetheilt, fehr viele · find noch ungedruckt [39]). Das in
ihnen aufgezeichnete Recht ift meiftens althergebracht, fo dafs
die Zeit der Aufzeichnung nicht hindert, fie für eine frühere Zeit
zu gebrauchen; was aber fpeziell das Strafrecht oder mehr Bufsenrecht betrifft, fo trägt es feinen Character nach der Befchaffenheit der · Perfonen, für die es gelten follte, und dem Herrfchafts-
verhältnifse, unter dem fie ftanden, ift demnach fowol verfchieden
von dem ftädtifchen Strafrecht, als von dem der Landrechte und
beim Gebrauche diefer Quellen ift eine Sonderung der Art oft
wichtig.

E. Die Landrechte.

§ 10. Die Landrechte, welche gewiffermafsen an die Stelle
des alten Volksrechts getreten find [40]), aber fich durch Befonder-
heiten von einander unterfcheiden´, enthalten Gewohnheitsrecht
und Satzungen. Die jetzt meiftens gedruckten Landbücher der
Kernfchweiz find folche Landrechte: von Schwyz, Glarus, Nidwalden, Obwalden, Appenzell, Gerfau und der March. Das Landbuch von Uri ift in der älteften Geftalt noch nicht gedruckt. —
Aus Graubünden haben wir gedruckt: das Landbuch von Davos,
das Landbuch des Hochgerichts Klosters, die Landfatzungen des
Hochgerichts der fünf Dörfer im Gotteshausbunde; andere find
nicht gedruckt, wie das 1650 erneuerte Landbuch von Churwalden,
das viel älteres Recht enthält. Verwandt find den Landrechten die
Amtsrechte und Herrfchaftsrechte, in denen jedoch die Einflüffe
der regierenden Stadt und deren Recht fichtbar find. Mehrere

---

[39]) f. das Verzeichnifs züricherifcher Offnungen und Herrfchaftsrechte von
Ott in der Ztfchr. für fchweiz. Recht Band III., der luzerner von Segeffer in
derfelben Zeitfchrift Bd. V.
[40]) Zöpfl, S. 95. 244. 245.

zürcherifche Amts- und Herrfchaftsrechte finden fich in der Sammlung von Peftalutz [41]).

Das in zwei Recenfionen von 1432 und 1566 erhaltene »Stadt-
und Amtbuch« von Zug ift wohl paffender den Landrechten als
den Stadtrechten beizuordnen.

F. Die Maleflzordnungen.

§ 11. Eine wichtige ftrafrechtliche Quelle bilden die fchweizerifchen Malefizordnungen, Blutgerichtsordnungen, Hochgerichtsformen, infofern.fie nicht blofs den Rechtsgang fchildern, fondern
ihnen regelmäfsig Urtheilsformeln beigegeben find, aus denen fich
nicht undeutlich das auf Abfchreckung zielende Strafrecht der
Schweiz am Ende meines Zeitraumes erkennen läfst [42]).

G. Die Reichsgefetze und Landfrieden.

§ 12. Die Einwirkung der allgemeinen Reichsgefetze und
Landfrieden auf die Fortbildung des alamannifchen Strafrechts [43])
zeigt fich im Grofsen darin, dafs das Compofitionen- und Bufsenfyftem langfam und theilweife zurückgedrängt und körperliche
Strafen, zunächst für Friedensbrüche, häufiger wurden. Aber fo
wie unzählige Landfrieden bis zum ewigen Landfrieden 1495 nicht
im ⸱Stande waren, den Rechtszuftänden im Frieden eine fefte
Grundlage zu geben, und auch der ewige Landfrieden zeitlich
erneuert werden mufste, fo ift auch der Einflufs der Reichsgefetze,
fo weit fie Neues einführen, auf die Strafrechtspflege Alamanniens
in den Jahrhunderten, die mein Zeitraum umfafst, in denen das
Reich oft nur ein wefenlofer Schatten war, nicht zu hoch anzufchlagen. Der Particularismus und die localen Rechte hatten
fefte Wurzeln. Dafs man fich z. B. in Augsburg noch im Anfange
des fechszehnten Jahrhunderts nach dem Stadtrecht von 1276
richtete, zeigt ein Fall bei Stetten I. 260.

H. Die Chroniken und andere gefchichtliche Aufzeichnungen.

§ 13. Nachdem ich im Vorftehenden die directen Rechtsquellen, welche für mein Thema zu benutzen find, in eine Ueber-

---

[41]) Ein Verzeichnifs der Amtsrechte Luzerns von Segeffer in der Ztfchr.
für fchweiz. Recht V. S. 12 ff.
[42]) R. A. aus der Schweiz n. XVI.
[43]) Merkel, de rep. Alam. c. XIV.

ficht gebracht habe, bleibt mir noch übrig, auf eine Fundgrube hinzuweifen, welche für die Darftellung des wirklichen Rechtslebens eine grofse Ausbeute gewährt: die Chroniken und andere gefchichtliche Aufzeichnungen. Es kann nicht genügen, nachzuweifen, was in den Rechten und Gefetzen vorgefchrieben war, fondern es ift zu ermitteln, wie fie benutzt worden find. Erft dadurch wird das Gefchichtsbild wahr und treu. Die Frage, wie fich in alter Zeit die Rechtsübung zu der Satzung verhielt, ift nicht abzuweifen, und zu ihrer Beantwortung liefern die verfchiedenen Gefchichtsquellen den Stoff. Als das Syftem der öffentlichen Strafen die Oberhand gewann, waren die Strafen der fchwereren Verbrechen faft überall abfolut beftimmt. Blieb es aber bei der Drohung mit den zum Theil fehr harten Strafen? Gewifs nicht. Die Gefchichtsquellen zeigen uns, dafs man fich nicht fcheute, die »frifche Graufamkeit« zu üben. Zwar haben wir kein Zeugnifs über eine Vollziehung der furchtbaren Strafe des Ausgrabens der Markfteine und der Baumfrevel [44]), — welche Strafe übrigens in den alamannifchen Rechten nicht vorkommt — und es mögen diefe Strafdrohungen blofse Schreckbilder gewefen fein, aber ich wüfste keine Strafe der alamannifchen Rechte anzugeben, die nicht auch vollzogen wäre. Für das Sieden im Keffel, das Lebendigbegraben, das Pfählen, das Aufhängen an den Beinen finden fich Belege, und das Lebendigverbrennen war fehr gewöhnlich. · Dafs auch bisweilen Formen der Todesftrafe gewählt find, von denen die Rechtsquellen nichts melden [45]), erfahren wir aus den Chroniken. Dahin gehört eine Beftrafung von vier Prieftern in Augsburg [46]). Wenn nach Gnade gerichtet wurde, fo trat eine Strafverwandlung ein. Wie diefe vor fich ging, und welche Motive dabei den Richter beftimmen konnten, das zeigen uns deutlicher die hiftorifchen Berichte als die Rechtsquellen.

Die reichsgefetzliche Theorie des Fehderechts anzugeben, ift jetzt, nach den darüber vorliegenden Unterfuchungen, nicht fchwer; es ift auch nicht fchwer nachzuweifen, wie diefe Theorie im Spiegel des Lebens zu einem Zerrbilde wurde, und wie man die reichsgefetzlichen Vorfchriften zu umgehen wufste. Der letztere Nach-

---

[44]) Grimm, R. A. 519. 547.
[45]) Wilda S. 499.
[46]) Gassarus a. 1409.

weis liegt nicht ¬aufser der Aufgabe des Rechtshistorikers, und dafür find feine Quellen die Chroniken und fonftige hiftorifche Berichte.

Wie das Gefchichtsbild durch Verwendung des angedeuteten Materials an Leben und Farbe gewinnt, wünfche ich dem Lefer im Folgenden zu zeigen.

II. Die Rache und Fehde.

A. Die Rache.

§ 14. In feiner erften Bedeutung ift r ä c h e n = verfolgen; der Sprachgebrauch nahm aber die Zweckbeziehung des Verfolgens in den Begriff, das Wiedervergelten des Uebels mit Uebel, und von hieraus war es möglich, Relationen zu finden zwifchen Rache und Strafe, Rache und Recht, indem man fagte, Strafe fei öffentliche Rache, das Wefen der Strafe beruhe in Rache der Vernunft und des Gefetzes gegen Unvernunft und Bosheit, Rache fei die erfte Offenbarung des Rechtsbewufstfeins, die Darftellung des Rechts auf rein fubjectivem Standpunkt [1]). Die letztere Wendung ift weniger gefährlich als die vorangehenden; fie führt uns fchon auf den Gegenfatz von Rache und Recht. Könnten wir uns einen vorftaatlichen Zuftand zufammenlebender Menfchen als wirklich denken, fo würden wir da die Rache als das beftimmende Prinzip der Ausgleichung des Unrechts annehmen dürfen, aber damit hätten wir, wie einen vorftaatlichen, fo einen vorrechtlichen Zuftand. Im Staat ift die Rache, die fich als Recht fetzen will, Feindin des Rechts; es fehlt ihr, die fubjective Befriedigung fucht, das Maafs und die Grenze, welche der Wiedervergeltung durch das Recht eigen ift; wer fich rächt, ift nicht gerecht. In der Entwicklung der Staatsidee und der Rechtsidee mufs daher ein Bekämpfen der Rache fich zeigen, und die Gefchichte des Strafrechts weist ein Zurückdrängen und Zurückweichen der Rache nach.

§ 15. Eine Art der Rache ift die B l u t r a c h e, die als

---

[1]) A b e g g's Unterfuchungen aus dem Gebiete der Strafrechtsw. S. 126. Wilda S. 157.

Familienpflicht auftritt und weil fie in einem—ftarken Familien-
bewufstfein wurzelt, eine edle Grundlage hat, was ihr Kraft und
Dauer gab, obgleich fie wie jede Rache feindlich dem Recht gegenüber ftand.

Für den rechtlichen Beftand der Blutrache läfst fich aus
l. Alam. Hloth. 45. nur entnehmen, dafs man es natürlich fand,
wenn die Genoffen, pares, den, der einen der Ihrigen erfchlagen
hatte, verfolgten, um Rache an ihm zu nehmen; thaten fie es auf
der Stelle und tödteten fofort den Todfchläger in feinem Haufe,
fo hatten fie nur einfach deffen Wehrgeld zu zahlen. Wenn fie
aber auf dem Felde, wo der Streit begonnen hatte, bei ihrem
Todten blieben und den Todfchläger nicht bis in fein Haus verfolgten; dann in der Nachbarfchaft umherfchickten, um Genoffen
zu fammeln, ihre Waffen erft niederlegten [2]) und darauf feindlich
in fein Haus drangen; wenn fie nun ihn tödteten, fo follten fie
neunfach das Wehrgeld zahlen. Das neunfache Wehrgeld ftand
auf Mord. l. Alam. Hloth. 49, 1.

Es war natürlich, dafs die Städte früh die Blutrache, als dem
Stadtfrieden feindlich, zu befeitigen fuchten, doch gefchah diefs
nicht in einem unbedingten Verbot, fondern mit Anerkennung des
Motivs, voraus andern Friedensbrüchen. Genau beftimmte der
luzerner gefchworne Brief 1252: »Hat einer der Bürger Todfeindfchaft oder andere Feindfchaft mit einem Gaft oder Ausmann, den
foll er darum nicht befchweren, noch kein Leid thun, ob diefer
in die Stadt fährt, fondern er foll ihn zuvor warnen und mahnen
mit ehrbaren Leuten. Der Gaft foll dann ficheres Geleit der
Bürger haben, um heimzukehren, aber nie wieder in die Stadt
kommen, bis er die Freundfchaft des Bürgers wieder gewonnen
oder fich mit ihm auseinander gefetzt hat. Wenn er dennoch in
die Stadt kommt, was der Bürger dann dem Gaft thut, damit
hat er kein Gericht verfchuldet. Es foll aber kein Bürger an
dem andern Todfeindfchaft rächen in der Stadt; aufserhalb der
Grenzen des ftädtifchen Gerichts mifche fich aber diefes nicht ein
wegen Todfeindfchaft.« Es ift hier an drei Stellen das Wort

---

[2]) »et pausat arma sua iuso«. Ducange s. v. »Pausare pro ponere —
Gall. Posent les armes jus, bas«. Zu iuso (Ital. *giuso*), auch iusum = deorsum
vgl. Pertz, Mon. Script. I. 381: »mea brachia iusum deprimunt.« I. 627: »iusum
per Padum navigant.«

»Totgevehte«[3]), im lateinifchen Text »capitalis inimicitia« gefetzt, und wir haben darin den alten Ausdruck, der dem neueren »Blutrache« entfpricht oder fich ihm nähert. Es ftofsen in dem Worte die Begriffe Feindfchaft und Kampf auf Tod und Leben[4]) zufammen. Verwandte Umfchreibungen der Blutrache find, es, wenn wir im augsburger Stadtrecht 1276 S. 52 lefen: »vint gefin umbe den todflag« oder in der Offnung von Altregensperg[5]): »Item weri, daz der wirt kein fyentfchaft hetti zu ieman, er weri den gefächt gegen im umb ein todfchlag.«

§ 16. Es zeigen mehrere von den im vorigen § angeführten Stellen, dafs man der Tödtung in der Blutrache Zugeftändniffe machte im Vergleich mit anderen Tödtungen. Noch deutlicher aber erkennen wir aus unzähligen Berichten und Wendungen in den Quellen für die Strafrechtsgefchichte, befonders der Urfchweiz, dafs die Blutrache fortwährend, bis zum fpäteften Mittelalter, Anerkennung fand, wie fehr man auch bemüht fein mufste, ihre verderblichen Aeufserungen zurückzudrängen[6]).

Die Blutrache der Königin Agnes, »mehr als unmenfchlich und anders als einem Weibsbild gebührte«, ift auf dem Boden der Schweiz und überhaupt in der Gefchichte an furchtbarer Grofsartigkeit und tragifchen Momenten unübertroffen. Es wurden die Burgen Efchenbach, Fahrwangen, Rüfsegg, Schnabelburg, Mafchwanden, Wart und Altbüren zerftört; mehr als taufend Männer, Weiber und Kinder fielen durch Henkershand oder fonft nach Befehl der 26jährigen Frau, auf ihrem Rachezug gegen den Adel[7]). Aus der Blutrache foll auch die Fehde der beiden Gefchlechter Izzelin und Gruba in Uri hervorgegangen fein, welche unter dem Vorfitze des Grafen Rudolf von Habsburg 1257 gefchlichtet, aber von

---

[3]) f. auch Kopp's Urkunden zur Gefch. der eidgen. Bünde No. 1. Strobel II. 171. Anm. 4. Züricher Rb. I. 7. II. 12.

[4]) Schilter zu Königh. S. 459. Wilda S. 157 a. E. 192. Anm. 1. Weigand's Wörterbuch I. 329. Schmeller I. 517. Diefsenhofen 74: »viegentfchaft oder geveht«.

[5]) Grimm, Wsth. I. 84.

[6]) Kothing im Gefchichtsfreund XII. 141 und Nachtrag XIII. 87. R. A. aus der Schweiz No. II. Blumer II. 2, 1 ff.

[7]) J. von Müller II. c. 1. Wenn die Theilnahme des Bruders an der Blutrache weniger hervorgehoben wird von den Gefchichtfchreibern, fo gefchah es, weil die Hartherzigkeit der Frau mehr auffiel.

Männern des Gefchlechts Izzelin wieder aufgenommen wurde [8]).
Aus viel fpäterer Zeit, 1533, wird der Fall des Kafpar Wernli
von Freiburg erzählt, der, feinen Bruder zu rächen, »fampt feiner
ftarken Freundfchaft und Gefellfchaft, auf 80 Mann gerechnet, alle
wohl gewappnet«, auf Genf zog und einen Privatkrieg begann [9]).
Wichtiger als die Mittheilungen folcher Fälle der ausgeübten
Blutrache find die mancherlei Beweife der Anerkennung der Blutrache in den Rechtsquellen und im Rechtsleben:

1) Nach dem argumentum a contrario liegt eine Anerkennung
der Blutrache darin, dafs in den Kriegsartikeln für einzelne Züge
— in Erinnerung des alten Heerfriedens — beftimmt wurde, fo
lange der Zug dauere, folle niemand einen Todfchlag oder fonft
eine Feindfchaft rächen und äfern [10]).

2) Um fich die Blutrache zu fichern, überliefsen die männlichen Verwandten eines Getödteten die gerichtliche Klage wegen
der Tödtung einem nächften weiblichen Familiengliede. Die Hochgerichtsform von Glarus und Schwyz fagt darüber: »Umb Todfchlag clagt by uns kein mansperfon, fonders ein wibsbild, die
des entlypten Mutter, Eefrau, Schwöfter, Tochter oder nächfte
Bas ift; denn by uns (ift) der Bruch, fo ein Inländifcher in unferm
Land, der ein mansperfon wäre, clagte, fo möcht er nit rächen,
dann die inländifch perfon, fo das recht volfürt, hat kein rach,
darumb ftat allweg ein wibsperfon dar ze klagen, und ftat die
gantz früntfchaft by iro und rath iro, was fy thun foll. Und fo
oft der fürfprech clagt, nempt er allein die wybsperfon etc.« In
Zug trat 1525 die Schwefter des Getödteten klagend auf [11]); in
einem luzerner Fall, 1553, ebenfalls die Schwefter, und auf der
andern Seite ftand die Mutter des flüchtigen Todfchlägers [12]).

3) Die ftärkfte directe Anerkennung der Blutrache lag darin,
dafs, wenn der Todfchläger flüchtig geworden war und deshalb
verrufen und in den Unfrieden verkündet wurde, fein Leib den
Verwandten des Getödteten ertheilt ward. Dingrodel

---

[8]) Bluntfchli, Gefch. des fchweiz. Bundesrechts I. 24.
[9]) Stettler's Chron. II. 59.
[10]) Appenzell 1585 S. 19. Blumer I. 375.
[11]) Blumer I. 399.
[12]) Pfyffer, Luzern I. 377. Segeffer II. 673. Anm. 2.

von Kirchzarten 1395 [13]): »Sleht ouch einer den andern ze tode und wirt der begriffen, der den fchaden het getan, da fol man bare gen bare ftofsen, ift das man klaget. Ift aber, das einer hinkomet, fo ift dem Herrn das guot gevallen, und den fründen der libe.« Zug 1432 Art. 26: »Weri aber, daz er entrunni und nit für Gericht geftellt oder geantwirt würde, fo fol des Liblofen fründen des Andren Lib erteilt werden und aber der Statt und dem Ampt fin Guot uff Gnad« [14]).

Dafs es ernftlich mit folcher Ertheilung gemeint war, fehen wir aus einer Ordnung für das Freiamt Knonau im fünfzehnten Jahrhundert (?): »Und fo in des entlypten fründfchafft in der landtgraaffchafft uff waffer oder landt berätten, das fy in mit oder one Recht vom Leben zum Tod bryngen mögind« [15]). Die Rache war dann durch die gerichtliche Friedloslegung gerechtfertigt, und die Verwandten des Getödteten liefsen fich von dem Gerichte einen Brief ausftellen, kraft deffen fie in dem Gebiete der Verrufung [16]) ihre Blutrache ausüben konnten [17]). Sogar Zigeuner erhielten 1542 in Uznach eine folche Vollmacht [18]).

Noch in dem kyburger Graffchaftsrecht von 1675 Art. 22 [19]) finden wir die obige Formel in der alten Beziehung zur Blutrache gebraucht: »Ob aber der Todfchleger nit begriffen werden möchte, fo wird des todten Menfchen Fründen, die ihn von Sippfchaft wegen zu rächen hand, der Leib ertheilt etc.«

Entfernter war die Beziehung zur Blutrache, wenn diefelbe Formel bei der Verurtheilung eines anwefenden Todfchlägers ausgefprochen wurde. Handfefte von Zofingen: »Des erften wer den andern ze tod erflegt. daz gat im an Lib und fol par gegen pare ftan und fol der leib den Freunden und uns das gut ertailet wer-

---

[13]) Grimm, Wsth. I. 333.
[14]) f. auch Zug Malefizordnung S. 64 und viele Stellen in den R. A. aus der Schweiz No. II. S. 18.
[15]) Bluntfchli I. 205. Appenzeller Fall 1555 bei Blumer II. 2. S. 2.
[16]) R. A. aus der Schweiz No. XVII. S. 37.
[17]) Zellweger, Urk. No. 863. Arx, St. Gallen II. 609. Anm. b. Gefchichtsfreund XII. 148.
[18]) Wegelin, Toggenburg II. 142.
[19]) Peftalutz II. 208. f. auch die fchwyzer Urtheile von 1649 und 1698 bei Blumer II. 2. S. 4.

den und gevallen.« Basler Verordnung 1541: »Des erften, als
dann Jorg Volmar von Durlach, der Nachrichter feligen, von
wegen finer übeltath und begangenen morthandels ufs gnaden,
wiewol er zum rad verurteilt, mit dem fchwert gerichtet, dem
cleger der lyb und der oberkeit fin hab und gut, wie dann pruch
und gewonheit ift, zuerkant worden.« Aus der Rache ging die
Klage hervor, und diefer Urfprung wurde wieder blos gelegt in
jener Formel, in der man auch die öffentliche Hinrichtung als
ein Ertheilen an die klägerifche Freundfchaft des Getödteten bezeichnete [20]).

4) Von grofser Bedeutung für das fragliche Thema find die
Sühnverträge des Todfchlägers mit der Sippe des Entleibten.
Solche Verträge (Thädigungen, liebliche Richtungen), für die fich
eine Formel bildete [21]), in Fällen unabfichtlicher oder häufiger
im Affect verübter, ehrlicher Tödtungen [22]), find in grofser Zahl
aus der Zeit vom vierzehnten bis zum Ende des fiebenzehnten
Jahrhunderts erhalten oder erwähnt [23]), und im Veltlin foll folches Componiren noch am Ende des achtzehnten Jahrhunderts
vorgekommen fein [24]).

Diefe »Richtungen« führen uns zu den germanifchen Com-
pofitionen zurück, und enthalten regelmäfsig einen Punkt, der
fpeziell auf die Blutrache hinweist, dafs der Todfchläger den
Verwandten des Getödteten fo viel als möglich aus dem Wege
gehen, fie »zu Weg und Steg fcheuen« foll, damit die Rache
nicht wieder auflebe [25]).

Es wurden folche Richtungen nicht allein von der Obrigkeit
geftattet, fondern begünftigt [26]). In einem appenzeller Falle von
1587 fetzte der Landammann fein Siegel unter den von beiden

[20]) Ztfchr. für deutfches Recht XVIII. 189.
[21]) vgl. Walter § 706. Anm. 10.
[22]) Kothing, Rechtsq. S. 57. Peftalutz II. 152.
[23]) R. A. aus der Schweiz No. II. S. 20. Blumer II. 2. S. 3. Wegelin,
Toggenburg I. 355. Solothurner Wochenblatt 1823, S. 313. Abfcheide der zu
Baden im Aargau gehaltenen Tagfatzungen I. S. 86. 90. 173. 209. Rüttimann,
Beitr. zur Gefch. des zürcherifchen Rechts (1855) S. 8. Revue Suisse III. 35.
vgl. Jäger's Ulm S. 305. Pfaff, Efslingen S. 112.
[24]) Lehmann, patriotifches Magazin (1790) S. 62.
[25]) vgl. Wilda S. 181.
[26]) Blumer I. 396. vgl. Wilda S. 371.

Theilen befchwornen Vertrag [27]), und ein Urtheil wegen fahrläfsiger Tödtung in Appenzell 1660, welches in das Landbuch
von Appenzell I. Rh. Art. 46 aufgenommen ift, unterfcheidet fich
in Form und Inhalt gar nicht von folchen Richtungen. Da es
dienlich ift zur Veranfchaulichung des fraglichen Gegenftandes,
mag die Angabe feines wefentlichen Inhalts hier einen Platz finden:

a. Der Todfchläger foll am nächften Sonntage ohne Mantel
und Gewehr zwifchen zwei Wächtern in die Kirche gehen, in der
einen Hand eine brennende Kerze tragen, in der andern Hand
das Gewehr, mit welchem er den Andern erfchoffen hat; während
des Gottesdienftes im blofsen Hemd bis an die Weiche vor dem
Altar knieen und zwei Pfund Wachs geben; nach dem Gottes-
dienfte mit der Kerze und zum Todfchlag gebrauchten Gewehr zu
des Entleibten Grab gehen, auf demfelben fich niederlegen, dreimal mit lauter Stimme des Getödteten Namen rufen und ihn um
Verzeihung bitten, endlich vom Kirchhofe auf das Rathhaus fich
begeben und allda warten, was weiter mit ihm zu reden fein werde.

b. Er foll dann eine Wallfahrt nach Einfiedeln thun, dort
für des Entleibten Seele Gott treulich bitten, den begangenen
Fehler ordentlich beichten und einen Beichtzeddel heimbringen.

c. Er foll an dem Orte, da die leidige That gefchehen, auf
feine Koften ein fteinernes Kreuz von genau vorgefchriebener
Gröfse errichten laffen.

d. Er foll allen denen, die dem Getödteten näher als im Grade
der Gefchwifterkinder verwandt find, ausweichen auf Stegen, Wegen, Stapfen, Strafsen in Holz und Feld, zu Waffer und zu Land,
in Städten und Dörfern, in Flecken und auf Märkten; er foll
auch in kein Wirthshaus, in keine Badftube gehen, kein Schiff
betreten, in welchem fich Freunde des Entleibten befinden, fie
möchten es ihm denn geftatten.

e. Er foll fich überhaupt und befonders gegen des Entleibten
Freundfchaft fehr ruhig verhalten.

f. Da er nicht vermögend ift, foll er der Freundfchaft des Entleibten an ihren gehabten Koften 50 Gulden und der Obrigkeit für
Strafe, Bufse und Unkoften auch 50 Gulden geben.

g. Zwifchen dem Todfchläger und deffen Freundfchaft und der

---

[27]) Rüfch, Appenzell S. 107. f. auch Schaffhaufen Chron. a. 1445.

des Entleibten foll Frieden angelegt fein 1 Jahr 6 Wochen und 3 Tage, mit Vorbehalt einer weiteren Erftreckung des Friedens, wenn es der Obrigkeit nöthig erfcheinen würde.

5) Eine offizielle Warnung vor den rächenden Freunden des Getödteten, in welcher die Anerkennung der Blutrache verfteckt ift, kann man es nennen, wenn an manchen Stellen dem Todfchläger, welcher der Oberkeit durch Bufsezahlung oder fonft genügte, gefagt wird, er habe fich zu hüten vor des Erfchlagenen Freunden oder fich mit ihnen zu richten [28]). Selbft dem Rebbannwart zu Twann am Bielerfee ift bemerkt, dafs, wenn er in der Ausübung feines Amtes einen Frevler leiblos gemacht habe, er zwar fonft nicht verantwortlich fei, aber fich vor des Todten Freunden hüten folle [29]).

6) In der Ferne erkennt man noch die Blutrache, wenn für die Fälle der Tödtung in der Nothwehr, zur Rettung der Hausehre etc. ausgefprochen wird, dafs der Todfchläger vor des Getödteten Freunden ficher fein folle [30]).

§ 17. Blutrache ift kein alter technifcher Name, und man kann fragen, ob damit die blutige Rache oder die Rache des Bluts bezeichnet werde. Das Letztere verdient wohl den Vorzug, infofern dann dadurch die zu einer folchen Rache Berechtigten kurz und deutlich angezeigt find. Am häufigften ift zwar die »Freundfchaft« im Allgemeinen genannt, die Rache ift alfo Familienrache; häufig findet aber eine nähere Beftimmung und Begrenzung ftatt, fo dafs der Kreis der engeren Familie, die Blutsverwandtfchaft, fixirt wird. Nach der Offnung von Kyburg, § 4, wird der Leib des flüchtigen Todfchlägers den Freunden des Todten ertheilt, »die ihn von Sippfchaft wegen zu rächen haben«; das find aber nach manchen Stellen diefelben, welche ihn beerben. Luzern, Stadtrecht Art. 189 Zufatz: » — die einandern nit fo nach mit fründfchaft verwant, das fy einandern zu erben old rechen gehept«. Emmenthal: »Welche Perfonen einer anderen alfo nach befründet ift, dafs fie einanderen

---

[28]) Kothing, Rechtsq. S. 51. 57. 363. Schauberg, Ztfchr. I. 14. 367. 368. Wädenfchweil, Herrfchaftsrecht Art. 29 bei Peftalutz II. 152. Bluntfchli I. 410. Anm. 152. — Memmingen S. 254. 256.

[29]) Grimm, Wsth. I. 183.

[30]) R. A. aus der Schweiz No. II. S. 22. 23. Wädenfchweil, Herrfchaftsrecht a. a. O.: »auch vor des lyblos fründen ficher fin«.

zu erben und zu rechen hand«. Die Rachepflicht ift Correlat des Erbrechts; daher denn auch in den fpezielleren Angaben der rachepflichtigen Perfonen diefelben Variationen vorkommen wie für die Erbfähigkeit [31]).

Auch das augsburger Stadtrecht 1276 enthält bemerkenswerthe hier einfchlagende Sätze, S. 52: »Ez enmag auch kein wibes friunt vint gefin umbe den totflach. wan mannes friunt unze an die fibenden fippe«; S. 93: »fo fuln daz gut erben immer die nächften erben unz an die fibenden fippe« [32]). An einer andern Stelle, S. 63, find die Verwandten aufgezählt, welche einen flüchtigen Todfchläger in die Acht bringen können. Der Kreis ift viel enger gezogen, es find nur die nächften Blutsverwandten genannt, bis an die Bafen und Muhmen und ihre Kinder [33]). Dann heifst es weiter: »unde anders kain fin friunt mugent in ze ähte bringen. wan die davor genennet fint. Unde fwaz andere friunde da ift die mugent fine vinde wol fin. fie mugent fin aber niht geähten. Daz felbe reht ift umbe die wunden als umbe den totflac«.

Nach den fchweizerifchen Rechten waren die rachepflichtigen Verwandten befreit von der Pflicht, Frieden zu bieten, wenn fie fahen, dafs ihr Verwandter in einem Streite blutig gefchlagen war, und fie durften fich auch zur Hülfe desfelben in den Streit einmifchen [34]). Der Kreis der Verwandten ift aber für diefen Fall bisweilen enger gezogen. Das knonauer Amtsrecht, 1535, Art. 5 nennt Vater, Bruder und Sohn, ebenfo Brugg, 1620. Analog ift die Befreiung von der Pflicht zur Nacheile, zum Leiden (Angeben) u. f. w. [35]).

§ 18. Fragen wir nach den Gründen des langen Beftehens der Blutrache in der Schweiz, fo ift der Zufammenhang mit der dauernden Sitte des unbefcholtenen freien Mannes, Waffen zu tragen [36]), nicht zu verkennen; auch die durch Kämpfe für den eignen Heerd und im fremden Kriegsdienft continuirte Kriegsluft kann

---

[31]) F. von Wyfs in Ztfchr. für fchweiz. Recht IV. 150. R. A. aus der Schweiz No. II. S. 19. Blumer II. 2., 42.
[32]) f. auch S. 110 und Schwfp. 6. 15. W.
[33]) vgl. Jäger's Ulm S. 302.
[34]) R. A. aus der Schweiz No. II. S. 19.
[35]) R. A. aus der Schweiz No. II. S. 20. f. auch Augsburg 1276 S. 83.
[36]) R. A. aus der Schweiz No. IX.

in Anſchlag gebracht werden, aber der tiefere Grund liegt in dem
mit der Stabilität des Wohnens der Familien der Urſchweiz zu-
ſammenhängenden feſten Familienverbande und der Stärke des
Familienbewuſstſeins. Die natürliche Rache der ſich ihrer Kraft
und Ehrenpflicht bewuſsten Familien zu beſeitigen, hatte die Staatsgewalt nicht die Macht, ſie konnte auch die Baſis oder den Hintergrund der Familienrache nicht unberückſichtigt laſſen, denn das
Familienbewuſstſein war eine wichtige Stütze der einfach organiſirten
und nicht durch eine ſtarke Centralgewalt beherrſchten Gemeinweſen. Aber indirect wurden die blutigen Ausbrüche der Familienrache verringert. Dazu trug weſentlich bei, daſs ein zwiſchen zwei
Perſonen durch Gebot und Gelobung zu Stande gekommener Frieden auch die beiderſeitigen Verwandten umfaſſen ſollte [87]).

Sehr weit ging in der Hemmung der Blutrache ein Vergleich
zwiſchen Luzern und den drei Waldſtätten 1379, in welchem unter
Buſsandrohung beſtimmt wurde, daſs, wenn ein Bürger von Luzern
in den Waldſtätten oder ein Landmann aus den Waldſtätten in
Luzern erſtochen, verwundet oder ſo geſchlagen wurde, daſs er
an ſeinem Leibe »merklichen Gebreſten gewünne«, und er das
rächen wolle, er es an dem Schuldigen [38]) thun ſolle, nicht an
deſſen Freunden und Geſellen, die daran keine Schuld haben; er
ſolle den Letzteren weder an Leib noch an Gut übel thun, noch
ſchaffen, daſs von ſeinen Freunden ſolches gethan werde [39]). Daſs
aus dem Verbote in dieſem ins völkerrechtliche Gebiet hinüber-
gehenden Vergleiche eine allgemeine Regel hervorging, können wir
freilich nicht annehmen, und weit mehr wurde die Familienrache
verdrängt, ſowohl durch die Kirche, als durch das Bemühen der
Obrigkeiten vermittelnd zu wirken und Thädigungen der oben
angegebenen Art zu Stande zu bringen. Die groſse Zahl der
berichteten Sühnen läſst ſchlieſsen, daſs ſie allmählig die Regel
bildeten, und da haben wir denn den Satz der fortſchreitenden
Entwicklung, daſs die Blutrache im Prinzip anerkannt blieb, ihre
Ausübung aber verhindert wurde.

[87]) R. A. aus der Schweiz No. II. S. 20.
[38]) vgl. lex Burg. II. 6: »Ut interfecti parentes nullum nisi homicidam perse-
quendum esse cognoscant«; lex Sax. XVIII.: »Et ille ac filii eius soli sint faidosi«.
Siegel, Geſch. des deutſchen Gerichtsverfahrens I. 22.
[39]) Segeſſer II. 22.

Der letzte Nachklang der Blutrache in der Schweiz ift vom Jahr 1705 [40]). Als wegen einer Tödtung zwei mächtige Familien in Schwyz fich feindlich gegenüber ftanden, vermittelten die Jefuiten, welche in Luzern Miffion hielten, eine Verföhnung, und als die beiderfeitigen Verwandten hievon dem Malefizrathe Anzeige machten, wurde dem Thäter das Land wieder geöffnet, doch mit dem Vorbehalt, dafs auch noch zwei in fremden Kriegsdienften ftehende Söhne des Getödteten ihre Zuftimmung zu erklären hätten.

B. Die Fehde.

§ 19. Aus der Blutrache entftand manche Fehde, fo die der Gefchlechter Izzelin und Gruba in Uri [41]), und in dem Worte »Totgevehte« treffen die Begriffe Fehde und Blutrache zufammen; aber die meiften der überlieferten Fälle von Fehden oder Privatkriegen zeigen uns nicht zwei Familien fich gegenüberftehend, und nahmen ihren Urfprung nicht von einer durch die Freundfchaft zu rächenden Tödtung oder fchweren Verwundung; daher find Rache und Fehde auseinander zu halten, um die Fehde im Mittelalter in ihrer wahren Geftalt zu erkennen und die Frage beantworten zu können, wie weit es damals ein Fehderecht gab.

Es ift bekannt, dafs die neueften Forfcher, Wilda, v. Wächter u. a., fich erklärt haben gegen die viel zu weit gehende Ausdehnung des Fehderechts bei den früheren Schriftftellern, bei denen das Fehderecht und das Recht des Stärkeren zufammenfiel, alfo reine Willkühr war, für welche nur ein ritterlicher Comment das gehörige Anfagen der Fehde vorfchrieb. Die Gefchichte der Fehden redet auch diefer letzteren Auffaffung das Wort, aber das Recht zur Fehde ift nicht gleichbedeutend mit der Ausübung derfelben.

Der Mangel eines die Willkühr und Neigung zur Eigenmacht und Gewaltthätigkeit beherrfchenden Rechtsftaats bot der Fehde im Mittelalter ihr Kampffeld; die Leichtigkeit, mit der zu allen Zeiten der Suchende einen Schein des Rechts hat finden können, wenn ein wirkliches Recht fehlte, mufste bei der mangelhaften Gerichtsorganifation im Mittelalter fich überall geltend machen. Wo wir es nicht mit reinen Raubanfällen zu thun haben, wufste

---

[40]) Kothing im Gefchichtsfreund XII. 151.
[41]) oben § 16. S. 25.

der angreifende Theil ſtets einen Rechtstitel für ſich anzuführen, grade ſo wie auf dem groſsen Kriegstheater der Weltgeſchichte. Wer im Mittelalter der Form des ritterlichen Comments gemäſs eine Fehde ankündigte, der ſtützte ſich immer darauf, daſs der Gegner kein Recht habe geben oder nehmen wollen, oder daſs die Gerichte es verweigert hätten, und das iſt der Schwerpunkt des Fehderechts [42]). Daher iſt im Rechtsbuch von Memmingen S. 253 die Vorausſetzung einer wirkſamen Klage wegen »unrecht Widerſagen«, daſs der Kläger beweiſe, er ſei dem Widerſager des Rechten gern gehorſam geweſen an den Stätten, da er billig ſollte, und habe ihm das nie verzogen.

Ein mühlhauſer Fall von 1465 [43]) führt uns mitten in die Sache hinein, und macht die Hauptmomente des Fehderechts kenntlich.

Hermann Klee von Eſslingen, ein Müllerknecht, gab vor, an ſeine geweſenen Meiſter in Mühlhauſen eine Forderung von ſechs basler Blappart, als ausſtehenden Lidlohns zu haben. Als die Meiſter ſeine Forderung nicht befriedigten und auch der Bürgermeiſter, dem er die Klage vorgebracht hatte, ihm nicht willfahren wollte oder konnte, zog er von der Stadt, und forderte das Geld nun nicht mehr von den Meiſtern, ſondern von der Obrigkeit der Stadt. Nach einander wurden zwei Briefe, in denen er begehrte, daſs die Antwort ſammt dem Gelde ihm in ein bezeichnetes Wirthshaus aufserhalb der Stadt zugeſchickt werde, in dem Grendel vor dem Baſelthor gefunden. Weil nun ſeine unruhige, tückiſche und böſe Art während ſeines Aufenthalts in der Stadt allgemein bekannt war, wurde ihm durch einen geſchwornen Boten der begehrte Lidlohn an den beſtimmten Ort geliefert. Er war aber inzwiſchen von den benachbarten Edlen eines Andern beredet und angehetzt worden, deshalb erhob er das Geld daſelbſt nicht, ſondern ſteckte am 11. April des folgenden Jahres einen Abſagebrief an die Stadt in den Grendel vor dem Baſelthor, und übergab darauf ſeine Forderung an Peter von Regesheim. Dieſer machte gleich darauf, mit Hülfe anderer von der Ritterſchaft, einen Angriff auf die Städter »ohngewahrnet und ohnabgeſagt und alſo ohnbewahrt ihrer ehren, wider Kaiſer Friderichs Barbaroſſä zue Nieremberg im Jahr 1187

---

[42]) Const. pacis 1235 § 5. Wächter's Beiträge S. 49 ff.

[43]) Petri, Mühlhauſen S. 155 ff. vgl. Mone's Quellenſammlung der badiſchen Landesgeſchichte II. 57. 148.

gemachte und bis dahin von allen ehrliebenden edlen gemüteren hochgeachte und gehaltene Satzung, welche nicht nur dafs abgeſagt, ſonderen auch, dafs demnach in den nächſten drei tag und nächten noch nicht angegrieffen werde, haben will«; nahm 12 Bürger der Stadt gefangen, und ſandte erſt am 16. April ſeinen Feindbrief durch eine arme, dazu gezwungene Frau in die Stadt. In den folgenden Tagen kündigten noch 20 andere Herren und Ritter in fünf verſchiedenen Briefen ihre Feindſchaft an, überfielen und plünderten dann das Dorf Iltzach, und führten auch etliche Gefangene hinweg. Hieran nahmen auch andere Herren und Ritter und reiſige Knechte Theil, die nicht abgeſagt hatten, entſchuldigten ſich aber nachher und baten, ſie aus der Feindſchaft zu laſſen, weil ſie von Peter von Regesheim angeſprochen, ihm in einer »Reiſe« zu dienen, aber nicht berichtet worden ſeien, wohin oder wider welche es gelten werde. Demnach nun kein Aufhörens mehr geweſen und den Mühlhauſern von dem wider ſie erhitzten Adel täglich mit Nam und Brand groſser Schaden zugefügt worden iſt, haben auch ſie ſich zur ·Gegenwehr gerüſtet und unter ihrêm Hauptmann Hans Ulrich von Mellingen 100 eidgenöſſiſche Knechte werben laſſen, mit welchen ſie auch alle Tage auf ihre Feinde ausgefallen ſind und ſonderlich auf die Dörfer und Güter derſelben geſtreift haben. ·Die Mühlhauſer blieben nicht ohne Hülfe ihrer Eidgenoſſen in der Schweiz, namentlich derer von Bern und Solothurn; verſchiedene Vermittlungsverſuche wurden gemacht, es kam mehrere Male zu einem Anſtand, aber immer brach der Kampf wieder aus. Da gingen den Reichsſtänden und Städten die Augen auf und ſie ſahen, wie durch ihr langes Zögern die Stadt Mühlhauſen zu dem eidgenöſſiſchen Bunde hingedrängt worden ſei. Es wurde nun von Reichswegen eingeſchritten, zwei feſte Raubſchlöſſer des Peter von Regesheim mit ſtürmender Hand eingenommen und verbrannt. In einem derſelben wurde auch Hermann Klee, der Hauptſächer, ſammt drei ſeiner Helfer erſtochen. Da liefs Peter von Regesheim bei den Mühlhauſern um Frieden anrufen; diefe verlangten aber vorher Abtrag alles erlittenen Schadens. Gütliche Zuſammenkünfte zu Bern, Baſel, Straſsburg, Conſtanz und anderswo bewirkten nur zeitweilige Anſtände, bis Herzog Sigmund von Oeſterreich im Weinmonat ſich ſelbſt in das Land begab und einen Tag zu Enſisheim anſetzte, der dann nach Baſel verlegt, aber wieder nach Enfisheim zurückverfetzt wurde. Hier wurde dann die Sache dahin erledigt, dafs Peter von Regesheim der Stadt Mühlhaufen, mit der er wider alles Kriegsrecht gehandelt, für zugefügten Schaden 825 rheinifche Gulden bezahlen, demnach die beiderfeitigen Gefangenen ohne Entgelt ihrer Haft entlaffen werden und hiemit alle Fehde und Feindfchaft tod und ab fein folhe.

In diefem Falle fpiegelt fich das Fehderecht und deffen Ueberfchreitung, der Gebrauch und Mifsbrauch:

1) Aus einem kleinen Anfange entfpann fich ein grofser Kampf, aber der Anfang leitet zurück auf einen rechtlichen Anfpruch, den, nach Meinung und Vorgeben deffen, der den Funken in den Brennftoff warf, weder feine Schuldner hatten befriedigen, noch die Obrigkeit hatte zur rechtlichen Geltung kommen laffen. Wir fehen aus diefem Falle, wie die unbedeutendfte unbefriedigte Geldforderung als Anlafs zur Fehde dienen konnte [44]), und wie die materielle Vorausfetzung des Fehderechts und deffen Fundamentalfatz -fich in der Praxis geftaltete, weil der Entfcheid über den Rechtstitel zur Fehde nicht gefichert war durch eine das Subjective beherrfchende Norm, und daher konnte es auch dahin kommen, dafs jener Fundamentalfatz verhöhnt wurde, wie in dem von einem elfaffer Chroniften erwähnten Falle, wo ein muthwilliger Herr eine Stadt bekriegte und gräfslich fchädigte »umb das ein Gauch (Kukuk) von der Stadt was geflogen in fin Lant über ein Vogelneft und darus die Vogeleier hatte geeffen« [45]).

2) Der Müllerknecht von Efslingen war kein ritterbürtiger Mann, er hatte nicht das Waffenrecht, welches man als das Recht zu Fehden bezeichnet hat [46]). Diefs mochte ein Grund fein, dafs er feine Forderung dem Peter von Regesheim cedirte, und bei der Luft der Ritterfchaft, mit den Städten anzubinden, gelang es ihm, eine Befehdung Mühlhaufens hervorzurufen, die ihm mit etwaigen Genoffen feiner Art weder zuftand noch möglich war. Uebrigens finden wir bei dem verwegenen und blutigen Spiel, welches mit den Fehden getrieben wurde, nicht felten, dafs Leute widerfagten, die nicht dazu qualificirt waren. Bekannte Beifpiele vom alamannifchen Gebiete find, dafs im Jahr 1450 die »Becken und Buben«

[44]) Wächter S. 50.
[45]) Schilter zu Königsh. S. 911.
[46]) Eichhorn II. § 304. Anm. a. § 347.

des Marggrafen Jacob von Baden fich einer Fehde gegen die Städte Efslingen, Reutlingen und Wyl anfchloffen und den Städten von fich aus einen Abfagebrief zufchickten; im Jahr 1462 die Becken des Herzogs Ludwig von Baiern der Stadt Kempten [47]). Gegen das Ende des fünfzehnten Jahrhunderts fagte ein Appenzeller, Hans Beck, genannt Hotterer, der Stadt St. Gallen ab, als man hier feinen Klagen gegen den Vogt der Herrfchaft Sax kein Gehör hatte geben wollen, und führte geraume Zeit einen den Bürgern St. Gallens fehr verderblichen Privatkrieg [48]). Er berief fich darauf, dafs ihm fein Recht verweigert worden, und gebrauchte die gefetzliche Form des Widerfagens, aber im Uebrigen war feine Unternehmung gar keine Fehde mehr im Sinne des früheren Mittelalters, wo dazu eine bewaffnete Mannfchaft gehörte.

Das zur rechtmäfsigen Fehde gehörige Waffenrecht nahmen fich die Städte, als fie zur Macht und Selbftftändigkeit gelangten, und man geftand ihnen als felbftftändigen politifchen Corporationen das Fehderecht zu [49]). Sie mufsten fich fchützen und Repreffalien üben, nahmen geübte Kriegshauptleute in ihren Sold, unter den eigenen Bürgern fehlte es auch nicht an waffengeübten Männern; fie machten Bündniffe mit anderen Städten und auch mit Herren, und fchickten ihrerfeits Fehdebriefe an die Dynaften und Ritter. So nahmen auch die Mühlhaufer in dem obigen Falle den Fehdehandfchuh auf, und von Abfagebriefen, welche die Städte dem Adel zufchickten, haben wir reichliche Kunde [50]).

In folchen Fehden wurden unzählige Burgen und Raubfchlöffer gebrochen, deren Ruinen als ftumme Zeugen einer alten wilden Zeit jetzt daftehen; während aber die Fehde den Untergang vieler Burgen herbeiführte, veranlafste fie dagegen die Gründung mancher Städte [51]).

3) Die Chronik von Mühlhaufen verweist hinfichtlich der formellen Vorausfetzung für den Beginn einer rechtmäfsigen offenen Fehde (manifesta werra) auf die bekannte Conftitution Friedrich I.,

---

[47]) Datt p. 118. Haggenmüller I. 331.
[48]) R. A. aus der Schweiz No. XIV. f. auch den Fall in Schreiber's Tafchenbuch 1841 S. 248.
[49]) Hälfchner I. 21.
[50]) Datt p. 116. Schreiber, Urk. II. 331.
[51]) Eichhorn II. § 263. Anm. c.

vom Jahr 1187, an welche fich andere Reichsgefetze anfchloffen [52]). Die vorherige Ankündigung der Fehde erfcheint im deutfchen Mittelalter als Effentiale für die berechtigte Fehde, und ift in diefer Conftitution genau normirt, aber fchwerlich durch diefelbe neu eingeführt, fondern als Gebot der Ehre fchon frühere Sitte gewefen [53]). Jene Conftitution verlangt auch, dafs das Abfagen durch einen fichern Boten gefchehe — per certum nuntium suum diffiduciet eum — und, Mifsbräuchen gegenüber, fchrieben fpätere Reichsgefetze, wie die goldne Bulle IV. 17. noch Genaueres in diefer Richtung vor [54]). Regel wurde es, die Abfage fchriftlich zu machen, obgleich die Conftitution Friedrich's und auch die goldne Bulle eine mündliche Ankündigung der Fehde zur rechten Zeit und durch die rechte Perfon nicht ausfchliefsen, wogegen K. Wenzel in der Friedensconftitution von 1398 vorfchrieb, es folle der, welcher angreifen wolle, drei Tage und drei Nächte vorher fich bewahren mit feinem offenen Briefe und gewiffen Boten »in defs Schlofs, Statt oder Hufs, da derfelb den er befchädigen will, mit finem libe zu der Zyt wohnhaft ift, oder im felber in fin gegenwärtigkeit geben, ohne Gevärde«. Am häufigften ift ein folcher offener Brief »Feindsbrief« genannt, ein Name, der dem Begriff der Fehde = Feindfchaft genau entfpricht und der regelmäfsigen Erklärung in folchen Briefen, »man wolle des Andern Feind fein«.

In dem mühlhaufer Falle finden wir bedeutende Abweichungen von den Formen der reichsrechtlichen Theorie. Peter von Regesheim zwang eine arme Frau, die nicht ein ficherer Bote im reichsrechtlichen Sinne fein konnte, den nachträglichen Feindsbrief in die Stadt Mühlhaufen zu tragen, und Hermann Klee hatte feinen Abfagebrief in den Grendel vor dem Bafelthore gefteckt. Diefe letztere Form der Infinuation, welche oft vorkommt [55]), erinnert an die Ladungen zum Fehmgericht [56]). Die perfönliche Gefahr des Boten, zumal wenn der Widerfagende nicht das Fehderecht hatte, führte zu der Abweichung, die, wie manches Andere, die Entartung des Fehdewefens anzeigt.

[52]) Datt I. c. 15.
[53]) Siegel, Gefch. des deutfchen Gerichtsverfahrens I. 18.
[54]) Datt l. c.
[55]) Petri, Mühlhaufen S. 184. 160. 168. 179.
[56]) Wächter's Beitr. S. 28. 205. Petri S. 184. Wigand's Femgerichte S. 509.

Die Stadt Mühlhaufen hatte in diefer Zeit wegen ihres Bünd-
niffes mit den fchweizerifchen Eidgenoffen viel zu leiden. Die
Ritter und Edlen umher liefsen, wie P e t r i fagt, keine Gelegenheit vorübergehen, »ihrer Luft an der Stadt, welche fie nur der
Schweitzeren Khueftall nannten, genugfam zue buefsen«, und gleich
auf die obige Erzählung folgt bei ihm die einer anderen Fehde,
in welcher ebenfalls ein nicht zur Fehde Berechtigter, ein Leib-
eigner mit feinen Helfern, der Stadt Mühlhaufen und ihren Eidgenoffen von Zürich, Bern, Luzern und Solothurn und allen denen,
die fich zu ihnen hielten, eine öffentliche Feindfchaft ankündigte,
die dann wiederum einen heifsen Kampf hervorrief.

Ein Punkt der reichsgefetzlichen Theorie vom Fehderecht ift
zwar in den alamannifchen Quellen nicht befonders erwähnt, dafs
gewiffe Perfonen und Sachen in der Fehde gefchout werden follten,
Geiftliche, Pilger, Kaufleute etc. [57]), aber im deutlichen Zufammenhange damit fteht der grade im alamannifchen Recht fixirte Begriff des rechten oder übeln Strafsenraubes, wovon unten die Rede
fein wird.

Von vielen Fehden auf alamannifchem Gebiete, der Herrn unter
fich und noch mehr der Herrn und Ritter mit den Städten, haben
wir Bericht. Die Erfteren mufsten in den aufblühenden Städten
ihre Gegner fehen und in den Städtebündniffen Hemmniffe ihrer
Kraftentwicklung. Auch nach dem ewigen Landfrieden Maximilian's,
der »alle offne Vehde und Verwarung durch das gantz Reich auf-
gehebt und abgetan« hatte, dauerten die Fehden fort [58]). Fehden
und Abfagen waren auch in der Schweiz zu Haufe. Als der Landvogt Türing von Hallwyl 1468 Mühlhaufen belagerte, »da kamen
drei Boten, die führten drei Abfagungbrief offenlichen an eim
Stecken, die waren von Bern, Freiburg im Uechtland und Solothurn, welche Briefe überantwortet wurden dem Landvogt« [59]).
Aber viele gröfsere und kleinere Kämpfe, wenn fie auch als Krieg,
Urlüge und Unminne bezeichnet find, haben mit dem Fehderecht
im technifchen Sinne nichts zu thun; daher pafst der Titel einer

[57]) ·Wächter im neuen Archiv des Criminalrechts XII. 364.
[58]) Zöpfl S. 527.
[59]) Maternus Berler's Chronik in: Code hist. et diplom. de la ville de
Strasbourg I. 2. S. 83. f. auch Archiv des Crim. 1855 S. 265. Troll, Winterthur I. 29. Campell, rätifche Gefch. I. S. 92.

40

Abhandlung C. v. De fchwanden's »die Ueberrefte des Fehderechts in den Rechtsquellen des nidwaldner Particularrechts« ⁶⁰)
nicht, fo werthvoll die Abhandlung als Beitrag zum Friedensrecht
der innern Schweiz ift.

III. Vom Frieden, den Friedensbrüchen und der Friedlofigkeit.

A. Frieden und Recht. Landfrieden und Treuga Dei.

§ 20. Frieden und Recht find nicht gleichbedeutend in alt-
germánifcher und altdeutfcher Zeit, aber die Begriffe find zufam-
mengehörig. Frieden ift der Schirm der Rechtsgemeinfchaft, und
im Frieden liegt der Keim des Rechtsftaats. Der Frieden negirt
die dem Rechte widerftrebende Gewalt und Willkühr; die Idee
des Rechtsftaats gelangt über die Brücke des Friedens zur Herrfchaft. Mit dem Verfall und nach dem Untergange der fränkifchen
Monarchie trat ein Zuftand überall durchbrechender Gewaltthätigkeit ein und in zahllofen Landfrieden wurde verfucht, dagegen
zu reagiren, aber die der Entwicklung des Rechtsftaats feindlichen Elemente machten fich immer wieder geltend, und durch
Jahrhunderte zieht fich das Ringen des Staats mit der Eigenmacht.

Die constitutiones pacis, Friedebriefe, Landfrieden, allgemeine
und particulare, find die Spiegelbilder des deutfchen Mittelalters,
in welchem mit der ungebundenen Kraft das Bedürfnifs der Stände
und Menfchen unter die höhere Ordnung des Staats und Rechts zu
gelangen einen langen Kampf zu beftehen hatte. Sie érfcheinen als
eine lange Danaidenarbeit und zeigen, dafs Gefetze zur Erziehung
des Menfchengefchlechts wenig wirken, wenn fie auch nicht wie
das grofse Sittengefetz Roms, die lex Julia et Papia Poppaea, ein
ftaatspädagogifcher Mifsgriff waren. Die Tendenz der Landfrieden
in Deutfchland drang zwar endlich durch, weil diefs im allfeitigen
Intereffe lag und diefes erkannt wurde; die Zeitftrömung führte
zu anderen Kämpfen auf dem weltlichen und kirchlichen Gebiete,
als es die Fehden waren, gegen welche die Landfrieden bekäm-
pfend und befchränkend auftraten.

---

⁶⁰) Gefchichtsfreund IX. 75 ff.

Die zahlreichen Ausläufer der allgemeinen Landfrieden in Form der vertragsmäfsigen, befchwornen, befondern Landfrieden auf dem alamannifchen Gebiete vom elften bis zum Ende des fünfzehnten Jahrhunderts hatten alle, wie die Landfrieden für andere Gebiete und zum Theil auch die Städtebündniffe, die Tendenz, durch Unterdrückung der Gewaltthätigkeit dem Recht einen Boden zu ebnen, und nicht eher, als bis diefes gefchehen war, konnte ein neues gemeinfames Strafrecht Deutfchlands fich entwickeln: auf den ewigen Landfrieden 1495 folgte nach kurzer Zeit die Carolina und fafste Wurzel.

Parallel mit den Landfrieden führte demfelben Ziele zu die von Frankreich ausgegangene kirchliche Inftitution der Treuga Dei [1]). Wenn die Urkunde echt und richtig datirt wäre, fo müfste der dem Jahre 1051 zugefchriebene elfaffer Landfrieden wegen Aufnahme der dem Gottesfrieden eigenthümlichen Beftimmungen merkwürdig erfcheinen. Sie findet fich zuerft bei Beatus Rhenanus [2]), dann bei Goldaft [3]) unter der Rubrik: »Recessus conventus Alsatici sub Henrico III. Nigro Imp. Aug. de conventione pacis publicae, instituto (ut putatur) Hagenoae a. 1051«, und ift auch bei Strobel [4]) abgedruckt. Es fcheint aber das Ganze ein Kunftftück zu sein, um Landfrieden und Gottesfrieden mit einander zu verfchmelzen, ob von Beatus Rhenanus, in deffen Bibliothek zu Schlettftadt die Urkunde fich handfchriftlich nach Strobel befindet, gemacht, oder von einem Früheren, vermag ich nicht nachzuweifen. Wäre die Urkunde echt, fo würden fich ficherlich anderweitige Spuren derfelben finden, und fie wäre Schöpflin nicht entgangen. Gleich der Anfang ift ganz verfchieden von den Eingängen anderer Friedensconftitutionen und für die Mitte des elften Jahrhunderts unglaublich, wenn dort gefagt ift: »Alsatienses cum suis primatibus subnotatam pacis editionem juxta conprovincialium suorum decretum conjuravere et conjuratam perpetuo, prout homini licet, in hunc modum confirmavere.«

---

[1]) Aug. Kluckhohn, Gefchichte des Gottesfriedens 1857.
[2]) Rerum Germ. libri ed. Froben (Basil. 1531. fol.) lib. II. p. 97 (nicht Glareanus, wie du Cange s. v. *treuga* angibt).
[3]) Const. imp. II. p. 47.
[4]) I. 279 ff.

B. Landfriedensbruch.

§ 21. Aus den Landfrieden ergab fich der Begriff des Land-friedensbruchs [5]). In dem ewigen Landfrieden 1495 ift der Ton darauf gelegt, dafs alle offene Fehde im ganzen Reiche abgethan fein folle; jede Fehde ift alfo fortan Landfriedensbruch, während es vordem eine rechtmäfsige Fehde gab. Immer ftellt fich der Landfriedensbruch als ein Collectiv dar, infofern er durch verfchiedene Handlungen zu Stande kommen konnte, die auch für fich betrachtet ftrafbare Miffethaten waren, feit fie nicht mehr in der rechtmäfsigen Fehde aufgehen konnten. Die einer aufser-gerichtlichen Formularjurisprudenz des Mittelalters angehörigen Abfagebriefe fignalifiren häufig die Handlungen, in denen eine Fehde regelmäfsig zum Ausbruch kam: »und wie fich die Feind-fchaft furder macht, es fy Nom, Brand oder Todfchlag, fo wollen wir unfer Er mit unferm offen befiegelten Brief auch be-wart han«, oder: »es wäre mit Brand, Brandfchetzen, Todfchlägen« u. dgl. [6]). Todfchläge konnten auch aus andern Gründen ftraflos fein, Raub und Brandftiftung nur aus diefem einen Grunde, daher ift hierin der Gegenfatz des rechtmäfsigen und unrechtmäfsigen Raubes und Brennens begründet [7]). Oft enthalten die Abfagebriefe auch die allgemeine Angabe »und wie fich die Feindfchaft machet oder machen würde« und »oder andern Sachen, wie fich das machen oder begeben würde« u. dgl. [8]), aber natür-lich ift nie der Diebftahl aufgeführt, weil niemand in Betreff eines ftets und an fich unehrlichen Handelns feine Ehre verwahren konnte, und weil die Heimlichkeit des Stehlens mit einer offenen Fehde im Widerfpruch ftand. Auffallen mufs es daher, dafs in den constitutiones pacis Heinrich IV. von 1103 und Friedrich I. von 1156 und 1158 das furtum genannt ift, aber damit wird diefes nicht als Erfcheinungsform einer rechtmäfsigen Fehde hingeftellt, und die Landfrieden, welche ausfchliefslich gegen die Fehde agiren, führen nur gewaltthätige Handlungen auf. Es laffen fich fehr wohl

---

[5]) Wächter im neuen Archiv des Crim. XII. 368 ff. Wilda im Rechts-lexikon VI. 248 ff.
[6]) Datt p. 115. Wächter, Beitr. S. 57.
[7]) f. meine Abhandlungen aus dem deutfchen Strafrecht I. S. 55.
[8]) Wächter a. a. O. Archiv des Crim. 1855 S. 265.

die Friedensconftitutionen eintheilen in folche, die ausfchliefslich der Befeitigung und Befchränkung der Fehde gewidmet find, und folche, die überhaupt den Frieden als Grundlage des Rechts und mögliche Störungen desfelben ins Auge faffen. Die letzteren kann man fchon als Anfänge allgemeiner Strafgefetzbücher bezeichnen.

C. Der f. g. Landzwang, das Austreten, das unrechte Widerfagen und die Drohungen.

§ 22. Die Landfriedensbrecher werden bisweilen mit kräftigen Namen bezeichnet, wie »Landftürzer« und »Landplacker« [9]) und auch »Landzwinger« [10]) gehört dahin. Es ift bekannt, dafs der Landzwang in der Doctrin des gemeinen deutfchen Strafrechts als ein vom Landfriedensbruch gefondertes Verbrechen figurirt hat, und in neuefter Zeit ift von John [11]) die Hypothefe aufgeftellt worden, dafs der Unterfchied von Landfriedensbruch und Landzwang in den Subjecten liege, indem die Subjecte des erfteren Waffenfähige und Fehdeberechtigte, die des Landzwanges folche gewefen feien, denen das Waffen- und Fehderecht nicht zuftand. Mehr als eine fcharffinnige Hypothefe kann ich darin nicht fehen [12]). Die Carolina Art. 128 wählt unter der Rubrik »Straf der jhenen fo böslich austreten« für folche Leute aus den verfchiedenen Namen für Landfriedensbrecher den, wie es fcheint, befonders in Baiern üblichen »Landzwinger« aus, ohne aber zu fagen, Landzwang fei ein befonderes Verbrechen, das im Austreten und Drohen beftehe.

Von dem im Art. 128 der Carolina behandelten Gegenftande ift in den alamannifchen Rechtsquellen oft die Rede, und in einer merkwürdigen Urkunde, die faft ein Jahrhundert älter ift als der Reichsabfchied von 1512, an den die C. C. C. fich anfchliefst, kommt auch der Name Landzwinger in Verbindung gefetzt mit Drohungen vor, in einer Einung zwifchen Bern und Luzern zur Regulirung ihrer wechfelfeitigen Verhältniffe vom 1. März 1421 [13]): »Und als offenlich kunt ift, dz etlich lanttwinger in unfer beider Stete landen und gebieten wonnent, die keinem richter meinent gehorfam ze

<hr>

[9]) **Stetten** I. 709. **Wächter,** Beitr. S. 255.
[10]) **Schmeller** I. 517 ff.
[11]) Ueber Landzwang und widerrechtliche Drohungen. 1852.
[12]) Meine Anmerk. zu **Feuerbach** § 433 ff.
[13]) J. von **Müller** III. c. 2. Anm. 439. vgl. **Segeffer** II. 89 ff.

fin und ouch beide, arm und rich, mit Iro fünden umbzichent, ouch underwilent tröwent und mit folichen worten und geberden unfer beider Stet lüt vorchtfam machent, bi ziten gut angewinnent, harumb fo fin wir die vorgenanten beid Stet überein komen, in deweder Stat gebiet ein folicher lanttwinger gefunden und ab Im geklagt wurd, dz er von finer frevenheite wegen von einem gericht in dz ander oder von einer Stat land in dz ander flichende wurde, umb dz er fine begangene frevene nit ablege oder denen, fo an Im ze fprechen hant, nit im rechten antwurte, dem rechten gnug tu oder fich dem begegne, dz denn die Stat oder Ir Amptmann, dannen er geflochen wer, die andre Stat oder Ir Amptlüte, hinder die er fich gemacht hat, fchribent und die ernftlich ermanent, dz fi zu demfelben lanttwinger und zu finem gute griffen, In uffheben und gehalten unz uff die ftund, daz er fich gliches rechten laffe benügen an denen enden, da dz billichen und glimpflichen ift, und fich ouch des mit briefen oder bürgfchaft begit, dz beide, rich oder arm, darnach defter ficherer fin. Und fol ouch die gemanti Stat und der Amptman darzu fürderlichen tun und des gehorfam fin ane verzichen.«

Müller fetzt diefs in Verbindung mit den Zeitverhältniffen, und fagt, es feien noch einige Herrn auf Oefterreich ftolz gewefen oder unwillig bürgerliche Gefetze zu halten, und hätten durch Schrecken und eigenmächtig geherrfcht. Da in dem vorftehenden Paffus der Einung die Oppofition gegen die Rechtsordnung durch Drohung betont ift und in der Drohung ein Zwang liegt, konnte paffend der Name Landzwinger hier gebraucht werden [14]).

Wie man nach der Rubrik des Artikels der C. C. C. das fragliche ftrafbare Handeln als »bösliches Austreten« bezeichnen kann, fo ift es auch diefer Begriff des Austretens oder Ausweichens, auf den wir oft in den Städtegefchichten ftofsen [15]). In den aus-

---

[14]) In Zug ift eins der älteften angefehenen Gefchlechter das der Landtwirg, welches fich nach einer gefälligen Mittheilung von dort urkundlich bis auf 1387 zurückführen läfst. Nicht unwahrfcheinlich ift der Name durch eine Ausnahmsftellung gegenüber bürgerlichen Rechten entftanden, alfo vor der Zeit jener Einung von Bern und Luzern. — Noch fpät kommt »Landzwinger« als Zuname vor »Hans Ogg, genannt der Landzwinger«. Chron. von Schaffhaufen a. 1648.

[15]) Stetten I. 117. 132. 287. 712. 717. 722. 723. 734. Gaffarus a. 1465. f. auch Reyfcher Stat. S. 8.

getretenen, wie in den ausgewiesenen Bürgern, die auch oft neben einander genannt werden, entftanden den Städten gefährliche Feinde. Ein Fall kann die Sache veranfchaulichen. In Mühlhaufen waren im Jahr 1457 Peter Reibeifen, deffen Bruder und Freundfchaft und im folgenden Jahr Peter Wagner, ein alter Gefchlechter und fonft um fein Vaterland wohlverdienter Bürgermeifter, dèsfelben drei Söhne famt ihrem Anhang ausgetreten, hatten fich unter Oefterreich niedergelaffen, hernach erft ihr Bürgerrecht aufgefagt und der Stadt abgefagt. An verfchiedenen Orten waren ihre Feindsbriefe angeheftet und ausgeftreut gefunden worden. Wo nun die Mühlhaufer auf die Märkte oder fonft in ihren Gefchäften in die umliegende Gegend zogen, wurden fie von ihren ausgewichenen Mitbürgern und deren Helfern angegriffen, niedergeworfen, geplündert oder gar erfchlagen. Es folgte eine lange Fehde; auch bewirkten die Wagner eine Ladung der Mühlhaufer vor die heimlichen Gerichte in Weftphalen. Erft 1465 kam eine Sühne zu Stande [16]).

In dem Austreten aus dem bisherigen Rechtsverbande [17]) lag die Weigerung, die zuftändig gewefenen Gerichte anzuerkennen und darin der Kern der Gefahr. Daher liefs der Rath von Augsburg 1521 bei Kaifer Karl V. die Erlaubnifs auswirken, »ihre ausgetretenen Bürger, fo vor ihrem Gerichtsftab Recht zu geben und zu nehmen fich weigern, nebft denen, fo fie behaufen und hofen, überall niederzuwerfen und nach Augsburg zu bringen« [18]), und ift in dem Stadtrecht von Diefsenhofen Art. 21. 22 jedem verboten, den zu haufen und zu hofen, welcher »dem Gericht abfwiftig wird, oder dem die Stadt verboten ift«. Wer den Gerichtszwang nicht anerkannte, »welcher rechtflüchtig ift« nach dem Ausdruck des Landbuchs von Churwalden, fetzte fich in Oppofition gegen das Recht, und bedrohte fchon dadurch den Frieden, weshalb er nach dem Landbuch von Schwyz [19]) als friedbrüchig behandelt werden follte; oft traten noch befondere Drohungen hinzu, und begab fich derjenige, welcher fich losfagte von feinem Gemein-

---

[16]) **Petri**, Mühlhaufen S. 134 ff.

[17]) **Haltaus** s. v. Austreten und Austreter.

[18]) **Stetten** I. 287.

[19]) S. 24. f. auch Zug 1432 Art. 20. 24. 1566 Art. 122. Luzern Stdtr. 157. Appenzell A. Rh. 27. — Strafsburg 1322 § 76.

wefen, zu deffen Feinden. So war denn das Austreten immer ein mit Drohung verbundenes Handeln.

Eine ftarke friedbrüchige Drohung lag in dem unrechten Widerfagen, wovon das memminger Rechtsbuch S. 253 ausführlich handelt [20]). Es ift hier der Fall befchrieben, dafs der Form des Abfagens genügt wurde, aber es fehlte die materielle Vorausfetzung einer rechtmäfsigen Fehde; »hat er denn widerfeit ze brennen, fo foll man ihn brennen, hätt er aber funft widerfeit, fo foll man zu ihm richten als zu einem rouber«.

Aber auch andere Drohungen wurden in Beziehung zum Frieden aufgefafst, und die Sicherheitsmafsregeln dagegen bezweckten, nicht blofs den einzelnen Bedrohten [21]), fondern alle zu fchützen, alfo den Frieden zu fichern. Von der Auffaffung der Drohungen als ftrafbarer verbrecherifcher Vorbereitungshandlungen ift keine Spur.

Augsburg 1276 S. 83: »Dreut ein man dem andern an fin lip oder an fin gut, mag ers in bewären felb dritte als reht ift, fo fol im der vogt gewiffen, daz er unde diu ftat ficher fin, libes und gutes von finer dro unde als in der weibel acht tage gehaltet unde er das niht gewifen mak oder enwil, fo fol in der vogt dem felpscholn [22]) antwrten unde fol in der gehalten unz an die zit, daz er im gewiffet, daz er ficher fi libes unde gutes«. Zu einem folchen cautio de non offendendo gelangt dasfelbe Stadtrecht S. 58 auch da, wo fpeziell das Drohen mit Brand behandelt wird [23]). Die jüngere Recenfion des augsburger Stadtrechts bei Walch Art. 115 und 225 hat bemerkenswerthe Zufätze. Art. 115: »Wer einem gefeffen Man fchuldigt, er hab einem getreut ze brennen, beredt der dafür mit fin ains hand, fo foll er ledig fin, ift aber dafs man einen fchuldigt derfelben Dro, der nit ein gefeffen man ift und nit gewifs ift, mag man diefelben Dro hinz im bringen felb dritte mit Frauen und mit Mannen, der foll dem Vogt und der Statt geben zu Bufs ein Pfund Pfenning, und foll dem Kläger

[20]) f. oben § 19 S. 34. Datt p. 120.
[21]) Chron. von Schaffhaufen a. 1374.
[22]) vgl. Zeitfchrift für deutfches Recht XVIII. 84.
[23]) Glafer, Abhandlungen I. 51, verweift richtig auf die englifche security to keep the peace. f. Stephen's new commentaries on the laws of England. (3 edit.) IV. 349.

und der Stat gewifs thun, dafs fi vor ihm ficher fien, mag er
defs nit getun, fo foll man im die Augen ausftechen«.
Im Stadtrecht von Freiburg im Uechtlande Art. 49—51 (Thun
Art. 30) find Drohungen eines Fremden oder Nichtbürgers gegen
einen Bürger zufammen geftellt mit Schmähworten. Will jener
diefem nicht vor dem Schultheifs zu Recht ftehen, fo foll ihm
die Stadt verboten werden und niemand foll ihn beherbergen,
noch ihm etwas verkaufen. Anders ift der Fall behandelt, wo ein
Bürger dem Bürger droht, Art. 58. 59. (Thun 34. 35.)

D. Von den höheren Frieden.

§ 23. Zur Ergänzung des gemeinen Friedens und um die
Rechtsficherheit in fpeziellen Richtungen zu fördern, dienten die
befondern Frieden, von denen die meiften feit alter Zeit höhere
Frieden find, d. h. der Bruch derfelben zog eine höhere Bufse
nach fich. Diefe höheren Bufsen find der äufserliche Ausdruck
ethifcher und politifcher Anfchauungen. So hatte das alamannifche
Volksrecht den Kirchenfrieden, den Frieden des Heeres und der
Volksverfammlung, den Frieden des herzoglichen und königlichen
Hofes [24]).

1. Der Dingfrieden.

Aus alter Zeit erhielt fich der Dingfrieden, zwar nicht mehr
in der vollen früheren Ausdehnung und auf der religiöfen Grundlage, fondern vornemlich als Gerichtsfrieden. Das Rechtsbuch von Memmingen S. 280 (f. auch S. 281) fetzt auf Unzucht
vor Rath und Gericht zwiefache Bufse, und das Landbuch von
Uri 23 kennzeichnet diefen Frieden fo: »Item wir find übereinkommen, welcher in unferem Land — Krieg anfienge, dann ein
Gericht oder Landleut gerichtsweis verfammelt, als auf dem Rathhaus oder anderswo bei einanderen verfammt, dafs derfelb dreifsig
Pfund in des Lands Seckel verfallen haben und dannethin den zugefügten Schaden nach Vermög der Vereinigung-Brieff ablegen« etc. [25])
Einerfeits die Ruhe, welche der ordnungsmäfsige Gang einer gerichtlichen Verhandlung verlangte, andrerfeits die gereizte Stim-

[24]) lex Alam. Hlôth. 3 sqq. 26. 27. 29 sqq.
[25]) Schwyz, Landbuch S. 17. March 12. Waldftattbuch von Einfiedeln 50.
Glarus 25. 173. Nidwalden 7. 89. Obwalden 44. 77. Appenzell 1585. § 9.
Blumer I. 418. II. 2, 36.

mung der Parteien machten hier einen potenzirten Frieden nöthig,
und da in wichtigeren Fällen die Parteien von ihrer Freundſchaft
vor Gericht begleitet wurden, und das Waffentragen bei allen
feierlichen Gelegenheiten ſich in dem Mittelalter der deutſchen
Schweiz als allgemeine Sitte erhielt, ſo war ein Ausbruch von
Gewaltthätigkeiten immer zu befürchten. Hie und da wurde die
Zulaſſung der Verwandten numeriſch beſchränkt [26]), auch das
Tragen von Waffen oder gewiſſer Waffen bei Gericht unterſagt [27]),
allein dadurch war nicht allen Gewaltthätigkeiten vorgebeugt.
Seinen Zwang erſtreckte aber der Gerichtsfrieden nicht blofs auf
Thätlichkeiten und Handgreiflichkeiten im Gericht, ſondern er ſollte
auch ein Schirm ſein gegen ungehörige Angriffe und Verletzungen
durch Worte, daher war das Beſchalken mit böſen Worten [28]),
der Vorwurf der Lüge [29]) u. dgl. ein Bruch dieſes Friedens.

Das Verbannen des Gerichts, »damit dasjenige, was allhie
gehandelt wird, Kraft und Macht habe« [30]), führt direct zu dem
Gerichtsfrieden hin. Es wurde dabei verboten alles »Reden ohne
Urlaub«, denn die Gerichtshandlung war ein feſtgegliederter drama-
tiſcher Vorgang, bei dem jeder Betheiligte nur zu ſeiner Zeit, wenn
ihm das Wort ertheilt war, reden durfte, entweder ſelbſt oder
durch ſeinen Fürſprech. Daher lautet die Formel in der züricher
Blutgerichtsordnung aus dem fünfzehnten Jahrhundert: »Im Namen
und an Statt unſers allergnädigſten Herrn, des römiſchen Kaiſers
oder Königs, oder des heiligen Reichs und aus Kraft der Stadt
Zürich Freiheiten, ſo verbannt mein Herr der Vogt das Gericht,
dafs niemand in das Gericht ſoll reden — er wolle dann eine
Urtheil ſprechen, einer folgen oder eine widerſprechen, bei der
höchſten Bufse.« [31]) Nicht ungewöhnlich war es aber, das Ver-

[26]) Zürich Rb. III. 10. Bern 1614 I. 18, 2. Straſsburg 1322 § 84. Schwſp.
207 W. 251 L. ſ. ſchon Wilda S. 186.
[27]) Straſsburg 1322 § 61. 65. Zug 1566 § 43. Grimm, Wsth. I. 195. 309.
Schwſp. a. a. O. und 292 W. 358 L.
[28]) Grimm, Wsth. I. 195.
[29]) Blumer I. 419.
[30]) Kyburger L. G. O. in Schauberg's Ztſchr. I. 143.
[31]) Schauberg, Ztſchr. I. 376. ſ. auch S. 85. Landtagsordnung des freien
Amts Knonau bei Bluntſchli I. 201, von Wädenſchweil in Ztſchr. für ſchweiz.
Recht IV. 171. Elgger Herrſchaftsrecht 1535 Art. 33 § 3. Thurgauer L. G. O. in
Ztſchr. f. ſchweiz. Recht I. 46. Davos S. 64. Kloſters S. 24. Fünf Dörfer S. 41. 42. 48.

bannen des Gerichts weiter zu erftrecken, nicht nur gegen alles freventliche Reden, Scheltworte und Ueberbracht [32]) (Ueberpracht), fondern auch gegen den Rechtsgang ftöreude Werke [33]), fo dafs das Verbannen ein Friedewirken war, indem der Gerichtsfrieden im fpeziellen Falle befonders fixirt und eingefchärft wurde.

Der alte Dingfrieden lebte auch fort in den gröfseren Ver- fammlungen des Volks zu politifchen und gefelligen Zwecken und die »grofse Bufse«, welche in der Urfchweiz auf Frevel in folchen Verfammlungen gefetzt ift [34]), characterifirt ihn als höheren Frie- den. In dem Frieden der fchweizerifchen Landsgemeinden ift recht eigentlich der germanifche Dingfrieden durch Jahrhun- derte bis zur Gegenwart in Kraft geblieben, und auch die religiöfe Weihe fehlt ihm nicht, denn nachdem in Appenzell I. Rh. der Landammann die Volksverfammlung mit einer Anfprache eröffnet hat, nimmt jeder den Hut ab und betet ftill um den Beiftand des Himmels für die zu behandelnden Angelegenheiten. des Lan- des; dabei knieen der Landammann, der Landfchreiber und der Landweibel auf ihrem erhöhten Platze [35]).

Gerichtsfrieden und Frieden der Landtage fallen in der Ur- fchweiz in älterer Zeit infofern zufammen, als nicht nur die Lands- gemeinden die peinliche Gerichtsbarkeit ausübten [36]), fondern auch zu den Landgerichten fämmtliche Bürger oder Landleute als dingpflichtig erfcheinen mufsten [37]). Daher ift Landtag (Landte- geding) fowol der ältere Name für die Landsgemeinde [36]) in Schwyz, als auch vielfach für die Landgerichte, z. B. in Wädenfchweil, wo der Weibel von Haus zu Haus den Landtag verkünden und dazu beim Eide bieten mufste [39]).

---

[32]) Grimm, Wsth. I. 221. 229. Schwfp. 76 W. Das Wort bedeutet »Ueber- fchreien«. f. Pfeiffer in Kopp's Gefchichtsblättern I. S. 356.
[33]) Davos S. 64. 110. Klofters S. 24. 25. Zuger Malefizordnung S. 62. Schwfp. a. a. O.
[34]) Blumer I. 420, unten § 26.
[35]) Walfer S. 49.
[36]) Blumer I. 270. II. 1, 146.
[37]) Schäfer S. 84. Segeffer II. 698.
[38]) Blumer I. 265.
[39]) vgl. oben Anm. 37. Blumer I. 86.

2. Der Heerfrieden.

§ 24. Ein theilweiſes Zuſammenfallen der Volksverſammlung und Heeresverſammlung, wie in älterer Zeit [40]), könnte man noch in den ſchweizeriſchen Landsgemeinden finden, inſofern alle politiſch mündigen Männer an denſelben bewaffnet erſcheinen muſsten und in Appenzell I. Rh. noch erſcheinen; allein die Waffe, welche für ſolche Verſammlungen gefordert wurde, auch wenn ſie ein »lang anſehnlich Seitengewehr« war, nach der Vorſchriſt eines appenzeller Mandats, iſt doch nur die Ehrenwaffe des freien wehrhaften unbeſcholtenen Mannes, die er auch trug, wenn er zu Markt, zu Hochzeiten und zur Kirche ging, verſchieden von der Waffenrüſtung für den Krieg, alſo des Heeres; mit dem Dingfrieden fällt daher der Heerfrieden nicht zuſammen. Die Spuren des alten Heerfriedens find aber nicht ganz verſchwunden im deutſchen Mittelalter: ſie zeigen ſich in den Kriegsartikeln für einzelne Züge, indem auf Vergehen während derſelben höhere Strafe oder Buſse geſetzt iſt [41]). So hat auch das Rechtsbuch von Memmingen die Beſtimmung (S. 280): »Wer Unzucht und Fräflin tuot in Rayſen und Uffzügen — der verliurt zwifalt Beſſrung, ez beſchechen fridbräch wundan oder ander fräflin.«

3. Der Hausfrieden.

§ 25. »De domo sua cuique sancta« iſt die Rubrik eines Artikels (27) der berner Handfeſte. Der Hausfrieden ruht auf dem bewohnten Hauſe, daher kehren in den altſchweizeriſchen Rechtsquellen überall die Ausdrücke wieder: Frevel unter ruſigem Raffen, ſuchen unter den ruſigen Raffen u. dgl. Die vom Ruſs geſchwärzten Dachſparren zeigen das Bewohntſein des Hauſes an [42]). Als noch das Dach die unmittelbare Decke für den einen allgemeinen, den Heerd umgebenden Wohnraum der Inſaſſen des ländlichen Hauſes bildete [43]), da muſte das Bewohntſein desſelben

---

[40]) **Waitz**, deutſche Verfaſſungsgeſchichte II. 468. **Merkel** ad l. Alam. Hloth. XXVI. vgl. **Huſchke**, die Verfaſſung des K. Servius Tullius S. 415.

[41]) **Blumer** I. 336. 374.

[42]) ſ. meine Monographie über den Hausfrieden (1857) S. 7. und R. A. aus der Schweiz No. V.

[43]) **Anton**, Geſch. der deutſchen Landwirthſchaft I. 89.

bald an den Dachfparren fichtbar werden. Wenn auch diefe Bauart, bei welcher das Haus nur einen Raum hatte, nicht blofs alamannifch war, hat fie doch eine fpezielle Beziehung zu einem in den alamannifchen Rechtsquellen vorkommenden Ausdruck. Statt des für die Erbfähigkeit des Kindes entfcheidenden Befchreiens der vier Wände, des fonft gewöhnlichen Ausdrucks für das Gelebthaben, verlangt die lex Alam. Kar. XCII., dafs das Kind fo lange gelebt oder darin Leben gezeigt habe »ut possit aperire oculos et videre culmen domus et quatuor parietes«. Eine entfprechende Beftimmung ift auch noch in die Offnung von Dürnten § 32 [44]) gekommen: »wenn daz (kind) geporen wird und den firftbom gefehen mag«.

Der Hausherr mit feiner Familie geniefst den Hausfrieden, auch wenn er nur zur Miethe wohnt [45]).

Wirthshäufer find wegen ihrer Beftimmung ausgenommen [46]). Nidwalden 182: » — usgenumen ein offen wirtzhus da mag er wol in gan dem Friden unfchädlich.« Basler Strafgefetz für die Priefterfchaft 1339: »Befchicht aber es bi offenem wine, fo fol man es richten, als ob es an der ftrafse befchehe.« [47])

Gebiet des Hausfriedens ift nicht blofs das Haus innerhalb feiner vier Wände, fondern Haus und Hof. Die Worte des älteften ftrafsburger Stadtrechts Art. 36: »infra septa domus suae vel atrii sui« find deutfch wiedergegeben »innewendic dez ringes fines hufes oder fines hoves«; die berner Handfefte hat Art. 27 »in domo propria et area«. [48]) Oft bezeichnet die Dachtraufe den Infang des Haufes [49]), oder der Bezirk desfelben ift nach einem

[44]) Schauberg, Beitr. III. 196. Das für diefe Offnung bei Merkel ad l. Alam. p. 166 angegebene Jahr 1380 ift wohl ein Druckfehler, aber auch 1480 würde nicht für alle Stücke der Urkunde richtig fein.

[45]) Augsburg 1276 S. 73. Schfp. 301. I. L. Luzern Stadtr. 132. Uri 27. Bafel L. O. § 67. 68. Offnung von Kronau § 8 in Schauberg's Ztfchr. I. 77. Segeffer II. 677.

[46]) vgl. Freiburg im Uechtland § 64: »Tabernarius autem tabernam suam nemini contradicere potest nec debet«.

[47]) Bafel Rechtsquellen I. 15. vgl. 98. 146. 298. Diefsenhofen Stadtr. 59. — Strafsburg 1322 § 189.

[48]) Offnung von Weinfelden in Ztfchr. für fchweiz. Recht I. 96. vgl. Heinrici IV const. pacis prov. a. 1103 in Pertz Mon. Leg. II. 61.

[49]) Grimm, Wsth. I. 335.

Längenmaafse beftimmt. Winterthur 1297 § 4 [50]): »inrunt drien fuefsen vor finer tür fines hufes«.

Die rechtliche Bedeutung des Hausfriedens wird unten bei der Heimfuchung genauer angegeben werden; hier mag eine intereffante Anführung aus dem Rechtsleben Mühlhaufens einen Platz finden. »Alhie ift gedenkens wol würdig, dafs ein jeder Burger in feinem eigenen haufs, für fein perfon folche freyheit hat, da er auch einen todfchlag begangen hätte, er in demfelben nicht gegrieffen, fondern ihm auf fein begeren vor dem haufs ein gericht gefetzt [51]), und er daraus und, da es alfo fein kann, von einem Fenfter desfelben gehört werden folle; wird er dann unfchuldig erfunden, fo hat ers zu genüefsen und bleibt wie vor in der Statt; wo nicht, und er betruglichen gehandlet haben überwiefen werden follte, fo ift er noch fein haufs, feinem beliben nach, zu beftellen befugt, und foll demnach zur Statt hinaus gehen und nicht widerumb hinein kommen, und hat alleweil friftung und ficherheit vor der Oberkeit, allein vor des erfchlagenen Freunden mag er fich felbften bewahren.« [52])

4. Der Kirchenfrieden.

§ 26. Der heilige Frieden der Kirche zeigt feine Wirkfamkeit in dem Afylrecht der Kirche, obgleich diefes nicht darin allein feine volle Erklärung findet [53]). Dafs Verbrechen und Frevel in Kirchen und an geweihten Stätten begangen mit höherer Bufse oder Strafe belegt waren, ift der directe Ausdruck des Kirchenfriedens als eines höheren Friedens von der alten Zeit her bis zur neuen. [54]) An diefer Grundanfchauung änderte auch die kirchliche Reformation nichts, während das kirchliche Afylrecht in den reformirten Ländern fehr bald bedeutend abgefchwächt wurde. Landammann und Rath des reformirten Appenzell A. Rh. verordneten 1612 (Landbuch 133), wer an dem Andern einen Frevel

[50]) Gaupp I. 143. Elgger Herrfchaftsrecht 1535. Art. 50 § 38.
[51]) Hausfrieden S. 49. Grimm, R. A. 831.
[52]) Petri, Mühlhaufen S. 21.
[53]) f. unten § 54.
[54]) Lex Alam. Hloth. 5 ff. Schwfp. 67. 205. 277 W. Datt p. 122 ff. — Grimm, Wsth. I. 349. 353. Glarus 307. Nidwalden 6. 187. 204. Solothurn Wochenbl. 1832 S. 553. Davos S. 10.

beginge in einer Kirche oder auf dem Kirchhof, der fei zu Bufs verfallen 10 Pfund, auch um Ehr und Gewehr entfetzt, bis auf Gnade der Obrigkeit. Brugg 1620: »Wir habend auch gefetzt, welche perfohn — in unfer kilchen oder kilchhof einen frevel begaht, fo ift die Bufs je nachdem derfelb frevel befchicht vierfaltig.« War die Kirche durch Tödtung oder Gewaltthat entweiht, fo mufste fie wieder geweiht werden [55]).

Der höhere Frieden der Kirchweihen, für welche die grofse Bufse ausgerufen wurde [56]), hat weniger Zufammenhang mit dem Kirchenfrieden als mit dem Dingfrieden und Marktfrieden, daher denn auch die Kirchweihen neben den fonftigen grofsen Verfammlungen und den Jahrmärkten vielfach aufgeführt find [57]), z. B. Obwalden 43: » Und aber welicher es fy ein lantmann oder fremd an gemeinden, jarmerkten, kilchwich und hochzytten oder fuft an grofsen gefellfchaften zu einem fchlügy, ftofs oder kriegs anfang machte, der und diefelben femlichs anfand, find verfallen um zechen pfund zu bufs.«

Wenn in dem appenzeller Landbuch 1585 Art. 23 diefelbe grofse Bufse, mit Beziehung auf alte Gewohnheit, auf Frevel am Afchermittwoch gefetzt ift, fo darf man auch darin wohl nur eine fehr fchwache, wenn überhaupt eine Beziehung zum Frieden der Kirchen oder geheiligten Tage fehen; aus der ganzen Befchreibung der verbotenen Handlungen in jenem Landbuche characterifirt fich der Bann als eine fittenpolizeiliche Mafsregel, um die übertriebene Faftnachtsfreude nieder zu halten. [58])

5. Der Marktfrieden.

§ 27. Manche Märkte ftanden mit den Kirchenfeften in Verbindung [59]), deren Feier viele Menfchen zufammenführte und Kaufleuten und Verkäufern verfchiedener Art Gelegenheit bot, Gefchäfte zu machen, wie noch jetzt mit Kirchweihen und ähnlichen Tagen Märkte verbunden find. Daher wurde Kirchen und Klöftern das

---

[55]) Jäger's Ulm S. 504. 505.
[56]) Appenzell 1585 Art. 1. 2. Davos S. 13.
[57]) f. oben § 23 S. 47, unten § 27.
[58]) Chronik von Schaffhaufen a. 1493. 1508.
[59]) Reyfcher, Stat. S. 593. Grimm, Wsth. I. 814. Schwyz Landb. S. 16. Glarus 25. vgl. Wilda S. 238. · Barthold, Gefch. der deutfchen Städte I. 69.

Marktrecht verliehen; fo im Jahr 982 von Otto III. der Abtei von Selz im Elfafs, im Jahr 1004 von Heinrich II. der Aebtiffin von Andlau [60]). Die Verleihung eines folchen Rechts erhielt einen Schutz in dem Frieden, der die zum Marktverkehr Herankommenden umfaffen follte. Darum kehren in den Verleihungsurkunden immer Formeln wieder, wie »ut omnes et singuli qui in dicto foro pro hujusmodi emptionis et venditionis commercio exercendo confluxerint, in personis et rebus nostra et imperii protectione speciali congaudeant et forensium privilegio libertatum«. [61]) Die unzähligen Fälle der Beraubung von Kaufleuten durch Raubritter und andre fchädliche Menfchen zeigen die Nothwendigkeit folcher fpezieller Frieden, die denn freilich oft genug gebrochen wurden.

Bifchöfen wurde die Errichtung von Jahrmärkten in Städten eingeräumt [62]) und bald den Städten felbft, und in den Reichsftädten und Freiftädten erfcheinen ftatt der Jahrmärkte die größeren Meffen. Strafsburg erhielt 1336 eine kaiferliche gefreite Reichsmeffe. [63])

Die Bedeutung des Marktfriedens als eines höheren Friedens zeigt fich unter Anderem in den Worten eines ulmer Statuts: »an dem Markt zwiefach pen umb alle fach.« [64]) Aehnlich Memmingen S. 280.

Da fich in den Städten der Handelsverkehr concentrirte, fo fteht am häufigften, aber nicht nothwendig, der Marktfrieden in Beziehung zu den Städten, und wenn auch der Stadtfrieden nicht lediglich als eine Weiterbildung des Marktfriedens anzufehen ift, fo ift doch der letztere ein bedeutendes Element für die Bildung des erfteren gewefen. [65]) In der Entwicklung des Stadtfriedens läfst fich aber für viele Städte und grade für die älteften deutfchen Städte die Exiftenz der königlichen Pfalzen bei denfelben

---

[60]) Strobel I. 233. 247.

[61]) Schöpflin, Als. dipl. II. No. 693. 853. Hagenau § 10. Ueber das mit den Marktprivilegien in Verbindung ftehende Geleitsrecht f. Eichhorn II. § 312 Anm. c.

[62]) Stälin I. 525. 537.

[63]) Strobel II. 229. vgl. Eichhorn a. a. O.

[64]) Jäger's Ulm S. 309. 603. — March § 32. 33. 42. Uri 22. 24. Rubin, zur Handfefte von Thun Art. 48.

[65]) Winterthur 1297. § 1. 6 (Gaupp I. 139). Aarau 1283. Surfee 1299 (Gefchichtsfreund I. 63. 68).

als einflussreich annehmen. Die Pfalzen ſtanden in einem höheren
Frieden, und dieſer ſcheint auf deren ganzes, oft beträchtliches
Gebiet [66]) im deutſchen Mittelalter ausgedehnt zu ſein, wenn es
nicht zu gewagt iſt, aus dem Friedkreiſe der·Städte auf den der
Pfalzen zurückzuſchlieſsen, denn in älterer Zeit iſt doch ein ſolcher
höherer Frieden nach Raum und Zeit beſchränkter geweſen. [67])
Unter den neueſten Forſchern iſt A r n o l d [68]) geneigt, den Stadtfrieden von den königlichen Pfalzen und deren höheren Frieden
abzuleiten. ·Baſel hat freilich nie eine Pfalz gehabt [69]), und doch
hat ſich dort der Stadtfrieden nachweisbar früh ſehr ruhig und
voll entwickelt.

6. Der Stadtfrieden.

§ 28. Das engere Zuſammenleben der Menſchen in den Städten,
der ſtärkere Verkehr, die Anziehung, welche die aufblühenden
Städte nicht blofs auf ſolche ausübten, welche Ruhe und Sicherheit für ihre Beſchäftigungen ſuchten, ſondern auch auf unſtäte
und unruhige Menſchen, rief das Bedürfnifs eines über den nach
Zeit und Ort beſchränkten Marktfrieden hinausgehenden Friedens
hervor; es entwickelte ſich daher ein ſpezieller Stadtfrieden mit
den Städtegründungen im elften und zwölften Jahrhundert und
mit dem ſtärkeren Pulſiren ſtädtiſchen Lebens in den älteren
Städten, wie Augsburg und Strafsburg. Einen mit königlichen
Privilegien verſehenen Markt und Marktfrieden hatte Augsburg
ſchon im elften oder zehnten Jahrhundert [70]); als ausgebildetes
Inſtitut ſteht der Stadtfrieden da, wie in dem freiburger Stiftungsbriefe § 10, in dem älteſten augsburger Stadtrecht aus dem zwölften Jahrhundert Art. 3: »Juſtitia Augustensis civitatis haec est.
Quicunque violator urbanae pacis exstiterit domno episcopo X
talentis satisfacere debet, quae si non habuerit, corio et crinibus
puniendus est«, und das älteſte ſtrafsburger Stadtrecht beginnt
mit einer Satzung, die das Weſen der Stadt darin ſetzt: »ut
omnis homo tam extraneus quam indigena pacem in ea omni tem-

---

[66]) J ä g e r's Ulm S. 19.
[67]) W i l d a S. 259.
[68]) Verfaſſungsgeſch. der deutſchen Freiſtädte I. 64.
[69]) A r n o l d I. 344.
[70]) J ä g e r's Augsburg S. 18.

pore et ab omnibus habeat«. Der Art. 2 gibt eine weitere Ausführung, einen Ausdruck des Stadtfriedens, wie das augsburger
Stadtrecht 1276 S. 52.

Die Richtung des Stadtfriedens gegen Eigenmacht und Gewaltthätigkeit im Bereiche der Stadt und die in den oft erneuerten
Stadtfrieden fortfchreitende Entwicklung des Strafrechts erkennen
wir deutlich aus den basler Stadtfrieden, von denen der erfte
vom Jahr 1286 noch eine Verleihung K. Rudolfs ift, mit dem
nächften Zwecke, ein ruhiges Zufammenleben der Edelleute und
Bürger in der Stadt zu bewirken; es ift demfelben auch, wie es
bei den Landfrieden gewöhnlich war, eine Zeitdauer beftimmt;
der zweite Stadtfrieden aus dem vierzehnten Jahrhundert ift ein
Einungsbrief, ausgehend von Bürgermeifter und Rath mit Zuftimmung des Bifchofs und Domcapitels; der dritte Stadtfrieden ift
eine neue Einfchärfung durch den Rath um 1450, worauf noch
eine Einung 1516 folgte. Die letzteren Einungen enthalten fchon
ein mehr detaillirtes Strafrecht gegen Verletzungen des Friedens
durch Worte und Werke.

Für das räumliche Gebiet des Stadtfriedens finden fich verfchiedene Bezeichnungen: Friedkreis, Friedkreifes Infang, Bannmeile, der Stadt Ziel etc. [71]) Die Ausdehnung und die Grenzen
des Friedkreifes werden oft genau angegeben. [72]) Als Grenzzeichen
dienten Bäume, [73]) ferner die Friedfäulen, [74]) häufiger Steine und
Kreuze, [75]) daher kehrt oft in den basler Rechtsquellen wieder
»leiften vor der Stadt Kreuzen«. [76])

Eine Fiction ift es; wenn Bürger den Stadtfrieden gewiffermafsen an den Ferfen mit fich trugen, für den Fall, wo fie in
gegenfeitig feindlicher Abficht aus der Stadt gingen: was dann

[71]) Winterthur (Mellingen) 1297 § 1. 5. 6. 7; Aarau und Surfee a. a. O.;
Diefsenh. Stadtr. 83, Elgg 36 § 7. 51. — Bafel Rechtsq. I. S. 24. — Bern 1614. I. 15, 1.
[72]) Bafel Stadtfrieden 1286 § 4. Aarau und Surfee a. a. O.
[73]) Ochs V. 377.
[74]) Datt S. 124, 2. Memmingen S. 254 u. oft. Haggenmüller, Kempten I. 417.
[75]) Schauberg's Zeitfchrift I. 299. Vögelin, das alte Zürich S. 118.
Bluntfchli I. 342. 380. Meyer v. Knonau, Zürich II. 483.
[76]) Bafel Rechtsq. I. 79. 178. Fechter (Bafel im vierzehnten Jahrhundert
S. 144), über die Unterfcheidung des durch die Kreuzfteine bezeichneten Weich-
bildes der Stadt und der Bannmeile als des gröfseren Kreifes um die Stadt
(Twing und Bann).

einer dem andern anthat, Todfchlag und Verwundung, follte angefehen werden als in der Stadt gefchehen. [77]) Aehnlich fagt fchon
der freiburger Stiftungsbrief Art. 32 von einem Heerzuge, zu dem
die Bürger vom Herrn aufgeboten find: »Si autem alter alterum
in eadem expeditione quoquomodo° leserit, tanquam in civitate
factum puniatur«.

In den Städten gab es noch befonders gefreite Orte, wie das
Richthaus, das Kaufhaus, der Platz bei und unter den Stadtthoren,
die Metzg. [78])

7. Der gebotene und gelobte Frieden.

§ 29. Zu dem »pfychologifchen Zwange« in Androhungen von
Strafen und Bufsen für den Bruch des gemeinen Friedens durch
Gewaltthätigkeiten konnte man nach täglicher Erfahrung kein
grofses Vertrauen haben; in richtiger Schätzung· der Menfchen,
wie fie waren, und in Erwägung, dafs es beffer fei, ein Uebel zu
verhüten als zu beftrafen, legte man das gröfste Gewicht auf ein
Mittel der Reaction gegen die Raufluft, bei welchem der Zwang
auf Manneswort und Ehre bafirt war: allgemein kam man zu dem
Inftitut des gebotenen und gelobten Friedens oder Handfriedens. [79])
Theils werden obrigkeitliche Perfonen verfchiedener Art als diejenigen aufgeführt, denen es oblag, den Streitenden Frieden zu
gebieten und fich von ihnen geloben zu laffen und mit ihrem Streit
fie auf den Rechtsweg zu verweifen, »Troftung zum Rechten zu
gebieten«, [80]) theils war das Friedebieten allgemeine Bürgerpflicht,
fo dafs jeder Bürger als Friedensbewahrer erfcheint. Im Lagerbuch des Klofters Anhaufen von 1588 lefen wir [81]), wenn fich
zwei oder mehrere mit einander entzweien und in Zank und Wider-
willen kommen, dergeftalt, dafs man fich Unfrieds, Schlagens oder

---

[77]) Freiburg Stadrodel § 49. Schreiber, Urk. I. 77.
[78]) Bafel Rechtsq. I. No. 262. 266. Stadtgerichtsordnung 1557 § 121. Schauberg, Ztfchr. I. S. 374. f. auch Memmingen S. 280.
[79]) Augsburg 1276 S. 74. 75. Strafsburg 1270 § 51. 1322 § 78. Memmingen S. 290. Reyfcher's Stat. S. 7. 8. 94. 533. Grimm, Wsth. I. 353. Jäger's
Ulm S. 240. Pfaff, Efslingen S. 115. vgl. Köftlin in Ztfchr. für deutfches
Recht XV. 206. 208.
[80]) Grimm, Wsth. a. a. O. f. auch Schwyz Landbuch S. 22: »Frid uffnemen
untz an ein Recht«.
[81]) Reyfcher, Stat. S. 94.

thätlicher Handlung verfehen möchte, und es würde von den Bei-
wefenden bei 10 Gulden Fried geboten und aber das Friedgebot
von einem oder mehreren Sächern übertreten, der oder diefelben
feien folche 10 Gulden zu Frevel verfallen. Dafs hier dem einfachen Bürger es zuftand, bei 10 Gulden zu bannen, erklärt fich
daraus, dafs 10 Pfund hergebrachte Friedbruchsbufse waren, fo
dafs er, der von fich aus den Bann nicht hatte, nur ausfprach,
was das Recht verlangte.

Geboten und gelobt wurde die Haltung des Land- oder Stadtfriedens, fo dafs der gebotene und gelobte Frieden nur eine
Spezialifirung des allgemeinen Friedens war, aber zu einem grö-
fsern Żwange verftärkt. Strafsburg 1270 § 51: »oder fo der
Meifter — der Stette Friede gegit (gebit) mit des rates willen«.
D e f c h w a n d e n berichtet[82]), dafs der Ausdruck »den Landfrieden
bieten« fich noch hie und da im Munde des Volkes finde, und
dafs der Friedebietende nach dem Rechte von Nidwalden drei Mal
zu rufen habe: »Ich biete euch meiner Herren Friede!«, woraus
hervorgehe, dafs man noch lange diefes Gebot als eine von der
Obrigkeit abgeleitete Gewalt, keineswegs blofs als eine moralifche
Pflicht, Störungen nach Kräften zu hindern, angefehen habe.

Einftellung des Streites [Stallung[83])] und alfo Erhaltung des
gemeinen Friedens war der nächfte Zweck des Gebots und der
Gelobung des Friedens; die im Streite begriffen gewefenen Männer
waren nun auf Treu und Glauben zum Frieden fpezieller verpflichtet, und aus diefer Grundlage entfprang die Gröfse der
Schuld deffen, der folchen Frieden brach; Friedensbruch wurde
Treubruch. Daraus erklärt fich, warum nach dem ftrengen Fried-
briefe von Schwyz 1424[84]) der Friedbrecher ehrlos fein follte.
Alle Verbrechen und Vergehen und die Beleidigungen deffen, mit
dem jemand in Frieden gefetzt war, wogen fchwerer, als wenn
darin nur ein Bruch des gemeinen Friedens gelegen hätte. Tödtung »über den Frieden« wurde als Mord behandelt, auf Verwundung während feines Beftehens ift vielfach Enthauptung gefetzt.

Hand und Mund derer, die gegen einander in Frieden ftanden,
waren gebannt. Das Landbuch von Appenzell I. Rh. Art. 38 drückt

---

[82]) Gefchichtsfreund IX. 84. B l u m e r II. 2, 39.
[83]) R. A. aus der Schweiz No. XIX. S. 42.
[84]) Landbuch S. 22 ff.

diefs fo aus: »Wan zwey gegen einander gefchlagen oder ftöfs gehabt haben und von ihnen frid genommen und gemacht ift, dafs dan eintweder mit dem anderen nit unfründtliches foll zu fchaffen haben, weder mit worten noch mit wercken anders dan mit Rath und mit Recht«. Der Zwang umfafste auch die beiderfeitigen Verwandten, und darin erkennen wir feine Tendenz, der Fehde und Rache entgegenzuwirken; er wurde aber dadurch auf die Länge um fo fühlbarer, und mufste zu einem rechtlichen Austrage des urfprünglichen Streites oder zu einer wirklichen Verföhnung hindrängen. Dem letzteren Zwecke diente das »Abtrinken des Friedens«, ein allgemeiner Rechtsbrauch in der Schweiz, der aber, um die Zuverficht einer ernftlichen Verföhnung zu geben, an mancherlei Bedingungen geknüpft war [85]). Von Zeit zu Zeit, namentlich in den Landsgemeinden der innern Schweiz, wurden auch fämmtliche gelobte und gebotene Frieden nachgelaffen, [86]) alfo der Zwang aufgehoben; aber auch hiebei hatte das Recht feine Cautelen, damit der Frieden des Landes nicht dabei leide.

Nirgends hat fich das Inftitut diefes fpeziellen, potenzirten Friedens fo ausgebildet wie in der deutfchen Schweiz [87]); bei Nennung des Friedens dachte man ftets an diefen Frieden, und Jahrhunderte lang blieb dadurch der Frieden ein Fundament des Strafrechts. Noch gegenwärtig ift man in der innern Schweiz der Pflicht, bei entftandenem Streit Frieden zu bieten, als einer allgemeinen Bürgerpflicht fich bewufst, fo wie der entfprechenden Pflicht, folchem Gebot Folge zu leiften; daher ift es durchaus zu billigen, wenn in dem Strafgefetzbuch von Appenzell A. Rh. 1859 das Friedverfagen [88]) oder der Ungehorfam gegen ein Friedgebot eine Stelle erhalten hat, wie der Hausfriedensbruch, fo dafs auch in einem Strafgefetzbuch nach neuem Zufchnitt der alte Begriff des Friedens noch bewahrt ift.

Das Friedverfagen war nicht blofs in der Schweiz mit Strafe und Bufse bedroht. [89])

---

[85]) R. A. aus der Schweiz No. XIX.
[86]) Blumer I. 428. II. 2, 49.
[87]) Blumer I. 160. 421. II. 2, 38. und in der Ztfchr. für deutfches Recht IX. 297. Schauberg's Ztfchr. I. 26. Defchwanden im Gefchichtsfr. IX. 75 ff.
[88]) f. darüber Defchwanden S. 87.
[89]) Memmingen S. 290. 291. Nördlingen § 3.

E. Die Friedlofigkeit.

§ 30. In ihrem Buchftabenſinn iſt Friedlofigkeit das Aufgehobenfein des bisherigen Friedens, alfo des darin liegenden Rechtsfchutzes für eine Perfon. Daher konnte nach der Strenge des Begriffs an dem Friedlofen kein Friede gebrochen und folglich kein Unrecht begangen werden; wer ihn erfchlug, war nicht ſtraffällig. Der züricher Richtebrief beginnt mit den Worten: ‚»Swa ein burger den andern burger, der in difem gerihte wonhaft ald gefeſſen iſt, und in des riches und des gerichtes vride menlichem wiſſende iſt gewefen, flat ze tode an dien trüwen, daz fol im gan an alles fin guot etc.« Die hervorgehobenen Worte können nur bedeuten, dafs der Erfchlagene weder in der Reichsacht noch in der Gerichtsacht war, alfo weder im weiteren noch engeren Gebiete friedlos.

Die Friedlofigkeit iſt einfach ausgefprochen in den Verrufungsformeln durch die Wendungen, »und ruf dich aus dem Frid in Unfrid«, »von Frid in Unfrid, von Sicherheit in Unficherheit« u. dgl. Der Verfagung des Friedens entfpricht es, dafs niemand den Friedlofen haufen und hofen follte und dafs keine Freiftatt ihm Frieden gab. Die Vergleichung der beiden Verrufungsformeln für den Mörder und für den Todfchläger in der luzerner L. G. O. [90]) zeigt aber einen bedeutenden Unterfchied hinfichtlich der Tragweite der Friedloslegung. Der Mörder wird ertheilt dem Vogel in der Luft, den wilden Thieren im Walde, dem Fifch im Wag, und wird jedem erlaubt; der Todfchläger wird nur der Freundfchaft des Entleibten, die diefen zu rächen hatte, erlaubt und ihnen fein Leib ertheilt, [91]) der Frieden alfo nur nach diefer Seite hin negirt. Kam eine Ausföhnung mit der Freundfchaft des Getödteten zu Stande, fo war der Frieden zwifchen beiden Theilen wieder hergeftellt; aber nach einer Offnung von Münfter im Canton Luzern [92]) hing dann noch der Wiedereintritt des Verrufenen in feine frühere Gemeinde ab von dem Willen der Bürger; es bedurfte einer Reftitution in die Friedens- und Rechtsfphäre, die ihm durch das Verkünden in den Unfrieden entzogen war.

[90]) Segeſſer II. 703 ff. R. A. aus der Schweiz No. XVII.
[91]) f. oben § 16 S. 26.
[92]) Segeſſer I. 733.

Die proceffualifchen Vorausfetzungen der mittelft der Acht eintretenden Friedlofigkeit, die Bedeutung der Acht als eines proceffualifchen Zwangsmittels, die Art und Weife wie, und die Fälle, in denen fich der Aechter aus der Acht ziehen konnte, find hier nicht auszuführen, fondern gehören als ein grofses Thema dem Strafproceffe an; aber in meine Aufgabe fällt es, anzugeben, wie fich im deutfchen Mittelalter die Friedlofigkeit wieder ihrer altgermanifchen Bedeutung, als unmittelbarer Rechtsfolge des Verbrechens, dadurch nähert, dafs die materiellen Ausdrücke der Friedlofigkeit, die Uebel, welche den Friedlofen treffen, den Character der Strafen annehmen. Diefs gilt vornemlich von der Verbannung, deren Natur als einer gemilderten Friedlofigkeit hinter ihrer Erfcheinung als Strafe oft fehr deutlich hervortritt. Inftructiv ift dafür die fchwyzer Einung um Todfchlag 1447. [93]) Wenn der Todfchläger dem Gerichte entwich, fo wurde gegen den Abwefenden nicht die volle Friedlofigkeit erkannt, fondern dafs er in den nächften fünf Jahren von dem Lande und den Landmarken Schwyz fein und bleiben folle und darin nicht kommen. Während diefer Zeit durfte ihn niemand in diefen Landmarken haufen und hofen, [94]) felbft feine Blutsfreunde nicht; liefs er fich in diefen Jahren im Lande betreten, fo wurde ihm ohne Gnade das Haupt abgefchlagen [95]). Der Name Aechter ift hier zwar nicht genannt, aber dafs fo mit dem Aechter verfahren wurde, ift bekannt. Augsburg 1276 S. 63: »fo fol im der vogt rihten als reht ift über einen ähter. daz ift daz man im daz haubt fol abeflahe«.

In den Städten wurde die Verbannung nicht blofs häufig, fondern übermäfsig als Strafe angewendet. · Schon die Bezeichnung »der Stadt Friedkreis verbieten«, die Erwähnung der Friedfäulen der Stadt in folchen Fällen deuten auf die Friedlofigkeit hin; deutlicher ift aber die Beziehung der Stadtverweifung zur Friedlofigkeit in anderer Weife ausgedrückt. Luzern Stadtbuch IV a. § 10: »Und fwer verbotten wirt umb unzucht, gat der in die Stadt, fwaz im dar uber gefchiet, daz befferet im nieman«. Von fpäterer Hand ift hinzugefügt: »ane gewaffent hant«. § 13: »Und fwele gaft verbotten wirt umb einunge von eis Burgers wegen, gat der in die

---

[93]) Landbuch S. 66.
[94]) f. auch Nidwalden 33. 129.
[95]) vgl. Schwyz Landbuch S. 23. R. A. aus der Schweiz No. II. S. 26.

Stat, wer dem effen ald trinken git, ald hufet ald hovet, der muos den einung geben für den gaft, und was dem gafte dar zuo gefchehe, da verfchult nieman kein einung, ane gewafent hant«. V a. § 14. IX b. § 6.

Ebenfo kam das Niederreifsen des Haufes in die Doppelgeftalt des Ausdrucks der Friedlofigkeit und der Strafe. Den Geächteten follte weder ein fremdes noch das eigne Dach fchützen, niemand follte ihn haufen und hofen, und ihm wurde fein Haus niedergeriffen oder fo weit zerftört, dafs er darin nicht weilen konnte, was fchon durch Abtragen des Daches bewirkt wurde. So lange fein Haus ftand, war ihm der im Hausfrieden liegende Schutz nicht genommen; er follte aber keinen Frieden haben. Der Aechter ift buchftäblich der Verfolgte [96]) und daher unftät Flüchtige. Augsburg 1276 S. 84: »Man fol auch wizzen, dafs der ähter niendert keinen Friede hat!« S. 105: »fo fol man im ienen ähten unde dz Hus uf die erde flahen«.

Es ift wohl nicht zu bezweifeln, dafs diefer Ausdruck oder Beftandtheil der Friedlofigkeit, im deutfchen Mittelalter verbreitete Rechtsfitte, aus uralter Zeit ftamme, wenn auch die Volksrechte deffen nicht erwähnen. [97])

Von den alamannifchen Rechtsquellen betonen Freiburg 1120 § 10 und ein Theil feiner Nachbildungen die völlige Zerftörung des Haufes [98]) — delebitur domus ejus funditus —, was gewifs das Urfprüngliche war; andere Stellen befchreiben eine partielle Demolirung, durch die das Haus unbewohnbar wird. Strafsburg 1270 § 13 [99]): »fo brichet man ime fin hus, oder der rat und der fchultheifs, obe fie wellent, machent daz hus gemeine, alfo, daz es menglichem offen fie, und die turn abe fint gebrochen und die venfter offen etc.« Im Stadrecht von Diefsenhofen 214 ift der Fall erzählt, wie im Jahr 1379 ertheilt wurde, dafs von dem Haufe eines flüchtig gewordenen Todfchlägers die vordere und hintere

---

[96]) Schwfp. 207 W.: »unde jaget man einen aehter oder einen fridebrecher, dem fol alles das nachjagen. das es fihet oder hoeret.« f. Hausfrieden S. 27. 50.

[97]) Wilda S. 293. Grimm R. A. 729. Dreyer's Miscellaneen No. III.

[98]) f. auch Luzern gefchw. Brief 1252. Diefsenhofen Handfefte 1260 Art. 21. vgl. mit Art. 18. Breifach § 1. Schreiber, Urk. 1. 77. 84. 127. Schwfp. 124. 173. 207 W. 144. 202. 253 L.

[99]) Strobel I. 319.

Wand zerftört werden follte. Die Handfefte von Freiburg im Uechtland 38 (Thun 22, Burgdorf 88) ordnet an, dafs der Giebel des
Haufes abgebrochen werde. Ob aber das Haus gänzlich oder theilweife zerftört wurde, fo lag eben darin der Verluft des Bürger-
rechts und der bürgerlichen Exiftenz; daher heifst es im deutfchen
Entwurf des Stadtrechts von Freiburg im Breisgau 1275 [100]):
»und ift er ein burger, fo fol man ime fin hus, da er burger an
ift, nidir flahen«. Der Fall, dafs ein Bürger mehrere Häufer
hatte, ift in Bedacht genommen. Luzern gefchw. Brief 1252:
»domus suae omnes quas in civitate lucernensi habuerit, tanquam infiscatae confringentur«; dagegen nennt der züricher Rb.
»das befte Haus« (I. 4. II. 4. 14. 18. 19. 20. 21.). Die Rechte Anderer
an dem Haufe find hier auch nicht unberückfichtigt geblieben.

Regelmäfsig oder doch fehr allgemein finden wir, dafs nach
Ablauf eines Jahres oder nach Jahr und Tag es den Erben des
Friedlofen geftattet fein follte, das Haus wieder aufzubauen, doch
mufsten fie ein Löfegeld zahlen. Der Friedlofe hatte aber davon
keinen Nutzen, denn, wenn er fich wieder in der Stadt betreten
liefs, wurde ihm das Haupt abgefchlagen. [101]) Das ältefte luzerner
Bürgerbuch (1375) hebt es befonders hervor: »doch fo fol der
manflechtig man, ob er entrinnet, an dem widergebuwen hus niemer me teil noch gemein haben. [102]) Das angeführte ftrafsburger
Stadtrecht dagegen läfst fchliefsen, dafs, wenn der flüchtig Gewordene fich mit dem Verferten verföhnt und auch der Obrigkeit
gebeffert hatte, er nach feiner Rückkehr auch fein demolirtes Haus
fich wieder in wohnlichen Stand fetzen durfte.

Die Häufigkeit der Fälle, in denen eine Zerftörung von Häufern
eintreten follte, mufste das Mifsliche einer folchen zur Verunftaltung
der Stadt dienenden Vornahme deutlich machen und die Abfchaf-
fung der Sitte herbeiführen. · Von Luzern haben wir eine beftimmte
Nachricht, dafs aus diefem Grunde die alte Sitte gefetzlich befeitigt
wurde; [103]) ftatt des Abbrechens der Häufer follten diefe, wie
überhaupt Hab und Gut, dem Gericht der Stadt verfallen fein,
damit dasfelbe darüber nach Gutdünken verfüge. Es ging alfo

---

[100]) Schreiber, Urk. I. 84.
[101]) ·Freiburg 1120 § 10. Bern 1218 § 28. Breifach § 1. ·
[102]) Segeffer II. 671. Anm.
[103]) Segeffer II. 670.

die befondere Rechtsfitte auf in einem auch mit der Friedlofigkeit in engfter Verbindung ftehenden Satz: der Friedlofe konnte
da, wo er aus dem Frieden gefetzt war, keine Rechte, folglich
auch keine vermögensrechtliche Perfönlichkeit haben.

IV. Von den Bufsen.

A. Begriff und Arten der Bufsen im Allgemeinen.

§ 31. Es ift bekannt, dafs büfsen und beffern, Bufse
und Befferung fprachlich zufammenfallen = *emendare, emenda,*
und dafs bei der Verwendung diefer Worte im alten Recht als
Mittel der Wiedergutmachung des widerrechtlichen Schadens die
Zahlung von Geld und Geldeswerth zu denken ift. Zwar hat es nie
eine Zeit gegeben, in der alle Rechtsverletzungen, die wir Verbrechen oder Vergehen nennen würden, mit Geld oder Geldeswerth gebeffert werden konnten, aber diefes Mittel wurde doch
eben fo häufig, wenn nicht häufiger, da gebraucht, wo ein Gut
verletzt war, das keinen folchen Taufchwerth hatte, als in Fällen,
in denen eine Schuld vorlag, die dadurch wirklich hätte getilgt
werden können, und diefes erhielt fich länger, als man gegenüber dem vielfach fichtbaren Vordringen des Begriffs der (öffentlichen) Strafe im deutfchen Mittelalter hätte erwarten follen, weil
es einen zähen Rückhalt hatte in der mit der Bufse an den Kläger
parallel laufenden Bufse an den Richter, die Obrigkeit, die Gemeinde, die Herrfchaft. Grade in den Hofrechten tritt das Syftem
der Privatbufsen noch im fpäten Mittelalter in einer Ueppigkeit auf,
die zwar mit dem Syftem der unter unzähligen Titeln und Namen
geforderten Abgaben trefflich harmonirt, aber die Entwicklung
des wirklichen Strafrechts hemmte.

Durch Erlegen der Bufse im weitern Sinne wurde eine Sache
beigelegt, daher ift in den lateinifchen Quellen das diefe Zweck-
beftimmung ausdrückende componere und compofitio fo
regelmäfsig gebraucht, und haben diefe Worte eine Weite wie
Bufse und Befferung. Compofitionenwefen und Compofitionenfyftem

find deshalb berechtigte generelle Bezeichnungen. Die Gliederung diefes Syftems, fo weit es fich um die oberfte Eintheilung handelt, ift fehr einfach.

Wilda, davon ausgehend, dafs Bufse immer mehr an die Stelle der Friedlofigkeit trat, auf welcher das germanifche Strafrecht beruhte, unterfcheidet

1) die gerichtliche Bufse, d. h. die, welche durch das Recht beftimmt war, worauf vom Gericht erkannt wurde, deren Erlegung alfo eine Zwangspflicht war. Diefe Bufse fiel zum Theil an den, gegen welchen das Unrecht verübt war, die Bufse im engern Sinn, theils an den König und die Gemeinde, welche den Frieden des Schuldigen befchützten, ihm das Recht, durch Bufse fein Unrecht zu sühnen, bewahrten, das Friedensgeld (fredus);

2) die aufsergerichtliche Bufse, welche gegeben wurde, wenn die Parteien fich in Güte verglichen. Es hatte diefe den doppelten Zweck, theils ein begangenes Unrecht zu fühnen, theils fernerem Streit und Gewaltthat zuvorzukommen; daher war mit einer folchen vertragsmäfsig feftgefetzten Bufszahlung immer ein Gelöbnifs des Friedens und gegenfeitiger Freundfchaft verbunden. Hieher gehört befonders das Wergeld, die Bufse, welche gezahlt wurde, wenn ein durch Todfchlag entftandener Streit verebnet wurde.

Wir können diefe Eintheilung auch für das deutfche Mittelalter acceptiren, und müffen aus den von Wilda beigefügten Bemerkungen über den Entwicklungsgang in diefem Gebiete als für die fpätere Zeit richtig und wichtig hervorheben, dafs die aufsergerichtlichen Vergleiche immer mehr befchränkt wurden und in Abgang kamen, [1]) fowie, dafs bei den Bufsfätzen immer mehr die Rückficht darauf hervortrat, was der Miffethäter zahlen, als was der Verletzer erhalten follte, fo dafs die Bufsen in vorherrfchender Weife den Character einer Strafe annahmen, einer Vergeltung des Unrechts in Bezug auf den, welcher es begangen hatte, wodurch das Verhältnifs zwifchen Bufsen und Friedensgeld oftmals vernichtet oder verwirrt wurde.

Befonders in den fchweizerifchen Rechten ift das vieldeutige [2])

---

[1]) f. aber oben § 16 S. 28.
[2]) Wackernagel zum basler Dienftmannenrecht S. 31.

K

Einung oft für die feftgefetzte Bufse gebraucht. [3]) Auch bannus fteht für Bufse und Wette. [4])

Gewöhnlich find zwar die Bufsen in Geld angefetzt, aber es kommen auch andere Gegenftände von Geldeswerth vor, nach einer Auswahl, die uns feltfam erfcheint, die fich aber, wenig- ftens zum Theil, aus localen Verhältniffen erklären läfst. Nach der Offnung von Wagenhufen im Thurgau [5]) follen Weiber, die einander fchlagen oder einander fchmählich zureden, 6 Pfund Anken (Butter) oder Schmalz geben. In der von jeher viel Butter und Käfe producirenden Schweiz gehörten diefe Dinge auch zu den gewöhnlichen Abgaben. Hier kam auch eine Kuh als Bufse vor. [6]) Nicht felten find Bufsen in Wachs. [7]) Wachs war im Mittelalter ein wichtiger Handelsartikel; [8]) aber wie Bufsen und Abgaben oft in Relation ftehen, fo ift auch wohl hier eine Beziehung auf die bekannte Abgabe, von der die Wachszinfigen ihren Namen haben. [9]) Die Klofterordnung von Blaubeuren beftimmte für verfchiedene Frevel die Bufse von einem Gulden oder »ein Salzfcheiben«. [10]) In Bafel hatte ein Knecht, der einen andern wundete, aus Gnaden nur zwei Hühner für die Befferung zu geben. [11]) In den Städten beftand die Bufse oft in einer Quantität (10,000) Ziegelfteine, [12]) die dann zu den Mauern und Bauten der Stadt verwendet wurden. Stetten nennt diefs eine gewöhnliche Art bürgerliche Frevel zu büfsen, und dafs fie in Deutfchland fehr verbreitet war, zeigen Berichte aus verfchiedenen Gegenden. Aehnlich ift es, dafs in Frauenfeld der Todfchläger 5 Pfund an den Bau der Stadt zahlen

---

[3]) Schwyz Landb. S. 9 ff. Bafel Rechtsq. I. S. 143. Bern 1614 I. 14, 1 ff. vgl. Zöpfl, Alterthümer I. 23.

[4]) Freiburg im Uechtland 16. 50. vgl. Wilda S. 477. v. Woringen's Beiträge zur Gefchichte des deutfchen Strafrechts I. S. 124 ff., nach deffen Erklärung (S. 161) der Gebrauch des Worts in jenem Stadtrecht nicht mehr der urfprüngliche wäre.

[5]) Schauberg's Ztfchr. II. 82.

[6]) Grimm, Wsth. I. 156. Merkel, ad l. Alam. p. 160 not. 6.

[7]) Jäger's Ulm S. 537. 538. Stadlin, Zug IV. 51.

[8]) Hüllmann I. 37. Jäger's Heilbronn S. 58.

[9]) Walter II. § 424.

[10]) Reyfcher, Stat. S. 356.

[11]) Bafel Rechtsq. I. S. 76.

[12]) Jäger's Ulm S. 236. 428. Stetten I. 282. 311. Memmingen S. 284. 292.

mufste, wie in Bafel im vierzehnten Jahrhundert Bufsen zur Verwendung an den Bau einer Kirche vorkamen. [13])

In dem alamannifchen Volksrecht treffen wir die Zahl 12 als Grundzahl des Bufsenfyftems, aber im fpäteren Mittelalter ift das Decimalfyftem vorwiegend; doch gibt, befonders in der Schweiz, häufig die Dreizahl den Grundton an. Ob und wie weit diefe Dreizahl auf jene Zahl 12 zurückführt, wage ich nicht zu entfcheiden, und zu einer tieferen Ergründung des Zufammenhangs der Grundzahlen 10 und 3 mit dem Münzwefen fühle ich mich nicht gerüftet, daher ich mich begnügen mufs, über die Herrfchaft der letzteren Zahlen im alamannifchen Bufsenfyftem einen kurzen Nachweis zu geben.

1) Dem Kläger wegen Todfchlag foll nach Augsburg 1276 S. 16 gebeffert werden mit 10 Pfund Rotweilern oder 6 Pfund Augsburgern, und an unzähligen Stellen kehrt die Alternative wieder: »10 Pfund oder die Hand«. Sehr deutlich tritt das Decimalfyftem im Landbuch von Schwyz auf. Die alte grofse Einung für Friedbruch ift 10 Pfund, die kleine 30 Schilling Pfenning. Diefe foll zu gleichen Theilen getheilt werden unter Ammann, den Leider (Angeber) und die Landleute (die Gemeinde). Die grofse Bufse von 10 Pfund blieb für Frevel an Kirchweihen und Jahrmärkten, für Friedbruch mit Werken und Friedverfagen wurde fie reducirt auf 5 Pfund. Gefteigert ift die Bufse für den, der einen gelobten Frieden mit Werken brach, auf 50 Pfund, fowie für den Nachtfchach und das Ausladen aus dem Haufe bei Tage, für folches Ausladen in der Nacht auf 100 Pfund.

2) Eben fo häufig ift die Grundzahl 3 [14]). Im Canton Zürich wurde die höchfte Bufse von 9 Pfund auf 18 gemehrt. [15]) In einer Offnung von Adorf finden wir die Steigerung der Gebote von 3 Schilling Pfenning auf 6 und 9 Schilling, dann auf 3 Pfund Pf., 6 Pfund Pf., 9 Pfund, und die grofse Bufse von 10 Pfund für Frevel, welche die Ehre berühren, bildet den Schlufs. [16])

[13]) Ztfchr. für fchweiz. Recht I. 60. Bafel Rechtsq. I. S 17. f. auch Memmingen S. 279. 292. Pfaff, Efslingen S. 193.

[14]) Grimm, Wsth. I. 151. Kothing, Rechtsq. S. 68. 69. Strafsburg § 36. vgl. Segeffer II. 60f.

[15]) Schauberg, Ztfchr. I. 99. 143. Bluntfchli I. 222. 241.

[16]) Schauberg, Ztfchr. II. 75. Grimm, Wsth. I. 255.

B. Von der eigentlichen Bufse.

§ 32. Die Bufse im engeren Sinn ift Genugthuung für den, an welchem das Unrecht verübt war, wegen des Rechtsbruchs an ihm, nicht als Erfatz des materiellen Schadens. Das Recht beftimmte, je nach der Gröfse des Unrechts, durch welche Leiftung er fich befriedigt halten follte, darauf konnte er alfo feine Klage richten. Wie aber, wenn er die Befferung nicht nehmen, fondern in der Feindfchaft gegen den Schädiger verharren wollte? Diefer Fall ift in den alamannifchen Rechten, z. B. im augsburger Stadtrecht S. 50. 75. nicht unberückfichtigt gelaffen. Wenn eine Verwundung mit gewaffneter Hand gefchehen war, und der Kläger die Bufse nicht nehmen wollte, die redlich und gefüge wäre, fo follen vier Rathgeber die Sache erwägen, und welche Bufse die Vier »fchöpfen«, [17]) die foll jener nehmen und den Gegner nicht fürbas noeten. Wollte er defs den Bürgern wider fein, fo follen der Vogt und die Bürger ihn noeten, dafs er die Bufse nehme und den Andern dieweil fchirmen. Ebenfo wenn ein Gefchimpfter eine redliche Befferung nicht nehmen wollte, follten Rathgeber, die des kleinen Rathes find, die Sache austragen.

Bei der Bufsfatzung kamen perfönliche Verhältniffe fowol des Gefchädigten, als des Schädigers in Anfchlag:

1) des Gefchädigten.

a. Der Vorzug des Bürgers vor dem Nichtbürger, des Genoffen vor dem Ungenoffen, der fich nicht felten zu einem Unrecht und einer Rechtsverfagung gegen den Letzteren geftaltete, [18]) der Satz, dafs »die Burger mer Fryheit dann die Geft haben follen«, [19]) hat im Mittelalter eine grofse Tragweite, und zeigt fich auch in den Bufsanfätzen, hauptfächlich zwar, wenn der Bürger der Bufsfällige war, aber auch nach der andern Seite. Offnungen vom Thurgau und aus St. Gallen wiederholen den Satz, dafs auf Tödtung eines Gotteshausmannes die Bufse von 50 Pfund ftehe, auf die eines Ungenoffen 25 Pfund. Diefer Unterfcheidung trat entgegen

---

[17]) Grimm, R. A. 776.
[18]) Gaupp II. Einl. S. XV.
[19]) Stadtrecht von Luzern 141. vgl. Köftlin in der Zeitfchrift für deutfches Recht XV. 227.

die Offnung von Rickenbach, welche 30 Pfund, fetzte, »es fige burger oder gaft«. [20])

b. Die Schätzung der **Frauen** im mittelalterlichen Recht ift eine fehr verfchiedene. Wie ihre Schwäche und Wehrlofigkeit in der lex Alamannorum und Baiuvariorum [21]) die doppelte Compofition veranlafste, fo finden wir im fpäteren Mittelalter das Gegentheil als Regel, wenn wir den Schwfp. 255 W. 310 L. hören: »Ein ieglich vrowe hette eines mannes halbe buoze.« Es ift diefs aber in diefem Artikel »von der alten buoze« als ein Vergangenes hingeftellt, und alamannifches Recht dürfen wir darin nicht fehen, fondern Recht des Sachfenfpiegels. [22]) Die alamannifchen Rechte haben diefe Unterfcheidung nicht, fo oft fie auch auf der andern Seite beftimmen über die Befferung, welche die Frauen in anderem Maafse als die-Männer zu leiften haben.

c. Da Recht und Ehre im engften Zufammenhange ftehen, fo find Leute, deren Ehrenhaftigkeit zweideutig war wegen ihrer ungeordneten Lebensweife, auch im Recht darnach gefchätzt. Stadtbuch von St. Gallen S. 43: »Der aber einen buoben oder einen liehten ald einen verlaffen man, der weder ftur noch waht git, roffet oder fchleht mit handen ald mit fteben, da ftat die bufse ze der ftatt und des klegers an des rates befchaidenhait und ftat ouch an des rates aide, wer ein buobe ald ein liht man ald ein verlaffen man fie.« [23])

2) Des Schädigers. [24])

a. In einem Weisthum aus dem Schwarzwalde ift für verfchiedene Fälle die Bufse eines **Freien** 3 Schilling, eines **Unfreien** 5 Schilling. [25]) Aelter ift die Unterfcheidung, dafs in Fällen, wo der Freie Bufse zahlte, der Unfreie Leibesftrafe zu erleiden hatte. Urkunde von Otto II. a. 977: »si quis locum ipsum vel populum

---

[20]) **Schauberg**, Ztfchr. II. 67. Ztfchr. f. fchweiz. Recht I. 93. — **Grimm**, Wsth. I. 215.

[21]) **Woringen** a. a. O. S. 57. **Grimm**, R. A. 404. **Weinhold**, die deutfchen Frauen S. 124.

[22]) III. 45. Dtfchfp. 283.

[23]) Zürich Rb. I. 26. V. 42. Zu dem Begriff »Bube« f. Augsburg 1276 S. 79. 108. Schwfp. 14 W. Bafel Rechtsq. I. S. 19. 28. **Grimm**, Wörterbuch und **Müller** mittelhochd. Wterb. s. v. Buobe. **Weigand**, Synon. No. 1090.

[24]) **Fürth**, Minifterialen S. 392.

[25]) **Grimm**, Wsth. I. 382. 384.

(scil. ecclesiae Murbacensis) incendio aut praeda aut captione seu aliqua vastatione inquietaverit, homo liber vel de libera familia damnum rei perditae in quadruplum restituat et fisco regio libras auri X exsolvat, servilis persona autem et qui haec non possit exsolvere, pilos perdat cum corio et septem annorum damnetur in exilio.« [26])

b. Für Verwundung mit gewaffneter Hand zahlte nach dem augsburger Stadtrecht 1276 S. 70. ein Wirth die Bufse von 10 Pfund, ein Knecht 5 Pfund.

c. Sehr bevorzugt war in diefer Richtung der Bürger vor dem Fremden. Grimm, Wsth. I. 255: »Ob aber ein gaft das thäte oder was frefel das wer, der gibt zweyfalt bufs.« [27]) Bisweilen find Gäfte fogar wie Unfreie behandelt. [28])

d. Frauen hatten in manchen Fällen eine andere Bufse zu zahlen als die Männer. Emmenthal: »Ein Frauwenbild — foll allwegen die Bufsen, fo auf allerhand Fräffel geordnet find nit mehr dann zum halbigen theil ablegen und erleiden.« [29]) Die würtembergifchen Rechte haben dem »Frauenfrevel« im Bufsenfyftem eine befondere Stellung gegeben. [30])

Die Zahlung der Bufse abforbirte nicht die civilrechtliche Verpflichtung den materiellen Schaden, wo ein folcher vorlag, zu erfetzen, [31]) aber oft find Schadenerfatz und Bufse in der Weife in Verbindung gefetzt, dafs der Schaden als Einheit genommen und durch deren Verdoppelung und Verdreifachung die Bufse beftimmt ift. [32]) Bedenklich ift es, darin eine Nachahmung der römifchen Privatftrafen zu fehen, da es fich fowol im älteften ftrafsburger Stadtrecht als im züricher Richtebrief nicht um Delicte handelt, die bei den Römern Privatdelicte waren, fondern um folche (Heimfuchung und Nachtfchach), die das römifche Recht gar nicht kannte.

---

[26]) Schöpflin, Als. dipl. I. No. 160. Merkel, ad l. Alam. p. 76. vgl. Grimm, R. A. 739.

[27]) Frauenfeld 1368 Art. 1—9. Bafel Rechtsq. I. S. 341. — Memmingen S. 282.

[28]) Schreiber, Urk. I. S. 77.

[29]) Grimm, Wsth. I. 264. Schauberg, Ztfchr. I. 179.

[30]) Reyfcher, Stat. S. 15. 127. 192. und oft f. auch Memmingen S. 279.

[31]) f. z. B. Schwyz Landb. S. 32. 274.

[32]) f. die oben angeführte Urkunde von 977, Strafsburg § 36, Zürich Rb. I. 31.

C. Vom Wergelde.

§ 33. Nach Wilda wäre das Wergeld in feiner urfprünglichen Bedeutung dasjénige, was bei einem Vergleiche, wodurch
die Blutrache vorgebeugt oder derfélben in ihrem Fortgange ein
Ziel gefetzt werden follte, den Gegnern d. h. der Familie des
Getödteten gezahlt wurde. Man könnte demnach die Summe,
welche als an die Verwandten des Getödteten vom Todfchläger
zahlbar in den oben § 16 genannten Sühnverträgen vorkommt,
für einen Nachhall des alten Wergeldes nehmen; aber freilich
liegt in den Worten, dafs die Summe den Verwandten des Getödteten gezahlt werde »für allen Schaden und Koften«, der hinter-
laffenen Frau und den Kindern »als Koften und Schadenerfatz« etc.
fchon eine andere Auffaffung. An die alte Geftalt des Wergeldes
erinnert es noch, wenn in einem augsburger Falle vom Jahr 1567
es von demjenigen, der beim Trunke einen Andern unüberlegt
erftochen hatte, heifst: »Ob quod facinus statim legis causa civitatem ad tempus mutare, ac licet nullam simultatem antea cum
occiso aluerit, heredibus tamen securitatis causa quinquaginta
aureolos persolvere coactus fuit.« [33])

In der Skizzirung der Entwicklungsphafen, die das Wergeld
durchlief, gelangt Wilda zu dem Punkte, wo dasfelbe ganz die
Natur der Strafe angenommen hat, und auf diefem Punkte finden
wir dasfelbe, wenn fo oft auf Tödtung eines Menfchen die höchfte
Bufse und auch mit Rückficht auf die perfönliche Qualität des
Getödteten eine verfchiedene, aber genau beftimmte hohe Bufse
gefetzt ift, oder vielmehr, das Wergeld, deffen Name auch
nicht mehr vorkommt, [34]) ift abgelöst durch eine Bufse, mit welcher fich der Todfchläger von feiner Schuld befreit, und bei der
Bufsfatzung fchimmert nur noch das alte Wergeldsfyftem hie und
da durch.

In den § 32 angeführten Weisthümern aus dem Thurgau und
St. Gallen ift auf die Tödtung eines Gotteshausmannes die Bufse

---

[33]) Gaffarus p. 1919 f. unten § 63.
[34]) Im Schwfp. 255 W. 310 L. und im Dtfchfp. 283 findet fich das an fechs
Stellen im Sfp. III. 45. vorkommende »Weregeld« nicht mehr. vgl. auch l. Alam.
Hloth. 5 mit Schwfp. 277 W. 330 L.; Sfp. II. 38 mit Dtfchfp. 148 und Schwfp.
154 W. 181 L.

von 50 Pfund, auf die eines Ungenoffen 25 Pfund gefetzt. Dabei könnte man noch an die Abftufungen der Wergelder denken, aber der Zufatz »und fol fich der Secher richten mit des Liblofen Fründen« zeigt, dafs jene Bufse auf die Verwandtfchaft des Getödteten, auf welche doch das Wergeld immer zurückführt, keine Beziehung hatte. Wir haben es hier mit Hofrechten zu thun, welche mittelft der Bufsfatzung den dem Hofe zu leiftenden Erfatz des durch die Tödtung dem Hofe erwachfenen Schadens beftimmen. Diefer Gefichtspunkt wird noch deutlicher, wenn in der Offnung von Meilen am Zürichfee [35]) die höchfte Bufse von 18 Pfund fowol dem gedroht ift, der einem Andern den Hals abfchlüge, als den, der aufser der Genoffame weibete. In dem erften Falle war dem Hofe ein Mann verloren gegangen, in dem zweiten Falle drohte demfelben ein ähnlicher Verluft, weil die Heirat eines Hofmanns mit einer Ungenoffin die Wirkung hatte, dafs die Kinder der Mutter folgten. Jene Bufse von 18 Pfund war alfo das Aequivalent des Getödteten für die Herrfchaft, wie es auch noch vorkam, dafs der getödtete Mann durch einen andern erfetzt wurde. [36])

Eine intereffante Parallele befteht zwifchen der genannten höchften Bufse von 18 Pfund und der Scheinbufse von 18 Hellern im altzüricherifchen Rechte. [37]) Hat der Ehemann den bei feiner Frau ertappten Ehebrecher oder diefen und die Frau getödtet, fo follte er 18 Heller auf den Leichnam legen und damit dem Gericht und Rechten gebüfst haben. Der luzerner gefchworne Brief 1489 hat ftatt diefes Schluffes an zwei Stellen die Worte: »darumb fol er nit gevecht werden«, alfo die Blutrache und Fehde foll dann nicht eintreten; an der erfteren Stelle ift noch hinzugefetzt: »noch dhein gerichte verfchuldet han«. [38]) Jene 18 Heller find noch eine Bufse, und zwar wird damit vollftändig gebeffert; ihr Drauflegen ift eine Compofitio homicidii s. hominis, fie vertreten das Wergeld, aber die Kleinheit der Summe reducirt das Ganze auf eine fymbolifche Compofition, [39]) wie in dem von Grimm [40])

[35]) Ztfchr. für fchweiz. Recht IV. 89.
[36]) Gefchichtsforfcher X. 414. vgl. lex Alam. Kar. III. 2. Grimm, R. A. 655.
[37]) Schauberg, Ztfchr. I. 369. vgl. Bluntfchli I. 411.
[38]) Segeffer II. 655. Anm.
[39]) Geyer, Lehre von der Nothwehr (1857) S. 83.
[40]) R. A. 679.

genannten Falle der »Hanenkopf« ein Symbol, caput pro capite, ift. Die 18 Heller erfcheinen auch in einem andern Gebiete des züricherifchen Rechts als Minimal- und Scheingröfse. Dafs die Ehefrau keine Difpofitionsfähigkeit über ihre Sachen habe, wird häufig fo ausgedrückt, dafs fie ohne Wiffen und Willen des Mannes nicht mehr als 18 Heller (oder 18 Pfenninge) weggeben dürfe. [41]) Hier wie dort bezeichnen die 18 Heller die Grenze des Etwas und des Nichts. Wir finden auch in einem Falle, dafs die Bufse von 18 Pfund für die Ehe mit Ungenoffen reducirt wurde auf ein Paar Handfchuhe oder 18 Pfenninge. [42])

D. Vom Friedensgelde.

1. Begriff und Sprachgebrauch.

§ 34. Das Wort fredus oder fredum für das zur Sühne des verletzten Friedens, an das Volk oder den König, zu Zahlende, oft gebraucht in der lex Alamannorum und unter den »barbara et antiquata in legibus Alamannorum« in der fanctgaller Rhetorik aus dem zehnten Jahrhundert aufgeführt, habe ich in den alamannifchen Rechtsurkunden des fpäteren Mittelalters nicht mehr gefunden. Schon in der § 32 angeführten Urkunde von 977 lefen wir: »et fisco regio libras auri X exsolvat.« Es find hier bekannte Fehdehandlungen aufgeführt und die immer wiederkehrenden 10 Pfund. War der Schuldige nicht im Stande, diefes Friedensgeld zu zahlen, oder Bürgfchaft dafür zu ftellen [43]), fo ging es ihm an die Hand, mit welcher er den Frieden gebrochen hatte. [44]) Die Alternative von »10 Pfund oder die Hand« finden wir fehr oft in den alamannifchen Rechtsquellen des fpäteren Mittelalters. [45]) Umgekehrt ift auch der Verluft der friedbrüchigen Hand vorangeftellt, und die 10 Pfund als Löfungsfumme der verwirkten Hand folgen. Augsburg 1276 S. 82: »alfo daz er im die Hant fol abe

---

[41]) Schauberg's Ztfchr. I. 255. Bluntfchli I. 430. Orelli in Ztfchr. für fchweiz. Recht III. 9.

[42]) Archiv für fchweiz. Gefch. VI. 25.

[43]) Bafel Rechtsq. I. 143.

[44]) Die rechte Hand? Grimm, R. A. 706.

[45]) Schwyz Ldb. S. 9. Schauberg, Ztfchr. II. 91. Frauenfeld 1368 § 9. Bafel Rechtsq. I. S. 143. 415. Grimm, Wsth. I. 287.

heizzen flahen ern gäbe im danne zähen pfunt«. Solothurn: »manum per sententiam amittet, quam tamen cum X libris redimere potest.«

So wenig wie das lateinifche **f r e d u m** kommt in den fpäteren alamannifchen Rechtsquellen eine dem genau entfprechende deutfche Bezeichnung, wie »Friedensgeld« vor, fondern fo wie im Schwfp. 67. 71 W. Bufse auch das Friedensgeld umfafst, ift auch fonft **B u f s e** und **b e f f e r n** gebraucht, wo wir den fpezielleren Ausdruck fubftituiren würden; [46]) ebenfo **e m e n d a r e.** [47])

Das Wort **W e t t e, G e w e t t e** kommt vor, wenn auch weit feltener als in den norddeutfchen Rechten, für das an Gericht und Herrfchaft zu Zahlende. [48]) Im älteften ftrafsburger Statut ift der beide Bufsen umfaffende Ausdruck **c o m p o s i t i o** und **c o m-p o n e r e** in der deutfchen Ueberfetzung wiedergegeben durch »das Wette«, »Gewette« und »wetten«, fo dafs felbft für die Bufse an den Kläger »Wette« gebraucht ift. Dagegen ift im Art. 36, wo das an den Gefchädigten zu Zahlende nicht in der gewöhnlichen Weife der Repartition der Gefamtbufse proportional angegeben, fondern die Entfchädigung an den Gefchädigten wie eine Privatftrafe hingeftellt ift, nicht die Bezeichnung »Wette« gebraucht.

Es läfst fich zwar aus diefem geringen Material keine Theorie entwickeln, in welcher der juriftifche Gebrauch der Worte »Wette« und »wetten« in Einklang gebracht würde mit dem grammatifchen Gehalt derfelben; das könnte nur auf Grundlage des betreffenden Gefamtmaterials der germanifchen und deutfchen Rechtsquellen gefchehen; aber die Bemerkung kann ich nicht unterdrücken, dafs das genannte ftrafsburger Statut der Auffaffung günftig ift, welche die Wette im fraglichen Sinne in engen Zufammenhang bringt mit der Geltung, die das Wort fonft in der deutfchen Sprache hat, zur Bezeichnung eines Vertrages. Wenn derjenige, gegen den wegen einer Miffethat oder eines Frevels auf »Befferung« geklagt wurde, es auf den Beweis und die gerichtliche Entfcheidung ankommen liefs, fo war während der Verhandlung die Sache in

---

[46]) Augsburg 1276 S. 64. 71. 75. Zürich Rb. an vielen Stellen.

[47]) Bern 1218 § 18.

[48]) Urk. von 1193 in dem würtemb. Urkundenbuch II. 285. G r i m m, Wsth. I. 823. S c h a u b e r g, Ztfchr. I. 149. — Freiburg im Uechtland § 15: vadimonum, § 138: vadia.

einer Schwebe wie bei einer Wette; wurde er der Schuld überführt, fo hatte er die Summe verwirkt, welche das Recht oder
Gefetz, je nach der Verfchiedenheit der Fälle, beftimmte. Der
Kläger riskirte feinerfeits im Falle des Unterliegens ebenfalls, wie
es dem Charakter der Wette entfpricht. [49])

2. Das Verhältnifs der Wette zur Bufse.

§ 35. Nehmen wir nun das Wort »Wette« in der Bedeutung,
die allgemein das Uebergewicht gewann, für die Bufse an den
Richter und die Obrigkeit, fo entfteht die Frage nach dem Verhältnifs und der Proportion diefer Bufse und der dem Kläger
zufallenden.

1) Sehr häufig find beide Summen gleich. Regelmäfsig ift diefs
in dem gefçhwornen Briefe von Luzern 1252. [50])

Pauli in der Abhandlung »über die urfprüngliche Bedeutung
der ehemaligen Wette« [51]) hält es für eine Eigenthümlichkeit der
Stadtrechte kölnifcher (!) Abkunft, dafs ohne verfchiedene Benennung, alfo Unterfcheidung von Wette und Bufse, die gleiche Summe
vom Beklagten dem Richter und dem Kläger erlegt werde, und
bezieht fich dafür auf die berner Handfefte. Allein wenn auch
die irrige Annahme, dafs die zähringer Stadtrechte kölnifchen
Urfprungs feien, richtig wäre, findet fich jene Gleichftellung durchaus nicht blofs in den zähringer Stadtrechten.

2) Oft ift die Wette gröfser als die Bufse im eigentlichen Sinne
und zwar

a. doppelt fo grofs. Grimm, Wsth. I. 83: »weler ein fchlecht
mit einer fuft, der beffret dem Kleger 3 Pfenning und den herren
zwifalt bufs«; [52])

b. dreimal fo grofs Zug 1432 Art. 28: »dem Secher 3 Pfund

---

[49]) f. unten § 116 über die Talion bei falfcher Anklage und Ztfchr. für deutfches Recht XVIII. 184 ff.
[50]) Luzern Stadtbuch IV a. § 4. Bern 1218 § 18. 23. 26. 27. Freiburg im
Uechtland § 11. 40. Solothurn 1280. Winterthur 1297 § 4. Grimm, Wsth. I. 39.
Schauberg, Ztfchr. I. 90. II. 75.
[51]) Ztfchr. des Vereins für lübeckifche Gefchichte Heft 2 (1858) S. 198 Anm. 9.
[52]) Grimm, Wsth. I. 124. 151. Schwyz Ldb. S. 274. Kothing, Rechtsq.
S. 52. 66. 172. Ztfchr. f. fchweiz. Recht I. 92. 96. Schauberg, Ztfchr. I. 50. II. 87.

Pfenning und dem Ammann driveltig Bufs uff Gnad ob es klagt wirt.« [53])

Wir dürfen wohl jene Gleichftellung der Bufse und Wette als die ältere Regel des alamannifchen Rechts anfehen und als Grund des Abgehens davon keinen andern als die auch fonft fehr offen hervortretende Habfucht der Vögte und Gerichtsherrn. Die Steigerung der Wette im Verhältnifs zur Bufse findet fich vorzugsweife in den Hof- und Dorfrechten, deren Tendenz vielfach fo war, wie fie naiv ausgefprochen ift in einem Weisthum, »dafs dem Herrn defto gütlicher gefchehe und des armen Mannes Seckel defto leichter werde«. [54]) Es ift diefes freilich keine alamannifche Urkunde, aber die Herrn und Vögte waren hier mindeftens nicht beffer als anderswo.

Wilda hebt es als eine Vorfchrift vieler altgermanifcher Rechte hervor, dafs, wo Bufse und Friedensgeld erhoben wurden, die erfte immer zuerft gezahlt werden follte, damit, wenn das Vermögen zu beiden nicht ausreichte, diefelbe ungekürzt bleibe, und führt als Hauptgrund dafür an, dafs der Zweck des älteren Strafrechts zunächft gewefen fei, dem Verletzten Genugthuung zu verfchaffen. Wir treffen eine folche Beftimmung auch im Schwfp. 83. 175 W. 102. 206 L., wenn auch vielleicht fpeziell hervorgerufen durch die Habgier der Richter. Dafs der Schwfp. das Streben hatte, der Gewinnfucht der Gerichte zu fteuern, ift auch fonft deutlich. Art. 80 W.: »Swaz man mit pfenningen büezen fol dem klager unde dem rihter, da fol man dem klager mer geben wann dem rihter.« Art. 98 L. hat eine etwas andere Form, aber denfelben Sinn.

Wenn die Bufse an den Verletzten zu einem Praecipuum gemacht ift, fteht dem nicht entgegen, dafs die Wette auch zu zahlen war, wenn der Verletzte nicht klagen wollte, und wenn die Parteien fich verglichen. [55])

3. Vertheilung der Wette.

§ 36. Nach der oben § 32 genannten Urkunde von 977 fiel das Friedensgeld in den königlichen Schatz; in dem luzerner

---

[53]) Zug 1432 Art. 43. 46 ff. Schauberg, Ztfchr. I. 76. 99. 100. II. 75. Herrfchaftsrecht von Büron S. 108. vgl. Segeffer II. 601.

[54]) Grimm, Wsth. II. 82.

[55]) f. unten § 39.

gefchwornen Briefe 1252 find regelmäfsig die »Burger« genannt,
in den Landbüchern der Schweiz das Land oder die Landleute
an vielen Stellen. Da haben wir alfo noch den König oder die
Gemeinde als Percipienten des Friedensgeldes. Aber häufiger
tritt der Richter, der Gerichtsvogt, die Obrigkeit, die Herrfchaft
auf, [56]) und eine bis zur Zerfplitterung gehende Vertheilung der
Wette ift fehr gewöhnlich. Es konnte dabei nicht fehlen, dafs
der von verfchiedenen Seiten erhobene Anfpruch auf Mitgenufs
an der Wette eine gefetzliche Erhöhung derfelben herbeiführte.
In der Urkunde Kaifer Heinrich IV. für das Klofter Wein-
garten 1193 [57]) ift die Wette als Erwerbsquelle eingeführt mit
den Worten: »plena de acquisitis in pecuniaria, quod vocari solet
gewette«, und find zwei Theile derfelben dem Abt und Klofter,
ein Theil dem Richter zugefprochen. In den Städten war eine
Theilung derfelben unter Vogt und Schultheifs, Stadt und Herrfchaft häufig, wenn nicht die Städte zur vollen Selbftftändigkeit
gelangt waren, wobei dann auch wohl ein Theil an die Stadt
felbft fiel, ein anderer Theil an den Schultheifsen. Handfefte des
Grafen von Kyburg für Diefsenhofen 1260 Art. 23: »Quicunque
civium cultellum acutum gesserit infra civitatem, stabit in poena
trium librarum apud me, de quibus nulla sibi a me fiet relaxatio,
et in poena quintorum solidorum apud civitatem et trium solidorum apud scultetum.« Aehnliches im Stadtrecht von Diefsenhofen Art. 6. 9. u. f. w. Diefes Stadtrecht, wie andere, zeigt deutlich den Unterfchied der Sachen, in denen das herrfchaftliche
Gericht und die Stadt an der Wette Theil hatten, und derjenigen,
die blofs die Stadt angingen, als gegen den ftädtifchen Frieden
oder ftädtifche Satzungen gerichtet. [58]) So hat nach Art. 29 derjenige, welcher eine Waage gebraucht, die nicht mit der Stadt
Zeichen verfehen ift, 2 Schilling an die Stadt und 3 Schilling an
den Schultheifs zu zahlen; nach Art. 30 der, welcher »unrecht
Gewege git«, 3 Pfund an die Herrfchaft, 3 Pfund an die Stadt,
3 Pfund an den Schultheifs. [59]) Starke Zerfplitterung des Friedensgeldes findet fich im Landbuch von Schwyz, z. B. gleich im An-

---

[56]) Wackernagel, zum basler Dienftmannenrecht S. 29.
[57]) Würtemb. Urkundenbuch II. S. 285.
[58]) vgl. Köftlin's Gefch. S. 173.
[59]) Eine andere Dreitheilung f. Reyfcher Stat. S. 93.

fange ift für Friedensbruch mit gewaffneter Hand die Einung
10 Pfund, welche fo vertheilt werden follen: dem Ammann 2 Pfd.,
dem Leider 1 Pfd., den Dreizehn 1 Pfd., den Landleuten 6 Pfd.
Dafs der Leider (Angeber) an dem Friedensgelde Theil hat, wie
der, welcher Frieden gebot, hängt zufammen mit der Bürgerpflicht, für die Wahrung des Friedens zu forgen.

E. Die Bufsen für unbenannte Frevel.

§ 37. Die Fülle der Beftimmungen über Frevel und Bufsen
in den alamannifchen Rechten ift fo grofs, dafs alle denkbaren
Fälle umfafst zu fein fcheinen; es ift aber doch Bedacht genommen auf unbenannte Fälle. Strafsburg 1322 § 71: »Tut jeman
ein unfuge, die nit in difem Buche gefchriben ftot, die fol Meifter
und Rat richten uff den eid als fie bedunket, das fie recht dunt« etc.
Oft ift für folche Fälle auf das freie und billige Ermeffen des
Gerichts und das Herkommen verwiefen, auch die Berückfichtigung nachbarlicher Rechte empfohlen. [60]) Nach der Offnung von
Bonftetten Art. 15 [61]) hat über dergleichen die ganze vom Vogt
zu verfammelnde Gemeinde zu entfcheiden; nach dem Landbuch
von Churwalden »ein erfame Landfchaft«.

Eine Eigenthümlichkeit des züricher Richtebriefs ift es, dafs
in fehr vielen, fonft mit feften Bufsfatzungen verfehenen Fällen
gefagt ift, des Klägers Bufse stehe an des Rathes Befcheidenheit
(II. 22 ff.); für die concrete Beftimmung foll es auf den erlittenen
Schaden des Klägers zumeift ankommen und die ganze Sachlage
ins Auge gefafst werden. Auch die Bufse an die Stadt ift bisweilen fo und nicht weiter beftimmt (I. 46). Man kann darin
fchon einen Fortfchritt auf der Bahn des Strafrechts fehen.

F. Der Dualismus des Bufsenrechts und des Strafrechts.

§ 38. Wie in den Hof- und Dorfrechten, nachdem die Bufse
an die Herrfchaft für einen Todfchlag beftimmt ift, oft noch gefagt
wird, dafs der Todfchläger fich zu richten habe mit der Freundfchaft des Getödteten, oder vor deffen Freunden fich hüten folle,
alfo feine Schuld nach diefer Seite hin mit jener Bufse nicht getilgt

---

[60]) Zug 1432 Art. 59. Schauberg, Ztfchr. I. 100. 171. II. 139.
[61]) Schauberg, Ztfchr. I. 11. vgl. Grimm, R. A. 768.

ift, fo erklärt die Offnung von Rickenbach vom Jahr 1495, in welcher fchon der Unterfchied des Bürgers und Gaftes ausdrücklich befeitigt ift, [62]) dafs bei der Bufszahlung an das Gotteshaus St. Gallen die criminelle Erledigung der Sache offen bleibe, »und nicht defterminder fol den höchen gerichten ir recht gegen täter und facher vorbehalten fin, wie dann fölichs in andern des gotzhus St. Gallen gerichten lut der fryhaiten und brieff gehalten wirt, daby fol er defs ftucks halb beliben und alfo gehalten werden«. Ohne Zweifel haben wir dasfelbe auch anderswo hinzuzudenken, wo es nicht ausgedrückt ift, fo dafs alfo neben dem Bufsenrecht die Strafgerichtsbarkeit fich erhébt. Allgemein ift auch die Refervation der Strafgerichtsbarkeit ausgefprochen in der Offnung von Weinfelden 1474 § 44: »Item in allen vorgefchriebenen Frevlinen und Bufsen, ob die Kläger nit klagen wollten, fo mögen die Gerichtsherren um ihr Gerechtigkeit klagen, doch fo foll difs vorgefchriben Offnung den Herren an ihren hohen Gerichten unfchädlich fein.« [63]) Das Landbuch von Churwalden fügt an mehreren Stellen hinzu, nachdem die Bufse an das Land beftimmt ift, dafs weiter geftraft werden foll nach Erkenntnifs des Gerichts und Befchaffenheit der Sache.

Diefer wichtige Dualismus ift auch anzunehmen und bisweilen offen gelegt in den ftädtifchen Rechtsfatzungen; diefe beftimmen aber meiftens nur, was das Intereffe der Stadt erheifcht und foweit diefe dasfelbe zu wahren competent ift, doch im Hintergrunde fteht der Vogt. Auf Zahlung der Bufse konnte der Rath erkennen, auch aus der Stadt verweifen, was die berner Gerichtsfatzung bezeichnet als »Leiftung an Zyt und Pfenningen«, aber wenn die Stadt den Blutbann nicht erlangt hatte, konnte der Rath die Todesftrafe nicht ausfprechen. Der lange anhaltenden Rivalität der Städte und des Reichsvogts ift es nun auch conform, dafs die ftädtifchen Urkunden die Gerechtfame des Vogts nicht blofs unerwähnt laffen, fondern diffimuliren, wie Bluntfchli in Beziehung auf den züricher Richtebrief hervorgehoben hat, in welchem auf den Mord eines Bürgers nur Vermögensconfiscation und Verbannung gefetzt ift. In St. Gallen beftand auch jene Rivalität [64]) wie in Zürich,

[62]) Grimm, Wsth. I. 215. f. oben § 32 S. 69.
[63]) Ztfchr. für fchweiz. Recht I. 100. vgl. Grimm, Wsth. I. 755.
[64]) Gefchichtsforfcher X. 415.

und die Rathserkenntniffe vor 1401, in welchem Jahre K. Ruprecht diefer Stadt den Blutbann verlieh, [65]) lauten für Todfchlag nur auf Geldbufsen und Verbannung, als ob˙dadurch dem Rechte vollkommen entfprochen fei. [66]). Es ift klar, dafs die Erlangung des Blutbannes von Seiten der Städte mehr Feftigkeit und Einheit in die Strafrechtspflege brachte.

Die Concurrenz der verfchiedenen Behörden bei der Beftrafung von Verbrechen und das Nebeneinander des Bufsenfyftems und des wirklichen Strafrechts, oft durch Nichterwähnung des letzteren in den Stadtfatzungen verdeckt, ift im augsburger Stadtrecht offen dargelegt, wenn es z. B. auf S. 127 heifst: »Vindet er (der Burggraf) auh unrehtiu geloete under den fleismangern oder under den huckern, fwa er daz vindet, daz fol man im büzzen mit fünf fchillingen unde dem vogte den valfch.« In der Gerichtsordnung von Adelberg 1502 [67]) ift neben der bürgerlichen Bufse die Strafe nach peinlichen Rechten, an Leib, Ehr und Gut, aufgelaffen.

V. Von den öffentlichen Strafen.

A. Der Fortfchritt zu den öffentlichen Strafen.

§ 39. ·Hegel nennt das deutfche Mittelalter die Zeit des Widerfpruchs. Die Löfung des Widerfpruchs auf dem ftrafrechtlichen Gebiete, die Abklärung der gährenden Elemente eines das Objective und Subjective in ein richtigeres Verhältnifs fetzenden Strafrechts, das Bannen der feindlichen Mächte, der Eigenmacht und der Rache, finden wir am Ende des Zeitraums, den ich zu behandeln habe, fortgefchritten; in diefem Zeitraume haben wir eine Sturm- und Drangperiode. Wir fehen ein Hindrängen zum Principat des öffentlichen Strafrechts und der öffentlichen Strafen an Leib und Leben, Freiheit und Ehre, aber, dafs der Verletzte eine befriedigende Genugthuung erhalten müffe, wurde nicht blofs daneben in rechter Weife geltend gemacht, fondern trat noch

---

[65]) Gefchichtsforfcher X. 420.
[66]) Stadtbuch S. 43.·
[67]) Reyfcher, Stat. S. 12.

vielfach als der Hauptgefichtspunkt auf. Selbſt die vom Gericht ausgeſprochene Todesſtrafe wurde noch bisweilen unter dieſen Gefichtspunkt gebracht, [1]) aber es iſt diefs doch nur Form und Formel, in denen eine frühere Auffaſſung nachklingt. Mehr Berück-ſichtigung fordert die Frage, wie weit ein Abmachen in der Stille der nothwendigen Rechtsfolge und Strafe in den Weg treten konnte.

Es finden ſich zwar Stellen, an denen ein ſolches Abmachen überhaupt verboten und mit Bufse bedroht iſt, [2]) aber als allge-meine Regel können wir diefs nicht nehmen, ſondern theils iſt in den Sachen unterſchieden, theils iſt die Frage zu einer procef-ſualiſchen gemacht.

1) Wo der aufsergerichtlichen Erledigung Zugeſtändniſſe ge-macht werden, iſt meiſtens 'die Rede von Schlägereien und ähn-lichen Streitigkeiten. [3]) So auch in der Offnung von Binzikon § 36; hier iſt aber ſodann · die prinzipielle Unterſcheidung der ehr-lichen und unehrlichen Sachen geltend gemacht: »es treffe dann unehrlich ſachen an, die ſol'noch mag nieman richten, noch darzu thun, dann mit des Herrn zu Grüningen und der Ampt-lüten wiſſen und willen.« [4]) Hofrodel von Wald § 12: »wellicherlei freffli da befchicht one das ſo die Kilchen anrürt oder ſonſt unerbar ſachen, iſt das verricht und übertragen wirt, das es nit ze klag kompt für ein herren oder ſin Amptlüt, ſo ſoll im ein dhein herr noch Gericht fürbafs nit nachfragen noch ſuchen.« Freiburg im Uechtland § 46 betont als ausgenommen das Haupt-delict unter den unehrlichen Sachen, den Diebftahl, und in Betreff dieſes Verbrechens iſt das Landbuch von Schwyz S. 75 ſo ſtreng, dafs es dem,· der ſich mit dem Diebe vertädiget, falls er von dieſem mehr Gut nimmt, als ihm geftohlen war, die Strafe des Diebes droht. Da kommt dann freilich nicht blofs das Abmachen in der Stille als unerlaubt in Betracht, ſondern das lucrum turpe.

Sehr gewöhnlich iſt die Entſcheidung weiter davon abhängig

---

[1]) ſ. oben S. 27. 28.

[2]) Grimm, Wsth. I. 330. 331. Basler L. O. in der Ztſchr. für ſchweiz. Recht III. S. 46.

[3]) Freiburg 1120 § 19, Stadtrodel § 37. Colmar § 4. Grimm, Wsth. I. 16. 17. 40. 45. Reyſcher, Stat. S. 528.

[4]) ſ. auch § 47. 48. Schauberg, Ztſchr. I. 48 ff.

gemacht, ob die Klage fchon beim Gericht angebracht war oder nicht. [5]). ·Freiburg im Uechtland § 46: »dummodo non sit coram sculteto ventilata, sine dampno libere inter se pacificare possunt, salvo iure domini.« Die letzten, den Vorbehalt des Rechts des Herrn ausdrückenden Worte zeigen, dafs der Vergleich oder Verzicht nur fo weit wirkfam war, als die Sache in der privatrechtlichen Sphäre liegend gedacht wurde, und dem conform ift es, dafs nach vielen Stellen die Wette auch zu zahlen war, wenn der Verletzte nicht klagen wollte, oder die Betheiligten fich verglichen. Zofingen: »und wird er verthediget, fo foll er doch der Stadt ein Einung geben, das find 10 Schilling.« Schwfp. 79 W. 97 L.: »Wir fprechen, ez müge ein ieglich man finen fchaden wol verfwigen, ob er wil: aber daz gerihte hat fine vorderunge hin ze dem, der den vride gebrochen hat, dar nach als diu fchulde ift.« [6]) Wenn diefs dem Begriffe des Friedensgeldes vollkommen gemäfs ift, fo ift die Habfucht der »Tafchenrichter« wieder im Spiel, wenn es in einer Offnung von Oberwinterthur (1472) heifst: »Ob aber der kleger nit clagen wellt, und der vogt clagen müfst, fo werdent im die 3 Pfund zu den 6 Pfund.« [7]) Damit die Wette nicht verloren gehe, verlangt der Stadtrodel von Murten § 47, dafs, wenn die Parteien fich über eine fchon beim Gericht fchwebende Sache gütlich vergleichen, der Kläger, welcher feine Befferung empfangen hat, dem Richter davon Anzeige machen foll, und die Offnung von Wagenhufen im Thurgau (1552) beftimmt für den Fall, wo Schaden durch Vieh gefchehen ift, dafs der Gefchädigte auf Erfatz verzichten könne und dann auch dem Vogtherrn nichts zukomme; nähme er aber hinterrücks Entfchädigung, fo follen beide Theile zwiefach gebüfst werden. [8])

Eine verfchiedene Beantwortung der Frage, ob die Wette für Frevel zu zahlen fei, wenn die Betheiligten fich vor angebrachter Klage verrichteten, zeigt fich in der Offnung von Altorf § 61. [9])

[5]) Bern 1218 § 34. Diefsenhofen § 66. Schreiber, Urk. I. 76. Reyfcher, Stat. S. 528. vgl. John I. S. 240.

[6]) Schwfp. 265, 51 W. Schauberg, Ztfchr. II. 87. Luzern 125. Bafel Rechtsq. I. 70. 299. Offnung von Weinfelden § 44. Zug 1432 § 54. Segeffer II. 615. 715.

[7]) Grimm, Wsth. I. 124.

[8]) Schauberg, Ztfchr. II. 80.

[9]) Grimm, Wsth. I. 17.

Verneint ift die Frage mit den Worten: »fo hat im ein Herr nüt nachzefragen«; diefe Worte find aber fpäter durchgeftrichen, und ift von anderer Hand darüber gefchrieben: »wol und guet, fo foll dem vogt umb die frefel fin recht behalten fin.« Es ift diefelbe ändernde Hand, die vieles umgeftaltet hat.

Zu bemerken ift noch, dafs eine fchwäbifche Dorfordnung [10]) Gewicht darauf legt, ob der Richter die Schlägerei gefehen habe oder nicht; im letzteren Falle, wenn nicht geklagt würde, fei kein Frevel zu ahnden; im erfteren Falle folle der Richter die Sache bei dem Eide fürbringen, fie fei geklagt oder nicht.

Wie nach dem Gefagten die privatrechtliche Auffaffung der Rechtsfolge von Verbrechen und Vergehen der vordringenden Idee des öffentlichen Strafrechts mehr und mehr Platz machen mufste, fo zeigt fich denn auch auf das Deutlichfte das Vordringen diefer Idee in dem anfchwellenden Apparat öffentlicher Strafen, deren Härte, aus dem zur Herrfchaft gelangenden Prinzip der Abfchreckung und Gefährlichkeit erklärlich, in ihrer Ausdehnung zwar durch das »Richten nach Gnade« bedeutend verkürzt wurde, aber der Nachrichter mit feiner complicirten fchauerlichen Kunft war eine vielbefchäftigte Perfon. Diefer Härte gegenüber mufs uns freilich die unverhältnifsmäfsige Milde einiger Strafen auffallen. Das gilt vornemlich von der Verbannung und fpeziell der Stadtverweifung für Capitalfälle. Die Entwicklung und Geftaltung diefer Strafart foll im Folgenden (§ 46) nachgewiefen werden; hier mag die Bemerkung Platz finden, dafs das Fehlen eines ordentlichen Gefängnifswefens, die immerwährende Unmöglichkeit, bei der Mangelhaftigkeit der Polizei und der Zufammenhangslofigkeit der verfchiedenen Gerichte, den Miffethätern direct beizukommen, zu einer maafslofen Anwendung der Stadtverweifung führte. Dem Androhen derfelben in den meiften Stadtrechten entfprechen die zahllofen Berichte über ftattgehabte Verweifungen der Art. Wenn Kaifer, Könige und Fürften feierlich in eine Stadt einzogen, fchlofs fich eine Menge Verwiefener an den Zug an, um bei diefer Gelegenheit reftituirt zu werden; fehr viele derfelben begaben fich zu den Feinden der Stadt, und wurden felbft gefährliche Feinde ihrer Heimat; die Unficherheit der Strafsen wurde dadurch

[10]) Reyfcher a. a. O.

nicht wenig vergröfsert. Es war die Verbannung als Strafmittel
ein fchlimmer Nothbehelf, und fie mufste daher in der Folgezeit,
bei befferer Geftaltung der politifchen und focialen Zuftände, in
die engften Grenzen gebracht werden, in welchen fie im heutigen
Strafrecht dafteht. Sehr bemerkenswerth ift übrigens, dafs fie
im augsburger Stadtrecht 1276 faft gar nicht vorkommt. Art. 170,
Abfatz 4, des Walch'fchen Textes ift ein fpäterer Zufatz.

In dem fich entwickelnden öffentlichen Strafrecht des Mittelalters zeigt fich fowol das Prinzip der Abfchreckung, als das der
Wiedervergeltung. Die letztere, ein verfchiedener Auffaffung fähiger
Begriff, glaubte man verwirklichen zu können in der Form der
Talion, [11]) der fpecififchen, materiellen Gleichheit; man hielt
den Rückfchlag grade derfelben Verletzung auf den Verletzer für
die gerechte Ausgleichung. Der maafslofen Privatrache gegenüber
war die Talion, ein Maafs in fich tragend und in die Hand des
Richters gelegt, ein Fortfchritt; allein bei ihrer Anwendung mufste
fich doch herausftellen, dafs fie zum durchgreifenden Prinzip fich
nicht eigne. Am meiften Geltung erhielt fie bei der falfchen Anklage, und verwandt, aber fchon hinüberführend zu der Talion
bei der Tödtung ift der Fall des augsburger Stadtrechts 1276 S. 54,
dafs der, welcher einen Mitbürger verrathen hat, fo dafs diefer
dadurch feinen Leib und fein Gut verlor, mit dem Leben büfsen
und das Gut erfetzen foll. Die Talion ift hier formulirt: »da
horet lip wider libe«, wie auch S, 48 und oft in den Quellen, um
die fpecififche Wiedervergeltung bei der Tödtung auszudrücken:
aber eben fo häufig finden wir in den alamannifchen Rechtsquellen
die Wendung »bar gen bar« oder »baar gegen baar.«
Memmingen S. 256: »fo fol man zuo in richten baur gegen baur«.
Zofingen: »und fol bar gegen bar ftehen«. Carl's IV. Rechtsbrief
für Reutlingen 1349: »Wer den Todfchlag thuet, wird er begriffen
in dem Zehenden, fo ftellet man Par gegen Pare.« Dingrodel
von Kirchzarten 1395: »da fol man bare gen bare ftofsen.«
Haltaus hat fchon aus dem Rechtsbriefe für Reutlingen die
richtige Erklärung entnommen: »feretrum feretro i. e. occifum
occifo iure talionis opponere.« [12]) In dem memminger Rechtsbuch fteht diefe Formel in Verbindung mit dem Bahrrechte und

---

[11]) Ztfchr. für deutfches Recht XVIII. 173 ff.
[12]) Falfch ift die Auffaffung von Lafsberg in Mone's Anzeiger 1837 S. 286.

der Sitte, den Getödteten auf der Bahre ins Gericht zu bringen, fo dafs alfo die Formel buchftäblich bedeuten würde, der des Todfchlags 'fchuldig Gefundene folle wieder getödtet und auf eine andere Bahre gelegt werden, alfo »caput pro capite«, »Leben gegen Leben«. oder »Leib gegen Leib«. In der Gerichtsfatzung von Brugg 1620 finden wir die Talion bei der Tödtung und Körperverletzung neben einander: »Welcher den Andern eines Glids beraubt oder leiblos macht, da ift Glid um Glid, Baar gegen Baar, doch behalten wir uns Gnade vor und ift der Anfang hierin auch zu bedenken.« Stark ausgeprägt ift die Talion bei Körperverletzungen oder fpezieller »Lemen« im augsburger Stadtrecht 1276 S. 71: »Welt ir wizzen waz diu lem ift. daz ift ein ange wider auge. ore wider ore. nafe wider nafe. zunge wider zungen. zan wider zan. hant wider hant. vinger wider vinger. fuz wider fuz. Unde fwie der'man anders lam wirt. daz gat-im an die hant als davor · gefchriben ftat.«

An folchen Stellen, wie den letztgenannten, glaubt man mofaifches Recht zu lefen, wie im Schwfp. 150. 172 W., und ohne Zweifel follte auch der Verfuch, die Talion bei Todfchlag und Lemen im deutfchen Mittelalter zur Geltung zu bringen, eine Nachahmung des mofaifchen Rechts fein. Anders ift es mit dem Rückfchlage bei falfcher Anklage, für den man zwar die im deutfchen Recht nicht technifche Bezeichnung Talion gebrauchen kann, aber erwägen mufs, dafs das Zurückprallen des Gefchofses auf den Ankläger wefentlich verfchieden ift von der Deckung in dem »Leib um Leib, Glied um Glied«, daher denn auch die gänzlich verfchiedene Terminologie bei den beiden Arten der Talion. Die Talion bei falfcher Anklage oder gerichtlicher Verläumdung ift wohl eben fo wenig als die Talion in einigen mit der Bürgfchaft zufammenhängenden Fällen erft aus den fremden Rechten eingedrungen; [13]) die Formel des mofaifchen Rechts, als des ius divinum, für die Talion bei der Tödtung erfchien als gewichtige Autorität für den beim Vordringen des öffentlichen Strafrechts zum Bewufstfein kommenden Satz, dafs für Tödtung keine niedrigere Strafe eintreten dürfe als der Tod, und man kleidete diefen Satz in jene Formel. Für Körperverletzungen bot das mofaifche Recht eben-

---

[13]) Gegen Wilda S. 960. f. Schauberg's Beiträge III. 404 und Ztfchr. für deutfches Recht XVIII. 185. 198.

falls die Formel; für das membrum ruptum hatte auch das alt-
römifche Recht die talio fixirt; man ahmte auch diefes nach, aber
weder bei der Tödtung noch bei der Körperverletzung ließ fich
die Talion als Princip durchführen, ohne der angeftrebten Werth-
fchätzung des Verbrechens Eintrag zu thun.

. Die Vorftellung von der Talion wirkte auch ein auf die Wahl
der Todesart bei einigen Verbrechen; dafs der Brenner verbrannt,
der Münzfälfcher und Siegelfälfcher gefiedet werden follte, hängt
damit zufammen. [14]) Ebenfalls ift es ein Anklang an die Talion,
wenn der Verbrecher an demjenigen Gliede geftraft werden follte,
mit dem er gefündigt hatte, wofür das Abhauen der Schwurfinger
des Meineidigen nicht das einzige Beifpiel ift, fondern oft ift die
Befchaffenheit der verftümmelnden Strafe darauf zurückzuführen. [15])

B. Die verfchiedenen Strafmittel.

I. Die Todesftrafen.

§ 40. 1) Die Enthauptung, das Richten »mit blutiger
Hand«, auch »mit naffer Hand« in Augsburg genannt, [16]) gefchah
gewöhnlich mit dem Schwerte, und ift in den Urtheilsformeln
vielfach in diefer Weife befchrieben: »da foll man zwei Stück aus
ihm machen und foll das Haupt das mindere Stück fein«; —
»alfo dafs er ihm foll abhauen fein Haupt und aus ihm in einem
Schlag zwei Stücke machen, dafs zwifchen Haupt und Leib mag
paffiren frei ein Wagenrad.« [17]) Noch im Jahr 1759 wurde in
Luzern eine folche Formel gebraucht. [18]) In Kempten enthielt
ein Urtheil 1381 die Wendung: »zwei Stücke aus ihm gemacht
werden zwifchen Achfeln und Ohren, dafs man zwifchen den zwei
Stücken reiten und gehen mag«; [19]) ein Urtheil aus Surfee 1595:
»dafs die Strafse zwifchen feinem Haupt und Körper blutig rinne,
dafs dadurch ein Rad gehen möge.« [20])

Das Enthaupten war die ehrliche Todesftrafe.

[14]) Ztfchr. für deutfches Recht XVIII. 176. Anm. 5.
[15]) f. unten § 43.
[16]) Augsburg S. 49. 57. 75. Stetten I. 711.
[17]) R. A. aus der Schweiz No. XVI. S. 15. Davos S. 103.
[18]) Gefchichtsfreund XV. 196.
[19]) Haggenmüller I. 208.
[20]) Attenhofer, Surfee S. 119.

2) Das **Hängen** an den Galgen (patibulum). Häufig erhält der Galgen einen Zufatz: »an den lichten (liechten) Galgen hängen« und in der Schweiz gebrauchte man für Galgen die Bezeichnung »wagende Studen«. [21]) Man könnte dabei an die ältere Sitte denken, die Verbrecher an Bäumen aufzuhängen, die vom Winde hin und her bewegt wurden, aber vielleicht liegt in der Bezeichnung die Hindeutung auf die Bewegung des am Galgen gelaffenen Erhängten durch den Wind. [22]) Die Galgen, als Zeichen der peinlichen Gerichtsbarkeit, ftanden an den Grenzen, daher finden wir die »wagenden Studen« in Grenzbefchreibungen genannt und daher gab die Errichtung eines Galgens oft zu heftigen Streitigkeiten Anlafs; fo im Jahr 1531 zwifchen Solothurn und Bafel. Man wählte für die Galgen Hügel; wohl nicht blofs in Graubünden, wo von den Galgenhügeln ein fchöner »Lug ins Land« ift. In Chur ift der ehemalige Galgenhügel zu einer freundlichen Anlage gemacht und umgetauft in — Rofenhügel.

Im augsburger Stadtrecht S. 59. 60. 66. variirt mit »henken« der Ausdruck »richten âne blutige Hand«. [23]) Im Schwfp. 170 W. 197 L. findet fich zwar »richten mit der wide«, aber aus dem Sfp. entnommen; in den alamannifchen Quellen habe ich eine Beziehung auf den Gebrauch der Weide nicht gefunden. Schon im älteften strafsburger Stadtrecht § 19 ift laqueus, Seil, genannt. Die fchweizerifchen Hochgerichtsformen fchreiben fogar einen neuen Strick vor, ficherlich mit Rückficht darauf, dafs Fälle vorgekommen waren, in denen der Strick rifs und der Gehängte vom Galgen herabfiel, was dann eine juriftifche Controverfe ergab. [24])

Wohl weniger auf die mangelhafte Ausübung der Kunft, als auf die Abficht, dem Gehängten nicht fogleich die Wohlthat des Todes zukommen zu laffen, dafs er langfam fterben und verderben

---

[21]) Grimm, Wsth. I. 81. Segeffer I. 135 Anm. Kurz und Weifsenbach, Beitr. I. 99. Meyer v. Knonau Zürich II. 335. Rochholz, Schweizerfagen aus dem Aargau II. 258.

[22]) Campell, rhätifche Gefch. S. 103, leitet den Namen eines Hügels in Graubünden, Chûnettas von cunabula her und sieht darin eine Anspielung auf das Wiegen des Gehenkten im Winde.

[23]) f. auch das basler Dienstmannenrecht § 14 und die von Grimm in der Ztfchr. für deutfches Recht V. 16 angeführte Stelle aus dem Parzival.

[24]) Gonzenbach in der Ztfchr. für deutfches Recht XV. 304.

follte, — im Gegenfatz zu dem Enthaupteten — ift es zurückzuführen, dafs nach manchen Erzählungen der Gehängte noch
längere Zeit am Galgen lebte. Man richtete die Sache nicht fo
ein wie in England und anderswo. [25]) Darum konnte er, wie einige
dieser Erzählungen melden, bisweilen noch gerettet werden. [26])

Wie beim Enthaupten, fo zeigt fich auch hier in den Formeln
die Plaftik der alten Rechtsfprache: » an den liechten Galgen
henken mit einem neuen ftrick zwifchen Himmel und Erdenreich
fo hoch, dafs das Haupt ungefähr den Galgen rühre und unter
ihm Laub und Gras wachsen mögen.« [27]) Noch im Jahr 1759
wurde in einem luzerner Urtheil gefagt: »alfo dafs zwifchen dem
Leib und der Erde die Sonne durchfcheinen möge.« [28])

Verfchärft wurde diefe Todesart durch das Aufhängen an den
Beinen; es war diefs die Strafe jüdifcher Diebe, die fich nicht
vorher wollten taufen laffen. Grimm erwähnt einen Fall aus
Bafel vom Jahr 1374, wo ein Jude an einem Baum aufgehängt
wurde und ein Hund zu ihm, um die Schande auszudrücken; aber
die zwei wüthende oder beifsende Hunde, die bei folcher Geleoen-
heit oft erwähnt werden, follten die Qual des unglücklichen Juden
vermehren, indem fie unten am Galgen fo befeftigt wurden, dafs
fie den Gehenkten beifsen und zerfleischen konnten. [29])

Abgefehen von folchen Erfchwerungen war das Erhängen einfache Todesftrafe wie das Enthaupten, fteht aber doch in der
Strafenfcala höher, weil es eine unehrliche Todesart war, [30]) daher
es vielfach als eine Gnade aufgeführt ift, wenn der Dieb nur geköpft
wurde. Bei der allgemeinen Vorftellung von der Schimpflichkeit
diefer Todesart lag gewifs ein Hauptmoment in der Schauftellung
des Miffethäters, [31]) womit denn zufammenhängt, dafs der Leichnam nicht beerdigt, fondern, wie die Formeln angeben, dem Erdreich entzogen und den Vögeln in der Luft Preis gegeben wurde,

---

[25]) Wilda S. 501. vgl. Grimm, Wsth. II. 381.
[26]) R. A. aus der Schweiz No. III. S. 32 ff.
[27]) R. A. aus der Schweiz No. XVI. S. 15.
[28]) Gefchichtsfreund XV. 195.
[29]) R. A. aus der Schweiz No. III. S. 34. XVI. S. 18. Grimm, R. A. 685.
Arx, St. Gallen III. 285.
[30]) f. unten § 92.
[31]) Wilda S. 501.

während man den Geköpften, wenn nicht der Leichnam aufs Rad geflochten wurde, begrub.

Nach dem älteften ftrafsburger Stadtrecht Art. 19. 23. hatte dort der vicarius advocati, der an des Vogtes Statt da ift, des Vogtes Unterthan, wie das Haupt abzufchlagen, fo auch zu hängen. Die Vorbereitungen machte der Stockwärter, custos cippi; er hatte den Verurtheilten zum Galgen auszuführen, ihm die Augen mit einem Tuche zu verbinden, [32]) was wohl an die Stelle der früheren Verhüllung des Antlitzes getreten ift, [33]) die Leiter anzulegen u. f. w. Erft allmählig wurden befondere Nachrichter allgemein. Nach einer Offnung aus dem Klettgau foll ein Weibel Nachrichter fein oder einen Andern an feiner Statt haben; in einem Weisthum von Dornftetten im Schwarzwalde fällt dem Büttel, wenn kein Nachrichter da ift, die Hinrichtung zu. [34])

§ 41. 3) Das Rädern, die alte Strafe des Mordes, wird oft befchrieben, z. B. in den Urtheilsformeln der zürcherifchen Blutgerichtsordnung ift dem Nachrichter aufgegeben, den Verurtheilten zu binden, feine Füfse zufammenzuftricken und ihn rücklings auf ein Brett zu legen, feine Füfse einem Rofs an den Schwanz zu binden und ihn mit dem Rofs auf die Walftatt zu fchleifen, dafelbft feine Arme vor und hinter den Ellenbogen oder feine Beine oberhalb und niederhalb der Knie und darnach den Rücken mit einem Rad zu zerftofsen und zu zerbrechen und ihn darnach auf das Rad zu flechten, das Rad an eine Stange zu ftofsen und ihn alfo in der Luft aufzurichten und ihn auf dem Rade und in der Luft fterben und verderben zu laffen. [35]) Wenn nicht ein Gnadenftofs auf Bruft oder Kopf den Qualen ein Ende machte, konnte der Zerfchmetterte oft noch längere Zeit lebend auf dem Rade liegen. In einer conftanzer Chronik [36]) wird erzählt, dafs einem Mörder in Bafel 1435 auf den rechten Schenkel fechs Streiche gegeben wurden, 2 mit dem Rade und 4 mit dem Schlegel, dann 16 Streiche auf den Rücken und er noch gelebt habe. Rudolf von Wart, der bei der Ermordung K. Albrechts zugegen war, betheuerte feine Unfchuld, als

[32]) f. auch Schauberg, Ztfchr. I. 389. Bluntfchli I. 408. Anm. 144.
[33]) Grimm, R. A. 684.
[34]) Grimm, Wsth. I. 291. 388. vgl. Schwfp. 107 W. 126. 135 L.
[35]) Schauberg, Ztfchr. I. 389. 390. 391. R. A. aus der Schweiz No. XVI. S 16.
[36]) Mone, Quellenfammlung I. 338.

er mit gebrochenen Gliedern auf dem Rade lag; feine Gemahlin,
die bei Gottes Gnade am jüngften Tage.die Königin Agnes ver-
gebens um fein Leben gebeten hatte, blieb drei Tage und drei
Nächte, bis er ftarb, ohne Nahrung, betend unter dem Rade.[37])
Schärfung der furchtbaren Todesart war vorangehendes Zangenreifsen.[38])

4) Das Verbrennen gefchah nach der züricherifchen Blutgerichtsordnung fo, dafs der Nachrichter dem Verurtheilten die
Hände binden und ihn hinaus an die Sihl führen, ihn dafelbft auf
eine Hurd fetzen und an,einen Pfahl (Stud) binden und ihn dann
auf der Hurd brennen mufste, dafs fein Fleifch und Gebein zu Afchen
werde.[39]) Die Strafe wurde im Mittelalter fehr gewöhnlich für
Ketzerei, Zauberei, Hexerei, widernatürliche Unzucht und Brandftiftung gebraucht, ausnahmsweife auch für andere fchwere Verbrechen. In Augsburg wurde 1564 ein Falfchmünzer lebendig verbrannt;[40]) in Trogen noch 1646 eine Mörderin, weil das Rädern
für Frauen nicht geeignet fchien.[41]) Der ältefte Fall der Ketzer-
verbrennung auf alamannifchem Gebiete ift, foviel ich weifs, vom
Jahr 1229.[42]) Wie häufig Juden diefe Strafe zu erleiden hatten, ift
bekannt; beifpielsweife führe ich an, dafs in Schaffhaufen im Jahr
1400 dreifsig Juden dem Feuertode übergeben wurden, weil einer
derfelben einen Chriftenknaben getödtet haben follte, um deffen
Blut am Ofterabend zu gebrauchen;[43]) in Winterthur im Jahre
darauf »bei 27 Juden Mann und Weib«, welche angeblich die
Brunnen vergiftet hatten.[44])

In Zürich wurden im XV. Jahrhundert 33 Perfonen verbrannt,
im XVI. 32 enthauptet und verbrannt, 61 verbrannt, im XVII. Jahrhundert 14 lebendig verbrannt, im XVIII. 2 Perfonen.[45])

Eine Milderung oder vielmehr Umwandlung der fchweren Strafe

[37]) J. v. Müller II. 1.
[38]) Gaffarus a. 1568. Chronik von Schaffhaufen 1687.
[39]) Schauberg, Ztfchr. I. 390.
[40]) Gaffarus s. a.
[41]) Walfer I. 614.
[42]) Böhmer, fontes II. 2. 3.
[43]) Chronik von Schaffhaufen 1400. Schreiber, Urk. II. 167. 520. f. auch
Böhmer, fontes II. 39. 107.
[44]) Stumpf V. 33.
[45]) Meyer v. Knonau II. 140. 157. 170. 187.

war die Enthauptung oder Erwürgung des zum Feuertode Verurtheilten mit nachfolgender Verbrennung des Leichnams; Schärfung war das vorangefchickte Reifsen mit glühenden Zangen,[46])
was nebft andern Schauerlichkeiten in Zug noch im Jahr 1738
an mehreren als Hexen verurtheilten Weibern ausgeführt wurde.

5) Dem Verbrennen ähnlich war das S i e d e n in Waffer oder
Oel für Falfchmünzer und auch falfche Zeugen, eine Strafe, die
nicht felten vollzogen ift z. B. in Colmar 1274.[47]) Die Berner
verliehen ihren Keffel in die Nachbarfchaft.[48])

6) Das Z a n g e n r e i f s e n, fonft furchtbares Vorfpiel zu den
fchwerften Strafen, wie in der Carolina, ift in einer fchweizerifchen
Hochgerichtsform auch als felbftftändige Todesftrafe angedroht,
»und ihn allda mit feurigen Zangen fein Leib zerreifsen alfo lang
bis er des Tods ftirbt und verdirbt«.[49])

§ 42. 7) Das L e b e n d i g b e g r a b e n war faft ausfchliefslich Strafe der Frauen in den Fällen, in welchen Männer gehängt,
enthauptet und gerädert wurden,[50]) felten der Männer wegen
Nothzucht. Das P f ä h l e n, d. i. Durchftofsen eines Pfahls durch
das Herz, kam theils als Stück diefer Strafe vor, theils allein.[51])

8) Eine fehr verbreitete Strafe, vornemlich, aber nicht blofs
für Frauen war das E r t r ä n k e n, fowohl in Form der Säckung
als in anderer Weife. Davon verfchieden ift das S c h w e m m e n,
das nicht Todesftrafe war, fondern darin beftand, dafs der Verurtheilte eine beftimmte Strecke an einem Seil durch's Waffer
gezogen wurde. Es war ftark in Gebrauch in der Schweiz und
im Elfafs.[52]) In Schaffhaufen wurde 1564 eine Mutter wegen
Unzuchtsvergehen ertränkt, die Tochter gefchwemmt; 1585 eine
Bürgerin wegen Gottesläfterung im Rhein ertränkt, ein Mann von
Hallau wegen Bigamie gefchwemmt und dann von Stadt und Land
verwiefen.[53]) Dafs das Schwemmen vom Ertränken verfchieden

[46]) Engelhard, Murten S. 81.
[47]) Böhmer, fontes II. 9. R. A. aus der Schweiz No. XVI. S. 24.
[48]) Revue Suisse III. p. 33.
[49]) R. A. aus der Schweiz a. a. O.
[50]) Memmingen S. 253.
[51]) R. A. aus der Schweiz No. IV. XVI. S. 21. f. auch unten von der Notzucht § 121 und § 99.
[52]) R. A. aus der Schweiz No. III.
[53]) Schaffhaufer Chron. a. 1540. 1564. 1567. 1585.

war und als eine befchimpfende Strafe· galt, zeigt auch ein von Strobel [54]) erzählter Fall aus Strafsburg. Ein Mann, Namens Thomann Bichel, wurde 1518 verurtheilt, auf den Bengel zu fitzen und im Flufse gefchwemmt zu werden. Als man ihn zu diefem Zweck auf die Schindbrücke führte, fprang er in den Flufs und fuchte fich durch Schwimmen zu retten; doch wurde er bald wieder aufgefangen und nun zum Ertränken verurtheilt. Als ihm der Stadtfchreiber das Urtheil vorlas und als Grund dazu den Umftand angab, dafs Thomann nicht habe auf den Bengel fitzen wollen, fchrie ihm diefer ganz erbost entgegen: Sitz du auf den Bengel!

9) Wenn die C. C. C. Art. 124 das Viertheilen zur Strafe der Verrätherei als Gewohnheit bezeichnet, fo findet diefes Beftätigung vom alamannifchen Gebiete. Ein Viertheilen des Leichnams nach vorausgegangener Strangulation oder Enthauptung, auch nach dem Rädern, war ebenfalls Sitte. [55]) Schaudererregend ift die Procedur, welche die Freien-Aemter L. G. O. für den Landesverräther vorfchreibt [56]): zuerft foll ihm· fein verrätherifches untreues Herz mit allem feinem Eingeweid aus dem lebendigen Körper gefchnitten werden, dann die Enthauptung und Viertheilung folgen. Von der Ausführung diefer Barbarei ift zwar nirgends gemeldet, aber in Laufanne wurde ein Diener, der feinen Herrn, den Bifchof, ermordet hatte, geviertheilt, nachdem ihm vorher die Nieren mit glühenden Zangen aus dem Leibe geriffen waren. [57])

Als Singularität kommt noch vor, dafs nach der L. G. O. von Glarus und der Freien-Aemter der, welcher zwei Weiber genommen, in zwei Stücke zerfpalten werden follte, fo dafs jede Frau ein Stück erhielt. [58]) Auch der Jungfernkufs wird erwähnt. [59])

II. Die Leibesftrafen.

§ 43. Noch mehr Varietät und Qualerfindung als die Todesarten zeigen die Leibesftrafen. Das ältefte ftrafsburger Stadtrecht

---

[54]) III. 497.
[55]) Gaffarus a. 1548. Stetten I. 310. Mone, Quellenfammlung II. 107.
[56]) R. A. aus der Schweiz No. XVI. S. 25.
[57]) Stettler's Chron. a. 1406. vgl. C. C. C. Art. 137.
[58]) R. A. aus der Schweiz No. XVI. S. 20.
[59]) Stöber's Alfatia 1851 S. 43.

§ 21 ff. nennt die damnatio pellis et pili (fcheren und villen), das Handabhauen, Augenausftechen und Hodenausfchneiden; Augsburg 1276 S. 47. 76. 105. 107. 115. die Schraiat, durch die Zähne brennen, Nafe und Ohren abfchneiden, Zunge ausfchneiden, Hände abfchlagen, Augen ausftechen, Abfchlagen des rechten Daumens. Um die Dauer folcher Strafen bis zum Ende meines Zeitraums anzuzeigen, verweife ich auf das freiburger Stadtrecht von 1520, wo S. XVIII, 1 genannt find: mit Ruthen ausfchlagen, die Schupfe, das Halseifen, brennen durch Backen oder Stirn, Augen ausftechen, Ohren abfchneiden, zeichnen an den Gliedern. Es geht hieraus hervor, dafs die meiften der Leibesftrafen find:

1) verftümmelnde Strafen und nicht zu verkennen ist es, dafs bei der Feftftellung diefer Strafen der Gedanke fich mehrfach geltend machte, dafs der Miffethäter an dem Gliede geftraft werden müffe, mit dem er gefündigt hatte. [60]) Am deutlichften tritt diefs hervor

a. bei dem Verluft der Zunge oder dem Schlitzen und Aufnageln derfelben. [61]) Wer in Augsburg auf der Spähe ergriffen ward, dem follte man die Zunge ausfchneiden, dann konnte er das Erfpähte nicht erzählen; liefs er fich wieder in der Stadt fehen, die Augen ausftechen, dann hatte fein Spähen ein Ende. [62])

b. Das Ohrenabfchneiden war nicht felten Strafe von Dieben; es variirte der Verlust eines und beider Ohren. In Appenzell A. Rh. kam einmal der Fall vor, dafs ein Dieb das ihm aberkannte (rechte?) Ohr fchon vorher zur Strafe in Altftädten verloren hatte. [63])

c. An den meiften Stellen, wo das Augenausftechen erwähnt wird, ift das Verbrechen nicht genannt. [64])

d. Es läfst fich nicht bezweifeln, dafs das am häufigften genannte Abhauen der Hand oft ausgeführt worden ift. Nach

---

[60]) Walther, Verfuch zu Erläuterung der Gefch. des väterländ. Rechts (Bern 1765) S. 201. Wilda S. 510. f. oben S. 86.
[61]) R. A. aus der Schweiz XVI. S. 20. Chronik von Schaffhaufen a. 1620. vgl. Schwfp. 72 W.
[62]) Augsburg 1276 S. 107. f. auch Walch Art. 162.
[63]) Schäfer S. 100.
[64]) Schauberg, Ztfchr. I. 386. Ztfchr. für fchwz. Recht IV. 136. Strafsburg § 23. f. aber Gaffarus a. 1446 (grassatores nocturni). Ochs II. 408.

94

Gaffarus wurde 1538 einem Schneider in Augsburg aus Gnaden durch den Scharfrichter die rechte Hand abgehauen, nachdem er fich durch Geld mit den Verwandten des getödteten Kindes abgefunden hatte.

§ 44. 2) Körperliche Züchtigung. Dafs in älterer Zeit das Geifseln Strafe der Sclaven war, in den Fällen, wo Freie Bufse zu zahlen hatten, ift nicht blofs, wenn auch zunächft zurückzuführen auf die Schätzung des freien Mannes, der durch eine folche Strafe entehrt worden wäre, fondern auch darauf, dafs die vermögenslofen Sclaven nichts zu zahlen hatten, die Zahlung alfo den Herrn getroffen haben würde. [65]) Daher ift in der § 32 erwähnten Urkunde von 977 für denfelben Fall den Sclaven die Geifselung unbedingt gedroht, dem Freien nur, wenn er die Bufse nicht zahlen konnte.

Im deutfchen Mittelalter ift für entehrende Handlungen die Geifselung auch unbedingt Strafe von Freien. Selten ift eine be-. ftimmte Zahl von Schlägen vorgefchrieben, wie im Schwfp. 147. 149 W., fondern es galt »verbera non dantur ad mensuram«, fo bei dem häufigen Aushauen mit Ruthen aus der Stadt; selten kommen auch Schläge allein vor, fondern meiftens mit einer fchärfenden und den Beftraften kenntlich machenden Zugabe. Das allbekannte ,»zu Haut und Haar«, welches der Mönch Oswald in feiner lateinifchen Ueberfetzung des Schwabenfpiegels wiedergibt durch »ad cutis flagellationem et crinium abscissionem«, [66]) fafst beides zufammen. In dem älteften deutfchen Entwurf des freiburger Stadtrechts von 1275 [67]) ift angegeben, dafs das Haar zwei Finger breit abgefchoren werden foll, wodurch die Schande für längere Zeit kund gemacht wurde. Aber wenn wir auch als Regel annehmen, dafs das Haar gänzlich abgefchoren wurde, war dasfelbe erreicht, denn das lange Haar war Kennzeichen der Freien, die Knechte mufsten es kurz gefchoren haben. [68]) Bei Weibern wurde das Abfchneiden der Zöpfe mit dem Auspeitfchen verbunden. [69]) Dem deutfchen »zu Haut und Haar« entfprechen die lateini-

[65]) vgl. K. Maurer in der (münchener) krit. Ueberfchau III. 55.
[66]) Merkel, de rep. Alam. p. 108.
[67]) Schreiber, Urk. I. 77.
[68]) Grimm, R. A. 283. Weinhold, Frauen S. 458.
[69]) Blumer II. 2, 9.

fchen Wendungen [70]): »damnatio pellis et pili, pelle et crine privatus, corio et crinibus puniendus.«

Im augsburger Stadtrecht 1276 ift gewöhnlich die Verbindung: »an der Schraiat fchlagen und durch die Zähne brennen.« [71])

Freiburg im Uechtland 42 hat die Beftimmung: »Si quis infra terminos villae usque ad quinque solidos furtum fecerit, primo debet signari, si secundo deprehensus fuerit, ·debet suspendi.« Gaupp [72]) nimmt diefes signari als gleichbedeutend mit der Strafe zu Haut und Haar, und dafür fcheint zu fprechen, dafs fo oft gefagt ift, auf den kleinen Diebftahl, bis zum Betrage von 5 Schilling, ftehe die Strafe zu Haut und Haar, auf den grofsen der Galgen, allein das Gewicht liegt hier in der Unterfcheidung des erften und des wiederholten Diebftahls. Um den beftraften Dieb als folchen zu erkennen, wurde er gezeichnet. [73]) Dafür kam das Brandmarken als gewöhnliche Form auf, auch bei anderen Verbrechern als den Dieben. [74])

3) Schwerer als das Scheren war das Abziehen der Haut mit den Haaren, die decalvatio. [75]) Freiburg im Uechtland § 11 (Thun § 6. Aarberg p. XXVIII): »Si hospes vel advena aliquem civium percusserit, ligatur ad truncum, abstracta sibi cute capitis.«

Das oben ·§ 41 erwähnte Schwemmen, eine Abfchwächung des Ertränkens, kann man fowol zu den Leibesstrafen als zu den befchimpfenden Strafen, die oft nicht fcharf getrennt werden können, rechnen.

III. Die Freiheitsftrafen.

§ 45. Obwohl oft gefagt ift, dafs die Obrigkeiten für Gefängniffe zu forgen haben, find damit meiftens Detentionsgefängniffe gemeint. [76]) In den Städten kam man darauf, alte fefte Thürme

---

[70]) Strafsburg § 21. Hagenau § 19. Augsburg 1156 Art. III. Ueber die Alliterationen f. Wackernagel zum basler Dienftmannenrecht S. 37.

[71]) S. 47. 66. 76. 105. 106. 107. Ueber die Schraiat f. Schmeller III. 503. Grimm, R. A. 725. Röfsler, zum Stadtr. von Brünn, Gloffar.

[72]) II. 79.

[73]) f. befonders Augsburg 1276 S. 76. — Wilda S. 515. 882. Cropp S. 340.

[74]) Stetten I. 557. Schäfer S. 100. Freiburg 1520 p. XVIII. 1.

[75]) Grimm, R. A. 703. Wilda S. 514.

[76]) Augsburg 1276 S. 106. Grimm, Wsth. I. 726. 749. 823. vgl. Zöpfl, Alterth. I. 54 ff. über den »Stock«.

zu Gefängniffen zu benutzen, auch für kürzere und längere Straf-
haft, aber die Gefängnifsftrafe nimmt doch im Strafenfyftem eine
fehr untergeordnete Stelle ein. ' Verweifung aus-Stadt und Gebiet
erfchienen in unzähligen Fällen ausreichend, und machte keine
Koften, und wo man Abfchreckung für nöthig hielt, war Gefängnifsftrafe nicht geeignet.

1) Das Einmauern ift zwar oft dem Lebendigbegraben verwandt, aber gewöhnlicher hatte es den Character einer fchweren
Freiheitsftrafe, daher in Folge der· Gnade das Einmauern ftatt
der Todesftrafe gefetzt wurde.

Als eine langfam zu Tode quälende, aber doch als nach Gnaden erkannte Strafe ift das Einmauern befchrieben in der züricher
Blutgerichtsordnung, [77]) wo in der Formel dem Stadtbaumeifter
und einem Rathsfreunde der Auftrag ertheilt wird, den N. N. an
füglichen Enden, wo es ihnen gefällt, vermauern zu laffen, alfo dafs
ihn Sonne und Mond lebendig nicht mehr befcheine und er kein
»Geficht« in noch aus habe denn oben ein Löchli, da der Dunft
etwas von ihm gehen und man ihm das Effen hinein geben möge;
es folle fonft niemand mit ihm zur Rede kommen und er täglich
einmal zu effen haben und er alfo darin liegen und bleiben bis
er erftorben fei und dann dem Nachrichter fein Leib befohlen
werden, dafs diefer ihn verbrenne. Diefe Strafe ift nicht felten
angewendet worden. Im fünfzehnten Jahrhundert wurde in Zürich
eine Hexe, der man verfprochen hatte, fie am Leben zu laffen,
eingemauert; nach ihrem Tode verbrannte der Scharfrichter den
Leichnam. Zwei Anhänger Waldmanns wurden 1489 in Zürich
eingemauert; [78]) in Conftanz ein Mann 1453; [79]) in Efslingen 1531
Sebaftian Einhard, weil er dem Herzog Ulrich von Würtemberg
die Feftung Afperg hatte in die Hände fpielen wollen. [80]) Als
Kaifer Friedrich III. im Jahr 1485 nach Kempten kam, wurde der
Stadtfchreiber Jofs Scheit, der durch vielfache Veruntreuung in
feinem Amte das Leben verwirkt hatte, auf vieles Bitten von
Frauen und Männern mit der Todesftrafe verfchont, aber im Spital

[77]) Schauberg, Ztfchr. I. 386.
[78]) Meyer von Knonau II. 140. Füfsli, Johann Waldmann S. 236.
Anshelm's berner Chronik II. 35.
[79]) Speth, Conftanz S. 319.
[80]) Pfaff, Efslingen S. 120. Anm.

der Stadt in ein befonderes Gemach vermauert. Später wurde er begnadigt, doch mufste er fchwören, bei Werluft des Lebens die Stadt nicht mehr zu betreten. [81]) Die Züricher hatten 1440 den Hans Meifs, ihren Bürger, eingemauert, weil fie behaupteten, er hielte es mit den Schweizern, mit denen Zürich im Kriege war; fie mufsten ihn frei laffen, als der Krieg für Zürich eine fchlimme Wendung nahm, liefsen ihm aber 1444 den Kopf abfchlagen. [82]) Ganz deutlich tritt auch das Einmauern als Freiheitsftrafe auf, wo der Verbrecher feiner Familie übergeben wurde, damit fie ihn einmauerte und verforgte. [83]) Daran fchliefst fich in der innern Schweiz der Hausarreft, verfchärft durch Tragen eines Klotzes am Bein oder Anlegen an eine in der Wand befeftigte Kette. [84])

2) Bei dem Mangel an Gefängnifseinrichtungen diente auch zur Aushülfe die Verfchickung auf fremde Galeeren. So in Augsburg [85]) und befonders häufig in der Schweiz vom fechszehnten Jahrhundert an, z. B. im Toggenburg wurde 1663 ein Mann zu 101 Jahren Galeeren verurtheilt, ein anderer zu 10 Jahren. [86]) In der Chronik von Schaffhaufen ift diefes Verfchicken meiftens als ein Verkaufen bezeichnet (a. 1609 u. a.). In Luzern richtete man einft eine Galeere auf dem See ein. [87])

3) Auch Strafarbeiten in der Stadt werden erwähnt. [88])

IV. Die Verbannung.

§ 46. Die Verbannung reiht fich zwar als Befchränkung der freien Bewegung an die Freiheitsftrafen an, ich möchte fie aber nicht mit Wilda unter diefe Rubrik bringen, weil diefs der üblich gewordenen Vorftellung von der Freiheitsftrafe und dem Sprachgebrauche widerftrebt, auch der Auffaffung des Verhältniffes von Gefängnifs und Verbannung nicht gemäfs ift.

[81]) Haggenmüller I. 395. f. auch Chronik von Schaffhaufen a. 1553.

[82]) Mat. Berler S. 153. 155.

[83]) Jäger's Augsburg S. 171. Blumer I. 396. Pfyffer, Luzern I. 396.

[84]) Pfyffer, Luzern I. 406. Renaud, Zug S. 52. R. A. aus der Schweiz No. VI. S. 42. Blumer II. 2, 11.

[85]) Gaffarus a. 1571. Stetten I. 567. 761.

[86]) Wegelin, Toggenburg II. 257. Andere Fälle f. Blumer II. 2, 10. Schäfer S. 100. Haller und Müslin, Chron. S. 169. Segeffer IV. 205.

[87]) Pfyffer, Luzern I. 376.

[88]) Gaffarus n. 1988

Wir haben die Verbannung zunächft als gemilderte Friedlofigkeit zu erfaffen [89]) und fehen, dafs, fo wie die Wurzel des deutfchen
Strafrechts, die Friedlofigkeit, beim Wachfen des Baumes verdeckt
wird, in dem veränderten Straffyftem des Mittelalters die Verbannung geradezu in die Geftalt einer Strafe übergeht, daneben aber
auch als polizeiliche Maafsregel erfcheint und fo, wie Köftlin [90])
richtig fagt, in der Stadtverweifung eine rechtlich-polizeiliche
Zwitternatur in fich trägt.

Wenn wir ausgehen von der Selbftverbannung, dem Weichen
aus Stadt und Land, und nach den Beweggründen dazu fragen, fo
konnten diefe zwar fehr verfchieden fein, die drohende Blutrache,
die Furcht vor dem Ergriffenwerden durch die Obrigkeit u. dgl.,
aber immer mufste der Betreffende in der Selbftverbannung ein
geringeres Uebel fehen, das er ftatt eines gröfseren wählte, und
ein quid pro quo war auch die Verbannung, welche auferlegt
wurde; gemilderte Friedlofigkeit war nicht mehr volle Friedlofigkeit, das Exil war leichter als der Tod. [91]) Aber ein Uebel blieb
die Verbannung immer, die felbftgewählte wie die verhängte, und
die alte Sprache drückt diefs fo fchön aus durch das Wort Elend.
Der Fremde ift ein »elend Menfch« und die Fremde war das
Elend. [92]) Als Reineke Fuchs der Frau Ermelyn vorfchlug, mit
ihm ins Schwabenland zu ziehen, das er ihr wie ein Schlaraffen-
land ausmalte, da fagte die Frau, welche am heimifchen Heerd
treuer hängt als der Mann: »fcholn wy nu tên in ên ander lant,
dâr wy elende un vromde weren?«

»Das Land verlieren« ift im Landbuch von Gerfau, »die Stadt
verlieren« im luzerner gefchwornen Briefe 1252 der Ausdruck, der
die Rechtsfolge der Verbannung bezeichnet. Wenn und wie lange
die Verbannung rechtlich oder richterlich fixirt war, exiftirte für
den Verbannten das Land oder die Stadt nicht, deren Frieden er
genoffen hatte und niemand durfte ihn da haufen und hofen; liefs
er fich auf diefem Boden betreten, fo hatte jeder Bürger die Ver-

---

[89]) f. oben § 30. S. 61.
[90]) Ztfchr. für deutfches Recht XV. 368.
[91]) vgl. den Bericht aus Mühlhaufen oben § 25 S. 52.
[92]) Grimm, Wsth. I. 352. — Grimm, R. A. 396. Weigand, Synon.
No. 1993. Das englifche wretch führt auch darauf zurück, denn agf. wrecca
ift = exul. Schmid's Glofsar zu den Gefetzen der Angelfachfen.

pflichtung ihn zu fahen[93]) und Vernichtung war fein Loos nach der ftrengen Auffaffung: die Friedlofigkeit, in der Verbannung gemildert und ihrer äufserften Confequenz entkleidet, trat wieder in voller Kraft hervor. Landbuch von Schwyz S. 23: »Und wer alfo ergriffen und gefangen wirt, dem foll man fin Haupt mit dem Rechten abfchlachen on alle genadt.«[94])

In den meiften Fällen war die Möglichkeit gegeben, das Land wieder zu gewinnen. War einer aufser Landes gefetzt, weil er eine Bufse nicht zahlen konnte, fo wurde ihm das Land aufgethan, wenn er die Bufse zahlte;[95]) war die Verbannung nach Zeit und Jahren beftimmt, wenn die Zeit abgelaufen war.

Die Zeiten der Verbannung find fehr verfchieden: 5 Jahre, 10 Jahre und 1 Tag u. f. w.[96]) In diefer Varietät erfcheint die Verbannung ganz als eine dem Falle angepafste Strafe, daher kommen auch kurze Zeiträume von Monaten und Wochen vor.[97]) Hundert Jahr und 1 Tag, 101 Jahr, auch fonft Bezeichnung für das Ewige, das fcheinbar in eine Zeitgrenze gefafst wird, find für die ewige Verbannung gebraucht.[98])

In der gröfsten Ausdehnung finden wir die Stadtverweifung fowol als Strafe als für andere Zwecke. Die verfchiedenen ftrafsburger Stadtrechte geben darüber reichliche Auskunft und zeigen, wie im Hintergrunde der zwar zeitlich fixirten und als Strafe fühlbar werdenden Verweifung die Bedeutung des »Räumens« als eines Zugeftändniffes an den Schuldigen durchfchimmert. Die Zeitfriften find im Stadtrecht von 1249 äufserft kurz und ftünden gar nicht im Verhältnifs zu dem Verbrechen oder Vergehen, wenn mit der Verweifung die Sache abgemacht wäre; aber dafs diefs nicht der Fall war,[99]) zeigt § 5: »quicunque virginem vel mulierem violenter oppresserit, statim ipse et auxiliatores sui,

---

[93]) Schwyz Ldb. S. 23. Diefsenhofen § 9. Stadtbuch von St. Gallen S. 43.
[94]) f. ebenda S. 67 und den Fall in R. A. aus der Schweiz No. II. S. 26.
[95]) Landbuch von Schwyz S. 10. 13. 16. 18. 20. 30. 53.
[96]) Landbuch von Schwyz S. 66. Pfaff, Efslingen S. 101.
[97]) Strafsburg 1249 und Bern 1614 an verfchiedenen Stellen; Jäger's Ulm S. 120.
[98]) Gefchichtsforfcher X. 413. Anm. 45. Stadtbuch von St. Gallen S. 43. Grimm, Wsth. I. 391., R. A. 225. — Stettler's Chron. II. S. 18 (a. 1528). Rickenmann, Rapperswil S. 166.
[99]) vgl. oben S. 88

si non deprehensi fuerint, exibunt civitatem per unum miliare, unum annum nullatenus intrantes civitatem, quousque laesae, civitati et judicio satisfecerint.« Gegen den aus dem Gerichtskreiſe der Stadt entwichenen Nothzüchter gab es kein Mittel, ihn der Capitalſtrafe zu unterwerfen, jene Beſtimmung war eine Art Compromiſs, um das Mögliche zu erreichen. In andrer Weiſe trat eventuell das Räumen der Stadt ein, wenn jemand die ſchuldige Buſse nicht zahlen konnte. [100])

So wie die Verweiſung als Strafe zeitlich verſchieden war, ſo auch räumlich. Oft iſt zwar nur geſagt, daſs einer die Stadt räumen ſoll, wo dann der Friedkreis derſelben der verbotene Boden iſt; nicht ſelten iſt dieſer genauer topographirt; [101]) oft iſt die Entfernung nach Meilen angegeben, wie in den ſtraſsburger Stadtrechten, im Statut von Nördlingen § 65, im basler Stadtfrieden 1286 § 3. 4., in der basler G. O. 1457 § 90; bisweilen bleibt dem Verwieſenen die Vorſtadt erlaubt, [102]) doch nur, wenn der Grund der Verweiſung eine nicht bezahlte Geldſchuld oder ein kleiner Frevel war. In der Schweiz erſtreckte ſich die Verbannung oft auf gröſsere Diſtricte und auch auf das ganze Gebiet der Eidgenoſſenſchaft. [103])

V. Die Eingrenzung.

§ 47. Eine Beſchränkung der freien Bewegung und ein Gegenſtück zur Verbannung war die Eingrenzung. Als Hausarreſt wurde ſie bisweilen in einer Weiſe verſtärkt, daſs ſie als ein der Gefängniſsſtrafe ſehr nahe kommendes Surrogat derſelben erſcheint.[104]) Noch im Jahr 1697 wurde, nach der Chronik von Schaffhauſen, ein vornehmer Mann, der Abends auf der Straſse einen ſeiner Standesgenoſſen ermordet hatte, um 2000 Gulden gebüſst und auf Lebenszeit in ſein Haus eingebannt.

Sehr gewöhnlich war in der Schweiz die Eingrenzung in die Gemeinde und iſt dort bis zur Gegenwart in Uebung geblieben. [105])

[100]) Luzern geſchw. Brief 1252. Zürich Rb. II. 9. Winterthur 1264 § 13.
[101]) Schreiber, Urk. I. 195. Zürich Rb. I. 39.
[102]) Baſel Rechtsq. I. S. 25. 36. 47. 55.
[103]) Tſchudi II. 14. S. 641. Segeſſer II. 627.
[104]) ſ. oben § 45 S. 97.
[105]) Blumer II. 2, 11. Prutz, deutſches Muſeum 1857 No. 25. S. 897 ff.

Oft wurde und wird fie verbunden mit dem Verbot von Wirths-
häufern oder auch überhaupt von Häufern, wo Biederleut wohnen. [106]) In diefem letzteren Falle ift die Befchränkung fchon
eine Folge der Ehrlofigkeit.

Verbannung und Eingrenzung ftehen fich zwar gegenüber,
ftofsen aber auch zufammen. Bei Nichtzahlung einer Bufse mufste
in Luzern ein Bürger »hinausfchwören« d. i. die Stadt nicht
betreten zu wollen, der Gaft in folchem Falle »hereinfchwören«
d. i. die Stadt vor Erledigung der Sache nicht zu verlaffen. [107])
Die beiden Arten der Befchränkung der Freiheit, wie fie unter
den gemeinfamen Begriff des Bannes fallen, find kaum auseinander zu halten in dem Falle, wo einem Bürger die Stadt
verboten, die Vorftadt erlaubt war. Seine »Leiftung«, welcher
Name befonders in den basler und berner Rechten gewöhnlich ift,
könnte zugleich als Verweifung aus der Stadt und als Eingränzung
in die Vorftadt genommen werden.

VI. Die Einziehung des Vermögens.

§ 48. Das alamannifche Volksrecht nennt fowol Einziehung
des ganzen Vermögens als eines aliquoten Theils desfelben. [108])
Der Zufammenhang des Vermögensverluftes mit der Friedlofigkeit tritt noch deutlich hervor in den Verrufungsformeln [109]) und
das immer wiederkehrende Verfallenfein von »Leib und Gut« zeigt
die Grundanfchauung, dafs die Exiftenzvernichtung dás Vermögensrecht mit umfafst. Auch in andrer Form ift der Verluft des ganzen
Vermögens oft ausgedrückt, z. B. Freiburg 1120 § 49 heifst es vom
treulofen Vormunde: »corpus erit burgensium et bona domino
sunt adjudicanda«; im züricher Richtebrief I. 1. vom flüchtigen
Mörder: »daz fol im gan an alles fin guot, das er uffe und inne
hat und fol in die ftat niemer kommen.«

Als Empfänger des verfallenen Vermögens ift theils die Gemeinde und Stadt genannt, [110]) theils und am häufigften die Herr-

[106]) Kaifer's Lichtenftein S. 329.
[107]) Segeffer II. 623. f. auch S. 627. 628.
[108]) l. Alam. Kar. 25. 38. 39. 40.
[109]) Segeffer II. 710. R. A. aus der Schweiz XVI. S. 35.
[110]) Zug 1432 § 25. 26. vgl. oben S. 36.

fchaft und die Obrigkeit. In der züricher Blutgerichtsordnung aus
dem fünfzehnten Jahrhundert ift das Recht der Stadt auf das verfallene Gut des Verurtheilten abgeleitet aus der Reichsvogtei. [111])
Diefe war 1400 dem Rathe und der Stadt von K. Wenzel über-
laffen worden.

Der Verfall des Guts erlitt im Laufe der Zeit bedeutende
Modificationen:

1) Zunächft zeigt das fo oft hinzugefetzte »auf Gnade«, dafs
das Gut nicht unbedingt verfiel. [112]) In der mühlberger Richtung
1424 ift den Freunden des Gerichteten oder Geächteten geftattet,
deffen Gut zu löfen mit 10 Pfund Stebler und 1 Helbling. [113])
Damit läfst fich zufammenftellen, dafs in dem fpätern freiburger
Stadtrecht 1520 p. XCIV, 1. gefagt ift, der Todfchläger folle enthauptet und nicht defto minder von feinem Gut die 10 Pfund Pf.
zu Frevel an der Herrfchaft Stab verfolgt werden, wie auch von
Alters Herkommen fei. Es ift möglich, dafs, nach dem Ausdrucke
»zu Frevel« zu fchliefsen, an der letzteren Stelle die 10 Pfund,
fonft eine häufige Wette, auch hier fo aufgefafst find, [114]) während
fie an der erfteren Stelle als Auslöfungsfumme des Vermögens
ftehen. Aehnlich wie in dem freiburger Stadtrecht 1520 heifst
es in den Landfatzungen des Hochgerichts der fünf Dörfer (Graubünden) S. 38, dafs die Obrigkeit aus dem verlaffenen Gute eines
zum Tode Verurtheilten voraus die Koften nehmen folle, die fich
in dem Handel verlaufen hätten und dazu 60 Pfund Pf. den Gemeinden »für den Frevel«. Das Landbuch von Churwalden fetzt
ebenfalls, dafs aufser den 60 Pfund das übrige Gut den nächften
Erben zufallen foll, nimmt aber von diefer Conceffion aus »die
gröfsten Fehler als Hexerei, Mord, Brenner, Falfchmünzer, Verräther, Sodomiter u. dgl.«

2) Selten ift wie in der lex Alam. Kar. 38. nur die Einziehung
einer Quote des Vermögens vorgefchrieben. Eine Urkunde Carl IV.

[111]) Schauberg, Ztfchr. I. 383.
[112]) Zug a. a. O. Grimm, Wsth. I. 3. 18. Schauberg, Ztfchr. I. 382.
Ein Fall bei Segeffer II. 642. Anm. 1.
[113]) Schreiber, Urk. II. 343.
[114]) Unrichtig nach Sfp. III. 50, eine Stelle, die aber nicht in den Dtfchfp.
und Schwfp. übergegangen ift, wohl defshalb, weil die Gewohnheit entgegenftand.
vgl. Cropp S. 342 ff. Köftlin in der (münchner) krit. Ueberfchau III. 183.

für Colmar vom Jahr 1363 ordnet die Confiscation von zwei, Dritteln der Güter des flüchtigen Todfchlägers an. [115])

3) Dafs die auf dem Vermögen haftenden Schulden vorweg getilgt werden follten, worin alfo eine Fixirung des Begriffes »Gut« liegt, ift in den zuger und anderen Rechtsquellen [116]) ausgefprochen und darf wohl als allgemeine Regel genommen werden, deren Einfchärfung hie und da nöthig erfcheinen mochte.

4) Die bedeutendfte Modification der ftrengen Regel liegt aber in der Trennung des unbeweglichen und beweglichen Vermögens, indem fich zu Gunften der Familie des Verurtheilten geltend machte, dafs nur das bewegliche Vermögen confiscirt wurde. [117]) Die Friedensconftitution Friedrich I. vom Jahr 1156 fpricht den Grundfatz aus: »Si vero pacis violator a facie judicis fugerit, res ejus mobiles a iudice in populo publicentur et dispensentur; heredes autem sui hereditatem aqum ille tenebat recipiant, tali conditione imposita, ut iureiurando spondeatur, quod ille pacis violator nunquam de cetero ipsorum voluntate aut consensu aliquod emolumentum inde percipiat. Quod si heredes, neglecto postmodum iuris rigore, hereditatem ei demiserint, comes eandem hereditatem regiae ditioni assignet et a rege iure beneficii recipiant.« Damit ftimmt desfelben Kaifers Privileg für Hagenau 1164 § 12. 14. 15. überein, fo wie die thurgauer L. G. O. und die Offnung von Altorf in der urfprünglichen Faffung [118]) § 65: »wer under inen verfchuldi femlichs, das er einem herren verfall lib und guot, fo fölli und mugi fich der herr under zihen des varenden guots und nüt der hüfern, noch des ligenden guotes.« Von neuerer Hand ift hier aber »des« durchgeftrichen und darüber gefchrieben »ligendes und«. Es entftand ein Kampf der beiden Anfichten; daraus erklärt es fich, dafs in der Offnung von Kyburg § 1 urgirt ift: »fölicher perfonen gut nützit usgenommen«. Gegen die Mitte des fünfzehnten Jahrhunderts drehte fich ein Streit

---

[115]) Strobel II. 393.

[116]) Zug 1432 § 35, Malefizordnung S. 64. Thurgauer L. G. O. S. 51. vgl. Wilda S. 289.

[117]) vgl. Wilda S. 289 ff. Marezoll, die bgl. Ehre S. 331. Heydemann, die Elemente der Joachimifchen Conftitution S. 122. 242.

[118]) Grimm Weeth. I. 17.

zwifchen Grüningen und Zürich um diefen Punkt. [119]) Der Grund
der Trennung des beweglichen und unbeweglichen Guts in folchem
Falle führt auf eine Grundregel zurück: von der Fahrhabe in ihrer
Beweglichkeit unterfchied fich das liegende Gut als Familiengut,
das nicht leicht aus der Familie heraus veräufsert werden follte. [120])

Dafs der Vogt beim Todfchlage kein Recht auf das liegende
Gut eines Gotteshausmannes habe, ift auch ausgefprochen in dem
Weisthum für Weitnau, [121]) aber damit ift nur das Recht des
Gotteshaufes gegenüber dem Vogte gewahrt, nicht eine Rückficht
auf die Erben genommen.

5) In andrer Weife und weitergehend weicht das augsburger
Stadtrecht 1276 S. 48 ab von dem Grundfatze der Publication des
ganzen Vermögens. Wird der Todfchläger gefangen und vor Gericht gebracht, fo gehöret Leib wider Leib, alfo dafs man über
ihn richten foll mit blutiger Hand, und wenn der Richter richtet
über den Leib, fo hat er mit dem Gute nichts zu thun, fondern
was der Gerichtete hatte, das bleibt den Erben. [122])· Da haben
wir alfo fchon eine Anwendung des Sprichworts: »Mit dem Halfe
bezahlt man alles.« Das Stadtrecht geht fodann zu dem Falle über,
dafs der Todfchläger entronnen ift. Da foll fich der Vogt des
Gutes unterwinden, es aber gegen Bürgfchaft ausgeben, wenn ein
Verwandter fich dazu meldet. Es wird dann weiter angegeben, dafs
die Hinterlaffenfchaft bereinigt werden foll durch Ausfcheidung
deffen, was Fremden gehört. Bleiben 150 Pfund augsburger Pfenninge übrig, fo foll der Vogt davon 50 nehmen und nicht mehr,
das Uebrige bleibe den Erben; find nicht 150 Pfund übrig, fo
kann der Vogt das Drittheil des Gutes nehmen, zwei Theile bleiben
den Erben. In der Recenfion bei Walch Art. 149 ift ein Unterfchied der Bürger und Fremden gemacht.

Streitigkeiten über das verfallene Gut Hingerichteter zwifchen
verfchiedenen Behörden, die einen Anfpruch zu haben glaubten,
konnten nicht ausbleiben. [123])

Es fehlt auch nicht an Beftimmungen über die Vertheilung der

---

[119]) Schauberg, Ztfchr. I. 61.
[120]) Eichhorn II. § 359. R. A. aus der Schweiz No. XVII. S. 36.
[121]) Grimm, Wsth. I. 310.
[122]) f. auch S. 65. Schwfp. 170 W. Sfp. II. 31. § 1 vgl. mit III. 50. Dtfchfp. 140.
[123]) Attenhofer, Surfee S. 46. 68.

Dinge, die ein Verurtheilter an und bei fich hatte, als er gefangen
wurde. Wird ein Mann hier gefangen, fagt das augsburger Stadtrecht S. 46, und dem Vogte geantwortet, wird über den gerichtet
zu dem Leibe, hat er Rofs oder Harnifch oder Gut, es feien Pfenninge oder andre Bereitfchaft, das ift des Vogtes; was darnach
oberhalb des Gürtels ift, das ift der Weibel und Schwert und
Meffer; was unter dem Gürtel ift, das ift des Henkers. Diefes
Recht des Henkers ift auch im Folgenden wiederholt. Der Stadtrodel von Murten § 13 fpricht die Kleidung des Verbrechers dem
Frohnboten (praeco) zu; ein Weisthum von Neuweiler im Unterelfafs[124]) das oberfte Kleid dem Büttel. In Bafel follte der Dieb
mit den Kleidern, darin er begriffen wurde, gehängt werden und
der Henker kein Recht daran haben.[125])

VII. Die Ehrenftrafen.

§ 49. Entziehung und Schmälerung der bürgerlichen Ehre tritt
oft als Folge ·der· Strafe ein und hängt mit der Unterfcheidung
der ehrlichen und unehrlichen Sachen eng zufammen. Der Dieb,
der gehängt wurde, erlitt darin eine unehrliche Strafe, wurde er
geftäubt, ebenfalls, und auch wenn er Haut und Haar loskaufte,
wurde feine Ehre davon berührt, als ob er diefe entehrende Strafe
erlitten hätte. Augsburg 1276 S. 108 (vgl. S. 79): »Swer diupheit
hat vergolten, der mak niht geziuk fin — unde fwer den rehten
ftrazraup getan hat oder vergolten — unde fwer den nahtfchach
hat getan, der mak keiner dinge niht geziuk fin.« 'Wenn dafür
im Schwfp. 38 W. 41 L. (Sfp. I. 38. § 1) gefagt wird »die fint
alle rehtlos«, fo ift das keine verfchiedene Auffaffung, denn in
dem fpeziellen Ausdruck des augsburger Stadtrechts treffen Recht
und Ehre zufammen. Sein befchwornes Wort einzufetzen, war
das Recht und die Ehre des freien unbefcholtenen Mannes und
es ift kein zufälliges Zufammentreffen, dafs Ehre und Eid in der
Rechtsfprache fynonym find[126]) und wiederum Recht und Eid.
Schwfp. 25 W.: »fwes man fi aber überwifen mac, da nimet man

---

[124]) Grimm, Wsth. I. 756.
[125]) Bafel Rechtsq. I. S. 112., f. aber S. 191. 379.
[126]) Schwfp. 229 W. 278 L. Grimm, Wsth. I. 297. R. A. aus der Schweiz
No. IX. S. 51. unten S. 108.

ires rehtes niht umbe«. Augsburg 1276 S. 55: »Wil aber diu frowe fins rehtes niht«, S. 68: »fin gerihte welle nemen«.

Die Unfähigkeit zum Zeugniffe ift umfafst in den allgemeinen Formeln des freiburger Stiftungsbriefes § 48 »nec aliis prodesse poterit- vel obesse«, der fchweizerifchen Rechte: »dafs er. mit feiner Hand noch mit feinem Mund weder Nutz noch Schad bringen könne«, »dafs er für einen ehrlofen Mann gehalten werden und niemand weder an Gericht noch an Recht weder nutz noch fchad fein foll«. Diefe und ähnliche immer wiederkehrende Formeln [127]) geben an, dafs die Stimme des Betreffenden keine Geltung habe im öffentlichen Leben.

Der volle Ausdruck der Entziehung der bürgerlichen Ehre ift in der fchweizerifchen Rechtsfprache »von Ehr und Gewehr fetzen«. Der Eid ift der innerfte Kern der Ehre, das Seitengewehr das äufsere Zeichen derfelben. [128])

Wie man wegen der engen Verbindung der Entziehung und Schmälerung der bürgerlichen Ehre mit der Strafe dazu kam, fie als Strafe aufzufaffen, zeigen ebenfalls am deutlichften die fchweizerifchen Rechte. Es gab nicht blofs eine vollftändige und unvollftändige Entziehung der Ehre, fondern auch eine dauernde und zeitweilige, und da lag es fehr nahe, fie nach den Abftufungen als eine fchwerere oder leichtere Strafe anzufehen, ähnlich wie bei der Verbannung, die urfprünglich auch nicht Strafe war. Als man fich daran gewöhnt hatte, die Ehrentziehung, befonders die zeitweilige, als eine Strafe aufzufaffen, kam man auch auf einen Mifsbrauch, bei dem die wahre Bedeutung der Ehrenfchmälerung und ihres Grundes, eines Handelns, mit dem die Ehre fich nicht verträgt, gänzlich abhanden gekommen war. Die halbjährliche Ehrlofigkeit des zuger Stadt- und Amtsbuchs 1566 Art. 135 für die, welche Nachts in Scheuren und Scheunen bei Licht fpielen, ift nichts als eine blofse Polizeiftrafe. [129])

Das Thema von der Entziehung und Schmälerung der bürgerlichen Ehre geht über das ftrafrechtliche Gebiet hinaus, und ift daher hier nicht zu verfolgen. Eine wichtige Stelle nehmen aber

---

[127]) R. A. aus der Schweiz No. IX. S. 52. Engelberg S. 31.
[128]) R. A. aus der Schweiz No. IX. vgl. Siegel, Gefchichte des deutfchen Gerichtsverfahrens I. 176.
[129]) R. A. aus der Schweiz No. IX. S. 64.

im mittelalterlichen Strafenfyftem die felbftftändigen Ehrenftrafen oder die befchimpfenden Strafen ein. [130])

§ 50. Strafen, die zu Sehimpf und Schande gereichen, kommen theils allein, theils in Verbindung mit anderen Strafen vor, und es kann auch eine Strafe befchimpfend fein, ohne dafs ihre Bedeutung darin aufgeht, wie fchon die körperliche Züchtigung überhaupt und insbefondere die Strafe zu Haut und Haar. Dahin gehören auch die Injurienftrafen des Widerrufs und der Abbitte und felbft der Widerruf von Gottesläfterungen und böfen Schwüren, bei welchem die eigenthümliche Zuthat vorkam, dafs der Schuldige den Erdboden küffen mufste. Ueberhaupt war dafür geforgt, dafs die befchimpfenden Strafen möglichft ftark in die Augen fielen.

1) Von fchimpflicher Tracht kommt in einer basler Urkunde von 1417 ein Beifpiel vor, [131]) das wenigftens an das criminalrechtliche Gebiet ftreift. Liederliche und arbeitsfcheue junge Männer, die von dem fchmählichen Erwerb armer fahrender Töchter fich grofs thun, follen vierzehn Tage lang einen gelben Kugelhut ohne Zipfel und darauf drei grofse fchwarze Würfel mit grofsen weifsen Augen genäht tragen, widrigenfalls aus der Stadt verwiefen werden. Es ift das augenfcheinlich eine Nachbildung der Judentracht, wie fie auch im alamannifchen Gebiete vorgefchrieben war. [132])

2) Eine Schauftellung des Verluftes der bürgerlichen Ehre war das Tragen eines »abgebrochenen Beimeffers«, einer Waffe, die keine mehr war. ftatt der Ehrenwaffe des freien unbefcholtenen Mannes. [133])

3) Wichtiger find die fymbolifchen Proceffionen:

a. Otto von Freifingen de gestis Friderici I. lib. II. c. 28 erzählt: »Vetus consuetudo pro lege apud Françcos et Suevos inolevit, ut si quis nobilis, ministerialis vel colonus coram suo judice pro hujusmodi excessibus (incendiis et rapinis) reus inventus fuerit, antequam mortis sententia puniatur, ad confusionis suae ignominiam, nobilis canem, ministerialis sellam, rusticus aratri

[130]) Grimm, R. A. 711 ff.
[131]) f. auch Mone, Quellenfammlung I. S. 336.
[132]) Schreiber, Urk. II. 96. Stetten I. 159. Schaffhaufen Chron. a. 1551.
[133]) R. A. aus der Schweiz No. IX. S. 50. Kaifer. Lichtenftein. S. 329.

rotam, de comitatu in proximum comitatum gestare cogatur.« [134])
Ein Fall der Art kam im dreizehnten Jahrhundert vor, nur folgte
hier nicht die Todesftrafe auf die fchimpfliche Proceffion, und
find die Gegenftände, welche getragen wurden, nicht fpeziell aufgezählt, fondern es ift dafür auf Geburt und Rang neben der verfchiedenen für die Einzelnen zur Geltung kommenden Gewohnheit
ihres Landes, alfo nach dem Prinzip der perfönlichen Rechte,
verwiefen. Graf Friedrich von Pfirt hatte mit dem Bifchof Heinrich
von Bafel einen Streit, und ging fo weit, dafs, als einft der
Prälat fich in der Nähe von Altkirch befand, er ihn nebft mehreren Geiftlichen und Laien, die in deffen Begleitung waren, gefangen nahm, beraubte und ihnen fchwere Unbill zufügte. Bifchof
Heinrich klagte darüber nach feiner Befreiung beim Landgrafen
Albrecht von Habsburg, und es erfolgte am 21. December 1232
ein Spruch, in welchem dem Grafen nicht nur voller Erfatz des
angerichteten Schadens-auferlegt wurde, fondern auch eine Strafe
in folgender Form: »ad emendationem et tanti sceleris satisfactionem comes et cum eo ministeriales et liberi poenam, quae
vulgo harnescar [135]) dicitur, sustinebunt, quod ante portam
civitatis, quae Spalon dicitur, unusquisque, prout sui sanguinis
nobilitas seu generis conditio et terrae consuetudo in talibus
requirit, assumentes et per civitatem via publica usque ad
valvas basilicae b. Mariae deferentes, ibi se prosternerent et
ab ipsis et pro ipsis oratione effusa surgentes et ad pedes epi-
scopi, ubicunque in civitate fuerit, semel, secundo et tertio pro-
strati, veniam de tanto commisso humiliter postulabunt etc.«
Aufserdem wurde der ganzen Bevölkerung von Altkirch, Männern
und Weibern, auferlegt, in Proceffion nach Bafel zu kommen,
die Männer follten ihre gewöhnliche Kleidung abthun und fich in
wollene Bufsklëider hüllen. Der Zug hatte fich durch die Stadt
bis zum Münfter zu bewegen; in und vor deffen Hallen warfen
fich alle nieder, und nachdem den Männern nach Art der Büfsen-
den der Kopf gefchoren war, mufsten alle die Bufse auf fich
nehmen, die ihnen der Propft und Dechant auferlegten. [136])

---

[134]) Datt p. 145. Fürth, Minifterialen S. 389 ff.
[135]) Datt p. 146. Grimm, R. A. 681. Zöpfl S. 942.
[136]) Schöpflin, Als. dipl. I. No. 466. Strobel L. 495.

b. Eine von kirchlicher Autorität angeordnete Proceſſion eines vornehmen Verbrechers, die von den oben § 16 S. 29 erwähnten dadurch verſchieden iſt, daſs ſie in die Geſtalt einer beſchimpfenden Strafe übergeht, beſchreibt eine Urkunde von 1309. [137]) Ulrich von Matſch, Schirmvogt des Kloſters Marienberg, überfiel 1304 mit ſeinen Genoſſen dieſes Kloſter mit bewaffneter Hand, raubte deſſen Urkunden und Schriften, lieſs den Abt an Händen und Füſsen gebunden in das Schlinigerthal ſchleppen und dort enthaupten. Erſt mehrere Jahre nachher bewarb er ſich in Rom um Abſolution, deren Bedingungen die Urkunde angiebt. Es wurde ihm unter Anderem auferlegt »ut per omnes majores ecclesias illius loci, ubi tantum fuit facinus perpetratum, nudus et discalceatus, braccis duntaxat retentis, virgam ferens in manibus et corrigiam circa collum, si secure potuerit, incedat, et ante foras ipsarum ecclesiarum, a presbyteris earundem psalmum penitentialem dicentibus, se faciat verberari, quando major in eis aderit populi multitudo, suum publice confitendo reatum«. Der Mörder erfüllte aber weder dieſe noch die andern Bedingungen der Abſolution. Als er 1309 von der Hand ſeines eigenen Vetters gefallen war, und man ſeinen Leichnam nach Marienberg brachte, um ihn dort in die Gruft zu legen, entſtand die Frage, ob diefs auf geweihtem Kloſtergrunde geſchehen dürfe. Der Abt fragte durch einen Boten beim Biſchof von Brixen an, und als ſich erwies, daſs Ulrich von Matſch weder im Ganzen noch zum Theil ſich der Strafe unterzogen hatte, lieſs der Abt den Leib des Ermordeten auſser dem Kloſter verſcharren.

c. Sehr verbreitet war die beſchimpfende Procedur des Stein-tragens für Weiber. Der Stein führt häufig den Namen »Klapper-ſtein«, entſprechend dem Worte »Klappertaſche« (Klappertäſch in der Schweiz) = Plaudertaſche. Das Delict beſtand aber doch nicht in dem möglicher Weiſe ganz unſchädlichen Plaudern zungenfertiger Weiber, ſondern war Verläumdung oder Hinterrede. [138])

Sehr genaue Nachrichten haben wir über den Gebrauch des Klapperſteins in Mühlhauſen. »Den ſchwätzigen Weibern, welche

---

[137]) Mohr, codex dipl. ad hist. Raeticam II. No. 132. vgl. Stöber's Alſatia 1851 S. 43.

[138]) Nidwalden 269. Berler, Chron. S. 118, führt eine Schrift Geiler von Keiſerſperg's anf: »Das Klappermnl von Hinterred.«

andere und Ehrenleute fälfchlich verläumden, ift in diefer Stadt eine befondere Strafe zugerichtet, ein Weiberangeficht mit ausgeftreckter Zunge, daran ein Mahlenfchlofs (Malfchlofs, Vorlegefchlofs), alles von Stein, ohngefähr 25 Pfund fchwer, gemacht, der Klapperftein geheifsen, der wird der Thäterin an einem Wochen- oder, wo es fich alfo fügt, Jahrmarkt durch die Amptleute angehängt, den fie alfo in der Stadt andern Läftermäulern zu einem Abfcheu herum tragen mufs. Diefe Strafe wird fehr verächtlich und wenig geringer als des Halseifens geachtet.« [139]) Noch in den neunziger Jahren des vorigen Jahrhunderts foll dort diefer Stein gebraucht fein, der jetzt als eine Reliquie im Rathhaufe zu Mühlhaufen hängt, unter der Infchrift:

Zum Klapperftein bin ich genannt,
Den böfen Mäulern wohl bekannt,
Wer Luft zu Zank und Hader hat,
Der mufs mich tragen durch die Stadt.

In Memmingen mufste die Frau den »Lafterftein« an einem Sonntage, wenn man zur Meffe läutete, von einem Stadtthor bis zum andern tragen; fie konnte aber die Strafe durch ein Pfund Heller ablöfen. [140])

Auch in einer fchweizerifchen Offnung ift das Steintragen für fchmähende Frauen erwähnt, [141]) aber gewöhnlich entfpricht Lafterftein, noch jetzt, dem Pranger. — Nach Bericht der Chronik von Schaffhaufen mufste dort eine Frau 1503 den Lafterftein [142]) tragen, weil fie gefundenes Geld verheimlicht hatte.

Auffallend ift die Notiz, dafs in Winterthur im fechszehnten Jahrhundert Perfonen, die im Verdacht der Hexerei ftanden, den Lafterftein durch die vier Hauptgaffen der Stadt zu z i e h e n hatten. [143])

4) Die A u s f t e l l u n g neben und an dem Pranger oder auf dem Lafterftein, [144]) an fich ein Schimpf, erhielt, abgefehen von

[139]) P e t r i, Mühlhaufen S. 22. S i m l e r, Regiment der Eidgenoffenfchaft — fortgefetzt von Leu (1722) S. 637. S t ö b e r im Anzeiger für Kunde der deutfchen Vorzeit 1857 No. 3. 4. und in der Alfatia 1851 S. 36. vgl. 1856 S. 125.
[140]) Memmingen S. 279.
[141]) G r i m m, Wsth. I. 264.
[142]) f. auch a. 1526.
[143]) T r o l l, Winterthur IV. 65. M e y e r v o n K n o n a u, Zürich II. 155.
[144]) B l u m e r II. 2, 13.

dem Falle, wo damit die Stäupung verbunden wurde, noch in die Augen fallende Zugaben. Zu dem Halseifen kam die Ruthe in der Hand des Ausgeftellten, wie es noch jetzt in Unterwalden gebräuchlich ift, [145]) als Zeichen des verwirkten Staupenfchlags; einem, der Pferde und Kühe geftohlen hatte, wurden Pferde- und Kuhfchwänze angehängt u. dgl. [146]) Ein Urtheil von Rapperswil 1702 ordnete folgende Beftrafung an: »Der hiefige Kuhhirt, fo auf der Bleiche geftohlen, foll eine halbe Stund mit einem Stück Tuch unterm Arm und Ruthen in der Hand auf einem Stuhl bei dem Halseifen neben Scharfrichter und Thorwarten ftehen, dann auf der Burg ein Urphed fchwören und auf 101 Jahr von Stadt und Land verwiefen und alfo in hiefigem Territorio vogelfrei fein.« [147])

5) Eine fehr verbreitete proftituirende Strafe war die S c h u p f e (Schuppe), Schnelle, Schnellgalgen, Prelle, Wippe, Lafterkorb, das »durch den Korb fpringen« oder »fallen«, Namen für die im Wefentlichen gleiche, aber mit Variationen ausgeführte Sache. [148]) Der zu Strafende wurde zu feiner Schmach (Lafter) und zur Augenweide des Publikums auf einen Balken, wie wir ihn an den Ziehbrunnen kennen, oder in den an einer folchen Vorrichtung angebrachten Korb gefetzt und von dort in das Waffer oder die Pfütze hinausgefchnellt, oder er mufste fich felbft entfchliefsen, herauszufpringen, um den Schimpf abzukürzen. T f c h u d i befchreibt in der Erzählung eines züricherifchen Falles vom Jahr 1280 die Strafe fo: »Diefelb Schnelle was ein Korb, der ftund hoch empor, und was eine unfubre wüfte Waffer-Pfützen darunter; in felben Korb fetzt man die Lüt, fo etwas verfchuld hattend, und gab man ihnen darin weder Effen noch Trinken, und wann er ufs dem Korb wolt, muft er in die wüft Pfützen fallen.« Ganz ähnlich G a f f a r u s bei Gelegenheit eines augsburger Falles vom Jahr 1442. In dem züricher wie in dem augsburger Falle waren die Schuldigen Bäcker, welche Unredlichkeit im Brotbacken begangen hatten. Auf Vergehen der Bäcker und Bäckerknechte hatte auch das augsburger Stadtrecht 1276 S. 121. 122 die Schupfe gefetzt; nach dem ftrafs= burger Stadtrecht 1270 § 48 follte gefchupft werden, wer Wein

[145]) Prutz, deutfches Mufeum 1857 No. 25. vgl. Grimm, R. A. 714.
[146]) Pfyffer, Luzern I. 392. 405.
[147]) Rickenmann, Rapperswil S. 166.
[148]) R. A. aus der Schweiz No. XIII. ∨

unrichtig gemeſſen hatte; nach dem deutſchen Entwurf des freiburger Stadtrechts 1275 [149]) Metzger, die gegen der Stadt Gebot
in ihrem Gewerbe ſich vergingen. Aber auch für Gartendiebe,
Schädiger fremden Eigenthums, Kuppler und Kupplerinnen kam
die Strafe vor. [150]) Der »Gieſsübel« in Eſslingen »ein hölzerner
Kaſten mit einer Fallthür, durch welche man namentlich Felddiebe
ins Waſſer warf,« [151]) war eine ähnliche Vorrichtung.

6) Erſt in dieſem Jahrhundert iſt aus der Schweiz die Trülle
(Drille, Drehhäuschen) verſchwunden. Es war dieſs ein groſser,
auf einer Spindel beweglicher Käfig, in welchem man den Ein-
geſperrten vor dem ſchauluſtigen Publicum ſo ſchnell und lange
herumdrehte, bis er ohnmächtig wurde oder vomirte. Das Narren-
häuschen in Augsburg, Eſslingen und Schaffhauſen war wohl dasſelbe.

VIII. Die kirchlichen Strafen.

§ 51. Kirchliche Strafen hatten auch einen Platz im weltlichen Strafenſyſtem, in der Weiſe, daſs zwar ihre Bedeutung als
Büſsungen nach der kirchlichen Seite hin nicht verloren ging, ſie
aber von der weltlichen Obrigkeit auferlegt und in den Complex
der auf ein Verbrechen gehäuften Strafen gezogen wurden.
In den oben § 16 genannten Thädigungen zwiſchen dem Todſchläger und der Familie des Getödteten, die ein Surrogat der
Strafjuſtiz waren, kam ſehr gewöhnlich die Auflage religiöſer Lei-
ſtungen als Mittel der Sühne vor, einer Proceſſion im Buſsgewande
zum Grabe des Getödteten, Niederknieen am Grabe u. ſ. w. Ein
ewiges Licht für das Seelenheil des Getödteten war eine gewöhnliche Leiſtung, wie die Verpflichtung, eine Anzahl Meſſen leſen
zu laſſen oder gar eine ewige Meſſe zu ſtiften. [152]) In einer
berner Urkunde von 1385 heiſst es: »Johann Fügelli und ſeine
Erben geben alle Jahr ſieben Maas Oel zu dem bekannten ewigen
Licht in der Stadt Thun wegen dem von J. Fügelli an Jacob von

[149]) Schreiber, Urk. I. 83.
[150]) Strobel III. 497. Stöber, Alſatia 1851 S. 38. Freiburger Stadtrecht 1520 p. XVIII. 1. XCV. 2.
[151]) Pfaff, Eſslingen S. 72.
[152]) Geſchichtsforſcher X. 414 Anm. Rosmann, Breiſach S. 205.

Herofingen begangenen Todfchlag. Alle ihre Güter tragen dafür Währfchaft.« [153])

Bufsfahrten nach Rom, Einfiedeln u. f. w., »in Gottes Fährte fahren«, wie es das augsburger Stadtrecht S. 12 ausdrückt, waren fehr gewöhnlich. Um die Mitte des vierzehnten Jahrhunderts hatte Johannes von Rappoltftein den Abt eines Klofters in den Vogefen gefangen genommen und auf Hohrappoltftein geführt, wo der Geiftliche bald darauf ftarb. Der Vater des Rappoltfteiner begab fich zum Herzog Rudolf von Lothringen, in deffen Gebiete das Klofter lag, und fuchte den Fürften zu einem milden Verfahren gegen den Schuldigen zn bewegen. Der Herzog ernannte einen Schiedsrichter, nach deffen Ausfpruch Johannes von Rappoltftein vorerft einen Jahrestag für den verftorbenen Abt ftiften, dann eidlich verfprechen mufste, dafs er die Güter und Bewohner des Klofters, fo lange er lebe, nach Kräften fchützen und fördern wolle. Fèrner ward ihm vorgefchrieben, fich am Weihnachtstage bei dem Herzoge zu einer Proceffion einzufinden, der er in einfachem Ueberrocke, ohne Gürtel, mit blofsem Haupte, eine Kerze tragend, beizuwohnen habe. Nach diefem mufste der Ritter, ohne weiteres Verweilen, mit einem Querfack behangen und den Stab in der Hand, eine Reife bis àn das Meer machen, um fich nach England überfchiffen zu laffen. Dort hatte er fich als Wallfahrer zu dem Grabe des heiligen Thomas von Canterbury zu begeben und follte fo lange in England verweilen, bis ihn der Herzog von dort zurückberufen werde. [154])

Kirchenbufsen in verfchiedener Form kamen für verfchiedene Vergehen vor: Abbitte an der, Kanzel wegen Gottesläfterung, Abbitte und Fufsfall vor der verfammelten Gemeinde in der Kirche wegen Ehebruch und Hurerei u. dgl. [155])

---

[153]) Rubin, zur thuner Handfefte Art. 17.
[154]) Strobel II. 243. — Anshelm, berner Chronik II. 104. Arx, St. Gallen II. 614. Appenzell I. Rh. 46. Schauberg, Ztfchr. I. 387. Th. von Mohr, Codex dipl. ad hist. Raeticam I. No. 215. vgl. Grimm, R. A. 787.
[155]) Schauberg, Ztfchr. a. a. O. Davos S. 107. vgl. Prutz, deutfches Mufeum 1857 No. 25.

VI. Die lehnsrechtliche Formel im Strafen-
und Bufsenfyftem.

§ 52. Diefelbe Unbeftimmtheit der Rechtsfolge eines Verbrechens, welche den älteren Formeln »in ducis sit poteftate«,
»in manu regis, in misericordia regis« etc. [1]) anklebt, finden wir
auch in den überall wiederkehrenden Formeln: »sciat se gratiam
nostram amisisse«, »die Huld des Herrn verlieren«, »fo hat er
unfer Hulde nicht«, »der foll Huld erwerben an einem Vogt« u. dgl.
Mit der Huld des Herrn correfpondirt die Treue des Vafallen und
Dienftmannes; die Untreue fetzte aus der Huld des Herrn. Aber
nicht blofs der Treubruch im engern Sinne hatte diefe Folge,
fondern auch andere Verbrechen. [2]) In der Huld ging der Schutz
von Leib und Leben verloren, der Schuldige wurde dadurch aus
der Rechtsfphäre gefetzt, die ihm fein Lehnsverhältnifs gegeben
hatte, aber im Begriffe der Huld lag· die Befugnifs des Herrn zu
beftimmen, was der Schuldige ftatt der gänzlichen Entziehung des
Schutzes zu leiften habe durch Leiden oder Geben und wie er die
Huld wieder gewinnen könne. So trat aus dem Begriffe der Huld
in folchen Fällen die Strafe und die Gnade hervor.

Die Durchdringung des mittelalterlichen Rechtslebens vom
Lehnswefen macht es begreiflich, dafs wir jene Formeln nicht
blofs im Dienftmannenrecht finden, fondern auch angewendet auf
die Bürger der Städte und die Genoffen der Höfe, die unter geift-
licher oder weltlicher Herrfchaft ftanden. [3])

Die Beftimmungen des Stadtrechts von Colmar find fehr dienlich, um den Gegenftand genauer zu erfaffen und zunächft die

---

[1]) W i l d a S. 490 ff. B i e n e r 's Abhandlungen aus dem Gebiete der
Rechtsgefch. II. S. 30.

[2]) F ü r t h, Minifterialen S. 382 ff. W a c k e r n a g e l, zum basler Dienftmannenrecht S. 37. vgl. das englifche *Felony*.

[3]) Freiburg 1120 § 14. 17. 23. 25. 29. 31. 37., Stadtrodel § 37. 70. S c h r e i-
ber's Urk. I. S. 75. 77. 79. 125. 127. 542. II. 115. Bern 1218 § 39. Freiburg im Uechtland § 78 (»amorem domini et villae amittet«). Bremgarten § 9.
15. 22. 24. Diefsenhofen 1260 § 18, Stadtrecht § 78. Colmar § 11. 17. 19. 20.
26. 27. 29. Dattenried § 17. 19. 20. Breifach § 10 ff. Winterthur 1264 § 12.
1297 § 9. Surfee und Sempach f. S e g e f f e r II. 723. Augsburg 1276 S. 12.
13. 41. — G r i m m, Wsth. I. 34. 102. 150. 169. 174. 294. 308. 311. 333. 342. 313.

Frage zu beantworten, welche Handlungen den Verluft der Huld
des Herrn nach fich zogen.

Im Art. 27 ift es die Verfäumnifs einer der »Heerfahrt« ana-
logen Pflicht, welche den Verluft der Huld des Herrn zur Folge
haben follte; aber an andern Stellen ift das Handeln als Verbrechen überhaupt gekennzeichnet im Gegenfatz zum Frevel.
Art. 20 (11. 17): »Swer —‘ mit gewaffneter Hant den andern anloufet, ift das, daz er in (er)fleht, fo hat (er) unfer hulde niht.
Ift aber daz er in nit erfleht, fo hat er einen Frevel verfchuldet«,[4]) und im Art. 29 fteht »ein Unhulde beffern« zur Bezeichnung der Criminalftrafe des Meineidigen. So find auch in anderen
Stadtrechten die fchwereren Fälle, welche vor einen höheren
Richter gehören, über die zu richten die Herrfchaft fich felber
vorbehalten, mit einer folchen Formel bezeichnet. Freiburg 1120
§ 23: » Si quis civis concivem suum in civitate depilaverit .vel
percusserit — gratiam domini sui amisit. Cetera judicia sunt
causidici.«[5])

Wenn in den Hofrechten fchon in dem Falle, wo ein Hofmann
eine Ungenoffin heiratet, die Formel vom Verluft der Huld des
Herrn gebraucht wird,[6]) fo ift das zwar kein Verbrechen, aber
in dem hofrechtlichen Verhältniffe gehört es zu den fchwerften
Fällen[7]) wegen des Verluftes, der daraus für die Herrfchaft entfteht oder ihr droht, daher auch der Vogt die gröfste Eile anwen-
den foll, um ihn abzuwenden. Grimm, Wsth. I. 818: »Were
aber, dafs der Vogt vernemme, dafs ein gotzhusman und ein
g. wip ir ungenofsen wennen (nemmen?) woltend, hette er einen
fchuch angeleit, er fol nit beiten untz er den andern fchuch angelegt, er fol och es wenden als verre als er es mag.«[8]) Die
Schwere des Falles ift am deutlichften angegeben in einem engelberger Hofrodel, in welchem derfelbe placirt ift zwifchen Verrath

---

- [4]) Dattenried 20.
- [5]) S c h r e i b e r, Urk. I. 77. 542. Winterthur 1264 § 12. G a u p p, über
deutfche Städtegründung S. 184.
- [6]) G r i m m, Wsth. I. 34. 102. 169. 294. 308.
- [7]) oben § 33.
- [8]) G r i m m, Wsth. I. 102. R e y f c h e r, Stat. S. 38. Eine folche Befchreibung der Eilfertigkeit findet fich auch fonft f. G r i m m, Wsth. I. 376. 391. 659.
675. 701.

am Herrn und Erfchlagen eines Gotteshausweibes und die Straffolge für alle drei Fälle angegeben wird mit der Formel: »des
lib und guot ift dem gotzhus vervallen.« Diefe bekannte Formel
entfpricht der in Rede ftehenden vom Verluft der Huld des Herrn,
fo dafs fie mit einander variiren; aber noch genauer ift das Gewicht der lehnsrechtlichen Formel angegeben in einer Urkunde
von St. Gallen[9]): »Quicunque utriusque sexus extra suum con-
sortium matrimonium contraxerit, vel alias a monasterio nostro
fugitivi quovis modo erunt, ab illis omnia feoda et bona mona-
sterii ad nos immediate devolvuntur et Abbas potest et debet
ipsos absque cujuscunque contradictione punire in corpore, rebus
et bonis ipsorum secundum suam gratiam.« In deutfcher Form
findet fich dasfelbe in der Offnung von Quarten.[10])

Das in manchen der genannten Stellen und fonft angefügte
»nach Gnaden«, fo wie das abwechfelnd mit »der hat die Huld
des Herrn verloren« gebrauchte »der foll die Huld gewinnen«
oder »erwerben« zeigt,, dafs es dem Herrn zuftand und geziemte,
ftatt des äufserften Rechts Gnade eintreten zu laffen. Es beftimmten auch mehrere Rechte,[11]) wie der Schuldige die Huld des Herrn
wieder gewinnen könne und fetzten der Willkühr desfelben Schranken. Das colmarer Recht fpricht fich darüber fehr vollftändig fo
aus: Wer die Huld des Herrn durch eine Miffethat verloren hat,
der foll 3 Tage und 6 Wochen[12]) an Leib und Gut Friede haben,
in und aufser der Stadt, und kann mit allem feinem Gute fchaffen
was fein Wille ift, ohne mit feinem Haufe und feinem Gute, das
im Banne von Colmar liegt. Gewinnt er aber in diefer Frift die
Huld des Herrn nicht wieder, fo foll man ihn zwingen zur Befferung mit dem Haufe und dem Gute, das in diefem Banne ift
(als in das lehnsrechtliche Verhältnifs hineinreichend). Wollte
ihm aber der Richter des Herrn zu ftrenge fein, fo mag er Haus
und Gut ledigen und löfen mit 10 Pfund Basler und gewinnt dadurch die Huld wieder. Ist der Richter während der Frift, da

---

[9]) Arx, St. Gallen II. 166. Bluntfchli I. 193.
[10]) Grimm, Wsth. I. 187.
[11]) Freiburg 1120 § 31. Bern 1218 § 39. Colmar § 26. Breifach § 10.
Grimm, Wsth. I. 342.
[12]) Freiburg 1120 hat »sex septimanas«; im fempacher Stadtrecht ift daraus
geworden: Jahr und Tag und 6 Wochen f. Seffeffer I. 768.

jener mit ihm wollte übereinkommen, nicht im Lande, fo foll der Richter jenem andere 3 Tage und 6 Wochen geben, um die Huld zu erwerben. Gewinnet er die Huld,' fo kann er in der Stadt bleiben oder ausfahren, was er will, mit Leib und mit Gut. Im Dingrodel von Zarten ift noch für den Fall, wo der Schuldige die Huld in der Frift nicht wieder gewonnen habe, beigefügt, dafs der Vogt ihn geleiten foll mitten auf den Rhein und foll ihm keinen Schaden thun weder an Leib noch an Gut, und foll auch feinen Kindern noch feinem Weibe kein Leid thun darnach; wenn er aber fpäter den Mann ergreifet, dann foll er thun nach feinen Gnaden.

Die Löfung durch 10 Pfund des colmarer Stadtrechts finden wir auch in der Offnung von Neukilch;[13]) in dem Weisthum des badifchen Weitnau[14]). ift das Befthaupt zur Wiedererlangung der Huld ꝟorgefchrieben.

Die beiden Formeln vom Verlieren und Wiedererwerben der Huld wurden allmählig als blofse Formeln gebraucht, bei denen man fogleich an die Zahlung einer Summe von 10 Pfund u. dgl. dachte, und fo konnte diefe Summe und die Wette und Bufse in der Vorftellung leicht zufammenfallen.[15])

Die wichtige Unterfcheidung der ehrlichen und unehrlichen Sachen machte fich auch hier geltend. Die in den zähringer Stadtrechten fpeziell genannten Handlungen find meiftens Gewaltthätigkeiten; am deutlichften unterfcheidet aber das berührte fempacher Stadtrecht in einem aus dem Herrfchaftsverhältniffe des Haufes Oefterreich hergeleiteten Artikel: »Verlüret ein burger unfer der von Lutzern Huld, er hat frift Jar und tag und 6 Wuchen umb unfer huld wider zu werben. Erwirbt er die von uns nit, er mag frilich mit lib und gut varen, war er wil, finen gelten unfchedlich. Es were dann daz er unfer huld verloren hett von verrate oder unerlicher fachen willen, oder er fuft unnütz were, fo wöllen wir daz es an uns als der oberkeit ftande, waz wir mit im handlen oder wie lang wir in da laffen wöllen.«[16])

[13]) Grimm, Wsth. I. 294.
[14]) Grimm, Wsth. I. 811.
[15]) Schreiber, Urk. I. 542. Grimm, Wsth. I. 294. Breifach § 10.
[16]) f. auch Winterthur ꝟ1264 § 12.

Im basler Dienſtmannenrecht § 12 ſind auch die »redelichen
Sachen« betont, aber dieſe bedeuten ohne Zweifel nur »Sachen
die der Rede werth ſind«,[17]) wie W a c k e r n a g e l angemerkt hat.

VII. Das Aſylrecht.

§ 53. In der Entwicklungsgeſchichte des mittelalterlichen Strafrechts iſt das Aſylrecht ein bedeutender Factor; es hat die öffentliche Strafrechtspflege gefördert und gehemmt. Indem die Freiſtätten gegen Rache und Gewaltthätigkeit Schutz verliehen, konnte
dadurch der Weg gebahnt werden zur rechtlichen Behandlung des
entſtandenen Streites, aber ſie haben auch manchen Verbrecher
der ſtrafenden Gerechtigkeit entzogen.

Die erſte Stelle unter den Freiſtätten, an denen miſſethätige,
bedrängte und von ihren Feinden verfolgte Leute, Unfreie vor dem
nachfolgenden Herrn Schutz und Rettung ſuchten, nehmen die Kirchen und Klöſter ein, mit ihrem Begriff. Dieſer Begriff, »Bifang«
oder Bezirk wird verſchieden bezeichnet. In der Offnung von Embrach heiſst es: »die kilch, der kilchhof und die huſfre daruf, als
wyt die mur darumb gat und begrifft« und im Dingrodel von
Zarten im Breisgau: »Wer ouch, das dehein man des Vogtes un-
gnade verſchuldet hette mit unzüchten, flühe der ze ſant Marien
in den ettern (d. i. Umzäunung), ſo ſoll ime der Vogt nüt nach-
folgen weder ze roſſe noch zu fuſſe denne untz an die ettern.«[1])

Sich anreihend an die Kirchen und Klöſter kommen auch
andere fromme Stiftungen in Betracht, wie Spitäler, z. B. ein
Spital in Straſsburg nach einer Urkunde von 1288, in welcher auf

---

[17]) Augsburg 1276 S. 50. 75. Memmingen S. 278. G r i m m, Wsth. I. 274. 359.
[1]) G r i m m, Wsth. I. 113. 339. In der canoniſchen Sprache iſt dieſer Bezirk
bezeichnet als s a l v i t a s, s a l v a t o r i u m, s a l v a t i o und nach Schritten, passus
ecclesiastici, angegeben, 40 für gröſsere Kirchen, 30 für kleinere und Capellen
ſ. D o m i n i c i diss. de treuga et pace in: S t r u v i i biblioth. libror. rar. I. p. 44 sq.
R i c h t e r ' s Kirchenrecht § 212.

altes Herkommen verwiefen ift. [2]) Die Rechte diefer Stiftung wurden auch auf das Spital in Colmar übertragen. [3])

Ueber den engern Begriff der Gotteshäufer hinaus erftreckte fich deren Freiheitsfpende, infofern an fehr vielen Stellen zu ihnen gehörige Höfe als Freihöfe aufgeführt werden. Das Wefen eines Freihofs befteht zwar nicht allein in diefer Freiheit, aber diefe gehört zu feinem Wefen und ift oft in den Urkunden an die Spitze geftellt. Das Klofter von St. Stephan in Strafsburg hatte einen freien Dinghof im Dorfe Boffisheim im Unterelfafs und in dem betreffenden Weisthum [4]) ift zu Anfang als Recht des Klofters genannt »dafs da kein gebot noch kein gericht drin gat, und was ieman miffetete und drin keme, der foll drinne fride han und foll ime auch nieman nachvolgend fin in dem hof mit gerichte noch ohne gerichte und wer das breche — der beffert dem Klofter von St. Stephan lib und gut.« In Bafel waren die Häufer der Domherrn gefreit. [5])

Von den unter weltlicher Herrfchaft befindlichen Freihöfen, für welche eine folche Freiheit erwähnt wird, [6]) mögen manche urfprünglich zu einem Gotteshaufe gehört haben. Das Dorf Matzendorf im Buchsgau, welches in frühefter Zeit ein Dinghof des St. Urfenmünfters in Solothurn gewefen war, hatte elf grofse Lehenhöfe, die nur freien Leuten verliehen wurden. Diefe Höfe hatten ein Freiftattrecht und gewährten den dahin Geflohenen eben die Sicherheit, als wenn fie in die Stadt Solothurn fich geflüchtet haben würden. Die Entftehung diefer Stadt lehnt fich an jenes Gotteshaus, das Chorherrenftift des H. Urfus an. Als Freiftätten im Buchsgau werden auch die Friedhäge oder Weidegrenzen von Olten genannt. [7])

In der bifchöflichen Stadt Augsburg war aufser den Kirchen und Klöftern die Münze eine Freiftatt, deren Beziehung zu der Kirche darin hervortritt, dafs es in dem Stadtrecht von 1276 S. 12

---

[2]) Schöpflin, Als. dipl. II. S. 40.
[3]) Strobel II. 123.
[4]) Grimm, Wsth. I. 679. f. auch I. 317. 323. 339. 673. 684. 703. 726. Reyscher, Stat. S. 19. Pfaff, Efslingen S. 73.
[5]) Bafel Rechtsq. I. S. 59. Bafel im XIV. Jahrh. S. 6.
[6]) Grimm, Wsth. I. 323. 335. 359.
[7]) Arx, Buchsgau S. 104. 131.

heifst: »Bräche daz iemen daruber, der hat den Bifchof haim ge-
fuchet, reht als in finer Kamer.« [8])

Auch der Fifchmarkt in Freiburg im Breisgau wird gelegentlich eine Freiftätte genannt, [9]) und bisweilen find fpezielle kleinere
Plätze als Afyle aufgeführt, wie eine Grube bei dem Frohnhofe
des Klofters Rheinau, ja fogar einzelne Freibänke in Wirths-
häufern. [10])

Wenn wir an diefen Catalog noch anreihen, dass die Bürger-
häufer in Augsburg und in Lichtenfteig, die ganze Stadt Strafsburg und Solothurn die Eigenfchaft von Freiheiten hatten, wie
die Fefte und Stadt Afperg in Würtemberg, [11]) fo haben wir eine
grofse Menge verfchiedener Locale vor uns, die im Mittelalter ein
Afyl boten, allein die Tragweite des Schutzes war durchaus nicht
bei allen die gleiche. Aber immer ift es ein Schutz gegen Gewalt, der verliehen werden follte.

§ 54. Die lex Alam. Hloth. 3 ff., nachgebildet im Schwfp. 277 W.
329 L., beftimmt über die kirchlichen Freiftätten. Wenn jemand,
heifst es, einen Flüchtigen, freien Menfchen oder Sclaven, verfolgt
und diefer in die Thüren der Kirche fich flüchtet, fo hat niemand
das Recht, ihn mit Gewalt aus der Kirche zu reifsen, noch ihn
innerhalb der Thüren der Kirche zu tödten. Wegen des Sclaven
ift fodann genau angegeben, wie der Priefter der Kirche als Ver-
mittler zwifchen Herrn und Sclaven auftreten foll, und zwar ruht
diefer Paffus der lex auf Concilienbefchlüffen und führt auch auf
das Recht der römifchen Kaiferzeit zurück. Weiter lefen wir:
Wenn aber ein freier Menfch einen Freien innerhalb der Thüren
der Kirche getödtet hat, fo foll er erkennen, dafs er gegen Gott
gefrevelt und die Kirche Gottes befleckt hat; er foll die Befleckung
der Kirche mit 60 solidi beffern, dem Fiscus das Fredum zahlen
und den Verwandten des Getödteten das gefetzliche Wergeld.

Wir können aus dem gefammten Quellenmaterial der früheren
und fpäteren Zeit entnehmen, dafs der Hauptfall, in welchem die
Kirche Schutz geben follte und deshalb von dem Fliehenden be-

---

[8]) f. fchon Augsburg 1156. III. § 6.

[9]) Grimm, Wsth. I. 359.

[10]) Grimm, Wsth. I. 288. Gefchichtsfreund XII. 151.

[11]) Strafsburg § 2. Augsburg 1276 S. 28. Wegelin, Toggenburg I. 184.
Arx, Buchsgau S. 104. Reyfcher, Stat. S. 104. 106.

treten wurde, der Fall des Todfchlägers war, dem die Bluträcher
auf den Ferfen waren. Um denen zu entgehen, die das Recht und
die Pflicht hatten, den Getödteten zu rächen, ftand ihm die immer
geöffnete Pforte der Kirche offen, und wenn er auch nur den Ring
der Kirchenthür erfafst hat, war er fchon des Kirchenfchutzes
theilhaftig nach dem Schwabenfpiegel.

In dem alamannifchen Volksrechte wie im Schwfp. ift es der
heilige Frieden der Kirche, der den Flüchtigen vor Gewalt und
Verletzung fchützte; aber das im Mittelalter ausgebildete Afylrecht in feiner vollen Bedeutung ruht nicht allein auf dem höheren
Frieden der Kirche, fondern auf diefem und der Immunität d. h.
der Befreiung von der Gewalt der öffentlichen Richter (»ab omni
introitu judicis publici«). Daraus ergab fich manche Collifion und
Streitigkeit der Kirche und der Gerichte, und es wurde nothwendig, das kirchliche Afylrecht als Rechtsinftitut zu begrenzen
und zu regeln. Daraus erklärt fich auch, warum, während alle
Kirchen den höheren Frieden hatten, in den Berichten über Fälle,
in denen das Afylrecht beanfprucht wurde, beftimmte Kirchen und
Klöfter oft genannt werden, z. B. das Klofter St. Ulrich in Augsburg, der Teutfchenhof in Mühlhaufen, das Gotteshaus Einfiedeln,
das Klofter Allerheiligen in Schaffhaufen.

Die natürlichfte Begrenzung der Zeitdauer des fraglichen Kirchenfchutzes ging daraus hervor, dafs der in die Kirche oder
das Klofter Geflohene fich aus eignen Mitteln ernähren mufste.
Das Waldftattbuch von Einfiedeln fagt: »fie follen innerhalb der
Mauern des Gotteshaufes frei fein und als lang fie fich darin
ernähren mögen, bleiben,« und ähnlich fprechen andere Stellen. [12])
Oft mufste alfo der Flüchtige bald vom Hunger aus feinem Schutz-
orte wieder herausgetrieben werden. Einen folchen Fall vom
Jahr 1508 erzählt Gaffarus.

Sehr gewöhnlich ift auch eine Zeitdauer des Schutzes numerifch
beftimmt, und da finden wir namentlich 6 Wochen 3 Tage als
Grenze, [13]) eine überhaupt im Rechtsgebiete oft vorkommende
Frift. Für das Klofter St. Ulrich fetzt das Stadtrecht von Augs-

---

[12]) Kothing, Rechtsq. S. 177. Grimm, Wsth. I. 652. Reyfcher,
Stat. S. 20.

[13]) Grimm, Wsth. I. 317. 652.

burg 1276 S. 28 nur 3 Tage; [14]) dagegen dauerte die Freiheit in Afperg ein ganzes Jahr, und wenn der Flüchtige dann über die Markfteine der Stadt hinausgegangen war, konnte er zurückkehren, und war nochmals ein Jahr in der Stadt und Mark ficher vor feinen Feinden. [15]) Hier find die Feinde genannt, während jene Frift von 6 Wochen und 3 Tagen, wie wir noch genauer fehen werden, Beziehung zu den Gerichten hat.

War eine folche Frift abgelaufen, fo mufste der Flüchtige zwar die Freiftatt verlaffen, aber die Sitte gewährte ihm noch eine Gunft, durch die es ihm vielleicht möglich wurde, unter das fchützende Dach des eignen Haufes oder fonftwohin in Sicherheit zu kommen: er erhielt ficheres Geleit für eine Strecke des Weges, den er wandeln wollte. Die Offnung eines zum Gotteshaus St. Blafien gehörigen Hofes fagt darüber: »und foll ein Probft ihn beleiten von dem Hof ein halb Mil Weges.« [16]) Wenn in Lichtenfteig die 6 Wochen und 3 Tage vorüber waren, fo ging der Flüchtige auf die Ringmauer der Stadt, und fo weit er von da mit feiner linken Hand einen Hammer warf, fo weit follten ihn die Bürger der Stadt »ficher vor mennigklichen beleiten«. [17]) Eine folche Zuthat zur zeitbegrenzten Freiung hatte einen fehr reellen Werth. Die Verfolger, waren es die rachedurftigen Feinde oder Diener der Obrigkeit, welche an der Schwelle der Freiftatt inne halten mufsten mit der Verfolgung, pflegten den Ort zu bewachen und zu befetzen, um fogleich zur Hand zu fein, wenn der Verfolgte denfelben verlaffen wollte oder mufste; [18]) es follte aber der, welcher den Schutz der Freiftatt genoffen hatte, nicht fogleich im Angeficht derfelben getödtet oder bewältigt werden können; die Freiftatt öffnete ihm noch den Weg der Rettung, und felbft auf dem Wege gab ihm das alte Recht, welches dem

---

[14]) f. auch G r i m m, Wsth. I. 324, R. A. 56. Chronik von Schafthaufen a. 1550. vgl. J ä g e r's Ulm S. 120.

[15]) R e y f c h e r, Stat. S. 104.

[16]) G r i m m, Wsth. I. 317.

[17]) T f c h u d i, Chron. I. 607 a. W e g e l i n, Toggenburg I. 184. Ueber den Hammer- und Sichelwurf f. G r i m m, Wsth. I. 29. 206. 218. S c h a u b e r g, Ztfchr. I. 186. G r i m m, R. A. 55.

[18]) Bafel Rechtsq. I. 213. G a f f a r u s a. 1501 p. 1728. a. 1509 p. 1748. P e t r i, Mühlhaufen S. 306. Chronik von H a l l e r und M ü s l i n S. 166.

natürlichen Mitgefühl bei Andrer Noth nicht entgegentreten wollte, eine Hülfe. In fchönfter Weife ift ein folches Zugeftändnifs befchrieben in einem Weisthum aus dem Oberelfafs [19]): »Item 'wäre auch, dafs ein mann einen liblos thäte oder eine andre miffethat hätte gethan, und käme er an den Rin und rüfte: wardmann, fahr überhin! fo foll er ihn überhin führen, und käme ihm jemand nachlaufen oder jagen und ouch rüfte: führ über! fo foll er den erften über führen, ift das er vom lande gefchalten hat, und folle denne den andern reichen. Wäre aber, dafs der nachkummende kumpt, ob er von lande fchaltet, fo foll er den erften vor in das fchiff fetzen und den nachkummenden hinten in das fchiff, und foll er im mittel zwüfchen inen ftan und fin, und wenn er zum lande kumpt, fo foll er den erften zu dem erften uslan, und den hintern darnach, und darumb thut er keinen frevel.« Eine ganz ähnliche Beftimmung gibt das Hofrecht von Wangen § 21, [20]) und in Nuolen in der March knüpft fich an das f. g. Freihaus die Sage, dafs es in alter Zeit eine Freiftätte gewefen fei, und dafs, wenn von dort Verfolger einem Flüchtigen auf dem See nachfahren wollten, fie ihren Kahn erft drei Mal im Kreife hätten umdrehen müffen. [21])

Eine fehr wichtige Begrenzung des Afylrechts an fich lag in der Unterfcheidung der Sachen, welche die Verfolgung veranlafst hatten. Zwar ift an manchen Stellen kein Unterfchied gemacht und felbft ausdrücklich gefagt, dafs es auf die Sache nicht ankomme, aber eben fo häufig und wohl häufiger wird auf die Sonderung entfchiedenes Gewicht gelegt. Ich will mit den Ausfprüchen der letzteren Art beginnen und fpäter den Widerfpruch zu erklären fuchen.

Wir finden Stellen, an denen nur allgemein angedeutet ift, dafs ein Unterfchied der Sachen beftehe, wie in der Offnung von Rheinau: »ussgenommen die Uebeltäter fo all Fryheit ussfchliefsen.« [22]) Als folche Uebelthäter werden vor Allen genannt die Mörder, im Gegenfatz zu den Todfchlägern, welche an der Spitze

[19]) Grimm, Wsth. I. 656.
[20]) Kothing, Rechtsq. S. 365.
[21]) Meyer v. Knonau, Schwyz S. 291.
[22]) Schauberg, Ztfchr. I. 162. f. auch Bafel Rechtsq. I. No. 53 a. E.

derer ftehen, die der Freiheit theilhaftig waren. [23]) Ferner werden
ausgenommen die Kirchendiebe. [24]) Offnung von Embrach: »es
were dann ein kezer, morder, kilchenbrüchel oder einer, fo von
gemeinen rechten kein Fryheit haben foll.« [25]) Die in den letzteren
Worten enthaltene Formel können wir fpezialifiren, wenn wir aus
den Berichten über wirkliche Fälle entnehmen, dafs Diebe, Räuber,
Fälfcher, Meineidige und ähnliche gemeine Verbrecher keinen
Schutz in den Freiheiten vor der weltlichen Obrigkeit fanden, [26])
und wir gelangen hiemit zu dem Prinzip der Unterfcheidung der
Sachen, welche der Freiung theilhaftig und nicht theilhaftig
waren: es ruht in dem Unterfchiede der ehrlichen und unehrlichen Sachen, der fich im Mittelalter weithin geltend machte. [27])

Dafs der Aechter an keiner Freiftatt Schutz finden follte, geht
aus dem Begriffe der Acht hervor, und zeigt auch der regelmäfsig
in den Verrufungsformeln wiederkehrende Satz, dafs der Betreffende aus dem Frieden in den Unfrieden gefetzt wird. Die Anwendung davon auf unfer Thema fpricht das augsburger Stadtrecht S. 65 aus [28]). Wie die Acht, verhinderte auch der kirchliche Bann den Genufs der Freiheit. [29])

In einem berner Falle vom Jahr 1570 kam es auch zur Sprache,
ob ein Nachrichter wegen der Anrüchigkeit, die fein Gefchäft mit
fich brachte, in eine Freiheit zugelaffen werden dürfe, allein der
ganze Fall ift eine Singularität, aus dem fich keine Regel entnehmen läfst. [30])

Zu den genannten Begrenzungen des Afylrechts kommt noch
hinzu, dafs einer, der in die Freiheit aufgenommen war, die Wohlthat durch fein Uebelverhalten in derfelben verwirken konnte. [31])

[23]) Grimm, Wsth. I. 652. Reyfcher, Stat. S. 358. — Schöpflin, Als.
dipl. II. 40. Reyfcher, Stat. S. 107. Segeffer II. 604. Anm. 3.
  [24]) Schwfp. 149. 205 W.
  [25]) Grimm, Wsth. I. 113. vgl. Bamb. 207.
  [26]) Gaffarus p. 1606. 1633. 1728. 1895. Reyfcher, Stat. S. 555.
Haggenmüller, Kempten I. 349. Rickenmann, Rapperswil S. 242.
  [27]) f. meinen »Beitrag zur Strafrechtsgefchichte der deutfchen Schweiz«
(Gratulationsfchrift zu Mittermaier's Jubiläum 1859) § 4.
  [28]) vgl. Bamb. 241.
  [29]) Klofterordnung von Blaubeuren 1558 bei Reyfcher, Stat. S. 358.
  [30]) Chronik von Haller und Müslin S. 146.
  [31]) Waldftattbuch von Einfiedeln § 61.

§ 55. Die Freiſtatt gewährte S c h u t z g e g e n G ew a l t, nicht
blofs gegen unrechtmäfsige, fondern auch gegen die fonft gerecht-
fertigte. Das Verbot der Gewalt ift in dem Freibriefe des Gotteshaufes Adelberg zuerft einfach ausgedrückt, dafs niemand gewaltig
Hand an die Perfon legen foll; dann fpezieller, dafs fie von
niemandem bekümmert, beleidigt, befchwert, noch aus dem Bereich des Gotteshaufes genommen werden foll, [32]) und ähnlich
detailliren viele andere Stellen. [33])

. Nehmen wir zuerft die von nacheilenden Privatperfonen und
Feinden drohende Gewalt. Der Flüchtige konnte ihr Schuldner
fein oder fie in verfchiedener Weife gefchädigt haben; am meiften
tritt aber der Fall hervor, dafs jene rachedrohend den Todfchläger oder Verwunder eines ihrer Familienglieder verfolgten.
War ein folcher glücklich über die Schwelle der Freiftatt gekommen, fo konnte er aufathmen und war zeitweilig vor Gewalt und
Rache gefchützt, aber er mufste erwägen, dafs der ihm gefchenkte
Schutz begrenzt fei und an die Zukunft denken. Vielleicht konnte
er von der Freiftatt aus durch weitere Flucht fich den Feinden
entziehen; dann mufste er freilich erwarten, dafs fie die Acht
über ihn erwirken würden. Vielleicht war aber das Handeln,
welches fie ihm zu Feinden gemacht hatte, ein folches, das er
vor Gericht zu verantworten fich getraute, z. B. wenn er in Nothwehr gewefen war; dann erbot er fich zu Recht zu ftehen, und
konnte ein ficheres Geleit zum Gericht erlangen. In Mühlhaufen
hatte zu Anfang des fechszehnten Jahrhunderts ein Baumeifter
einen andern erfchlagen, floh in den Teutfchenhof und von da
auf den Auguftiner-Kirchhof. Es wurde ihm ein Malefizgericht
gefetzt und er vor der Freiheit gerufen; mit Beiftand feiner Zunft-
brüder [34]) trat er vor Gericht, verantwortete fich, bezog fich auf
Kundfchaft, diefe wurde verhört und der Angeklagte wegen ab-
gedrungener Nothwehr der Klage des verwirkten Lebens ledig
gefprochen. [35])

Wenn ein Todfchläger zu einer Freiftatt geflohen war, fo
erwartete man, dafs er bemüht fein werde, fich vor Gericht wegen

[32]) Rey f cher, Stat. S. 19. 20.
[33]) G rim m, Wsth. I. 113. 288. 324. 335. 339. 652. 682. Bafel Rechtsq. I. S. 213.
[34]) vgl. Wilda S .187.
[35]) P e t r i, Mühlhaufen S. 225.

feiner That zu entfchuldigen, und damit fteht die genannte Zeit-grenze des Schutzes in directer Verbindung. Die 6 Wochen und 3 Tage find dreimalige Wiederholung der 14 tägigen Frift mit drei Zugaben, alfo fteckt dahinter die Annahme der drei Ladun-gen. [36]) Liefs er diefe Frift ungenützt verftreichen, fo trat der Achtprocefs ein, und ein Aechter follte nirgends Frieden haben. Bei diefer deutlichen Befchaffenheit diefer Frift ift es denn auch natürlich, dafs die Freiftatt eben fo lange Schutz gewährte gegen Gewalt der weltlichen Obrigkeit [37]) als gegen die Privat-gewalt. Jene hatte in dem Gebiete des Gotteshaufes keine Ge-richtsbarkeit, aber wenn der Flüchtige fich ihr nicht freiwillig ftellte, wurde fie competent in dem ftrengen Achtverfahren nach Ablauf der Frift.

§ 56. Die Rechtsfolge für den Verfolger, der die Freiheit nicht achtete, ift verfchieden ausgedrückt; die verfchiedenen Aus-drücke kommen aber darin überein, dafs er für den Bruch eines höheren Friedens fchwer büfsen follte. Bald ift die lehnsrechtliche Formel gebraucht, dafs er die Huld des Herrn verliere oder fie gewinnen folle, [38]) bald ift gefagt, dafs er Leib und Gut zu beffern habe, [39]) was in einem Weisthum aus dem Oberelfafs genauer fo angegeben ift: »der were dem probft, was guets er hette und dem vogt den lib vervallen, und mochtend domit tun oder fchaffen nach irem willen.« [40]) Dann ift auch nicht felten eine hohe Geldbufse gefetzt, z. B. 100 Mark löthigen Goldes in dem Freiheitsbriefe für Adelberg. [41]) Dafs nach mehreren diefer Stellen ein Theil der hohen Bufse in des Kaifers oder Königs Kammer fliefsen foll, hängt damit zufammen, dafs eine folche Freiheit zwar auf dem höheren Frieden der Kirchen und Klöfter ruhte, diefer Frieden aber durch die Immunität und die darin liegende Abwehr der welt-lichen Gewalt feine Garantie nach Aufsen erhielt, und die einmal verliehene Immunität wurde, nach allgemeiner Sitte hinfichtlich der Privilegien, durch kaiferliche und königliche Beftätigung

---

[36]) Grimm, R. A. 222., Wsth. I. 622. 832.
[37]) Grimm, Wsth. I. 339. 679.
[38]) Augsburg S. 12. Grimm, Wsth. I. 359. vgl. oben § 52.
[39]) Grimm, Wsth. I. 317. 336. 679. 823.
[40]) Grimm, Wsth. I. 652.
[41]) Reyfcher, Stat. S. 21. — Grimm, Wsth. I. 673: 682. 703.

erneuert. [42]) Das Klofter Allerheiligen in Schaffhausen erhielt
folche Beftätigung von K. Heinrich IV. im Jahr 1111, von K. Conrad im Jahr 1145, es heifst aber bei diefer Gelegenheit, das
Klofter habe die Freiheit fchon 100 Jahr und 3 Tage befeffen. [43])
Doch ift wohl noch mehr Gewicht darauf zu legen, dafs der Kaifer
oder König oberfter Schirmherr des Friedens war und namentlich
Bedrängten und Schutzbedürftigen Frieden und Schutz verleihen
follte, [44]) daher lefen wir auch hinfichtlich eines Falles der genannten Art in einem Weisthum aus dem Unterelfafs: » und hat
des kunings freiheit gebrochen «. [45]) Die kirchliche und weltliche
Rechtsfolge eines folchen Freiheitsbruchs find in anderer Weife
neben einander geftellt in einem elfafser Weisthum, wo es heifst:
» der ift in des Babftes bann und in des kaifers acht «. [46])

§ 57. Der grofse Kampf der Kirche und der weltlichen Macht,
der im Bilde des ftürmifchen Mittelalters in fo verfchiedenen Geftalten uns vor Augen tritt, erhielt auch durch die überall geöff-
neten kirchlichen Freiftätten ftets neue Nahrung. Wenn man
erwägt, wie lange es dauerte, bis die Rechtsidee in einem wirklichen Landfrieden, dem unzählige papierne Landfrieden vorangegangen waren, einen Boden fand, auf dem fie fo weit wirkfam
werden konnte, dafs ein geordnetes Gerichtswefen fich Bahn brach,
fo kann man ermeffen, dafs die weltliche Obrigkeit fich überall
unangenehm gehemmt fah, wenn das Thor einer Freiftätte ihr
einen Feind der öffentlichen Ordnung entzog. Die Idee des Afylrechts war fchön und es hatte fich oft als ein Segen bewährt in
den Zeiten der Gewaltthätigkeiten gegenüber der Rache und der
Willkühr der Familien und der Einzelnen, aber wenn die Verwirklichung der Idee das Maafs verlor, wurde fie zu einem Unheil.
Energifches Fefthalten an ihren Rechten ift immer Eigenfchaft der
Kirche gewefen, und fie hat es fo gut als alle Juriften der Vergangenheit und Gegenwart verftanden, das formelle Recht aus-
zunutzen. Diefes wufste fie auch immer nachzuweifen, wenn ein
Conflict mit der weltlichen Obrigkeit wegen des Afylrechts ent-

[42]) Reyfcher, Stat. S. 19.
[43]) Rügger's Chronik von Schaffhaufen (M. S.).
[44]) Wilda S. 257.
[45]) Grimm, Wsth. I. 703.
[46]) Grimm, Wsth. I. 675.

128

ftanden war. Der Satz, auf dem das kirchliche Afylrecht zwar nicht
allein ruhte, auf den es aber zurückführte, war ja fo einfach und
fo allgemein, nemlich, dafs die Kirche Frieden gab gegen Gewalt.
Diefer einfache Satz mit dem eben fo einfachen Zufatze »was auch
der Flüchtige gethan haben möchte« [47) fand unbedenklich Eingang
in manche Rechtsurkunden, aber in vorkommenden Fällen erhob
die weltliche Macht dagegen Einfpruch, indem fie die Unterfcheidung der ehrlichen und unehrlichen Sachen geltend machte und
wohl dem Todfchläger und den wegen Geldfchulden Flüchtigen,
nicht aber dem Mörder und Diebe die Wohlthat des Afyls zuge-
ftehen wollte. Die Kirche beftritt in folchen Fällen nicht die
Richtigkeit der auf fittlicher Grundlage ruhenden Unterfcheidung
der Sachen, die dem canonifchen Rechte nicht unbekannt war, [48)
fie nahm es aber für fich in Anfpruch, davon den richtigen Gebrauch zu machen; fie durfte hervorheben, es liege ja nicht immer
fogleich klar vor, ob einer Todfchläger oder Mörder fei, und überhaupt dürfe in der Kirche von keiner weltlichen Obrigkeit Gewalt
ausgeüßt werden. So hatte die Kirche das formelle Recht auf ihrer
Seite, aber auf diefe Weife wurde mancher Verbrecher dem Arm
der Gerechtigkeit entzogen; fchon das Temporifiren war für ihn ein
Vortheil; er konnte weitere Sicherungsmaafsregeln treffen, erhielt
auch wohl noch ein·ficheres Geleit von der Kirche, und bei der
Kleinheit und Zufammenhangslofigkeit der Gerichtsfprengel im
Mittelalter war es ihm oft leicht, aus dem für ihn gefährlichen
Gebiete heraus zu kommen. Das bewog denn nicht felten die
Obrigkeiten, zumal in den Städten, die ohnehin mit den Kirchen-
fürften fo oft und fo lange im Kampfe lagen und in diefen die
Verbündeten der Erzfeinde der Städte, der Dynaften und Raub-
ritter ringsumher, fahen, zu Uebergriffen in die Freiheit und den
Frieden der Kirche, und obgleich diefe neben dem formellen
Recht auch den Bannftrahl hatte, liefsen fich die Städte dadurch
nicht beirren.
Diefer Kampf der Kirche und der weltlichen Obrigkeiten läfst

[47) Waldftattbuch von Einfiedeln S. 177. f. auch Augsburg S. 12. 28. Grimm,
Wsth. T. 679. 684. 703.
[48) Dann in der Ztfchr. für deutfches Recht III. 345. Richter's Kirchenrecht § 212,

fich durch einige deutlich redende Beifpiele aus verfchiedenen Zeiten des Mittelalters veranfchaulichen.

Nachdem lange Kämpfe zwifchen der Stadt Kempten und dem fürftlichen Abte dafelbft vorangegangen waren, geftattete einft, im Jahre 1470, der Abt einem Feinde der Stadt und Räuber den Aufenthalt im Klofter. Als der Proteft der Bürger nichts nützte, holten fie eines Tages den fchädlichen Mann von der Seite des Abts aus deffen Trinkgarten weg und liefsen ihn als einen Räuber hinrichten. Der Abt klagte über Verletzung der Freiung; die Bürger erwiederten, die Freiung erftrecke fich nur auf das Klofter, wo Abt und Convent ihre Wohnung hätten. Die Sache kam an den Kaifer, aus deffen Entfcheidung man fieht, dafs er es weder mit der Stadt noch mit dem Abte verderben wollte. Formell war der Abt im Rechte, infofern der Trinkgarten doch zum Begriff der Abtei gehörte, wenn auch der Grund in feiner Befchwerde, dafs durch dergleichen Uebergriffe der Bürger Abt und Convent in ihrer Andacht geftört würden, fich hier etwas fonderbar ausnahm und der Anfang des Unrechts felbft nach canonifchem Recht von ihm gemacht war. Einige Jahre früher waren zwei Mörder, die derfelbe Abt herauszugeben fich weigerte, entkommen. [49])

In Ulm liefs der Rath der Stadt 1444 ohne Umftände einen Miffethäter in der Kirche gefangen nehmen. Der Bifchof von Conftanz machte zwar Miene, Ulm mit dem Bann zu züchtigen, allein er fürchtete fich vor dem Trotz der Ulmer, liefs durch feinen Vicar den Rath abfolviren und die Kirche wieder weihen. [50])

In Mühlhaufen war 1529 ein friedbrüchiger und aufrührerifcher Bürger in die Freiheit des Deutfchenhofs entwichen. Er wurde hier von aufsen bewacht und der Commenthur befchickt und erfucht, »dieweilen Hans Spiefs fich an gemeiner Stadt vergriffen und dem Rath viel daran gelegen fei, dafs er nicht entgehe, dafs derentwegen er ihm die Freiheit abfchlagen und ihn ausfchaffen wollte.« Darauf antwortete der Commenthur, dafs ein folches ihm hinterrucks feiner Obern zu thun nicht gebühre; wenn er es aber vorher gewufst hätte, würde er ihm die Freiheit nicht geliehen haben. Als der Commenthur fich nun weiter weigerte, die

[49]) Haggenmüller's Kempten I. 343. 349.
[50]) Jäger's Ulm S. 503.

Bürgschaft für Hans Spiefs zu übernehmen, da befchlofs der Rath: »demnach Hans Spiefs wider gemeine Stadt gehandelt, habe er fich aller Freiheiten in der Stadt unwürdig gemacht«, liefs ihn aus dem Deutfchenhof herausnehmen, Gericht über ihn halten und hinrichten. Zu derfelben Zeit durften zwei Todfchläger in demfelben Klofter unangefochten vom Rath die Freiheit geniefsen. [51]) Auch in der Schweiz waren folche Conflicte häufig. So in Bafel zwifchen dem Rath und dem deutfchen, wie dem Johanniterorden, in der zweiten Hälfte des fünfzehnten Jahrhunderts. [52]) In Bern floh 1579 ein Flachmaler, der feine Frau erfchlagen hatte, in das Auguftinerklofter. Die Obrigkeit wollte ihm, als einem Mörder, keine Freiheit laffen, fchickte deshalb ihre Diener, die ihn von dannen nehmen und ins Gefängnifs legen follten. Da er nun derfelben gewahr ward, floh er vor ihnen zu oberft in das Thürlein, da die Glocke hängt. Die Gerichtsdiener folgten ihm nach und als fie ihn nicht konnten hinab bringen, nahmen fie das Glockenfeil, banden es ihm um die Bruft und liefsen ihn über das Dach hinab. Als fie ihn dann unten hatten und hinweg führen wollten, ftarb er unter ihren Händen, »darum gar ungleiche Reden waren, wie das wäre zugegangen«. Die Mönche nannten es ein Wunderzeichen, weil man ihn aus dem Gotteshaufe hatte hinweg nehmen wollen. [53])

Sehr bemerkenswerth ift, fchon deshalb, weil er der Gegenwart fo nahe liegt, ein Fall aus Rapperswil vom Jahr 1795, [54]) alfo aus einer Zeit, als fchon die Immunitäten der alten Weife längft ihren Untergang gefunden hatten. Ein Dieb flüchtete in die Kapuzinerkirche zu Rapperswil, um eine Freiftatt zu finden gegen die ihn verfolgende weltliche Behörde. Diefe achtete aber das Afyl nicht, fondern verhaftete ihn. Die Patres glaubten fich in ihren Rechten gekränkt und klagten beim päpftlichen Legaten in Luzern, der endlich dahin vermittelte, dafs der Dieb nochmals in die Klofterkirche zurückgeführt, dann vom Vorfteher der Kirche

---

[51]) Petri, Mühlhaufen S. 305. Andre Fälle f. Stetten I. 547. Reyfcher, Stat. S. 555. Speth, Conftanz S. 331. vgl. Arnold, Gefch. der deutfchen Freiftädte II. 108. 109.
[52]) Ochs V. 195. 198. vgl. V. 218. Chronik von Schaffhaufen a. 1527.
[53]) Chronik von Haller und Müslin S. 240.
[54]) Rickenmann, Rapperswil S. 242.

des Afyls unwürdig erklärt und, von der Kirche in Banden gelegt, der Juftiz überantwortet wurde. Der päpftliche Legat hatte Recht in beiden Punkten, dafs ein Dieb keine Freiung habe und dafs dennoch die weltliche Obrigkeit nicht befugt fei, denfelben vom Altare wegzureifsen, fondern fich den Dieb von der Geiftlichkeit müffe ausliefern laffen. [55])

VIII. Vom verbrecherifchen Willen.

A. Die Zurechnungslofigkeit.

§ 58. Zu den gröfsten Verdienften Wilda's gehört der Nachweis, dafs der widerrechtliche Wille die eigentliche Grundlage des ftrafbaren Unrechts bei den Germanen gewefen fei. John hat dasfelbe Thema in feinem Quellenkreife mit Sorgfalt verfolgt. In den alamannifchen Rechten des Mittelalters fehlt es fo wenig an Material zum Beleg jenes Satzes, dafs nur die Schwierigkeit darin befteht, das Material zu durchdringen. Der Operationsplan zu diefem Zwecke ift nicht ein mit Nothwendigkeit gebotener und es fcheint mir der Sache nur förderlich zu fein, wenn ich nicht den von John gewählten Weg einfchlage und doch vielleicht zu denfelben Hauptrefultaten der Unterfuchung gelange. Am wenigften wird diefes der Fall fein hinfichtlich der Geifteskrankheit und der Jugend als Aufhebungsgründen der Zurechnungsfähigkeit, in deren Beurtheilung und Behandlung die alamannifchen Rechte nicht in einem fo vortheilhaften Lichte erfcheinen als die norddeutfchen Rechte, die John geprüft hat.

1) Zur Benennung der Geifteskranken dienen fehr wenige Ausdrücke: Thoren, unfinnige Leute, Narren, »die nüt Witze hant«. [1]) Regelmäfsig kommen fie vor im Catalog der unfähigen Zeugen; dafs fie einer criminellen Behandlung nicht unterliegen, fagt das augsburger Stadtrecht S. 68: »Ift daz ein tore ein fogtan unzuht tut. der die burger niht vertragen wellent noch enmugent, fo fol man in verfenden alfo, daz er in dirre ftatt fürbaz iht

[55]) vgl. Bamb. 207.
[1]) Augsburg 1276 S. 68. 79. 107. Schwfp. 14 W. 18. 257. 848 L.

belibe. unde ftat weder des vogtes gerihte, noch niemen anders uber in.« Die letzteren Worte harmoniren mit Schwfp. 257 L. (Sfp. III. 3.): »Uber einen rehten toren unde uber einen finnelofen man fol man ouch nüt rihten«; [2]) zugleich fehen wir aber aus dem augsburger Stadtrecht, wie man fich folcher Leute entledigte, wenn fie nicht der Sorge ihrer Familie übergeben werden konnten. In roher Weife fuchte man auch beim Fortfchaffen derfelben durch körperliche Züchtigung fie von der Rückkehr abzufchrecken. Aus den Rechnungen des basler Raths werden Angaben erwähnt,[3]) wie: »einen Narren usgetrieben«, »die toube Frouw, den touben Mann ze vachen, binden und uszefieren«, »von dem touben Johannfen ufszeflahende mit Ruten dem Nachrichter 5 Sch.«, »von einem touben Pfaffen ufszetriben 1 Sch.« In Schaffhaufen wurde 1540 ein Mädchen, » fo toub ift «, aus der Stadt verwiefen und dem Nachrichter aufgetragen, fie vor der Stadt mit Ruthen zu fchwingen und dabei zu fagen, »komme fie mehr, wolle man fie gar ertränken.«[4])

Dafs fchon Simulation von Verrücktheit vorkam, um der Strafe zu entgehen, zeigt ein Fall aus Conftanz vom Jahr 1490. Ein Dieb, der gehenkt werden follte, fagte zuletzt aus, dafs er vier oder fünf Mal mit fimulirtem Narrenwerk davon gekommen fei.[5])

2) Ueber den Einflufs der Jugend auf die criminelle Zurechnung fpricht fich das augsburger Stadtrecht allgemein und beftimmt an zwei wefentlich mit einander übereinftimmenden Stellen aus, S. 67 und 84. Die erfte Stelle lautet: » Swaz chint tun diu zir tagen niht chomen fint. daz fol ir vater rihten unde niemen anders. unze hinze fünfzähen iaren. Ift aber fin vater tot fo fol es der nähfte pfläger rihten unde hat weder der vogt noh niemen damite niht ze fchaffenne wande daz kint dannoch ze finen tagen niht chomen ift.« An der zweiten Stelle ift neben dem Vater auch die Mutter genannt. Beide Stellen haben zwar die Zahl 15, führen aber das fünfzehnte Jahr fo ein, dafs fie fagen, es folle bis zu diefem die criminelle Behandlung nicht eintreten; wenn alfo das

[2]) f. einen Fall in der Chronik von Schaffhaufen a. 1554.
[3]) Fechter in: Bafel im XIV. Jahrh. S. 33.
[4]) Es fcheint, als ob man mit »toub« fowol den Taubftummen als den Blödfinnigen bezeichnete.
[5]) Speth, Conftanz S. 330.

vierzehnte Jahr verfchienen war, ift der junge Menfch nach dem augsburger Recht zu feinen Tagen gekommen. Gaffarus gebraucht daher -in der Relation eines Falles vom Jahr 1505, in welchem noch auf jene Beftimmung des Stadtrechts Rückficht genommen wird, den Ausdruck »qui XV vitae annum nondum attigerunt« und Stetten »fo unter 15 Jahren wären«.⁶) Andere Ausfprüche der alamannifchen Rechte find nicht fo allgemein gehalten wie jene Stellen des augsburger Stadtrechts, fondern beziehen fich auf einzelne Delicte und es fchimmert die richtige Anficht durch, dafs bei nichtaltersreifen Menfchen die Erkenntnifs der Rechtswidrigkeit je nach den Delicten verfchieden fei.

Das vollendete vierzehnte Jahr, »die ob 14 Jahren alt fien«, ift auch im basler Recht genannt, bei fchwerer Schelte und Fluch,⁷) und der Ausdruck »zu feinen Tagen kommen« fcheint hier gebraucht zu fein⁸) wie im augsburger Stadtrecht. In einem Strafgefetz für die Priefterfchaft von 1339, in welchem es fich vorzugsweife um gewaltthätige Verbrechen handelt, lefen wir dagegen: »kint die under zwölf iaren fint mugent och difen einung nüt verfchulden. man mag aber in wol an inen verfchulden.«⁹) Schon der freiburger Stiftungsbrief § 48 beftimmt: »Nullus infra XII annum constitutus — potest infringere ius civitatis.«

Der züricher Richtebrief I. 25 (VI. 12) nennt für einen fpeziellen Fall das fechszehnte Jahr: »Difü buoze, da eine den andern roufet ald flat mit handen ald mit ftabe, gat nit über dü kint, dü beide der da flaht und der da geflagen wirt, fint fi under fechzehn iaren.«¹⁰) — Das Landbuch von Klofters S. 80 hat auch »ob fechszehn Jahren« für Ehrverletzungen, dagegen S. 81: »ob 14 Jahren« für Völlerei, in welchen beiden Fällen übrigens nur eine Bufse von 1 Pfund gefetzt ift.

⁶) f. unten § 97.
⁷) Bafel Rechtsq. I. S. 92.
⁸) Ztfchr. für fchwz. Recht III. S. 14. § 8. 9. In einem thurgauer Weisthum von 1432 (Grimm, Wfth. I. 278) ift bei Gelegenheit der Vormundfchaft nach römifcher Weife zwifchen Knaben und Mädchen (14 und 12 Jahr) unterfchieden, aber auch die Bezeichnung »zu ihren Tagen kommen« gebraucht.
⁹) Bafel Rechtsq. I. 19. 23. 147.
¹⁰) Buchftäblich fo nicht nur im Richtebrief von Schaffhaufen § 21, fondern auch im Stadtbuch von St. Gallen S. 42 a. E.

Grofse Strenge zeigt der luzerner gefchworne Brief von 1489, indem er nicht einmal einen Todfchläger unter z e h n Jahren als unzurechnungsfähig hinftellt, fondern nur die Todesftrafe in einem folchen Falle ausfchliefst.[11]

Die verfchiedenen Texte des Schwabenfpiegels[12] · ftimmen weder unter fich, noch mit dem Sachfenfpiegel, noch mit den alamannifchen Rechten überein. Zwar dominirt im Schwabenfpiegel das vierzehnte Jahr, wie es auch in den alamannifchen Rechten häufig ift, aber die Unzurechnungsfähigkeit deffen, der nicht das vierzehnte Jahr vollendet hat, ift nicht wie im augsburger Stadtrecht allgemein hingeftellt. Dafs aufser dem vierzehnten auch das fiebente Jahr im Schwabenfpiegel auftritt, ift wohl nicht ohne Einflufs des römifchen Rechts gefchehen.[13] Beim Menfchenraube fchliefst der Schwfp. 188 W. 227 L. alle Rückficht auf die Jugend aus.

Sehen wir auf die Praxis im alamannifchen Gebiete, fo finden wir, dafs der Gedanke, die Bosheit könne das Alter erfüllen, zwar nirgends in den Rechten als Axiom hingeftellt, der alten Zeit nicht fremd war. In dem fchon angedeuteten augsburger Falle aus dem Jahr 1505 hatten eine Magd, ein Mägdlein von 13 Jahren und ein Knabe von 12 Jahren ihren Herrn jämmerlich erwürgt. Da die beiden Kinder nach dem Stadtrecht mit keiner Todesftrafe follten angefehen werden, fchickte der Rath Abgeordnete nach Innsbruck an den Kaifer und nach erlangter Bewilligung wurde das Mägdlein, wie die Magd, lebendig vergraben, der Knabe geköpft. 1555 wurde in Zofingen ein Knabe von 11 Jahren, der einen Schulgenoffen im Zorn erwürgt hatte, enthauptet;[14] 1548 in Schaffhaufen ein 13jähriger Beftiarius enthauptet und verbrannt;[15] 1579 in Bern ein Knabe unter 14 Jahr, der in einer Bande von Mördern und Brandftiftern bei deren Verbrechen mitgeholfen hatte, verbrannt.[16]

---

[11]) Segeffer II. 624.

[12]) 177 L. 363 W.— 232 L. 193 W.

[13]) f. aber Grimm R. A. 411.

[14]) Chronik der Stadt Zofingen II. 172.

[15]) Chronik von Schaffhaufen s. a.

[16]) Haller und Müslin, Chronik S. 250. f. auch S. 19. 68. 133. 139. 174. Segeffer a. a. O. Pfyffer, Luzern I. 391.

B. Die rechtswidrige Abficht.

§ 59. Wer, vertraut mit der Terminologie des Sachfenfpiegels und der verwandten norddeutfchen Rechtsquellen in Betreff der Richtungen des verbrecherifchen Willens, fich in das Studium der alamannifchen Rechte begibt, wird eine theilweife Uebereinftimmung, aber auch eine Verfchiedenheit des Sprachgebrauchs finden. Frevel (frevellich, frävenlich). Nach den Berichten der Sprachforfcher ift das Hauptwort »Frevel« erft aus dem Beiwort »frevel« (ahd. fravili, mhd. vrevel) entftanden. Mag diefes Beiwort feinem Urfprunge nach bedeuten »getroften Muthes«, fo gewann doch die Bedeutung des Kühnen, Verwegenen, die Oberhand, ganz ähnlich wie bei dem finnverwandten »Muthwille«. Greift die kühne Verwegenheit in das Rechtsgebiet ein, fo wird das Recht verletzt und im Frevel liegt daher der fich überhebende auf Rechtsverletzung gerichtete Wille. Der Kühne, Muthwillige liebt nicht die Schleichwege, fondern das rafche Dareinfahren und die Gewaltthätigkeit, daher finden wir auch im Mhd. Frevel = Gewaltthätigkeit. Zu Gewaltthätigkeiten waren die Menfchen des deutfchen Mittelalters mehr geneigt als zur Hinterlift, und die gewaltfamen Eingriffe in das Rechtsgebiet fanden auch im Ganzen eine mildere Beurtheilung als die heimlichen und verfteckten. Daher erklärt es fich wohl zunächft, dafs der Frevel fo oft als die geringere unter den ins Strafgebiet fallenden Rechtsverletzungen erfcheint.

Frevel bedeutet in den alamannifchen Rechtsquellen fowol die Gefinnung oder die Willensftimmung als die Handlung, aber wie Handlung überhaupt das auf dem Willen ruhende Thun ift, fo fteht Frevel als Handlung immer in Beziehung zu dem fich über das Recht überhebenden Willen. Die abgeleitete Bedeutung des Frevels, in welcher er für die ihm beftimmte Bufse gefetzt ift, können wir hier bei Seite laffen; jene Willensrichtung näher aus den Quellen zu characterifiren, ift nicht fchwer.

Häufig ift in den lateinifch gefchriebenen Quellen Frevel wiedergegeben durch temeritas, z. B. in einem elfafser Weisthum: »temeritatem, quod dicitur frevelam, componat«.[17] Im ftrafs-

---

[17] Grimm, Wsth. I. 692. 693. f. auch Hagenau § 16.

136

burger Statut 1249 § 15 ift »propter inobedientiam et temeritatem«
in der deutfchen Ueberfetzung ausgedrückt durch: »umb fin ungehorfame und den frevel.« In der Zufammenftellung mit inobe-
dientia ift angedeutet, dafs der Handelnde feinen Willen in Gegenfatz zum Recht ftellte, aber das Unbesonnen-Verwegene hatte
nicht fo tiefe Wurzel in dem Gebiete des rechtswidrigen Willens
gefafst, als wenn nach Ueberlegung gehandelt wurde. Den im
Frevel liegenden Widerfpruch gegen das Recht und die verwegene
Gewalt, in der er vor Allem fich kund gibt, erkennen wir am
deutlichften aus den Befchreibungen der Heimfuchung, in denen
das »frevenlich« variirt wird durch »mit Gewalt«, »unverfolget
des Rechten« u. dgl.

Stärker ift die Richtung des Willens auf Rechtsverletzung und
der bewufste Gegenfatz gegen das objective Recht ausgedrückt
durch Geverde (mit Geverde, geverlich), denn das ahd. diu
fâra und das mhd. diu vâre ift = insidiae, Nachftellung, böfe
Abficht, und »Geverde« entfpricht an vielen Stellen vollkommen
dem römifchen »dolus« und dem deutfchen »Arglift«. [18]) Augsburg
S. 66: »Ift auch daz man in eins biderben mannes gewalt vindet
valfche pfenninge oder valfch filber — ift der ein unverfprochen
man. mak der bereden mit finen zwain vingern. daz im daz gut
widervarn fi ane gevärde und niht mit wizzenen unde auh niht
enweiz wär ez im gäben hat. berait er daz an offem gerihte fo
ift er dem vogte noh niemen nihtes fchuldig.« Gleich darauf fteht
noch zwei Mal »ane gevärde unde an alle fine fchulde«. [19]) In
den Worten jener Stelle »niht mit wizzenen« ift das Wiffen des
Sachverhältniffes gemeint d. h. dafs die Pfenninge falfch feien;
das zur Geverde gehörige Wiffen der Rechtswidrigkeit wäre zwar
eine Folge jenes Wiffens, pflegt aber nicht ausgedrückt zu werden.[20])

Synonymon von »geverlich« ift »fürfetzlich«. Offnung von
Marthalen (1580) § 16 [21]): »So und wann aber einer — fräflete,
und nit gefahrlicher ald fürfetzlicher meinung.« Statt des —
übrigens auch fchon in der mittelalterlichen Rechtfprache die

---

[18]) f. meine Abhandlungen aus dem deutfchen Strafrecht I. 7 ff.
[19]) f. auch dafelbft S. 78. Basler G. O. 1534 § 24. 25. Davos S. 10. — Landbuch von Schwyz S. 78. 80. Solothurn Wochenbl. 1823 S. 307. Grimm, Wsth.I. 685.
[20]) f. meine Abhandlungen I. S. 9.
[21]) Schauberg, Ztfchr. I. 179.

rechtswidrige Willensbeſtimmung bezeichnenden [22]) — Hauptworts
»Vorſatz« iſt nicht ſelten »Uſſatz«. Basler Stadtfrieden um 1450 : [23])
»nach dem und die redlich oder unredlich mit uſſatz und geverden
oder one geverde zugangen und beſchehen iſt.«

Das Feſtwerden und Feſthalten des auf ein rechtswidriges Handeln gerichteten Willens im Gegenſatz zu dem Zuſammenſchieſsen
des Wollens und Handelns liegt ſowol in dem »geverlich« als dem
»fürſetzlich«. Wenn das mhd. diu vâre die Nachſtellung und
Hinterliſt bedeutet, ſo iſt darin enthalten, daſs der widerrechtliche
Wille Dauer hat; im Vorſatz iſt die Zeit zwiſchen dem Setzen
des Willens und dem Handeln noch deutlicher durch den Buch-
ſtaben angezeigt. Der Vorſatz führt uns daher unmittelbar zu dem
verwandten, aber nicht gleichen Begriff des »Vorbedachts«.

§ 60. Die Würdigung des Vorbedachts und ſeines Gegenſatzes im deutſchen Mittelalter zeigt uns am deutlichſten, daſs man
auf die Willensſeite des Verbrechens genau Acht gab, und wir
erkennen in den betreffenden Rechtsbeſtimmungen eine ſehr richtige pſychologiſche Anſchauung. Iſt die Zeit, welche zwiſchen dem
Vorſatze zu handeln und der Handlung liegt, eine längere; trägt
der Menſch den Vorſatz lange in ſich und iſt das bezügliche Handeln durch die Abſicht ein rechtswidriges, ſo ſchlieſst man aus
der Dauer auf Feſtigkeit des Willens, deſſen Concretion der Vorſatz
iſt, ebenſo wie wenn der Vorſatz ſich auf ein nichtrechtswidriges
Handeln bezieht. Uebereilt gefaſste Vorſätze werden ſchnell ausgeführt, oder verſchwinden wieder ſo ſchnell wie ſie entſtanden
ſind, ohne ausgeführt zu ſein; Vorſätze, die ſich erſt aus einem
Erwägen und innerem Berathen herausbilden, wobei auch die
Abmahnungsgründe ſich hörbar machen, haben Dauer. Aber die
Abmahnungsgründe treten bei dem ſelbſtbewuſsten denkenden Menſchen, der einen gefaſsten rechtswidrigen Vorſatz längere Zeit in
ſich trägt, auch während dieſer Zeit wieder auf; wenn er ihnen
kein Gehör gibt, ſo berechtigt das zu dem Schluſſe, daſs ſein
dem Rechte widerſtrebender Wille ſtark ſei.

Sehen wir die Ausdrücke und Wendungen an, welche die alte
Rechtsſprache da gebraucht, wo die neuere am gewöhnlichſten

[22]) ſ. meine Abhandlung über den Hausfrieden S. 84. John S. 67.
[23]) Rechtsq. I. S. 143. 41. 220. Schauberg, Ztſchr. I. 44.

fich des Wortes **Vorbedacht** bedient, fo finden wir, dafs jene
Wendungen, die zuweilen in Befchreibungen übergehen, das Wefen
der Sache fehr deutlich angeben. Das »premeditato confilio« und
»non premeditato confilio« des ftrafsburger Statuts 1249 § 8 ift
in der deutfchen Ueberfetzung wiedergegeben »mit gerateme rate«
und »unbedehtekliche«; [24]) fonft findet fich auch: »mit verdachtem
Mute«, »mit vordachtem Gemut«. [25])

Der Gegenfatz zum Vorbedacht wird entweder ausgedrückt
wie in den ftrafsburger Statuten, oder tritt in anderer Weife aus
der Befchreibung hervor. Präcis ift er bezeichnet durch »aus
unbedachtem oder **bewegtem Gemüte**«, »aus Zorn und **Bewegnus**«. [26]) Am häufigften ift der **Zorn** (Zorngemut) als das
Motiv des unbedachten und übereilten, aber doch vorfätzlichen
Handelns genannt. [27])

Eine dem fchönen niederfächfifchen »Haftemod« entfprechende
Form habe ich in den alamannifchen Quellen nicht gefunden. Für
die Gegenwart ift es wohl fehr zu bedauern, dafs die den Gegenfatz des plötzlich auffchiefsenden und des langfamen Vorfatzes fo
gut bezeichnenden Ausdrücke »Haftmuth« und »vorbedachter Muth«
unferer Sprache entfchwunden find. Die Subftituirung des erfteren
durch das fremde und auch weitere »impetus« ift keine Bereiche-
rung unferer Sprache; das daneben und dafür von **Berner** gebrauchte Wort »Affectwille« hat zwar mehr Farbe als impetus,
aber ein befferes deutfches Wort als Haftmuth ift es nicht. Wenn
gar bisweilen Prämeditation oder Vorbedacht und Affect fich entgegen gefetzt werden, fo beruht das auf einem unklaren Denken,
denn die Prämeditation ift ein Handeln, der Affect ein Zuftand.

Bis zum Aeufserften finden wir die Unterfcheidung, ob die Zeit
zwifchen Vorfatz und Handeln mefsbar fei, geführt in der Offnung
von Flaach. [28]) Es wird hier eine gröfsere Bufse auf das Zucken
eines Steins als einer Waffe, die der Menfch am Leibe hat, gefetzt.
Wenn einer in »Zorngemut« das Meffer, welches er in der Scheide

---

[24]) f. auch 1270 § 24. 25. bei **Strobel.**
[25]) Augsburg 1276 S. 73. Bafel Rechtsq. I. 41. 301. 416. Büron S. 108.
[26]) Bafel Rechtsq. I. 506. **Reyfcher** S. 459.
[27]) Bern 1218 § 28. **Grimm**, Wsth. I. 92. 255. **Engelberg** S. 16. Nidwalden 8. 27. 180. **Reyfcher**, Stat. S. 107. 459.
[28]) **Grimm**, Wsth. I. 92.

trägt, oder den Degen oder einen Stock, den er führt, über den
Andern zuckt, ſo iſt ein Zeitraum zwiſchen Vorſatz und Handeln
kaum bemerklich; der Stein muſs aber erſt geſucht oder doch
aufgenommen werden, und dem mit höherer Buſse belegten Zucken
des Steins iſt auch in derſelben Offnung der Fall gleichgeſtellt,
wo einer die Armbruſt, die er trägt, ſpannt, einen Pfeil darauf
ſchlägt, aber nicht ſchieſst. [29])
Im gegenwärtigen deutſchen Strafrecht iſt, abgeſehen von der
Tödtung, die Bedeutung des Vorbedachts und ſeines Gegenſatzes
darauf reducirt, daſs ſie, bei den die Regel bildenden relativ-
beſtimmten Strafgeſetzen, in der Strafausmeſſung Berückſichtigung
finden; im alten Recht war die Bedeutung eine gröſsere, und da
die abſolut-beſtimmten Strafen die Regel waren, muſste auch ſchon
deshalb das Reſultat der Schätzung nach jener Eintheilung eine
andere ſein als in der Gegenwart. Der Begriff der Wegelagerung
ſchloſs den Vorbedacht in ſich; bei der Heimſuchung war dieſs
zwar nicht allgemein der Fall, aber die Heimſuchung mit Gefolge
und bewaffneter Mannſchaft, welche als eine ſchwerere Art behandelt wurde, umſchlieſst in dem Grunde ihrer Erſchwerung den
Vorbedacht. [30]) Beſtimmter tritt für die Ehrverletzungen, die
Gottesläſterung, die böſen Schwüre hervor, daſs bei dem Handeln
nach Ueberlegung und Vorbedacht ein erhöhter Schuldgrad angenommen wurde und eine andere Art der Beſtrafung gerecht
ſchien als bei dem Handeln in Uebereilung. Es wurde aber überall
auf den Gegenſatz Gewicht gelegt, wo er bemerkbar war. Im
Freibrief für Aſperg 1489 [31]) iſt denen, die im Zorn jemand
erſchlagen hatten, das Aſyl zugeſichert; es war das ein ehrlicher
Todſchlag. Wenn, nach einer basler Verordnung von 1382, Leute
ſich zu einem Raufhandel zuſammengethan hatten und mit »verdachtem Mute« jemand anliefen und ihn verwundeten oder tödteten,
ſo ſollen ſie alle büſsen und beſſern, nicht blofs der Handthäter.
Wer, nach den angeführten ſtrafsburger Statuten, »premeditato
conſilio« einen Andern mit Stecken ſchlägt, ſoll die Stadt ein
Jahr räumen; wer den Andern »non premeditato conſilio« rauft
oder ihm einen Backenſtreich gibt, nur einen Monat.

[29]) ſ. unten § 65.
[30]) ſ. ſchon l. Alam. Hloth. 45.
[31]) Reyſcher, Stat. S. 107.

Nach altem glarner Landrecht wurde nicht genau unterfchieden, wie einer den Handfrieden brach, ob mit Wiffen und Willen oder » unbefinnter Wyfs «; 1579 wurde zu Landrecht aufgenommen, dafs, wenn einer eidlich verficherte, in dem Augenblick, da er frevenlich wider den Frieden gehandelt, nicht an den Frieden gedacht, fondern » alfo grad unbefinnter Wyfs gefchlagen « zu haben, er zwar wegen feiner Vermeffen- und Frevenheit die hohe Bufse von 100 Pfund an die Landleute zu erlegen habe, aber mit der fchwereren Friedbruchsftrafe zu verfchonen fei. [32])

C. Die Fahrläfsigkeit.

§ 61. Wenn das Nichtvorhandenfein der rechtswidrigen Abficht fehr gewöhnlich durch »ohne Geverde« oder »ungeverlich« angegeben wird, fo ift dabei das Weitere, ob überhaupt Verfchuldung oder Zufall vorhanden war, unbeftimmt gelaffen und nur der Kern des Verbrechens, die Geverde, ins Auge gefafst. Das knonauer Amtsrecht Art. 10 [33]) bedroht den, der einen Markftein »us eigenem fräflem gwalt hinder finem anftöfser usgrabt« mit Strafe an Leib oder Gut, legt aber dem, der ohne Geverde an einen Markftein pflügt (eret), dafs er umfällt, nur die Pflicht auf, den Stein fogleich wieder in fein altes Loch zu fetzen. Hier kann zwar das Umpflügen des Steins rein zufällig gewefen fein, aber gewöhnlich würde fich doch ein Mangel an Aufmerkfamkeit bei dem Pflügen nachweifen laffen; allein in dem einen wie dem andern Falle ift der Schaden durch richtiges Wiedereinfetzen des Grenzfteins wieder gut gemacht. In einer basler Gerichtsordnung 1534 § 24 ift derfelbe Gegenftand ähnlich behandelt, nur foll der, welcher einen Markftein ohne Geverde umpflügte, auf der Stelle der Obrigkeit oder dem Bannwart oder feinem Nachbarn davon Anzeige machen, damit der Stein durch die Markleute im Beifein des Nachbarn wieder aufgerichtet werde; aus der Unterlaffung diefer Anzeige wird aber die Geverde präfumirt, denn er foll an Leib und Gut geftraft werden, wie in dem vorangeftellten Falle, wo er den Markftein »mit Geverden« verruckt, verändert oder auswirft ohne der Markleute Wiffen und Verwilligung.

[32]) Landbuch von Glarus 247.
[33]) Peftalutz I. 224.

Während in dem »ohne Geverde« unbeftimmt gelaffen ift, ob eine Schuld vorhanden war, wird die Nichtanwendung fchuldiger Achtfamkeit als widerrechtliches Verhalten in verfchiedenen nahe verwandten Ausdrucksformen kenntlich gemacht: Fahrläfsigkeit, in verlaffener Weife, Verwarlofung. [34]) Scharf ausgeprägt ift der Gegenfatz des Zufalls und der Verfchuldung in einem basler Gefetze über die Schiffleute 1438, indem der Zufall bezeichnet wird durch »von gefchicht«, die Sorglofigkeit der zu befonderer Sorgfalt verpflichteten Schiffleute mit den Worten »wenn hinfür dheine von unfern fchifflüten iemanden ertrenkent und lüte und guet frevelichen und on forge hinleffeclich verfürent«. Die Rechtsfolge ift zwar nicht genau angegeben, aber es ift deutlich ausgefprochen, dafs folche Schiffleute im hohen Grade ftrafwürdig feien und nicht blofs zum Schadenerfatz gehalten. Die Verpflichtung zu wachfamer Umficht einerfeits, die Unerfetzlichkeit des Schadens andrerfeits brachten einen folchen Fall in den Bereich des Strafrechts. Diefe Unerfetzlichkeit ift es auch, welche überhaupt eine ftrafrechtliche Behandlung der fahrläfsigen Tödtung herbeiführte, fo dafs diefe hier wie für fo manche allgemeine Lehren den Hauptplatz einnahm. An fie reiht fich der durch Fahrläfsigkeit herbeigeführte Brand, bei welchem zwar die Unerfetzlichkeit nicht fo unbedingt war, aber doch in fehr vielen Fällen fich zeigte.

§ 62. Schadenerfatz, alfo die civilrechtliche Folge, genügte, wenn jemand die ordnungsmäfsige Einfriedigung feiner Grundftücke vernachläfsigt hatte und dadurch Schaden entftanden war. Offnung von Rorbas: »Wann die efaden nit werrfchaft werind, fo föllent die gefchwornen der gmeind diefelbigen befichtigen, und fo ufs farlesfigkeit fchaden befcheche, foll der, fo fümig gfin ift, den befchechnen fchaden abzutragen pflichtig fin.« [35])

Wenn beim rafchen Fahren die Pferde fremdes Vieh traten, fo war der Schaden zu erfetzen; wurde das Vieh von den Rädern des Fuhrwerkes befchädiget, fo machte es nach dem augsburger Stadtrecht S. 106 einen Unterfchied, ob es mit den Vorderrädern oder Hinterrädern gefchehen war; nur im erfteren Falle hatte der

[34]) Grimm, Wsth. I. 90. Bafel Rechtsq. I. 93. 104. Augsburg S. 106.
[35]) Grimm, Wsth. I. 90. — Schwfp. 154 W. 181 L. (Sfp. II. 38.)

Fahrende den Schaden abzuthun, weil man ihm nur zumuthete, feine Augen nach vorne zu richten.

Solche Fälle liegen dem Strafrechtsgebiete noch fern, und auch bei dem durch Feuerverwahrlofung entftandenen Schaden hielt man fich zunächft an die civilrechtliche Regel; eine basler Verordnung von 1418 fetzt aber, je nachdem das Feuer aus dem Dache hervorgebrochen und beläutet oder befchrieen ift oder nicht fo weit um fich griff, eine Bufse von 10 oder 5 Pfund an den Rath als ficherheitspolizeiliche Einfchärfung der Wachfamkeit und hausherrlichen Sorgfalt. Der haftbare Hausherr kann auf die fchuldigen Dienftboten wegen diefer Bufsen zurückgreifen und falls diefelben zur Zahlung zu arm wären, nach der erneuerten Verordnung von 1427, fie ins Gefängnifs legen. Weiter geht ins ftrafrechtliche Gebiet, aber auch nur eventuell, hinein das Landbuch von Uri Art. 99. Wenn nach demfelben beim Urbarmachen von Waldboden Feuer angezündet wird und diefes um fich greift, fo dafs Anderen dadurch Schaden entfteht, ift der Schaden voll zu erfetzen, und in eventum follen der oder die Schuldigen am Leibe geftraft werden nach dem Bedünken des Raths.

§ 63. Eine andere Ausbildung und ftrafrechtliche Behandlung wurde der fahrläfsigen Tödtung zu Theil, wenn wir auf die forgfältig ausgeführte Cafuiftik im Schwfp. 155—157 W. 182—184 L. fehen, die in einem Falle fich zwar anlehnt an die Sfp. II. 38, aber unter dem Einfluffe des römifchen und canonifchen Rechts [36] zu einer wefentlich verfchiedenen Entfcheidung führt. Die reinalamannifchen Rechtsquellen haben nichts Entfprechendes, wohl aber läfst fich aus ihnen und mehr noch aus den hiftorifchen Aufzeichnungen erkennen, dafs man in Fällen fahrläfsiger Tödtung die Thädigung mit den Verwandten des Getödteten für die geeignete Vermittelung hielt und die Sühne und Bufse nach der kirchlichen Seite hin fich als nothwendig, aber auch als genügend herausftellte. [37] Aus fpäter Zeit find jedoch Fälle aufgezeichnet, in denen die zwar nicht beabfichtigte, aber durch die bis zum Aeuferften gehende Fahrläfsigkeit, die Frevelhaftigkeit (luxuria) der jetzigen Doctrin, herbeigeführte Tödtung in anderer Weife behan-

[36]) vgl. Glafer's Abhandlungen I. 337.
[37]) f. oben § 16 S. 28.

delt wurde. Gaffarus erzählt folgenden augsburger Fall vom
Jahr 1567. Ein Weber, der ein neues Wamms vom dickften Hirfch-
leder trug, wettete beim Abendtrunk mit einem Schneider, fein
Wamms könne vom fchärfften Schwerte nicht durchbohrt werden.
Der Schneider nahm ein auf dem Tifche grade daliegendes Meffer,
um dem Vertrage gemäfs die Probe zu machen, das Meffer fuhr
aber in die Bruft hinein und tödtete den Weber auf der Stelle.
Der Schneider mufste für die That dem Gefetze gemäfs eine Zeitlang die Stadt räumen und, obgleich er keine Feindfchaft mit dem
Getödteten gehabt hatte, zur Sicherheit deffen Erben 50 Goldgulden zahlen. [38])

Ein feltfamer Fall, Hebel's Gefchichte aus dem Spefsart ähnlich, brachte 1579 das Gericht in Verlegenheit. Mehrere Rofs-
buben, die in der Nähe von Mülen bei einem Walde ihre Thiere
weideten, ftellten von Kurzweil wegen einen böfen Buben, den
fie unter fich hatten, vor ein peinliches Gericht, weil er übel gefchworen und darzu einem unter ihnen etwas geftohlen hatte. Er
wurde zum Tode verdammt, dafs man ihn follte henken. Sie machten ihm ein Seil unter die Arme und henkten ihn daran an einen
Baum auf, desgleichen auch eins um den Hals, das aber nicht hart
zufammen gezogen war und nur als ein Zeichen dienen follte. Als
fie ihn gehenkt hatten, fragten fie ihn, wie es ihm thäte. Er lachte
und fprach: »er reite wohl«. Indeffen lief ein Hafe neben ihnen
vorbei mit drei Beinen, dem liefen fie nach und liefsen den Buben
am Baume hängen. Der Hafe führte fie je länger je weiter; dem
am Baume ward die Zeit lang, das Seil drückte ihn über das Herz
und ward immer enger; deshalb reckte er fich hin und her am
Seile, alfo dafs es brach. Da hing er nun an dem Seile, das ihm
um den Hals gelegt war und wurde erwürgt. Die von der Hafen-
jagd heimgekehrten Gefellen fanden ihn todt. Darob erfchraken fie
fehr übel und wufsten anfangs nicht, was fie mit ihm thun follten,
wurden jedoch eins, fie wollten ihn nicht vergraben, fondern ihn
im Holz verbrennen, damit ihn niemand finde. Als nun der Leichnam in einem grofsen Feuer faft verbrunnen war, bis an wenig
Bein, kam der Bannwart dazu und fragte, was fie machten. Da
fprachen fie, fie hätten einen alten Rock verbrannt. Als aber der

---

[38]) f. oben § 33 S. 71.

Bannwart mit einem Stecken in der Afche rührte, fand er die Bein, die noch nicht verbrannt waren, ging deshalb ins Dorf und ftürmte. Da liefen die Bauern hinaus und fingen der Buben bei vierzehn, die übrigen entrannen. Die Ergriffenen wurden ins Gefängnifs gelegt und ift nachgehends Doctor Amerbach[39]) von Bafel als ein vortrefflicher Jurift befchickt worden, zu rathen, wie fie zu ftrafen feien. Endlich find fie aber doch wieder ausgelaffen worden, weil ihrer fo viele waren, die man nicht um eines willen tödten konnte, befonders weil es nicht ihr Wille gewefen war, ihn ums Leben zu bringen und vielleicht die ärgften unter ihnen entronnen waren.[40])

Dafs Todfchlag aus »onverfehenen zufällen« gänzlich entfchuldigt fei, fpricht das freiburger Stadtrecht 1520 p. XCIV, 2. einfach und beftimmt aus.

IX. Vom Verfuch des Verbrechens.

§ 64. In der lex Alam. Kar. LXXV. lefen wir unter der Rubrik *De eo qui equum plagaverit dum hominem plagare voluerit:* » Si quis homo in equo suo caballicaverit et aliquis eum super ipsum plagare voluerit, et dum illum plagare voluerit caballum ejus plagaverit, ita plagam caballi conponat quemadmodum conponere debuit si dominum ejus plagasset.« Diefe Stelle ift übergegangen in den Schwfp. 326 L. (273 W.): »Unde ift daz ein man uf ein roz fitzet. unde wil riten an fin gefcheffede. unde ein ander man ritet en gen im. und ziuhet fin fwert uz. und wil in flahen und triffet daz roz. das fprichet karlefch reht. er fule im buozzen. alfe ob er, in troffen habe. daz ift da von gefetzet. daz er in ze flahenne muot hette. do er daz roz traf. unde hat er ez getan mit fpiesfen. oder mit armbruften. oder mit bogen. oder mit mezzeren. oder mit fwelhem waffen er ez getan hat. fo ift ez daz felbe reht alfe mit dem fwerte.«

---

[39]) Bonif. Amerbach, das »oraculum jurisprudentiae«, ftarb fchon 1562; wenn alfo die Jahreszahl diefes Falles 1579 richtig ift, mufs daher fein Sohn Bafilius gemeint fein.

[40]) Chronik von Haller und Müslin S. 258.

Grimm [1]) fetzt diefs in Verbindung mit der Anficht des Alterthums, dem Thiere, zumal dem Hausthiere, gewifse menfchliche Rechte, namentlich in Art und Weife der Bufse und des Wergeldes einzuräumen, daher werde hier das Pferd, auf dem fein Herr ritt, gleich diefem gebüfst; allein dafs in der lex Alamannorum zwei Mal die auf Schlagen des Reiters gerichtete Abficht hervorgehoben ift und der Satz des Schwabenfpiegels: » das ift davon gefetzet « lenkt doch zu einer anderen Auffaffung hin und zu der Frage, ob hier nicht der Verbrechensverfuch ausgedrückt fei, der dann dem vollendeten Verbrechen gleich geftellt werde?

Freilich hat der eben berührte Satz in den verfchiedenen Texten des Schwabenfpiegels eine verfchiedene Form und es liegt die Vermuthung fehr nahe, er enthalte ein Einfchiebfel, das fich in der erften Geftalt bes Rechtsbuchs nicht gefunden habe, aber in den Worten der lex Alam. »eum plagare voluerit« und »dum illum plagare voluerit« ift ja derfelbe Gedanke enthalten und es befteht hier kein materieller Unterfchied zwifchen dem Volksrechte und dem Rechtsbuche. Nur die Gleichftellung anderer Waffen mit dem Schwerte wird im Schwfp. ausgedrückt, während das Volksrecht keine Waffen nennt, fondern nur überhaupt vom Schlagen fpricht.

Da es nicht zum Begriff des Verbrechensverfuchs gehört, dafs der Verfuch mit einer geringeren Strafe belegt werde als das vollendete Verbrechen, können wir nicht anftehen, in jenen Texten des Volksrechts und des Rechtsbuchs eine Befchreibung des Verbrechensverfuchs zu erkennen; in der Gleichftellung der objectivirten, aber nicht realifirten Abficht mit der Verwirklichung diefer Abficht das überwiegende Geltendmachen der Willensfeite´ des Verbrechens. Einen allgemeingültigen Satz des alamannifchen Strafrechts haben wir jedoch in jener Satzung nicht, fondern nur eine Beftimmung für einen fpeziellen Fall. Dafs daraus kein allgemeiner Satz wurde, ift nicht darauf zurückzuführen, dafs man ein übermäfsiges Gewicht auf die Thatfeite legte, fondern darauf, dafs man nach der anderen Seite hin extravagirte. Bevor ich darauf näher eingehe, will ich noch eine Stelle der lex Alamannorum berühren, die der Frage nach dem Verbrechensverfuche nahe zu liegen fcheint. Wir lefen in der lex Alam. Hloth. XL.:

»Si quis homo v o l e n s o c c i d e r e patrem suum aut fratrem —
cognuscat se contra Deum egisse — et coram omnes parentes eius
res infiscentur et nihil ad heredes ejus pertineat amplius; poeni-
tentiam autem secundum canones agat.« In der lex Alam. Lantfr.
XXXIX. fteht dagegen bei M e r k e l : » Si quis homo v o l e n s
o c c i d e r i t «, fo dafs die Conftruction correct wird, aber auch
wenn wir uns an den älteren Text halten, gewinnen wir durch
diefe Stelle nichts für die Ermittelung des Verhältniffes vom Verbrechensverfuch zum vollendeten Verbrechen.

§ 65. Um den bedeutenden Apparat der fpäteren alamannifchen Rechtsquellen für die Frage nach dem Verbrechensverfuch
nutzbar zu machen, ift es zweckmäfsig ihn zu gruppiren:

1) Die Ordnung für den Dinghof zu Muttenz vom Jahr 1464
§ 7 [2]) fchreibt vor: »Wer ouch ein ftein uffhebt oder ein fchwert
meffer oder anders das einem menfchen fchedlich were an finem
libe und leben, und w i r f f e t ubelich zu dem andern und n i t
t r i f f e t , der foll v e r b e f f e r n e i n t o t e n m a n , trifft er aber
das es wund wirt fo vaft daz man es hefften und meifslen mufs,
fol er verbeffern dem Herrn 10 Pfund Pf. one gnade.«

2) Noch weiter geht die Dorfordnung von Bonftetten aus dem
fünfzehnten Jahrhundert § 3 [3]): » wer ein Stein in einem frävel
e r z u c k t und den n i t w i r f f e t , der foll das zuo glicher wys
b u e f s e n a l s e i n e n t o d t e n m a n ; wirffet einer aber, fo foll
er den wurff buefsen, nach dem und er da mit fchaden thuot.«
Nach der Offnung von Marthalen 1580 § 15 zahlt derjenige,
welcher einen Stein über den Andern frevenlich erzuckt und wirft,
nur eine Bufse von 3 Pfund, fo er aber nicht wirft, verfällt er
dem Vogt zur Beftrafung.

3) Viele Stellen fetzen fchon auf das Z u c k e n die höchfte
oder hohe Bufse. Offnung von Kyburg § 16: »Wer och gen dem
andern fräffenlich ein ftein zuckte und nit wurffe, der ift vervallen
18 lib., welicher aber wurffte, wie denn der wurff gerät, darnach
fol er den fräffel büfsen.« Diefe Stelle und ähnliche [4]) find aus
dem Bereiche des Cantons Zürich, wo 18 Pfund die höchfte Bufse

---

[2]) Ztfchr. für fchwz. Recht III. 13. f. auch die basler L. O. § 65 (ebenda III. 47)
und die basler G. O. 1534 § 20.

[3]) S c h a u b e r g , Ztfchr. I. 10.

[4]) G r i m m , Wsth. I. 19. 117. 124. Offnung von Neerach §. 32 (S c h a u-

war, die auch auf Tödtung ftand; daher ift das Büfsen durch
18 Pfund nicht verfchieden von »büfsen als einen todten Mann«.
Andre Stellen drohen für das Zucken die hohe Bufse von 9 und
15 Pfund.[5] — Thurgauer Offnungen beftimmen dafür den »Zucht-
bann«, was, wie aus der Vergleichung der Stellen hervorgeht,
gleich 10 Pfund ift.[6]

4) Den Grundgedanken, dafs der, welcher feinen frevelhaften
Willen aus dem Innern in die Objectivität entläfst, diefe durch
den Anftofs gegen fich heraufbefchwört, finden wir in fehr vielen
Stellen, die vom Fehlwurf handeln und das, was hätte eintreten können, in die Wagfchale legen, nur in anderer Form
als in den unter No. 1 angegebenen Stellen. Appenzell 1585 § 6:
»Welcher zu einem wirft und fehlt finen, der ift auch zu buofs
verfallen 10 Pfund, und wann er aber mit dem Wurf trifft, fo
foll man dann nach dem Schaden richten.« 10 Pfund ift hier
die grofse Bufse.[7]

Der Grundton in allen diefen Beftimmungen ift, dafs der
Menfch, der einen rechtswidrigen Willen objectivirt, einzuftehen
habe für die möglichen Wirkungen feines Handelns. So lange
der rechtswidrige Wille noch Wille ift, kann er beherrfcht werden; wurde er nicht beherrfcht, fondern griff ein mit der That
in die unter dem Caufalitätsgefetze ftehende Welt, fo 'liegt die
weitere Bewegung aufser der Herrfchaft des Menfchen. »Wenn
der Stein aus der Hand ift, ift er des Teufels« fagt ein· deutfches
Sprichwort. Aber die That ift Handeln, denn fie wurde vom
Willen gefetzt; der Wille alfo ift das Principium und als folches
zu faffen.

Diefes Thema, fo deutlich hörbar in den Variationen der grup-
pirten Stellen, nimmt fich fonderbar aus[8] gegenüber der alten
Fabel von der Objectivität des deutfchen Rechts im Gegenfatz zu
der Subjectivität des römifchen. Dafs der Geift, der die aufgeführ-

---

berg, Beitr. III. 410). Elgger Herrfchaftsrecht Art. 49. § 37 (Peftalutz I. 337).
vgl. oben § 31 S. 67. § 33 S. 72.

[5]) Schauberg, Ztfchr. I. 1. 171. II. 76. Grimm, Wsth. I. 92.

[6]) Grimm, Wsth. I. 255. 264. 271. 280.

[7]) f. § 1. 2. — Grimm, Wsth. I. 208. 214. 221. 229. 236. 255. 271. Schauberg, Ztfchr. II. 65. 70. 82. 87. 139. Ztfchr. für fchwz. Recht I. 91. 96.

[8]) f. auch oben § 60 S. 137.

ten Quellenzeugniſſe durchzieht, dem Rechte des ſpäteren Mittelalters erſt durch die fremden Rechte eingehaucht ſei, iſt um ſo
weniger anzunehmen, da wir es faſt ausſchliefslich mit Gewohn-
heitsrechten der deutſchen Schweiz zu thun haben.

Ein Extrem iſt nun freilich jene Auffaſſung, die den frevelhaften Willen, der nur die Hand durchzuckt, ſchon in ſeiner
erſten Manifeſtation ergreift und das ganze Bild des möglichen
Schadens bis zum äuſserſten Punkte verfolgt, um daran die Verantwortlichkeit für das mögliche Aeuſserſte zu knüpfen. Traf der
Wurf, ſo war nach dem Schaden zu beſſern, da hatte man etwas
Greifbares für die Klage; traf er nicht, war kein greifbarer
Schaden; aber Beſſerung ohne Schaden und Klage darauf war
undenkbar: da ſetzte man den Schaden, der möglich geweſen
war, und ſo führte die Conſequenz zu dem Excefs, den die Dorfordnung von Bonſtetten aufweist. Es liegt darin eine unreife
Löſung der Colliſion der ſubjectiven und objectiven Anſchauung
oder des Strafrechts, das von der innern Schuld und des Buſsen-
rechts, das von dem äuſsern Schaden ausgeht. Dabei iſt aber zu
bedenken, daſs wir es in dem obigen Material meiſtentheils mit
Hofrechten zu thun haben, in denen das Buſsenſyſtem die Oberhand hat und die Tödtung eines Hofmannes als Verluſt eines
ſolchen für die Herrſchaft gewürdigt wurde. [9])

Unreif iſt die Löſung der Schwierigkeit nach der gegenwärtigen
Theorie des Strafrechts zu nennen, und die Unreife beſteht eben
darin, daſs man nicht zu dem Begriffe des Verbrechensverſuchs
vorgedrungen war, was darauf zurückführt, daſs man Vorſatz und
Abſicht nicht gehörig ſonderte. Wer einen Stein in die Hand
nahm, um dem Andern wehe zu thun, frevelte; es iſt da ein Vorſatz zu handeln und ſchon ein Handeln und eine rechtswidrige
Abſicht, aber dieſe, die immer als Correlat ein beſtimmtes Recht
als Angriffsobject haben muſs, iſt nicht oder nicht nothwendig die
Abſicht zu tödten und doch ſoll er »den todten Mann beſſern«;
alſo legte man auf die Abſicht nicht das Gewicht, wie es zum
Begriffe des Verſuchs nothwendig iſt, ſondern faſste nur den Vorſatz und das Handeln mit deſſen nur möglichen Wirkungen.

§ 66. So wenig wir im Vorhergehenden den abgeklärten Be-

---

[9]) ſ. oben § 33 S. 72.

griff des Verbrechensverfuchs fanden, fo wenig können wir ihn finden, wenn an unzähligen Stellen ein körperlicher Angriff, den wir als Verfuch der Tödtung oder Verwundung nehmen würden, mit einer beftimmten Bufse bedroht ift z. B. in der Offnung von Tablatt[10]): »welcher den andern mit gewafnoter hand anlöft, und in underftät zuo erftechen oder ftraich zegeben, der ift eim herren und gericht zwai pfund pfening ze buofs verfallen, tütt er aber fchaden, darnach fol man richten.« Jene Bufse ift gefetzt, weil darin ein Friedensbruch und felbftftändiger bufswürdiger Frevel liegt, der den Grund der Beftrafung in fich felbft trägt, ihn nicht entlehnt.[11]) Gefchworner Brief von Luzern 1252: »Si civis alium infra civitatem vel extra invaderit armata manu, etiam si ad actum non processerit (»ob er ouch nüt an der getat volvert«), quinque libris emendabit«. Diefelbe Bufse ift vorher fchon dem gedroht, der in der Stadt Waffen, im weiteften Sinne des Worts, in verdächtiger Weife trug. Aehnlich Schwfp. 98 L.: »Swer fin fwert oder fin unrehtes mezzer uf iemans fchaden treit. da ift das fwert des rihters oder 5 fchillinge etc.« Im Text 80 W. fteht aber: »Swer fin fwert züket unde fin ungerehtes mezer uf iemans fchaden«, und da der Dtfchfp. 87 auch »zuchet« hat, der Sfp. I. 62. § 2: »fin fwert tiut«, fo ift das treit bei L. wohl nicht das Urfprüngliche. Aber in dem einen wie dem andern Falle tritt nicht die Qualität des Verbrechensverfuchs hervor.

§ 67. Segeffer,[12]) nachdem er angegeben und auch durch Stellen des luzerner Rechts belegt hat, dafs die Verfuchshandlungen zu den verfchiedenen Graden der Körperverletzung in den Rechtsquellen als felbftftändige Vergehen benannt und bedroht feien, wie das Angreifen mit bewaffneter Hand, das frevenliche Mefferzucken, das Eindringen auf den Gegner etc., fährt fort: ein Beifpiel wirklichen und reinen Verfuchs dagegen komme vor an einer Stelle des Rathsbuchs vom Jahr 1421; während die Strafe des Meineids nach luzerner Recht Verluft der Ehre und 20 Pfund Bufse fei, habe hier der Verfuch, deffen Ausführung durch den Schuldigen nur durch aufser ihm liegende Umftände verhindert

[10]) Grimm, Wsth. I. 229. f. unten § 73.
[11]) vgl. die treffliche Behandlung der Frage, ob das ältere (fächfifche) Recht den Begriff des Verbrechensverfuchs hatte, bei John § 13.
[12]) II. 621. vgl. mit 661.

wurde, gleiche Ehrenftrafe, aber nur die Hälfte der auf das vollendete Verbrechen gefetzten Geldbufse erhalten.

Die Sache verhielt fich aber anders. Die Strafe des Meineides ift nach luzerner Recht Ehrlofigkeit und hohe Bufse. Diefe Bufse beträgt in einem Falle von 1429 20 Pfund, in einem andern Falle, in welchem der Eid fchon geleiftet war, 10 Pfund, und das luzerner Stadtrecht Art. 86 fagt: » Wir fezen ouch, welcher und welche einer fach darumb ir unfchuld nach bekannter urteil erbüttet wer old welche die entfezen wellen, fo fy den eid getan hant, das follen fy tun mit füben geloubfamen mannen, und wo fy alfo überzüget werden, der und die föllen dannethin der Statt 10 Pfund ze bufs verfallen fin —. Und welcher fpricht, dz er ein alfo bezügen well und er das aber nit tut, der foll der Statt 5 pfund ze bufs geben.« Nach dem Art. 88 kann der Gegner den, der fich zum Eide erboten, aber denfelben noch nicht geleiftet hat, fchon mit zwei » geloubfamen Mannen « des Eides entfetzen; die Strafe ift hier aber nicht genannt und es liegt überhaupt kein Beweis vor, dafs derjenige, welcher fich zu einem Eide erboten hatte, der ein Meineid geworden wäre, anders beftraft wurde als der, welcher den falfchen Eid fchon geleiftet hatte; es wäre diefs auch grade bei diefem in das kirchliche Gebiet fich hinüberziehenden Verbrechen um fo auffallender, da das canonifche Recht den Grundfatz hatte: qui pejerare paratus est iam pejerare videtur. Aber auch, wo für das wahrheitswidrige Eidesangebot nicht die Strafe des Meineids ausgefprochen ift,[13] ift jenes ein felbftftändiges Delict und durchaus nicht als Verfuch des Meineids aufgeführt. Memmingen S. 280: »wenn ein aid erteilt wirt mit dem Rechten, hebt der uff und wil doch nit vollvaren mit dem aid und hebt wider nider, der vervallet ainer fräflin, und fol ouch darzuo den klager bezalen finer fchuld, darumb er in beklegt hett, und wirt eim ein aid erteilt, hebt der uff und wider nider ân des Richters urlöb, und hebt denn wider uff und vollvert denn mit dem aid, der vervallt ein unrecht, das ift 16 Heller.«

§ 68. Einen Fall, in welchem wir den Verfuch eines befchwerten Diebftahls fehen würden, führt das augsburger Stadtrecht S. 60 (bei W a l c h Art. 120) an. Die beim Einbrechen oder

---

[13]) Bafel Rechtsq. I. No. 70. vgl. mit No. 93. 143.

Auffchliefsen mit falfchen Schlüffeln ergriffenen Diebe find damit
an der »Handgetat« begriffen; darnach geftàltet fich die procef-
fualifche Behandlung, und fie werden gehenkt, nicht anders als
wenn fie fchon geftohlen hätten und zwar ein grofser Diebftahl
vorläge. Der Kläger bedarf keines andern Beweifes als des Schu-
bes (S. 57. 59), und zum Schube konnte er fich bedienen des
zerbrochenen Schloffes, der falfchen Schlüffel, oder auch dazu
von den Sachen nehmen, die im Keller oder Gadem waren, die
der Dieb noch nicht berührt hatte. Wir finden hier handhaften
Diebftahl, aber keinen als felbftftändig genommenen Diebftahls-
verfuch.

§ 69. Wenn wir zurückfchauen auf die verfchiedenen Fälle,
von der lex Alam. Kar. 71 an bis zu den Weisthümern des fechszehnten Jahrhunderts, in denen wir einen Verbrechensverfuch
erkennen, fo fehen wir faft überall die gleiche Beftrafung wie bei
den vollendeten Verbrechen, eben weil die Begriffsgrenze zwifchen
Verfuch und Vollendung noch nicht gezogen war; ja es kam fogar
in mehreren Fällen des § 65, wenn wir fie nach unferer Theorie
analyfiren, für das, was wir Verfuch der Körperverletzung nennen
würden oder gar nur Vorbereitungshandlung, die Bufse der vollendeten Tödtung heraus. Wir haben alfo in dem betrachteten
Thema ein noch unentwickeltes Stück des deutfchen Strafrechts,
an dem wir ein Dominiren der Willensfeite des Verbrechens in
Verbindung mit dem Friedensrecht erkennen.

Die gleiche Beftrafung deffen, was wir (beendigten) Verfuch
nennen würden, mit der vollendeten Tödtung, zeigt fich auch in
Straffällen aus dem fechszehnten Jahrhundert. [14])

X. Die Nothwehr und der Anlafs.

A. Die Nothwehr.

§ 70. Das augsburger Stadtrecht 1276 S. 51. 69. 70. 71 (bei
W a l c h Art. 102. 167. 168. 169) enthält eine eben fo klare als
vollftändig ausgebildete Theorie der Nothwehr. Wenn es an zwei

---

[14]) Stetten I. 309. Chronik von H a l l e r und M ü s l i n S. 32. 178.

Stellen (S. 69. 70) die »rechte Notwer« betont, wie der Schwfp.
63. 340 W., 79. 314 III. L., fo bedeutet das nur eine Nothwehr,
die alle Bedingungen der forgfam characterifirten und begrenzten
Nothwehr hat und weshalb denn die Folge, welche das Recht fetzt
oder die praktifchen Confequenzen eintreten; es ift alfo das Beiwort gebraucht wie das lateinifche iustum, und ähnlich ift es
verwendet, wenn »rechte Heimfuche« und »rechter Strafsenraub«
gefagt wird (S. 15. 108). In der zu gewaltfamen Verletzungen fo
geneigten Zeit des Mittelalters wurde es oft verfucht, ein gefche-
henes Handeln als Nothwehr geltend zu machen, dem doch ein
Merkmal derfelben fehlte, das alfo nicht rechte Nothwehr, d. h.
nicht Nothwehr war und um daher für alle Fälle Klarheit ins
Recht zu bringen, verfährt das Stadtrecht hier theoretifirend und
genau befchreibend, während es manche thatfächliche Begriffe, an
welche fich nicht in der Weife der Zweifel anhängen konnte, kurz
hinftellt. Einem Falle der nicht-rechten Nothwehr tritt das Statut
fpeziell entgegen (S. 70) mit den Worten: »Laufent aber lute einander an. unde werdent die von einander gefcheiden. unde laufent
die einander fräffelichen wider an. daz ift nit notwer.«

»Notwer« ift Wer gegen Not = Gewalt d. i. gegen einen
gewaltfamen Angriff auf die Perfon. Die Gewalt des Angreifers
urfacht einen Zwang des Angegriffenen zur Wehr, und fo haben
wir den begrifflichen Uebergang von der Not = Gewalt zur Noth =
Drangfal, welche letztere Bedeutung dem Worte tür die Gegenwart allein geblieben ift. Der gewaltfame körperliche Angriff auf
die Perfon geht hervor aus den zur Befchreibung des erften der
beiden Theile, in welche Wort und Begriff einfach zerfallen, gebrauchten Bezeichnungen, unter denen das »Anlaufen« am gewöhnlichften ift und oft potenzirt wird durch den Zufatz »mit gewaffneter Hand«, »mit gezogenen Waffen«; nicht minder von der
andern Seite her aus der Wendung »fines Libes benoetet«, die
mit Variationen überall wiederkehrt: »fines Libes notwerend«,
»finen Lip werend«, »dafs er fich fines Lips und Lebens hat
müffen erweren« u. dgl. [1])

---

[1]) Augsburg S. 69 ff. Strafsburg 1249 § 26 (bei Strobel I. 558). Richtebrief
von Zürich S. 17. Bafel Rechtsq. I. S. 15. 147. 223. Schreiber, Urk. II. 343.
Freiburg 1520 S. XCIV. 1. Schöpflin, Als. dipl. II. 196. Nidwalden 203.
Zug 1566 § 80.

Das augsburger Stadtrecht verlangt für die rechte Nothwehr ein Anlaufen mit gewaffneter Hand, wie auch das ftrafsburger a. a. O. (und die C. C. C. Art. 140), und zwar »mit erzogem gewäfen, daz fi fwärt oder mezzer oder ander gewäfen fwelher hande daz ift«. Das Stadtrecht befchreibt auch weiter, wie fich der Hergang entwickelt bis zum Todfchlag hin: »Diu notwär ift alfo gefchafen, fwär den andern anlaufet mit gewafenter Hant, entwichet er im ob er im entwichen mac. unde daz iener allez uf in flecht. unde benoetet in fins libes. fleht er in an derfelben ftete ze tode. fo ift er dem vogte noh den clagern nihtes fchuldic.« Damit ift nicht gefagt, dafs es an einer wefentlichen Bedingung der Nothwehr fehle, wenn der Angegriffene fich durch die Flucht habe retten können, aber geblieben fei, fondern die Erwähnung des Entweichens des plötzlich mit blanker Waffe Angelaufenen, das hier gar nicht als eine Flucht, fondern nur als ein natürliches momentanes Ausweichen deffen, der den Kampf nicht fuchte, fondern ihn lieber vermieden hätte, gefafst zu werden braucht, gehört zur Schilderung des gewöhnlichen Hergangs. Wenn nun, heifst es weiter in der Schilderung, der Angreifer nicht abläfst, fondern auf den Zurückgewichenen losfchlägt, dann ift diefer feines Leibes »benötet«. Man muthete es im dreizehnten Jahrhundert einem wehrhaften Manne, der mit blanker Waffe angegriffen war, eben fo wenig zu, davon zu laufen, als fich nach der Polizeihülfe umzufehen, bevor er fich zur Wehr fetzte. Der Schwfp. 63 W. 79 L., wefentlich übereinftimmend mit dem augsburger Stadtrecht, nur wortreicher, befchreibt auch den Hergang fo, um den Angriff und die Abwehr in ihrem Verhältniffe zu einander darzuftellen, dafs das Entweichen kein Davonlaufen, fondern ein Zurückweichen ift, wie es die Lage des Augenblicks natürlich machte; der Angriffene follte befchwören, »daz er dri fchritte hinder fich fi entwichen oder mêr«. In einem conftanzer Falle von 1443 wurde die Nothwehr nicht als erwiefen genommen, weil nicht bewiefen war, dafs der Beklagte drei Schritte hinter fich entwichen fei, und er wurde enthauptet. [2]) Derfelbe die Wehr characterifirende Gedanke ift ausgedrückt, nur nicht fo wie im Schwabenfpiegel fpezialifirt, im memminger Rechtsbuch S. 255: »das fy hinder fich

träten und dem gern gewichen hetten« und Zug 1566 § 80 : »Wann
einer den andern unbefchulter und unveranlaffeter Sach angriff
und der ander gern rüwig und zufriden wäre etc.« [3]) Es fteht dem
fo gefetzten Falle der Fall gegenüber, wo zwei Menfchen an einander kommen, von denen zwar der Eine angreift, der Andere
aber diefs nur als eine gewünfchte Gelegenheit nimmt, um auch
fogleich loszufchlagen.

Die C. C. C. Art. 140 hat den bekannten wichtigen Satz : »ift
auch mit feiner gegenweer, bis er gefchlagen wirdt zu warten nit
fchuldig, unangefehen ob es gefchriben rechten und gewohnheiten
entgegen wer.« Die Bamb. 165 und das erfte Project der C. C. C.
Art. 146 haben den Schlufs : »als etlich unverftendig lewt meynen.«
Die Verweifung auf das gemifsbilligte Recht könnte als Beziehung
auf das àugsburger Stadtrecht und den Schwabenfpiegel genommen
werden, aber die Erwähnung des erften Schlages von Seiten des
Angreifers auf den Andern ift ein Stück des gewöhnlichen Her-
ganges und nicht nothwendig fo zu nehmen, dafs der Angegriffene
müffe erft gefchlagen fein, um die rechte Wehr für fich geltend
machen zu können. Auf S. 70 des augsburger Stadtrechts fteht
nur : »Swär den andern ànlaufet mit erzogem gewäfen«, und im
Schwfp. 340 W.: »ob ein man den andern anloufet.« [4])

Dafs ein Dritter dem Benöthigten helfen dürfe und wenn er
deshalb in Anfpruch genommen werde, fich auf die Nothwehr des
Angegriffenen berufen könne, fagt das ftrafsburger Stadtrecht
1322 § 163.

Da der gewaltthätige Angriff auf die Perfon das Fundament
der Nothwehr bildet, fo ift in den alàmannifchen Quellen von einer
f. g. Ehrennothwehr nicht die Rede. Die Fälle, welche man
etwa darunter ftellen könnte, find im alten Recht in eine andere
Bahn gewiefen. Nur das nördlinger Statut § 7 liefse fich dafür
anführen : »ift daz ainer den andern ubel handelt . ez fi mit worten
oder mit werchen . fwelher gewären mach . daz ez der ander an in
braht hab . der git kain befferunge . und fol er notwer bewere mit
finem aid und mit zwaien ander erbern mannen die der kriek nit
angangen daz die fweren . daz der aid fi rain und nit main ez fi

[3]) Dtfchfp. 71: »Der ander weichet hinder fich und wolt gern von im chomen.«
[4]) Jener Tadel in der C. C. C. fcheint auf das bamberger Recht zu gehen.
f. Zöpfl, das alte bamb. Recht, Einl. S. 148.

umb totſleg oder umb alle frevel.« Aber man kann die Stelle auch, ohne ihr Zwang anzuthun, ſo nehmen, daſs erſtens vom Anlaſs, der mit Worten und Werken geſchehen konnte, die Rede iſt; dann ſpeziell von dem Beweiſe der Nothwehr, die einen Angriff mit Werken vorausſetzt.

Aus den alamanniſchen Rechten läſst ſich keine ſ. g. Eigenthumsnothwehr nachweiſen, in dem Sinne, daſs nicht die Perſon des Eigenthümers angelaufen war, ſondern nur ein gewaltſames Entziehen eines Vermögensobjects drohte. Es war zwar niemandem verwehrt, ſich in ſolchen Fällen ſelbſt zu helfen, [5]) aber Nothwehr iſt diefs nicht genannt. Die erlaubte Selbſthülfe des Wirths, der zu ſeinem Zehrgelde kommen wollte, nach dem augsburger Stadtrecht S. 137 (bei Walch Art. 401), kann natürlich gar nicht hieher gezogen werden; aber auch Schwſp. 194 W. 233 L. ſtellt die Eigenthumsnothwehr nicht als ſelbſtſtändig hin: »Wil mich ein man rouben uf der ſtrazen . wer ich mich des unde ſlahe in ze tode . ich büeze weder ſineu friunden noch dem richter niht . unde wil man mir der notwer libes unde guotes niht gelouben etc.« Hier iſt rechte Nothwehr mit ihrem Fundament, dem widerrechtlichen Angriff auf die Perſon, der durch den Angriff auf das Gut gar nicht abſorbirt wird.

Eine Nothwehr gegen Thiere hat die urſprüngliche Recenſion des augsburger Stadtrechts nicht, und auch der Schwſp. 202 W. 244 L. »von ſchedelichen Thieren« vermeidet den Ausdruck, den der Sſp. II. 62 § 2 und Dtſchſp. 179 hatte. Dagegen leſen wir in der Recenſion jenes Stadtrechts bei Walch § 169: »Laufet einen an ein Sau oder ein Hund oder welcherlei Vieh das iſt und will ihn biſſen, wehrt ſich der und ſchlebt das Vieh — ze tode oder was er ihm tut in rechter Notwer etc.« Weil der Angriff, der von einem Thiere ausgeht, dieſelbe Gefahr erzeugen kann, als wenn der Angreifer ein Menſch iſt, hielt man die Analogie für gerechtfertigt, ohne freilich Gewicht darauf zu legen, daſs man bei dem Angriffe durch ein Thier nicht von einer Widerrechtlichkeit in dem Sinne ſprechen kann, wie bei dem Angriff durch einen Menſchen. Die Widerrechtlichkeit des erſten Angriffs [6]) verſteht

---

[5]) ſ. ſchon lex Alam. Lantfr. 98.
[6]) vgl. John S. 296.

fich bei der Nothwehr fo fehr von felbft, dafs fie nicht befonders hervorgehoben zu werden pflegt; [7]) beim Strafsenräuber (Schwfp. a. a. O.) ift fie evident.

Die Verletzung, welche der in Nothwehr Verfetzte dem Andern zufügt, kann verfchieden fein, weshalb das augsburger Stadtrecht S. 69 fagt: »ez fi umbe den totflac . ez fi von wunden . oder von raufen . oder von flahen . oder von chratzen . oder fwaz der man tut in rechter notwer.« Da aber die Nothwehr felten anders gerichtlich zur Sprache kam, als wenn eine Verwundung oder Tödtung vorlag, fo werden meiftens nur diefe genannt [8]) oder nur der fchwerfte Fall, die Tödtung, in welchem die Nothwehr ihre gröfste praktifche Bedeutung hatte. Für die Tödtung betont das augsburger Stadtrecht S. 69 fehr richtig, dafs fie in continenti gefchehen fein müffe, [9]) »fleht er in an derfelben ftete ze tode«, ohne diefs für andere Fälle unerheblich zu erachten. Es liegt diefs im Begriffe der Wehr; wenn einer, der in die Lage der Nothwehr verfetzt gewefen war, am andern Tage feinen Feind erfchlug, fo war das Rache, nicht Nothwehr; eben fo wenig in dem oben S. 152 angeführten Falle, den das augsburger Stadtrecht auch deshalb ausfcheidet.

§ 71. War in einem Streite ein Menfch erfchlagen worden, fo bildete die Tödtung das rechtlich zu behandelnde Thema, und mochte die Freundfchaft des Erfchlagenen mit der Klage auftreten oder in anderer Weife die Sache gerichtlich werden, fo lag die Tödtung als eine Thatfache vor, die Rechtmäfsigkeit oder Unrechtmäfsigkeit derfelben ftand in Frage. Dem Todfchläger lag es nahe, die Nothwehr für fich geltend zu machen, mit oder ohne Grund. So wie er dann behauptete, fein Handeln fei eine Abwehr gewefen gegen den Angriff des Getödteten, fo war diefe Behauptung eine Abwehr des in der Klage liegenden Angriffs oder eine Einrede. Er hatte einen Menfchen erfchlagen, fuchte aber die Schuld von fich abzuwenden, und dazu bot ihm das Recht die Mittel:

1) Er konnte die Nothwehr durch Z e u g e n beweifen. Augsburg S. 69: »Ift daz ein man den andern ze tode fleht, daz die

[7]) L e v i t a, das Recht der Nothwehr S. 81 führt Freiburg im Uechtland § 130 an, welche Stelle aber nichts beweist.

[8]) Strafsburg a. a. O., züricher Richtebrief S. 17.

[9]) Const. pacis 1235 § 5. (P e r t z, Mon. Leg. I. p. 814.)

lute gefähen hant, mak der daz bringen felbe dritte mit den, die die notwer gefehen hant etc.« [10])

2) Gewöhnlich war aber kein Zeuge bei dem Vorfall gewefen, da hatte er den Eid. Augsburg S. 51: »daz er fin notwer berede mit finen zwain fingern.« Schwfp. 194 W.: »ich fol minen eit darumbe bieten.« [11]) Das Statut von Nördlingen [12]) fordert dazu zwei Eideshelfer.

Das augsburger Stadtrecht und der Schwabenfpiegel heften die Geftattung eines Eides des Beklagten an die Vorausfetzung, dafs er fogleich nach der That zu dem Vogte gehe und fich und das Schwert, mit welchem er den Mann getödtet, in des Richters Gewalt liefere auf Recht. Wer dann kommt, der ihn darum an-fpricht, dem foll der Richter Recht bieten von ihm, und fein Recht ift dann, dafs er die Nothwehr berede mit feinen zwei Fingern. Auch wenn er auf dem Wege zum Gericht gefangen wurde, follte er diefes Recht haben. Ift er aber auf der Flucht gefangen worden, fährt das augsburger Stadtrecht fort, und auf einem andern Wege, als dem, welcher zum Vogte führt, fo ift das Recht, dafs er berede mit feinen zwei Fingern, dafs er auf der Fährte zu dem Vogte gewefen fei, man bezeuge ihn denn felbfiebent, dafs das nicht fei, und dafs er auch fchuldig fei an dem Todfchlage: dann foll man über ihn richten als über einen fchuldigen Mann um den Todfchlag.

Das augsburger Stadtrecht und der Schwabenfpiegel ftimmen darin überein, dafs der, welcher die genannte Bedingung zur Ge-fattung des Eides erfüllt hat, der fich benommen hat mit Offen-heit, wie es natürlich ift bei einem, der unglücklicher Weife, aber ohne Verfchuldung, den Angreifer erfchlug, mit feinem alleinigen Eide fich entfchuldigen kann; der Schwfp. 63 W. 79 L. erwähnt nur noch, dafs der Todte vor Gericht zu bringen fei, und giebt die Eidesformel an (f. oben S. 153). Aber das augsburger Recht hat hier nicht die Beftimmung des Schwabenfpiegels, dafs der Eid zurückgedrängt werde durch das Erbieten von klägerifcher Seite zum gerichtlichen Zweikampf, obgleich es diefen Procefsfatz fonft

---

[10]) f. auch S. 71. Schwfp. 194. 340 W. 233. 314. III. L. Memmingen S. 255. Schreiber, Urk. II. 343. Freiburg 1520 p. XCIV. 1. — Züricher Richtebrief S. 17. — Zug 1566 § 80. Appenzell A. Rh. 157.

[11]) Schwfp. 63 W. 79 L.

[12]) f. oben S. 154. Freiburg 1520 a. a. O.

nicht felten (S. 52. 53. 55) erwähnt, und es auch ausfpricht, dafs
wenn die Klage auf Mord gehe, diefs eine kampfwürdige Sache
fei (S. 69). Schwfp. 63 W.: »hat aber der tote man einen mâc
von finem vater, unde wil in der mit kampfe beftên, des enmac
er im niht geweigern, ern fi danne fin genoz niht«. 194 W.: »ich
fol minen eit darumbe bieten. Daz wert mir ein fin mâc wol mit
kampfe, ob er wil. Daz ift da von gefezet, daz die fchulde nieman
weiz wan got. der fcheit ez ouch nach rehte.« [13])

§ 72. Hat der, dem der Todfchlag angefchuldigt wurde, fich
mit der Nothwehr »entfchuldigt«, in den Formen, die das Recht
vorfchrieb, fo ift er nach dem Schwfp. 63 W. »ein ledic man«.
Colmar § 1: »fo fol er lidic und unfchuldic bliben«. Freiburg
1520 a. a. O.: »der fol vôm Todfchlag entfchuldigt fein«. Oft
wird diefes Refultat vollftändiger formulirt und zwar mit Rückficht darauf, dafs er im entgegengefetzten Fall nach zwei Seiten
hin hätte leiften müffen. Augsburg S. 51 (und S. 69): »fo ift er
dem vogte nihtes fchuldic noh den clagern«. Schwfp. 194 W.:
»ich büeze weder finen friunden noch dem richter«. [14])

In einem augsburger Falle von 1510, den Gaffarus erzählt,
wurde denn auch einer, der in der Nothwehr einen Andern getödtet hatte und die Nothwehr mit 60 Zeugen bewies, vom Gericht
gänzlich freigefprochen, »innocens pronunciatus citra omne in-
commodum in patria mansit«. Wenn man bei diefem ganz allgemein ausgefprochenen Satze noch zweifeln könnte, ob damit
auch aller Anfpruch der Familie des Getödteten befeitigt gewefen
fei, fo dürfte man fich darauf beziehen, dafs der Todfchläger in
eine Freiheit geflüchtet war und von dort aus fich ein ficheres
Geleit vom Gericht erbeten hatte, zum Schutze gegen die Verwandten des Erfchlagenen, was ihm auch zugeftanden wurde.

An anderen Stellen find nicht beide genannte Seiten hervorgehoben, fondern nur das Ledigfein von der öffentlichen Genugthuung. Strafsburg 1249 § 26: »der enfol der ftette deheine
befferunge tun«. Züricher Richtebrief S. 17: »da mitte wirt er
ubir der buofse gegen dem Rate«. [15]) Daraus, dafs in diefen

---

[13]) f. auch 340 W. vgl. const. pacis 1187 § 1. 2. (Pertz, Mon. Leg. II. p. 101. 102.)
[14]) Schauberg, Ztfchr. I. 371. Wädenfchweiler Herrfchaftsrecht Art. 29 § 3.
(Peftalutz II. 153.)
[15]) Bafel Rechtsq. I. 15. 147. 223. Schreiber, Urk. II. 343.

ftädtifchen Rechten der Anfprüche der Familie des Getödteten oder des Verwundeten nicht gedacht ift, fondern nur deffen, was die Stadt zunächft und direct anging, darf man nicht fchliefsen, dafs folche Anfprüche beftehen blieben; eben fo wenig als die öffentliche Genugthuung unerledigt bleibt, wenn das zuger Stadt- und Amtbuch 1566 § 80 nur fagt: »fo fol er im und fyner gantzen Fründfchaft geantwurt han.« Bei der Fortdauer der Blutrache in der Schweiz wurde hierauf der Nachdruck gelegt.

Dafs derjenige, welcher in rechter Nothwehr gewefen, kein Wergeld zu zahlen hatte, zeigt deutlich ein Fall aus dem Elfafs von 1349. [16]) In einem Streite der Strafsburger mit Reinhart Hove- wart und Genoffen war dem letzteren ein Mann erfchlagen worden. Hovewart klagte »ime were ein fin mäge erfchlagen Hinz der Frye, der fin helfer waz uf der gedat, und vordert, daz man in den ver- befferte.« Der Entfcheid lautete: »Wir die — vier ratlüte fprechent ouch furbaz me einhelleclich von Fryen wegen fines Helfers, wande die von Strafsburg iren libe notwerende warent, daz man denfelben Fryen nut beffern folte noch waz Reinhart Hovewart oder finen helfern uf der gedat befchach.«

Der Regel, dafs wer die rechte Nothwehr für fich bewiefen hatte, ledig fei, ftellen fich aber einige Quellenausfprüche ent- gegen, die man nicht ohne Weiteres als Unregelmäfsigkeiten bei Seite werfen darf, fondern darauf anfehen mufs, ob nicht die Ab- weichung einen beftimmten Grund habe. Uri 25: »welcher in un- ferem Land — ohne merkliche Urfach Krieg mit thätlicher Hand anfienge, dermafsen ein Gericht fich erkannte, dafs einer nicht merkliche Urfach gehabt, und dann er fich alfo wehren mufs, den Anfänger verwundete, der foll ihme kein Abtrag zu thun fchuldig fein, es möchte auch einer fo gefehrlichen handeln, man würde ihn weiters ftrafen.« Unbedenklich kann man in den letzteren Worten die Refervation des Exceffes der Nothwehr fehen. [17])

Das jüngfte ftrafsburger Stadtrecht 1322 § 153. 161. 163. 168. beftimmt im directen Gegenfatz zu dem von 1249, dafs wer in der Nothwehr jemand getödtet oder verwundet habe, zwar von den Klägern ledig fei, aber der Stadt zu beffern habe. [18]) Sehr

[16]) Schöpflin, Alf. dipl. II. 196.

[17]) f. auch Nidwalden 203 u. dazu Defchwanden im Gefchichtsfreund IX. 81.

[18]) f. auch Petri, Mühlhaufen S. 225.

richtig macht L e v i t a [19]) darauf aufmerkſam, dafs dergleichen
zu erklären ſei aus dem Beſtreben der ſtädtiſchen Gemeinde, alle
Gewaltthat aus dem friedlichen Verkehr der Bürger zu verbannen.
Mit Unrecht zieht er aber ſchon den Stadtrodel von Murten § 11
dahin, nach welchem, wie er meint, Tödtung oder Verletzung in
der Nothwehr milde geſtraft werden ſoll. Der Stadtrodel ſetzt
zuerſt, wie der Bruch des Stadtfriedens durch Verwundung mit
bewaffneter Hand und durch Tödtung zu behandeln ſei; davon
gebe es aber zwei Ausnahmen: 1) wenn es geſchehen in der Nothwehr; 2) wenn ein mildernder Umſtand vorliege, indem der Thäter
eine Schmach oder Beleidigung gerächt habe: dann — bei dem
Vorhandenſein dieſes m i l d e r n d e n Umſtandes — ſei m i l d e r
zu urtheilen. [20])

Es iſt an dieſer Stelle gar nicht geſagt, was auch G e y e r [21])
ohne Grund annimmt, dafs Blutvergieſsen oder Tödtung in der
Nothwehr überhaupt, wenn auch milder, zu ſtrafen ſei.

Erwähnung verdient noch die Handfeſte von Freiburg im Uechtland § 130: »Si quis defendendo corpus suum alicui malum absque
morte fecerit, nulla erit satisfactio nec villae nec domino nec laeso,
sed qui litem incepit, tenetur sculteto in banno trium librarum.«
Hier ſind die Regeln über Nothwehr und Anlaſs zuſammengefloſſen,
es ſollte aber nur ein Reſultat für den letztern gewonnen werden.

B. Der Anlaſs.

§ 73. Eng zuſammenhängend mit der Nothwehr und ein Stück
aus dem Friedensrecht iſt das Thema vom A n l a ſ s. In den Beſtimmungen über die Nothwehr und über Raufereien zeigt ſich,
dafs man der Ehre des wehrhaften Mannes volle Anerkennung
ſchenkte. Daher finden wir in der berner Gerichtsſatzung 1614
I. 19. 5. die Wendung: »dafs der Angereizte ſeiner Ehren halb nit
fürkann, dann dafs er den Anreitzer ſchlacht, wundet etc.« und
daher das ſo weit gehende Recht des Angegriffenen; aber eben
deshalb auch groſse Strenge gegen den Angreifer der Perſon,
welcher » frevenlich « den Frieden ſtörte. Demzufolge erſcheint

[19]) S. 108.
[20]) vgl. unten § 82.
[21]) Lehre von der Nothwehr (1857) S. 113.

der Angriff, das Anlaufen, das Eindringen auf jemand als ein wichtiger felbftftändiger Begriff im alten Strafrecht, das fich an den Frieden anfchlofs. Die Selbftftändigkeit diefes Begriffs, fo dafs der **Angriff** für fich Friedensbruch und bufswürdiger Frevel war, [22]) läfst fich aus vielen Stellen der alamannifchen Rechte nachweifen. Breifach § 11: »Si quis infra bannum burgi aliquem burgensium armata manu invaserit, sive percutiat sive non, gratia nostra carebit.« Glarner Landesfatzung 1387 § 14 [23]): »Wer daz ieman den andern mit gewaffneter hand anlouffet ald über den andern tringet, der git ein pfund pfenning ze buofse ân genad.« Zug 1432 § 29: »Wer aber über den Andren tringet frevenlich mit gewaffneter hand ald den Andren fchlecht und in nit blutruns noch hertfellig machet, der ift dem Secher verfallen 9 Sch. den. und dem Ammann drifeltig bufs uff Gnad ob es klagt wurde.«

Wenn ein folcher Angriff weitere Gewaltthätigkeit und Verletzung im Gefolge hatte, ja wenn er auch nur mit Worten gefchehen war, die zu Thätlichkeiten führten, fo wurde der Angriff nicht durch das Weitere abforbirt, fondern wenn der Angegriffene, dem man nicht zumuthete, falls er auf den einen Backen gefchlagen war, auch den andern hinzuhalten, den Angriff aufnahm und erwiederte, fo behielt der Angriff als **Anlafs, Anfang, Kriegsanfang, Anhab, Urhab** [24]) feine rechtliche Bedeutung, weil durch ihn die Friedensftörung geurfacht war.

Die berner Gerichtsfatzung von 1539 hat eine befondere Rubrik »Von Urhab« und darunter die Artikel »Urhab der Worten«, »Urhab mit der Hand«, »wie Urhab fyge an gwehr gryffen«, »Urhabs Straff« etc. Es erfcheint hier der Urhab' als ein durchaus felbftftändiger ftrafrechtlicher Begriff und als ein Handeln mit beftimmter Straffolge.

War durch einen Streit und eine Schlägerei der Friede gebrochen worden, fo fragte man zuerft: Wer hat den Krieg angefangen? und die Antwort auf diefe Frage war entfcheidend für die Beurtheilung des ganzen Vorgangs. Der Anfang konnte ge-

---

[22]) vgl. oben § 66.
[23]) Blumer I. 562. Landbuch von Glarus § 29.
[24]) Ueber diefes Wort f. Ztfchr. für deutfches Recht XVIII. 83. Königshoven's Chron. S. 341: »und wurdent defte höher gefchetzet, wenn fü der fachen ein Urhap und ein Anevang worent.« Weigand, Synon. No. 1803.

macht fein mit Worten oder mit Werken, aber hinfichtlich der Worte war eine Grenze gezogen durch Beftimmung ihres Gewichts, indem nur Worte, in denen ein fchwerer Angriff auf die Perfönlichkeit lag, als Kriegsanfang betrachtet werden follten. Die berner Gerichtsfatzung characterifirt die Worte nur allgemein: » Wann einer dem andern fo grobe ungebürliche verachtliche und anläfsige Wort gebe, dardurch der ander bewegt wurde, dafs 'er einen Frevel beginge «; häufiger find die Worte fpeziell aufgeführt, [25]) weil es praktifch wichtig erfchien, genau zu beftimmen, durch welche Worte, bei der Unermefslichkeit des Gebiets der Sprache, der Frieden als gebrochen angefehen werden follte, und weil 'es darauf ankam, im einzelnen Falle einer Rauferei nachzuweifen, wer den Anlafs gethan; es follte nicht fchon jedes barfche Wort hier gültig fein und dem Anfange mit Thätlichkeit analog behandelt werden.

Hatte jemand den Anfang eines Streites gemacht, fo reihte fich leicht eine Verletzung an die andere. Diefe Erfahrungsthatfache führte zu dem Satze, dafs die Wurzel des Uebels aufzufuchen und gegen das zuerft gefetzte Unrecht zumeift zu reagiren fei. Diefs gefchah in folgender Weife:

1) Man liefs den Anfänger allein haften für den ganzen Schaden und der Gegner war frei. Bern 1218 § 34: » Si duo burgenses inter se rixati in civitate (se) invicem depilaverint aut percusserint, qui testibus convictus fuerit fuisse auctor, emendabit sculteto tres libras et tres conquerenti, alter non emendabit.« Stadtrechtsentwurf von Freiburg im Breisgau 1275: »Roufint zwene burger einandfr, fweders der urhab ift, der fol beffiron, .wirt er des übirredet.« [26])

2) Diefer Grundfatz geftaltete fich aber noch allgemeiner fo, dafs, wenn der mit Worten oder Werken Angegriffene den Streit aufgenommen hatte und fo von beiden Seiten der Friede gebrochen war, auch zwei Bufsen zu zahlen waren, diefe aber der Anfänger allein zu tragen hatte. Offnung von Wettefchwyl 1468: »Wer aber,

---

[25]) f. unten § 108.
[26]) Schreiber, Urk. I. 77. — Freiburg im Uechtland 130. (f. oben S. 160.) Berner Gerichtsfatzung 1614 I. 19. 5. Zug 1432 § 62. 1566 § 90. 111. Uri 21. 25. Landbuch von Schwyz S. 10. 12. 14. Gerfau S. 78. 94. Herrfchaftsrecht von Wädenfchweil Art. 28 § 2. Fünf Dörfer S. 71.

dafs fich erfunde, dafs deheiner den Anfang oder Anlafs an den andern brechte, derfelb, fo denn den Anlafs oder Anfang des Kriegs gethan hette, und fich das erfunde, der foll dann die Bufsen beid geben, es treffe viel oder wenig.« [27]) Freiburg im Breisgau 1520 p. XCIV, 1: »So zwen über einandern zucken, und folichs klagt oder gefehen würt, wie unfer Statt bruch und recht ift, die follent beid nach altem gebruch den frevel bezalen und abtragen, welcher aber under inen den andern des anfangs bewifen mag, der fol von demfelben urfächer und anfänger fins frevels koftens und fchadens im rechten enthept werden.«

Wir ftofsen aber auf einige Modificationen der fo geftellten Regel, die jedoch das Prinzip der weitgehenden Verantwortlichkeit des Anfängers nicht umftofsen:

a. Im engelberger Thalrecht S. 17. 39. ift gefagt: »uf welen denne die bufs und der anfang gelege, der fölt denen die bufsen bed oder all ustragen als vil denne uf dehein bracht wurde.« Dagegen nach dem alten Landbuch der March § 32 foll der, welcher den Anlafs thut, zwar beider Bufsen geben, mifchen fich aber mehrere Perfonen in den Streit, fo follen diefe für fich büfsen.

b. In dem gefchwornen Briefe von Luzern 1434 [28]) ift zuerft der Grundfatz unbedingt ausgefprochen, dafs der Anfänger beide Bufsen zahlen foll, nemlich für den Fall, dafs er den Krieg angefangen hatte mit Worten und es auch nur zu einem Streit mit Worten gekommen war, für welche gebüfst werden mufste; hatte er den Krieg mit Werken angefangen, fo foll er auch die zu beiden Seiten aufgelaufenen Bufsen zahlen, aber es ift hinzugefetzt: »untz an die grofsen Bufse und den Tod.« Das mufs wohl heifsen, es folle nach dem Anlafs gerichtet werden, fo weit in der Rauferei nur Dinge vorgekommen find, die unter der grofsen oder höchften Bufse bleiben, wo alfo der Krieg nur eine Rauferei der gewöhnlichen Art war, wie ihn auch das freiburger Stadtrecht 1520 vor Augen hat; da ift denn natürlich auch ausgefchloffen der fchwerfte

---

[27]) Grimm, Wsth. I. 39. 212. 281. f. auch Reyfcher, Stat. S. 464. Schauberg, Ztfchr. II. 86. Stadtrecht von Sempach bei Segeffer II. 676. Kothing's Rechtsq. S. 28. 33. 42. 50. 173. 347. Nidwalden 4. Appenzell 1585 § 9. Weggis bei Segeffer I. 404. Bluntfchli II. 53. Defchwanden im Gefchichtsforfcher IX. 80.

[28]) Segeffer II. 218. Anm. 2.

Fall, eine Tödtung im Raufhandel, deshalb fteht auch im Stadtrecht von Freiburg im Uechtland § 130: »absque morte.« [29])

3) Eine andere Normirung der Bufsen, wobei aber die Be-
tonung des Anfangs beibehalten ift, hat das Landbuch von Davos
S. 9: »Welcher ein Krieg, Span oder Stofs anfacht mit Worten
oder Werken, der verfallt dem Land Buofs 20 Sch., und welcher
zum erften zukt, der verfallt 30 Sch.; und als mancher darnach
zukt, verfallt ein jeder 30 Sch., vorbehalten der über den gezukt
wird, ob derfelbig auch zukte, fo verfallt er nüd, es were denn,
dafs ers mit Worten oder Werken verurfacht hette, ift er auch
die obgenannte Buofs verfallen.«

4) Analog kam die unter No. 2 angegebene Regel auch zur
Anwendung in Fällen, wie einer aus der luzerner Praxis vom
Jahr 1421 überliefert ift. [30]) Auf einer Zunftftube war einer in
der Rauferei fchwer verwundet worden; keiner der Anwefenden
war der That geftändig oder überwiefen; da wurden alle folidarifch in die Koften des Arztes und der Zehrung des Verwundeten
verfällt, aber es follte »Claus in der Rüti zwürent als vil gen als
ein anderer, fid er den Anfang thet«.

5) Obgleich bei einem Todfchlage, nach No. 2 ᵇ, die Regel des
Richtens nach dem Anlafs — wozu das Richten nach der That den
Gegenfatz bildete [31]) — ceffirte, behielt doch der Anlafs eine auf
der allgemeinen Anfchauung vom Anfang ruhende Bedeutung.
Wenn es fich, nach dem Landbuche von Uri 31, zutrug, dafs einer
in Stöfsen dermafsen verwundet wurde, dafs man nicht wiffen
konnte, ob die Wunden zum Tode reichen möchten, und die Öbrig-
keit von der Freundfchaft des Verletzten angegangen wurde, den
Thäter zu berechtigen, fo follte diefem nachgeftellt werden, wenn
er der Anfänger des Streits gewefen war; war aber der verwundet
worden, welcher den Anfang gethan hatte, dann follte man dem
Verwunder nicht nachftellen oder ihn aufhalten, bis der Verwundete todt fei. War nun der letztere Fall eingetreten, fo blieb es
bei der Beurtheilung des Todfchlags auch weiter noch von grofsem

[29]) vgl. Ztfchr. für deutfches Recht XX. 94.
[30]) Segeffer II. 676 Anm. 1.
[31]) Vertrag des Rathes von Zürich mit dem Bifchofe von Conftanz 1506 bei
Bluntfchli I. 386.

Belang, dafs der Geftorbene der Anfänger gewefen: es war dann
eine ehrliche Tödtung. [32])

Die beiden Kreife des Richtens nach dem Anlafs und der
Nothwehr berühren fich, fpielen auch oft in einander über, aber
als Kennzeichen der Verfchiedenheit fallen in die Augen, dafs der
Anlafs fchon mit Worten gethan fein konnte, Nothwehr einen gewaltfamen Angriff auf die Perfon vorausfetzt; ferner, dafs das
Richten nach dem Anlafs feinen Platz hatte, wenn in einer Rauferei es nicht zu fchweren Verletzungen gekommen war, die Nothwehr dagegen bei diefen, vornemlich der Tödtung, geltend gemacht wurde.

XI. Von der Theilnahme am Verbrechen.

A. Unterfcheidung der verfchiedenen Arten der Theilnahme.

§ 74. Wilda mufste fich auch hier veranlafst fehen, der
Meinung, als habe das germanifche Recht kein Gewicht auf den
Willen, fondern nur auf die materielle That gelegt, und deshalb
nicht fcharf zwifchen den verfchiedenen Theilnehmern am Verbrechen unterfchieden, entgegen zu treten. Die Widerlegung konnte
ihm nicht fchwer werden, da die Quellen fo deutlich dagegen
fprachen. Er gab die Widerlegung in dem Nachweife der Unterfcheidung. Wie weit mit diefer die Sonderung der Folgezeit nach
Laut der alamannifchen Rechte übereinftimme, wird aus meiner
folgenden Unterfuchung, die mit einer Skizzirung des Sprachgebrauchs beginnt, hervorgehen. [1])

Dem Falle, wo durch eine Perfon ein Verbrechen hervor-
gebracht ift, fteht gegenüber der Fall, wo mehrere Perfonen fich
daran betheiligten. In diefem Falle, auch wenn die mehreren
Perfonen eine rechtlich gleich zu achtende Thätigkeit ausübten,
wie bei einem durch Mehrere ausgeführten Diebftahl, wir fie alfo
Miturheber nennen, von einer Theilnahme am Verbrechen zu
fprechen, widerftreitet zwar nicht dem Buchftabenfinn diefes Worts,

---

[32]) f. unten § 96.
[1]) vgl. Ztfchr. für deutfches Recht XVIII. 82.

allein die Rechtsbeſtimmungen alter und neuer Zeit führen doch
darauf, die Theilnahme als ein Secundäres, als Accessorium, und
von einem Principale Abhängiges zu nehmen. Das Principale iſt
die Thäterſchaft.

1) Die Thäterſchaft iſt verſchieden in den Quellen bezeichnet. Das häufig vorkommende »der Urhab« bedeutet nicht
den Urheber, ſondern den Anfang [2]) und auch wo »der Urheber«
ſteht, iſt es der Anfänger des Streits. [3]) Häufig iſt Thäter, auch
Handthäter; [4]) ebenfalls Sächer (Secher), aber meiſtens iſt
dieſes ſchon der Procefsname und Sächer und Thäter decken ſich
nicht immer. Sächer iſt oft der Beklagte, aber auch der Kläger; [5])
ja ſelbſt der Name »Selbſchol«, der im Schwſp. 354 W. den
Führer bei einer Heimſuchung und den reus principalis zur Unterſcheidung von ſeinen Folgern bezeichnet, 195 W. den Räuber im
Gegenſatz zu den Helfern, kommt für den Kläger vor. [6]) Am gewöhnlichſten wird der Thäter nach dem Verbrechen bezeichnet
als Mörder, Brenner, Hausſucher, Räuber etc.

2) Die Theilnahme iſt entweder:

a. phyſiſche Beihülfe. Für die Gehülfen iſt der Name
Folger gewöhnlich. Schwſp. 354 W. (301 I. L.): »Swer ſin volger
iſt, und mit helfe mit im gat.« Wie hier, finden wir die Helfe
(Hilfe) und der Helfer oft; [7]) auch Geſelle [8]). Das Wort
Volleiſt dagegen ſcheint der alamanniſchen und ſchwäbiſchen
Rechtsſprache fremd geweſen zu ſein, denn während die Worte
des Sſp. II. 25. § 1. »over den rovere unde over ſine unrechten
vulleſt« in den Dtſchſp. 130 übergingen: »uber den rauber und
uber ſein unreht volleiſt«, [9]) heiſst es im Schwſp. 362 W. 76 II. L.
nur »über den rouber«;

[2]) ſ. oben § 73 S. 161.
[3]) Bern 1614. I. 19. 5.
[4]) Baſel Rechtsq. I. No. 35.
[5]) Grimm, Wsth. I. 237. 281. — Zug 1432 § 13. 28. 29. Schauberg,
Ztſchr. I. S. 11. Neerach § 65.
[6]) Augsburg S. 58. 83.
[7]) Schwſp. 188. 195 W. 227. 234 L. Geſchw. Brief von Luzern 1252. —
Strafsburg 1249 § 5. 6. Baſel Stadtfrieden 1286 § 2. 5.
[8]) Schwſp. 187 W. 226 L.
[9]) Für die Heimat des Dtſchſp. iſt dieſe Differenz vom Schwſp. zu beachten,
ſo wie auch, daſs jener die in den öſterreichiſchen Rechtsquellen häufige Form

b. **intellectuelle Beihülfe.** Vom nordifchen »radhbani«
fagt **Wilda**, dafs darunter eben fo wohl der zu verftehen fein
möchte, der dem Thäter Mittel und Wege zur Vollführung des
Verbrechens gezeigt, als in ihm den Gedanken erweckt und ihn
darin beftärkt hat. Dasfelbe gilt vom **Rath** nach den Quellen
des deutfchen Rechts. Das fo häufig wiederkehrende, alliterirende
»Rath und That« ift der Gegenfatz des Intellectuellen und Phy-
fifchen und in einer Urphede von 1326 finden wir den Verlauf:
»Ich han in gelobet und gelobe in mit difeme brieve, dafs ich
in und den iren niemer leit, noch fchaden, noch ungemach fol
getuon, mit reten noch mit geteten, mit worten noch mit werken,
dekeinwis alle die wile ich leben, ane alle geverde.«[10]) Nachdem
in einer Urkunde von 1390 zuerft »der recht Sächer und Höbt-
mann der Sache« genannt ift, heifst es weiter: »daz Herre Dietrich
von Valkenftein ratende, fuogende und heifsende ift gefinn.«[11])
Rath und **Hülfe** ftehen fich oft gegenüber als intellectüelle
und phyfifche Beihülfe, z. B. Schwfp. 227 L. (188 W.): »Swer rat
oder helfe einem menfchen tut daz es ftele.« Luzern Art. 41:
»gehulfen oder gereten«.[12])

Für Anftifter finden wir auch den Namen »Antrager«[13]) und
»Antreiber« im engelberger Thalrecht S. 88. Hier ift aber »Antreiber« mit »Redlifüerer« zufammengeftellt, fo dafs Antreiber
wohl eher der Anführer der Diebsbande ift. Auch »Urfacher«
fteht mit Redliführer zufammen im Landbuch von Klofters S. 57:
»Urfacher oder Redliführer«. Bisweilen ift aber »Urfacher« nicht
verfchieden vom Thäter,[14]) der die Rechtsverletzung oder den
Schaden verurfacht hat. Uri 99: »wer an folchen Brunften der
grofse Urfecher oder wer fchuldig feye Schaden abzutragen.«

3) Die **Begünftigung**, welche erft nach begangenem Verbrechen eintritt, hat keine beftimmte technifche Bezeichnung,
fondern für die eine Art derfelben, das Beherbergen und Be-

Volleift hat, f. Ztfchr. für deutfches Recht XVIII. 87. 88. — Die fränkifche
Sprache hatte die Form »Follufti«, f. **Pertz**, Mon. Script. II. 666. **Stälin** I. 413.
  [10]) **Schreiber**, Urk. I. 257. — Memmingen S. 256. 257. Uri 32. 37.
  [11]) **Schreiber**, Urk. II. 77.
  [12]) Schwyz Ldb. S. 81. Uri 37.
  [13]) **Segeffer** II. 620.
  [14]) Ztfchr. für deutfches Recht XVIII. 91.

fchützen des Verbrechers, ift oft das Wort **h e l f e n** gebraucht.
H e h l e n ift ein altes Wort. Schwfp. 226 L.: »der da ftilet unde
da hilet.«

B. Die Thäterfchaft.

§ 75. Die Beantwortung der Frage, wer der Thäter fei, wenn
in einer Rauferei, an welcher mehrere, vielleicht, viele Perfonen
Theil genommen hatten, jemand getödtet oder verwundet war,
ift eine Aufgabe des Proceffes, aber die Schwierigkeit, ja Unmöglichkeit in vielen Fällen, diefe Aufgabe zu löfen, wirkt auf
das materielle Strafrecht zurück und bringt in diefes Beftimmungen,
die da aushelfen follen, wo der Beweis in Stocken gerathen ift.
Präfumtionen und Willkühr find da unausbleiblich und das Thema
von der Tödtung und Verwundung im Raufhandel ift nicht der
einzige Fall der Art.

Zuerft follte ermittelt werden, [15]) wer überhaupt an der Rauferei Theil genommen, dann, wer feine Waffe gezogen hatte. [16])
Damit war für die wirkliche Thäterfchaft der Verwundung oder
Tödtung noch nichts erwiefen, aber ein Friedensbruch war vorhanden. [17]) Hatte nur eine Verwundung, keine Tödtung ftattgefunden, und war nur e i n e Wunde fichtbar, fo konnte nur einer
der Urheber der Verwundung fein, aber wo in einer Rauferei
Schlag auf Schlag gefallen war, mufste es oft unmöglich fein,
diefen Urheber herauszufinden. Da half man fich, wie in dem
fchen erwähnten luzerner Falle [18]): alle wurden folidarifch in die
Koften der Cur und der Zehrung des Kranken verfällt, der welcher den »Anfang« that, follte zweimal fo viel geben als die
Andern; Saumfal und Schmerzen hatte der Verwundete an fich
felbft zu tragen. Diefe Entfcheidung gereicht den alten Luzernern
nicht zur Unehre.

Hatte der Getödtete nur e i n e Wunde, fo follte auch nur
einer als Thäter angefprochen werden und fo weiter nach der
Zahl der Wunden, [19]) aber andere konnten wegen Rath und Hülfe

[15]) Augsburg S. 70.
[16]) Schwfp. 257 W. 312 L.
[17]) Strafsburg 1322 § 175. Davos S. 14.
[18]) oben S. 164.
[19]) Hier beginnt die Willkühr f. John S. 197.

beklagt werden. [20]) Demgemäfs beftimmt das Rechtsbuch von
Memmingen S. 255 dafs, wenn der Getödtete nur eine Wunde
hatte und auch eine Perfon den Todfchlag geftanden hat, die
Kläger aber jemand mehr um den Todfchlag anfprechen wollten,
diefer oder diefe einen gelehrten Eid zu Gott und den Heiligen
fchwören können, dafs fie an dem Todfchlage unfchuldig feien
»mit Räten und mit Getäten«, und haben fie dann je zwei Eid-
helfer, die nach ihnen fchwören, dafs ihr Eid rein fei und nicht
main, fo find fie des Todfchlags ledig. [21])

Die altgermanifche Rechtsfitte hatte dem Kläger oder der kla-
genden Familie eines Getödteten, wie auch dem, der felbft wegen
einer empfangenen Wunde klagte, eine Grenze gefetzt, infofern
nur gegen eine beftimmte Anzahl von Perfonen, wie viele deren
auch auf der andern Seite geftanden hätten, ein Anfpruch erhoben
werden konnte. [22]) An diefer formellen Regel hielt man im Mittelalter nicht feft, aber das Abgehen davon führte nicht grade auf
einen richtigen Weg, wie das ftrafsburger Statut 1322 § 175 zeigt.
Hier ift beftimmt:

1) »Wenn einer jemand wundet oder erfchlägt, fo geht es allen,
die ihm folgten mit blofsen Meffern oder blofsen Schwertern, mit
Spiefsen oder mit Hellebarden oder mit andern Waffen der Art,
wenn fie ergriffen würden, an die Hand oder an den Leib in aller
Weife als dem, der die Wunde gethan hat oder den Todfchlag.«
Es ift hier nicht blofs über den Fall beftimmt, dafs der Thäter
unbekannt ift, im Gegentheil führen die Worte zunächft den Fall
vor Augen, wo man den Urheber der Verwundung oder Tödtung
kennt, und wenn es da den Theilnehmern an der Rauferei, als
folchen, die mit bewaffneter Hand den Frieden brachen, unabhängig von ihrem weiteren Verfchulden fogar an den Hals gehen
foll, fo ift diefe Strenge ein Excefs.

2) »Folgte einer nach ohne Mefferzucken und ohne blofse
Schwerter und ohne Waffen, will der fchwören, dafs er nicht in
Uebels Weife nachfolgte, der foll ledig fein; will er aber nicht
fchwören, fo foll er der Stadt Befferung thun, aber an die Hand
und an den Leib foll es ihm nicht gehen.«, Hinzugefügt ift noch,

---

[20]) vgl. Ztfchr. für deutfches Recht XVIII. 93.
[21]) f. auch Landbuch von Schwyz S. 31.
[22]) Grimm, R. A. 626. Wilda S. 621. Ztfchr. für deutfches Recht XVIII. 91.

dafs, wenn nur gegen den geklagt werde, der die Wunde fchlug oder den Todfchlag that, die Uebrigen, wenn fie nemlich ohne Waffen dabei gewefen, unbehelligt feien.

Richtiger verfährt eine basler Verordnung über den Raufhandel 1382, infofern mehr Gewicht auf den Willen gelegt und das Complott ins Auge gefafst ift. Die Beftimmungen der alamannifchen Rechte über Tödtung und Verwundung im Raufhandel mehrerer oder vieler Perfonen find weder fo reichhaltig als die des fächfifchen Rechts, welches John forgfältig behandelt hat, noch können fie befriedigen, indem fie da, wo die Schwierigkeit am gröfsten ift, den Knoten durchhauen; aber es hat fich ja auch jetzt nach Jahrhunderten die neue Strafgefetzgebung nicht aus dem Labyrinth herausgefunden.

Wenn der Tod erft einige Zeit nach der Verwundung eintrat, fo konnte der urfächliche Zufammenhang und alfo die Thäterfchaft der Tödtung zweifelhaft fein. Mehrfach findet fich die einfchlägige Beftimmung, dafs diefe Thäterfchaft nicht anzunehmen fei, wenn der Verwundete zwifchen der Verwundung und dem Tode zu Kirchen, Markt und Strafsen gegangen fei; [23]) dann konnte nur die Strafe der Körperverletzung eintreten, fo wie auch, wenn die Verwundung durch Sorglofigkeit des Verwundeten den Tod zur Folge hatte. [24])

C. Die Beihülfe.

§ 76. Wilda fondert die »Gefolgfchaft« von der fonftigen Beihülfe, characterifirt diefelbe genau, und gelangt zu dem Refultat, dafs, wenn eine Miffethat von einem Anführer mit Gefolge begangen war, nach der Regel des germanifchen Rechts Anführer und Folger nicht gleich behandelt wurden. Die lex Alam. Hloth. XXXIV. befchreibt einen Fall des Raubes mit Gefolge: » Si quis praesumpserit infra provincia hostiliter res duci invadere et ipsas tollere et post hoc probatus fuerit, quidquid ibi toltum fuerit, mancipia, pecunia, omnia tripliciter restituat et insuper widrigildum suum duci conponat, quare contra legem fecit; et quanti liberi sunt illum secuti ibi raptores et exinde probati sunt, unus-

---

[23]) Memmingen S. 256. Segeffer II. 673.
[24]) Bern 1614. L. 19, 9. f. unten § 102.

quisque 60 solidos duci conponat et quidquid ibidem tulit semper tripliciter restituat.« Hier ift fowol jene Ungleichheit ausgefprochen, als auch, dafs nur »Freie folcher Theilnahme fchuldig werden konnten; denn Sclaven, [25]) die mit einem Freien eine Miffethat begingen, werden nicht als Theilnehmer, fondern als feine Werkzeuge angefehen«.

Wo in den mittelalterlichen Quellen die Gehülfen als »Folger« bezeichnet werden, ift zwar nicht überall der Begriff der Gefolgfchaft feftgehalten, aber bei den in jener immer noch wilden Zeit gar häufigen Miffethaten, die von einem Anführer mit feinem bewaffneten Gefolge ausgeführt zu werden pflegten, find die Grundfätze hinfichtlich der Gefolgfchaft und namentlich hinfichtlich der verfchiedenen Behandlung des Hauptmanns und der Folger noch nicht aufgegeben. [26]) Strafsburg 1322 § 66: »Wer verferet wurt, bringet der die clage für den Meifter und wurt der ander werbe ubel gehandelt umb das geclaget hatt, der den frevel hat begangen, der dut drye befferunge umb die unzucht und jeglicher finer helffer, der dut eine befferunge.« Der züricher Richtebrief I. 33° fetzt zwar für die Helfer bei einer Heimfuchung mit gewaffneter Hand diefelbe Bufse von 10 Mark wie für den Hauptmann; diefer foll aber für alle, »die mit ihm dar vrevenlich kommen find,« die Bufse zahlen, foweit fie zahlungsunfähig find. Dagegen find im Schwfp. 354 W. 301 l. L. die Folger des Heimfuchers ohne folche Befchwerung des Letzteren ihm in der Bufse gleichgeftellt, wie ebenfalls dem Räuber feine Helfer, Schwfp. 195 W. 234 L. Diefs ift ganz conform der Tendenz des f. g. Schwabenfpiegels ein allgemeines Landrecht zu fein, welches nur auf dem allgemeinen Landfrieden gedeihliche Wirkfamkeit haben konnte und deshalb gegen die Fehdeäufserungen durch Heimfuchung und Raub mit gefammelter bewaffneter Mannfchaft mit aller Strenge auftreten mufste. Uebrigens ift nach dem Texte c. 301 l. L. (abweichend von 354 W. und Dtfchfp. 102ᵇ) noch nicht aller Unterfchied in der rechtlichen Beurtheilung des Anführers und feiner Folger verwifcht. Sich erhebend über die particularen Satzungen fagt das Landrecht, die Bufse fei »etwa ring etwa fwer yenach des landes gewonheit«; der

---

²⁵) vgl. Augsburg S. 56: »Swer den ftraz raubet unde die die da mit im ritent die fin gefinde fint.«

²⁶) Ztfchr. für deutfches Recht XVIII. 84 ff. 92.

Heimſucher, welcher einen wirklichen Schaden anrichtet, ſoll die ganze Buſse zahlen; fand er aber ſeinen Feind nicht im Hauſe, und zieht er ohne Schädigung wieder ab, die halbe Buſse; die Folger, welche zwar gekommen ſind mit gewaffneter Hand, aber keinen Schaden thun, [27]) ſollen nur je 5 Sch. Heller zahlen. Wichtiger iſt die Wahrnehmung, die wir an den angeführten Stellen machen, daſs diejenigen, die wir Miturheber nennen würden, auch in den Namen Folger und Helfer begriffen ſind; denn als Miturheber müſſen wir diejenigen anſehen, welche bei einer Heimſuchung ihrem Anführer folgend frevenlich in das Haus einlaufen und Schädigungen ausführen; aber in ihrem Verhältniſſe zum Hauptmann waren ſie Folger und Helfer, ſie helfen ſeine Fehde ausführen. Sehr bemerkenswerth iſt auch, daſs in dem Schwſp. 195 W. 234 L. noch ein Conflict der Beurtheilung einer Räuberbande nach dem Prinzip der Gefolgſchaft und dem der Gefährdung des Landfriedens und der Gefährlichkeit des Verbrechens hervortritt. Das Landrecht eignet ſich den letzteren Standpunkt an, und gelangt dabei zu dem Begriffe der Miturheberſchaft, ohne dafür den entſprechenden Namen zu finden, indem noch »Hilfe« und »Helfer« beibehalten ſind. Die Stelle, welche ſich nicht im Dtſchſp. findet, lautet (W): »Es vert ein man mit liuten uz, unde nimet einen roup: weder ſint ſi alle ſchuldic oder niwer der ſie uz hat gefüeret? Wir ſprechen: ſi ſint alle ſchuldic. wanne er einer mehte den roup niht danne haben braht ân der andern hilfe . unde begrifet man ir einen, des der roup da iſt, er mac in wol hin füeren (vahen) âne gerihte, unde ſol in für den rihter füeren . unde iſt ez der helfer einer, man ſol über in rihten als über den ſelpſcholn.«

Abgeſehen von dem Nachklange der Gefolgſchaft ſind die Gehülfen gar nicht immer dem Thäter in der Beſtrafung gleichgeſtellt. Geſchworner Brief von Luzern 1252: »Und ſwer dem manſleggen ſin gunſt, helfe, old rat, mit ezzene ald mit trinkene, mit worten ald mit werchen git, zuo der manſlaht ald an der getat, ald ſwer dar an vunden wirt, daz er dem manſleggen nach der getat

---

[27]) Dieſe Stelle ſpricht nicht für John's Annahme (S. 221), daſs derjenige, welcher in der thatſächlichen Bedeutung Folger iſt, es nicht mehr im juriſtiſchen Sinne ſei, wenn er beſchädige, ſondern Thäter. Es ſind hier die beiden Fälle ſich gegenübergeſtellt, ob ein Folger ſchädigt oder nicht.

dehein weg befchirmet, der' hat verfchult an finem guote daz
felbe gerihte mit ime, ane einig den tot.« Landbuch von Schwyz
S. 81 (vom Jahr 1365): »were, das yeman hierzu (zum Brennen)
riette oder hülfe keinen weg — und wer in darüber hufet oder
hofet — der foll in denfelben fchulden fin, ân des allein, das es
im nit an den lib gan foll.« An beiden Stellen find die Beihülfe
und die Begünftigung nach. der That in eine Kategorie gebracht,
aber es ift auch an beiden Stellen in gleicher Weife die Todesftrafe für alle Helfer und Begünftiger ausgefchloffen. Eine ungleiche Beftrafung deffen, der ein unmündiges Kind wider Wiffen
und Willen der Freundfchaft oder Vormundfchaft zur Ehe nimmt,
und derer, die dazu gerathen und geholfen haben, ordnet das
luzerner Stadtrecht Art. 41 an.

Im Gegentheil ift nie eine verfchiedene Beftrafung der Gehülfen des Diebes und des Diebes ausgefprochen. Bei diefem
gemeinen, regelmäfsig von Leuten niedrigen Standes begangenen
Verbrechen wurde nie an eine mit der Fehde in Verbindung
ftehende Gefolgfchaft gedacht, fo wenig als je der Diebftahl neben
Heimfuchung, Raub und Brand als Fehdeäufserung genannt werden konnte. Ausgefprochen ift die Gleichftellung des Thäters und
der Helfer auch für die Nothzucht und für Störungen des Stadtfriedens, [28]) und im freiburger Stadtrecht 1520 p. XCVII. 1. ift das
Prinzip der Gefährlichkeit und der Abfchreckung bis zu dem
allgemeinen Satze durchgeführt: » Item welcher mörder, dieb,
todfchleger und ander übeltheter wiffentlich uffenthielt, oder teyl
und gemein mit inen hette, ald inen zuo ir böfen handlung für-
fchub gebe, der fol in glicher ftraff ftan wie der recht thäter.«

D. Die Begünftigung.

§ 77. Ueber die Begünftigung der Perfon des Verbrechers
nach begangenem Verbrechen haben wir eine Fülle deutlich reden-
der Zeugniffe, welche fich fcheinbar widerfprechen, wenn in manchen derfelben der Begünftiger einfach dem Thäter gleichgeftellt
wird, in anderen diefs nur nach einer Seite hinfichtlich einer
Rechtsfolge gefchieht. Unter beftimmten rechtlichen Vorausfetzungen trat das Eine oder das Andere ein.

---

[28]) Strafsburg 1249 § 5. 6. Bafel, Stadtfrieden 1286 § 2. 5.

1) In dem oben Seite 172 angeführten gefchwornen Briefe von
Luzern 1252 lefen wir, dafs den Begünftiger fo wenig wie den
Gehülfen des Todfchlägers die Todesftrafe treffen foll. Dem Sinne
nach fagt dasfelbe der Rechtsbrief für Breifach 1275 § 3: »Si quis
auxilium evadendi homicidae praestiterit, poena plectetur, qua
reus puniendus erat, praeter hoc quod sine pulsatione campa-
narum judicium de ipso fiet.« Die Glocke wurde geläutet, wenn
Gericht über einen Todfchläger gehalten wurde, mochte er zugegen
fein oder nicht, und bei dem Schlufsacte des Gerichts, der Hinrichtung; [29]) daher auch das »Klagen mit der Glocke« wegen
Tödtung und fchwerer Verwundungen. [30]) Demzufolge dürfen wir
wohl die Schlufsworte von § 3 des breifacher Rechtsbriefs als gleich-
finnig nehmen mit den Worten des luzerner gefchwornen Briefs:
»der hat verfchult an finem guote daz felbe gerihte mit ime,
ane einig den tot.« Der Begünftiger wurde nach Analogie
des Bürgen behandelt.

In anderer Weife ift die Verfchiedenheit der Beftrafung des
Begünftigers und des Thäters ausgedrückt in dem fpäteren Rechts-
briefe für Schlettftadt 1402. [31]) Dem entronnenen Todfchläger
wird verboten Wiedergang und Eingang in die Stadt zehn ganze
Jahre; ob aber jemand ihm Hülfe, Rath oder Gunft thäte mit
Worten oder Werken, zu entfliehen, der foll drei Jahre die Stadt
meiden. Das frühere Recht Schlettftadts fcheint in der fraglichen
Sache mit dem von Colmar 1293 übereingeftimmt zu haben. [32])

2) Eine Gleichftellung des Begünftigers der Perfon des Thäters
mit diefem hat das Stadtrecht von Colmar 1293 § 1 (und Dattenried § 1): »Were aber jeman, der demfelben, der den manflaht
tüt hülfe, daz er entrönne und hin komme, wirt er des mit dem
kampf beret, fo fol dasfelbe gerihte über in gan, das über jenen

[29]) Breifach § 4. Malefizordnung von Zug S. 66. Gefchichtsforfcher X. 386.
Freiburg 1520 p. XCIV. 1., wo auf das alte Stadtrecht verwiefen ift. In der
züricher Blutgerichtsordnung (Schauberg, Ztfchr. I. 382) ift ausdrücklich ge-
fagt, dafs bei der Hinrichtung eines Diebes nicht geläutet werden foll, und
Gaffarus hebt hervor, dafs zwei Weber in Augsburg 1524 wegen politifcher
Verbrechen hingerichtet feien »absque campanae consuetae sono«.

[30]) Memmingen S. 254. Freiburger Stadtrodnung § 75. Schreiber, Urk. I. 159.
Colmar § 1. Dattenried § 1.

[31]) Gengler S. 416.

[32]) Strobel II. 252, deffen Verweifung auf Schöpflin nicht genau ift.

gegangen folte fin, der da fchuldic ift.« Man könnte zwar ver-
muthen, dafs hier die Gleichftellung nur nach der einen Seite
hin zu nehmen wäre, die in dem luzerner Briefe 1252 angegeben
ift, aber wenn auch die beiden Urkunden der Zeit nach wenig
aus einander liegen, fo ift es doch bedenklich, den unbedingt
ausgefprochenen Satz der erften aus der damit nicht in Verwandtfchaft oder einem Entlehnungsverhältniffe ftehenden zweiten Urkunde zu ergänzen; vielmehr müffen wir die Gleichftellung des
colmarer Stadtrechts nehmen, wie fie ausgefprochen ift, und da
liegt der Grund der Gleichftellung in dem Beweife durch den
Kampf. Es ift in demfelben § 1 gefagt, wenn der des Todfchlags
Beargwöhnte vor Gericht komme und zum Reinigungseide greife,
werde diefer ausgefchloffen, wenn der Gegner ihn mit dem Kampfe
bereden wolle. [33]) Für den letzten, angeführten Satz des § 1
haben wir uns dasfelbe Verhältnifs zu denken, dafs der der Begünftigung Angefchuldigte nicht den Reinigungseid habe, wenn
der Gegner im Proceffe mit ihm kämpfen wolle. Kommt es zum
Kampfe, fo fetzen beide Alles und Gleiches ein. Der Gegner, der
Blutsverwandte des Getödteten, kämpft mit dem der Begünftigung
Angefchuldigten um das, was diefer ihm durch die Begünftigung
des Todfchlägers entzogen haben foll; ftatt der Blutrache wählte
jener die Klage, die auf den Kopf des Thäters zielt, und in dem
Kampfe tritt der, welcher dem Todfchläger fortgeholfen hat, ganz
an die Stelle des Todfchlägers.

§ 78. Die meiften Stellen, welche die Begünftigung der Perfon
des Thäters nach begangenem Verbrechen berühren, nennen eine
Form derfelben, das Haufen und Hofen, alfo Beherbergen.
Es beftand nun zwar ein grofser Unterfchied zwifchen dem noch
nicht verurtheilten Thäter, der flüchtig geworden war, wozu ihn
vor Allem die drohende Rache der Freundfchaft des Getödteten
oder Verwundeten beftimmen mochte, und dem wegen eines Verbrechens, da er nicht vor Gericht erfchienen war, Geächteten und
Verrufenen, infofern das Verbot dem Letzteren Schutz und Schirm
zu gewähren, in deffen Friedlofigkeit wurzelte, [34]) aber die Rechtsfolge für den, der das Verbot in Beziehung auf den Erfteren oder

---

[33]) vgl. oben § 71 S. 157.
[34]) Wilda S. 285 ff.; oben § 30.

Letzteren übertrat, ift darauf zurückzuführen, dafs er nach Analogie des Bürgen behandelt wurde; daher bleibt die Rechtsfolge
im Bereich des Vermögens, während die Rechtsfolge, welcher der
Verbrecher fich durch die Flucht zu entziehen fuchte, darüber
hinausgehen konnte. Die Confequenz hätte zwar die Bürgfchaft
zum Talionsprinzip verftärkt, aber die alamannifchen Rechte gingen nicht bis zu diefem Aeufserften, fondern hielten fich in dem
Bereiche, der für die Bürgfchaft im Leben Regel war. [35])

Es ftehen in derfelben Kategorie die Fälle des unerlaubten
Beherbergens folcher Leute, denen nicht wegen eines Verbrechens,
fondern wegen Schulden das Land verboten, oder die aus einem
folchen oder ähnlichen Grunde flüchtig geworden waren. [36]) Hier
tritt das Bürgfchaftsprinzip fehr deutlich hervor.

Auch das augsburger Stadtrecht S. 64. 65, welches genau angiebt, wie derjenige, welcher einen wegen der verfchiedenen Verbrechen Geächteten »haufet und hofet« oder, »behaltet«, diefem,
gleichgeftellt werden foll, bewegt fich hiefür nur im Bereich der
Bufse und Wette.

Sowol im augsburger Stadtrecht als anderswo ift hervorgehoben,
dafs nur derjenige, welcher einen Aechter oder Verbrecher mit
dem Wiffen diefer Qualität beherbergt habe, verantwortlich fei. [37])
Auch wird vom »Haufen und Hofen« und »Behalten« unterfchieden
der kurzzeitige Schutz, den die Gaftfreundfchaft gebot. Zwar beftimmt der Landfrieden K. Rudolf's und Herzogs Ludwig von Baiern
für Schwaben und Baiern, 29. December 1282 [38]): »Quicunque
aliquem de Suevia in Bavaria spolium committentem vel alias
delinquentem in strata vel extra stratam per unam noctem
scienter tenuerit, pro reo satisfaciet et tenebitur loco rei«, allein
folchem Landfriedenseifer ftand entgegen die Sitte, die fich mehr-

---

[35]) Gefchworner Brief von Luzern 1252. Landbuch von Schwyz S. 81 (f. oben
S. 173). Zug 1432 § 27, Malefizordnung S. 64. Luzerner L. G. O. bei Segef-
fer II. 710. R. A. aus der Schweiz No. XVII. S. 33. — Züricher Richtebrief I. 1 ff.
Diefsenhofen 21. 22.

[36]) Landbuch von Schwyz S. 10. Nidwalden 33. Davos S. 16. Segeffer
II. 629, Anm. 3. 457.

[37]) Zürich I. 3ᵃ· Diefsenhofen 21. 22. Schwfp. 116. 233 W. 137. 283 L.
vgl. meine Schrift über den Hausfrieden S. 45. 51.

[38]) Pertz, Mon. Leg. II. 442.

fach in den Rechtsquellen aufgezeichnet findet, [39]) felbft im Schwabenfpiegel, der im Uebrigen ftrenger ift gegen das fragliche Beherrbergen, als es in Alamannien Regel war. Das Beherrbergen während einer Nacht, welches der Schwabenfpiegel geftattet, ift auch anderswo in Beziehung auf »Landfahrer«, »beleumdete Leute« etc. zugeftanden. [40]) Dafs es keine ftrafbare Begünftigung war, einem Flüchtigen, auch wenn er Verbrecher war, auf feinem Wege Hülfe zum Weiterkommen zu gewähren, ift fchon oben § 54 S. 122 erwähnt.

Wie für die Beihülfe, fo führte das im deutfchen Strafrecht vordringende Princip der Gefährlichkeit und Abfchreckung auch für die Begünftigung zu dem oben am Schluffe des § 76 angeführten allgemeinen Satze des freiburger Stadtrechts von 1520.

§ 79. Der fchwerfte Fall der Begünftigung der Perfon des Verbrechers ift die gewaltfame Befreiung oder der Verfuch der Befreiung deffen, der fich fchon in den Händen des Gerichts oder der öffentlichen Gewalt befindet. Ein folcher Fall kam gewifs in älterer Zeit, als die Eigenmacht ftärker war und die Familiengenoffen zu Schutz und Trutz bei einander ftanden, nicht felten vor, und die Maafsregel, dafs nur eine beftimmte Zahl von Verwandten mit den Parteien vor Gericht erfcheinen durfte, uhd dafs das Waffentragen oder das Tragen gewiffer Waffen bei Gericht unterfagt war, ift, wenn auch zur Bewahrung des Gerichtsfriedens überhaupt, [41]) doch nicht ohne Beziehung auf die Gefahr einer folchen Gewaltthätigkeit getroffen anzufehen. Aber aufser dem Schwabenfpiegel, in deffen Beftimmungen über folche Gewalt wir nicht mit Sicherheit alamannifches Recht erkennen, [42]) enthält erft das fpätere alamannifche Recht ftrenge Strafbeftimmungen über einen folchen Fall. Freiburg 1520 p. XCVII. 1: »Welcher unfern dienern einichen gefangen abdrünge, oder fy daran verhinderte, fo fy den fahen wölten, defsglichen die gefangen uffer unfer Statt thürnen und gevenknufs, on unfer wiffen und willen erledigte, der fol in haftung, band und fchuld ftan, in

[39]) Augsburg S. 28. — Schwfp. 17. 233 W.
[40]) Reyfcher, Stat. S. 15. Schauberg, Ztfchr. II. 81. Landbuch von Churwalden.
[41]) f. oben § 23 S. 48.
[42]) Ztfchr. für deutfches Recht XVIII. 194.

allermaſs wie der gevangen geſtanden iſt, und darzu umb zehen
pfund pfennig geſtraft und gebüſset werden.« Die Gerichtsſatzung
von Brugg 1620 ſetzt 50 Pfund Pfenning als Buſse deſſen, der einen
Gefangenen, welcher für Gericht geſtellt wird um ſein Miſshandel
oder unterwegs wäre, dahin zu kommen, befreien will.
So wie der Schwſp. 219 W. 267 L. für den Fall, daſs der,
welcher einen um Ungericht Beklagten mit Gewalt dem Gerichte
entzogen hatte, ihr wieder fürbringt, denſelben doch die dem
Gerichte angethane Gewalt büſsen läſst, ſo ſind im freiburger Stadtrecht 1520 die 10 Pfund neben der nach dem Talionsprinzip eintretenden Rechtsfolge hingeſtellt, und damit iſt über die Auffaſſung
der Begünſtiguſg als eines Accessorium hinausgegangen zu einem
ſelbſtſtändigen Delict. Noch mehr erhebt ſich über die Grundlage
der Bürgſchaft und aus dem Kreiſe der acceſſoriſchen Begünſtigung heraus der Fall des Gefangenwärters, der einen Gefangenen
entweichen läſst; es wird dieſs zu einem freilich anders als in
der Gegenwart behandelten Amtsverbrechen.

§ 80. Weit ſeltener als die Begünſtigung der Perſon des
Thäters in den angegebenen Weiſen iſt die Begünſtigung erwähnt,
durch welche dem Thäter die Vortheile aus dem Verbrechen ge-
ſichert werden, und wobei der Begünſtiger zugleich an den Vor-
theilen des ohne ſein Mitwirken verübten Verbrechens mehr oder
weniger Theil nimmt; jedoch führen die Beſtimmungen über das
Kaufen geſtohlnen oder geraubten Guts in das Strafrechtsgebiet
hinüber, inſofern nicht bloſs die Herausgabe ſolchen Guts an den
Geſchädigten angeordnet iſt, [43] ſondern, bei Kenntniſs der Qualität
der Sachen, auch eine Straffolge.

In einer basler Verordnung von 1373 iſt zu der Beſtimmung,
daſs geraubtes Gut dem, der Recht zu dem Gute hätte, von dem
Käufer unentgeltlich herausgegeben werden ſoll, hinzugeſetzt: »und
dar zuo fürer lide, das die rete erkennent nach gelegenheit der
ſache und der getat«. In dem Stadtrecht von Dieſsenhofen 47 und
dem Landbuch von Glarus 75 iſt dem, der ſich wiſſentlich mit
Diebsgut befaſst, eine Buſse gedroht. [44]
Wir können die im Vorhergehenden aufgewieſene Art und

---

[43]) Bern 1218 § 38. Augsburg S. 68. Reyſcher, Stat. S. 40.
[44]) ſ. auch Augsburg S. 61. Freiburg 1120 § 28. Colmar § 23.

Weife, wie man im alten alamannifchen Rechte das fchwierige
Thema von der Theilnahme am Verbrechen behandelte, nicht als
ein Mufter hinftellen, wollen auch den Vorzug der Einfachheit
nicht zu hoch anfchlagen, da fie in manchen Punkten auf einen
Mangel an begrifflicher Unterfcheidung beruht, wie namentlich
da, wo der Unterfchied der Miturheber und Gehülfen fich in der
Mitfchuld verliert, aber die Satzungen waren der möglichen
Praxis mehr angepafst als die überfeinen Unterfcheidungen der
neueften Doctrin.

XII. Die Strafzumeffung.

A. Das Richten nach Gnade.

§ 81. Noch häufiger als der Zufatz »ohne Gnade« ift in den
Rechtsquellen das »nach Gnaden«; das Wiedergewinnen der Huld
des Herrn [1]) weif't ebenfalls auf die Gnade hin, wie die Möglich-
keit, in vielen Fällen die Leibesftrafe durch Geld abzukaufen, an
das Gebiet der Gnade hinführt. Bei aller Strenge und Härte des
Strafrechts im fpäteren Mittelalter hatte die Gnade einen grofsen
Spielraum, und zur Erkenntnifs der mittelalterlichen Criminal-
praxis dient nichts mehr als die Einficht in das Wefen des
»Richtens nach Gnade«, [2]) das von der Begnadigung nach dem
Urtheil verfchieden war.

In einer fchwyzer Einung um bös Schwür vom Jahr 1517
(Landbuch S. 35) ift die Wahl gelaffen, zu ftrafen »nach kaiferlichen Rechten oder nach Gnaden«, und in der fpäteren Waldftatt-
ordnung von Einfiedeln [3]) ift gefagt, dafs nach altem Herkommen
die Waldleute gerichtet haben »nicht allein nach der Schärfe,
fondern auch underweilen nach der Güte, ja den Uebelthätern
auf gethane Fürbitte gar das Leben gefchenkt«. Von K. Sigismund wurde durch eine Urkunde vom 22. December 1433 dem
Rath von Luzern für Stadt und Gebiet das Recht nach Gnade zu

---

[1]) f. oben § 52.
[2]) R. A. aus der Schweiz No. VI.
[3]) Kothing, Rechtsq. S. 219.

richten befonders verliehen, [4]) alfo als ein Hoheitsrecht, nachdem Luzern fchon 1390 vom K. Wenzel den Blutbann erlangt hatte.

In der Schwere der auf Abfchreckung berechneten Capital-ftrafen lag der Grund zur Gnade, und es machte fich die Anficht geltend, dafs die abfolut-beftimmten Strafen, das Rad für den Mörder, der Scheiterhaufen für den Brenner, der Galgen für den Dieb, das Aeufserfte feien, bis wozu gegangen werden könne. Das Recht nach Gnade zu richten war ein Surrogat für das fehlende Inftitut der in den neuen Strafgefetzen dominirenden relativ-beftimmten Strafen. Das arbitrium iudicis war anerkannt, nur in anderer Weife als heutzutage.

Das Recht nach Gnade zu richten wurde in einem weiten Umfange ausgeübt, und regelmäfsig fchlofs der Fürfprech des »armen Menfchen«, gegenüber dem ftrenges Recht fordernden Ankläger oder deffen Fürfprech, mit einer Gnadenbitte an das Gericht, von dem das Urtheil nöch nicht gefprochen war. In der Landtagsordnung von Wädenfchweil aus dem fechszehnten Jahrhundert heifst es [5]): »Und uf folliches begehrt er an einen Vogt mit bittlicher Wyfs, ihme dem armen Menfchen ein Urtheil zu geben ufs Gnaden (das mag ihme bewilliget werden oder nit, doch dem göttlichen und kaiferlichen Rechten nit ganz ungemäfs)« und fodann: »fo gibt er (der Vogt) die Urtheil, wie es ihme in treuwen leid feie des armen Menfchen Uebel und Mifsthun. Doch mufs man das Uebel ftrafen; und gibt gewohnlich die milder Urtheil, wo es fich immer fchickt.«

Dem Fürfprecher reihten fich an nach einer alten Sitte, die in der Urfchweiz noch nicht untergegangen ift und die auch anderswo beftand, [6]) die Verwandten des armen Menfchen, die Geiftlichkeit, Frauen und angefehene Männer. Eben fo rührend als plaftifch ift die in der fchwyzerifchen Hochgerichtsform erhaltene Gnadenbitte des Fürfprechers, [7]) der fich zum Organ des ganzen Publicums macht: »Durch Gottes und finer lieben Mutter und alles himmlifchen Heers willen und durch des jüngften Ge-

[4]) Segeffer II. 612.

[5]) Ztfchr. für fchweiz. Recht IV. 173.

[6]) Jäger's Ulm S. 312. Gaffarus a. 1429. 1461. (p. 1647) 1471. (p. 1677) 1532. 1550 (p. 1862). Petri, Mühlhaufen S. 454.

[7]) Gefchichtsfreund XII. 143.

richts willen, das Ihr dem armen Menschen uff disen hütigen Tag
sin Leben wellind fristen und erstrecken und ihm die Sunn, die
Gott der Herr über gutt und böss schynen lasst, fürer ouch
schynen lassen, bis ihn Gott sonst zu der zyt sins natürlichen
Tods zu sinen gnaden berüfft, und wellind also nit nach verdienst
siner clarlichen misstatt und strenge des rechten, sonders nach
gnaden und barmherzigkeit über ihn richten. Sechend an des
armen Menschen grofs angst, sin bitterliche noth, trostlose und
todschweis, laffends üch ze herzen gan. So bitt ich üch in aller
Namen, Ir wellend allda eeren die Erwürdig Priesterschaft, die
züchtigen, tugentrichen gegenwürtigen erberen frowen und ir
ernstlich bitten und weinen üch ze gnaden bewegen lassen, diewyl
uns doch durch das wyblich geschlecht unser aller Heiland in die
welt geboren, und ein altes sprüchwort ist, das fromer eerenfrowen
pitt nit ungewert soll sin; Ir wellind allda eeren der schwangeren
eerenfrowen, deren ouch ettlich da stand, grofsen buch und burde,
und sy umb der frucht willen, so sy under irem hertzen tragen,
ihrer pitt geweren, Ir wellend ouch allda eeren die biderben from-
men landlüt und eerenpersonen, desglich mich schlechten einfal-
tigen redner, die all gemeinlich üch bittend von des armen Menschen wegen umb fristung sins lebens.«

Milderungsgründe sind in solchen Fürbitten meistens nicht
speziell angeführt, sondern eine Rührung und milde Stimmung
des Richters wurde erstrebt durch Hervorheben, wie die Gnade
den ziere, dem die Gewalt gegeben sei, auch auf die Allbarm-
herzigkeit Gottes wurde verwiesen. In den Formularen des engelberger Thalrechts sind aber schon, je nach den Verbrechen, die
Momente angegeben, die in solchen Ansprachen zweckmäfsig geltend gemacht werden können.

Ueber die Anträge der beiden Fürsprecher, des einen auf
Strenge, des andern auf Gnade, wurde häufig abgestimmt, so dafs
vor dem Urtheil als Vorfrage entschieden wurde, ob das Richten
nach Gnaden eintreten solle oder nicht,[8]) ius oder aequitas. In
der Form des peinlichen Gerichts im Landbuch von Davos S. 102
wird zuerst durch den ersten Fürsprecher [9]) das Urtheil nach

---

[8]) Engelberg S. 95. Blumer I. 544. Segesser II. 661 Anm.
[9]) Ueber die Thätigkeit der Fürsprecher s. R. A. aus der Schweiz No. XVI. S. 10 ff.

kaiferlichen Rechten ausgefprochen, dann aber durch das Gericht herabgemildert.

Wurde die Vorfrage zu Gunften des Angeklagten entfchieden, fo war die Aeufserung des Richtens nach Gnade eine Straf- verwandlung, und zwar, was als der Hauptfall zu betrachten ift, wurde der Todesftrafe eine andere Strafe fubftituirt; im Weg- fallen der Todesftrafe, die nach Recht hätte eintreten follen, ift die eigentliche Bedeutung der Gnade zu fehen. Oft wurde die Todesftrafe in Verbannung umgewandelt oder der am Leben Ge- fchonte mit Ruthen aus der Stadt gehauen, oft trat aus Gnaden Geldftrafe ein; überhaupt blieb in den Fällen, wo der Tod gnädig erlaffen wurde, noch eine Fülle mannigfacher Strafen. [10])

Die Gnade beftand ebenfalls häufig darin, dafs ftatt einer fchwereren Todesftrafe eine leichtere erkannt, ftatt eines ehrlichen Todes ein unehrlicher ertheilt wurde. [11])

Als Gründe, die das Gericht beftimmten, nicht nach der Schärfe des Rechts zu richten, fondern Gnade eintreten zu laffen, find durchaus nicht immer, ja in den felteneren Fällen, folche erkenn- bar, die wir als Milderungsgründe anerkennen könnten, wie die Jugend des Verbrechers. Oft war die Gnade nur durch Rückfichten zu motiviren, die mit der Schuld und der Werthmeffung des Ver- brechens in keiner Verbindung ftanden: Rückficht auf die Familie, etwaige Verdienfte um die Stadt, ein Vergleich mit der Familie des Getödteten, Schwangerfchaft, [12]) die fonft häufiger nur einen Auffchub der Hinrichtung bewirkte. Oft übten politifche Gründe ihren Einflufs aus. So in dem wigoltinger Handel, als Bern die eidgenöffifchen Richter im Thurgau (1664) mahnte, »das Schwert der Gerechtigkeit mit dem Oel der Gnade zu falben«. [13]) Der Hin- blick auf die marternden Todesftrafen, Abneigung gegen die Todes- ftrafe überhaupt, in Fällen, wo diefe zu hart erfchien, obgleich

---

[10]) Gaffarus p. 1862. 1938. Chronik von Haller und Müslin S. 80. 133. Strobel III. 497.

[11]) Engelberg S. 95. Chronik von Haller und Müslin S. 140. R. A. aus der Schweiz No. VI. S. 41. f. unten § 92.

[12]) Petri, Mühlhaufen S. 454. — Meyer v. Knonau, Zürich II. 141. Strobel III. 497. — Gaffarus a. 1538 p. 1811.— Hitzig's Annalen LXVII. (1854) S. 164 a. E.

[13]) Ztfchr. für fchwz. Recht IV. 19.

das Gefetz fie verlangte, mancherlei Gründe anderer Art, mögen den alten Richter beftimmt haben, Gnade für Recht ergehen zu laffen. Es hatte damit eine ähnliche Bewandtnifs wie mit der Antwort der franzöfifchen Gefchwornen: »Coupable, mais avec des circonstances atténuantes.« [14])

Sehr gewöhnlich war es der Gefamteindruck, den der Ange-klagte machte, in Verbindung gefetzt mit der äufserlichen Be-fchaffenheit des Verbrechens, der ein Abgehen von der abfolut-beftimmten Strafe herbeiführte. Bei einem Gefamteindruck laffen fich nun zwar hervorragende einzelne Momente nachweifen, aber es wurde dem alten Richter nicht zugemuthet, fich Rechenfchaft zu geben über alle einzelnen fubjectiven und objectiven Momente der Strafbarkeit, in welchem Falle der Totaleindruck nur die Summe der von ihm fcharf ins Auge gefafsten Einzelheiten ge-wefen wäre; die Gefetze fchrieben ihm daher auch wenig in diefer Beziehung vor und Milderungsgründe find in den Rechtsquellen mehr gelegentlich als in Form der Vorfchrift erwähnt. Die heutige Doctrin neigt fich zu der Annahme, dafs die Würdigung des bis-herigen Lebens des Verbrechers, fofern dasfelbe nicht etwa, wie die verbrecherifche Gewohnheit beim Rückfall, etwas in dem vor-liegenden Verbrechen Gegenwärtiges fei, gar nicht vor den Richter-ftuhl des Strafrichters gehöre. [15]) Ob der Satz, fo ausgefprochen, richtig fei für die Gegenwart, läfst fich bezweifeln, aber unzweifel-haft ift es, dafs der alte Richter die vita ante acta mit in die eine wie in die andere Wagfchale fallen liefs, ohne fich folchen Abfurditäten hinzugeben, wie fie nach Berner in der gemein-rechtlichen Praxis vorgekommen fein follen; der alte Richter hielt fich für berechtigt, aus der Vergangenheit des Verbrechers einen Schlufs zu machen auf deffen zukünftiges Leben und Wirken.

Der Stadt Luzern wurde, wie wir gefehen haben, das Richten nach Gnade durch einen befondern Act des Kaifers verliehen, aber es lag in der allgemeinen Vorftellung, dafs dasfelbe fchon in der Criminaljurisdiction enthalten, mit dem Blutbann verbunden fei. Diefem gemäfs verfuhren auch die Landrichter zu Kyburg im Jahr 1530, als fie einen Verbrecher nur zum Schwert verurtheilten.

---

[14]) Rintel, Beiträge zur Würdigung der franz. Jury 1845.
[15]) Berner's Lehrbuch § 135.

Lavater, der Vogt zu Kyburg, befchwerte fich aber darüber bei
dem Bürgermeifter und Rath der Stadt Zürich, weil das Recht zu
begnadigen nür der »Oberhand«, nicht den Richtern zuftehe. Die
Herrn von Zürich entfchieden natürlich zu Gunften ihres Vogts
dahin, dafs die Landrichter hinfüro richten und ertheilen follten
»nach Inhalt unfer Graffchaft Kyburg Offnungen, Briefen und nach
Reichsrecht«, dafs aber nach Gnad zu richten nicht ihnen, fondern
den züricher Vögten zuftehe. [16])

B. Einzelne Strafmilderungsgründe.

§ 82. Einen beftimmten Strafmilderungsgrund und auch einen
diefem Worte entfprechenden Ausdruck finden wir in dem Stadtrodel von Murten § 11, freilich nicht als allgemeinen, fondern nur
für die Fälle der Tödtung und der Verwundung hingeftellt: »nisi
forte tale perpetraverit — ulciscendo tale dedecus vel injuriam,
quod severitatem facti adtenuet secundum arbitrium honestorum,
quia tunc est mitius judicandum.« [17]) In einer Zeit, in welcher
die Rache noch nicht gänzlich vom Recht getrennt war, aber doch
zurückgedrängt wurde, mufste die durch eine angethane Schmach
hervorgerufene Rache zwar nicht wie die Nothwehr die Strafe
ausfchliefsen, aber doch die gefetzliche Strafe herabfetzen und
ehrbare Männer hatten zu entfcheiden, ob die Sachlage eine folche
gewefen fei, dafs der natürliche Menfch fich hatte zur Gewaltthat
hinreifsen laffen durch ein Motiv, welches die Zeit nicht unedel
nannte. Das alte Recht fetzte keine Heroen der Sittlichkeit voraus.

Die Jugend, wo fie nicht, wie nach dem beftimmten Aus-
fpruche des augsburger Stadtrechts, die criminelle Zurechnung
ganz ausfchlofs, [18]) kommt oft als Strafmilderungsgrund vor und
zwar in der Weife, dafs die Todesftrafe wegfiel. Dabei wurde
aber auf die Befchaffenheit der Verbrechen gefehen und am häufigften ift von jungen Dieben die Rede. Unter den der züricher
Blutgerichtsordnung beigegebenen Urtheilsformeln finden wir auch
eine Formel für junge Diebe: »Umb follich diebftal und mifsthuon
ift von dem genannten N. N. nach gnaden in anfechung finer
Jugent alfo gericht, dafs Er dem nachrichter befohlen werden,

---

[16]) Schauberg, Ztfchr. I. 146.
[17]) vgl. oben § 72 S. 160.
[18]) f. oben § 58 S. 132.

der Im fine kleider bis uff fin weiche ufsziechen, fine hend binden, und In demnach von dem fifchmerkt die ftrafs hinus mit Ruoten für das thor in niederdorf fchlachen — fölle etc.« [19]) In Luzern kam 1470 der Fall vor, dafs ein Knabe » ob fünfzehn Jahren « wegen Diebftahl zum Tode verurtheilt wurde, aber auf Bitte feiner Freunde, auch frommer Leute und von feiner Jugend wegen wurde fein verfchuldeter Tod dahin gemildert, dafs er nicht gehenkt, fondern ertränkt werden follte. Als der Nachrichter ihn aus dem Waffer gezogen und in den »Baum« [20]) gelegt hatte, kam der Knabe wieder ins Leben und man liefs ihn gehen. [21])

In dem luzerner gefchwornen Briefe von 1489 ift die Enthauptung wegen Todfchlag für ein Kind unter 10 Jahren ausgefchloffen; aber aufserdem foll es »in allen penen und banden fin als ein todfchleger«. [22])

C. Der Rückfall als Straffchärfungsgrund.

§ 83. Bei verfchiedenen Verbrechen und Vergehen wird der Rückfall als Straffchärfungsgrund geltend gemacht, wie im folgenden fpeziellen Theile an den betreffenden Stellen näher anzugeben ift. Hier kann eine Hinweifung auf diefe Delicte nebft einigen die Sache characterifirenden Bemerkungen genügen.

1) Die Ehrverletzung. Das Stadtrecht von Hagenau § 19 geht beim dritten Rückfall ins unanftändige Schmähen bis zur Strafe an Haut und Haar; die berner Gerichtsfatzung 1614 I. 20, 6 und 7 (abweichend von 1539) fteigert noch weiter, indem fie für das vierte Mal fogar bis zur Enthauptung gelangt. Nach dem Rechte von Unterwalden trat für den, der zum dritten Mal eine Injurie abreden mufste, Ehrlofigkeit ein. [23])

2) Gottesläfterung f. die basler G. O. von 1534.

3) Meineid und Eidesbruch. Die berner Gerichtsfatzung 1614 I. 15, 1 kommt bis zur Todesftrafe in einem Falle des Eides-

---

[19]) Schauberg's Ztfchr. I. 385.
[20]) Todtenbaum = Sarg ift noch jetzt in der deutfchen Schweiz ein gebräuchliches Wort. Ueber folche Rettungen f. R. A. aus der Schweiz No. III.
[21]) Segeffer II. 624.
[22]) Segeffer a. a. O.
[23]) Blumer II. 2. 25.

bruchs; das freiburger Stadtrecht 1520 p. XCV, 1 ebenfalls beim Meineide und Treubruch.

4) Das augsburger Stadtrecht S. 82 droht dem, bei welchem zum dritten Mal unrechtes Gewicht gefunden wird, unbedingt den Verluft der Hand, während beim zweiten Mal noch die Hand abgekauft werden kann.

5) Das freiburger Stadtrecht 1520 p. XCV, 2 läfst für den in Doppelverpfändung delfelben Sache und im Verrücken von Markfteinen Verharrenden Lebensftrafe eintreten.

6) In gleicher Weife beftimmt dasfelbe Stadtrecht p. XCV, 1 über den, der wiederholt bei Nacht und Nebel über die Stadtmauern fteigt.

7) Beim Ehebruch ift die Wiederholung oft durch Steigerung der Bufsen oder in anderer Weife betont.

8) Das Stadtrecht von Hagenau § 23 fteigert auch die Strafe der Becker, welche zum dritten Mal zu kleines oder fchlechtes Brot verkaufen.

Faft in allen genannten Fällen tritt ganz deutlich hervor, dafs, wenn auch der Name nicht vorkommt, doch der wirkliche Rückfall, nicht blofs die Wiederholung gemeint fei; ebenfalls, dafs über den Rückfall nur bei gleichen, nicht -fchon gleichartigen Uebertretungen beftimmt ift, und zwar bei folchen, die leicht zur Gewohnheit werden. Die Straffchärfung befteht nicht blofs in einer quantitativen Erhöhung der Strafe und Bufse, fondern meiftens in einer qualitativen Veränderung der Strafe. Das gilt denn auch von dem hier zumeift in Betracht kommenden Verbrechen, dem Diebftahl.

Dafs eine frühere Beftrafung für den Angeklagten in procef-fualifcher Hinficht nachtheilig wurde, [24]) ift ein Thema für das Strafprocefsrecht.

D. Rückficht auf perfönliche Verhältnifse.

§ 84. Wie im Bufsenfyftem (§ 32), fo wurde auch bei der Zuerkennung der Strafen auf das Gefchlecht und auf verfchiedene perfönliche Verhältnifse Rückficht genommen.

Das Henken und die Enthauptung war vorzugsweife Strafe der

---

[24]) vgl. John S. 343. Köftlin in der kritifchen Ueberfchau III. S. 195.

Männer, das Erſäufen und Begraben der **Frauen**. Das Rad war den Männern vorbehalten, während das Verbrennen von Frauen nichts Anſtöſsiges hatte.

Der Unterſchied der **Bürger** und **Fremden** machte ſich hier geltend wie bei den Buſsen. Nach dem basler Stadtfrieden 1450 q. r. ſoll der Bürger, welcher durch Tödtung den Stadtfrieden gebrochen hat, enthauptet, der Ausmann gerädert werden. Todſchlag eines Bürgers an einem Bürger wurde nach einer züricher Satzung [25]) mit 20 Mark Silbers und einjähriger Verweiſung, Todſchlag »ohn Mord« eines Bürgers durch einen Nichtbürger, eines Nichtbürgers durch einen Nichtbürger mit dem Schwerte geſtraft. [26])

Während ritterliche Strafsenräuber an einen beſondern Galgen an der Reichsſtraſse, mit Stiefel und Sporen, am Halſe aufgehängt wurden, war es Sitte, diebiſche **Juden** an den Beinen aufzuhängen. [27])

E. Die Verbrechens-Concurrenz.

§ 85. Aus den Quellen des alamanniſchen Rechts tritt uns ſehr deutlich der einfache Grundſatz entgegen: Quot delicta tot poenae! und deſſen Durchführung bis an die Grenze der Möglichkeit, ja über dieſe hinaus, inſofern man auch in einer Weiſe cumulirte, daſs durch die Häufung nur der Schein der vollen oder mehrfachen **Strafe** gewahrt wurde, in Wahrheit aber von einer **Beſtrafung** deſſen, der ſchon am Leben geſtraft war, nicht mehr die Rede ſein konnte.

Ebenſo deutlich iſt im Bufsenſyſtem die Regel ausgeſprochen, daſs die geringere Bufse durch die gröſsere abſorbirt werde, wo doch die Ausführung der Cumulation nicht immer zu den Unmöglichkeiten gehörte und hinter der Bufse die Eventualſtrafe ſtand.

Es ſind beide Richtungen durch Belege aus den Quellen nachzuweiſen:

1) Die Landgerichtsordnung der Freien-Aemter im Aargau, mit welcher die Hochgerichtsformen von Glarus und Schwyz im Weſentlichen übereinſtimmen, enthält den Zuſatz zu der Urtheils-

---

[25]) **Schauberg**, Ztſchr. I. 367. 368.
[26]) ſ. auch Memmingen S. 256. 282. **Kothing**, Rechtsq. S. 51. Geſchichtsforſcher X. 412. **Segeſſer** I. 770.
[27]) ſ. oben § 40 S. 88.

form über Mörder: »Ob aber der Mörder geftohlen oder gebrannt hat, fo wird in die vorige Urthel eingemifcht, entweder: dafs man ihn foll auf das Rad flechten und binden und auf dem Rad am Galgen aufrichten und feinen Hals als einen Dieben daran mit einem Strick knüpfen und ihn als einen Dieb, Brenner und Mörder mit dem Rad in ein Feuer ftofsen etc.« Eine folche Cumulation von Radbrechen, Henken und Verbrennen zeigt auch eine züricher Formel [28]) und manche Fälle einer folchen Execution liefert die Gefchichte der fchweizerifchen Strafrechtspflege. Im Jahr 1503 ward ein Mordbrenner, der auch Diebftähle und andere Verbrechen begangen hatte, in Zofingen gerädert, hierauf an den Galgen gehängt, mit dem Stricke erwürgt und fein Leichnam verbrannt. [29]) Das Enthaupten und nachfolgende Verbrennung des Leichnams ift auch nicht immer als eine mildernde Subftitution des Lebendigverbrennens zu nehmen, fondern bisweilen als eine Strafencumulation. [30]) In einem luzerner Falle von 1491 liefs man wenigftens formell das Cumulationsprinzip fichtbar werden, indem man bei der Concurrenz von Mord und Brandftiftung den Verbrecher räderte, aber zum »Wortzeichen« einen Brand auf das Rad fteckte. [31])

2) Ganz allgemein ift im Straf- und Bufsenrodel der Höfe Wollerau und Pfäffikon 1484 § 26 die Regel ausgefprochen, dafs, wenn zwei Bufsen verfallen, »unfere Herren von Schwyz« die gröfsere nehmen follen und die kleinere abfein foll. In dem 1524 erneuerten Rodel diefer Höfe § 15 ift deutlicher angegeben, wie diefes zu verftehen fei: »Item und ob fich in einer fach oder in einem gfecht begeb, dafs fich die Bufsen fteigerten, und von einer zu der andern uffftige und merten, fo thut je die höcher bufs die minder ab.« Hier haben wir den Boden, auf welchem jene Regel entftand und praktifch wurde. Das zeigen bei veränderter Form verfchiedene Stellen. Offnung von Rümlang § 8 [32]):

---

[28]) Schauberg, Ztfchr. I. 389.
[29]) Chronik von Zofingen II. 172. — Walfer III. 144. Chronik von Schaffhaufen a. 1605. . Hitzig's fortgef. Annalen LXVII (1854) S. 2. 11. 163.
[30]) Chronik von Zofingen II. 174.
[31]) Segeffer II. 645. Anm. 4. vgl. Stöber's Alfatia 1851 S. 42.
[32]) Schauberg, Beitr. IV. 142. — Schauberg, Ztfchr. I. 73. 181. vgl. Grimm, Wsth. I. 217.

» Sy habend ouch das Recht, ob einer gegen den andern i n
e i n e r Hitz mehr dann ein frevel beging, das die merer buofs
allweg die minder abtuon und nach dem Anlafs ³³) richten follend.«
Berner Gerichtsfatzung 1539 (1614 I. 14. 3): »Als fich oft ʻund
dick begibt das einer in einem handel mehr dann ein eynung verfchuldet: da haben wir angefechen wann ein perfon einsmals in
einem hader, geftüchel oder handel mehr dann ein frävel begadt,
das diefelb fräfflende perfon allwägen allein den gröften frävel
büfsen und ablegen und damit der minderen eynung ledig fyn fol,
doch wöllendt wir hiemit die fazung, fo mit ufstruckten worten
mehr dann ein ftraff erforderend, als hernach ftadt, nit gefchwecht,
fonders vorbehalten haben.« ´ Hier ift nun zugleich deutlich ausgefprochen, dafs die Abforbtions - Regel im Bufsenrecht und auch
fpeziell für Bufsen, die in e i n e m Kampfe oder in e i n e r Rauferei verfallen find, ihre Grenze und Ausnahmen habe. Eine folche
bilden nach der berner Gerichtsordnung die Nachtfrevel und die
Frevel auf eingefriedeten Gütern.

Wichtig, aber nicht ohne Schwierigkeit ift der Art. 28 des
glarner Landbuchs. Es wird dort gefagt, dafs, wenn einer blutruns oder erdfällig gemacht worden fei oder beides, derfelbe die
Wahl habe zu klagen wegen des Einen oder des Andern, alfo nicht
wegen beider Verletzungen klagen folle; fo dafs alfo die Ergrei-
fung der einen Klage das weitere Klagrecht aufhebt, was an bekannte civilprocefsliche Grundfätze erinnert. Man darf wohl hierin
den eigentlichen Kernpunkt für die Entftehung der obigen Regel
fehen, aber wenn wir die der » una obligatio « des Civilrechts
analoge e i n e Handlung bei der f. g. idealen Concurrenz genau
ins Auge faffen, fo können wir doch nicht fagen, wie es S c h a u-
b e r g thut, dafs jene Abforbtionsregel für die ideale Concurrenz
entftanden fei. Möglicher Weife war in einem Streite einer durch
denfelben Gewaltact erdfällig gemacht und blutruns gefchlagen
worden, gewöhnlicher waren diefs aber zwei Acte in demfelben
Streite. Die E i n h e i t d e s S t r e i t e s tritt aus den obigen Stellen
als der Grund der Regel hervor, und man ftellte die verfchiedenen
Verletzungen in ein ähnliches Verhältnifs zu einander, wie die in
einem Streite der Tödtung vorangegangenen Verwundungen und
die Tödtung.

³³) f. oben § 73.

Einen andern Weg als die Mehrheit der fchweizerifchen Rechte fchlug das Landbuch von Davos S. 7 ein, auf welchem Wege aber denn doch nicht das volle Quantum der zufammengerechneten Bufsen zur Ausführung kam. Es foll der Richter die Frevel in einer Sache nicht zufammenfchlagen, wo ihrer mehr denn einer begangen wäre, fondern er foll einen jeden infonderheit und für fich felbft abftrafen; aber es ift unmittelbar vorher gefagt, dafs die Obrigkeit Gewalt habe, den halben Theil der Bufse und weniger nachzulaffen, in allen Fällen, in welchen das Gefetz die Gnade nicht ausdrücklich ausfchliefse.

Die Regel: »Poena maior absorbet minorem« habe ich für Strafen in den Rechtsquellen nicht als Vorfchrift ausgefprochen gefunden, aber in der Praxis hat man nicht immer die unter No. 1 angegebene Cumulation eintreten laffen, fondern wo mehrere todeswürdige Verbrechen zu gleicher Zeit zur Entfcheidung geftellt waren, die auf das fchwerfte Verbrechen gefetzte Form der Todesftrafe genügend gefunden.

XIII. Die Begnadigung nach dem Urtheil.

§ 86. Die älteren Formeln: »in potestate, in manu, in misericordia sit regis, ducis etc.« zeigen das Begnadigungsrecht der Könige und Fürften an, wie die Formel vom Gewinnen oder Erwerben der Huld des Herrn [1]) dasfelbe Thema berührt, infofern das Wiederverleihen der Huld ein Gnadenact fein kann.

Es fehlt auch nicht an Beifpielen, dafs durch Kaifer, Könige und Fürften Verbrechern die vom Gericht erkannte Todesftrafe aus Gnaden erlaffen wurde, und nicht felten gefchah diefs in einer Weife, die folche Begnadigung recht deutlich als das letzte irdifche Rettungsmittel herausftellte, wenn der Verurtheilte fchon auf dem Schaffot ftand. [2]) Ein fchöner romantifcher Zug des Mittelalters ift es, vom juriftifchen Standpunkte aus freilich bedenklich,

---

[1]) f. oben § 52.
[2]) Gaffarus p. 1624. 1627. 1734. Rüttimann, zur Gefch. und Fortbildung der zürcherifchen Rechtspflege S. 19.

dafs hohe Frauen [³]) den Verurtheilten im letzten Augenblicke dadurch begnadigen konnten, dafs fie ihn dem Henker vom Strick oder »ab der Hand« nahmen. Noch im Jahr 1676 übte die Frau des Landvogts im Thurgau diefes Recht aus, [⁴]) obgleich es fchon förmlich abgefchafft war; die Frau des Landvogts von Kyburg und die Aebtiffin des Frauenmünfters in Zürich machten davon nicht felten Gebrauch.

»Herren ziemet Gnade,« »bei Gewalt foll Gnade fein,« diefe Wendungen fcheint man fprichwörtlich gebraucht zu haben. [⁵]) Wir lefen daher von Gnadenacten der verfchiedenen Herrfchaften, nicht blofs der höchften, bei denen man die Begnadigung auf den Begriff der »Souveränität« zurückführen kann. Die Gnade war aber nicht immer voll, fo dafs die Strafe gänzlich erlaffen wurde, fondern häufig wurde nur das Leben gefchenkt. Im Jahr 1368 bezeugt ein Heini Rauff in Bern in einer Urphede, [⁶]) dafs Graf Hartmann von Kyburg, Landgraf zu Burgund, auf feine und feiner guten Freunde Bitten ihn aus der Gefangenfchaft gelaffen, dafs ihm an dem Leben nichts gefchah, »umb ein Theil Gutes«. Es erinnert diefs an die Art und Weife, wie die Huld des Herrn wieder gewonnen wurde. [⁷]) In Bafel bat ein Knecht, der jemand verwundet hatte, den Propft, dafs er ihn begnaden möchte; »alfo begnadet er ihn und nahm zwei Hühner für die Befferung.« [⁸])

Gnade konnte auch noch darin bewiefen werden, dafs das Vermögen des Hingerichteten der Familie gelaffen wurde. [⁹])

Das Mittelalter hatte in Betreff der Begnadigung fehr eigenthümliche Rechtsfitten, die uns als Curiofitäten erfcheinen. Dahin gehört vor Allem, dafs noch im letzten Augenblick der oder die Verurtheilte nicht allein vom Tode, fondern von aller Strafe frei wurde, wenn jemand fich erbot, ihn oder fie zu heiraten. [¹⁰])

[³]) vgl. Grimm, R. A. 892.
[⁴]) Krapf in Ztfchr. für fchweiz. Recht IV. 20. f. auch R. A. aus der Schweiz No. VI. S. 44.
[⁵]) Wackernagel zum basler Dienftmannenrecht S. 39.
[⁶]) Rubin zur thuner Handfefte Art. 22.
[⁷]) f. oben § 52.
[⁸]) Bafel Rechtsq. I. S. 76.
[⁹]) Segeffer II. 725.
[¹⁰]) Maurer, Gefchichte des altgerm. Gerichtsverfahrens S. 302. Malblank, Gefch. der P. G. O. S. 30. R. A. aus der Schweiz No. VI. S. 44.

Ein folcher favor matrimonii führte denn dazu, dafs Nicht-
verheiratete um ein Partikelchen beffer im Strafrecht geftellt
waren als Verheiratete. Im Jahr 1621 kam ein folcher Fall in
Augsburg vor, [11]) und zwar war es hier eine junge Weibsperfon,
die fo vom Tode errettet wurde, während fonft, foweit wir die
Sache verfolgen können, die Geretteten Männer waren. Noch 1725
wurde in Rapperswyl ein junger Mann, der jemand erftochen
hatte, »in gröfsten Gnaden der Jungfer Hochziterin gefchenkt«. [12])
Der Ausdruck »fchenken« kommt auch fonft in ähnlichen Fällen
vor und kann wohl als technifch angefehen werden. Im fechszehnten Jahrhundert hatte ein Niklaus Gugelmann von Luzern
drei Frauen genommen; er ward aus Gnaden feiner erften Frau
gefchenkt, follte mit diefer haushalten, die andern fahren laffen
und Urphede fchwören. [13]) Von einem, der auf die Fürbitte
aller ehrbaren Frauen in Luzern 1423 begnadet wurde, heifst
es ebenfalls: »Daruff hent Ret und Hundert erkennt und den
Mann den Frowen gefchenkt, daz fie mit ihm tun und wandeln
mögent, wie fie wellent.« [14]) Was die luzerner Frauengenoffen-
fchaft mit diefem ihnen zu eigen gegebenen Manne angefangen
habe, wird uns nicht berichtet.

Auch die, wie es fcheint, allgemeine Sitte, dafs der zehnte
Mann dem Nachrichter gehörte, [15]) darf hier angeführt werden.
Schwfp. 107 W. 126 L. (Sfp. III. 56. § 3. Dtfchfp. 301): »Unde ift
ir reht: als fi niun mannen oder wiben den lip genement, fo ift
der zehende ir . den fol man von in löfen als man ftate an in
vindet. Diz reht fullen fie haben in allen diutfchen landen.« Der
zehnte in der Reihe der Hinzurichtenden behielt alfo das Leben,
mufste es aber von dem Nachrichter oder Frohnboten löfen, fo
dafs diefes Löfegeld zu den Emolumenten defelben gehörte. Die
Strafsburger eroberten 1333 das Städtchen Erftein und die Raub-
burg Schwanau; viele Gefangene wurden enthauptet; man gönnte
aber dem Henker, fagt der Chronift, [16]) dafs er ein altes Männe-

---

[11]) Stetten I. 842.
[12]) Rickenmann, Rapperswyl S. 215.
[13]) Pfyffer, Luzern I. 381.
[14]) Segeffer II. 620.
[15]) Maurer a. a. O. S. 139. vgl. Zarncke zu Brandt's Narrenfpiegel c. 3, 10.
[16]) Clofener's Chronik S. 79. Strobel II. 201.

lein, das unfchadebar was, zum Zehnten nahm. In der fchauerlichen Tragödie aus der Schweizergefchichte, der Hinrichtung der
Befatzung von Greifenfee 1444, kam auch diefer Henkerzehnten
zur Sprache. Als Meifter Peter neun Mann enthauptet hatte,
ftellte er den zehnten zur Seite, indem er das Kaiferrecht für
fich geltend machte. Aber Reding fuhr ihn an: » Schweige
Klaffer, bei uns gilt Landrecht.« Als zwanzig enthauptet am Ring
lagen, fah der Scharfrichter abermals jämmerlich auf den Landammann, vernahm aber Spott. So bei dem dreifsigften, dem
vierzigften. Bei Hinrichtung des fünfzigften erneuerte Meifter Peter
unwillig feine Bitte. Da liefs Reding Fackeln bringen; ihr Schein
beleuchtete den Tod des fechzigften. Nun fcheint die Blutthat ein
Ende genommen zu haben. Tfchudi meldet, es feien zehn, theils
gar alt in grauen Bärten, theils junge Knaben gerettet worden. [17])
    Im Zufammenhange mit der Begnadigung nach dem Urtheil
fteht die Amneftie, welche von Kaifern, Königen, weltlichen und
Kirchenfürften gefpendet wurde, wenn fie feierlich in eine Stadt
einzogen. Verbannte und Flüchtige eilten dann herbei, um reftituirt zu werden; [18]) aber das Herkommen hatte eine Grenze gezogen, die manchen von der Gunft ausfchlofs: es wurden ehrliche
und unehrliche Sachen unterfchieden. [19]) Vom K. Sigismund, der
1414 nach Bern kam, heifst es: »Der König fuhrt auch mit ihm
Todfleger und ander, fo die Stadt mit Ehren verloren hatten;
auch alle Einunger von Wundaten und ander Sachen wegen. Aber
etlich kament für den Küng, die mit Unehren und von Uflöufen
wegen die Stadt verloren hatten. Alsbald der Küng vernam ihr
Miffethat, da fprach er: geht hin, ihr föllt nit Gnad an uns finden!
Alfo fchiedent die bald von dannen unbegnadet.« [20]) In Luzern
fchlofs der König von der Amneftie aus Mörder, die einen Bürger
todgefchlagen hatten, Ketzer und Mordbrenner. [21]) Von feinem
Einzuge in Solothurn erzählt Haffner: » Als Kaifer Sigmund

---

[17]) J. von Müller IV. S. 38 ff.
    [18]) Jäger's Ulm S. 312. Bafel Rechtsq. I. S. 223. vgl. Grimm, R. A. 265.
738. 888. 892.
    [19]) f. meinen Beitrag zur Strafrechtsgefchichte der deutfchen Schweiz (1859)
S. 26. vgl. unten § 92. Augsburg 1276 S. 9.
    [20]) Juftinger S. 287. Tfchudi I. 678.
    [21]) J. von Müller III. 1. Anm. 217. Segeffer II. 98.

fampt feiner Gemahlin, der Römifchen Kaiferin, zu Şolothurn
prächtig einritte, auch etliche Banditen, nach altem Brauch,
wieder frei mit fich in die Stadt führte, darunter einer gewefen,
mit Namen.Clewin Tegeller, fo einen unredlichen Todfchlag allhie
begangen hatte: den möchte diefe Freiheit nit fchirmen, fondern
wurde von dem Magiftrat alsbald ausgefchafft und von Neuem
wieder verbandifirt.« [22])

An mehreren Stellen ift hervorgehoben, dafs eine folche
Gnadenfpende ftatthabe bei dem erften Einreiten folcher hohen
Perfonen in eine Stadt. [23]) Diefer Umftand, fo wie auch, dafs
die Mehrzahl derer, welche dergleichen Gelegenheiten benutzten,
aus rechtsgültig Verurtheilten und Geächteten beftand, fpricht
dagegen, diefe Amneftie auf den ftaatsrechtlichen Grundfatz zurückzuführen, nach welchem, fo wie alle Gerichtsbarkeit vom Kaifer
oder König ausging, auch alles Gericht an ihn überging, wenn
er in eine Stadt kam. [24]) Es war vielmehr die hehre Würde der
Kaifer, Könige und Fürften und die allgemeine Feier ihres Ein-
zuges der Grund folcher Amneftie. Damit verwandt ift es, dafs,
wenn in Kempten am Vorabend des Palmfonntags der Palmefel
in feierlichem Zuge in die Pfarrkirche St. Magnus geführt wurde,
denen die Stadt verboten war, fich anfchloffen, um » mit dem
Kunig aller Kunige« in die Stadt zu kommen. Sie durften dann
während des Fefttages in der Stadt bleiben und bei Bürgermeifter
und Rath um die Wiederaufnahme bitten. [25])

XIV. Die Verjährung.

§ 87. Wenn nach altem fcandinavifchem Recht die Rache-
befugnifs binnen Jahr und Tag erlofch, [1]) fo ift das eine intereffante Parallele zu der Klagverjährung des deutfchen Strafrechts,

---

[22]) f. auch Kopp's Gefchichtsblätter I. 193.
[23]) Jäger's Ulm a. a. O. Code hift. et dipl. de la ville de Strasbourg
I. 2, 259. 263.
[24]) Schwfp. 112 W. 183. 134 L. (Sfp. I. 58. § 2. III. 60. § 2.)
[25]) Jäger's Ulm S. 312. Haggenmüller's Kempten I. 221.
[1]) Wilda S. 160. 312.

in welchem das Klagrecht wegen Tödtung auf die Blutrache zurückweif't. [2])

Nur als Klagverjährung in Jahresfrift [3]) kommt die Verjährung im alamannifchen Strafrecht vor; als folche war fie dann aber bei der Herrfchaft des Anklageprinzips von grofser praktifcher Bedeutung, und galt auch für die amtliche Klage. Nördlingen § 11: »Dar nah ift reht . daz der Amman diu vrevel fol erchlagen und fol fi in nemen innerhalbe iars vrift . tut er dez niht . fo fol man von in ledig fin.«

Für die Schweiz läfst fich annehmen, dafs mit der Fixirung der Malefizfachen, [4]) als folcher, bei denen das inquifitorifche Verfahren eintrat, im Gegenfatz zu den bufswürdigen klagbaren Freveln, für die erfteren die Verjährung ausgefchloffen war, für die letzteren die Klagverjährung blieb. [5]) Zug 1432 § 51. 1566 § 75: »Wo Schaden ald Buofsen verjaret fint, nach dem als — die Buofs verfchult ift, und nit mit dem Rechten in Jarsfrift darumb angelanget wirt, derfelb hat nach dem Jar weder um Frevel noch umb Schaden niemen nüt zu antwurten, ob er die Zyt in Lands und anheimifch gwäfen ift.« Die Statuten von Ober-Vatz in Graubünden § 61 ordnen für »Blutfrefel« den Wegfall der Klage durch Ablauf eines halben Jahres an. Das Landbuch von Nidwalden 1623 beftimmt, dafs die Bufsen, welche nicht während des Amtsjahrs eines Landammanns verleidet find, hin und weg fein follen, alfo ftand die Klage nur bis zur nächften ordentlichen Landsgemeinde offen. [6]) Im Jahr 1674 wurde dazu »eine Läuterung gemacht, dafs diejenigen fachen, fo Criminel old Malefitz findt, und einer hochen Obrigkeit abzuftrafen gebürent, zu ieder Zeit abgeftraft werden und niemahlen verfcheinen follen«.

Für die frühere Zeit ift zu beachten, dafs die Vortheile, welche ein Verbrecher durch eine gefetzliche Criminalverjährung hätte erlangen können, ihm in nicht geringerem Maafse auf anderen

---

[2]) f. oben § 16 S. 28. vgl. auch Birnbaum im N. A. des Crim. XIV. 190. Anm. 16.
[3]) vgl. Schwfp. 238 W. 290 L. (Sfp. III. 31. § 3.)
[4]) f. unten § 88 S. 197.
[5]) Blumer II. 2, 52.
[6]) Nach der Graugans hatten die Verwandten das Recht, Rache zu üben nur bis zum nächften »Allthing«. f. Wilda a. a. O.

Wegen zufloſſen. Nicht allein war er ſehr begünſtigt, wenn die Klage nicht ſogleich bei handhafter That gegen ihn angeſtellt wurde oder angeſtellt werden konnte,[7]) ſondern, wenn er längere Zeit ſich aufser Stadt oder Land aufgehalten hatte, ſelbſt wenn er in die Acht gekommen war, erwies ſich die Reſtitution weder als unmöglich noch als ſchwierig. Die fünf Jahre, welche nach der ſchwyzer Einung von 1447 [8]) der entwichene Todſchläger von dem Lande und Landmarken ſich fern halten mufste, kommen in ihrem Ablauf einer Verjährungsfriſt ziemlich nahe.

XV. Die einzelnen Verbrechen.

A. Claſſification derſelben.

§ 88. Während wir überall, vornehmlich zur Beſtimmung der Competenz, auf eine Sonderung der ſchwereren und leichteren, gröfseren und geringeren Sachen ſtofsen, iſt der Ausdruck, der dieſem Gegenſatze gegeben wird, ſehr verſchieden. Für die zweite der beiden Claſſen iſt zwar die Bezeichnung F r e v e l (Freſne) ſehr allgemein, dagegen der Name U n g e r i c h t e für die erſte Claſſe eine Seltenheit,[1]) wenn wir von dem Schwabenſpiegel, der nicht als rein alamanniſche Rechtsquelle gelten kann, abſehen, und auch da, wo dieſer Name vorkommt, bezeichnet er nicht grade den ſchwereren Straffall im Gegenſatz zum Frevel. In einem Spruch der Stadt Zürich, wie die hohen Frevel in der Herrſchaft Wädenſchweil abgeſtraft werden ſollen, von 1415,[2]) heifst es: »— und aber die Bufsen, ſo umb die Freſnen bisher ufgeſetzet waren, in ſolicher Maafsen als klein geweſen ſind, dafs davon zu entſitzen was, dafs etwan einer deſter eer ein Ungricht anfienge.« Das im älteſten augsburger Stadtrecht 1156 mehrmals (III. 13., V. 2)

---

[7]) Hälſchner, das preufsiſche Strafrecht II. S. 534.
[8]) Landbuch S. 66. Mein Beitrag zur Strafrechtsgeſchichte der deutſchen Schweiz (1859) S. 19.
[1]) Offnung von Rorſchach 1469 (Grimm, Wsth. I. 233): »ufgenomen die vier u n g r i c h t nachtſchach, nottzog, haymfuoch und fridbrech wunden.«
[2]) Ztſchr. für ſchwz. Recht IV. 97.

neben temeritas vorkommende injustitia kann man vielleicht als gleichbedeutend mit Ungericht nehmen, aber ficher ift diefs doch nicht.

Nicht ungewöhnlich ift Miffethat gebraucht, wo wir Verbrechen fagen würden. Winterthur (Mellingen) 1297 § 4. 9.: »misfetat oder maintat«. [3]) Dafs es aber nicht immer den Gegenfatz zum Frevel im Sinne des Verbrechens oder Ungerichts des Sachfenfpiegels bildet, zeigt das ältefte ftrafsburger Stadtrecht § 33. 36.: »Si quis concivem suum sine judice vel nuncio judicis infra septa domus suae vel atrii sui temere invaserit, componet judici triginta solidos pro frevela; [4]) illi quem invasit, componet suam missetat triplicatam.« Dasfelbe gilt vom lateinifchen forefactum, welches fogar mit Frevel identificirt wird im Stadtrodel von Murten § 19 (20. 35): »si aliquis in dicta villa forefactum fecerit quod vulgo dicitur fravalli.« [5])

Auch Unthat kommt vor. Basler L. O. § 69: »Schuldiget einer den andern eines Mords, Diebftahls, Kezerei, Raub, Brands oder dergleichen Unthaten.«

Ein fefterer Sprachgebrauch bildete fich heraus, als Malefiz verwendet zu werden pflegte für die fchwereren Straffälle. Offnung von Embrach 1518: »Item uff den tag, fo der bropft die meyen oder herbftteding halt, hat er all zwing und benn, derglich und (umb) alle fachen und frevel zerichten bis an das malefitzi, das gehört dem vogt zu.« [6])

Wo fchwerere und leichtere Sachen, unter verfchiedenen Bezeichnungen, unterfchieden werden, ift der Gegenfatz nicht identifch mit Capitalfällen und bufswürdigen Sachen, fondern jene find auch folche, in denen hohe Bufsen fällig werden; [7]) allein das Malefiz [malefizifche Sachen [8])] fixirte fich dahin, dafs es die Sachen umfafste, die an Leib und Leben gingen oder die

---

[3]) Grimm, Wsth. I. 168. 749.
[4]) vgl. oben § 59 S. 135.
[5]) Freiburg im Uechtland § 125. Thun § 85.
[6]) Grimm, Wsth. I. 113. 218. 235. Ztfchr. für fchwz. Recht I. 50. 51. 52. 87. Schauberg, Ztfchr. II. 61. Fünf Dörfer S. 37. 76.
[7]) Grimm, Wsth. I. 238.
[8]) Die Compofition »Malefizverbrechen«, welche Blumer II. 2. 51. gebraucht, kommt in den Quellen wohl nicht vor.

Ehrlofigkeit zur Folge hatten, alfo Strafe im engeren Sinne, daher die Wendungen [9]): »ufsgenommen das malefitz, was vom leben zum tod brächt wirt« oder »all bös Sachen und Thaten, damit ein Menfch fyn Ehr, Lyb und Leben verwürken möcht«.

Der Begriff des Malefizes, mit dem Blutbann correfpondirend, wird in feiner Feftigkeit dadurch nicht alterirt, dafs oft geftritten wurde, welche Sachen malefizifch und welche nicht malefizifch feien. [10]) Mehr als das Geltendmachen eines höheren Prinzips ift bei folchen Streitigkeiten die erwerbliche, lucrative Seite der Jurisdiction von Einflufs gewefen. Eine Singularität ift es, wenn man in Nidwalden vom Malefiz das Criminal in der Weife unterfchièd, dafs diefes die Vergehen geringerer Art, die bufsfälligen Sachen umfafst. [11])

Die Fixirung der Malefizfachen ging vor fich mit der von Blumer angegebenen Veränderung im proceffualifchen Verfahren; für jene Sachen machte fich das fchriftlich-heimliche Unterfuchungsverfahren geltend.

Zur allgemeinen Characteriftik der mit dem Blutbann correfpondirenden fchweren Straffälle dienen diejenigen Quellenausfprüche, welche die Straffolgen angeben, z. B. in einer basler Gerichtsordnung von 1534 heifst es: »Die hochen gricht zu cleinen Hünigen find uns Marggraf Ernften, unfern Erben und Nachkommen allein zuftendig alfo was pinlich fachen das blut, lib oder leben berürent fyen etc.« Die Fälle, in denen Leib und Gut verfallen, aber »verbeffert« werden können, bilden den Gegenfatz zu den Fällen beftimmter Bufsen, wie z. B. § 20 und 23 derfelben Gerichtsordnung zeigen: »Item der fteinwurf, wie der befchicht und fälet, beffert lib und guot. trifft er aber und würft in zu boden, beffert er ein und zweinzig pfunt.« — »Wer iemanden ufs finem oder eins andern hufe — vordert oder ufshin höufcht, befchicht das by tag, fo beffert er zehen pfunt, befchicht es by nacht, fo beffert er lib und gut.« Tiefer in das Detail der der hohen Gerichtsbarkeit zufallenden Miffethaten führen uns fehr viele Stellen, die folche Sachen aufzählen; allein bei genauer Betrachtung ift der

---

[9]) Grimm, Wsth. I. 218. Thurgauer L. G. O. in Ztfchr. für fchwz. Recht I. 52.
[10]) Uri 32. Krapf in Ztfchr. für fchwz. Recht IV. 4. vgl. I. 49 ff. Herrfchaftsrecht von Elgg 49 (Peftalutz I. 327).
[11]) Defchwanden in Ztfchr. für fchwz. Recht VI. 99.

Gewinn daraus kein fo entfchiedener, als man annehmen möchte, wenn man nur einige folcher Stellen vor Augen hat, denn theils ift die Grenzbeftimmung, bei Anerkennung ihrer Nothwendigkeit, nicht überall diefelbe gewefen, theils find die Aufzählungen nur exemplifizirend. Zwar lefen wir in der fchon angeführten Offnung von Rorfchach: »die vier ungricht nachtfchach, notzog, haimfuoch und fridbrech wunden,« aber in einer basler Ordnung von 1491 »all fachen, die zu der hochen herrlichkeit gehören, als diebftal, fteinufswerfen, fchuldigung der eeren, fchlachen, wunden, fridbruch, herdval, fteinwurf, mefferzucke oder derglichen fache.« [12])

§ 89. Die grofse Gruppe der Frevel ift häufig durch Angabe der oberften Grenze characterifirt. Offnung von Wettefchwil: »Und der obgenannt, — hat als ein vogt in den obgenannten gerichten und zwingen — umb alle frefflen ze richten', dann allein usgenomen die fachen, fo das blut berürent, das ift fo einer oder eine den tod verfchult hat.« Offnung von Knonau: »und was fräflen ift, da richtet ein vogt, umb das blut richtend die von Zürich.« [13])

Cataloge der Frevel mit Angabe der entfprechenden Bufsen find häufig. [14])

Ein gewöhnlicher lateinifcher Name für Frevel ift temeritas. »Compositiones temeritatum i. e. frevela« heifst es in einem elfafser Weisthum. [15]) Auch insolentia' und protervia kommen vor.[16])

Synonym mit Frevel ift Unzucht [17]) (indisciplina); aber einerfeits fteht Unzucht auch für Delict überhaupt, wie das lateinifche excessus z. B. im Weisthum von Kirchzarten: »Es fol ouch menglich wiffen, das der fchutzhoff fry ift, und die fryheit hat, were das jeman dhein unzucht tete, und derfelbe, der die unzucht getan hette, in den hof entrinne oder louffet, der foll guten

---

[12]) f. auch Augsburg 1276 S. 10. Murten § 13. 26. 45. Strafsburg 1322 § 97. Grimm, Wsth. I. 191. 307. 309. 310. 349. 656. Ztfchr. für fchwz. Recht IV. 5.

[13]) Grimm, Wsth. I. 38. 52. — I. 37. 45. 79. 81.

[14]) Schauberg, Ztfchr. II. 70. 82. 87. 91. 139.

[15]) Grimm, Wsth. I. 693. — Augsburg 1156. II. 3. III. 13. V. 2. Bafel Rechtsq. I. S. 2.

[16]) Winterthur 1264 § 13 vgl. mit 1297 § 10. — Würtemb. Urk. I. S. 351.

[17]) Züricher Richtebrief I. 45. Strafsburg 1249 z. A. Rechtsbuch von Memmingen, an vielen Stellen. Grimm, Wsth. I. 19. 195. 202. 390. — Schwfp. 4 W.

friden darinne haben;.« [18]) auf der andern Seite ift es, namentlich im basler Recht, auf gewiffe Polizeivergehen begrenzt, welche
vor die »Unzüchter« gehören. [19])

So wie Unzucht ift auch Unfug fehr allgemein gebraucht für
Delicte grofs und klein, und Unfug fteht auch nicht felten als
Synonymon neben Unzucht. [20])

In Würtemberg wurde regelmäfsig Frevel und Unrecht in
der Weife unterfchieden, dafs diefes das Geringere ift, und weiter
wurden grofser Frevel, kleiner Frevel und Unrecht, auch grofs
und klein* Unrecht gefondert. [21]) Häufig ift auch grofser, mittel
und kleiner Frevel, und daneben fteht noch als eine befondere
Art der Frauenfrevel. [22])

§ 90. So wie es in der älteren Rechtsfprache manche Namen
gibt, die unferem »Verbrechen« mehr oder weniger entfprechen,
fo werden auch die »Verbrecher« verfchieden bezeichnet. Zwar
kommt fchon in dem neuen Stadtfrieden von Bafel 1516, wie in
der Gerichtsordnung 1539 § 143, 1557 § 137, der Name »Verbrecher« vor für den, der den Frieden mit Werken verbricht,
aber gewöhnlichere allgemeine Bezeichnungen find: fchädliche
Leute, übelthätige Leute, Uebelthäter, Uebelwerker, Miffethäter,
unfertige Leute. [23]) Wie diefe Bezeichnungen vorzugsweife folche
Leute einführen, denen es an den Hals ging, fo fteht auch in
einer würtembergifchen Urkunde: »verfchult Lüte, den es an
das leben gat«. [24]) Dabei fpielten die Präfumtionen und der Verdacht eine grofse Rolle. [25]) Ein hergelaufener Menfch oder Vaga-

[18]) Grimm, Wsth. I. 335. 339. 366. 679. 814. Schreiber, Urk. I. S. 180.
II. S. 115. Basler Stadtfrieden 1286 § 2 ff. Murten § 43.

[19]) Schnell in: Bafel im XIV. Jahrh. S. 353 ff. Ztfchr. für fchwz. Recht II. 112.
Pfaff, Efslingen S. 112.

[20]) Züricher Richtebrief I. 10. 23. 24. 26. 30 etc. Grimm, Wsth. I. 300. 691.
Strafsburg 1322 an manchen Stellen.

[21]) Grimm, Wsth. I. 349. 350. 353. 371. 390. Reyfcher, Stat. S. 31.
Memmingen S. 280 ff. — Reyfcher Stat. S. 93. 97. 126. 129. 130. 131. 442 etc.

[22]) Reyfcher, Stat. S. 12. 13. 16. 170; oben § 32 S. 70.

[23]) Augsburg 1276 S. 44. Diefsenhofen 61. Grimm, Wsth. I. 81. 651.
Schauberg, Ztfchr. I. 375. Datt p. 6 ff. — Grimm, Wsth. I. 233. 433. 651. 704.
Reyfcher, Stat. S. 49. 224. Schlettftadt § 5. — Schauberg, Ztfchr. I. 375. —
Grimm, Wsth. I. 433. 708. 771.

[24]) Reyfcher Stat. S. 35.

[25]) Strafsburg 1249 § 10. 1270 § 87. Diefsenhofen 61.

bund (Irrgang, Wildfang), auch wenn er nicht die Wahrzeichen
früherer Beftrafung an feinem Leibe trug, [26]) wurde immer fehr
argwöhnifch angefehen, und die Maffe des unftät umherfchweifen-
den Gefindels war im fpäteren Mittelalter fehr grofs.

Die Bezeichnung »arm Mann« habe ich nicht in den vorftehenden kleinen Catalog aufgenommen, weil fie blofs Procefsname ift.
Dem alten Rechte fehlte bei aller Strenge das Erbarmen nicht:
der peinlich Angeklagte, deffen Leib, Leben und Ehre auf dem
Spiele ftand, war ein armer Menfch. — Die Namen für den Verurtheilten, wie »verzalt Mann«, gehören auch nicht hieher.

§ 91. Die Unterfcheidung der Commiffiv- und Omiffiv-
Delicte tritt zwar nirgends in theoretifcher Form hervor, hat aber
ihre bedeutende Geltung. Der Umfang der Unterlaffungs-Verbre-
chen oder -Vergehen ift unendlich viel gröfser als in der Gegenwart. Wenn wir die Fälle bei Seite laffen, in denen nicht blofs
durch ein Handeln, fondern auch durch ein Unterlaffen ein ftrafbarer Erfolg herbeigeführt werden kann, wovon Schwfp. 287 W.
352 L. (vielleicht nach l. 9. C. de episc. aud.) das Beifpiel vom
Gefangenwärter angiebt, der den Gefangenen verhungern läfst, fo
haben wir noch ein Gebiet ftrafbarer Unterlaffungen vor uns,
welches weit ausgedehnter ift als das entfprechende Gebiet des
gegenwärtigen Strafrechts, theils aus dem Grunde, dafs Recht und
Sittlichkeit nicht fo fcharf gefondert wurden als jetzt, theils und
vornemlich, weil das Verhältnifs des einzelnen Bürgers zum Gemeinwefen ein anderes war. [27])

1) Nicht felten wurde, was man jetzt als Lieblofigkeit und Ver-
nachläfsigung einer fittlichen Pflicht verdammen würde, als Uebertretung einer Rechtspflicht in das ftrafrechtliche Gebiet gezogen.
Der merkwürdigfte Fall der Art ift wohl ein fchweizerifcher aus
dem Anfange des fiebenzehnten Jahrhunderts. Der Mefferfchmid
Samuel Z. wurde in Zofingen enthauptet, weil er bei einem Schiff-
bruch auf der Aare, da er als guter Schwimmer fich rettete und
andere hätte retten können, diefes unterliefs. [28])

2) Bei einem entftandenen Brande zu Hülfe zu eilen, ift zwar
zunächft ein Werk der Menfchenliebe, konnte aber ebenfalls als

[26]) Augsburg 1276 S. 76. vgl. Hausfrieden S. 45.
[27]) vgl. Wilda S. 141.
[28]) R. A. aus der Schweiz No. XX.

eine Forderung an die Bürger im Intereffe des Gemeinwohls geftellt werden, und das ift fehr gewöhnlich in den alten Rechten
gefchehen, daher die Unterlaffung ftrafwürdig wurde. Handfefte
von Zofingen: »Gefchicht auch ein gefchray von fewers wegen
oder von dheiner frevel wegen fo yemand tät, wer dartzu nicht
lauffet, das fewr ze löfchende oder die Unzucht ze wendende, der
hat die hohen püfse verfchuldet.« [29]) Daran reiht fich das Gebot,
bei einem entftandenen Auflauf in beftimmter Weife, thätig zu, fein,
um Ruhe und Frieden herzuftellen. Zofingen: »Und wer auch zu
dem Schultheifsen und Reten nicht läuffet fo fy dartzu yemand
manend und beruffend und In nicht hilfet ze vollbringen daz fy
anvahent durch unfers und unferer egenannten Statt nutzes und
eren willen, der ift uns leibes und guts verfallen auf unfer Gnade.« [30])
Ferner beftand die Pflicht, Feindesangriff abwehren zu helfen, nicht
blofs, wo der Feind ein gemeinfamer und der Angriff ein allgemeiner war, in welchem Falle der Ungehorfame als des »Landes
Feind« geftraft wurde, nach dem Landbuch von Klofters S. 59,
fondern auch, wo der Einzelne von Feinden angegriffen wurde.
Landbuch von Schwyz S. 53: »Welicher Landtmann von Schwytz
angriffen wurd von unfern vyenden an lib oder an gut, da föllent
ye die nächften, fo das gefchrey oder die gloggen hörent, dem
nachzyechen und des Angegriffenen Lib und Gut helfen retten und
werren, by dem eyde, fo einer dem Landt gefchworn hat. Und
überfeche yeman das, der foll voran meineydt fin und yetlichem
kleger geben fünf pfundt zu eynung, und foll darum klagen, wer
es gerne thut, und foll ouch einem finen fchaden abtragen. Hat
aber einer nit gut, fo foll man inen verfchryen und verbieten in
dem Landt, das in niemantz darin hufe, hofe, im weder effen noch
trinken gebe. Tätte aber das yeman für das hin, fo einer verbotten wirt, der foll den eynung richten und geben, als obftadt.«
Einen ftärkeren Gegenfatz zu der Gegenwart bilden andere Fälle,
welche uns die verfchiedene Stellung des einzelnen Bürgers und
Gemeindegenoffen zum Gemeindewefen in alter Zeit bekunden:
    a. Die Aufgabe, begangene Miffethaten und Frevel anzuzeigen
und Beftrafung herbeizuführen; wo dergleichen beabfichtigt war,

---

[29]) Schauberg, Ztfchr. II. 84. Grimm, Wsth. I. 243. Klofters S. 58.
vgl. Freiburg 1520 p. XCV. 2.
    [30]) Grimm, Wsth. I. 82. 97. Ztfchr. für fchweiz. Recht III. 13.

durch rechtzeitige Anzeige und Einfchreiten dagegen es zu verhindern, war nicht blofs eine Pflicht der verfchiedenen höheren
und niederen Beamten, [31]) ferner der gefchwornen Wirthe, der
Stubenmeifter und Zunftknechte, [32]) fondern erfcheint eben fo
häufig als allgemeine Bürgerpflicht, die auf den Bürgereid zurückgeführt wird, fo dafs derjenige, welcher diefe Pflicht verfäumte,
als meineidig, als einer, der Eid und Ehre überfah, bezeichnet
wird. Zug 1566 § 126: »Wer auch das ettwar by fölichen Frid-
brüchen wäre und das nit leidete in den nechften acht oder vier-
zechen tagen ungevarlichen einem Aman oder fynem Statthalter,
derfelbig, fo nit leiden und das kundtlich wurd, der fol mit glycher
Straff geftrafft werden als der Thäter und Fridbrüchig felbs, von
deswägen, das er fyn Eid und Eer überfechen und nüt geleidet
hat.« [33]).

Wenn nach dem Vorftehenden die Anzeige bald als eine Pflicht
der Beamten, bald als eine allgemeine Bürgerpflicht auftritt, fo
kann die Frage geftellt werden, ob von der Beamtenpflicht eine
Erweiterung zur Bürgerpflicht ftatt fand, oder umgekehrt eine
Einfchränkung von diefer auf jene. In einem beftimmten Falle
fehen wir das Letztere, nach dem engelberger Thalbuch Art. 49.
Laut Satzung von 1529 follte jeder, der fich übervoll getrunken
hatte, [34]) in eine Trunkbufse verfallen und jeder Thalmann einen
folchen leiden bei feinem Eide. Das wurde fpäter abgelaffen und
nur »Gefchwornen, dem Volk, fo im Wirthshaufe ift und dem
Wirthe« diefe Pflicht erhalten. Dagegen blieb die Pflicht zu leiden
eine allgemeine in dem fchweren Falle des Friedbruchs durch
Tödtung, nach Art. 83.

b. Bei der Auffaffung des Gemeinwefens als einer Friedensgemeinfchaft und bei der täglichen Gefahr, den Frieden durch
gewaltthätige Handlungen gebrochen zu fehen, war nicht blofs an

---

[31]) Schwyz S. 9. 23. Luzern § 121 ff. Bafel Rechtsq. I. S. 93. 108. 154.
155. 218. 345. Offnung von Baffersdorf § 3 (Schauberg, Beitr. III. 297).
Klofters S. 5. Jäger's Ulm S. 280. 283. Stetten I. 261.

[32]) Schwyz S. 9. 23. Bafel Rechtsq. I. 149. 178. 216. Zug 1566 § 147.
vgl. Stadtrecht von Ulm § 7. Jäger's Ulm S. 164. 429.

[33]) Schwyz S. 28. Uri 32. 77. Luzern 154. 167. 182. Schauberg, Zeitfchrift I. 5. 180. II. 86. Reyfcher, Stat. S. 18. 451 ff. (Rügegerichte). Freiburg 1520 p. XCVI. 2. Segeffer II. 606 (Sendgerichte).

[34]) vgl. Zug 1566 § 133 »thrunk auch einer das er überlüff«.

die Beamten, fondern an die Bürger die Forderung geftellt, als
Erhalter des Friedens aufzutreten, fowol durch Friedebieten, [35])
als auch durch thatkräftiges Scheiden bei Streithändeln, und die
Unterlaffung diefer Pflicht war ftraffällig. [36]) In Bafel fcheint
eine Ausdehnung diefer Verpflichtung von den Beamten und Raths-
gliedern auf alle Bürger und felbft Hinterfafsen und Fremde ftatt
gefunden zu haben. In Ulm mufsten nicht nur die Rathsherrn,
fondern auch die Ehrbarften und Beften aus der Gemeinde diefe
Pflicht befchwören, und wer es unterliefs, Frieden zu ftiften,
follte geftraft werden wie der Urfacher des Streites. [37])

c. Gleichfalls allgemeine Pflicht war es, einen Uebelthäter zu
verfolgen und handfeft zu machen. [38])

Es zeigen diefe weitgehenden Anforderungen an die Bürger
überhaupt, dafs jeder fich berufen fühlen follte, als Bewahrer des
Friedens und Förderer des Gemeinwohls überall thätig zu fein;
das war für ihn eine Pflicht im Intereffe der Rechtsgemeinfchaft,
deren Wohlthaten er geniefsen wollte, und bei einer Vernach-
läfsigung folcher Pflicht konnte er die Verantwortlichkeit nicht
abweifen durch Berufung auf die Obrigkeit und die Beamten als
die zur Wahrnehmung der Gemeinintereffen verpflichteten Organe.
Eine hundertarmige Polizei zur Verhinderung und Entdeckung
von Verbrechen und Störungen des Friedens gab es noch nicht,
aber in den Bürgern und durch diefelben exiftirte ein Surrogat
der allgegenwärtigen Polizei. Die betreffende Pflicht des Bürgers in den Zeiten des noch nicht von der gereiften Staatsidee
durchdrungenen Gemeinwefens läfst fich wohl paffend dadurch
bezeichnen, dafs ihm ein umfichtiges, immer bereites Handeln
für das Gemeinwefen, als wäre es fein Hauswefen, zugemuthet
wurde. Diefe-Vergleichung führt zugleich zu einer Grenze hin,
welche hier gezogen wurde durch die Haus- und Familiengenoffen-
fchaft, die ftärker war in dem noch unentwickelten Staate als
in der Gegenwart, und in welcher der Einzelne aufging, deren
Ehre feine Ehre war: die Pflicht anzugeben und zu rügen, wie
die Pflicht zu fahnden ceffirte gegen die Gefippten, und wo einer

[35]) f. oben § 29.
[36]) Bafel Rechtsq. I. S. 144. 145. 214. 338. 340.
[37]) Jäger S. 240.
[38]) Bafel Rechtsq. I. 222. Schwyz S. 67. 159.

den bluten fah im Streite, den er zu rächen und zu erben hatte, da brauchte er nicht zu fcheiden, fondern durfte fich parteien. Dabei ift ein weiterer fittlicher Zug, dafs hinfichtlich der Sachen ein Unterfchied gemacht wurde in Betreff der Denunciationspflicht, indem nicht die gleiche Pflicht beftand für ehrliche wie für unehrliche Sachen und nicht für die engere Familie wie für die weitere.[39])

§ 92. Die fo eben erwähnte Sonderung der ehrlichen und unehrlichen Sachen hatte im Strafrecht des Mittelalters eine bedeutende Tragweite. [40]) Es gab nicht nur eine ehrliche und unehrliche Tödtung, [41]) fondern die Unterfcheidung der ehrlichen und unehrlichen Sachen, auf fittlicher Anfchauung ruhend, lief aus in einen entfprechenden Gegenfatz der Straffolgen: man hatte ehrliche und unehrliche Strafen und felbft ehrliche und unehrliche Bufsen. Davos S. 8: »Es ift ein jeder Rathsfründt fchuldig, wo inne Bluetsfründfchaft oder Kemegfchaft nit hinderet, bei feinem gefchwornen Eidt anzegeben alle und jede ehrliche und unehrliche Buofsen, die inne bewufst etc.« Hofrodel von Altorf (Münch-altorf) 1439 § 63. 64: »Item es fprechent die Hoflüt, welerley bufsen einer verfchuldi, die erlich fygint, mag da einer troftung han, fo fol in ein herr nit turnen. — Si fprechent ôch, was unerlich fachen fyent, da mag ein here umb tun, als in bedunk.« [42])

Nachdem im alten Landbuch von Glarus Art. 69 (vom Jahr 1457) beftimmt ift über die Zufammenfetzung des Gerichts, »wenn das were und man yeman von unerlicher fachen wegen richten wöllte«, heifst es im folgenden Artikel: »Und ob das wäre, das Einem mit Recht und Urtell ein hertter tod erteilt were, oder ein unerlicher tod, und da yeman wölt bitten umb ein ringern oder erlicheren

---

[39]) Davos S. 8. 61. Klofters S. 5. 18.

[40]) Mein Beitrag zur Strafrechtsgefchichte der deutfchen Schweiz (1859) S. 23 ff. — K. Maurer in der kritifchen Ueberfchau III. (München 1856) S. 33 (f. auch Woringen's Beiträge I. S. 28) nimmt für die altgermanifche Zeit ein wahres Straffyftem, verfchieden vom Compofitionenfyftem und dem Syftem der Friedlofigkeit, an für die Verbrechen, welche einen befonders unehrenhaften und auch wohl befonders irreligiöfen Character an fich trugen. Bei Wilda ift der wichtige Gegenftand zwar nicht unbeachtet gelaffen (S. 153), aber im Zufammen-hange hat er das dahin Gehörige nicht erfafst.

[41]) f. unten § 96.

[42]) Grimm, Wsth. I. 17. Offnung von Dürnten § 37. 48 in Schauberg's Beitr. III. 198.

tod, darumb fo hand die, fo dann zu dem gericht fint geben, gewalt, einem fin tod ze endern und zu ringeren.« Ein Fall der Art war, dafs Levi Schmid von Niederurnen wegen Diebftahls nicht gehängt, fondern enthauptet wurde. [43]) Eine Verwandlung der unehrlichen in eine ehrliche Todesftrafe war es auch, wenn ein Mörder nicht gerädert, fondern nach Gnaden enthauptet wurde. [44]) Diefs hatte eine weitere praktifche Folge, wie wir aus der glarner und fchwyzer Hochgerichtsform fehen. Dem zur Enthauptung Verurtheilten ward es vergönnt, zuvor zu beichten, und dann wurde fein Leichnam im geweihten Erdreich begraben. Eine Gloffe zu diefen Hochgerichtsformen fagt: »Merk die Ver- urtheilten werden nit all in das gewycht Ertrych begraben, fon- dern allein die fo man enthauptet und etlich fo man ertränkt.« Damit find ohne Zweifel die Frauen gemeint, wenn man fie in den Fällen ertränkte, in denen Männer enthauptet wurden. Nicht beerdigt wurden die Erhenkten. [45])

Während der Gegenfatz der ehrlichen und unehrlichen Sachen in den Rechtsquellen oft im Allgemeinen erwähnt ift, [46]) finden wir felten, abgefehen vom Diebftahl, Angaben, nach denen wir eine Spezialifirung der beiderfeitigen Sachen vornehmen könnten. Die Unterfcheidung, weil in der Sittlichkeit wurzelnd, wurde im fittlichen Bewufstfein getragen; das Recht gab der fittlichen An- fchauung einen fichtlichen Ausdruck, indem als directe Straffolge mancher Miffethaten die gänzliche oder theilweife Entziehung der Ehre hingeftellt wurde, oder eine Strafe eintrat, von der jeder wufste, dafs fie mit der Ehre und fittlichen Würde des Menfchen unvereinbar fei.

Wenn hie und da einzelne unehrliche Sachen namhaft gemacht werden, fehlt es dann auch nicht an einem Zufatze, der fie als nur beifpielsweife aufgeführte Arten der Gattung kennzeichnet. Zug 1432 § 35: »Wer ftilt oder Ketzri oder ander femlich Miftat triben ald begangen hat, ald Land gevieret (landflüchtig 1566) wery von verlumten Sachen wegen, darumb fol man richten nach der Stadt und Amptes Zug Recht etc.« Fifchenthaler Hofrodel von 1511 § 26:

[43]) Blumer I. 408; oben § 81 S. 182.
[44]) Schauberg, Ztfchr. I. 389.
[45]) f. oben § 40 S. 88.
[46]) f. auch Obwalden 57. Freiburg 1520 p. XVIII. 1.

»Ob aber fo unerlich fachen, es weren fridbrüch ald ander unfugen
verfchuldt wurdent.«[47]) Offnung von Nerach § 60: »Es were dann
das einer ein morder, dieb, ketzer oder funft mit unerlichen fachen
verlümbdet were.«

An der Spitze der unehrlichen Sachen fteht der Diebftahl.
Das tritt nicht blofs in den Aufzählungen der unehrlichen Sachen
hervor und in den Strafen des Diebftahls, fondern auch in der
Markirung der Grenzen von Mundraub, Obftfrevel und Diebftahl.

Nach verfchiedenen Seiten hin äufserte im Rechtsleben die Sonderung der ehrlichen und unehrlichen Sachen ihre Wirkung:

1) Sie war maafsgebend für das Abmachen in der Stille.[48])

2) Sie übte ihren Einflufs auf den Gerichtszwang, indem die
unehrlichen Sachen an das höhere Gericht gewiefen waren.[49])

3) Sie war wichtig für die Frage, ob jemand in Haft zu fetzen
oder gegen Bürgfchaft auf freiem Fufs zu laffen fei.[50])

4) Sie war von directem Einflufs auf das Afylrecht, auf die
Amneftie durch Kaifer, Könige und Fürften, und von Bedeutung
für das Wiedererwerben der Huld des Herrn.[51])

5) Bei der Frage, wie weit Verwandte vom Zeugnifs für und
wider jemand ausgefchloffen oder entbunden feien,[52]) wie in Betreff der am Ende des vorigen § erwähnten Denunciationspflicht,
kam die Unterfcheidung in Betracht.

6) In den glarner Ehefatzungen von 1631 [53]) find die »unehrlichen Sachen« als Ehehindernifs behandelt.

---

[47]) Peftalutz II. 84.

[48]) f. oben § 39 S. 81.

[49]) Offnung von Dürnten 38 (Schauberg's Beitr. III. 198); Binzikon 36. 48
(Schauberg's Ztfchr. I. 48); Hofrodel von Wald 12. 16; von Fifchenthal 26;
Herrfchaftsrecht von Wädenfchweil Art. 29 § 2 (Peftalutz I. 172. II. 84. 152).

[50]) f. die Offnungen von Altorf, Nerach und Dürnten a. a. O.; das Herrfchaftsrecht von Elgg 49; das kyburger Graffchaftsrecht 99 (Peftalutz I. 327. II. 240).—
Bafel Rechtsq. I. S. 35. 143.

[51]) f. oben § 54. 86. 52.

[52]) Glarus 174. 245.

[53]) Ztfchr. für fchwz. Recht V. 129.

B. Miſſethaten an Leib und Leben.

1. Tödtungen.

a. Einfacher Todſchlag.

§ 93. So wie die meiſten und wichtigſten allgemeinen Lehren des Strafrechts ihr Werden und Wachſen im Gebiete der Tödtung haben und diefe als das »Normalverbrechen« erſcheint, ſo find auch die bedeutungsvollſten Momente der Entwicklung des deutſchen Strafrechts von der Auffaſſung der Volksrechte bis zur Bildung eines gemeinen deutſchen Strafrechts auf Grundlage der C. C. Ċ. hier am deutlichſten erkennbar und die Betrachtung diefer Momente führt unmittelbar hin zur Erkenntniſs des allmähligen Reifens der Staatsidee, ſo daſs der Staat und das Strafrecht einen zuſammengehörigen Fortſchritt haben.

Der Fremde genoſs nicht denſelben Rechtsfchutz wie der Angehörige einer Gemeinfchaft, welche die Individuen zu einer ſittlichen und rechtlichen Einheit verband. [54]) Ihm fehlte der ſtarke Halt in der für ihn eintretenden Familie und dem Gefchlecht; wo das Gemeinweſen als Friedensgemeinfchaft ſich zeigte, war er ein »Aufserer« und nur als Gaſt konnte er die Wohlthat anfprechen, nicht rechtlos zu fein. Diefe wurde ihm gewährt, wenn er nach feiner Perfönlichkeit deren würdig erfchien, aber gegen die grofse Maffe der »Landfahrer« fühlte man fich nur zur Abwehr berufen, die bei einigen Claffen derfelben zur Mifachtung aller Menfchenrechte führte, wie bei den Zigeunern, die vor 1420 fich in der Schweiz einfanden. Im Jahr 1571 wurde in Graubünden eine Verordnung gegen diefes braune Volk gegeben, nach welcher fie alle follten gefangen genommen und auf die Galeeren verkauft werden; noch im Jahr 1765 wurden fie, wenn die Nachricht wahr ift, für vogelfrei erklärt und dem, der einen bewaffneten Zigeuner erlegen würde, noch 10 Kronen verfprochen. [55])

Die allgemeinfte Bezeichnung für tödten ift »liblos thun« und für die (einfache) Tödtung Todſchlag und »Manſlaht«; in den lateinifchen Quellen homicidium. Da aber, wenn wir

---

[54]) Köſtlin in der Ztfchr. für deutſches Recht XV. 227.
[55]) Lehmann, patriotifches Magazin S. 271.

abfehen von den in den germanifchen Rechtsquellen lateinifcher
Form vorkommenden Bezeichnungen für Mord, welche nur eine
latinifirende Endung· haben, die römifche Sprache keinen feften
Ausdruck bot für den Gegenfatz der einfachen und befchwerten
Tödtung, fo umfafst h o m i c i d i u m auch bisweilen in deutfchen
Rechtsurkunden lateinifcher Form die fchwerere Tödtung; doch ift
diefs nur eine Singularität. Stadtrodel von Murten § 45 (vgl. § 13):
»Latro suspendi debet patibulo, proditor et homicida trahi debent
et suspendi patibulo, predo vero et insidiator stratarum capite
puniri.« In einer Erläuterung abfeiten der Stadt Bern über einige
Artikel der Stadt Laupen vom Jahr 1313 [56]) lefen wir fogar: »pro
homicidio dicto vulgariter Mord — pro occisione dicta
vulgariter Todfchlag.«

War ein Menfch getödtet worden, fo konnte die Frage nach
feinem Werthe und dem entfprechenden Erfatz entftehen. Als im
Jahr 1365 zwei Bürger von St. Gallen einen Leibeignen des Abts
von St. Gallen getödtet hatten, wurden fie verurtheilt, .den getödteten Mann dem Abte zu erfetzen. [57]) Aus diefem Einzelfalle
läfst fich aber weder fchliefsen, dafs eine folche einfachfte
Genugthuung damals allgemeinere Regel gewefen wäre, noch
eine Folgerung machen auf die Geltung des Syftems der Wergelder. [58])

Der Fortfchritt in der allmähligen Entwicklung des Strafrechts in Tödtungsfällen läfst fich durch die folgende Gruppirung
anfchaulich machen:

1) An unzähligen Stellen ift auf Tödtung eine Bufse gefetzt.
War der Getödtete ein Höriger, fo erhielt die Herrfchaft in der
Bufse den Erfatz des Verluftes. [59])

2) Zu den Bufsfatzungen ift aber oft hinzugefetzt, dafs die
Sache mit der Bufse nicht erledigt fei, z. B. in der Offnung von
Romanshorn § 52: »Item welcher dem Gottshufs fynen man lyb-
los tut, da ift die Bufs 50 Pfund Pfenning; tut aber einer einen
lyblos in dem gericht, der nit ein Gottshufs man wer, fo ift die
Bufs 25 Pfund Pf., und darzu foll fich der fächer richten mit des

[56]) W a l t h e r, Gefch. des bernerifchen Stadtrechts I. Beil. S. LXII.
[57]) Gefchichtsforfcher X. 414.
[58]) f. oben § 33.
[59]) f. oben § 38 S. 72.

lyblofen Fründen.« Der Getödtete hatte nicht blofs feinen Werth gehabt für das Gotteshaus, fondern auch für feine Familie. In welcher Weife eine folche Richtung oder das Abkommen mit der Blutsverwandtfchaft ftatt fand und wie der Todfchläger geftellt war, wenn er fich nicht mit ihr ausföhnte, ift oben in dem Capitel von der Blutrache nachgewiefen.

3) Bisweilen ift in den Hofrechten der Bufsfatzung die Refervation des Strafrechts der höheren Gerichte beigefügt. [60]) Das Erfatz- und Bufsenrecht des Hofes und Gotteshaufes wurde geltend, wenn überhaupt eine Tödtung vorlag, die nicht zu den ftraf- und bufslofen gehörte; ob die Tödtung als Malefiz zu nehmen fei, war eine weitere für fich beftehende Frage. Aus dem Thurgau wiffen wir, [61]) dafs der Todfchlag dort feit 1566 malefizifch verfolgt wurde; bis dahin hatte der Todfchläger fich mit der Blutsfreundfchaft des Getödteten abzufinden und dem Landvogt die Bufse zu zahlen. Die malefizifche Behandlung hatte den Ausgang, dafs der nicht entfchuldbare Todfchläger enthauptet wurde und darin ift der entfchiedene Fortfchritt des wirklichen Strafrechts fichtbar. Diefer Fortfchritt ging langfam und unter verfchiedenen Einflüffen vor fich:

a. In dem Straf- und Bufsenrodel der Höfe Wollerau und Pfäffikon 1484 § 13—15 [62]) ift die Todesftrafe nur gefetzt, wenn ein Gaft einen Hofmann erfchlagen hatte; das Geltendwerden des öffentlichen Strafrechts war noch gehemmt durch die auch fonft einflufsreiche Unterfcheidung der Perfonen. [63]) Beim Morde (§ 10) ift folcher Unterfchied nicht gemacht, fondern das Rad allgemein gedroht.

b. In den Städten ift auf Grundlage des Stadtfriedens die Entwicklung des öffentlichen Strafrechts für den fraglichen Gegenftand früher, wenn auch nicht gleichmäfsig und ungehemmt vor fich gegangen.

a. Freiburg 1120 § 10: » Si quis infra urbem pacem urbis infregerit. item si aliquem sanguinolentum irato et serio fecerit. si convictus fuerit manu truncabitur. si vero occiderit decolla-

---

[60]) f. oben § 38.
[61]) Krapf in der Ztfchr. für fchwz. Recht IV. 25.
[62]) Kothing, Rechtsq. S. 51:
[63]) oben § 32. 84.

bitur.« § 22: »si vero vulneratus morietur idem malefactor decollabitur.« [64])

β. Derfelbe Satz hat in der berner Handfefte § 28 eine etwas veränderte Form: »Quicunque infra terminos et pacem urbis [65]) aliquem occiderit, sine omni contradictione decollari debet.« — Dattenried § 1: »quicunque in oppido vel banno de Dela homicidium committit, pena eapitis plecti debet.« [66])

γ. In noch mehr veränderter Form ift derfelbe Gedanke ausgefprochen im Stadtrodel von Murten § 11: »si autem ad mortem pércussit, caput in arbitrio et potestate civium est.« — Strafsburg 1270 § 12: »Ift daz der wunde ftirbet, fo gat ez ienem der in wundete an den lip; genifet aber der wunde, umbe den blutruns fo gat ez ime an die hant.« Zofingen: »wer den andern ze tod erflegt daz gat im an Leib und fol par gegen pare ftan [67]) und fol der leib den freunden und uns das gut ertailet werden und gevallen.«

δ. Das augsburger Stadtrecht hat S. 67 den kurzen Satz: »Swer den totflac getut den fol man haupten;« dagegen S. 16 find dem Kläger, der den Burgfrieden hat, wegen Todfchlag 10 Pfund zugefprochen; es ift alfo nur nach einer Seite hin beftimmt, wobei das öffentliche Strafrecht nicht ausgefchloffen ift.

Der Satz, dafs der nicht entfchuldbare Todfchläger mit dem Leben zu ftrafen fei, ein Ausdruck des vordringenden öffentlichen Strafrechts, [68]) fand Förderung in der Erinnerung an das mofaifche Talionsrecht und wurde befiegelt durch die dem ius divinum entnommene Formel. [69])

---

[64]) Freiburg im Uechtland § 38. Burgdorf § 88. Schreiber, Urk. I. S. 76. 126. Den richtigen Text hat die burgdorfer Handfefte: »infregerit, id est, si aliquem sanguinolentum etc.« Ebenfo Aarberg vgl. Freiburg im Uechtland § 78.

[65]) Nach dem Original-Abdruck in der Ztfchr. für vaterl. Recht. Walther, dem Gaupp gefolgt ift, hat das unrichtige » vobis «. Die alte deutfche Ueberfetzung lautet: »der Statt Zille und fride«.

[66]) Colmar § 1. Hagenau § 12. Breifach § 1. Solothurn S. 414. — Ulm § 4. 6.

[67]) f. oben § 39 S. 84. In dem ganz fehlerhaften Abdruck diefer Handfefte in der Chronik von Zofingen: »und foll Har gegen Har ftehen«.

[68]) Schwfp. 149 W. 174ª L. (Sfp. II. 13. § 5.)

[69]) oben § 39 S. 84 ff.

b. Von den ſtraf- und buſsloſen Tödtungen.

§ 94. Zunächſt gehört in dieſe früher ſo grofse Gruppe [70]) 1) die Tödtung in rechter Nothwehr.[71]) Dahin kann noch gerechnet werden der Fall von den erſchlagenen Räubern, den Schwſp. 284 W. 349 I. L. aufführt: »Swer mit dem andern uz kumet, unde mit im rouben wil, ſwie vil der iſt, unde werdent die uf der verte irſlagen: da ſol nit buoze über ſin gegen niemande.« Andere im Folgenden aufzuführende Fälle, in denen ein Tödtungsrecht zugeſtanden iſt, ſind aber von den Fällen der Nothwehr zu ſondern. Das gilt auch ſchon von 2) der Tödtung in der Ausübung des Hausrechts, die zwar der Tödtung in der Nothwehr verwandt iſt, aber doch auf einer andern Grundlage ruht. Wegen der Verwandtſchaft gebraucht zwar das augsburger Stadtrecht S. 73 den Ausdruck »Notwer ihrer Hausehre«, aber die Hausehre und das Hausrecht wurzeln im Hausfrieden.[72]) Freiburg 1120 § 9: »Si quis aliquem in ipsa harea vi invaserit. quidquid ei malefecerit. sine omni satisfactione evadet.« Stadtrodel § 42: »Si quis burgensem in propria area vi invaserit vel temere domi quaesierit, quidquid ei mali fecerit, non emendabit.« § 72: »Si quis domum alicujús intraverit, ex quo sibi semel introitum interdixerit, quicquid ei postmodum ab hospite domus acciderit, nullus ei emendabit.« [73]) An allen derartigen Stellen iſt die Vorausſetzung der unbeſchränkten Ausübung des Hausrechts die Heimſuchung. Dieſer Hauptart des Hausfriedensbruchs ſteht zur Seite das Ausladen oder Ausheiſchen aus dem Hauſe und bei Erwähnung desſelben finden wir gleichfalls eine bis zum Aeuſserſten gehende Geſtattung der Abwehr. Landbuch von Schwyz S. 30: »Item wann der ſelbig, ſo uſs ſinem hus gladen wirt, den andern, ſo ihn hatt uſsen gladen, umbrächte, ſo ſoll er der tat halber ime geantwurtet han.« Häufig erwähnen die ſchweizeriſchen Rechte des Ausladens »über Frieden«,

[70]) Abegg, Unterſuchungen etc. Abh. 2.
[71]) ſ. oben § 72.
[72]) Hausfrieden S. 18 ff. Geyer, Nothwehr S. 81 ff.
[73]) Bern 1218 § 27, 1614 I. 19, 16. Freiburg im Uechtland 62. Thun 37. Burgdorf 108. Dieſsenhofen Handfeſte 10, Stadtrecht 59. Colmar 9. Dattenried 9. Straſsburg 1270 § 15. — Baſel L. O. § 68.

alfo während eines befondern Friedens zwifchen den betreffenden Perfonen; dann war das Ausladen ein Friedbruch mit Werken, die Tödtung deffen, der den Frieden brach, ftraflos. [74])

Auf das Hausrecht ift auch zurück zu führen der intereffante Fall vom Förfter in dem Weisthum von Saspach [75]): » — volget er ihm aber nach in feinen hoff, kert fich dann der margman umb, und fchlecht den förfter an feinen kopf zu tode, fo foll weder gericht noch rath darnach me gon.«

Ein materiell nicht befchränktes Hausrecht ift es, wenn eine Förmlichkeit, das Herausziehen des Getödteten unter der Schwelle des Haufes vorgefchrieben wird; [76]) dagegen ift bisweilen die Tödtung ausgenommen. Das Stadtrecht von Diefsenhofen § 59 (vgl. § 81) nimmt Todfchlag und Wundaten aus.

3) Im engen Zufammenhange damit ftehen die Fälle, in denen jemand zwar nicht gegen den Heimfucher, aber gegen den, welchen er bei einer Schädigung oder nur in verdächtiger Weife in feinem Haufe oder auf feinem Grund und Boden findet, gewaltfam einzufchreiten berechtigt ift. Hier ift aber die Tödtung häufiger ausgenommen. [77])

4) Am häufigften gefchieht der Tödtung des in flagranti ertappten Ehebrechers und der Ehefrau durch den Ehemann Erwähnung. [78]) Bern 1539: »Wir habendt ouch angefechen und gefetzt, wellicher fürhin einen oder mehr by fyner Husfrouwen an der that ergryft, und alsdann diefelben fampt oder fonders oder die frouw lyblos macht oder fchädiget, das er von föllicher wundath oder todtfchlags wegen von menigklichem urfecht und ledig fin und deshalb kein rechtsvertigung gehalten werden fölle.« In der jüngeren Recenfion von 1614 ift diefer Artikel weggelaffen. Das Rechtsbuch von Memmingen S. 258, welches den Ehemann von aller Verantwortung freifpricht, hat den Ausdruck »entlybty er fy ze maul baidiv«, was an die lex Julia de adulteriis erinnert.

---

[74]) R. A. aus der Schweiz No. II. S. 22.

[75]) Grimm, Wsth. I. 414.

[76]) Grimm, Wsth. I. 351, R. A. 727.

[77]) Augsburg S. 105. 107. 108. Ulm § 23. Engelberger Thalbuch § 46. 47. Freiburg 1520 p. XCIV. 2. — Memmingen S. 276. Luzern 150. Bern 1614 I. 19. 4.

[78]) Strafsburg 1322 § 179. Handfefte von Zofingen. Gefchworner Brief von Luzern 1489 (Segeffer II. 664). Obwalden 185.

Das züricherifche Recht fetzte auf Tödtung des Ehebrechers oder der ehebrecherifchen Frau eine Scheinbufse. [79]) In der Schweiz war eine Ausdehnung von der Befugnifs des Ehemannes auf den Haus- und Familienherrn, der den bei einer fchutzangehörigen weiblichen Perfon auf » Schand und Lafter « ergriffenen Mann tödtete, fehr gewöhnlich. Zug 1566 § 82: »Wer der were, der einen by fyner Tochter oder by fyner Frouwen, by fyner Mutter ald by fyner Schwefter zue Uneeren funde, und an fyner Schand ald an fynem Lafter, und inn darüber in dem fynen oder ufserhalb, wo er in folicher Gftalt bezuge, hüwe oder ze tod ftäch ald fchlüege, der foll im und den fynen geantwurtet han und von mengklichem fyn.« [80]) Auch das Rechtsbuch von Memmingen S. 276 hat eine Beftimmung, die vielleicht einen folchen Fall mit umfafst: »Wer dem andern uff fin ere oder uff fin fchaden gät in fin hus und gemach, da er zuo hus ift, was er dem tuot ân den Tod, da verfchult er nichtz an etc.«

Der berühmte Fall der Sage und fchönen Dichtung von Konrad Baumgarten, der den öfterreichifchen Burgvogt von Wolfenfchiefsen erfchlug, kann hieher gezogen werden; aber áuch aufserdem finden fich manche hiftorifche Nachrichten von Straflofigkeit folcher Tödtungen in den züricher Richtbüchern und anderswo. [81]) Wie in der berner Gerichtsfatzung von 1614 der aufgeführte Artikel der älteren Recenfion ganz weggelaffen ift, fo finden wir in dem freiburger Stadtrecht 1520 p. XCIV. 2 eine Verclaufelirung und Abfchwächung des alten Tödtungsrechts in Ehebruchsfällen: »Item wer es fach, das einer ein argwönigen mann by finem eelichen gemahel nackent am bett, oder funft an argwönigen heimlichen ftetten an unküfcher that erfünd, und denfelben glich ftracks ufs zornigem gemüt zu tod fchlüg, [82]) zu dem ift n i t ftrenglich zu richten, ob er aber etlich ftund und tag verhielt, und darnach erft denfelben zu tod fchlüg, der fol nit entfchuldigt fin, fondern zu ihm gericht werden wie zu einem todfchleger.«

---

[79]) f. oben § 33 S. 72.

[80]) Schwyz Ldb. S. 89. Uri § 16. Gerfau S. 80. Blumer I. 395. Segef-fer a. a. O. Defchwanden im Gefchichtsfreund IX. 116.

[81]) Schauberg, Ztfchr. I. 369. Bufinger's Luzern S. 142. Chronik von Haller und Müslin S. 53. 185.

[82]) vgl. *l.* 23 § 4. *D. ad l. Jul. de adult.*

5) Wenn ein Aechter in der Stadt betreten und angegriffen wird, und da er fich zur Wehr fetzt, jemand ihn verwundet oder tödtet, »der hat des kaine galtnufse gen dem vogte noh gen niemen« fagt das augsburger Stadtrecht S. 63. [83])

6) Davon verfchieden ift der Fall relativ-erlaubter Tödtung des verrufenen Todfchlägers durch Blutsverwandte des Getödteten, denen der Leib des Flüchtigen ertheilt war. [84])

7) Verwandt dem Falle von Aechter ift der Fall, wo Gerichtsdiener einen fchädlichen Menfchen fahen follen, diefer fich zur Wehr fetzt und dann erfchlagen wird. [85])

8) Hatte ein Fremder einen Bürger gejagt oder verwundet und der Bürger dem Richter (Schultheifsen) davon Anzeige gemacht, fo durfte der Fremde die Stadt nicht betreten, bis er fich mit der Stadt und dem Gefchädigten abgefunden hatte; übertrat er diefes Verbot, fo befferte der Bürger nichts, was er auch dem Fremden thäte. [86])

9) Wenn bei einem durch Nichtbürger in der Stadt erregten Auflauf und Tumult die Bürger zu ihrem und ihrer Stadt Schirm auftraten und dann jemand wundeten oder tödteten, fo war diefs ftraflos. [87])

10) Strafsburg 1322 § 172: »Wer aber das unfer burger deheiner in das lant fure, zugent ime die geburen nach und zugen dartzu yeman unfer burger oder ufsburger, knechte, gefinde oder yeman anders den geburen zu helfe, fluge unfer burger den oder die in der getat zu tode oder was er in dete das enget uns nit an zu richten.« Es kann diefs nach der Sachlage rechte Nothwehr fein.

11) Die Tödtung in rechtmäfsiger Fehde mufs hier auch erwähnt werden.

12) Ein fingulärer Fall vom Jahre 1554, der auf den Noth-

---

[83]) Schwfp. 207 W. 252 L. Diefsenhofen § 9. Jäger's Ulm S. 311. vgl. oben § 30.

[84]) f. oben § 16 S. 26.

[85]) Memmingen S. 257. Diefsenhofen § 11. Gefchw. Brief von Luzern 1489 Art. 5 (Segeffer II. 666). Stadtbuch von St. Gallen S. 43.

[86]) Freiburger Stadtrodel § 55. Schreiber, Urk. I. S. 78. 83. 128. 196. Thun § 46. — Gefchw. Brief von Luzern 1252 f. oben § 15 S. 24.

[87]) Luzerner Rathsbuch 1422 bei Segeffer II. 665.

ftand hinführt, wird erzählt in einer fchweizerifchen Chronik. [88])
Es hatte einer, als er im Kriege gefangen lag, einen Mitgefan-
gehen hängen müffen, um fein eignes Leben zu retten. Er wurde
wegen der Tödtung nicht geftraft, fondern wegen des Henker-
dienftes, den er verrichtet hatte, fein Lebelang ehrlos erklärt
und mufste Urphede fchwören.

c. Von den höheren Tödtungen.

aa. Mord.

§ 95. Die Vorftellung, dafs Mord eine fchändliche Tödtung und die Satzung, dafs die fchwere Strafe des Rades dafür
gerecht fei, ging durch das ganze deutfche Mittelalter. Jene Vorftellung, die nicht fchon in dem Buchftaben des Worts ihren Halt
hatte, war das allgemeine Colorit des Mordes, und felbft eine
fchändliche That, die nicht Tödtung war, wird bisweilen Mord
genannt. Eine kleine augsburger Chronik [89]) bezeichnet es als
»das grofs mord«, da zwei Ritter mit ihren Knechten augsburger
Bürger gefangen genommen hatten während eines befondern Landfriedens. Möglicher Weife greifen auch die Worte des winter-
thurer Stadtrechts 1264 § 12 »qui tale nefas horrendum commiserit, quod volgo dicitur mort« über die Tödtung hinaus.

Für das praktifche Bedürfnifs find in den Rechtsquellen des
deutfchen Mittelalters manche Fälle aufgezählt, welche in die
Kategorie der fchändlichen Tödtungen fallen; ihre Zufammen-
ftellung würde einen reichen Catalog ergeben; die Gründe ihrer
Einordnung in die Kategorie wurzeln in dem fittlichen Gefühl,
und ftehen im unmittelbaren Zufammenhange mit den Licht- und
Schattenfeiten des rechtlich-focialen Lebens der mittelalterlichen
Welt. Die allgemeine Bafis der allgemeinen Vorftellung erkennen
wir fowol aus dem Schwabenfpiegel als aus dem augsburger
Stadtrecht.

In den Schwfp. 174 L. ift die Erklärung gekommen: »Morder
haizzen wir die fwer ein menfche toetet. und er dez lougenot.
— wir heizzen ouch die morder. fwer mit dem andren izzet und
trinket. unde in gütlich grüzet. fleht er in ane fchulde. daz ift

---

[88]) Haller und Müslin S. 18.
[89]) Mone's Anzeiger 1837 S. 123.

ein mort.« Das find Beifpiele aus dem Leben, durch die der urfprüngliche Text des Rechtsbuchs vermehrt wurde. Das augsburger Stadtrecht S. 53 führt folgende Beifpiele als Hauptfälle auf: 1) »Welt ir nu wizzen waz das mort ift . unde ift daz lute einander vint fint . unde wirt under den ein rehter Hantfride gemachet . fwelher danne den Hantfride zerbrichet an dem andern mit dem totflage der ift des mordes fchuldic . unde fol man über den rihten mit dem rade.« An einer andern Stelle, S. 74, heifst es nur: »Swär ein Hantfride git unde den brichet ift daz umbe den totflac . daz ift ein lip dem andern . umbe fwelhe ander Sache daz ift da fol man im die Hant umbe abeflahen.«

2) » Unde ift aber daz ein gaft in eins mannes. Hus kumet unde bringet mit im gut darin . unde fleht danne der wirt den gaft ze tode umbe fin gut . oder fwer in in dem Hufe fleht der ift des mordes fchuldic.«

3) » Ift aber daz ein man den andern latt in fin Hus . unde fleht in danne darinne ze tode . umbe fwelhe fchulde er daz tut der ift des mordes fchuldic.«

4) » Swär mit dem andern ritet vert oder gat . uf wazzer oder uf ftrazze . in holz oder uf dem velde unde wirt der eine des innen daz der ander gut bi ime hat . oder wänet daz er gut bi ime habe unde fleht er in darumbe ze tode . der ift des mordes fchuldic.«

5) » Swie der man fin triwe brichet an dem andern mit dem totflage . der ift des mordes fchuldic.«

In diefen Beifpielen, die uns auf die Treue, das Vertrauen des Mannes zum Manne, und die Gaftfreundfchaft hinführen, fpezififch alamannifche Auffaffung zu fehen, find wir allerdings eben fo wenig berechtigt als in den Fällen, die der Schwabenfpiegel nennt, allein der erfte Fall des augsburger Stadtrechts findet fich vorzugsweife in den alamannifchen Rechten. Noch im freiburger Stadrecht 1520 p. XC. 1. lefen wir: » Schlüg aber einer den andern über den gebottnen oder uffgefetzten friden gar zuo tod, und das kuntlich ift, der fol nach recht mit dem rad als umb ein mort gericht werden,« und in der alten Schweiz, wo die alamannifche Rechtsentwicklung am ungehemmteften vor fich ging, war die Satzung, dafs Tödtung über Frieden als Mord zu ftrafen fei, fo allgemein, [90])

---

[90]) Mein Beitrag zur Strafrechtsgefchichte der deutfchen Schweiz (1859).

218

dafs andre Auffaffungen als eine Seltenheit erfcheinen, wie die in der basler L. O. § 49: »Sucht einer den andern zu Nacht nach der Betglocken in feinem Haus oder Zins und fchlagt oder fticht ihn zu Tod, das ift ein Mord.« [91])

Zwar ift in den altfchweizerifchen Rechtsquellen nirgends gefagt: »Mord ift Tödtung über den Frieden«, fo wenig als die C. C. C. den auf ihrer Grundlage im gemeinen deutfchen Strafrecht zur Geltung gekommenen Unterfchied von Mord und Todfchlag in Form einer Definition hinftellt, fondern, um die »Fürfetzlichkeit« zur entfcheidenden Geltung zu bringen, diefs dadurch bewirkt, dafs an drei Stellen des Art. 137, wie auch im Art. 130, zu Mörder das »fürfetzlich« hinzugefetzt wird. Aber mit der Ausbildung des Friedensrechts in der Schweiz [92]) ging die Geftaltung des Mordbegriffs in der Weife vor fich, dafs, wie man bei Nennung des Friedens ftets an den potenzirten, gelobten oder gebotenen Frieden dachte, fo mit dem Morde fogleich die Vorftellung verband, er fei Tödtung über Frieden. Landbuch von Glarus 22: »welcher einen in unferm Land über Frid zu tod fchlug und entlipte, den fol man mit dem Rad richten als ein offner mörder.« [93]) Uri 12: »Und welcher fridbreche, das einer den andern gar zu Tod fchlüge, und wie er ihn leiblos machte, darvor Gott feye, ob dem foll man richten zu feinem Leib und Gut, als zu einem offenen Mörder ohne Gnad.« Appenzell 1585 § 46: »Es hat ein ganze Landsgemeind erkent, wer an dem anderen fridt bricht, der fridt geben hat und den anderen zu Todt fchlaget oder wie er ihne vom Leib thut, den, dem er frid geben hat, fo foll man den, der alfo frid brechen hat, richten als ein Mörder.« Offnung von Kyburg § 5: »Wer ouch den andern über das, und fy mit einandern in friden ftundent, von dem leben zu dem tod brächte, mit fin felbs gewalt, das fol für ein mord berechtiget werden.« [94])

[91]) Ztfchr. für fchweiz. Recht III. 48.
[92]) f. oben § 29.
[93]) Glarner Landesfatzung von 1387 bei Blumer I. 562.
[94]) Landbuch von Schwyz S. 24. Straf- und Bufsenrodel der Höfe Wollerau und Pfäffikon 1484 § 10. Zug 1432 § 71. 72; 1566 § 120. Gefchworner Brief von Luzern 1434 (Segeffer II. 218). Urkunde von Weggis (Segeffer I. 404). Engelberger Thalrecht 8. 31. 55. Basler G. O. 1539 Art. 144. Bern 1614 I. 19, 18. vgl. I. 19, 1. Offnung von Tablatt (Grimm, Wsth. I. 231).

Als fich die Prävalenz der Auffaffung des Mordes als der Tödtung über den Frieden im gemeinen fchweizerifchen Strafrechte herausgeftellt hatte, wirkte die Analogie von diefer Bafis aus eine Erweiterung; in einzelnen Fällen ging man auch über die Analogie hinaus, indem man nur das allgemeine Merkmal des Mordes, die Schändlichkeit fefthielt. Wer denjenigen, der, nach feiner Pflicht als Landmann, Frieden bietet, verletzt, der foll diefs gethan haben »als in einem Frieden«, und hat die Verletzung den Tod zur Folge, »fo fol er ihn ermurt han«. [95])

Ob Mord oder Todfchlag d. i. frevelhafte, aber nicht fchändliche Tödtung zu ftrafen fei, mufste bei der Weite des Gebiets des Schändlichen oft in Frage kommen. In fehr vielen Fällen ging die Entfcheidung aus der Prüfung hervor, ob zwifchen den betreffenden Perfonen ein Verhältnifs beftanden hatte, das zur Treue verpflichtete oder Vertrauen erwecken konnte. Darauf vornemlich führt die ganze Cafuiftik des augsburger Stadtrechts, die damit fchliefst: »Swie der man fin triwe brichet an dem andern mit dem totflage . der ift des mordes fchuldic.« Auch der züricher Richtebrief bezeichnet im Anfange als Mörder denjenigen, der einen andern Bürger zu Tode fchlägt »ân dien trüwen«. Die jüngere Recenfion diefes Richtebriefs behandelt fodann in einem in der älteren Form nicht enthaltenen Artikel, I. 42, den Hauptfall der Tödtung mit Treubruch, die Tödtung während eines gebotenen oder gelobten Friedens.

Inftructiv ift ein ftrafsburger Fall aus dem vierzehnten Jahrhundert. [96]) Am St. Georgentage des Jahres 1374 nach dem Nachtimbifs hatte fich ein Krieg und ein Gefchelle erhoben zwifchen zwei ftrafsburger Gefchlechtern, den Rebeftöcken und den von Rofsheim. Dabei waren drei der von Rofsheim erfchlagen worden, weshalb zwölfen von den Rebeftöcken die Stadt verboten wurde. Diefe zogen nach Molsheim, und als die von Rofsheim erfahren hatten, dafs ihre Feinde zu Molsheim wohnten, fchlichen fie heimlich in diefe Stadt, und lagen manchen Tag in einem Haufe verborgen, um zu geeigneter Zeit über ihre Feinde zu kommen. Die Rebftöcke hatten davon keine Ahnung, und gingen unbekümmert

---

[95]) Nidwalden 14. Uri 8. Schwyz S. 82. Andere Fälle der Ausdehnung f. in meinem oben Anm. 90 angeführten Beitrage.

[96]) Königshofen S. 311.

aus und ein auf der Edelleute Trinkftube zu Molsheim. Als fie einsmals dort zu Nacht gegeffen hatten und ihrer zehn noch bei-fammen blieben, da kamen die von Rofsheim bewaffnet über ihre Feinde, und erftachen deren acht; zwei junge Knaben entrannen. Nachdem diefes gefchehen, machten die von Rofsheim fich mit Leitern und Seilen über die Ringmauer der Stadt davon. Die Rebeftöcke, welche noch in Strafsburg waren, klagten nun bei dem Rathe wegen Mord. Meifter und Rath von Strafsburg erkann-ten aber, dafs die von Rofsheim keinen Mord damit begangen hätten, dafs fie ihre Feinde erfchlugen; fie verboten nur jedem der Thäter die Stadt auf zehn Jahre, »alfo man danne umb dot-flege tut«. Hier war das Handeln derer von Rofsheim ein folches, dafs daraus wohl auf Mord gefchloffen werden konnte, aber maafs-gebend wurde der Umftand, dafs zwifchen den beiden Gefchlechtern ein erklärtes Feindfchaftsverhältnifs beftand, alfo kein Treuband.

Fälle von Beftrafung der Mörder durch das Rad anzuführen, fcheint mir überflüffig, aber den älteften Fall, der fich in das Gebiet der Sage verläuft, will ich erwähnen. Der fromme Megin-rad (Meinrad), ein Sohn des Grafen Berchtold von Hohenzollern und einer Gräfin von Sulgau in Schwaben, wohnte lange als Ein-fiedler im dunkeln Walde am Berge Etzel, und hielt fich ein Paar Raben. Als nun zwei Räuber, die bei ihm Schätze vermutheten, ihn ermordet hatten, wurden fie von den Raben nach Zürich ver-folgt und dort vom Gerichte des Gaugrafen zum Rade und nach-heriger Verbrennung verurtheilt. Zum Andenken daran hat das Stift Einfiedeln noch zwei Raben im Wappen, und führte bis vor einigen Jahren ein Haus in Zürich den Namen »zum Raben«. Annales Einsiedelenses minores: »863. Sanctus Meginradus a duo-bus latronibus occiditur 12 Kal. Febr.« Annales Eins. majores: »863. Latrones a comite Adelberto et iudicibus Thuricinae civitatis vivi occisi rota, deinde combusti.« [97]) Die Häufigkeit der Morde im deutfchen Mittelalter erkennen wir nirgends deutlicher als aus den freiburger Verzeichniffen der Rechtlofen aus der Mitte und der zweiten Hälfte des vierzehnten Jahrhunderts. [98]) Es find hier nicht weniger als 264 Fälle von

[97]) Liber Heremi im Gefchichtsfreund I. 99. 147.
[98]) Schreiber, Urk. II. S. 135.

Mord verzeichnet, und manche Fälle umfaffen mehrere Perfonen. Wenn wir nun annehmen dürfen, dafs fämtliche »umb das Mort« rechtlos gewordene Perfonen flüchtig geworden waren, fo beurkun= den diefe Verzeichniffe zugleich die Ohnmacht der damaligen Straf- rechtspflege. Uebrigens mag die regelmäfsige Formel »umb das Mort« nicht überall nach genauer Prüfung, ob Mord oder Tod- fchlag verübt war, gebraucht fein; wo der Angefchuldigte fich nicht ftellte, war die darauf gerichtete Prüfung nicht genau, fon- dern wurde die auf Mord lautende Qualification der Tödtung in der Anklage angenommen.

bb. Die unehrliche Tödtung.

§ 96. Dem Morde ift nicht identifch die unehrliche (unred- liche) Tödtung, wenn auch nahe verwandt. Wo man dahin ge- langte, den Mord als Tödtung über den Frieden zu fixiren, mufste fich das Bedürfnifs herausftellen, neben der Eintheilung von Mord und Todfchlag eine andere Unterfcheidung zu haben, nach einem Grunde, der im mittelalterlichen Leben als fehr bedeutend erfchien. In der raufluftigen Zeit waren Todfchläge unter den in Streit Gerathenen fehr häufig, und da, wo fie nicht auf Nothwehr zurück- geführt werden konnten, wogen fie doch auf der Waage des Rechts nicht fehr fchwer, wenn mannhafte Menfchen fich einander gegen- über geftanden hatten und ein ehrlicher Kampf vorangegangen war, wo einer dem andern, was die englifche Sprache fo kurz und treffend bezeichnet, fair play gegeben hatte. Wir können folche Todfchläge als die Hauptgruppe der ehrlichen Tödtungen nehmen, und daraus ergibt fich der Gegenfatz der unehrlichen Tödtung als einer folchen, die verübt ift an einem Menfchen, der überfallen wurde, ohne den Gegner dazu veranlafst zu haben, alfo durch unedle Hinterlift characterifirt. Schon in dem ewigen Bündnifs zwifchen Uri, Schwyz und Unterwalden vom 1. Auguft 1291 dürfen wir einen Ausdruck dafür fehen: »Super omnia autem inter ipsos exstitit statutum, ut qui alium fraudulenter et sine culpa [99]) trucidaverit, si deprehensus fuerit, vitam amittat, nisi suam de dicto maleficio valeat ostendere innocentiam, suis nefandis culpis exigentibus.« [100])

[99]) vgl. das »âne Schulde« im Schwfp. 58. 285 W. 350 L.
[100]) Kopp, Urk. zur Gefchichte der eidgen. Bünde S. 33. Blumer I. 157.

Ein luzerner Fall kann die Sache anfchaulich machen.[101] Im
Jahr 1553 hatte Jacob Schüler von Diffentis den Werni Weibel
von Weggis auf dem Markte von Luzern getödtet. Die Freundfchaft des Getödteten klagte, dafs Schüler ihn, »ohne die Rechte
zu fuchen, elendlich vom Leben zum Tode gebracht und ermordet
habe«. Als Klägerin trat in den Vordergrund die Schwefter [102]
des Getödteten; für den abwefenden Beklagten, dem vor der
Ankenwaage, wo die Tödtung gefchehen war, ein Stadtknecht »Tag
verkündet hatte gegen Verene Weibli, des Entleibten Schwefter«,
erfchien deffen Mutter, und begehrte einen Fürfprecher, der ihr
bewilligt wurde. Von der Klage auf M o r d ftand die Klägerin
auf Bitte der Obrigkeit ab, und »klagte zum höchften; dafs er
ihren Bruder u n e h r l i c h vom Leben zum Tode gebracht. habe.«
Darum drehte fich nun die Verhandlung, ob ein ehrlicher oder
unehrlicher Todfchlag vorliege. Die Mutter des Thäters liefs durch
ihren Fürfprecher vortragen, es werde durch des Entleibten Verwandtfchaft und Schwefter geredet, dafs ihr Sohn den Werni
Weibel unehrlich und nicht redlich vom Leben zum Tode gebracht
habe, darob fie übel erfchrocken fei; es fei wahr, er fei hier
auf einem freien Markt gewefen, da feien ihr Sohn und Werni
Weibel mit Worten an einander kommen; er habe ihn ehrlich,
redlich und fromm vom Leben zum Tode gebracht, als ein Biedermann; fie hoffe und vertraue, dafs es nicht anders werde befunden
werden. Die Verwandtfchaft des Getödteten liefs durch ihren Fürfprecher antworten, fie müfsten dabei beharren, dafs Schüler ihren
Bruder unehrlich leiblos gemacht habe, ohne Verfolg der Rechte,
denn er habe nichts mit ihm zu fchaffen gehabt, und fei ihm
nicht dermafsen begegnet, dafs er ihm Anlafs gegeben, ihn darum
leiblos zu machen; fie blieben daher bei ihrer Klage, dafs er ihn
unehrlich todt gemacht habe, und das klagten fie zum Höchften
und vertrauten, dafs man ihnen nach Stadtrecht und dem gefchwornen Brief Recht ergehen laffe und wolle. Die Mutter des
Beklagten liefs nochmals durch ihren Fürfprecher behaupten, der
Vorfall habe an einer offenen freien Strafse ftatt gefunden, ihr
Sohn habe vorher mit Werni Weibel Streit gehabt und ihn da

---

[101] Pfyffer, Luzern I. 376 ff.
[102] f. oben § 16 S. 26.

leider, als ein Biedermann, ehrlich und fromm leiblos gemacht; fie begehre, ihre Kundfchaften zu verhören und fetze die Sache zu Recht. Nachdem nun beide Theile erklärt hatten, die Sache einem ganzen Landgerichte vertrauen zu wollen, und nachdem die auf der Bahre liegende Leiche des Weibel recognoscirt war, wurde zu Recht erkannt, dafs Jacob Schüler den Werni Weibel ohne Rechtsforderung leiblos gemacht und umgebracht habe, und darauf folgte das Contumacialverfahren und die Verrufung des flüchtigen Jacob Schüler.

In demfelben Jahre ward in Bern » Stephan Ferni für einen unredlichen Todfchläger verrufen«. [103])

In dem luzerner Fall drehte fich die Ermittelung, ob ein ehrlicher oder unehrlicher Todfchlag anzunehmen fei, wefentlich um die Frage, ob ein Streit vorangegangen, der den unglücklichen Ausgang der Entleibung eines der Streitenden gehabt habe, oder ob Werni Weibel von Schüler in einer Weife angegriffen worden fei, dafs er bei dem ungerechtfertigten, von ihm nicht durch Schuld herbeigeführten Angriffe von vorne herein im entfchiedenen Nachtheil gewefen. [104]) Der gefchworne Brief von 1252 enthält die entfcheidende Beftimmung: »An fweler ftette ouch ein burger den andern vrevenlich angrifet, und in ze tode erflat, der fol darumbe elos und rechtlos fin . und foll man ellü fin hüfer nider brechen dü er in der ftat hat . und alles fin guot daz in dien hüfern funden wirt, fol der richtere fin . und fol man deme manfleggen ob er gevangen wirt abe fin houbet flan.«

Der Gegenfatz des ehrlichen und unehrlichen Todfchlags und die Unterfcheidung des letzteren vom Morde ift in den Rechtsquellen nicht felten hervorgehoben. Zur Claffe des erfteren gehören zwar auch die Tödtung in rechter Nothwehr und bei Ausübung des Hausrechts, fie haben aber ihre befondere Stellung im Rechtsfyftem.

Die Malefizordnung von Zug [105]) fchreibt: »Jetzund folget die Haupturtel, wie er ihn vom Leben zum Todt bracht, ehrlich oder unehrlich ftoht an der Fürfprechen Erkanntnus.« Aehnlich ift in einer züricher Rathsverordnung aus dem fechszehnten Jahr-

[103]) Chronik von Haller und Müslin S. 17.
[104]) vgl. Wegelin im Gefchichtsforfcher X. 413.
[105]) Ztfchr. für fchweiz. Recht I. 64.

hundert die Frage nach der Claffification der Tödtung als eine Cardinalfrage mit den Worten hingeftellt: »Und fchrytet man dann zuo der endurteil und wirt nach eigentlicher erwegung der kundfchaft die urteil gefelt, ob es ein gemeiner und ehrlicher todfchlag, nach lut der Satzung, oder ein fchandtlicher unredlicher todfchlag fin fölle, oder wann der theter zur notwehr getrungen, wird er des entlypten fründfchaft klag ledig erkhendt.«[106]) Nachdem im Straf- und Bufsenrodel der Höfe Wollerau und Pfäffikon (erneuert 1524) § 9 über Mord in der oben S. 218 angegebenen Weife beftimmt ift, folgt im § 18 noch der Satz: »— Ob einer ein todfchlag getan hett, da fich mit kuntfchaft erfunde und mit urtel bekennt wurde, ein erlichen Todfchlag fin, da bufset der todtfchleger mit fünfzig pfundt haller, und foll dann fünf Jabr die Höf myden, und vor und ee er dann wider inkomme, fich mit des entlipten fründfchaft richten —. Wo fich aber mit kuntfchaft erfint und mit urtell erkennt wird, das einer ein unerlichen todtfchlag getan hat, der felb todtfchleger ift den Herren von Schwytz an gnad lib und gut verfallen.«

cc. Andere höhere Tödtungen.

§ 97. Das ältere Recht hebt bisweilen die Befchaffenheit eines befonders befriedeten Orts als Erfchwerungsgrund der Tödtung hervor. Lex Alam. Hloth. V.: »Si quis autem liber liberum infra ianuas ecclesiae occiderit, cognoscat se contra Deum iniufte fecisse et ecclesiam Dei polluit; ipsam ecclesiam, quae polluit, cum 60 sol. conponat et fiscus fredum adquirat, parentibus autem legitimum wirigildum conponat.«[107])

Die lex Alamannorum hebt ferner hervor die Tödtung in curte ducis, die höhere Geltung des missus ducis und das Verwandtfchaftsverhältnifs.[108]) Diefes ift denn auch im fpäteren Recht über Tödtung von befonderer Wichtigkeit. Schwfp. 338 W.

---

[106]) Schauberg, Ztfchr. I. 366. f. auch die folgende Satzung S. 367. Fünf Dörfer S. 38. — Rüttimann, zur Gefch. und Fortbildung der zürcherifchen Rechtspflege S. 7. 8.

[107]) f. auch das Capit. Hludovici I. vom Jahr 817 § 1 bei Pertz, Mon. Leg. I. 210. — Schwfp. 330 L. 277 W. f. oben 26.

[108]) Lex Alam. Hloth. 29. 30. 40. Lantfr. 39. Karol. 40. vgl. Pertz, Mon. Leg. II. 38. I. 96.

375 VI. L. hat die Beſtimmung des alamanniſchen Volksrechts
hinüber genommen: »Swer ſinen vater oder ſine muoter oder ſinen
bruoder, oder ſinen vetern oder ſinen öheim, oder ſins öheims ſun
oder ſins vetern ſun, oder ſine ſweſter oder ſiner ſweſter ſun: der
der einz tötet, der hat got grozlich erzürnet. über des lip ſol der
weltlich rihtär rihten; unde vor allen ſinem magen ſol daz guot ſinr
herſchafte werden, unde nit ſinen erben. wan er hat ez mit rehte
verwürket.« Dagegen iſt Schwſp. 285 W. 350 L. zum Theil dem
römiſchen Recht [109]) nachgebildet: »Swer ſinen mâc ertötet ane
ſchulde heimelich oder ofenlich, dem ſol man machen einen lide-
rinen ſac, unde ſol in dar inne ſenken in ein wazzer daz ſi reine
oder unreine, unz an den grunt, unde ſol in dar inne lazen ſterben.
daz iſt da von geſezet, daz weder liute noch vihe noch ſunne noch
mane ſinen tot an ſullen ſehen von ſiner unreinikeit.« Grimm [110])
führt die Worte Geiler von Keiſerſperg's an: »So rihtet man mit
dem' ſack, daz man einen ertrenket«; ein Fall der Säckung eines
Verwandtenmörders, aufser bei Kindesmord, [111]) iſt mir aber in
den alamanniſchen Rechten nicht vorgekommen, nur dafs J. von
Arx als Notiz aus dem toggenburger Criminalprotokolle anführt,
der Nachrichter habe den Mörder eines nahen Verwandten mit
einem lebendigen Hunde in einen Sack einnähen und in das Waſſer
werfen müſſen. Dagegen wurde eine Frau, welche die Ermordung
ihres Ehemannes angeſtiftet hatte, 1409 in Zürich lebendig begraben, mit »Legung einer Bürdi Dorn unter und einer auf ſie«;
in Augsburg eine Frau, die ihren Grofsvater getödtet hatte, 1436
ebenfalls lebendig begraben; ebendaſelbſt Ehemänner, die ihre
Frauen ermordet hatten, 1562 und 1586 nur geköpft und dann die
Leichname auf ein Rad geflochten; in Conſtanz 1445 ein Mann, der
ſeine Frau ermordet hatte, ausgeſchleift und geradbrecht. [112])

Grofs war bisweilen die Strenge gegen ſolche, die ihren eignen Herrn ermordet hatten. Im Jahr 1505 wurden in Augsburg eine Magd und ein Mägdlein von 13 Jahren lebendig ver-

---

[109]) Schrader ad Inst. IV. 18. § 6.
[110]) R. A. 696.
[111]) ſ. unten § 99. R. A. aus der Schweiz No. III. S. 28.
[112]) Meyer v. Knonau, Zürich II. 140. Gaſſarus a. 1436. Stetten
I. 548. 700. Mone's Quellenſammlung I. 344. Chronik von Zofingen II. 173.
Chronik von Haller und Müslin S. 107. Attenhofer, Surfee S. 118.

graben und ein Knabe von 12 Jahren geköpft, weil fie ihren
Herrn jämmerlich erwürgt hatten; [113]) in Laufanne wurde 1406
ein Diener, der feinen Herrn, den Bifchof, ermordet hatte, geviertheilt, nachdem ihm vorher die Nieren mit glühenden Zangen
aus dem Leibe geriffen waren. [114]) Es ift zwar diefer Fall nicht
vom alamannifchen Gebiet, aber eine fchweizerifche Hochgerichtsform droht auch dem Mörder des eignen Herrn das Zerreifsen
mit glühenden Zangen. [115])
    Schwfp. 58 W. 73* L. nennt auch die Tödtung des eignen
Knechtes ftrafbarer als die eines fremden.

    Die Hochgerichtsform der Freien-Aemter im Aargau führt ein
fcheufsliches Verbrechen auf, derer »fo fchwangere Frauen auf-
fchneiden«. Man foll einen folchen Verbrecher, wie den Mörder des
eignen Herrn, »ausführen als ein fchedlichen Uebelthäter auf die
gewohnliche Richtftatt bei dem Galgen und ihn allda mit feurigen
Zangen zerreifsen alfo lang bis er des Tods ftirbt und verdirbt
und wann er todt ift, fo foll der Meifter fein Leib unter dem
Galgen vergraben«. Ein folches Verbrechen kam 1568 in Augsburg vor. »Den 15 Maji wurde ein Mordbrenner, Namens Michael
Schwartzkopf, wegen mehr als 20 begangener Uebelthaten, fonderlich weil er auch einem fchwangern Weib das Kind aus dem
Leib gefchnitten, und alfo Mutter und Kind jämmerlich ermordet, — an vier unterfchiedlichen Orten der Stadt — mit glühenden Zangen gezwickt, und bei dem Galgen gerädert.« [116]) G a f-
f a r u s befchreibt das Hauptverbrechen diefes Verbrechers fo:
»praegnanti mulierculae foetum adhuc palpitantem ex utero secuit,
abscissoque illi dextro bracchiolo veneficia cum eo nefaria exer-
cuit«, und deutet damit den furchtbaren Aberglauben an, der zu
einer folchen That führte: Verbrecher glaubten fich unfichtbar
machen zu können durch den Befitz der (rechten) Hand eines
ungebornen Kindes. Ein Verbrecher, der 1617 in St. Gallen wegen
unzähliger Miffethaten hingerichtet wurde, hatte unter Anderem
auch ausgefagt, »zwifchen Ilanz und einer Capellen hätte er famt
einem feiner Gefellen eine Bettlerin, fo fchwangeres Leibs gewefen,

---

[113]) Stetten I. 260. vgl. oben § 58 S. 134.
[114]) Stettler's Chronik h. a.
[115]) R. A. aus der Schweiz XVI. S. 24.
[116]) Stetten I. 581.

ermördt, die gedachter fein gefell aufgefchnitten, das Kind aus dem Leib genommen, drei Fingerli an der rechten Hand abgehauen und hernacher beide Cörpel in ein Graben geworfen.« [117])

Nachdem im augsburger Stadtrecht S. 67 gefagt ift, dafs Zauber, der an den Leib geht, wie Mord mit dem Rade geftraft werden foll, heifst es weiter: »Vergit aber ieman dem andern daz im an den lip gat er genäfe oder fterbe — fo fol man uber in rihten als umbe das mort mit dem rade«, [118]) und S. 69 ift »Vergift« unter den kampfwürdigen Sachen aufgeführt. Auffallend ift, dafs das augsburger Recht bei diefem Verbrechen, wie bei der Zauberei, nur Männer vor Augen hat, indem es nur die Strafe des Rades droht. Es ift das wohl eine Ungenauigkeit, die in vorkommenden Fällen verbeffert wurde. Die L. G. O. der Freien-Aemter (Aargau) fetzt als Strafe der »Vergifterin«. das Lebendigbegraben. [119])

Der Schwfp. 149 W. 174 L., entfprechend dem Sfp. II. 13. § 7, fagt: »Swelich kriften menfche mit zouber umbe gêt oder mit vergift, den fol man uf der hürden brennen.«

Im Jahr 1429 wurde ein Augsburger, der Frau und Kinder vergiftet hatte, in Friedberg, alfo auf bairifchem Gebiet, aber auf Andringen der Augsburger, gerädert. [120]) In Augsburg wurde 1559 ein Mann »weiln er fein Weib mit Gift hingerichtet und fonften allerhand Bubenftücke und Verräthereien ausgeübet«, zur Richtftatt gefchleift, aber aus Gnaden geköpft. [121])

Die angeblichen Brunnenvergiftungen fpielen bekanntlich in der Gefchichte der Juden im Mittelalter eine furchtbare Rolle, auch in Alamannien. [122]) Es war diefes ein Analogon der Hexenverfolgungen und taufende von Juden wurden verbrannt. Neuerdings ift die Vermuthung ausgefprochen worden, dafs der Ge-

---

[117]) Gonzenbach in Hitzig's Annalen. N. F. LXVII. (1854) S. 4.
[118]) vgl. C. C. C. Art. 130.
[119]) f. unten § 99.
[120]) Gaffarus p. 1579.
[121]) Stetten I. 533. f. auch Segeffer II. 640.
[122]) Königshofen S. 134. 293, dazu Schilter S. 1021 ff. 1113. Stetten I. 103. Strobel II. 222. 261. Stälin III. 244. Schreiber, Urk. I. S. 378. II. S. 108. Chronik von Zofingen I. 154. Stumpf V. 33. Ulrich's Sammlung jüdifcher Gefchichten (Bafel 1768) S. 94 ff. 188 ff. vgl. oben § 41.

brauch der Juden, unter Gebeten Brot in die Flüffe zu werfen, wie die Aegypter in den Nil, zu dem gegen fie erhobenen Verdacht, dafs fie die Brunnen vergifteten, eine erfte Veranlaffung gegeben habe. [123])

Die Verunreinigung der öffentlichen Brunnen ift als gemeingefährliches Verbrechen mit fchwerer Strafe belegt im freiburger Stadtrecht 1520 p. XCV. 1.

d. Tödtung von Ungebornen und Kindern.

aa. Tödtung von Ungebornen.

§ 98. In den Zufätzen zur lex Alamannorum Hlothari, die Merkel als liber secundus angereiht hat, findet fich Cap. XCIV. eine Beftimmung über den Fall, dafs die Fehlgeburt der Schwangeren durch einen Andern herbeigeführt wird: »Si quis mulieri prignanti aborsum fecerit, ita ut iam cognuscere possit, utrum vir an femina fuissit: si vir debuit esse, cum 12 solidis conponat; si autem femina, cum 24. [124]) Si nec utrum cognuscere potest nec dum formatus fuit in liniamenta corporis, 12 solidos conponat.«

In den fpäteren alamannifchen Rechtsquellen fehlt es faft ganz an Beftimmungen über diefes Verbrechen, das denn doch nicht felten gewefen fein mag, zumal in den Nonnenklöftern. Maternus Berler, der im Anfange des fechszehnten Jahrhunderts feine Chronik fchrieb, ruft aus [125]): »Welt Gott das difes gefchlecht, das Gott zu geeignet ift (Klofterfrauen) — fich felber zu zitten von verlirung der junckfrolichkeit und eepruch, mit geberung der kinder nit arckwenig mechten und verlumnt. Welt Gott das fye nit zu zitten mit krutteren, aderlaffen, nit mit giftigen trencken, nit mit geordinirten fufswaffern der fiefs, oder unzittig kinder mechten oder die frucht vertriben.« Fälle von Abtreibung der Leibesfrucht durch einen Andern als die Schwangere mit dynamifchen Mitteln konnten wohl unter den Begriff der Vergiftung genommen werden, wenn und fo weit das Leben der Schwangeren dadurch gefährdet wurde, aber das reichte nicht aus für alle Fälle. Zwar finden wir nicht felten den Aus-

---

[123]) Frankl, aus Aegypten (1860) S. 90.
[124]) vgl. oben § 32 S. 69. — Wilda S. 722.
[125]) Code historique et dipl. de la ville de Strasbourg I. 2. p. 92.

druck »Kind verderben«, [126]) aber es ift nicht unzweifelhaft,
ob damit nicht auch die Tödtung eines neugebornen Kindes bezeichnet worden fei. Letzteres ift fogar wahrfcheinlich die häufigere Bedeutung jenes Ausdrucks. Das Dorf Kirchheim am Neckar
hatte fich 1562 an den Herzog Chriftoph von Würtemberg um
Beftätigung der Criminalgerichtsbarkeit gewendet und fich darauf
berufen, dafs es von Alters her ein Hochgericht, über das Blut zu
richten, gehabt habe, und diefes unter Anderem ausgeübt fei, als
»ein Frawen fo ein Kindt verderbt lebendig zu vergraben« erkannt
worden. Wenn hier Abtreibung der Leibesfrucht gemeint ift, fo
war die Strafe die des Kindesmords.

bb. Tödtung von Kindern.

§ 99. Der Satz im Schwfp. 349 I. L.: »Swer ein kint totet
fwie iunc ez ift der ift manflegge dem fol man ab daz hobet flahen«
hat keine Bedeutung für die Kindestödtung im engern Sinne.
Dagegen bieten die Rechtsquellen der Schweiz und des Elfafses
reichliches Material für die Beantwortung der Frage nach der
Beftrafung diefes Verbrechens. Ueber den Thatbeftand desfelben
verbreiten fie fich zwar nicht genauer, aber überall ift die Tödtung des neugebornen Kindes durch die Mutter gemeint, und
dafs man dabei regelmäfsig an uneheliché Kinder dachte, ift
ebenfalls deutlich.

Die Frauenftrafe des Lebendigbegrabens, die auch für Tödtung von Afcendenten vorkam, [127]) ift die ältefte Strafe der Kindestödtung, darauf folgte das Ertränken, auch in Form der Säckung,
und dann die Enthauptung.

Der luzerner Stadtfchreiber Cyfat berichtet über die Tradition, dafs an einem Orte an der Grenze des Stadtbanns vordem
Weibsperfonen, die ihre Leibesfrucht an der Geburt, oder fonft
verderbt ·hatten, lebendig und folgender Geftalt begraben worden [128]): »Es ward eine tiefe Grube gemacht, Dörner auf dem
Boden geftreut, die Mörderin darauf gelegt, wieder Dornen auf
fie geworfen und dann mit Erde zugedeckt, jedoch fo, dafs ver-

---

[126]) Uri 32. Reyfcher, Stat. S. 528. 544. f. R. A. aus der Schweiz No. XVI.
S. 17. 24. Anm. 101. f. unten § 99.
[127]) f. oben § 97 S. 225.
[128]) R. A. aus der Schweiz No. IV. S. 34. Revue Suisse III. S. 33,

mittelſt eines Luftröhrchens, das in den Mund reichte, und durch welches zuweilen Milch eingegoſſen wurde, das Leben und die Qual auf viele Stunden oder mehrere Tage verlängert wurde.« Dieſe ſelbe Procedur iſt vorgeſchrieben in der L. G. O. der Freien-Aemter (Aargau) als Strafe der »Kindsverderberin, Mörderin oder Vergifterin«, aber hinzugefügt, daſs das Urtheil auch ſo lauten könne: »Man ſoll eine tiefe Gruoben machen und ſie darin werfen und ſoll ihr durch ihren Leib ſchlagen einen ſpitzigen Pfahl und alſo an das Erdenreich angeheft werden und darnach die Gruoben mit Erden zufüllen, allda ſie laſſen ſterben und verderben.« [129])

Die grauſame Strafe des Lebendigbegrabens einer Kindsmörderin »mit Legung einer Bürdi Dorn unter und einer auf ſie« iſt 1424 in Zürich wirklich ausgeführt und noch im Jahr 1570 zu Enſisheim im Elſaſs gegen eine ſolche erkannt worden. Das Urtheil befahl hier dem Nachrichter, die Thäterin lebendig in das Grab zu legen und »zwo Wellen Dörn, die ein under und die andere uff ſie, doch das er irn zuvor ein Schüſſel uff das Angeſicht legen, in welche er ein Loch machen und irn durch daſſelb — damit ſie deſto lenger leben und bemelte böſe Miſhandlung abbieſsen möge — ein Ror in Mund geben, volgens uff ſie drei ſpring thun und ſie darnach mit Erden bedecken ſolle.« Aus Gnade wurde jedoch die Strafe gemildert und die Verurtheilte in der Ill ertränkt. [130])

Das Gericht von Biſchofszell im Thurgau ſprach im Jahr 1596 über eine Kindsmörderin das Urtheil: »Es werde die Verbrecherin in eine Grube auf einen Haufen Dörner gelegt, mit Dörnern bedeckt, ihr eine lange Röhre in den Mund gegeben, dann die Grube mit Erde zugeworfen und endlich durch den Scharfrichter ein Pfahl durch die Grube hinuntergeſchlagen.« Die Strafe wurde aber im Namen des Biſchofs in einfache Enthauptung umgewandelt. [131])

Nachweisbar ſind Kindesmörderinnen ſehr gewöhnlich ertränkt worden, und zwar wird die Form der Säckung erwähnt aus Luzern, Zug und dem Toggenburg; ein Fall des Ertränkens ohne Sack aus

---

[129]) R. A. aus der Schweiz No. XVI. S. 17.
[130]) Stöber's Alſatia 1851 S. 44.
[131]) Pupikofer, der Canton Thurgau S. 202. — vgl. Grimm, Wsth. I. 794; R. A. 691. 694. Wahlberg, die Maximilianiſchen Halsgerichtsordnungen (1859) S. 9.

Surſee vom Jahr 1578. [132]) In Baſel kam man dahin, die Sache in humaner Weiſe ſo einzurichten, daſs die zum Ertränken Verurtheilte leicht und gewöhnlich gerettet und aus dem Ertränken ein Schwemmen wurde. [133]) Luzern führte 1609, Baſel 1634, Appenzell I. Rh. 1696 die Schwertſtrafe für Kindesmord ein. [134])

cc. Kindesausſetzung.

§ 100. Da es oft vorkam, daſs Kinder vor einem Spital oder ähnlichen Gebäuden ausgeſetzt wurden, ſo ſtand darauf in Luzern eine Buſse, und war jeder gehalten, der eine Ausſetzung bemerkte, den Thäter zu ergreifen. [135]) In Baſel wurde 1426 beſtimmt, daſs Frauen, welche ihre Kinder vor dem Rathhauſe oder Spital ausſetzten, in den Rhein geworfen, alſo wie Kindesmörderinnen behandelt werden ſollten. [136])

2. Leibesverletzungen.

a. Wunden.

§ 101. Als Haupteintheilung haben wir W u n d e n (Wundaten) und S c h l ä g e.

Die W u n d a t e n, als die ſchwerere Art der Körperverletzungen, fielen in Baſel der Jurisdiction des Rathes anheim, nachdem der Blutbann des Vogtes in die Hände des Raths gekommen war, während Schläge zu den Unzuchten gerechnet wurden. Drei Wundbeſchauer hatten in Zweifelsfällen zu entſcheiden, ob die eine oder die andere Gattung der Verletzungen vorlag.[137]) Bei dieſer Wichtigkeit des Gegenſatzes erſchien es denn auch nothwendig, den alltäglichen Begriff der Wunde juriſtiſch zu beſtimmen. Das geſchah in doppelter Weiſe. In der Verordnung von 1449, welche die Dreierwundſchau aufſtellte, heiſst es am Schluſſe: »und alſo iſt ze wiſſen

---

[132]) (B a l t h a ſ a r), Merkwürdigkeiten des Cantons Luzern II. 85. S e g e ſ-
ſer IV. 196. S t a d l i n's Zug IV. 450. J. v o n A r x, St. Gallen III. 285. —
A t t e n h o f e r, Surſee S. 118.

[133]) R. A. aus der Schweiz No. III. S. 28. Baſel Rechtsq. I. S. 380.

[134]) B a l t h a ſ a r a. a. O. Baſel Rechtsq. I. No. 345. Landbuch von Appenzell I. R. 46.

[135]) Luzerner Stadtbuch IV a. § 21. V b. § 12.

[136]) Baſel Rechtsq. I. No. 114.

[137]) Baſel Rechtsq. I. No. 139. S c h n e l l in Ztſchr. f. ſchweiz. Recht II. 112.

das von den alten erfarn ift, was ein wundat heifsen und fin foll,
des erften alle beinbrüche, rorenbrüche, aderenżerfchroten, die
man fpene nempt, glidabehowen, ftich geleiches tiefe ·und tiefer,
die man meifslen oder büfsen müfse . doch ungevarlich ob folich
ftich under der hut oder dazwüfchent hingiengen, oder ob ein
ftreich befchehe das die hut wiche, uff dem houpt oder fuft am
libe, und das doch weder aderfchrote, beinbruch und ouch nit
forglich wer, das das darumb nit ein wundat heifsen noch fin
foll, ob man es joch büfsen oder meifseln müfte, alles ungevarlich . wer ouch fache, das yemand fuft geflagen wurde mit bengel
oder truckenen ftreichen, oder wie folich handelunge zugienge, da
die fachen als forglich und böfe werent als wundaten oder villicht
forglicher, das follent die fchermeifter als wol fürbringen und
fagen als die wundaten, fo das an fy kompt, by den eiden als
vor gemeldet ftat.« Dagegen in dem zweiten Stadtfrieden aus
dem vierzehnten Jahrhundert [138]): »Und heifsen das verwundet,
was mit meffern fpieffen fwerten fperen axen kolben gablen
howen knütteln und wa mitte es vientlich oder argwenlich befchicht.« Hiemit fteht in Verbindung die häufige Unterfcheidung
des Schlagens und Verletzens mit gewaffneter Hand und mit der
Fauft oder mit Gegenftänden, die nicht zu den eigentlichen Waffen
gezählt werden konnten, [139]) und zu dem Behuf erklärt auch das
augsburger Stadtrecht S. 70 (vgl. S. 76): »Nu fol man wizzen waz
gewafentiv Hant fi . daz ift ein fwärt . ein mezzer . ein acxes . ein
fpär . ein helmbarte . unde elliv gefchoz.« Während aber eine
fcharfe Abgrenzung der Inftrumente, welche als Waffen gelten
follten, kaum möglich war, und fchon die beiden Stellen des augsburger Stadtrechts nicht ganz übereinftimmen, tritt als characteri-
ftifches Merkmal der Wunde beftimmter hervor, dafs Blut gefloffen
war und zwar aus der Verletzung; denn wenn jemand in Folge
eines Schlages aus Mund oder Nafe blutete, war diefs kein Blutruns. [140]) In dem Stadtrecht von Frauenfeld 1368 § 2 und in
der basler Erneuerung der Satzungen über Stadtrecht etc. von
1539 § 139 find Blutruns und Wunde ganz identificirt.

[138]) Rechtsq. I. S. 20.
[139]) Gefchw. Brief von Luzern 1252. Grimm, Wsth. I. 39. 124. Schauberg, Ztfchr. I. 90. 171. II. 75. 91. Zug 1566 § 117. 118.
[140]) Reyfcher, Stat. S. 442. Schwfp. 158 W. 185. 247 L. vgl. Wilda S. 731.

Eine Ueberſchau der Rechte zeigt, daſs bald mehr Gewicht gelegt wurde auf die gewaffnete Hand, wenn Friedbruch in Frage ſtand, bald mehr auf Blutruns, bald beides in Verbindung geſetzt ift.

§ 102. Der Blutruns (Blutwunde, blutiger Schlag) ſtehen gegenüber die trocknen Schläge oder Streiche, [141]) und das immer und überall wiederkehrende »blutruns machen« und »âne blutruns« zeigt die Wichtigkeit dieſer Gegenſtellung. [142]).

Flieſsende Wunde im ulmer Statut [143]) ift wohl von Blutruns nicht verſchieden, und ebenſo bogende Wunde (Bogwunde, Pogwunde), nur daſs bei dieſem in den bairiſchen Quellen häufigeren Ausdruck oft mehr die ſcharfe Waffe das Beſtimmende ift, identiſch mit »Wunde mit ſcharfem Ort«. [144])

Meiſelwunde, die gemeiſelt oder geheftet werden muſste. [145])

Ferchwunde, der »Fleiſchwunde« des Sſp. entſprechend, ift ſchwerer als Blutruns nach einer basler G. O. 1534 § 17. 18: »Schlecht yemantz den andern blutrünſig, der verbeſſert drü pfund ein pfennig. Wer dem andern ein ferchwunden git, der verbeſſert zehen pfunt.« Schwſp. 80 W.: »umbe bluotrunſs diu âne verchwunden geſchihet unde âne leme.« Daraus ift im Text bei L. 98 unrichtig geworden »ane verwunden«. [146])

War ein Glied in Folge der Verletzung vernichtet oder unbrauchbar, kraftlos, ſchwach geworden, Leme, Lemtag, Lamtag, ſo hatte dieſer bleibende Nachtheil auf die Schätzung bedeutenden Einfluſs. Augsburg S. 70: » Swär den andern wndet mit gewäfenter Hant ane lem . tut daz ein wirt der ift dem vogte ſchuldic zähen pfunde —. Swär den andern wndet uñde wirt er lam von der wnden — da gehöret miver die Hant für.« Hagenau

[141]) Reyſcher, Stat. S. 442. Baſel Rechtsq. I. S. 297. 341. Kothing, Rechtsq. S. 69. Schauberg, Ztſchr. II. 91.

[142]) Grimm, Wsth. I. 208. 214. 220. 229. 236. 281. 813. 817. Schauberg, Ztſchr. I. 2. 11. 72. 179. II. 65. Zug 1432 § 28. 29. Ztſchr. für ſchweiz. Recht I. 91. Fünf Dörfer S. 73.

[143]) Jäger's Ulm S. 309. Grimm, R. A. 629.

[144]) Augsburg S. 70. 113. — Schmeller I. 158. Auer, Gloſſar zum münchener Stadtrecht.

[145]) Jäger's Ulm S. 309. Baſel Rechtsq. I. S. 133. Grimm, R. A. 629.

[146]) vgl. Dtſchſp. 88: »umbe wunden die niht ze leme noch ze verche gent.« Ruprecht von Freiſ. II. 11. Schmeller I. 559. Gaupp II. 254. Gloſſar zum ofener Stadtrecht s. v. Verchwunde.

§ 14. 15. fteht »membro debilitato« entgegen »salva membrorum integritate«. [147])

Dafs es von Bedeutung war, ob eine Wunde für »fridbrech« erklärt wurde, zeigt die Offnung von Rheinau: »Wäre auch, dafs ein wundthät da befchähe, die fridbrech wäre, alder was fich zum tod zuge, fo foll man zween biderman kiefsen, die erfahren, ob die wund fridbrüchig fy; were, dafs die wund fridbrüchig were, fo foll man ihm freyen fein leib und fein. guet drey tag und fechs Wochen, were aber, dafs er genefe, fo befferet er mit zechen pfunden, ald aber mit der hand, were aber, dafs er ftürbe, fo ift ein vogt gefallen leib und gut.« Nach den zähringer Stadt- rechten fcheint jede Blutruns im Friedkreife der Städte ver- urfacht, eine friedbrüchige Wunde gewefen zu fein. [148]) Allein anderswo wird ausdrücklich Blutruns und friedbrech Wunde unter- fchieden, und ift die letztere die fchwerere. Offnung von Neu- kilch: »ob ein burger den andren wundete oder wer das tette und die wundt fridbrech were. der fol unfrem Herr von Cóftentz beffren zechen pfund, der ftatt zechen fchilling, — wer ouch das einer den andern fchlug bluttrufig, der foll beffren unfrem Herr von Coftentz drü pfundt und der ftatt fünf fchilling.« [149]) Aus der Vergleichung des memminger Rechtsbuchs mit anderen ala- mannifchen Quellen, wie der Offnung von Rheinau und dem ftrafs- burger Statut von 1270 § 11. 12, dürfen wir entnehmen, dafs man dahin kam, nur die lebensgefährlichen Verletzungen und folche, die einen bleibenden Nachtheil zurückliefsen, als fried- brüchig zu nehmen. Memmingen S. 274: »Diu frydbräch wund fol haben an dem dumen des vorder gelides tiuffin, diu wund fie wit oder eng, ân in dem houbt, da ift ain wund frydbräch, diu durch die hiernfchal gefchlagen oder geftochen wirt, und wer ain blendet, ez fie frow oder man, an ainem ougen oder an bai- den ougen, oder nas ald ain or abfchlüg, das ift auch frydbräch; wer ouch jemant ain lid abfchlüg, daz ez an dem lib nit belibt oder das man es von des fchaden wegen abfchniden mufs, das

[147]) Reyfcher, Stat. S. 442. Grimm, Wfth. I. 817. Schauberg, Ztfchr. I. 179 (unfinnig »Landtag« für »Lamtag«). .
[148]) Bern 1218 § 28. Burgdorf § 88. Freiburg im Uechtland § 38. Schrei- ber, Urk. I. S. 76. 126. vgl. Datt p. 18.
[149]) Grimm, Wfth. I. 297.

ift ouch frydbräch, und dar umb fol ain wundartzat, der fölich
wundan handelt, fagen uff den aid, welhi wundan frydbräch
figent oder nit.« An anderen Stellen ift mehr Nachdruck darauf
gelegt, dafs die Verletzung mit gewaffneter Hand gefchah, [150])
d. h. mit folchen Waffen, deren Gebrauch eine Verletzung leicht
lebensgefährlich machte. Für alle Fälle gilt aber, was manche
der obgenannten Stellen hervorheben, dafs die Verletzung frevenlich oder wie die zähringer Stadtrechte es ausdrücken »irato
animo et serio« beigebracht war. Einen fahrläfsigen Friedbruch
gab es nicht.

Bei dem gelobten und gebotenen Frieden, der in der Schweiz
zum Friedensnormal wurde, genügten fchon geringere »Werke«
als das Verwunden mit Waffen, um die volle Friedbruchsfolge
eintreten zu laffen. [151])

Der in den fonftigen Rechtsquellen des deutfchen Mittelalters
häufige Ausdruck »kampfwürdige« Wunden, wohl wie der
Begriff der friedbrüchigen Wunden mit dem alten Fehderecht
zufammenhängend, [152]) ift mir in den alamannifchen Rechten nicht
vorgekommen, aber die Sache, alfo die Befchränkung der Zu-
laffung des Kampfurtheils auf eine beftimmte Art der Körperverletzung findet fich in denfelben. Freiburger Stadtrodel § 74:
»Duellum autem non debet fieri nisi pro sanguinis effusione, vel
pro preda, vel pro morte,« wofür in den deutfchen Bearbeitungen
von 1275 und 1293 fteht: »und fol enhein kempfi werdin unwont
umbe den blütinden flag.« Ebendafelbft heifst es auch: »Man
fol ouch wiffen, daz man von enheim blütigen flage ane die
gloggen rihten fol.« [153]) Darin ift das Gericht wegen Blutruns
dem Gerichte wegen Todfchlag gleichgeftellt, denn bei dem letzteren Gerichte war es Sitte, die Glocke zu läuten. [154]) Die Befchränkung des gerichtlichen Zweikampfes auf Blutruns, die im
älteften ftrafsburger Stadtrecht § 35 nicht ausgefprochen ift, ging
parallel mit anderen Befchränkungen diefes Kampfes, die ein

---

[150]) Hagenau § 15. Winterthur 1264 § 18.
[151]) Defchwanden im Gefchichtsfreund IX. 97.
[152]) Wächter, Beiträge zur deutfchen Gefchichte S. 46. 49.
[153]) Schreiber, Urk. I. S. 82. 83. 135. 136.
[154]) f. oben § 77 S. 174.

allmähliges Verfchwinden desfelben zur Folge hatten. [155]) — Starb der Verwundete an der Wunde, fo ftand Todfchlag oder Mord in Frage. [156]) Die Theorie von den kritifchen Tagen findet fich nicht in den alamannifchen Rechten; die Spuren derfelben im Schwfp. 172. 238 W. 201ᵃ· 290 L. führen auf II. Buch Mof. 21, 21 und Sfp. III. 31 zurück. Hatte aber der Verwundete fich vernachläfsigt, und war muthwillig zwifchen der Verwundung und dem Tode zu Kirche, zu Markt, zu Wein und auf die Strafse gegangen, fo war nur die Klage wegen Verwundung ftatthaft. [157]) Die Satzung der Stadt Brugg 1620 entbindet dann den Thäter von aller Zahlung an den Gefehrten.

b. Schläge.

§ 103. Nach dem Landbuch von Obwalden § 52 mag jemand ftrafen feine Frau, feine Kinder und Vogtkinder, die unter ihren Tagen [158]) find. Häufig ift erwähnt, dafs Eltern und Lehrherrn ein Züchtigungsrecht der Kinder und Lehrkinder zuftand, doch hatte diefes feine Grenze durch den Zweck, dem die Züchtigung dienen follte. Hatte der Vater einen ungerathenen Sohn unter 18 Jahren, fo durfte er ihn züchtigen, fetzte fich der Sohn zur Wehr, fo war der Vater nicht verantwortlich für das, was er dem Sohne that, ohne den Todfchlag. So beftimmte das augsburger Stadtrecht S. 109. Nach demfelben Stadtrecht S. 113 (Schwfp. 158 W. 185. 247 L.) durfte der Handwerkslehrherr das Lehrkind mit Ruthen züchtigen und auch anders, nur nicht mit gewaffneter Hand fchlagen.

Das Rechtsbuch von Memmingen S. 282 ftellt das Recht der Züchtigung von eignen Dienftboten ftark heraus: »Wer ains andern gedingt mägt oder knecht mifshandelt mit fräveln worten oder werken, die nit burger oder burgers kint fint, an den verliuret man gelt, aber weder jar noch manod, — aber es verliurt nemant nichts an finen bedingten mägten und knechten, die wil ir zil werot, usgenommen des Todfchlags.«

[155]) Freiburg 1120 § 21. 22. Bern 1218 § 31. Thun § 80. Freiburg im Uechtland § 120. Colmar § 10. Schreiber, Urk. I. S. 77. 126. — Jäger's Ulm S. 313.
[156]) Bafel Rechtsq. I. S. 144. Zug 1566 § 120.
[157]) f. oben § 75 a. E.
[158]) f. oben § 58 S. 133.

Aufser diefen Fällen, und abgefehen von der Nothwehr und den Fällen, in denen fogar die Tödtung ftraflos war, gab es noch andere Fälle von Schlägen, die keiner Verantwortung unterlagen. Burgdorf § 123 (Freiburg im Uechtland § 82): »Si aliquis juvenis aut advena aut non burgensis honesto burgensi convicia aliqua aut opprobria dixerit, et alter burgensis qui interfuit illi conviciatori alapam dederit, aut eum percusserit, nulla erit satisfactio nec villae nec domino nec leso.« 159) Wie an diefer Stelle, fo zeigt fich auch fonft in Betreff diefes Thema's von den Schlägen die überhaupt fo bemerkbare ungünftige Stellung des Nichtbürgers gegenüber dem Bürger. 160)

Im Gegenfatz zu erlaubten Schlägen der genannten Art wurde fchwer geftraft, wenn Kinder ihre Eltern gefchlagen hatten. Eine fchweizerifche Chronik 161) führt fogar zwei berner Fälle aus dem Jahr 1568 an, in denen ein Sohn, der feinen Vater mit der Fauft gefchlagen, aber ihn fogleich um Verzeihung gebeten hatte, und ein 16jähriger Knabe, der feine Mutter gefchlagen hatte, hingerichtet wurden. Im erfteren Falle kam aber das frühere ärgerliche Leben, im zweiten Falle Diebftahl des ungerathenen Sohnes hinzu.

Von den Schlägen, welche den Wunden als trockne Schläge entgegengefetzt werden, aber doch am Körper Spuren zurücklaffen, 162) find nicht wohl folche Schläge, bei denen das Letztere nicht der Fall war, und ähnliche freventliche Berührungen und Angriffe auf den Körper, wie durch Stofsen und Werfen, in der Weife zu trennen, dafs man diefe letztere Art der Körperaffectionen in das Gebiet der Ehrverletzungen verwiefe. Der Begriff der Realinjurien ift überhaupt für diefe Zeit zweifelhaft. 163) Die Gradation und das Zufammenfaffen fämtlicher Körperaffectionen von der Lähmung und der Blutruns bis herab zur »Maultafche« und zum Zupfen an Bart und Haupthaar zwingt uns eben

159) vgl. die oben § 32 S. 69 abgedruckte Stelle aus dem Stadtbuch von St. Gallen.
160) Memmingen S. 282. Diefsenhofen § 56. 81. Köftlin in Zeitfchrift für deutfches Recht XV. 225 ff.
161) Haller und Müslin S. 132. 133.
162) Pulislac (Beulenfchlag) in der lex Alam. Hloth. LIX. 1. f. Grimm, R. A. 630 und Merkel ad h. l.
163) f. unten § 106.

die Gattung der Körperaffectionen — da die Bezeichnung »verletzen« für viele Fälle zu ſtark und unrichtig wäre — hinzuſtellen. Zu den Arten dieſer Gattung gehört das »erdfällig (hertvellic) machen«, das nicht nothwendig eine Verletzung oder auch nur Veränderung am Leibe mit ſich führt und doch in den Rechtsquellen als eine ſchwerere Art des Vergreifens am Körper oder der Körperaffectionen auftritt, bisweilen der Blutruns gleichgeſtellt, ja ſelbſt höher gebüſst werden ſoll. Vielleicht iſt das im Pactus III. 23 des alamanniſchen Volksrechts vorkommende »in terra miserit« ſchon ſo zu nehmen; [164]) in den ſpäteren alamanniſchen Rechten findet es ſich an unzähligen Stellen.

Die Stadtrechte von Colmar § 17 und Breiſach § 12 ſtellen es in gleiche Linie mit dem Anlaufen mit gewaffneter Hand, dem unrechtmäfſigen Fahen und Gefangennehmen eines Bürgers und der Heimſuchung. In dem Rechte des zur Abtei Einſiedeln gehörigen Hofes Reichenburg § 6 iſt darauf die höchſte Bufſe wie auf Blutruns geſetzt; [165]) in der Offnung von Wigoltingen ſteht für die Blutwunde nur eine Bufſe von 3 Pfund, für das Erdfälligmachen eine Bufſe von 10 Pfund. [166]) Eigenthümlich iſt es, dafs nach dem Waldſtattbuch von Einſiedeln 1572 § 46 von jedem Stück am Leibe des zu Boden Geworfenen die Bufſe gezahlt werden ſoll: »Wellicher ouch einem die ſynen ſchlecht, daran er nützit ze ſchlachen, und von ſöllichen ſchlegen ald ſtreichen eins härdfellig wurd, der oder die ſölichs tädten, ſind dem, ſo härdfellig und geſchlagen wirt, von ielichem ſtuck beſonder, das ieder an inen treitt und by im hat, clein oder grofs, zuo rechter buofs dry ſchilling haller verfallen und dem vogt nün pfundt zuo frävel. Doch ſind die ſtuck usgnomen: Nadlen, gufen, pfening, paternoſter, Ringli, ſtröwi, höw.«

Wie aus dieſer Stelle, ſo geht aus mehreren Stellen hervor, dafs man »erdfällig machen« auffafste als »zu Boden ſchlagen« [167])

[164]) **Merkel** p. 39 not. 10.

[165]) **Kothing's** Rechtsq. S. 69.ʹ — Herrſchaftsrecht von Tagmerſellen bei **Segeſſer** I. 666. — Dürnten § 49. Knonau 1535 § 14. Eglifau 8. § 4. 5. **Schauberg**, Ztſchr. I. 72. — Fünf Dörfer S. 74. — **Blumer** I. 412.

[166]) **Schauberg**, Ztſchr. II. 70. — **Grimm**, Wsth. I. 208. 214. 271. **Schauberg**, Ztſchr. I. 171. Elgg Art. 50 § 30. 36.

[167]) **Schauberg**, Ztſchr. I. 181. Basler L. O. Art. 66 in Zeitſchrift für ſchweiz. Recht III. 48.

und daraus erklärt fich die Strenge der Büfsung. Als erfchweren-
der Umftand erfcheint es, wenn jemand den Andern mit gewaffneter Hand erdfällig gemacht hatte [168]) und wenn der Erdfall
befonders »gevarlich und ungewohnlich« war, [169]) wohin wohl
vor Allem der Fall einer erheblichen Körperverletzung zu rechnen ift.

c. *Schätzung der verfchiedenen Körperverletzungen.*

§ 104. Wenn wir der Schätzung der verfchiedenen Körperverletzungen im Straf- und Bufsenfyftem nachforfchen, fo ftofsen
wir zwar in dem ungeheuren Material der grade hiefür, was die
Zeit characterifirt, fo ergiebigen Rechtsquellen auf manche Varietät, die nur Willkühr genannt werden kann, aber gewiffe leitende
Grundfätze find deutlich zu erkennen:

1) Wer mit gewaffneter Hand den Frieden durch Verwundung gebrochen hatte, follte die Hand verlieren. [170]) Breifach
§ 4: »Si quis infra bannum burgi aliquem vulneravit, manu plectetur, et tanquam homicida sine spe redeundi a burgo ejiciatur.«
Rubin zu der Handfefte von Thun § 22 macht als Verfchiedenheit geltend das Verwunden in der Stadt felbft und im Stadt-
banne oder »infra terminos villae«, aber die Verfchiedenheit der
Schätzung in § 7 und § 22 diefer Handfefte ruht wohl auf der
Sonderung der Bürger und Nichtbürger. Die Handfefte von Freiburg im Uechtland § 38. 40 ift nun fcheinbar eine Unterftützung
feiner Anficht. Zwar heifst es im § 38: »Si quis intra urbem
pacem urbis infregit, id est, si aliquid (aliquem) sanguinolentum
irato animo et serio fecit — manu truncabitur. si vero occiderit,
decollabitur«, und § 40: »Si aytem alter manum supra alterum
irato animo absque morte posuerit, tenetur leso in banno sexaginta solidorum. et sculteto in sexaginta, si autem alter alterum
occiderit, ita erit ac si esset in villa factum«; aber § 40 ift in
enger Verbindung mit § 39: »Si burgenses amici urbem exierint«,
und »in banno« heifst »zur Bufse«. [171])

Aus der Regel, dafs, wer den Stadtfrieden mit bewaffneter

---

[168]) Neerach § 26. Schauberg, Ztfchr. I. 72.
[169]) Offnung von Kyburg § 12.
[170]) f. Freiburg 1120 § 10 etc., oben § 93 S. 210.
[171]) f. oben § 31 S. 66.

Hand durch Verwundung gebrochen hatte, die Hand verlieren
follte, erklärt fich die in den freiburger Verzeichniffen der Rechtlofen [172]) immer wiederkehrende Formel »an die hant« z. B. »Henni
Zan, Eggelins feligen fchwefter fun des fniders, von Johannes
Schellehamer dem winfchenken, an die hant.« Henni Z. hatte
den Johannes Sch. verwundet und war flüchtig geworden. Es
kommen in den Verzeichniffen 121 folcher Fälle vor.

Die Hand konnte aber gelöst werden und am häufigften ift
dafür die Summe von 10 Pfund, als Friedensgeld, beftimmt.
Da es auf diefe Weife nicht leicht zum Abhauen der Hand kam,
fo find gewöhnlicher die 10 Pfund vorangeftellt und ift als eventuell das Abhauen der Hand gefetzt, wodurch denn der Zahlungs-
pflicht Nachdruck gegeben wurde. [173])

Bisweilen find nur 5 Pfund gefetzt. Winterthur (Mellingen) 1297
§ 10: »der fol der ftat herren fünf pfunt geben, oder man fol
ime die hant abflahen ze befferunge und ze buos.« [174])

Oft ift auch ohne eventuelle Androhung des Verluftes der Hand
nur die äquivalente Bufse gefetzt. Augsburg 1276 S. 17. 70: »Swär
den andern wundet mit gewäfenter Hant ane lem tut daz ein wirt
der ift dem vogte fchuldic 10 pfunde aufpurger nach genaden.
Tut ez aber ein kneht, der ift dem vogte fchuldic 5 pfunde etc.«
Dabei wird nicht felten unterfchieden, ob der Thäter Bürger oder
Nichtbürger war, indem für den Letzteren die zwiefache Bufse
eintreten foll, oder bei ihm noch das Abhauen der Hand eventuell
gedroht ift. [175]) Wurde ein Bürger, der jemand im Stadtfrieden verwundet hatte,
flüchtig, räumte er das Stadtgebiet, fo fetzte er fich felbft aus
dem Stadtfrieden. Zu einer Strafe wurde diefe Entfernung dadurch, dafs eine beftimmte Zeit feftgefetzt wurde, binnen welcher
er nicht zurückkehren durfte. Der nach Ablauf diefer Zeit Zurück-
kehrende mufste aber auch die Einung wegen der Verwundung
leiften. [176]) Diefe Auffaffung finden wir fchon im ftrafsburger
Stadtrecht 1249 § 6: »Item quicunque aliquem armis vulneraverit,

---

[172]) Schreiber, Urk. II. S. 136 ff.
[173]) f. oben § 34 S. 73.
[174]) Bülach § 20. (Schauberg, Ztfchr. I. 90.)
[175]) Bafel Rechtsq. I. S. 144. 415.
[176]) Bafel Rechtsq. I. S. 143. oben § 46.

ille et adjutores sui vitabunt civitatem per unum annum usque ad satisfactionem lesi, civitatis et judicii;« alfo nach Ablauf des Jahres durften fie doch nicht wieder in die Stadt eintreten, bis fie gebeffert hatten. Wo nur über das Erfte, die temporäre Entfernung von der Stadt, beftimmt ift, ift damit das Zweite nicht ausgefchloffen.

Der Verpflichtung gegen den Verwundeten konnte genügt werden auf Grundlage einer befondern Abmachung' nach diefer Seite hin. Augsburg S. 70: »unde fuln beide den clager geftillen alfo daz er iht mehr clage.« Dagegen fteht in einer basler Ordnung von 1449: »es fol ouch hinfür dhein gelt für wundaten genommen werden wenig noch vil in dhein wife . denn die leiftunge fol volgen und befchehen nach des briefes fage, bede von richen und armen glich one alle inträge und widerrede.« Diefes Verbot bezieht fich aber nicht auf die Befferung an den Verletzten, fondern es foll darnach in Ziel und Zeit, nicht in Geld für die Stadt geleiftet werden. Das Gewöhnliche war, dafs der Verletzte eine Quote der Befferung erhielt. [177]) Oft ift auch ausgefprochen, dafs der Verwunder die Heilkoften und ein Schmerzensgeld zu zahlen, fowie die Verfäumnifs dem Kranken zu entfchädigen habe.

2) Dafs der Gelähmte in entfprechender Weife für den bleibenden Nachtheil entfchädigt werden foll, fprechen mehrere Stellen aus, z. B. die Offnung von Nuheim: »Und hat er dannan von lamtag an finem libe, den fol er im och ablegen.« [178]) Damit ift aber die ftraf- und bufsenrechtliche Behandlung diefer fchwerften Körperverletzung noch nicht angegeben. Die Offnung von Marthalen § 12 [179]) fetzt auf Lamtag eine dreimal höhere Bufse als auf Blutruns. Das ältere ftädtifche Recht war aber weit ftrenger. Hagenau § 14: » Si quis vulnere lesus ab alio, vita retenta, membro tamen debilitato, actor facti, manu privata, a consorcio ceterorum extra villae ambitum removeatur. De rebus mobilibus ejusdem quinquaginta solidi vulnerato persolvantur, cetera in possessionem judicis vendicentur; hereditas ipsius coheredibus suis, si qui sint, concedatur.« Augsburg 1276 S. 70 droht dem, der den Andern mit gewaffneter Hand ohne Lem

[177]) Zug 1432 § 28. Frauenfeld 1368 § 2. Hagenau § 15. 16. f. oben § 35.
[178]) Grimm, Wsth. I. 817. Zug 1432 § 32. Nördlingen § 63.
[179]) Schauberg, Ztfchr. I. 179.

242

gewundet hat, je nachdem jener **Wirth** oder **Knecht** ift, die Bufse
von 10 und 5 Pfund; wenn aber der Verwundete lahm wird von
der Verletzung, den Verluft der Hand. Diefes Stadtrecht geht
aber noch weiter, indem es für die Vernichtung gewiffer Körper-
theile die mofaifche Talion anordnet. [180])
3) Für Körperverletzungen anderer Art, für Schlagen, Stofsen etc.
find die Bufsen quantitativ verfchieden normirt. Landes- und Orts-
fitte variirte darin nicht wenig. Verletzungen ohne Blutruns waren
geringer als mit Blutruns; das Schlagen mit der Fauft weniger
als mit gewaffneter Hand. [181]) Unterfchieden wird auch das Zucken
eines Meffers und eines Steins; das Erftere ift bisweilen den
trockenen Streichen gleichgeftellt, bisweilen dem Schlagen mit
gewaffneter Hand. [182]) Vom Leder ziehen und nicht fchlagen ift
in dem Lagerbuch eines würtembergifchen Klofters mit einer Bufse
belegt, die geringer ift als für einen kleinen Frevel, gröfser als
für ein Unrecht. [183]) Streng ift das Landbuch von Nidwalden
§ 180 in dem Falle, wo jemand fein Schwert oder Meffer im
Zorn von fich wirft: er foll ehrlos und wehrlos fein, bis ihm die
Landsgemeinde die Ehre wieder geben will, und den Schaden,
den er durch fein gefährliches und in feinen Folgen unberechen-
bares Handeln wirklich anrichtet, nach Gutdünken der Obrigkeit,
mit Leib und Gut abtragen. Wie fehr man darauf Bedacht nahm,
dafs ein Wurf oder Stofs hätte fchadenbringend werden können
und den Thäter für die möglichen Folgen verantwortlich machte,
ift oben § 65 gezeigt worden.

Den Gegenfatz einer fehr ins Einzelne gehenden und einer
fehr einfachen Beftimmung über die Rechtsfolgen der verfchiedenen Körperaffectionen zeigen eine thurgauer Offnung und das
Landbuch von Schwyz. In der Offnung von Tannegg und Fifchingen [184]) lefen wir: »Welcher in den herrfchaften Thannegg und
Vifchingen den anderen frävelich und mit gewaffneter handt anlüf,

<hr/>

[180]) f. oben § 39 S. 85.
[181]) Grimm, Wsth. I. 124. 214. 393. Schauberg, Ztfchr. I. 72. Reyfcher, Stat. S. 442.
[182]) Kothing, Rechtsq. S. 69. Bafel L. O. § 63. Grimm, Wsth. I. 124.
Schauberg, Ztfchr. I. 179.
[183]) Reyfcher, Stat. S. 95.
[184]) Grimm, Wsth. I. 281.

der ift verfallen dem kleger, òb es zu fchulden käm, mit recht ain pfund pfenning, und dem herrn zway pfundt pf. mit gnad, und wann der fächer dem kleger büt und dry fchrit in den ring thut, fo ift der fächer den kleger ledig. Welcher den andern fchlecht mit der fueft ain truchnem ftraich, ift verfallen dry fchilling pf., fallt er zu der erd von des ftraichs wegen und bluet nit, ift ain pfundt mit gnad, bluet er aber und fallt nit, ift fechs pfundt pf. Fallt er aber von der ftraichs wegen und bluet, das ift zehen pfundt, dafs als mit gnad.« Dagegen find im Landbuch von Schwyz S. 9. 11 verfchiedene Formen des Angriffs und der Verletzung als Friedbruch mit Werken unter die eine grofse Bufse geftellt: »Wer der ift, der unfer Landmann ift, frävenlich gen dem·Andern mit fchwertern, oder mit meffern oder mit üty anders ftrcht oder fchlat, oder mit fteinen oder mit üty anders wirft oder fchwert oder meffer oder thein ding über theinen Landmann frävenlichen zuckt, oder in frävenlichen angryft in geverde oder in damit fticht, wirft oder fchlat — der mufs zu Einung geben 10 Pfund oder ein hand ân alle genad.« Diefe Behandlung des Gegenftandes ift ficherlich als die ältere anzufehen.

C. Ehrverletzungen.

§ 105. Köftlin macht in feiner reichhaltigen Abhandlung über die Ehrverletzung nach deutfchem Recht fehr richtig darauf aufmerkfam, [185]) dafs in der Schweiz die intenfivere Geltendmachung des Ehrbegriffs in den vortheilhafteren politifchen Zuftänden den Erklärungsgrund habe. Daher finden wir in den altfchweizerifchen Rechten eine überrafchende Fülle von Beftimmungen über Ehre und Ehrverletzung, auch in den bäuerlichen Rechtsquellen, denn der Bauer war hier nicht blofs » auch ein Menfch — fo zu fagen «. Wer nach einem Statut aus dem fünfzehnten Jahrhundert, dem Herrfchaftsrecht von Büron im Canton Luzern [186]) böfen Leumden Jahr und Tag auf fich fitzen liefs, der hatte fich felbft bezeuget und war ehrlos, d. h. er verlor damit feine bürgerliche Ehre, deren äufseres Zeichen die Ehrenwaffe, das Seitengewehr, deren innerer Kern die Eidesfähigkeit war. [187])

[185]) Ztfchr. für deutfches Recht XV. 368.
[186]) Ztfchr. für fchweiz. Recht V. 114.
[187]) R. A. aus der Schweiz No. IX. vgl. oben § 49.

Die bürgerliche Ehre, »eine ftaatsbürgerliche Eigenfchaft der Per-
fon«, fetzte alfo die Unbefcholtenheit, im buchftäblichen
Sinne diefes Worts, voraus, und zwar fteht das Unbefcholtenfein
in Beziehung auf den Eid oben an, wie wir aus der häufigen
Erwähnung des »feinen Eid befchelten« als eines der fchwerften
Angriffe auf die Ehre erkennen und aus der fynonymen Eigenfchaft von Eid und Ehre, die auch geradezu identificirt werden. [188])
Wem die Ehre entzogen war, dem war der Eid genommen; feine
Stimme hatte keine Geltung im öffentlichen Leben, er konnte
keine Kundfchaft fagen und daher »mit feiner Hand noch mit
feinem Mund niemandem weder Nutz noch Schaden bringen«.

Aber die Unbefcholtenheit und die Ehre hatten nicht blofs
diefen Begriff und Umfang, denn das Individuum hat nicht blofs
feine Beziehung zum öffentlichen Leben, fondern feine Stellung in
der Familie, im Gefchlechte und in den weiteren Kreifen der
Gefellfchaft. Das Vertrauen auf ihn, das Urtheil über ihn in
diefen engeren und weiteren Kreifen war bedingt von feiner
Würdigkeit. Gefippte Freunde gaben ein Urtheil ab über feine
Würdigkeit und Ehrenhaftigkeit, wenn er feinen Eid einfetzte
einer fchweren Anfchuldigung gegenüber; fie garantirten, dafs fein
Eid rein fei und nicht mein; [189]) man vertraute dabei, dafs »ein
Schlechter keine Eideshülfe bei den Seinigen finden werde«. [190])
Hülfe und Schutz der Blutsfreunde hatte er auch fonft in weiter
Ausdehnung, doch konnten diefe ihn aufgeben und ausftofsen,
wenn er fich ihrer nicht würdig zeigte. [191]).

Das Urtheil der weiteren Gefellfchaftskreife über die Würdigkeit eines Genoffen prägte fich nicht fo aus wie das der gefchlof-
fenen Familie, machte fich aber doch nicht minder geltend, zu
feinen Gunften wie zu feinen Ungunften. Die Unbefcholtenheit,
das Nichtbefcholtenfein, alfo ein Negatives, fetzte fich unmittelbar
um in ein Pofitives, die Anerkennung feiner Würdigkeit als Glied
der Gefellfchaft, die Ehre, welche als Reflex aus dem Spiegel
der Gefellfchaft auf den Einzelnen, die gemeine Ehre genannt
werden kann, während fich als Anerkennung feines Werthes als

[188]) f. oben § 49 S. 105.
[189]) Memmingen S. 250. 255. 258. Nördlingen § 7.
[190]) Wächter, Beiträge S. 65.
[191]) R. A. aus der Schweiz No. II. S. 26.

Genoffen eines beftimmten Standes von Seiten diefes Kreifes die
Standesehre ergibt. Nur fo lange er unbefcholten ift, fteht
die Anerkennung feines fittlichen Werthes, feine Ehre, in ihrer
Integrität da, hat er, wie unfre Sprache es treffend bezeichnet,
einen guten Namen. Dafs diefer nicht befleckt werde durch
eignes Handeln, ift eine der höchften fittlichen Aufgaben; dafs
er nicht in Zweifel gezogen werde von irgend einem Andern, die
ftete Sorge des Menfchen, der das Bewufstfein hat, dafs der gute
Name die Bafis feiner Exiftenz in dem Zufammenleben mit Andern
ift. Ein Angriff auf feinen guten Namen, eine Verletzung feiner
Ehre, feine Herabwürdigung, erweckt in ihm eine fchmerzliche
Empfindung, beleidigt und kränkt ihn, und mufs ihn antreiben,
dagegen zu reagiren.

§ 106. Die Angriffe auf die Ehre können in unendlich verfchiedenen Formen auftreten. Um diefe in einfacher Weife zu
claffificiren, ift die Eintheilung in Verbal- und Realinjurien üblich,
und wenn wir die altdeutfchen Frevel- und Bufsentaxen anfehen,
fcheint diefe Eintheilung gleichfalls dem alten Rechte eigen gewefen zu fein, denn wir finden dort Verbalinjurien und Realinjurien neben und nach einander aufgeführt; allein diefes Nebeneinander beweift noch nichts für den Begriff der Realinjurie, da
in der Aufzählung der Frevel wenig fyftematifches Streben fichtbar
ift und fehr wohl folchen Handlungen, welche das alte Recht
entfchieden als Ehrverletzung nahm, unmittelbar folche angereiht
fein können, die wir Realinjurien nennen, ohne damals fo aufgefafst zu fein; im Gegentheil können fie lediglich als Körperverletzungen mit Strafen und Bufsen bedroht fein. [192]) Den alten
Römern ift es auch wohl nicht eingefallen, das membrum ruptum
und os fractum als Injurien im engeren Sinne zu faffen, wie es
aus der Gegenfetzung der »ceterae iniuriae« bei Gaius, der die
Syftematik feiner Zeit nicht felten auf die ältere Zeit überträgt,
gefchloffen werden könnte.

Aus den alamannifchen Rechten kommen für die Frage, ob
den Verbalinjurien die Realinjurien im felbftftändigen Begriff als
Claffe gegenüberftehen, befonders folche Stellen in Betracht, an
denen hervorgehoben ift, dafs gewiffe Angriffe auf den Körper

---

[192]) Heffter im N. Archiv des Crim. 1849 S. 243. f. auch Grimm, R.A. 643.

»in Schimpf« gefchehen, wie im alten Landbuch der March § 40:
»Item es foll ouch niemant in unferem land in einem fchimpf
zucken etc.« [193]) Appenzell 1585 § 12: » — wann einer auch in
einem Schimpf zuckte und alfo einen blutrüftig machte, dafs
er die Buofs als wohl verfallen fein foll — als het er in einem
Ernft zuckt.« Augenfcheinlich fteht an folchen Stellen »Schimpf«
im Gegenfatze zum »Ernft« in der alten Bedeutung von Scherz,
Spafs. Allein wenn man auch darin die Anerkennung finden dürfte,
dafs folches Zucken der Waffe als ehrverletzend angefehen werden
möge, fo wäre man doch nicht berechtigt, auf jenes Moment fo
viel Gewicht zu legen, dafs dadurch ein folches Zucken aus der
grofsen Claffe der Fälle herausträte, in denen das Zucken fich
unmittelbar an die Körperverletzungen anfchliefst und nur als
»frevenlich« bezeichnet wird. So ift auch das »Befchalken unter
rufsigen Raffen mit fchalkbaren Worten oder Werken« im alten
Landbuch der March § 25 lediglich das Delict des Hausfriedensbruchs, und das » auf Schand und Lafter gehn« gehört in das
Gebiet der Fleifchesverbrechen, und lehnt fich an den Ehebruch
an, [194]) wurde aber nicht als Ehrverletzung gefafst, wie auch ein
Angriff auf die fpezififche weibliche Ehre nicht als gemeine Ehrverletzung dafteht.

K öftlin gelangt in feiner Unterfuchung zu einem Refultat,
welches die Anficht Heffter's modificirt, dafs nemlich das deutfche
Recht auch Realinjurien anerkenne, dafs fie aber keine felbftftändige Bedeutung haben; die Handlung erfcheine dabei nur als
ftellvertretendes Mittel des Ausdrucks der Verachtung anftatt des
Worts; die Realinjurien gingen mit den fymbolifchen Injurien in
eins zufammen, und da alle injuriöfen Antaftungen des Körpers,
der Freiheit, des Hausrechts unter andere Rubriken fielen, fo
blieben als Realinjurien nur die f. g. relativ-injuriöfen Handlungen
übrig. Ich kann zwar diefer gewundenen Deduction, die Köftlin
nicht gehörig belegt hat, nicht beitreten, aber nach den alamannifchen Rechten doch das Exiftentwerden des Begriffs der Realinjurien, deren Gebiet freilich fehr befchränkt war, nicht in Abrede
ftellen. Man kam dazu, in Fällen, in denen nach dem Gefühl des

[193]) Landbuch von Schwyz S. 16.
[194]) Glarus 130 — 133. vgl. oben § 94 S. 214.

Verletzten und feiner Umgebung die Verletzung oder Affection des Körpers als folche gering erfchien im Vergleich zu der Befchimpfung, ein Befchalken mit Werken neben dem Befchalken mit Worten anzunehmen (f. § 107), und fchon das ältefte ftrafsburger Stadtrecht enthält eine Stelle, die dahin gehört. Wir lefen im § 35: »Si quis alium fuerit injuriatus verbo vel facto in populo.« Bei der grofsen Dehnbarkeit des Begriffs »injuria« kann man zwar das »injuriare« fehr wohl in dem weiteren Sinne nehmen als »ein Unrecht, ein Leid anthun«, und in der alten deutfchen Ueberfetzung fteht auch: »Swer aber dem andern geumrehtet hat mit worten oder mit werken vor den liuten«, aber die Copulirung des Unrechts mit Werken und mit Worten und das betonte »in populo« fpricht doch dafür, dafs hier das Gewicht auf die Verletzung der Ehre gelegt fein foll. Noch deutlicher überwiegt der Schimpf über die Körperaffection bei dem Ausziehen des Bartes oder dem Ziehen am Barte. [195]) Klofters S. 81: »welcher dem Andern den Bart auszeucht, oder ihme ohne Auszeuchen im Argen darein greifft, in Meinung, ihne damit zu fchmähen, der verfallt einem Herrn Richter und Gericht fiben Pfundt Haller ohne Gnad.«

§ 107. Um in die alte Auffaffung des Thema's von den Ehrverletzungen einzudringen, ift eine Betrachtung der Terminologie vor Allem nöthig.

Am häufigften find gebraucht die Ausdrücke: befchalken, auch fchalken, Befchalkungen, fchalklich reden, fchalkbare und fchalkliche Worte etc. [196]) Das Befchalken kann gefchehen durch Worte und durch Werke. [197]) In dem Stadtbuch von St. Gallen S. 41 kommt fogar »befchalken mit und ohne Wunden« vor. Das Befchalken mit Werken kann unferen Realinjurien entfprechen, kann aber auch fymbolifche Injurie fein, bei welcher der Körper gar nicht angetaftet wird. Nach der urfprünglichen Bedeutung von Schalk = Knecht [198]) liegt in dem befchalken immer ein Herab-

---

[195]) Grimm, R. A. 632.
[196]) Grimm, Wsth. I. 223. Luzern 49. Schauberg, Ztfchr. II. 11. 19. Kothing, Rechtsq. S. 31.
[197]) Diefsenhofen § 16. 56. 82. 190.
[198]) Grimm, R. A. 302, Wörterbuch s. v. befchalken. Weigand, Synon. No. 1596.

fetzen in der rechtlichen und fittlichen Sphäre, eine Herabwürdigung und Ehrenfchmälerung, wie in dem lateinifchen *contumelia*, folglich ift in jenem Worte das Wefen des in Rede ftehenden Delicts trefflich ausgedrückt.

Andere Bezeichnungen und Wendungen, mit denen variirt wird, find zum Theil fehr plaftifch: an die Ehre reden, übel zureden, frevele Worte zureden, mit böfer Rede anlaffen, mit Worten höhnen, fchmählich fchelten, Scheltworte ausgiefsen, »der dem Andern fin Ehr nimpt und abfchnydt mit Worten«. [199])

In den lateinifchen Quellen: conviciis provocare, convicia inferre, conviciis tractare aliquem, male tractare conviciis, probrose conviciari; opprobria dicere [200]) und fogar blasphemia. [201])

§ 108. Die Sprache ift reich an Worten, mit denen jemand befchalkt werden kann, es find aber in den alamannifchen, wie in den deutfchen Rechtsquellen überhaupt [202]), gewiffe Schelte und Vorwürfe ausgezeichnet, die unbedingt als fchwere Beleidigungen gelten, weil fie fcharf in die Ehre des Menfchen einfchneiden. Zum Theil hängen fie mit den unehrlichen Sachen [203]) zufammen, aber es kommen manche andere hinzu, die den Menfchen herabwürdigen, wie bei Frauen die Benennung Hure, der Vorwurf der unehelichen Geburt und unchriftlicher Dinge. [204]) Zu den letzteren gehören Schimpfworte, die früher fehr in Gebrauch gewefen fein müffen, als Katzenfohn, Mährenfohn etc. [205]) Als fchwerfte Ehrverletzung galt das Vorwerfen der Ketzerei, die einen Doppelfinn hatte. [206])

Am häufigften find beftimmte »böfe Worte« in den Landbüchern der Urfchweiz und andern altfchweizerifchen Rechts-

---

[199]) Zürich Rb. I. 26. Luzern 49. 50. Colmar 3. Bern 1614 I. 20. 1. Grimm, Wsth. I. 231. 752. Freiburg 1520 p. XCIII. 1. Obwalden 281.

[200]) Freiburg 1120 § 50. 52. Freiburg im Uechtland § 49. 82. Murten 20. Hagenau 19. 20. Breifach 15.

[201]) Segeffer II. 678.

[202]) Grimm, R. A. 643. Köftlin in Ztfchr. für deutfches Recht XV. 183 ff.

[203]) oben § 92.

[204]) Schwfp. 229 W. 174. 278 L.

[205]) f. z. B. Berler's Chronik S. 85.

[206]) f. unten § 123. Wie reich und bildungsfähig überhaupt die ältere deutfche Sprache fich für den in Rede ftehenden Zweck zeigte, fehen wir am deutlichften aus Fifchart's Gargantua und Brant's Narrenfchiff.

denkmälern aufgeführt und zwar in Beziehung zu dem Friedens-
rechte, wie es fich dort ausgebildet hatte.

Die glarner Landesfatzungen von 1387 nennen nur »Mörder,
Dieb, Ketzer und Böfewicht«; das alte Landbuch von Glarus
§ 16. 18. 19. 20. 31. hat einen grofsen Catalog folcher Schmäh-
worte zufammengebracht, unter denen viele fich auf die Beftialität beziehen. Das fchwyzer Landbuch S. 19 enthält eine befondere »Einung um die acht böfen Wort« (1450) und diefe find:
»Mörder, Ketzer, Meineid, Dieb, Böswicht, Schelm, du lügft, du
haft deine Mutter.ghyet« (d. i. gemifsbraucht). Diefe Einung wurde
1520 ergänzt und in der Novelle (S. 21) ift geltend gemacht, dafs
diefelben Worte, wenn fie zugeredet werden, nachdem einer Frieden gegeben hat, dreimal höher gebüfst werden follen, als wenn
es vor dem Frieden gefchehen ift. [207])

Die häufige Beziehung der böfen Worte zum Friedensrecht
erklärt fich daraus, dafs es praktifch wichtig erfchien, genau zu
beftimmen, nicht blofs durch welche Werke, fondern bei der Fülle
der Worte, die als ehrenrührig genommen werden mufsten oder
genommen werden konnten, durch welche Worte der Frieden als
gebrochen angefehen werden follte. Diefe böfen Worte erhielten
alfo ihren feften Curs und ihre Feftftellung hatte weiter Bedeutung
für den Anlafs. [208])

So wie nun auf diefe Weife markirt wurde, welche ehrverletzende Worte als Anlafs oder Friedbruch gelten follten, erfchien
auch aufser dem Friedensgebiete eine Grenzregulirung nöthig;
diefe ift aber nicht fo genau durch Spezialifirung kenntlich gemacht, fondern allgemeiner angegeben. Das Landbuch von Gafter
fetzt auf »unnütze unglimpfliche Worte, die nicht gar ehrenrührig
find,« nur die Bufse von einem Pfund, war aber die Ehre auf
unzweideutige Weife angegriffen, eine Bufse von 6 Pfund. [209])
Solche Worte von geringerem rechtlichen Gewicht konnten nach
allgemeinem Sprachgebrauch wohl als S c h e l t e genommen werden,

---

[207]) Altes Landbuch der March § 14. 18. Waldftattbuch von Einfiedeln § 16.
Landbuch von Gerfau (K o t h i n g, Rechtsq. S. 77). Wollerau und Pfäffikon § 7
(K o t h i n g S. 55).
[208]) f. oben § 73 S. 162.— Zug 1566 § 63. 90. 106—110. D e f c h w a n d e n
im Gefchichtsfreund IX. 93 ff.
[209]) B l u m e r I. 410. Memmingen S. 284. vgl. K ö f t l i n a. a. O. S. 182.

konnten ſtark ſchallen, aber ſie berührten nur die Ehre, griffen
nicht ſcharf in dieſelbe ein. Die Grenze kann bei einer ſolchen
Claſſification nur ſehr unſicher ſein. Uri § 84 ſetzt auf die Worte:
Mörder, Ketzer, Meineid, Dieb, Böswicht, Hexe, eine doppelt ſo
groſse Buſse als auf die Worte Schelm und Kaib, während ſonſt
Schelm zu den ſchlimmſten Worten gehört. Scheinbar fällt hieher
die Stelle eines graubündener Weisthums [210]): »der dem andern
ſprichet an ſin ere, der ſol buoſsen mit 3 lib. imperiäl. der den
ander beſchiltet alſo, daz ez im an ſin ere niht gat, der ſol buoſsen
mit 3 Sch. imperial.« Wenn wir aber ſehen, daſs in dieſem Weisthum das Verwunden auch nur mit einer Buſse von 3 Pfund, das
Schlagen ohne Bluntruns nur mit einer Buſse von 1 Pfund bedroht
iſt, ſo erſcheint doch die Annahme bedenklich, in dem »Sprechen
an die Ehre« ſei eine ganze groſse Claſse von Injurien, die denn
doch von verſchiedener Schwere ſein können, enthalten. Vielmehr
iſt das Sprechen an die Ehre ſo viel als an den Eid, alſo die Verletzung der Ehre in ihrem innerſten Kern [211]) mit derſelben Buſse
belegt wie die Blutruns. Schwſp. 229 W. 278 L.: »Daz wir ſprechen » an ir ere « daz meinen wir alſo: der einen ſprichet an
ſinen eid, oder an ſin êwerc etc.«
       Das Beſchelten des Eides, der Vorwurf des Meineides,
iſt ſehr gewöhnlich als ſchwere Ehrverletzung hingeſtellt und als
eine beſondere Art markirt. Memmingen S. 273: »Wer ein fridbrech wundun tuot, oder ain hainſuochen oder ein diubt oder ein
morder haiſt under ougen ald felſcht an ſim ayd, der ver-
lürt von jeglicher der ſelben fräflin an als mengem das beſchicht
fünf pfunt haller und ain jar von der ſtat.« S. 275: »Es iſt ouch
beſetzt, wer zuo ainem ſpricht under ougen, es ſigent frowen oder
man: du biſt mainaid oder du hauſt main geſworen, der haut in
gefelſchet an dem ayd und iſt verfallen der groſsen fräflin.«
Colmar § 29 (Dattenried § 29): »Swer einen burger zihet daz er
meineide ſi, mag er des niht bereden mit ſiben burgern daz das
war ſi, ſo ſol er unſer hulde verloren han.« Basler Ordnung um
1450 [212]): »— der ſol ouch one gnade die pene liden, die der

[210]) Grimm, Wsth. I. 813.
[211]) ſ. oben § 49.
[212]) Rechtsq. I. S. 136. — Zug 1432 § 43. Dieſsenhofen § 96. Grimm,
Wsth. I. 37. 39. 151. 297. 817. Kotbing, Rechtsq. S. 52. 57. 66. 173. 321.

gelitten folte haben, der gefchuldiget worden ift — und ouch dazu in das totbuch gefetzt werden.«

An das Befchelten 'des Eides, das an manchen Stellen mit der Heimfuchung, dem Markfteinverrücken etc. auf eine Linie geftellt ift, lehnt fich als eine geringere Art der Ehrverletzung an der Vorwurf der Lüge. Basler G. O. 1534 § 15: »Welicher den andern frävenlich heifst liegen oder unwar fagen, item und wer den andern ernfts wifs mit trockenen füften fchlecht oder rouft, alfo das nit friden geboten noh dhein bluotruns darvon ervolgt, der beffert iedes mals zehen fchilling.« [213]) Diefer Vorwurf der Lüge mufste oft Anlafs zu einer Rauferei werden, daher ift an mehreren Stellen fowol der Unterfchied gemacht, ob jemand die Befchuldigung ausfprach während oder aufser dem Frieden, als auch ausgefprochen, dafs der Vorwurf als »Anlafs« zum Kriege in der beftimmten rechtlichen Weife gewürdigt werden folle [214]) und auch noch das freiburger Stadtrecht 1520 p. XCIII. 2. hat diefe Beziehung.

Nicht blofs in den fchweizerifchen Rechten ift der Vorwurf der Lüge fo fehr häufig erwähnt, fondern gleichfalls in würtembergifchen Statuten, in denen der Frevel und die darauf gefetzte Bufse unter dem Namen »Lügenfrevel« und »Lügeneinung« neben dem grofsen und kleinen Frevel aufgeführt wird. [215]) Wenn aber Köftlin fagt, die Bezeichnung für die gemeine Injurie fei in den würtembergifchen ftatutarifchen Rechten in der Regel »frevenlich lügen heifsen«, fo ift diefer Ausfpruch doch nicht zu billigen, infofern ein folcher Vorwurf eine wenn auch fehr häufige, doch immer nur eine Form der Verbalinjurie ift.

Verbalinjurien beftanden nicht blofs im Vorwerfen von Handlungen und Thatfachen, fondern auch im Wünfchen böfer Dinge, wie »der Teufel foll dich nehmen«. [216]) In diefer Richtung ift

---

[213]) Diefsenhofen 52. S c h a u b e r g, Ztfchr. I. 11. 171. II. 64. 75. 87. Ztfchr. für fchweiz. Recht I. 91. 97. G r i m m , Wsth. I. 214. 220. 229. 236. Appenzell A. Rh. 133. 144. 146. Knonauer Amtsrecht Art. 16. 18. Elgger Herrfchaftsrecht Art. 50 § 14. Stadtrecht von Eglifau Art. 8 § 1 (P e f t a l u t z I. 227. 333. II. 182). Fünf Dörfer S. 73. vgl. K ö f t l i n a. a. O. S. 186.

[214]) Nidwalden 5. 23. 165. 174.

[215]) R e y f c h e r, Stat. S. 201. 206. 207. 269. 271. K ö f t l i n a. a. O. S. 383.

[216]) Zug 1566 § 106.

»das fallende Uebel oder Weh« befonders hervorgehoben. Solche Injurien find den böfen Flüchen und Schwüren verwandt, daher auch in einer thurgauer Offnung »dem Andern fchalkbarlich fluchen « fteht. [217])

§ 109. Die fchweizerifchen Rechte haben es nicht unterlaffen, auf den Umftand Rückficht zu nehmen, dafs ehrverletzende Worte mit einer Bedingung, einem Fürwort und verfchleiert ausgefprochen werden können und fie treten dergleichen zu Ausreden der Angefchuldigten gebrauchten Einkleidungen kurz und entfchieden entgegen. Die Novelle zu der fchwyzer Einung um die acht böfen Worte ftellt die Redeweife: »du haft als gewifs gemurt, geketzert, geftolen etc.« und »du bift als gewifs ein Mörder, ein Ketzer etc.« der Form, in welcher jemand den Andern direct Mörder, Ketzer étc. nennt, ganz gleich. [218]) Das Landbuch von Nidwalden Art. 165 fagt zwar, es follen folche Fürworte den Redenden fchirmen, aber nur »ift, dafs es fich findet, dafs er die Wahrheit braucht, der die Fürworte geredet hat.« Diefer Art. 165 ift fpäter ausgeftrichen und im Art. 174 lefen wir: »und ob einer obgemelty wort mit fürworten retty dye föllend in nit fchirmen, er hätty joch finer fürworten halb recht oder unrecht.« Die Differenz ruht darauf, dafs an der erfteren Stelle der Einrede der Wahrheit die ihr fonft gebührende Kraft beigelegt ift, an der zweiten dagegen ift das Entfcheidende, wodurch die Einrede der Wahrheit abforbirt wird, dafs folche Worte in Frage ftehen, welche als Friedbruch und Kriegsanfang gelten. Daher heifst es auch Zug 1566 § 107: »Welcher ouch zu dem andern über Friden fpricht: ftünd ich nüt mit dir im Friden, fo fpräch ich: du lügift, oder was Schältwort find, die den Friden berürend, der felbig fol den Friden brochen han, und fol in nüt fchirmen, das er den friden vorbehalten hat.« Sehr genau behandelt den Gegenftand das alte Landbuch von Appenzell 1585 Art. 33 unter der Rubrik »Wer dem andern mit verdeckten und halben Worten. zuoredt«. (Appenzell A. Rh. 160): »1531 hat ein Landsgemeind auf- und angenommen von wegen des Schmähens und mit verdeckten Worten Zuredens, wie viel

---

[217]) Grimm, Wsth. I. 281. — Bafel Rechtsq. I. No. 94. Ztfchr. für fchweiz. Recht III. S. 14. Nidwalden 5. 174. Obwalden 27. Appenzell 1585 § 8. Appenzell A. Rh. 144. Luzern 128.
[218]) f. auch Glarus 18. 20.

feind, die mit halber Red einem böfs leumden in argem auf-
bringen thun, und einem mit Worten zu Hafs und Unfrid ziehen
könnten, dafs nun fürohin wer dem andern Schmachwort gibt, als
er feite: mich dünkt du feieft der oder jener, oder: ich fürchts
oder mir zweifelt oder ich glaubs und folche Wort mehr feind,
follen nit anderft ghalten werden, als fo einer redte unverholen:
du bift der oder diefer, und follen in folch verdeckten Worten
kein Auszug machen, wann es glimpf und Ehr berühren möchte,
fondern nach dem wie der Articul vermag geftraft werden.«

§ 110. Der gewöhnlichfte Ausdruck für Verbalinjurien in den
fchweizerifchen Rechtsquellen ift zureden, Zuredung, entweder
allein [219]) oder mit den Zufätzen: zureden, das Ehr und Glimpf
berührt, zu feiner Ehre reden, in fein Glimpf und Ehre reden,
ehrverletzliche Zuredung, zureden böfe Wort, die ihm unehrlich
find. [220]) Malerifcher für das Schimpfen auf jemand: ehrverletzliche Reden ausgiefsen und klappern. [221])

Wenn jemand dem Andern in deffen Gegenwart zuredete, fo
wurde diefs gewöhnlich Veranlaffung zu Handgreiflichkeiten und
wenn da die Beiden mit einander in Frieden ftanden, fo wurde
es ein Kriegsanfang, der eine Verletzung des befondern Friedens
ergab. Daher ift oft das Zureden unter Augen über Frieden
erwähnt. [222]) Sprach einer der beiden in dem Friedensverhält-
niffe ftehenden Leute in Abwefenheit des Andern Unglimpfliches
von diefem, fo lag die Gefahr des unmittelbaren Uebergangs zu
Thätlichkeiten nicht fo nahe und daher finden wir dergleichen
bisweilen nicht fo hoch angefchlagen. Die zweite Recenfion des
züricher Richtebriefs enthält I. 46 unter der Rubrik »Das man
hinder rede nicht richten fol« den Artikel: »Der Rat und die
burger (von) Zürich hant von alter gewonheit eweklich gefetzet, das
man umb enkeine hinterrede richten fol gen nieman (ze) Zürich,
es fi danne fo verre, das fich ein Rat erkennet, das es dem
kleger an fin ere oder an finen lip fo verre gan möchte, und mit

[219]) Zug 1566 § 63. Nidwalden 269. Davos S. 64. Klofters S. 80. Fünf
Dörfer S. 33.
[220]) Landbuch von Schwyz S. 63. Zug 1566 § 53. Luzern 153. — Nidwalden 57. — Klofters S. 80. Fünf Dörfer S. 33. — Glarus 73. 176.
[221]) Glarus 176. Nidwalden 269.
[222]) Glarner Landesfatzung 1387 § 15; Landbuch 16. 18. 20. 31. 110.

erbern lüten diu felbe rede bewifet wurde, fo fol ein Rat dem kleger und der Stat richten nach ir befcheidenheit und nach der fache gelegenheit uf den eit.« Ein luzerner Rathsbefchlufs von 1421 [223]) lautet: »Als bisher gewonlich gewefen ift, das man umb hinterred nit richtet, das hant nu unfer Herren geendert und uf- gefetzt und wellent es für dishin halten, was flechter und ein-valtiger hinterrede befchicht, darum richt man nut, waz aber hinterrede befchicht, die eim an fin ere gat, das ein rat dunket, darumb wellent und föllent bed rät rihten.« Für den einen Fall, dafs jemand den Rath verleumdete, beftimmte fchon der gefchworne Brief von 1252: »Swer ouch den Rat der denne ift hinterret, der fol ez beffern als er es under ougen tete.« Jener Rathsbefchlufs, wie der züricher Richtebrief, zeigt den Uebergang zu der bald allgemein hervortretenden Auffaffung, dafs die Hinterrede nicht geringer anzufchlagen fei als die ins Geficht gefchleuderte Be-leidigung, ja die Ehre noch mehr untergrabe. [224]) Zwar foll das Gericht nicht von jedem Gefchwätz über eine Perfon Notiz neh-men, aber wohl von einer ehrverletzenden Hinterrede. [225])

Den Gegenfatz der Zuredung unter Augen (vorwärts und undermunds) und der Hinterrede (in finem Abwefen, hinder-rucks) und deffen rechtliche Würdigung zeigen viele Stellen. [226]) In der kyburger Offnung § 15 findet fich auch fchon die Be-zeichnung »verleumden«. Im luzerner Recht ift unterfchieden: Scheltung, Houbtlug und Hinterred. [227]).

§ 111. Im Vorhergehenden hatte die gröfsere oder geringere Schwere der Ehrverletzungen theils ihre Beftimmung nach dem innern Gehalt und der Gröfse des Vorwurfs, theils durch die Verbindung mit dem Friedensrecht. Es treten aber auch Erfchwe-rungsgründe anderer Art auf, bei denen Ort, Zeit und perfön-liche Qualität des Angegriffenen maafsgebend find:

1) Beleidigende Worte in der Rathsftube oder im Gericht ge-fprochen zu einer Perfon, die nicht des Raths oder Gerichts ift,

[223]) Segeffer II. 681.
[224]) f. unten § 112.
[225]) f. auch Glarus 279.
[226]) Diefsenhofen 64. Zug 1432 § 39. 40. 46. Bern 1614 I. 20, 2. 3. Glarus 73. 176. 279.
[227]) Segeffer II. 678 ff.

erfcheinen zwar als gravirt durch den befonders befriedeten Ort, aber hinfichtlich des Gerichts ift doch der tiefere Grund der gewirkte Frieden des verbannten Gerichts an fich. [228]) Offnung von Weinfelden § 30. 31: »Item man folle alle Gericht, wann die Richter fitzen, das Gericht verbannen an 3 Sch. den. oder höher —. Item wer den andern vor Gericht befcheltet mit Worten oder Werken, der foll die Bufs zwürent verfallen fein, die er fonft nach der Verbannung verfiele.« [229])

In Augsburg war die Münze ein befriedeter Ort, und in den Statuten diefer Stadt (1156 III. § 6. 1276 S. 10) ift hervorgehoben, dafs niemand dem Andern in der Münze ein Leid thun foll, allein nach dem Zufammenhange mit dem Afylrecht, [230]) um deffen Exiftenz es fich an diefen Stellen handelt, ift an Verbalinjurien wohl nicht gedacht.

Der Stadtrodel von Murten § 20 erwähnt befonders convicia die dominica illata, aber nur, um zu verfügen, dafs der Thäter am folgenden Tage zur Verantwortung ins Gericht kommen foll.

2) Köftlin a. a. O. S. 215 bemerkt zwar fehr richtig, dafs die alte Zeit es noch nicht vermochte, die Idee einer öffentlichen Behörde, Gemeinde etc. von der Vorftellung der ihre Organe bildenden Perfonen abzulöfen, aber es kommen auch gegenwärtig in der Praxis genug Fälle vor, in denen das nicht gefchieht, während die Doctrin fo feine Diftinctionen macht, dafs keine Praxis fie je wird verwirklichen können. Das alte Recht betrachtet die Beleidfgung eines öffentlichen Beamten, insbefondere der Organe der richterlichen Gewalt, als eine erfchwerte, und führt grade häufig diejenigen niedern Beamten auf, welche bei Ausführung obrigkeitlicher Befehle am leichteften auf Widerftand ftofsen. [231]) Stadtrecht von Luzern § 49: »Wir fezen ouch, wer unfern gerichts weibel befchelket von pfenden oder fürbietens wegen old umb anders, fo fin ampt berürt, desglich unfer Stattknecht, umb das fo wir inen zu tunde bevelchen, und fy das von

---

[228]) f. oben § 23. S. 48.
[229]) Ztfchr. für fchweiz. Recht I. 99. — Grimm, Wsth. I. 195. Diefsenhofen 52. 58. 91. Luzern 99. Herrfchaftsrecht von Tagmerfellen bei Segefer I. 666. Augsburg § 425. 426. (Walch.)
[230]) f. oben § 53 S. 119.
[231]) Diefsenhofen 16. Memmingen S. 284.

ira ampt wegen tun müffen, ouch befchalkten: der und die föllen
ze bufs geben fünf pfund etc.« Schwfp. 12 W.: »Unde ift ez daz
man frävelt an dem rihter oder an finem boten, fo ift man im
zweier buoze fchuldic, der ein iegelich man nit wan eine hat.«

Bei der Geftaltung des Friedensrechts in der Schweiz lag es
nahe, Verletzungen folcher Beamten, die in ihrer Function auftraten, als in einem Frieden gefchehen zu bedrohen. [232])

Ueber die Beleidigung höherer Beamten und des Raths beftimmen gleichfalls manche Stellen. Brugg 1620: »Und welcher
einen Amtmann an feinen Ehren fchmecht, derfelbe Thäter foll
folches mit dreifacher Buefs befferen, als 30 Pfund.« [233])

Das Befchelten und die Widerrede gegen ein rechtliches Urtheil
und einen Befchlufs der Gemeinheit lehnt fich zwar hieran, ift
aber doch richtiger aus dem Gefichtspunkt der Widerfetzlichkeit
gegen das Recht und den Gefamtwillen aufzufaffen. [234])

3) Ueber den Rückfall als Straffchärfungsgrund bei Injurien
f. oben § 83.

4) Pasquille und Schmähfchriften find in den alamannifchen Rechten nicht häufig genannt. Freiburg 1520 p. XCIII. 2:
Item welcher den andern gevarlich mit fchriften, alfo das er
die heimlich und offenlich, onerfolgt des rechten, und onerloubt
der obrikeit, von im anfchlecht und ufsgibt, und im dadurch fin
namen guoten lümbden, und achtung, underftat zu verletzen, der
fol eren, lybs und guots halb, je nach gelegenheit der fache wie
recht ift, geftraft werden.« Eine basler Verordnung von 1613,
woran fich das Strafgefetz von 1637 § 10 anfchliefst, reproducirt
fchon den Art. 110 der C. C. C.; von Bern 1614 I. 20, 9, indem
die Talion bei Schmähfchriften angeordnet ift, kann diefs auch
gelten.

Zu berühren ift hier auch Schwfp. 174 L.: »Alle morder oder
die den pfluog roubent oder mule oder kilchen oder kilchöve oder
vereder oder mortbrenner — die fol man alle rederen und
radebrechen« — »Verreder heizzen wir die . die mit ir rede
einen verbalmundent . daz fi in fagent von finer chriftenheit, alfo

[232]) Uri § 90. Engelberg, altes Thalbuch § 48, neues Thalbuch § 26.
[233]) Luzern § 50. 51. Glarus 220. Thurgauer L. G. O. in Ztfchr. für fchweiz.
Recht I. 51. Schwfp. a. a. O. vgl. Blumer II. 2, 26.
[234]) Luzern § 52.

daz ſi ſagent er ſi ein Sodomite . oder er habe vihe geunreinet .
oder ſi ein ketzer . mugen ſi daz nut uf in erziugen ſo ſol man
ſi rade brechen . und die ez nüt getürren gereden . die ſchribent
brieve . oder heizzent ſi ander lüte ſchriben . (unde ſetzent) die
ſelben mit namen dran . unde werfent ſi an die ſtrazze . daz ſi
die lüte ufhaben und ſi leſen . daz iſt ein mort und were ein tot
noch wirſer danne der ander . wen (man?) ſol im in tun.« Der
Schreiber dieſer Gloſſe hatte die Form **V e r r e d e r** (V̶orredere
Sſp. II. 13. § 4.) vor ſich, nicht **V e r r a t e r** (Schwſp. 149 W.
Dtſchſp. 110), und verirrte ſich daher. Um die Strafe des Mordes·
zu rechtfertigen, deducirt er, dáfs wer einen Andern **v e r r e d e t**
und zwar die ſchwerſten, ehrenrührigſten Dinge von ihm ſagt,
ihn alſo durch ſeine Rede zu vernichten ſucht, aber feiger Weiſe
dergleichen nicht mündlich auszuſprechen wagt, einem Mörder
gleich ſei, und die Strafe des Rades erſcheine ſelbſt noch zu
gering für ihn. Da es Sitte im Mittelalter war, »treubrüchigen,
meineidigen Leuten ehrenrührige **S c h e l t b r i e f e** zu ſenden oder
ſie öffentlich anſchlagen zu laſſen« [235]) und darin die ſtärkſte Erklärung lag, dafs jemand ſeine Ehre durch ſein Handeln verwirkt
habe, ſo muſte der bloſse Vorwurf in dieſer ſtarken Form als
ſchwerſte Ehrverletzung gelten.

Wenn nun aber auch der Schreiber dieſes Einſchiebſels ſich
merkwürdig verirrte, ſo war es von ſprachlicher Seite nicht un-
ſinnig, nachdem er das niederſächſiſche **V e r r e d e r** nicht ver-
ſtanden hatte, es zu erklären durch einen, der den Andern ver-
redet. Analog iſt das von ihm gebrauchte » verbalmunden « und
in der berner Gerichtsſatzung von 1539 iſt unter der Rubrik
»Eerverletzliche Zureden« geſagt: »So dann der Kleger ſin clag
offentlich am Recht eröffnet und den **V e r ſ p r e c h e r** nach der Statt
Bern Rechten mit kuntſchaft — bezüget etc.« und im oſtfrieſiſchen
Landrecht III. 98 leſen wir : » We eine Perſon **v o r ſ p r e c k t**, dat
an ſin ere geit.« Obgleich gar nicht geneigt, das oſtfrieſiſche
Landrecht oder irgend ein norddeutſches Recht zur Ergänzung
oder Erklärung des alamanniſchen Rechts zu benutzen, glaubte
ich doch hier, wo es ſich nur um einen ſprachlichen Nebenpunkt
handelt, die Stelle anführen zu dürfen.

[235]) **G r i m m , R. A.** 612.

§ 112. Die durchgreifende Unterfcheidung des Handelns nach
Vorbedacht und in Uebereilung [236]) tritt bei den Verbalinjurien ftark hervor. An manchen Stellen ift nur bemerklich
gemacht, dafs die Menfchen leicht im Zorn dazu kommen, Scheltworte auszuftofsen und dafs diefes nicht ungeftraft bleiben folle;
an andern Stellen ift darauf Gewicht gelegt, dafs diefes nicht fo
fchwer fei, als wenn dasfelbe nach Ueberlegung mit kaltem Blut
gefchehe. Wer durch den Zorn fich hinreifsen liefs, einem Andern ehrverletzende Worte zuzufchleudern, wurde anders im Recht
behandelt, als wer nach kalter Ueberlegung die Ehre des Andern
untergrub. Dem Erfteren geftattete man die Ehrverletzung zurückzunehmen durch einfachen Widerruf vor Gericht und eine Erklärung, wie fie die Stadt- und Gerichtsordnung von Bönnigheim [237])
formulirt: »Zwüfchen N. und N. erkendt das Gericht, dafs N. unrecht geredt, darumb er dan ftehn und fagen foll, dafs er die
wortt aus Zorn und bewegnus geredt hab, und dem N. nit zu
fchmach oder verletzung gefagt haben woll, dan er von Ime nit
anders wiffe dan Ehre, Liebs und Guts, und die wortt ime, oder
beedentheilen, an Ehren nit fchädlich fein, und den Ganerben ein
grofs oder klein unrecht verfallen fein«, und während er eine
kleine Bufse zu zahlen hatte, traten für andere Ehrenfchänder
oft fchwere Strafen ein.

Wer den überlegten Vorfatz hat, die Ehre eines Andern anzugreifen, verfährt auch überlegend bei der Wahl der Mittel und
wird fich oft für das durch Feigheit und Gefährlichkeit charac-
terifirte Mittel entfcheiden, das die altfchweizerifche Rechtsfprache
treffend als Hinterrede im Gegenfatz des Zuredens unter Augen
bezeichnet. Auf diefe Weife bekam der Vorbedacht im Gegenfatz
zu dem im Zorn und in der Uebereilung auffchiefsenden Vor-
fatze in den Beftimmungen über Injurien eine entfcheidende Bedeutung. [238]) Die berner Gerichtsfatzung 1539 (1614 I. 20) unterfcheidet, bis zur dreifachen Bufse fortfchreitend:

[236]) f. oben § 60.
[237]) Reyfcher, Stat. S. 459. — Appenzell 1585 § 32. Freiburg 1520
p. XCIII. 1. Obwalden § 281. Regenfperger Herrfchaftsrecht Art. 5. Knonauer
Amtsrecht Art. 13 (Peftalutz I. 184. 225). Segeffer II. 59. Blumer
II. 2. 26.
[238]) f. oben § 110.

1) Scheltworte in einem jähen Zorn.
2) Ueberlegte ehrverletzliche Worte.
   a. Wer mit verdachtem Muth untermunds zuredt.
   b. Welcher dem Andern feine Ehre abfchneidet und ver-
     letzt in feinem Abwefen hinterrücks.

In der Stadtordnung von Frauenfeld 1331 § 3 ift Nachdruck
darauf gelegt, ob jemand die böfen Worte im Ernft fpreche, und '
in einer basler Verordnung von 1411 findet fich der Gegenfatz »im
Schimpf und in verlaffener Weife« und »im Ernft«. Die Bufse ift
im letzteren Fall die doppelte. In diefer Verordnung, die nicht
allgemein von Verbalinjurien handelt, fondern von dem Falle, wo
jemand dem Andern »den fiechtagen, das vallent übel fluchet« ift
das Motiv »in Zornes Wife« allgemein vorangeftellt.

§ 113. Während man dem, der einen Andern im Zorn gefcholten hatte, geftattete, die ehrverletzenden Worte mit der Erklärung zurückzunehmen, dafs er fich »in unbefinntem zornigem
Muth« übereilt habe, erwartete man von dem, der jemandem
fchimpfliche Handlungen oder Thatfachen vorgeworfen hatte, dafs
er dafür einftehe, indem er fie beweife, widrigenfalls der Vorwurf
auf ihn zurückfallen müffe. Wurde er alfo eines folchen Vorwurfs
wegen in Anfpruch genommen, fo konnte er die Einrede der
Wahrheit erheben, und führte er den desfalligen Beweis, fo
hatte er den Andern nicht verunglimpft. Memmingen S. 275: »Es
ift ouch befetzt, wer zuo ainem fpricht under ougen, es figent
frowen oder man: du bift mainaid oder du hauft main gefworen,
der haut in gefelfchet an dem aid und ift vervallen der grofsen
fräfflin, das ift fünf pfunt und ein jar, es wär denn, das einer
mit gaiftlichem gericht eins mainen eids überkommen wär als
Recht ift, an dem frävelt man nit mit felfchen.« [239])

Die Zuläfsigkeit der Einrede der Wahrheit ift an vielen Stellen
einfach dadurch gefetzt, dafs der Angabe des Vorwurfs hinzugefügt
wird: »und das nicht auf ihn bringen mag« — »es wär denn dafs
einer fich underftund fömliche Wort uf·den Andern zu bringen« —
»und fich das mit Wahrheit nicht erfündt« — »er möge es dann
kundlich machen« — »es fei denn, dafs man folches bewähren
mög« — »er welle denne ouch ir were fin« — »und er das nicht

---

[239]) Diefsenhofen § 96. Waldftattbuch von Einfiedeln § 42.

260

beherten mag« — »fo er den des Lugs nicht befetzen mag«.[240])
Diefe Einrede und deren Wirkfamkeit ift aber auch in andern
Formen anerkannt, z. B. Bern 1614 I. 20. 5: »Wann aber jemands
der Vermeffenheit ift, dafs er underftaht, ein fach, die demjenigen,
welchem er fie zugelegt, fin Ehr, Lyb und Gut berürt, uff ihn
kundlich und wahr ze machen, und aber daffelbig nach der Statt
Recht nit erzeigen mag, fonders ihn deren entfchlachen mufs : alsdann foll derfelbig des erften die Straf, fo hievor uff die ehrverletz-
lichen Zureden geordnet, ze liden uber fich nemen etc.«

Aus der Nichterwähnung diefer Einrede an manchen Stellen,
an denen fie, im Vergleich zu den obigen Quellenzeugniffen, hätte
erwähnt werden können, läfst fich für die Nichtzulaffung derfelben
nichts fchliefsen, da ihre Wirkfamkeit fo ganz natürlich erfchien,
wenn nicht ein befonderes Moment darauf hinweift, dafs fie nicht
Platz haben dürfe. Ausgefchloffen war fie nemlich, wenn die ehren-
rührigen Worte den Handfrieden brachen [241]) oder den befondern
höheren Frieden des Gerichts, »darumb dafs niemand dem andern
unzucht erbüt vor Gericht«.[242]) Die basler Verordnung über Pasquille vom Jahr 1613, welche oben § 111 erwähnt ift, reproducirt
auch darin die C. C. C., dafs die Einrede der Wahrheit den Pas-
quillanten nicht fchirmen foll.

Ein bemerkenswerther fittlicher Zug ift es, dafs nach grau-
bündner Statuten die Einrede der Wahrheit ausgefchloffen war,
wenn jemand einen Todten gefchmäht hatte. Die Statuten und Ordnungen beider Gemeinden Fürftenau und Ortenftein (erneuert 1702)
und ähnlich die Satzungen der Landfchaft und Gemeind Avers
(erneuert 1622) fagen unter der Rubrik »Todtenfchmächen«: »Item
es ift auch gefezt, dafs niemand dem andern feine abgeftorbene
freund oder wie fie ihm angehören möchten, weder fchmähen noch
vorwürflich anziehen folle, obfchon der Abgeftorbene mit etwas
Lafter oder Mangel behaftet gewefen wäre. Wer folches überfiht,

[240]) Schauberg's Ztfchr. I. 11. 73. Landbuch von Schwyz S. 64. Uri 84.
85. 250. Zug 1432 § 45. Grimm, Wsth. I. 208. 231. Appenzell 1585 § 7.
Luzern Stadtbuch VII b. § 15.
[241]) f. oben § 109 S. 252.
[242]) Offnung von Burgau bei Grimm, Wsth. I. 195. Appenzell 1565
§ 10. 11. — Augsburger Stadtrecht bei Walch Art. 425. 426. vgl. Köftlin
a. a. O. S. 234.

foll geftraft werden nach Obrigkeits Erkanntnufs«. Alfo: de mortuis nil nisi bene!

Im Allgemeinen erkannte man es durchweg als zuläfsig von einem Menfchen das zu fagen, was mit Wahrheit gefagt werden konnte, indem darin keine Schmälerung feiner Ehre lag; darum ift die Theorie von der Einrede der Wahrheit im alten Recht fo einfach. In einem fchwyzerifchen Hofrecht [243]) ift auch ausdrücklich gefagt, dafs der, dem ein Anderer aufgemachtes Holz »gefehrter Wis« hinweggeführt habe, diefen Dieb fchelten dürfe und ihm keinen »Aberwandel feiner Ehren halb« zu thun habe; es war alfo geftattet, die einzelne Handlung in ihre rechtlich-fittliche Kategorie zu ftellen und diefer gemäfs den Menfchen zu prädiciren.

Als dem alten Rechte eigenthümlich ift noch zu erwähnen, dafs der mit feiner Injurienklage in Folge der Einrede der Wahrheit Durchgefallene Bufse zu zahlen hatte. Emmenthal: »Wer den anderen heifst liegen, oder fonften wort braucht, darmit das Liegen gemeint wird, der foll das gegen der Herrfchaft mit einem fräffel ablegen, es wäre dann, dafs er nach Grichts-Recht den Anderen bekanntlich machen oder überzeugen möchte, gelogen zu haben, alsdann foll der fo allfo gelogen, den fräffel ablegen.« Churwalden: »welcher den anderen frefentlich hiefse liegen, der verfallt- dem Gricht zum erften mal 1 Pfd. den., er bringe dann bey dafs der andere gelogen habe, fo mufs der andere die fchuld bezallen.« Das zu Zahlende kann nicht genommen werden als Bufse für den noch nicht abgebüfsten Frevel, der ihm vorgeworfen war, denn das Lügen an fich ift kein bufswürdiger Frevel, fondern es war ein Frevel eingeklagt, nemlich der Vorwurf der Lüge; dem Gericht oder der Herrfchaft durfte die Bufse oder Wette nicht entgehen und da der obfiegende Beklagte nicht zu zahlen hatte, mufste es der Kläger thun.

§ 114. Hatte jemand dem Andern Uebles zugeredet oder von ihm geredet, fo erwartete man, dafs er dafür einftehen oder feinen Währmann ftellen werde, daher heifst es im älteften Rathsbüchlein von Luzern: »Ouch ift der Rat nüwe und alt überein komen, dafs nieman fol enhein flehte rede von dem andern reden, er welle denne ouch ir wer fin«. [244]) Stellte er feinen

[243]) Kothing, Rechtsq. S. 311.
[244]) Segeffer II. 678.

Währmann, fo fetzte das ihn aufser Verantwortung und daher ift diefs bisweilen in Verbindung mit der Einrede der Wahrheit aufgeführt. Zug 1432 § 45: »und das nicht beherten mag noch finen Weren hat.« Der zweite Satztheil könnte hier fo genommen werden, dafs der Beklagte keinen Währmann habe, um feinen Vorwurf zu behärten; aber an anderen Stellen ift die Sache fo gefafst, dafs er die Schuld von fich auf den erften Urheber des in Rede ftehenden Vorwurfs abladen dürfe. Luzerner gefchworner Brief 1252: »Ob deheine dem andern ein houbet lug uf leit, im ze fwekenne fin ere, der fol dem beffern ein pfunt und den burgern ein pfunt, als er müge denne einen andern geftellen an fin ftat, der den lug geftiftet hat.« In dem lateinifchen Texte fehlt diefer Satz. Züricher Rathsverordnung: »Redt abcr der fchuldiger fölliche fcheltwort uff hörfagen, der foll finen jichtigen anfagen ftellen. Thuot er das nit, fo foll er auch geftraft werden, nach Erkandtnufs des Raths und Gelegenheit der fach.« [245]) Die Landfchaftsordnung von Emmenthal macht hiebei aber eine wichtige Unterfcheidung: »Welcher Anfangs nit mit Vorbehalt redt, er habe das fo er redt, von einem anderen gehört fagen, oder man fage es, oder als man fagt, der hat nit an einen Vorfager zu dingen; fo er aber mit folchen Fürworten geredt, fo mag er den Anfager ftellen, in Weis und Form, wie geredt, und zu Zilen und Tagen, wie vor erläuteret ift, und dann wann der Vorfager erfcheint, ledig dannen gahn.«

Wie die Einrede der Wahrheit ausgefchloffen war, follte die Nennung des Währen den nicht fchirmen, der die Vorwürfe über den Frieden unter Augen gemacht hatte. Glarus 20: » Item welcher dem andern in unferm Land der Worten keins fo vorgefchrieben ftand, under ougen und über frid zuredt, der oder die find bufsvellig und mag fy darvor kein Gwary noch ander derglichen Fürwort nit fchirmen.«

§ 115. Richtig fagt Köftlin a. a. O. S. 176, das an Beftimmungen über die Ehrverletzungen fo reiche germanifche und altdeutfche Recht habe fich nicht begnügt mit den gewöhnlichen Strafmitteln, fondern aufser diefen noch eigenthümliche, auf die

[245]) S c h a u b e r g's Ztfchr. I. 373. Herrfchaftsrecht von Wädenfchweil Art. 86 § 8 (P e ftalutz II. 155).

Satisfaction des in den Augen Anderer Herabgewürdigten berechnete Mittel gehabt, den Widerruf und die Ehrenerklärung.

Das einfachfte von diefen Mitteln war der W i d e r r u f, deffen Bezeichnung und Befchreibung in der alten Rechtsfprache oft fehr plaftifch ift. Zwar kommt der Name »Widerruf« vor, [246]) aber häufiger find andere Ausdrücke für denfelben Begriff, wie »feine gethane Rede mufs ab ihm thun«; »am Rechten Wandel thun«, »Wandlung feiner Ehren«, »Wandel thun um Zureden wegen«, »Aberwandel thun«; »entfchlagen« und »Entfchlagnus« mit verfchiedenen Zufätzen: »eine gebührliche Entfchlagnufs thun«, »das Gegentheil folcher Reden entfchlagen«, »mit Recht entfchlagen«, »an des Richters Stab entfchlagen«, »offenlich entfchlagen«, »mit dem Eid entfchlagen«. [247])

Der Widerruf gefchah, wie mehrere der angeführten Stellen zeigen, vor Gericht, »hinter dem Ring an offenen Rechten«. [248]) Das berner Recht unterfcheidet die » Entfchlagnus « bei offener Thür und bei verfchloffener Thür. Jenes ift fchwerer. Häufig war auch die Entfchlagung an der Kanzel. Altes Landbuch der March § 30: »— und foll denn an die kantzlen gan, wenn der priefter dar ab gat und eim ein wider ruoff tun, wie denn erkennt wird.« [249]) Bisweilen mufste der bei Gericht gemachte Widerruf in der Kirche wiederholt werden. [250])

Es wurde entweder in Folge eines geftifteten Vergleichs oder eines gerichtlichen Urtheils widerrufen. [251])

Häufig ift die Wendung »mit dem Eid entfchlagen«, deren Bedeutung man aus dem von B l u m e r angeführten Falle erkennt. Es wurde nemlich eine Frau, welche eine andere eine böfe Hure gefcholten, verurtheilt, vor Gericht zu befchwören, »dafs fie ihr

[246]) Landbuch der March § 30. Bafel Rechtsq. I. S. 300. Bern 1614 I. 20. 3. Davos S. 35.

[247]) Reyfcher, Stat. S. 459. Schwyz Landbuch S. 63. Bern 1614 I. 20. Schauberg, Ztfchr. I. 373. Glarus 32. 110. 148. Uri 48. Kothing, Rechtsq. S. 311. 363. Appenzell A. Rh. 159. Engelberg S. 80. Davos S. 35. Fünf Dörfer S. 33.

[248]) Bern 1614 I. 20. 6.

[249]) Zug 1432 § 40. 45. Gefchichtsfreund VI. 76. Fälle: H a l l e r und M ü s l i n, Chronik S. 15. T r o l l, Winterthur IV. 78.

[250]) B l u m e r I. 410.

[251]) B l u m e r I. 411.

unrecht und ungütlich gethan hàbe und dafs fie nichts von ihr wiffe denn Ehre und Gutes und dafs fie eine biderbe Frau fei.« [252]) Nach dem engelberger neuen Thalbuch § 25 ift der weit fchwerere Fall, wenn jemand auf »ein gefchworne Urthel müfste abreden«, und es kann als Regel genommen werden, dafs es in der Straffolge einen Unterfchied machte, ob der Beleidiger fich erboten hatte, feinen Vorwurf wahr zu machen und damit im Gerichte durchfiel oder diefes nicht unternahm, fondern fich fogleich erbot, die Anfchuldigung zurückzunehmen. [253]) So wie die Einrede der Wahrheit in ausgedehntem Maafse zuläfsig war, wufste auch jeder, dafs, wenn er dazu griff und die aufsergerichtliche Anfchuldigung damit zu einer gerichtlichen wurde, er dabei mehr aufs Spiel fetzte, als wenn er fogleich zur Zurücknahme des Gefprochenen fich erbot. Auf diefe Weife ftanden ein Recht und eine Pflicht im gehörigen Gleichgewicht. Wer fogleich erklärte, dafs er fich übereilt habe, konnte mit dem einfachen Widerruf und einer kleinen Bufse abkommen, indem dann die Zurücknahme der Befchuldigung genügend erfchien, den Flecken an der Ehre des Andern zu tilgen.

Die Statuten von Ober-Vatz in Graubünden § 71 unterfcheiden und fteigern: einfachen Widerruf, Widerruf mit Anrühren des Gerichtsftabes und Widerruf mit einem offenen Eid. Im erften Fall tritt keine Bufse hinzu, im zweiten die Bufse von 1 Pfund, im dritten von 2 Pfund und auch wohl weitere Strafe nach Erkenntnifs des Gerichts.

Fraglich ift es, ob ein begrifflicher Unterfchied war zwifchen Widerruf und Ehrenerklärung. Manche Stellen, welche den Begriff der letzteren zu fixiren fcheinen, beweifen dafür nichts. Es kommen die Wendungen vor » feine Ehre wiedergeben « oder »wiederkehren«, [254]) aber das gefchieht eben durch den Widerruf, daher denn auch in einer basler G. O. 1534 § 29 variirt wird mit »einen Widerruf thun« und »feine Ehre bekeren«. Im neuen engelberger Thalbuch ift jedoch unterfchieden die fchriftliche Ehrenerklärung und die Aberwandlung und fodann als Drittes

²⁵²) f. auch **Reyfcher**, Stat. S. 459. **Kothing**, Rechtsq. S. 353.
²⁵³) Schwyz Landbuch S. 63. Bafel Rechtsq. I. S. 300. Davos S. 35.
²⁵⁴) Zug 1432 § 40. 45. 46. **Schauberg**, Ztfchr. I. 11. **Segeffer** I. 403. Anm. 3. **Büron** S. 108.

hinzugefetzt der fchwerere Fall *das einer auf ein gefchworne Urthel müffe abreden*.

Zu der rein perfönlichen Genugthuung in dem vollftändigen Zurücknehmen des Gefprochenen kam in der Regel noch die Zahlung einer Geldfumme, die theils auch noch perfönliche Genugthuung (pretium contemtus) ift, theils Wette. Das Landbuch von Schwyz S. 63 fondert zwei Fälle:.

1) Derjenige, welcher einem Andern zugeredet hat, das diefem feine Ehre und Glimpf berührt, wird mit Urtheil gefragt, ob er feine gethane Rede auf jenen bringen will oder nicht. Wenn er dann antwortet: *Nein, ich beger nüt zu ihm zebringen* und der Kläger mit feinem Recht fortfährt.und den Angeklagten zwingt, feine gethane Rede ab ihm zu thun, dann büfst diefer mit neun Pfunden, davon gehört das erfte Dritttheil dem Gericht, das zweite dem Kläger, das dritte den Landleuten.

2) Er unternimmt es, feine Rede auf den Andern zu bringen, fällt aber damit im Gerichte durch, dann mufs er widerrufen und diefelbe dreitheilige Bufse zahlen, aber aufserdem tritt Talion und Ehrlofigkeit ein, *und foll jetzt der vellig in dien fchulden, wie ers von jenem gerett hat (ftan) und ouch darfürhin niemantz mer mit finer zungen weder nutz noch fchad fin an theinem Rechten.* Die letztere Rechtsfolge drückt das engelberger neue Thalbuch aus: *fo fol derfelb für ehrlos und wehrlos erkennt fin.* [255])

An vielen Stellen ift gefagt, dafs es dem Ermeffen des Richters zuftehe, nach der Sachlage bei diefem fo verfchieden gefärbten Vergehen den Werth desfelben auszumeffen und bei erfchwerenden Umftänden eine höhere als die gewöhnliche Bufse aufzulegen oder eine entfprechende fchwerere Straffolge eintreten zu laffen z. B. im Landbuch von Glarus § 32.

Von einem entfcheidenden Einflufs war es, wie fchon an verfchiedenen Stellen erwähnt ift, ob die ehrverletzenden Worte über den Frieden gefprochen waren oder nicht, und ob jene Worte in die Zahl der böfen Worte gehörten, die als Kriegsanfang galten.[256])

Wenn nun auch am gewöhnlichften für Ehrverletzungen Widerruf und beftimmte Büfsungen eintraten, find doch andere Straf-

---

[255]) f. auch Bern 1614 I. 20. 5.
[256]) Glarus § 32 vgl. mit § 110.

folgen nicht ungewöhnlich. Von der Talion foll im Folgenden die
Rede fein, die Ehrlofigkeit für beftimmte fchwerfte Fälle ift fchon
erwähnt. [257]) An manchen Stellen finden wir die Verweifung
als Straffolge. In Ulm follte der eingefeffene Bürger, der einen
andern Bürger Lügner oder fonft fchalt, acht Tage aus der Stadt
fein, fchalt er ihn Dieb vierzehn Tage, fchalt er ihn Mörder einen
Monat. [258]) Die berner Gerichtsfatzung von 1539 und 1614 hat
die Leiftung von Zeit und Pfenningen in eine genaue Proportion
gebracht.

Am ftrengften ift für einen befonders fchweren Fall das augsburger Stadtrecht Art. 162 (Walch). Wenn jemand fich einer
Jungfrau rühmet und darum benötet wird, fo follen zwei ehrbare
kundige Frauen das Mädchen unterfuchen und wenn fie dann eidlich ausfagen, dafs dasfelbe eine Jungfrau fei, fo foll dem, der
den Leumden gemacht hat, die Zunge ausgefchnitten werden und
er foll nimmermehr in die Stadt kommen; wenn man ihn gegen
das Verbot in der Stadt findet, foll man ihn henken, ohne Urtheil. Entweichet er, fo kommt er in die Acht. In der züricher
Ehegerichtsordnung von 1525 heifst es: »Und ob jeman fich der
andren gefarlich und zu Uffatz berümen wurd und fich fömlichs
offenlich erfunde, das fol hoch geftraft werden.«

Mehrfach ift, wie fchon erwähnt wurde (§ 108), unter die
fchweren Ehrverletzungen geftellt, wenn jemand dem Andern das
fallende Uebel wünfcht. Diefer Fall gehört aber zugleich und
zunächft dem Gebiete der böfen Flüche an und daraus erklärt
es fich, dafs darauf in einem basler Hofrechte [259]) das Halseifen
gefetzt ift. Aber auch beim Rückfall kommen peinliche Strafen
der Ehrverletzung als folcher vor. [260])

D. Die falfche Anklage.

§ 116. Der weit verbreitete Grundfatz des germanifchen
Rechts, dafs derjenige, welcher den Andern einer Miffethat fchul-
digte, aber im Gericht den Beweis nicht zu führen vermochte, als

[257]) f. auch Bern 1614 I. 20. 7. Basler Gerichtsordnung a. a. O. Obwalden 205.
[258]) Jäger S. 310.
[259]) Ztfchr. für fchweiz. Recht III. 14.
[260]) f. oben § 83.

Rückfchlag grade das zu dulden hatte, was jenen im Fall der gefchehenen Ueberweifung als Straffolge getroffen haben würde, diefe Talion erfchien ebenfalls im deutfchen Mittelalter und fpeziell bei dem alamannifchen Volksftamm als gerechte Ausgleichung. [1]) Hatte er die Befchuldigung nicht direct als Anklage ins Gericht gebracht, fondern aufsergerichtlich gefprochen, aber gleich den Zufatz gemacht, er wolle feine Behauptung beweifen, fo mufste die Sache gerichtsanhängig werden. G. O. von Muttenz § 4: »Were ouch fach das jemand den andern folicher ubeltet und fachen fchuldigete und fprech er wolte in des wifen und aber das nit tete der fol an fin ftatt fton und denn gericht werden als die gefchicht ift die er den andern gefchuldiget hette und in fin fufsftapfen fton und liden das er gelitten folt han.« [2]) Hatte er einen folchen Zufatz nicht gemacht und der Angegriffene trat gegen ihn mit einer Klage wegen fchwerer Ehrverletzung auf, fo ftand ihm die Einrede der Wahrheit offen. Bewies er die Einrede, fo war diefer fein Entfchuldigungsbeweis zugleich Anfchuldigungs- beweis des Andern, und diefen traf die Strafe der vorgeworfenen, nunmehr bewiefenen Miffethat. Fiel er aber mit diefem Beweife durch, fo trat jener Rückfchlag ein. [3]) Ebenfo wenn er, ohne dafs jener ihm mit der Klage wegen Ehrverletzung zuvorgekommen war, das aufsergerichtlich Gefprochene in eine Anklage kleidete und den Beweis nicht führte.

Auf diefe Weife ging die aufsergerichtliche Anfchuldigung in eine gerichtliche über, verlief fich jene in diefe; um fo mehr, da, wer böfen Leumden Jahr und Tag auf fich fitzen liefs, fich felbft bezeugt hatte und ehrlos wurde, [4]) alfo ein ftarkes Motiv hatte, die Sache nicht ruhen zu laffen. So lag denn auf beiden Seiten ein Zwang, die Entfcheidung des Gerichts herbeizuführen.

In den vielen Satzungen über diefen Gegenftand ift das ent- fcheidende Gewicht darauf gelegt, ob der Anfchuldiger feine Anfchuldigung beweife oder nicht, fo dafs alfo die Talion ein- treten follte, wenn er nicht bewiefen hätte. Bei diefer Auffaffung ift alfo die falfche d. h. nicht erwiefene Anklage verfchieden von

[1]) Schauberg's Beiträge III. 404. Ztfchr. für deutfches Recht XVIII. 184 ff.
[2]) Ztfchr. für fchweiz. Recht III. 13. Segeffer II. 618. 682.
[3]) Appenzell 1585 § 34.
[4]) f. oben § 105 S. 243.

der Calumnia oder böswilligen Anklage des römifchen Rechts.
Zwar konnte in vielen Fällen aus dem Fehlen des Beweifes auf
die Böswilligkeit des Anfchuldigers gefchloffen werden, aber die
Entfcheidung lag in der objektiven, nicht in der fubjectiven Sphäre.
Augsburg 1276 S. 13: »mak er daz hinze im niht bewärn als reht
ift«; S. 54: »Ift aber, daz ers niht beziugen mak«; S. 115:
»bringet ers hinz im felbe dritte als reht ift . embriftet aber im
iener darumbe . fo fol dirre ftan in allem dem rehte als iener
geftanden wäre ob er fchuldic wäre gewäfen.« Colmar § 29:
»Swer einen burger zihet daz er meineide fi, mag er des niht
bereden mit fiben burgern daz das war fi, fo fol er unfer hulde
verlorn han.« Aelteftes Bürgerbuch von Luzern (1373): »und er
des uff in alfo nüt beweren möchte, der mus an fin ftatt treten.« [5]) Vogteioffnung von Stammheim § 17: »Wellicher einen
verclagt gegen minen herren von Zürich oder irem vogt, und fich
der antwurter mit recht erwert, fo fol der, fo clagt hat, in des
fuofs ftapfen ftan, der verclagt ift.« [6])

Der Ausdruck Talion kommt zwar in den vielen Beftimmungen über diefen Gegenftand nirgends vor, fondern verfchiedene Bezeichnungen und recht treffende Befchreibungen diefes
Begriffs. Die allgemeinften Bezeichnungen find, dafs der Ankläger
die Strafe leiden foll, die der gelitten haben follte, der gefchuldiget worden ift, wenn der Beweis gegen ihn nicht mifslungen
wäre. [7]) Verfchiedene Wendungen der Art hat das augsburger
Stadtrecht. S. 13: »fo fol man über in rihten in allem dem rehte,
als über ienen den er da befchuldiget hat«; S. 54: »Ift aber, daz
ers niht beziugen mak fo fol der clager an fine ftat ftan in allem
dem rehte als er ftunt«; S. 55: »fo fol der clager ftan in allem
dem rehte als der der da gen ime ftunt«; S. 59: »fo muz er an
fine ftat ftan gen dem clager und gen dem rihter«; S. 115:
»Embriftet aber im iener drumbe . fo fol dirre ftan in allem dem
rehte als jener geftanden wäre, ob er fchuldic wäre gewefen .
beidiu gen dem vogte unde gen dem clager . wande ez ieme an
fin ere gie.« Häufig ift wie »an feiner Statt ftehen« und »an

---

[5]) Segeffer II. 617.
[6]) Schauberg, Ztfchr. I. 73. — Freiburger Stadtrodel § 75. Grimm,
Wsth. I. 18. vgl. Ztfchr. für deutfches Recht XVIII. 188.
[7]) Bafel Rechtsq. I. S. 136. Diefsenhofen 73. Schwfp. 350 I. L.

feine Statt treten«, »in denfelben Schulden fein« [8]), und daran
fchliefst fich die noch häufigere bildliche Bezeichnung »in denfelben, oder desfelben oder des Verklagten F u f s f t a p f e n ftehen«
und »in feine Fufsftapfen treten«, »in feine Fufsftapfen erkannt
werden« [9]), ja felbft, »der beffert ihm feine Fufsftapfen.« [10])

Eine folche Talion ift nicht felten ausgeführt worden, auch
wo es fich nicht blofs um Geldbufsen handelte. In Conftanz wurde
1493 einer, der mit der Anklage wegen Sodomie durchfiel, durch
das Feuer hingerichtet [11]); in Solothurn 1547 einem wegen falfcher Anklage der Gottesläfterung die Zunge ausgeriffen und an
einen Stock geheftet. [12]) Der berühmtefte oder berüchtigtfte Fall
der Art aus der Schweiz ift ein appenzeller vom Jahr 1584. [13])
Im Flecken Appenzell wohnte ein Doctor medicinae Anton' L e u,
mit Verftand, Reichthum, Ehr und Anfehen wohl begabet und der
reformirten Religion zugethan, die er mächtig förderte. Seine
Ehefrau war eifrig katholifch und zog fich mit ihrer Liebe und
ehelichen Beiwohnung gänzlich von ihm ab. Da begab es fich,
dafs Leu in einem Wirthshaufe zu Gonten, eine Stunde von Appenzell, übernachtete. In der Herberge hatten fich auch ein katholifcher Priefter aus Appenzell mit einem Knaben und ein katholifcher
Bauer aus dem Rheinthal eingefunden. Der Doctor und der Bauer,
beide von der Reife müde, legten fich nieder und fingen an zu
fchlafen, der Priefter aber, in der Meinung, fie wären eingefchlafen,
fing an fodomitifche Sachen mit dem Knaben zu treiben. Darüber
erwachte der Doctor, fchwieg aber ftill, und liefs fich nichts mer-
ken, bis auf eine Zeit hernach, als er von den Katholifchen zu
Appenzell verfolgt wurde. Da fagte er: er habe zu Gonten Sachen
von einem Pfaffen erfahren, die fich keines Chriftenmenfchen ge-

---

[8]) Segeffer a. a. O. und II. 693. Anm. Landbuch von Schwyz S. 64.
[9]) Zug 1432 § 39. Landbuch von Gafter § 42 (B l u m e r I. 539 Anm.).
Appenzell 1585 § 34. Bern 1614 I. 18, 4. Ztfchr. für fchweiz. Recht III. 13.
Offnung von Kyburg § 6. Neerach § 16. Andelfingen § 20. Eglifau Art. 8 § 6.
Regenfperg Art. 5. Wülflingen § 5. Freiburg 1520 p. XCIII. 2. — Nidwalden
30. 149. 153. — Bafel Rechtsq. I. 300.
[10]) Bafel L. O. § 69. Ztfchr. für deutfches Recht XVIII. 186. 187.
[11]) Speth, Conftanz S. 332.
[12]) Amtet, fchweiz. Gefchichtskalender S. 11.
[13]) Walfer I. 504.

ziemten, und doch müfsten die Pfaffen fromme Menfchen fein und
immer Recht haben.

Ueber diefe Rede ward er zur Verantwortung gezogen und in
die Gefangenfchaft geworfen. Der Bauer ward verhört, gab aber
zur Antwort, er habe gefchlafen und nichts gehört. Doctor Leu
blieb beftändig bei feiner Ausfage und begehrte, dafs man den
Pfaffen mit dem Knaben ihm gegenüberftellen und examiniren
folle. Sobald aber der Priefter diefes vernahm, wurde er famt
dem Knaben landflüchtig.

Nach 14 Tagen ward Doctor Leu vor ein Malefizgericht geftellt und fowol des Ehebruchs als auch, dafs er einen Priefter
einer unchriftlichen That bezüchtigen wollen, angeklagt. Es wurde
gegen ihn geltend gemacht, da der Bauer mit in der Stube gewefen und nichts verfpürt habe, fo müffe er folches erdacht haben,
und dieweil er das nicht erweifen könne, in des Priefters Fufsftapfen ftehen. Doctor Leu verantwortete fich auf folgende Weife:
Dafs er fich mit Ehebruch überfehen, bereue er herzlich; es wäre
auch nicht gefchehen, wenn ihm feine Ehefrau nicht die ehelichen
Pflichten völlig abgefchlagen hätte; er wiffe aber wohl, dafs nach
den Gefetzen des Landes der Ehebruch nicht am Leben geftraft
werde; was er aber über den Priefter ausgefagt, dabei bleibe
er beftändig, wolle auch darauf leben und fterben, der Bauer
möge folches gefpürt haben oder nicht.

Es kamen viele Leute, darunter auch ein Freiherr von Sax,
um Fürbitte für ihn einzulegen; man hörte fie aber nicht einmal
an, fondern es wurde ihm das Todesurtheil gefällt: dafs er an der
gewöhnlichen Richtftatt mit dem Schwert folle gerichtet werden.
Als er gebunden vor feinem fchönen Haufe vorbeigeführt wurde,
rief er feine Ehefrau mit Namen, bat fie mit vielen Thränen um
Verzeihung, und nahm von ihr einen herzbeweglichen Abfchied.

Im Ausführen auf die Richtftatt war er ganz freudig und
getroft, und fang Pfalmen und geiftliche Lieder. Den beiden
reformirten Predigern von Hundweil und von Gais, die ihn tröften
follten, war das Herz aus Mitleiden fo voll, dafs fie auf der Richtftatt kein Wort fprechen konnten, fondern überlaut weinten. Er
blieb aber ganz freudig, hielt noch eine Anrede an die anwefende
grofse Menge Volks, und betheuerte feine Unfchuld in Betreff der
falfchen Kundfchaft über den Pfaffen. Er betete dann laut mit

ſtarker Stimme und freudigem Herzen, und ſprach dem Scharfrichter Muth ein. Der Scharfrichter holte zum Streiche aus, hieb
ihm aber in die Achſel, ſo daſs er zu Boden fiel. Als er da lag,
rief er: Hau, hau! Der Scharfrichter gab ihm noch etliche Streiche
auf dem Boden, und richtete ihn ſo unglücklich, daſs der Reichsvogt [14]) ihm auf Befragen, wie er gerichtet habe, zur Antwort
gab: Du haſt gerichtet, daſs Gott erbarm! Der Scharfrichter
aber verſetzte: Schelmen und Dieben kann ich wohl richten, aber·
einen Biedermann nicht!

Das anweſende Volk war ſo unwillig, theils über das ſcharfe
Urtheil, theils über den Scharfrichter, daſs es zu einem Aufſtande
gekommen wäre, wenn nicht der Reichsvogt mit vielen freundlichen Worten zur Ruhe ermahnt hätte. Da kehrten ſie mit
groſsem Mitleiden und Seufzen nach Hauſe zurück, und der todte
Körper ward auf dem Kirchhofe begraben.

So ſtellt der reformirte W a ſ e r dieſen Fall aus einer durch
confeſſionellen Streit tief erregten Zeit dar. [15])

Eine Anwendung der Talion auf einen ſpeziellen Fall der fal-
ſchen Anſchuldigung, wenn nemlich jemand Andere böswillig des
Diebſtahls ſchuldigte, führt das augsburger Stadtrecht S. 67 vor:
»Stilt ein man im ſelber und zihet es ander lute . enbriſtet im ·der
der ſol ſtan in allen den ſchulden als der den er da geziegen hat .
unde iſt des gutes ſähzik ·oder drüber ſo ſol man ihn henchen .
iſt ſin minner . ſo ſol man in an der ſchreiat ſlahen unde·durch
die zene brennen.« Der Schwſp. 192 W. 231 L. hat dieſem Falle
mehr Färbung gegeben: »Unde iſt daz ein man bi liuten ſitzet,
unde er hat in ſinem biutele pfennige, unde er ſnidet ſin ſelbes
biutel abe unde birget den, unde zihet des die bi im ſint geſezen;
oder er nimet die pfenninge uz dem biutel und gihet ſi habens
im genomen: man ſol der liute eit dar umbe nemen; ez ſi danne
daz man ſi in irre gewalt begrife mit ſo getanem urkünde, daz
ſi ſin niht gelougen mügen . ſo rihte man über ſi als reht ſi . unde
vindet man aber bi in niht, unde iſt ir ſehzic oder mer: man ·
ſol in ſelben dar umbe hahen . unde alſo ſol man rihten umbe
alles das guot daz der man im ſelben ſtilt . daz iſt von der grozen

---

[14]) vgl. oben § 3 S. 5.
[15]) vgl. Z e l l w e g e r III.· 2. S. 22—35. Urk. No. 965. B l u m e r II. 1. S. 63.
II. 2. S. 55.

valfcheit, daz er ander liute gehoenet hat, unde den ir lip wolde
nemen.« [16])

Diefes Prinzip des Rückfchlags und der directen Wiedervergeltung wurde allmählig abgefchwächt, indem eine andere
Strafe als grade die der Talion entfprechende an die Stelle treten
konnte, auch indem man eine Unterfcheidung der fchwereren und
leichteren Anfchuldigungen machte, und darauf Rückficht nahm,
ob die Anfchuldigung aus Leichtfertigkeit und im Zorn gefchehen
war. Das Zurücktreten des Prinzips zeigte fich zunächft darin,
dafs die Talion nur alternativ und electiv angeordnet wurde. [17])
Das hing zufammen mit der Befugnifs des Richters, nach ftrengem
Recht oder nach Gnaden zu richten. [18])

Nach dem freiburger Stadtrecht 1520 p. XCIII. 2. ftand es in
der Wahl des fälfchlich Befchuldigten, ob er auf offenen Widerruf
antragen wollte, oder darauf, dafs der Befchuldiger in feine Fufsftapfen geftellt werde; doch konnte, wenn das Zeihen der Uebel-
that leichtfertig gefchehen war, das Gericht arbiträre Strafe ver-
hängen.

Das Stadtrecht von Colmar § 29 (Dattenried § 29) gebraucht
für den, der einen Andern des Meineides geziehen, aber nicht
beweifen konnte, die allgemeine Formel: »fo fol er unfer hulde
verloren han«. Es find auch für fpezielle Fälle beftimmte Geldbufsen angefetzt. [19])

Es ift keine genaue Anwendung der Talion, aber doch ein
Durchfchimmern des Prinzips, wenn in dem ftrafsburger Stadtrecht 1270 § 22 derjenige, welcher einen Andern anklagte, dafs
er ihn verwundet habe, fo dafs der Angeklagte in Haft kam, falls
diefer unfchuldig befunden wurde, fo viele Wochen von der Stadt
fein follte, als jener Tage im Gefängnifs gewefen war. In diefem
Stadtrecht ift die Strafe der Verweifung aus der Stadt die überwiegende Strafart für Bürger, dafs fich daraus die Form der Ausgleichung erklärt.

---

[16]) Ztfchr. für deutfches Recht XVIII. 191.
[17]) Appenzell I. Rh. § 34. Blumer I. 409.
[18]) f. die Fälle bei Gonzenbach in Schletter's (Hitzig's) Annalen
N. F. LXVII. (1854) S. 162 und in der Chronik von Haller und Müslin S. 214.
[19]) Schauberg, Ztfchr. II. S. 89. vgl. Reyfcher Stat. S. 459. Schauberg's Beiträge III. 406.

E. Verbrechen gegen die perſönliche Freiheit.

§ 117. Das Gebiet der unter dieſe Rubrik fallenden Handlungen und das der Injurien berühren ſich, wie auch dieſe Handlungen leicht unter die Körperverletzungen fielen; die Selbſtſtändigkeit eines eignen Delicts der Freiheitsbeſchränkung und Freiheitsberaubung iſt aber mehrfach in den Quellen anerkannt, im alamanniſchen Volksrecht [1]) wie in den Rechten des ſpäteren Mittelalters.

1) Den ſchwerſten Fall bildet das Verkaufen freier Menſchen, ein Fall, der in alter Zeit häufiger war als im deutſchen Mittelalter, daher die Volksrechte, auch die lex Alamannorum, ſorgfältig darüber beſtimmen, [2]) die ſpäteren Rechte ihn ſelten erwähnen. Der Schwſp. 188 W. 227 L. behandelt den Fall, wo ein Menſch den andern ſtiehlt, als Diebſtahl und zwar als einen erſchwerten, »wan ein menſche iſt vil tiurer wanne ein michel teil guotes«; daher ſoll die Strafe des Galgens eintreten, auch wenn der Thäter noch ſo jung iſt. Das augsburger Recht enthielt keine ſolche Beſtimmung; als daher im Jahr 1560 eine Magd den vierjährigen Knaben eines augsburger Bürgers nach Oberhauſen getragen und einem dortigen Juden feil geboten hatte, wurde ſie nicht am Leben geſtraft, ſondern nur mit Ruthen ausgehauen und aus der Stadt gewieſen. [3])

2) Häufiger nennen die Quellen den Fall der Freiheitsbeſchränkung durch Einſperren und widerrechtliche Verhaftung. Hiebei iſt die im deutſchen Mittelalter häufige Privathaft von Schuldnern einerſeits und die Arreſtfreiheit angeſeſſener Bürger andrerſeits von Wichtigkeit.

Im freiburger Stiftungsbrief § 23 iſt neben der Beraubung und Körperverletzung und Heimſuchung hingeſtellt »si quis concivem suum — ceperit vel capi fecerit« und als criminell bezeichnet mit den Worten »gratiam domini sui amisit«. Ebenſo im § 29: »Quicunque seu judex seu civis alius in civitate quempiam sine sententia capere presumpserit, nisi aut furtum aut falsam monetam

---

[1]) Pactus II. 54 ff. III. 5. 12. Hloth. XLVI — XCVIII.
[2]) Merkel ad l. Alam. p. 60.
[3]) Gaſſarus s. a. Stetten I. 538.

apud eum invenerit, gratiam domini sui amisit.« [4]) In Bern wurde 1386 beſtimmt: »Wer einen unfrer Bürger oder jemand andern fahet inner unfrer Stadt und Stadtzielen ohne Erlaub und Heiſsen unfers Schultheiſsen (es ſei Krieg oder Frieden), der fährt ein Jahr von unfrer Stadt und gibt 5 Pfund Pfennige zu Einung.« [5]) Eine basler Verordnung von 1413 ſetzt Bufſe auf eigenmächtigen Perfonalfchuldarreſt.

Die genaueſten Beſtimmungen über verſchiedene Fälle des »Fahens« enthält das memminger Rechtsbuch S. 285 ff., in welchem das Anrufen der obrigkeitlichen Autorität als die Regel ſtark hervorgehoben, aber auch dem Ergreifen auf friſcher That und ähnlichen Lagen ihre Berechtigung zur Selbſthülfe zugeſtanden und auf das Geleitsrecht Rückſicht genommen iſt.

F. Verletzungen der Sittlichkeit.

1. Das aufsereheliche Beilager.

§ 118. Die bekannte Schilderung der Sittenreinheit bei den alten Germanen, welche Tacitus entworfen hat, und auf welche ſich Wilda im Eingange zum rubricirten Abſchnitt feines Werks bezieht, findet ein Gegenbild im ſpäteren Mittelalter, wenn wir lefen von der grofsen Zahl der »fahrenden Weiber« und »unendlichen Frauen« und von der Exiſtenz der Frauenhäufer in den gröfseren und kleineren Städten, in Augsburg und Bafel, in Breifach und Dieſsenhofen, Efslingen, Kempten und Schaffhaufen. Als K. Albrecht 1298 nach Strafsburg kam, hatte er 800 feile Weiber in feinem Gefolge [1]), und die grofse Zahl derfelben beim Concil in Conſtanz iſt bekannt. [2]) Eine ausgefuchté Gaſtfreundſchaft erfuhr der üppige K. Sigismund, als er 1414 in Bern weilte. Der Rath hatte angeordnet, dafs aus einem immer offenen Keller die ganze Zeit über jedem von dem Gefolge des Königs Wein gereicht werde, und dafs in den Frauenhäufern die Herrn vom königlichen Hofe ohne Entgelt freundlich empfangen werden follten. Die Stadt zahlte

---

[4]) Schreiber, Urk. I. S. 77. 78. Bern 1218 § 29. 33. Colmar § 17. 24. Freiburg im Uechtland § 75. Thun § 46. Bremgarten § 22.

[5]) Solothurner Wochenblatt 1832 S. 556.

[1]) Königshoven S. 122.

[2]) Hüllmann IV. 71. 264.

demnächft die Rechnung »by den fchönen Frowen im Gäfslin«,
und Etterlin erzählt: »diefelben zwo Eren und Herrlichkeyten,
mit dem Wyn und mit dem Frowenhufs, rumte der Künig darnach,
wo er bey Fürften und Herren fafs, gar hoch, und hielt es gar
für eine grofse Sach.« ³) In Ulm ging Sigismund felbft mit feinen
Begleitern ins Frauenhaus, und die Stadtrechnung aus jener Zeit
hatte einen Poften über die Beleuchtung diefes Haufes. ⁴)

Den vielen Nachrichten der Chroniken über das fittenlofe
Leben der fich gegen Bürger und Bauern alles erlaubenden kleinen
Dynaften und Raubritter und von den Gewaltthaten der Kriegs-
leute gegen Frauen ftehen in nicht geringer Zahl zur Seite die
Schilderungen des liederlichen Lebens der Geiftlichen in und
aufser den Klöftern.

Wenn wir auch darnach nicht zu dem Schluffe berechtigt find,
dafs das Familienleben der Deutfchen im Mittelalter entartet gewefen fei, und dafs diefe Zeit der Verdorbenheit der römifchen
Kaiferzeit fich genähert habe, fo gehörte doch die Keufchheit
nicht eben zu den Tugenden der mittelalterlichen Deutfchen, und
daher ift denn auch über die Verletzungen der Sittlichkeit und die
Fleifchesverbrechen in den Rechten diefer Zeit reichlich beftimmt.

Der einfache aufsereheliche Beifchlaf unverheiratheter Perfonen
hatte oft keine wirklich ftrafrechtlichen Folgen, fondern fiel der
kirchlichen Ahndung anheim, und das aufserdem von dem Manne
der Gefchwächten zu Leiftende hatte den Character des Civil-
erfatzes. ⁵) Daneben zielten die rechtlichen Beftimmungen darauf
ab, die ftattgehabte Verletzung der von Gott eingefetzten Ehe-
ordnung wo möglich und fo weit als möglich durch Eingehung
der Ehe unter den beiden Perfonen, die fich aufserehelich mit
einander vergangen hatten, wieder gut zu machen.

Die Landrechte der innern Schweiz unterfcheiden fich hinfichtlich diefes Gegenftandes wefentlich von der ftädtifchen Gefetzgebung, die fich faft nur mit einer gewiffen Controle des Bordell-
wefens und der Bemühung, öffentliches Aergernifs zu befeitigen,
befafste. Wie fehr der aufsereheliche Beifchlaf in den Städten
tolerirt wurde, zeigen die vielen Nachrichten von Frauenhäufern

³) J. von Müller III. 1, 24.
⁴) Jäger's Ulm S. 545.
⁵) Wilda S. 818. Segeffer II. 470. 684.

und von priviligirten Huren. [6]) Andere Lebensverhältniffe führten in den Ländchen der innern Schweiz zu einer anderen Auffaffung. War eine Magd gefchwängert worden, fo trat die Kirche ein mit ihren Büfsungen, und erwartete man, dafs durch eine Ehe die Unehre verdeckt werde. Hatte der Mann die Magd unter dem Verfprechen der Ehe gefchwängert und weigerte fich dann, fein Verfprechen zu erfüllen, fo wurde mit grofser Strenge verfahren. Nach dem Landbuch von Uri § 35 foll man zu ihm greifen und richten als einem ehr- und treulofen Mann und Böfewicht, der ihr ihre Ehre wider gethane Treu fälfchlich geftohlen habe.

Für die nicht erfchwerten Fälle, wo die Schwängerung nicht nach oder unter einem Eheverfprechen ftatt gefunden hatte, ift oft beftimmt, was der Schwängerer der Gefchwächten »für das Kränzli«, »um den Blumen«, »um den Magtum und Blumen« geben foll, wobei die Analogie zu der Morgengabe nicht zu verkennen ift. [7]) Nach dem Landbuch von Appenzell A. Rh. § 99., 122 foll die Morgengabe 10 Gulden betragen, — nach dem älteren appenzeller Landbuch 1585 § 99 zehn Pfund, wie nach dem augsburger Stadtrecht S. 101, — und in Jahr und Tag nach der Hochzeit gefordert werden; wenn eine zuvor unverleumdete Perfon von einem wäre gefchwächt worden, foll ihr »für den Blumen« 10 Pfund werden, und dafs die betreffende Anfprache in Jahr und Tag zu machen fei, ift ebenfalls als Regel hingeftellt. [8]) Die züricher Ehegerichtsordnung von 1525 [9]) nennt diefes pretium virginitatis gradezu Morgengabe: »So aber einer ein Tochter, Magt oder Jungfrow verfelt, gefchmächt oder gefchwecht hette, die noch nicht vermehlet wäre, der fol iro ein Morgengab geben und fie zu der Ee han.« Diefs wurde in einer Läuterung abgeändert, weil Mifsbrauch damit getrieben und nicht felten die Reizung von »frechen, unverfchampten Töchtern« ausgegangen war, und »damit die Meitli

---

[6]) Jäger's Ulm S. 544 ff. Pfaff, Efslingen S. 166. Haggenmüller, Kempten I. 222. — Bafel Rechtsq. I. S. 41. 87. 203. 379. Bafel im vierzehnten Jahrhundert S. 115. Ochs, Bafel V. 177 ff. Segeffer II. 401. Pfyffer, Luzern I. 345. 355. 371. Diefsenhofen 170. — Schwfp. 210 W. 255 L. hat fchon die Bezeichnung »Hurenhaus«, während fonft »Frauenhaus« der offizielle Name ift.

[7]) Segeffer II. 441. Anm. 2. R. A. aus der Schweiz No. XI. S. 86.

[8]) Glarus 82. Luzern 118. Segeffer II. 470.

[9]) Ztfchr. für fchweiz. Recht IV. 63. Basler Ehegerichtsordnung von 1533 (Rechtsq. I. S. 260). Chronik von Schaffhaufen 1530 S. 131.

ihrer Ehren defto behutfamer bleiben«. Es follte genau nach-
geforfcht werden, ob das Mädchen eine rechte ehrbare Jungfrau
gewefen fei, und ob er ihr die Ehe verfprochen habe. [10]) Ganz
ähnlich verfuhr man in Ulm. [11])

Auch öffentliche Bufsen und Strafen für uneheliche Schwängerung kommen vor, für den Mann oder beide Theile. Nach dem
appenzeller Landbuch 1585 § 122 (I. Rh. § 125) foll jeder Theil
5 Pfund zur Bufse verfallen fein, und falls ein Theil zahlungsunfähig fei, foll der andere Theil beide Bufsen zahlen. Diefs ift
in dem Landbuch von Appenzell A. Rh. § 121 dahin geändert,
dafs der Mann 8 Pfund, die Magd 5 Pfund zu geben habe. In
Ulm follte, wer eine Jungfrau oder Wittwe fchwächte, fie heiraten
oder fünf Jahre von der Stadt fein, vor feiner Wiederaufnahme
50 Pfund Heller bezahlen, und fich mit der Gefchwächten gütlich
oder rechtlich vertragen.

Unzucht an geheiligter Stätte und felbft zu heiliger Zeit wurde
als eine erfchwerte genommen, [12]) wie luzerner Fälle zeigen.

Wenn berichtet wird, dafs 1615 ein junger Bürger von Zofingen
enthauptet wurde, weil er fich vieler und grober Unzucht fchuldig
gemacht, und 1621 ein anderer dafelbft wegen Verbrechen der
Unzucht, [13]) fo ift diefe nicht näher bezeichnete Unzucht jedenfalls eine fchwerere gewefen.

Verfchieden von dem einfachen aufserehelichen Beilager ift
das »zur Unee fitzen«, auch »zur Unere fitzen«. Wie bei den
alten Germanen aufsereheliches Beilager und Ehebruch weniger
ftreng gefchieden waren als fpäter, [14]) fo nähert fich in fpäterer
Zeit das »zur Unehe fitzen«, der Concubinat, dem Ehebruch,
konnte auch gradezu zugleich Ehebruch fein, und geht dann
hierin auf. Basler Verordnung von 1448: » So ift ouch unfer
herren fürkommen, daz vil lutes unelich by einander fitzen, ouch
etlich man by eins andern elich wib, etlich frowen by einer andern
elichen manne fitzen, daz inen ganz unlidelich fin wil . darumb
wer damitte beladen ift und daran fchulde hat, fol gedenken fich

---

[10]) Ztfchr. für fchweiz. Recht IV. 109.
[11]) Jäger S. 338.
[12]) Segeffer II. 684.
[13]) Chronik von Zofingen II. 174. 177.
[14]) Wilda S. 810.

ze befsern und yeklichs das fin ze nemende und by dem liebe und leit ze habende und das frömde ze laffende.«

Oft ift hinzugefetzt »offenlich« zur Unehe fitzen, [15]) wodurch dann das öffentliche Aergernifs angedeutet ift, welches dadurch gegeben wird, worauf auch fpätere Reichsgefetze Gewicht legen.

Die Gefetze ordnen zunächft an, dafs darauf gehalten werde, die Unehe in eine Ehe zu verwandeln, fetzen fodann aber auch Bufsen feft. Basler G. O. 1534 § 28: »Weliche offenlich zu den uneeren fitzen, follen darzu gehalten werden, das fy einandern zu der ee nemen und zu kilchen füren in acht tagen . wo fy das nit tun wellen, follen fy uff das erft gebott zehen pfunt, uff das ander gebott zweinzig pfunt, und das dritt gebott lib und gut verfallen fin.« Dingrodel von St. Peter § 36 [16]): »Item wo zwei menfchen by einander fitzend und nit zu kilchen gangen find nach ordnunge der heiligen kilchen, dennen fol man driftund nacheinander gebieten den kilchgang zu tund, und fo dick das nit gehalten wird fol man innen die befsrung abnemen und fol innen der vogt darnach aus den gerichten bieten, und wurden fie dem aber ungehorfam, fo mag fie ein apt mit finem gewalt ftrafen und gehorfam machen nach finem willen und gefallen.« Der Kirchgang war wefentlich zur rechten Ehe, infofern daraus die Gemeinde erkennen follte, dafs die beiden Leute zur Ehe zufammen gekommen feien und nicht in der Unehe beifammen hauften. [17])

Die Statuten des Hochgerichts Ober-Vatz in Graubünden haben unter der Rubrik »Von den Ehe Völkern Kirchgang« § 59 die Beftimmung: »Es ift verordnet, dafs welcher Mann nachdeme er fein Eheweib heimführet und nicht alfobald in der Kirchen laffet einfegnen nach altem löblichen Catholifchen gebrauch, der folle ohne Gnad ein Pfund den. verfallen fein und dannoch verbunden zur Kirchen zu führen.«

In Zürich hatte einft der Concubinat fehr überhand genommen unter den Bürgern, auch den in Amt und Würde ftehenden; es wurde daher verordnet, [18]) dafs folche Bürger nicht zu Bürger-

---

[15]) Strafsburg 1322 § 34. 36. Bafel Rechtsq. I. S. 300.
[16]) Grimm, Wsth. I. 352.
[17]) R. A. aus der Schweiz No. XI. S. 81 Anm. 3.
[18]) Ztfchr. für fchweiz. Recht IV. 60.

meiftern, Räthen oder Zunftmeiftern, noch in den grofsen Rath
gewählt werden, und wenn fich dasfelbe folche Beamte zu Schulden kommen liefsen, fie ihrer Aemter entfetzt werden follten. [19])
Eine Art des aufserehelichen Beilagers ift nach dem augsburger Stadtrecht S. 41 eins der fchwerften Verbrechen: wenn
ein Jude bei einer Chriftin liegt, und man fie bei einander an der
Handgetat findet, fo foll man beide verbrennen; find fie nicht bei
der That gefunden, der Jude aber überführt wird, fo foll er des
Vogtes Huld gewinnen nach deffen Gnaden. Man fah in folchem
Beifchlaf das Unchriftliche, ähnlich wie in der Beftialität. Der
Schwfp. 268 W. 322 L. hat eine ähnliche Beftimmung [20]): »Unde
ift daz ein kriften man bi einer jüdinne lit, oder ein jude bi einer
krifteninne, diu fint beidiu des überhuores fchuldic; unde man fol
fie beidiu über einander legen, unde fol fie verbrennen. wann der
man hat kriften gelouben verlougent.« Uebrigens wurde in Augsburg 1590 ein Jude, der mit einer Chriftin Ehebruch getrieben
hatte, nur mit Ruthen ausgehauen. [21]) Die Strafe wurde überhaupt arbiträr; neben der körperlichen Züchtigung werden Ge-
fängnifs- und Geldftrafen für dergleichen Fälle erwähnt. In Zürich
war man fchon früh nicht gar ftreng gegen Juden, die fich in
der genannten Weife vergangen hatten. [22]) Eine Rathsfatzung
von 1323 lautete nach Ulrich: »Wann ein Jud Nachts bei einem
Chriften Weib ergriffen wird, foll er zehen Mark geben oder fo
lang im Thurm mit Waffer und Brod gefpiefen werden.« In
Wiederholungsfällen oder bei Fortfetzung des verbotenen Verhältniffes fchärfte man aber die Strafe, wie ein Fall von 1349
zeigt, der zugleich Auskunft darüber gibt, wie man gegen die
betreffende Chriftin verfuhr. Der Jude Möfli war fchon vom Rath
in Zürich gebüfst worden, weil er eine Frau in Mannskleidern
in das Acklis-Bad geführt [23]) und dort mit ihr gelebt hatte »als
es ihm dann fügt«. Als er deffen nicht viel achtete, ward er
wiederum gebüft und zwar um 600 Gulden, in den Thurm gelegt, von Stadt und Land verwiefen, und mufste über die Reufs

[19]) Strafsburg 1322 a. a. O. Segeffer II. 686.
[20]) vgl. Cod. Theod. III. 7. IX. 7, 5. — Grimm, Wsth. I. 533.
[21]) Stetten I. 715.
[22]) Ulrich, Sammlung jüdifcher Gefchichten (1768) S. 108 ff.
[23]) vgl. Schwfp. 214 W.: »Es fol dehein kriften mit deheinen juden baden.«

und Aare fchwören. [24]) Gegen das Chriftenmädchen wurde erkannt: »Man foll fie fetzen auf einen Karren und durch die Stadt
führen an alle Ort, da man den Ruf thut, auch ein Juden Hüetlein von Papier ihro auf das Haupt fetzen, und vor ihro durch
die Stadt mit zwei Schaarwacht-Hörnern blafen; darnach foll fie
ewiglich zwei Meilen von der Stadt fchweren, begreift man fie
innert dem Zihl, foll man fie blenden. — Ihre Mutter foll zwei
Meilen von der Stadt fchweren, thäte fie darwider, fo foll man
fie blenden, weil fie ihrer Tochter zu allem zugeluget, da fie mit
Möfli dem Juden zu fchaffen gehabt.« In einem anderen Falle
vom Jahr 1415, als eine chriftliche Zürcherin zwei Kinder von
einem Juden gehabt hatte, wurde auch der Götti des erften Kindes, der gewufst, dafs es ein Judenkind fei, mitgeftraft. Das
Urtheil lautete: »Seligmann müfste 20 Gulden Bufs geben . Elfin
Meyerin foll man auf einen Karren fetzen, ihre Arme blofs laffen,
ihre Haar zerthun, kein Tuch auf dem Haupt haben, ein Juden-
Hüetlein darauf fetzen, alfo durch die Stadt und dann zur Stadt
hinaus führen, und foll vier Meil wegs ewiglich über Rhein fchweren . Wichelmann (der Pathe) foll den Karren führen und auch
ein Juden-Hüetlein auf dem Haupt haben, und foll man vor ihm
mit Hornen blafen . Der Jud Seligmann foll noch über obiges ein
Urphed fchweren, zwei Meilen wegs von der Stadt Zürich zu gan.«
   Zu den fchwerften Fällen gehörte auch nach dem Schwfp. 267 W.
319 L., wenn eine freie Frau bei ihrem Knechte fchlief. »Unde
ift daz ein vriu vrowe iren eigen man zuo ir leit, man fol ihr ab
das houbet flahen, und fol den man verbrennen.« [25]) In den alamannifchen Rechten habe ich eine folche Androhung nicht gefunden.
Schwfp. 283 W. 349 L. vom Pfleger, der fein Mündel behurt,
ift Nachbildung von l. 1. C. *Si quis eam cujus tutor fuerit, corru-*
perit, aber mit deutfchrechtlicher Zugabe hinfichtlich der Beweis-
frage und auch Veränderung der Strafe.

2. Der Ehebruch.

§ 119. Die Wandelung des Begriffs des Ehebruchs durch die
chriftliche Kirche führte zur gleichen Beurtheilung beider Gefchlechter und wir finden die daraus hervorgehende Auffaffung

---

[24]) f. oben § 46 S. 100.
[25]) Grimm, R. A. 699. Wilda S. 504 Anm. 4.

des Ehebruchs durchaus in den alamannifchen Quellen des Mittelalters anerkannt und in ihnen vielfach die Grundfätze des canonifchen Rechts reproducirt.

Die Strafe der Enthauptung, welche Schwfp. 201 k. L. 172., 84 W.
dem Ehebrecher und der Ehebrecherin, dem Ueberhurer und der
Ueberhurerin, [26]) droht, ift mofaifches Recht (5 Buch Mof. 22, 22)
und keineswegs allgemeines Recht des Mittelalters geworden. Nur
für Ehebruch im Rückfall ift hie und da in den alamannifchen
Rechten Todesftrafe gedroht oder Strafe an Leib, Ehr und Gut.[27])
Gewöhnliche Folgen find Geldbufsen, Ehrenftrafen, Gefängnifsftrafe, Verweifung und Kirchenftrafen, für Beamte Entfetzung vom
Amte. [28]) Ein Bürgermeifter in Mühlhaufen mufste 1578 wegen
Ehebruch »das grüne Küffen zucken«, was wohl auf eine Kirchen-
ftrafe hinweif't, und wurde des Amtes entfetzt. [29])

So wie Steigerung und Schärfung der Strafen für Wiederholung und Fortfetzung des Ehebruchs eintrat, fo wird auch der
öffentliche Ehebruch hervorgehoben. [30])

Ueber das Recht, den Ehebrecher und die Ehebrecherin zu
tödten, f. oben § 94.

3. Die mehrfache Ehe.

§ 120. Das Verbrechen der mehrfachen Ehe ift eine Verletzung der Ehe, wie der Ehebruch, aber der Ehe als auf dem
Prinzip der Monogamie ruhend. Die weltlichen Strafen derfelben
find in den alamannifchen Rechten bedeutend höher als die des
Ehebruchs, felbft des öffentlichen. Nach der Hochgerichtsform
von Glarus und der Freien-Aemter [31]) follte, wer zwei Weiber

---

[26]) »Overhure« im Sfp. und Schwfp. ift erfchwerte Hurerei und eine folche
war der Ehebruch, aber das Wort bezeichnet nicht blofs den Ehebruch
f. Schwfp. 268 W. 322 L.

[27]) Appenzell 1585 § 119 ff. Chronik von Schaffhaufen a. 1609. Davos S. 32.
Klofters S. 21. Blumer II. 2, 31. f. oben § 83.

[28]) Bafel Rechtsq. I. No. 149 und S. 286. 516. Ztfchr. für fchwz. Recht IV. 116.
Züricher Verordnung von 1415 bei Bluntfchli I. 427. Uri 34. Neues Thalbuch von Engelberg § 29. Davos S. 32. 106. Jäger's Ulm S. 310.

[29]) Petri, Mühlhaufen S. 380.

[30]) Ztfchr. für fchweiz. Recht IV. 116. Bafel Rechtsq. I. S. 286. Fünf
Dörfer S. 25.

[31]) R. A. aus der Schweiz No. XVI. S. 20.

genommen, in zwei Stücke gefpalten werden und jede der Frauen
follte ein Stück bekommen; doch ift hinzugefügt, dafs diefes fchon
aufser Gebrauch gekommen fei und meiftens die Enthauptung ein-
träte. In Rapperfchwil wurde 1534 ein Hans Oerli von Herifau,
der zugleich vier Frauen hatte, enthauptet.³²) Häufiger fcheint
aber, wie anderswo, auch auf dem alamannifchen Gebiete das
Ertränken gewefen zu fein,³³) das in den genannten Hochgerichtsformen mit der Urtheilsformel eingeführt wird: »So urtheil ich
und dünkt mich Recht, dafs man diefe arme Perfon dem Scharfrichter folle überantworten in feine Hand und Gewalt mit Befehl,
dafs er ihm feine Händ auf den Ruggen binde und ihn als ein
Uebelthäter führen zu dem Waffer genannt N. N. und ihn alfo
mit gebundnen Händ und Füfsen in die tiefe Wag des Waffers
werfen, darum dafs er das heilige Sacrament nicht beffer betrachtet, fondern verachtet, und darin fein falfches und betriegliches
Herz ertränken und vom Leben zum Tod richten, damit er die
heiligen Sacramente nicht mehr entunehre, noch kein Menfch
nicht mehr betriege.«

Statt des Ertränkens wurde auch das gelindere Schwemmen
gebraucht³⁴) und überhaupt fah man die Todesftrafe bald nur als
das Aeufserfte an, das für die fchwerften Fälle eintreten konnte.
Der Rath von Zürich unterfagte im Anfange des fünfzehnten Jahrhunderts Doppelehen bei Strafe an Leib und Gut;³⁵) in Luzern
war im fünfzehnten Jahrhundert die Ausftellung im Halseifen,
Verluft der Ehre und Verbannung im Gebrauch;³⁶) dafs aber,
um die erfte Ehe als alleingültig wiederherzuftellen, nicht felten
Gnade eintrat, zeigt der oben § 86 S. 192 angeführte luzerner Fall.

Wenn die Todesftrafe nicht eintrat, fo war der Kirche ihr
Recht vorbehalten, fowol im Ordnen des ehelichen Verhältniffes
als im Auflegen canonifcher Strafen und Bufsen; daher finden wir
auch angegeben, dafs die Sache nach Conftanz verwiefen wurde.³⁷)

---

³²) Gonzenbach in Schletter's Annalen N. F. LXVII. 161.
³³) Blumer I. 407.
³⁴) Chronik von Schaffhaufen a. 1585.
³⁵) Bluntfchli I. 427.
³⁶) Segeffer II. 687.
³⁷) Segeffer II. 688.

4. Die Notzucht.

§ 121. So fehr auch die Angaben der Malefizfachen in den verfchiedenen Rechtsquellen variiren, fehlt darunter felten die Notzucht oder Notnunft.

Sehr ausführlich behandelt die Notnunft das augsburger Stadtrecht, auch in proceffualifcher Beziehung:

1) Was den Character des Verbrechens betrifft, fo kann es begangen werden »an Mägeden, an Wiben oder an varnden Wiben« (S. 54). Die Erwähnung der fahrenden Weiber findet fich in diefer Weife bekanntlich auch im Sfp. III. 46. § 1 und damit verwandten Rechtsbüchern, und daraus ergibt fich, dafs der Kern des Verbrechens gefehen wurde in der brutalen Gewalt des Mannes an dem fchwächeren Weibe, während die andere Auffaffung, welche die C. C. C. Art. 119 für das gemeine deutfche Strafrecht zur Geltung gebracht hat und die als eine veredelte genommen werden mufs, das Hauptgewicht legt auf das Unverleumdetfein der Bewältigten. ³⁸)

In einer fpäteren Abfchrift des augsburger Stadtrechts find an der betreffenden Stelle die fahrenden Weiber ausgelaffen ³⁹) und es mag dabei von Einflufs gewefen fein, dafs die fahrenden Weiber, deren Zahl, wie die der fahrenden Leute überhaupt im Mittelalter ungeheuer zunahm, in fittlicher Beziehung fanken und allmählig mit feilen Weibern identificirt werden konnten. Dafür fpricht die Vergleichung des erften Textes des augsburger Stadtrechts S. 115 und des Textes bei Walch Art. 356. An beiden Stellen ift zuerft gefagt, dafs, wenn eine Frauensperfon die Vaterfchaftsklage anftelle und der Beklagte die Vaterfchaft läugne, fie zu den Heiligen bereden könne, dafs das Kind fein fei. In der neuen Recenfion ift dann aber hinzugefetzt: »Hat aber ein fahrendes freülen, die allen leuten gemein ift, ein Kind und gibt das einem manne, laugent das der man, da mag fie nit um gefchweren, und ift ihr auch nichts fchuldig, wann fie ein gemein wip ift allen leuten.« Die ältere Recenfion nimmt hier alfo noch keine Claffification der Frauen vor, die jüngere fcheint fahrende Frauen und Huren zu identificiren.

³⁸) vgl. meine Abhandlungen aus dem deutfchen Strafrecht I. 129 ff.
³⁹) Walch Art. 112. Anm. p.

Das ſtraſsburger Statut 1249 § 5 hat auch bloſs »quicunque virginem vel mulierem violenter oppresserit«, das Stadtrecht von 1322 § 181 nimmt aber eine Sonderung vor wie das augsburger Stadtrecht Art. 356 (Walch). Es heiſst dort in der Beweisvorſchrift: »Diſs ſol man verſton von allen frowen one von böſen wiben, die in offen hurhuſen ſitzent oder zu velde gont offenliche.«

Im Schwabenſpiegel iſt es nicht ſo deutlich ausgeſprochen wie im Sachſenſpiegel und im augsburger Stadtrecht, daſs an fahrenden Weibern Notzucht begangen werden könne, indem dieſe nicht genannt ſind;[40]) allein im Art. 256 W. 311 L., der auch die »Amie« aufführt, wie der Sſp., ſind doch vielleicht in den Worten »ſwie boeſe ſie iſt« [d. i. wie gering[41])] die fahrenden Weiber inbegriffen. Der Schwſp. hat aber einen andern Standpunkt eingenommen als der Sſp. und das augsburger Stadtrecht durch die Sonderung der Weiber und Jungfrauen, inſofern darnach die Strafe verſchieden ſein ſoll: »Swer maget oder wip notzoget, ſwie boeſe ſie iſt, man ſol über ihn alſo richten. Iſt ſi ein maget, man ſol in lebendic begraben. Iſt ſi ein wip, man ſol in houbten.« Wenn alſo nach dem Schwſp. Notzucht begangen werden kann an Mädchen und Weibern, wie böſe ſie ſind, und an der Beiſchläferin, und dann erſt für die Capitalſtrafe ein Unterſchied eintritt nach jener Sonderung der Frauen und Jungfrauen, ſo iſt die Behauptung Hälſchner's, daſs, während der Sſp. nicht die weibliche Ehre, ſondern die perſönliche Freiheit als Object der widerrechtlichen Gewalt nehme, der Schwſp. die Rückſicht auf die weibliche Ehre kenne, doch bedenklich, inſofern eine verheiratete Frau ſo gut wie eine Jungfrau im Beſitz der weiblichen Ehre ſein kann und Jungfrauſchaft und weibliche Ehre nicht identiſch ſind; aber immerhin iſt zugegeben, daſs im Schwſp. die veredelte Auffaſſung ſchon halb zur Geltung gekommen iſt. Entſchiedener iſt dieſs der Fall in den altſchweizeriſchen Hochgerichtsformen, welche den Notzwang einer »unverleumdeten« Magd behandeln.

Der Schwſp. tritt mit dem Anſetzen einer ſchwereren Strafe

---

40) Die goslariſchen Statuten S. 42, 19 nennen auch die fahrenden Weiber nicht, ſondern nur die Beiſchläferin.

41) Müller, Wörterb. I. S. 224. Grimm, Wörterb. s. v. Homeyer, Stellung des Sſp. S. 89. ſ. aber auch die angeführte Stelle des ſtraſsburger Statuts 1322 § 181.

für die Notzüchtigung einer Jungfrau dem alamannifchen Volksrecht entgegen, infofern diefes (Kar. 58. Lantfr. 55) das »forni-
care cum muliere libera contra voluntatem ejus« doppelt fo hoch
anfchlägt, als wenn dasfelbe mit einer Jungfrau gefchieht, [42])
allein Hloth. 58 bei Merkél hat »cum voluntate ejus«, fo dafs
hier nicht von Notzucht die Rede wäre.

2) Das augsburger Stadtrecht S. 54. 67. fetzt auf Notzucht
überhaupt die Strafe des Lebendigbegrabens, das ulmer Stadtrecht 1296 § 34 ebenfalls, nur dafs hier ein Lebendigbegraben
mit Dornen und Pfählung vorgefchrieben ift, alfo die für Kinds-
mörderinnen nicht ungewöhnliche Strafe. [43]) Der § 34 lautet:
»Quid iuris super violenta obpressione virginum vel dominarum?
debet vivus sepeliri cum spinis et fuste transverberari.« [44])

Nur für die Notzucht an Jungfrauen droht der Schwfp. a. a. O.
das Lebendigbegraben, für Notzucht an einem Weibe die Enthauptung. Dagegen ift Art. 174 L. für beide Fälle nur die Enthauptung beftimmt, wie im Sfp. und in der Treuga Henrici 1230
§ 6. Der Strafencatalog des Art. 174 wurde zum Theil unverändert aus dem Sfp. II. 13 (Dtfchfp. 110) herübergenommen, und
nachher nicht, wie es hätte gefchehen follen, die Disharmonie
ausgeglichen. In dem Texte 149 W. ift diefs gefchehen, denn da
fteht nur: »oder der ein wip notzoget.«

Das ftrafsburger Stadtrecht 1322 § 180 beftimmt: »Wer ein
maget oder ein wip notzoget, wurt es geclaget und wurt der
ergriffen, der den notzoge geton hatt oder fine helffer, von den
fol Meifter und Rat richten nach recht. Werdent fie dann bef-
fernde den notzoge von den er geklaget ift, fo fol man fu pfelen.«
In den der züricher Blutgerichtsordnung beigegebenen Urtheilsformeln ift das Pfählen fo befchrieben: »Umb follichen notzog,
übel und mifstuon ift von dem genanten N. gericht, das Er dem
nachrichter befolchen werden, der Im fin hend binden und hinufs
zuo der waldftatt fueren, und Im dann fin fuefs ouch binden, und
In an den ruggen leggen, und einen eichinen pfal durch finen lib
fchlachen, und alfo gebunden, und an dem pfal laffen fterben und

---

[42]) vgl. Wilda S. 835.
[43]) f. oben § 99.
[44]) Jäger S. 172 hat die Stelle nicht verftanden, wenn er vom Geifseln mit
Dornen fpricht.

verderben, und fol damit der genampt N. dem gericht und Rechten gebueft haben.« [45])

In den altfchweizerifchen Hochgerichtsformen von Glarus, Schwyz und den Freien-Aemtern findet fich das Vergraben verbündet mit dem Pfählen, und zwar mit der auch fonft vorkommenden merkwürdigen Beftimmung, dafs die Genotzüchtigte felbft die erften drei Schläge thun könne. [46]) Das »Urthel wann einer ein Jungfrauw feltz oder diefelbige nothzwängt« lautet in der L. G. O. der Freien-Aemter [47]): »Den foll man als ein fchedlichen Uebelthäter ausführen auf die gewohnliche Richtftatt — und ihn allda lebendig und gebunden in ein offene Grube werfen und ein fpitzen Pfahl oder Stecken auf fein Bruft gegen feinen unkeufchen Herzen fetzen, daruff die beleidigte Perfon ohne Nachtheil und Schaden ihrer Ehren, wann fie will, mag fie die drei erften Streich nach allem ihrem Vermögen und Kräften thun, darnach folle der Scharfrichter denfelben Pfahl zu allem durch ihn fchlagen und treiben und alfo an das Erdenreich heften, vom Leben zum Tod richten, darnach fein Leib in der Gruben laffen liegen, mit Erden wohl bedecken und zufüllen, damit niemand mehr von ihm genothzwängt werde und männigklich ein Schrecken darab empfahe.« In der fchwyzer Hochgerichtsform ift der Fall, wo jemand »ein Weibsbild fo nit ein Magd mit Gewalt notzogt« nur mit Enthauptung bedroht.

Diefe fchweren Strafen des Nothzüchters find auch ausgeführt worden. [48]) Die Annales Colmarienses a. 1274 [49]) melden: »Juvenis quidam quia virginem vi cognovit, vivus sepelitur in Columbaria.« In Zürich wurde Ulrich Mofer, der fechs Mädchen von 4—9 Jahren gemifsbraucht hatte, am 17. Auguft 1465 hingerichtet. Man entkleidete ihn, legte ihn auf den Rücken, band ihn an vier in der Erde befeftigte Pfähle, fetzte einen Pfahl auf den Nabel, fchlug ihn durch den Leib in das Erdreich und liefs fo Mofern »verenden«. [50]) In Bafel wurde 1515 ein Gürtler aus Memmingen,

[45]) Schauberg's Ztfchr. I. 390.
[46]) Grimm in der Ztfchr. für deutfches Recht. V. 24. Tengler's Laienfp. III. umb Notzwang. Dreyer's Nebenftunden S. 182.
[47]) R. A. aus der Schweiz No. XVI. S. 21.
[48]) vgl. Gonzenbach in der Ztfchr. für deutfches Recht IX. 330 ff.
[49]) Böhmer, Fontes II. 8.
[50]) Meyer v. Knonau, Zürich II. 140.

der mit einem fünfjährigen Mädchen Unzucht getrieben hatte, mit dem Pfahl geftraft.[51]) Ein Urtheil aus St. Gallen vom Jahr 1543 ftimmt ganz mit der obigen Formel der L. G. O. der Freien-Aemter überein.[52])

Ein Rütteln an der althergebrachten Strenge zeigt fich fchon in einem basler Falle aus dem fechszehnten Jahrhundert.[53]) Ein über 60 Jahr alter Hinterfäfs, der fich mit einem noch nicht achtjährigen Mädchen »gemuthwilliget« und das Kind »verwüftet« hatte, wurde auf einen Karren gefetzt, mit glühenden Zangen gepfetzt, enthauptet und beim Galgen vergraben, worauf ihm ein Pfahl durch's Herz gefchlagen wurde. — Aber auch die Strafe des Ertränkens kam vor: fo in Schlettftadt fchon im Jahr 1301.[54]) In Augsburg wurde 1514 ein 72 jähriger Mann, der mehr als 14 junge Kinder ftuprirt hatte, felbft an geweihten Orten, nur enthauptet.[55])

3) Das augsburger Stadtrecht S. 54 läfst den Notzüchter lebendig begraben, wenn er an der Handgetat gefangen war; ift er entronnen, fo trat die Acht ein.[56]) Blofs den Fall der nicht handhaften That behandelt das ftrafsburger Statut von 1249 § 5.: »Item quicunque virginem vel mulierem violenter oppresserit, statim ipse et auxiliatores sui, si non deprehensi fuerint, exibunt civitatem per unum miliare, unum annum nullatenus intrantes civitatem, quousque laesae, civitati et judicio satisfecerint.« Hier ift die Rechtsfolge für die Helfer diefelbe wie für den Notzüchter. Die befonderen Beftimmungen über die Beftrafung derer, welche der Genotzüchtigten auf ihr Gefchrei nicht zu Hülfe eilten, auch der Thiere des Haufes, und über das Niederreifsen des Haufes, welche wir in anderen Quellen finden,[57]) kommen in den alamannifchen Rechten nicht vor, und wir dürfen wohl das, was der Schwfp. 209 W. 254 L. darüber enthält, für eine Nachbildung des fächfifchen Rechts anfehen. Auch die bekannten malerifchen Befchreibungen der Art und Weife, wie die Genotzüchtigte die ihr

[51]) Ochs V. 380.
[52]) Arx, St. Gallen III. 285.
[53]) Ochs VI. 487.
[54]) Böhmer, Fontes II. 89. f. auch Kaifer, Liechtenftein S. 345.
[55]) Gaffarus s. a. — Eine finguläre Beftrafung eines bei der Notzucht ergriffenen Geiftlichen im Jahr 1297 aus dem Elfafs erwähnt Hüllmann IV. 262.
[56]) f. auch den Fall von 1474 bei Segeffer II. 648. Anm. 3.
[57]) Ztfchr. für deutfches Recht XVIII. 97 ff.

angethane Gewalt und Schmach zum Beweife der That verkünden foll,[58]) habe ich im Bereiche der alamannifchen Rechte nicht gefunden. Dagegen kommt in dem erwähnten luzerner Fall von 1474 fchon eine Augenfcheineinnahme vor, durch welche die Spuren der That erwiefen wurden.

5. Die Blutfchande.

§ 122. Wie diefes Verbrechen feine Bafis hat in den kirchlichen Eheverboten wegen Verwandtfchaft und deshalb in allen irgendwie zweifelhaften Fällen die Entfcheidung, ob es vorhanden fei, der Geiftlichkeit zufiel, fo war auch die Beftrafung überwiegend eine kirchliche. In einem luzerner Falle vom Jahr 1474 geftand ein Mann von Weggis, der angeklagt war, mit feiner Stieftochter, die minderjährig fei, ein Kind gezeugt zu haben, die Erzeugung des Kindes ein, erklärte jedoch, er habe es gebeichtet und gebüfst; die Tochter fei aber 15 Jahre alt gewefen, als es gefchehen.[59])

Wie aus dem römifchen und mofaifchen Recht die canonifchen Beftimmungen der Ehehinderniffe wegen Verwandtfchaft und der daraus refultirende Begriff und Umfang des Incefts hervorgingen und wie die weltlichen Gefetze diefes herübernahmen, ift von Merkel ad l. Alam. Hloth. XXXIX. forgfältig nachgewiefen. Dafs fehr oft die geiftliche Verwandtfchaft überfehen wurde, wovon der naturalis pudor noch weniger abmahnte als von der Vereinigung mit entfernteren Seitenverwandten, zeigen mehrere der von Segeffer berichteten luzerner Fälle. Aus diefen Fällen erkennen wir zugleich, wie fich an die kirchliche Büfsung vornemlich auf Befchämung und Befchimpfung abzielende weltliche Strafen anfchloffen. Ein Mann hatte (1422) mit zwei Schweftern zu thun gehabt und eine derfelben, die feine Gotte (Pathe) war, bekam von ihm ein Kind. Deshalb wurde er in den Thurm gefetzt; darauf mufste er fchwören, nach Conftanz zu gehen und die Sünde zu beichten und zu büfsen; weiter follte er an einem Dinftag auf dem Fifchmarkt auf eine Leiter geftellt und ihm eine Tafel angehängt werden, worauf gefchrieben ftehe, was er gethan habe; zudem follte er vier Jahr aus der Stadt Luzern und deren Aemtern entfernt fein.— Mild, aber fcheinbar praktifch, verfuhr man

[58]) Grimm, R. A. 633.
[59]) Segeffer II. 685. Anm. 3.

in Zürich im fünfzehnten Jahrhundert, als ein Mann von Rüfchlikon, am linken Seeufer, mit feiner Tochter zwei Kinder gezeugt hatte: er mufste fchwören, nur das linke Seeufer und die mindere Stadt Zürich, fie, blofs das rechte Ufer und die gröfsere Stadt zu betreten. [60])

In fchwereren Fällen trat jedoch auch Todesftrafe ein. Landammann Amberg in Schwyz fprach 1540 felbft das Tŏdesurtheil über feinen Sohn wegen diefes Verbrechens aus, [61]) und 1638 wurde dort ein Mann aus dem Schwarzwalde wegen Incefts mit feiner Schwefter enthauptet; noch fpätere Fälle der Art, aus den Jahren 1736 und 1793, führt Blumer an.

6. Die unnatürliche Unzucht.

§ 123. Die unnatürliche Wolluftbefriedigung, fowol die Beftialität als die Unzucht, welche zwei Perfonen männlichen Gefchlechts mit einander trieben, ift fehr gewöhnlich als »Ketzerei« und '»Unchriftliches« bezeichnet. [62]) Landbuch von Uri § 32 »Ketzerei es fei in Glaubensfachen oder fleifchlichen Sünden«. Wie das Verbrechen eins der fchwerften war, fo auch der Vorwurf desfelben eine der gröfsten Ehrverletzungen. [63])

Die C. C. C. Art. 116 bezeichnet die Strafe »der Unkeufch, fo wider die Natur befchicht«, das Lebendigverbrennen, als gemeine Gewohnheit und das beftätigen die alamannifchen Rechte. Der Scheiterhaufen ift der Ketzerei beiderlei Art gedroht und diefe Strafe auch oft ausgeführt worden an folchen, die widernatürliche Unzucht, namentlich Beftialität, getrieben hatten.

1) Eine der züricher Blutgerichtsordnung angehängte Formel lautet: »Umb follich ketzery gros übel und mifsthuon ift von dem genannten N. gericht, das er dem nachrichter befolchen werden, der im fin hend binden und in hinus an die fyl, uff das gryen fueren und in dafelbs uff ein hurd fetzen, und an ein ftud binden, und in uff der hurd und an der ftud brennen, das fin fleifch und gebein zuo efchen werde etc.« [64]) Schauberg, fich auf das

[60]) Meyer v. Knonau II. 141.
[61]) Fafsbind, Gefch. des Kantons Schwyz IV. 362. Blumer II. 2, 32.
[62]) Augsburg S. 75 vgl. mit S. 65. Schwfp. 174 L.— Segeffer II. 648. IV. 205.
[63]) f. oben § 108 S. 248.
[64]) Schauberg, Ztfchr. I. 390. Fälle aus der erften Hälfte des fechs-

züricher Richtbuch beziehend, fagt, es pflegten der Verbrecher und das Thier zufammengebunden hinausgeführt und beide verbrannt zu werden. Das Thier wurde mit verbrannt nach III. Buch Mof. 20, 16; Causa XI. qu. 1. c. 4. Noch 1674 ift im Thurgau einer wegen Beftialität verbrannt worden. [65]) Oft wurde der Thäter aus Gnaden enthauptet und dann der Leichnam verbrannt oder er wurde nur enthauptet. [66])

2) Einen Päderaften liefs der Rath von Augsburg 1409 verbrennen und vier desfelben Verbrechens fchuldige Geiftliche in einem hölzernen Käfich am Perlach-Thurm aufhängen und dort verhungern; 1532 wurde ebenda ein Badftüber wegen Päderaftie lebendig verbrannt, nach den Berichten von Gaffarus. Ein berühmter Fall, der auch feine politifche Seite hat, ift der des Ritters Richard von Hohenburg. [67]) Diefer hätte feiner geheimen Sünden wegen Strafsburg verlaffen müffen und nur durch ein fchriftliches Verfprechen, feine übrige Lebenszeit als Büfsender zuzubringen, war er der fchweren gefetzlichen Strafe entgangen. Er begab fich nach Zürich, wo er fich das Bürgerrecht oder doch die Freundfchaft des mächtigen Bürgermeifters Waldmann zu erwerben wufste und in Folge davon entftanden fehr verdriefsliche Händel zwifchen Zürich und Strafsburg. Die Züricher verlangten, dafs dem Hohenburg der Eintritt in Strafsburg geftattet werde, was aber die Strafsburger unter Anführung des Grundes feiner Entfernung ablehnten, und als die Züricher ihr Begehren wiederholten, wurde ihnen von Strafsburg der eigenhändige Brief des Junkers überfandt, in welchem er gelobt hatte, Strafsburg nicht mehr zu betreten. Der Ritter läugnete aber vor dem züricher Rath, je einen folchen Brief von fich gegeben zu haben. Als nun um Oftern 1481 zwei angefehene Gutsbefitzer aus dem Elfafs von einer Wallfahrt nach Einfiedeln nach Zürich kamen, liefs fie der dortige Rath gefangen fetzen, weil man fie für Bürger von Strafs-

zehnten Jahrhunderts f. bei Ochs, Bafel V. 380 und Wegelin, Toggenburg II. 144.

[65]) Pupikofer, Canton Thurgau S. 203.

[66]) Chronik von Schaffhaufen a. 1548. 1659. 1683. 1732. Rüfch, Canton Appenzell S. 165. Blumer II. 2, 33.

[67]) Stettler's Chron. a. 1482. Strobel's Elfafs III. 383. J. von Müller V. c. 3.

burg hielt, was wenigftens einer derfelben in Wirklichkeit nicht
war. Es folgten nun langwierige Streitigkeiten und Zürich nahm
die Sache fogar als einen casus belli, aber die Eidgenoffen, welche
Zürich zu einem Kriegszuge gegen Strafsburg aufbot, wollten darauf nicht eingehen, weil Strafsburg fich erboten habe, auf dem
Wege Rechtens die Sache zu erledigen. Endlich kam es nach
mehreren Tagfatzungen und Verhandlungen dahin, dafs der Stadt
Strafsburg auferlegt wurde, den Zürichern mit 8000 Gulden die
grofsen Koften zu vergüten, die fie in diefem Handel.gehabt hätten;
Zürich verfprach, den Ritter Hohenburg in gerichtliche Unterfuchung zu nehmen. Waldmann zog feine Hand von dem Ritter
zurück. Den Ausgang meldet Anshelm [68]): »Sonntag nach dem
Vertrag dis Spans (24. Sept. 1482) ward der läfterlich Sächer
der von Hochenburg, mit finer in Siden und Silber ufgemutzten
Buhlfchaft, nemlich Antoni Schärer, finem Knecht, von finem
Schirmherren von Zürich, mit rechtlich erkanter Urthel, als fodo-
mitifcher Ketzer, Mörder und Sigelfelfcher ins Für verdampt und
zu Afche gebrennt.« Der Schärer wird als ein fchöner Jüngling
gefchildert, der die Laute fchlug und mit goldverbrämtem Hemde
einherging. Dem Ritter wurde zur Befchleunigung des Todes ein
Säckchen mit Pulver um den Hals gebunden und fobald die anwefenden ftrafsburgifchen Gefandten den Knall des losbrennenden
Pulvers hörten, gaben fie ihren Pferden die Sporen, um fchnell
die Nachricht von der Beendigung des verdriefslichen Handels nach
Haufe zu bringen.

Die Chronik von Schaffhaufen meldet, dafs dort 1671 ein Mann,
der vor vielen Jahren einmal Päderaftie getrieben hatte, mit dem
Schwert hingerichtet wurde.

7. Die Entführung.

§ 124. Obgleich die Entführungen von Frauen und die damit
verbundenen Abenteuer ein wefentliches Stück des romantifchen
Mittelalters bilden, enthalten doch die Rechte jener Zeit darüber
verhältnifsmäfsig wenige Beftimmungen. Die dadurch Verletzten
pflegten wohl dergleichen nicht in den Kreis der Gerichte zu
bringen, fondern fuchten ihr Recht in ritterlicher Weife, die es

---

[68]) Berner Chronik I. 303.

verfchmähte zu klagen, oder die Sache wurde als Angelegenheit der beiderfeitigen Familien erledigt.

Wo die alamannifchen Rechte über Entführung beftimmen, tritt diefelbe deutlich als Eingriff in die Mundfchaft auf und der Gegenfatz der Entführung zu dem früheren rechtmäfsigen Frauenkauf fchimmert noch durch.

Eine fchwyzer Verordnung vom 26. Februar 1396 [69]) gibt den Charaćter der Entführung an mit den Worten: »Were das ieman dem andren fine vogtkint entforte in Clöfter ald zu der heiligen E« und als Activ-Subjecte find Männer und Frauen genannt. Der Thäter foll dem Kinde oder feinen Freunden allen Schaden erfetzen und 15 Pfund zur Einung geben; hat er kein Gut zur Erftattung des Schadens, fo foll man ihn verfchreien und verrufen für einen rechten Strafsenräuber. Ift der Vogt (Mundwald) des Kindes Mitfchuldiger geworden, indem er ohne der nächften und der ehrbarften Freunde Rath und Wiffen und Willen einwilligte und Gut nahm von der Ehe wegen, fo foll er in denfelben Schulden fein als der Entführer.

Die Offnung von Burgau [70]) verbietet bei 10 Pfund Pf., jemandem fein Eheweib hinweg zu führen und diefelbe Bufse foll gezahlt werden, wenn ein Ehemann einem Anderen feine Tochter über deffen Willen hinwegführte. Es ift hier im hofrechtlichen Verhältniffe blofs die Bufse beftimmt, welche an den Herrn und Vogt von Burgau zu zahlen war.

Das freiburger Stadtrecht p. XCVI. 2 behandelt die Entführung criminell: »Welcher einem andern fin Eewyb oder Döchtern, die erbers wefens und ftands find, betrüglich mitfampt irem guot us unfer Statt, wider wiffen und willen des eemans oder der eltern hinwegfürt und entfrombdt, der fol mit dem fchwert vom leben zum tod gericht werden.« Wenn wir diefen Artikel wie ein neues Strafgefetz interpretiren, fo würde es ein Mangel am Thatbeftande fein, wenn die Entführung der Perfon ohne Mitnahme des Guts derfelben gefchähe.

[69]) Landbuch S. 274.
[70]) Grimm, Wsth. I. 202.

8. Die Kuppelei.

§ 125. Es kommen zwar, neben polizeilichen Anordnungen über Hurenwirthfchaft,[71]) Beftimmungen und Bufsfatzungen für Kuppelei im gewöhnlichften Sinn des Worts in den alamannifchen Rechten vor, in Bafel ift folche Kuppelei fogar mit Ertränken bedroht,[72]) aber häufiger ift Kuppelei in dem Sinne genommen, dafs fie' fich an die Entführung anlehnt und kaum davon zu trennen ift, als Eingriff in die Mundfchaft oder Eheberedung Unmündiger wider Willen und Wiffen der Eltern, Vormünder und der nächften Freundfchaft.[73])

Das Rechtsbuch von Memmingen S. 301 beftimmt unter der Rubrik »Umb ain E an ze fprechen«, dafs, ob jemand eines Bürgers Tochter um die Ehe anfpräche, die unter 15 Jahren wäre und das gefchehen wäre ohne ihres Vaters, ihrer Mutter und ihrer fonftigen Freunde Willen und Wiffen, wer der wäre, der das thäte, er behalte (behabe) fie zur Ehe oder nicht, derfelbe zehn Pfund Pfenninge verfallen fei oder eine Hand, wenn er die Pfenninge nicht habe, und fünf Jahre die Stadt räumen müffe; dazu folle die Tochter enterbt fein alles 'des Gutes, das fie von Vater und Mutter erwarte. Ganz dasfelbe foll gelten, wenn eine Frau eines Bürgers minderjährigen Sohn anfpräche. Aehnlich Zofingen: »Wer auch dem andern fein chind anfpricht zu der ee das zu feinen tagen nicht komen ift, daz fol er peffern mit zehen pfunden, und fol Jar und Tag von der Stat fin.« Nach dem Entwurf des frei-burger Stadtrechts 1275[74]) foll der, welcher eines Bürgers Tochter, die unter 14 Jahren ift, zu der Ehe nimmt ohne ihres Vaters Willen oder, wenn der Vater todt ift, ohne den Willen der Mutter, nimmer Recht zu Freiburg gewinnen.

Unzählige Stellen der fchweizerifchen Rechte verbreiten fich über diefen Gegenftand,[75]) z. B. von den ungedruckten die Statuten

---

[71]) Bafel Rechtsq. I. No. 36. Jäger's Ulm S. 546 ff.
[72]) Bafel Rechtsq. I. S. 139. — Schauberg, Ztfchr. II. S. 83. Freiburg 1520 p. XCV. 2.
[73]) Blumer I. 416.
[74]) Schreiber, Urk. 1. 80.
[75]) Glarner Landesfatzungen 1387 § 12 (Blumer I. 561). Landbuch von Glarus 47. 198. Luzern 41. 177. Segeffer II. 433. 438. Zug 1432 § 56. Züricher.

der Gemeinden Fürftenau und Ortenftein: »Welcher zwo junge
Perfonen zufammen kuplet oder zufammen gäbe, ohne ihrer Eltern
oder fo diefelben nit wären, der nächften Freunden Wiffen und
zugegebnen Willen, der foll von Ehren gefetzt werden und dar-
neben 30 Pfund den. Buofs ohne Gnad verfallen fein.« Das Landbuch von Churwalden § 63 fetzt als Bufse 20 Pfund, wovon
10 Pfund der Freundfchaft, 10 Pfund dem Lande oder Gericht
zukommen, und fügt hinzu, dafs eine folche Verbindung aufgehoben werden und keine Ehe fein foll.

Die in den verfchiedenen Satzungen · enthaltene verfchiedene
Jahresbeftimmung hat theilweife darin ihren Grund, dafs an
einigen Stellen das Alter der Mündigkeit oder Volljährigkeit überhaupt als entfcheidend, meiftens aber ein befonderer Termin für
die Ehemündigkeit angenommen ift, aber mit bedeutenden Variationen. [76]) Das Landbuch von Glarus § 47 hat 12 Jahr für Mädchen, 14 für Knaben, ebenfo das Stadtbuch von Weefen 1564
§ 112, [77]) wie der Schwfp. 48 W. 55 L.; das Landbuch von Schwyz
hat 14 und 16, wie das von Churwalden; das Stadtrecht von
Luzern 15 und 18; Nidwalden für beide Gefchlechter das zwölfte
Jahr; Glarus § 198, das frühere Recht abändernd, das vierzehnte Jahr.

Bei dem am häufigften vorkommenden zwölften Jahr ift nicht
unberückfichtigt zu laffen, dafs Verlöbniffe und auch Ehen junger
Menfchen im Mittelalter fehr früh gefchloffen wurden, nicht blofs
in den Fürftengefchlechtern. [78])

Sehr ftreng verfährt das ftrafsburger Stadtrecht von 1322
§ 167. 168 gegen »Knechte und Dienftjungfrauen, die ihren Herrfchaften ihre Kinder verkuppeln«, fich felbft oder anderen Leuten,
zur Ehe oder zur Unehe, ohne der nächften Freunde Wiffen und
Willen, die Kinder feien zu ihren Tagen gekommen oder nicht.
Thäte es ein Knecht, den foll man ertränken, thäte es die Dienftmagd, der foll man die Augen ausftecheu, und folche Perfonen

---

Verordnung von 1435 (Ztfchr. für fchweiz. Recht IV. 57). Bluntfchli I. 426. —
Uri 37. Schwyz S. 48. Kothing, Rechtsq. S. 32. 51. 69. 175. Nidwalden 24.
25. 130. Gefchichtsfreund IX. 108. 121. Obwalden 138.

[76]) vgl. Jäger's Ulm S. 337.

[77]) Bluntfchli a. a. O.

[78]) Stälin II. 782. Gefchichtsfreund X. 233. 238.

follen nie mehr nach Strafsburg kommen. Wenn ein dienender
Knecht feines Dienftherrn eheliches Weib befchläft, oder ob ein
folcher Knecht oder eine Dienftmagd eine folche Ehefrau jemandem
verkuppeln, denen foll man ihre zwei rechten Finger abhauen
und das Bisthum ewiglich verbieten.

G. Verbrechen gegen das Eigenthum.

1. Diebftahl.

a. Begriff desfelben.

§ 126. Wilda fchickt dem Abfchnitt über den Diebftahl
Bemerkungen voraus, die auch für die fpätere Zeit des deutfchen
Mittelalters vollkommen gültig find. Er hebt hervor, wie die
niedrige Gefinnung, die man in dem heimlichen Thun des Diebes
erkannte, das Verbrechen zu einer befonders gehäffigen Miffethat
machte, was zunächft dem Raube gegenüber galt; wie es ferner
Einflufs übte auf die grofse Strenge fowol in dem rechtlichen Verfahren als in der Beftrafung der Diebe, dafs diefe meiftens geringere Perfonen, Unfreie und Heimatlofe waren. Die Bezeichnungen:
übelthätige, miffethätige, unfertige, fchädliche Leute [1] umfaffen
ftets auch die Diebe, und fignalifiren oft grade diefe vorzugsweife.
Wilda fagt ferner fehr richtig, dafs der Diebftahl unter den
Verbrechen gegen das Eigenthum die erfte Stelle einnehme, und
dafs fich alle übrigen hieher gehörigen Miffethaten nur im Hin-
blick auf denfelben und gleichfam vergleichungsweife darftellen
laffen. Die verfchiedenen Delicte diefer Gattung rücken mehr
oder weniger an den Diebftahl heran. Die Nähe wird oft dadurch
kenntlich, dafs das Handeln, welches zwar nicht Diebftahl ift, mit
der Strafe desfelben bedroht wird, oder als Diebftahl genommen werden foll. Analogie und auch Präfumtion find hier ftark
in Anwendung gebracht. Wenn der, bei dem eine geftohlne Sache
gefunden wurde, behauptet, diefelbe von einer ihm bekannten
Perfon gekauft zu haben, fo foll er diefe 14 Tage durch das Land
fuchen; findet er fie nicht und mag fo keinen Gewährsmann haben,
fo foll er nach dem freiburger Stiftungsbriefe § 28 [2] (Colmar § 23)

---

[1] f. oben § 90.
[2] vgl. Schreiber, Urk. I. 78.

die Strafe des Diebes leiden. Mehrere Fälle der Art führt das luzerner Stadtrecht auf; § 43: »-wer hinfür fo die lüt in tods nöten ligent oder fterben, jemand hilft gut oder gelt ustragen oder entflöcken in dehein wife ane der rechten erben wüfsen old willen, das fol und wil man für ein diebftal haben und halten und ouch demnach richten«; § 44: »wer eins erben anfpricht umb geltfchuld und fich aber vindet, das im der todt nüt fchuldig ift, dem fol man fo vil als er anfpricht, abnemen und in dafür halten, als ob er das verftolen hette.« [3]

Nicht felten find Betrugs- und Fälfchungsfälle als Diebftahl genommen. Freiburg 1120 § 38: »qui minorem vel majorem habuerit furtum perpetravit, si vendit aut emit per ipsam mensuram.« Freiburg im Uechtland § 85: »Quicunque tabernarius vinum limphaverit, aut aliquo modo falsificaverit, pro latrone habetur.« [4]

Bisweilen ift auch eine Sache als dieblich und verftohlen bezeichnet wegen der civilrechtlichen Rückfichten, ohne dafs das Handeln Diebftahl genannt werden konnte. [5]

Je gröfser die Zahl der dem Diebftahl verwandten Verbrechen wider das Eigenthum und je geringer die Entfernung mancher derfelben von dem Kreife des Diebftahls ift, um fo nothwendiger mufs es fein, das Centrum und die Peripherie diefes Kreifes genau anzugeben. Wir können zu diefem Zweck die Definition Köftlin's acceptiren, die fo lautet: »Diebftahl ift die bewufst-widerrechtliche heimliche Entziehung einer fremden beweglichen Sache aus fremdem Befitz in der Abficht fich die Sache zuzueignen.« Diefe Begriffsbeftimmung bewährt fich, wenn wir auf Grund der alamannifchen Rechtsquellen die einzelnen Merkmale ins Auge faffen:

I. Die Befchaffenheit der Sache.

1) Die Sache ift Vermögensobject. Das zeigt fich bei der auf Werthbeftimmung ruhenden Eintheilung des grofsen und kleinen Diebftahls. Wenn diefe Eintheilung in altgermanifcher Zeit nach Thiergattungen gemacht war, [6] fo fteht vielleicht damit

---

[3] f. auch ebenda § 151. 182. Uri § 38. 82.
[4] f. auch Bern 1218 § 19. Köftlin, der Diebftahl nach dem deutfch. Rechte vor der Karolina in der (münchener) krit. Ueberfchau III. S. 346. f. unten § 140.
[5] Grimm, Wsth. I. 339. Reyfcher, Stat. S. 40.
[6] Köftlin, Ueberfchau III. S. 176.

noch in Verbindung, dafs in der Offnung von Weinfelden (1474) § 12 [7]) der Fall, wo jemand dem Andern ohne deffen Willen feine Hühner oder Gänfe nimmt, neben dem Feldfrevel als ein bufswürdiger Frevel, aber nicht als Diebftahl erfcheint. Bei der Schätzung des Vermögens kamen Hühner und Gänfe nicht eben in Betracht.

2) Die Sache ift eine b e w e g l i c h e. Anmafsung unbeweglicher Sachen kann in's Strafrechtsgebiet fallen, [8]) ift aber nicht Diebftahl.

3) Die Sache war eine f r e m d e, d. h. im Vermögen eines Andern, nicht blofs aufser dem Vermögen deffen, der fie nimmt. An einer herrenlofen Sache wird daher kein Diebftahl begangen, denn es wird in keine fremde Vermögensfphäre eingegriffen; aber ebenfowenig ift es Diebftahl, wenn einer feine ihm abgepfändete Sache eigenmächtig wieder an fich nimmt oder den Realarreft bricht. [9]) Augsburg 1276 S. 115: »Ift daz einem man ein phant gefezet wirt . tregt im daz iemen uz fräfellichen oder mit gewalte . mag er daz hinz im bringen felbe dritte ob er fin laugent . dem fol der vogt alfo rihten daz man ieme fin phant wider gebe . unde ift dem vogte eins phundes fchuldic umbe die fräfel.« [10]) Basler Verordnung von 1399: » wirt hinder jemand ützit verbotten mit gerichte, was der des über das gebote und e es entflagen wirt von handen und üfser finem gewalte lafset komen und git, das fol er bezalen und abtragen dem, von des wegen das gebotte befchehen ift, und dem gerichte verbeffern nach dés erkantnüffe, umb das er das gebotte überfarn hat.« [11])

4) Die Sache war im fremden B e f i t z; [12]) daher fondert fich der bisweilen mit fchwerer Strafe, [13]) häufiger mit Bufse für den verletzten Wildbann [14]) bedrohte J a g d f r e v e l vom Diebftahl, [15])

[7]) Ztfchr. für fchweiz. Recht I. 97.

[8]) f. unten § 132.

[9]) Köftlin's Abhandlungen S. 219.

[10]) Grimm, Wsth. I. 334. 338. 355. 367.

[11]) Bafel Rechtsq. I. S. 60. Grimm, Wsth. I. 208. 216. 221. 230. 237. Schauberg's Ztfchr. II. 66.

[12]) Köftlin, Ueberfchau III. 154 ff.

[13]) Schöpflin, Als. dipl. II. No. 1364 (Abhauen des Daumens).

[14]) Grimm, Wsth. I. 156. 201.

[15]) Schwfp. 197. W. 236 L. (Sfp. II. 61 § 1. Dtfchfp. 177.) — M e r k e l, de rep. Alam. p. 76 not. 16.

und ebenfalls das unberechtigte F i f c h e n. [16]) Bisweilen find die
Gewäffer eines Bezirks als gemeine Allmend bezeichnet, fo dafs
nur ein Fremder für das Fifchen darin gerügt wird. [17])

Das augsburger Stadtrecht 1276 S. 101 (W a l c h Art.
284) hat über das Fifchen die Beftimmung, dafs, wenn ein Mann in fremden
Waffern fifcht, die b ä n n i g find, es feien Weiher oder rinnende
Waffer, die Hand verlieren foll. In den Schwfp. 169 W. 196 L.
ift mittelft einer auf Mifsverftändnifs beruhenden Metamorphofe
eine feine Unterfcheidung des Sfp. II. 28 in veränderter Geftalt
übergegangen. Der Sfp. fagt: »Sve fo — vifchet in enes anderen
mannes watere an wilder wage, [18]) fin wandel dat fint dre fchillinge; den fcaden gilt he uppe recht. Vifchet fe in diken die
gegraven fin — he mut drittich fchillinge geven.« Der oberdeutfche
Verfaffer des Deutfchfpiegels verftand trotz des deutlichen Zufatzes
»die gegraven fin« das Wort »diken« nicht, fondern producirte
den Satz (Art. 136): »Vifchet er d i k e in dem wazzer — er muz
dreizzich fchilling geben oder haut und har.« Die Wiederholung
ift nun im Schwfp. genauer beftimmt: »Der — vifchet in eines
andern mannes wazer: der fol dri fchillinge geben . unde tuot ers
mer denne d r i f t u n t — man fol im hut unde har ab flahen, oder
er loefe ez mit drizic fchillingen.« [19])

Das augsburger Stadtrecht fteht hiernach dem Sfp. näher in
diefem Punkte als dem Schwfp., aber der fchwerere Fall des
Fifchens, der fich durch das, was ihn von dem leichteren Falle
unterfcheidet, mehr dem Diebftahl nähert, als es durch die Wiederholung gefchieht, auf wefche im Dtfchfp. und Schwfp. das Gewicht
gelegt ift, ift doch weder im augsburger Stadtrecht noch im Sfp.
als Diebftahl hingeftellt, während die eventuell gedrohte Strafe
an Haut und Haar im Dtfchfp. und Schwfp. fchon mehr zum Diebftahl hinführt.

Auch das ftrafsburger Statut 1249 § 9 enthält eine hieher
gehörige Beftimmung: » Item quicunque pisces, vasa vel ligna
acceperit violenter, manebit extra civitatem per mensem unum
usque ad condignam satisfactionem.« Nach der Zufammenftellung

---

[16]) G r i m m, Wsth. I. 156. 383.

[17]) G r i m m, Wsth. I. 393.

[18]) E i c h h o r n II. § 362 Anm. o.

[19]) vgl. H o m e y e r, die Genealogie der Handfchriften des Sfp. S. 109 Anm. 2.

ift es wohl klar, dafs hier nicht an ein unberechtigtes Fifchen
gedacht ift, fondern ein Nehmen von Fifchen aus Behältern u. dgl.
Noch deutlicher ift diefs in der deutfchen Ueberfetzung angezeigt:
»Swer aber dem anderen fin vifche, fin vaz oder fin holtz frevelichen nimt« etc. Aber als Diebftahl ift felbft diefer Fall nicht
bezeichnet.

Das Gras in feiner natürlichen Verbindung mit dem Boden,
das Korn und andere Feldfrüchte, die nicht gemäht oder abge-
nommen find, das Obft auf dem Baume find nicht im Befitz;
wer daher in unberechtigter Weife an folchen Gegenftänden fich
vergriff, beging einen Frevel, aber keinen Diebftahl. [20]) So lange
die Verbindung diefer Gegenftände mit dem Boden und mit dem
im Boden wurzelnden Baume dauerte, wurden fie auch nicht als
bewegliche Sachen angefehen, fo dafs hier zwei Requifite des
Diebftahls als fehlend in Verbindung treten.

Das Abhauen eines Baumes von einem dazu Unberechtigten
war Holzfrevel, aber nicht Diebftahl; [21]) das Nehmen gehauenen
Holzes, wie des gemähten Grafes war Diebftahl. Hofartikelbuch
von Wollerau 1622 Art. 50 [22]): »Item fo foll keiner dem Anderen
fifs Holtz, fo er uff gemachet hat, vorhin ob es verjaret ift oder
wirt, mit gefehrter wifs hinweg füehren noch nähmen oder ftählen
bei obgemelter Buofs — und fo einer zue eim folchen dieb feite oder
zue einem dieben fchulte, fo fol ers liden etc.« Bei den Allmend-
verhältniffen mufste aber die Befitzergreifung noch in anderer
Weife conftatirt werden als durch das Fällen des Baums; der ge-
hauene Baum mufste gezeichnet werden. In der March konnte jeder
Infaffe befcheidenlich Brenn- und Bauholz auf der Allmend hauen;
wollte er aber das Holz, welches er vorläufig im Walde liegen
liefs, fich fichern, fo mufste er fein Zeichen darauf fetzen. »Item
ouch wer danhy Holtz howt innert den egen, da foll ein eitlicher
fin zeichen uff fchlachen by fim eid, und wenn er es uff machet,
fo foll er ein eitlich ftuck zeichnen by fim eid und wenn einer
fund ungezeichnet holtz, das danny wer, das mag ein eitlich lantmann nemen und niemant nüt darum zu antwurten han.« [23])

[20]) R. A. aus der Schweiz No. X. f. unten § 135.
[21]) f. unten § 136.
[22]) Kothing, Rechtsq. S. 311. Schwfp. 170 W. 197 L. Sfp. II. 28.
[23]) Altes Landbuch der March Art. 43. 50.

II. Das Handeln.

Da der Gegenftand eine bewegliche Sache ift, fo ift zum Verbrechen erforderlich, dafs diefelbe in Bewegung gebracht werde, was hier regelmäfsig durch ein W e g t r a g e n [24]) gefchieht. Diefes fo ganz allgemein ausgedrückte Erfordernifs ift aber auch beim Raube. Das Wort f t e h l e n gibt jedoch an, dafs das Handeln mit Heimlichkeit verbunden fein mufs; D i e b f t a h l bezeichnet fogar, nach den Angaben der Sprachforfcher, das Heimliche pleonaftifch, und dasfelbe ift der Fall, wenn es im augsburger Stadtrecht S. 60 heifst: »daz es im diublich verftoln wurde« und: »daz es im diublichen verftoln fi oder geraubet.« Neben Diebftahl [25]) kommt in den alamannifchen Rechtsquellen eben fo häufig D i u b h e i t vor. [26])

Weil zum Diebftahl Heimlichkeit gehört und diefe als fein Gepräge angefehen werden kann, fo ift die Unterfcheidung von Tag und Nacht [27]) hier fo bedeutend, dafs ein Handeln oft durch die Nachtzeit zum Diebftahl wird, oder als folcher genommen werden foll. Augsburg S. 105: »Swär den andern befchadeget in fime chorn . ift daz bi der naht . wirt· er daran begriffen . daz heifset ein diupftal.« Freiburg im Uechtland § 114: »Nullus ortum aut viridarium alicujus de nocte debet intrare . si quis vero de nocte intraverit, pro latrone habetur.« Luzern § 150. 151: »Aber fezen wir, das nieman dem andern in fin garten old güter gan fol, das fin darus tragen old fchaden zufügen tags by eim pfund bufs, und ze nacht by eim diebftal.« [28])

Die Heimlichkeit des Thuns läfst fchliefsen auf das Bewufstfein der Rechtswidrigkeit d. h. der widerrechtlichen Zueignung der fremden Sache. [29]) Wer eine Sache nahm, auf die er ein Recht zu haben glaubte, wählte dazu weder die Nacht, noch legte er es darauf an, ungefehen zu fein und unentdeckt zu bleiben. Ein folcher konnte bufsfällig werden wegen der unerlaubten Selbfthülfe und Eigenmacht, aber als Dieb wurde er nicht behandelt.

[24]) vgl. unten § 145.
[25]) Schwyz Landbuch S. 74. Augsburg S. 105. Luzern 150.
[26]) Augsburg S. 59. 67. — Schwfp. 186 W. 225 L.
[27]) vgl. Cropp S. 10 ff. Ztfchr. für deutfches Recht XVII. 467.
[28]) f. auch Schauberg's Ztfchr. I. 132. — Schwfp. 199 I. L.
[29]) Cropp S. 9.

Offnung von Rickenbach: »welicher dem andern frevenlich mit
fim felbs gwalt das fin nimpt on recht, es fig was es welle, ift
die buofs zehen pfundt pfennig, und fol dem fo er das fin genommen hat widergeben.« [30])

b. Arten der Diebftähle,

§ 127. Die wichtigfte Unterfcheidung ift
1) die des grofsen und kleinen Diebftahls. Die Zahl
»fünf« in den fünf Gulden der C. C. C. Art. 157. 160 fteht unzweifel-
haft in Beziehung zum älteren Reichsrecht, [31]) hat aber gleichfalls einen Vorgang in den alamannifchen Rechten, in denen
5 Schillinge oder 60 Pfenninge [32]) die Grenze des grofsen und
kleinen Diebftahls angeben. [33])

Das Landbuch von Schwyz (1416) S. 74 weicht davon ein
wenig ab: »Wo das ift in unferem Landt, das yemand ützit verftolen wirt, nemlich 4 pfennig und 5 fchillig pfennigen oder mer,
oder 4 pfennig und 5 fchillig pfennig wert — den oder die foll
man an einen galgen zu todt erhenken.« Die zugegebenen 4 Pfenninge haben wohl nur die Bedeutung, dafs nicht fchon der erfüllte
Betrag von 5 Schillingen den Diebftahl zu einem grofsen machen
foll, fondern dafs ein Werth über 5 Schilling gefordert wird. [34])
Das augsburger Stadtrecht hat auch an zwei Stellen (S. 59. 60)
die Wendung »unde auch alfo daz ez tiverre fi danne fähzik
phenninge«, dagegen S. 67 »unde ift des gutes fähzik oder darüber« (Schwfp. 192 W. 231 L.) und S. 76: »under fähzigen«. [35])
Man fchwankte alfo über diefen Punkt, und es war keine ganz

[30]) Grimm, Wsth. I. 215. 202. Schauberg, Ztfchr. II. 88. Augsburg
S. 115. Schwfp. 199 I. L.
[31]) Pertz, Mon. Leg. II. 60. 61. 103.
[32]) Merkel ad l. Alam. p.132 col.2. vgl. Köftlin, krit. Ueberfchau III. 176,
der aber überfieht, dafs 60 Pfenning = 5 Schilling sind.
[33]) Augsburg S. 59. 60. 67. 76. Schwfp. 149 W. 174 L. Freiburg im Uechtland § 42. Thun § 24. Burgdorf § 90. Memmingen S. 251. Strobel I. 408.
[34]) Vergleichen läfst fich l. Alam. Kar. 89: »Pro quatuor tremissis cum uno
facramentale iuret. Tres solidos et tremisse cum duobus sacramentalibus iuret.
De sex solidis et tremisse cum quinque nominatis iuret aut cum tracta spata
defendat.« Ueber die Zugabe einer geringen Münze zu einer gröfseren bei Abgaben und Bufsen f. Grimm, R. A. 225.
[35]) vgl. Strobel a. a. O.

neue Erfindung, dafs die ältere gemeinrechtliche Praxis meiftens
einen Werth von etwas mehr als 5 Goldgulden zum grofsen Diebftahl verlangte. [36])

Die Grenzbeftimmung durch 5 Schillinge ftand in Verbindung
mit der Competenzfrage. [37]) Das augsburger Stadtrecht S. 10 fagt
vom Burggrafen: »unde ftat auch fin buzze niht hoher danne ze
fiunf fchillingen«. [36]) Stadtrecht von Afperg [39]): »Item was fünf
fchilling antrifft und darunder, foll der Büttel ein entfchaid
darumb geben etc.«

Für einen Seckelfchneider hat das augsburger Stadtrecht S. 76
drei Abftufungen gemacht: unter 30, über 30, 60 Pfenninge.

In Ulm kam auch der Werth eines Schillings in Betracht,
infofern derjenige, welcher einem Bürger eine Sache vom Werth
eines Schillings nahm, ein Pfund Heller zu zahlen hatte. [40])

2) Die objective Unterfcheidung des grofsen und kleinen Diebftahls ceffirt, wo die Wiederholung des Stehlens den Dieb
in fubjectiver Beziehung befonders ftrafbar erfcheinen liefs. Freiburg im Uechtland § 42: »Si quis infra terminos villae usque ad
quinque solidos furtum fecerit, primo debet signari; si secundo
deprehensus fuerit, debet suspendi.« [41]) Im f. g. elfaffer Landfrieden von 1051, deffen Echtheit aber fehr zweifelhaft ift, [42])
finden wir diefe Steigerung: »Si quis sicli unius aut duorum
pretii furtum aut predam fecerit, corium cum capillis perdat; si
secundo vel tanti, vel quinque siclorum furtum vel rapinam fecerit,
manu privetur, si tertio, absque omni dubietate suspendatur.«

An den Stellen der Stadtrechte aus der zähringer Gruppe
läfst fich die Wiederholung als Rückfall nehmen, denn das
signare weift die frühere Beftrafung nach, [43]) wie auch im augsburger Stadtrecht S. 76 die Beftimmung über den Seckelfchneider:

---

[36]) Feuerbach § 327.
[37]) Schwfp. 75. 149 W. 91. 174 L. vgl. Mittermaier im Archiv des Crim.
1852 S. 324.
[38]) f. auch S. 127 und 15 vom Münzmeifter.
[39]) Reyfcher S. 110.
[40]) Jäger S. 310.
[41]) Thun § 24. Burgdorf § 90.
[42]) f. oben § 20 S. 41.
[43]) f. oben § 44 S. 95. Schwfp. 202 L.

»Vindet aber man diu w o r z e i c h e n an im daz er abermals umbe die felben fchulde gemercket ift fwie vil des gutes danne ift, ez fi wenik oder vil daz er abe gefniten hat fo fol man in drumbe hencken.« Es hätten folche Stellen und der Hinweis auf die Sitte, Dieben bleibende Zeichen der ftattgehabten Beftrafung beizubringen, benutzt werden können für die früher wichtige Frage, ob die P. G. O. die -Wiederholung oder den Rückfall vor Augen gehabt habe.

3) So wie oft ein Handeln erft durch die N a c h t zum Dieb-ftahl geftempelt wurde, [44]) fo war auch nach manchen deutfchen Rechten der Diebftahl in der Nacht fchwerer als der am Tage begangene. Im luzerner Stadtrecht § 134 ift der allgemeine Satz ausgefprochen, dafs auf alle Frevel, die bei Nacht gefchehen, zwiefaltige Bufse ftehe, allein der Diebftahl gehört nicht zu folchen bufswürdigen Freveln. Im Schwfp. 170. 173 W. 197. 202 L. ift für beftimmte Arten des Diebftahls dem Dieb in der Nacht eine fchwerere Strafe gedroht; es lehnen fich aber diefe Beftim-mungen an den Sfp. II. 28 § 3, - 39 § 1 an, wenn auch im Schwfp. variirt ift. Das alamannifche Recht, fo viel Gewicht fonft in demfelben auf die Begehung zur Nachtzeit gelegt ift, hat den Unterfchied des Tagdiebs und Nachtdiebs nicht für erheblich erklärt; im Gegentheil wird derfelbe im augsburger Stadtrecht S. 59 geradezu annullirt.

4) Der Diebftahl mit E i n b r u c h ift hervorgehoben im augs-burger Stadtrecht S. 60 (W a l c h § 120). Der, welcher ergriffen wird beim Aufbrechen eines Kellers oder »Gadems« oder beim Aufmachen mit falfchen Schlüffeln, foll gehängt werden, wenn er auch noch nichts geftohlen hat. [45]) Das Wort »Gaden« kommt auch in diefem Stadtrecht S. 132 vor: »Es mag auh ein man in finen hufern, in finen gädemern . oder uf anderm finen gute wohl phenden.« Etwas gewaltfam behandelt G e i b [46]) die erftere Stelle, wenn er fagt: »Der durch Einbruch oder durch Anwendung fal-fcher Schlüffel verübte Diebftahl wird hier — in einer Weife be-fchrieben, dafs er keineswegs blos in eigentlichen Häufern, fon-dern eben fo auch in allen fonftigen durch wirkliche Umzäunungen

[44]) f. oben § 126 S. 300.
[45]) f. oben § 68.
[46]) Archiv des Crim. 1847 S. 528.

oder Mauern abgefchloffenen Orten, in »Gaden« d. h. alfo grade
in Höfen und Gärten, foll verübt werden können.« Er meint
nemlich, fich an eine fehr gefährliche Auctorität, an Schwenck,
anfchliefsend, Gaden oder Gadem gehöre zu demfelben Stamme
wie Gatter und Gitter und es bedeute alfo einen jeden durch
folche Gatter und Gitter abgefchloffenen Raum, eine Behaltung
oder ein Behältnifs im weitesten Sinne. Den- »Garten« müffen
wir hier gänzlich abweifen und der Hof kann nur in fo weit in
Betracht kommen, als ein »Gadem« im Hofe ftehen kann.
»Gadem«, in feiner erften Bedeutung wohl allgemein ein aus
Holz gezimmertes Gemach, ift bisweilen Stockwerk; [47]) häufiger
ein einftöckiges Gebäude und zwar immer als gefondert vom Wohnhaufe und daher auch im Gegenfatz zum Haufe genommen. So ift
es gang und gäbe in der deutfchen Schweiz eine unbewohnte
Hütte Gadem zu nennen. [48]), Aber auch die Speifekammer neben
der Küche, das Behältnifs, in welchem Garten- und landwirth-
fchaftliche Geräthe aufbewahrt werden, heifst noch jetzt Gadem.
Das Abgefonderte tritt auch hervor, wenn an zwei Stellen im
züricher Richtebriefe, V. 99. 110., gefagt ift, die Juden follen ihr
Fleifch aufserhalb der Metzg »in eim funder gadme« verkaufen
oder verkaufen laffen. Vorräthe verfchiedener Art wurden ehedem
wie jetzt aufbewahrt im Keller oder in Kammern des Haufes oder
in kleineren einftöckigen vom Haufe gefonderten Gebäuden und
darauf bezieht fich die erftere Stelle des augsburger Stadtrechtes.
Keller und Gadem find auch neben einander geftellt im Schwfp.
297 W. 363 L.: »Wir gebieten daz an dem funnen tage niemant
niht veiles habe wan ezen und trinken. Swer dar über fin gadem
uf tuot oder finen keller oder fine krame, daz er iht verkoufen
welle, der ift dem rihter fünf fchillinge fchuldic unde finem
pharrer als vil.«
    5) Der Seckelfchneider wird im augsburger Stadtrecht
S. 76 anders behandelt als ein fonftiger Dieb [49]):
    a. Wird er an der Handgetat ergriffen und hat einen Werth
von 60 Pfennbingen genommen, fo foll er gehängt, war es weniger,
foll ihm der rechte Daumen abgefchlagen werden.

[47]) Schwfp. 128 W. 143 L. (Sfp. III. 66. Dtfchfp. 328.) Zürich Rb. IV. 47.
[48]) vgl. Merkel ad l. Alam. p. 119.
[49]) vgl. oben S. 302.

b. Fand man an ihm Wahrzeichen-der früheren Beftrafung, fehlte ihm alfo der rechte Daumen, fo kam der Betrag dés Ge-ftohlenen nicht in Anfchlag, fondern er wurdę immer gehängt.

c. War er nicht-gemerkt um diefelbe Schuld da man ihn be-griff und waren der Pfenninge, die er abgefchnitten hat, unter 30, fo foll man ihm den rechten Daumen abfchlagen; waren es über 30 Pfenninge, fo foll er die Hand verlieren; waren es 60 und darüber, foll man ihn henken.

Die neue Recenfion bei W a l c h § 204 hat blofs die erfte Beftimmung, die unter lit. a. angegeben ift, und dadurch .ift die grofse Schwierigkeit der Ermittelung, wie fich der Fall unter c. zu dem unter a. verhalte, befeitigt. Hätten wir in dem Walch'-fchen Texte den urfprünglichen, bei Freyberg einen fpäteren Text, fo könnte man in lit. b. und c. eine Abänderung des älteren Rechts fehen; allein das ift jetzt unzuläfsig. Vielleicht ift lit. c. nur eine genauere Ausführung und Vervollftändigung des unter lit. a. Ge-fetzten; dann wäre freilich das Gefetz fchlecht redigirt; vielleicht ift unter lit. c. der Fall der nachweisbaren Wiederholung des Beutelfchneidens, die aber nicht Rückfall ift, gemeint. K ö f t l i n [50]) fcheint anzunehmen, es fei der Gegenfatz der handhaften und nicht handhaften That geltend gemacht, aber es heifst doch auch in dem dritten Falle: »fo man in begriffet«, wenn auch nicht wie im erften Falle »begrifet an der Handgetat«, und fo bedeutend die Unterfcheidung der handhaften und nicht-handhaften That in proceffualifcher Beziehung dafteht, ift aus den alamannifchen Rechten nicht mit Sicherheit zu entnehmen, dafs fie auf die Be-ftimmung der Strafe Einflufs gehabt habe.[51]) Das augsburger Stadtrecht S. 59 läfst den nicht an der Handgetat ergriffenen, aber überführten Dieb hängen wie den daran begriffenen.

6) Mehrere der erfchwerten Diebftähle führen auf einen be-fondern Frieden zurück. Die lex Alamannorum hob hervor das furtum in exercitu (Hloth. 27), das furtum in curte regis und rerum ducis und rerum ecclesiae (Hloth. 7. 31. 32). Von diefen Arten ift der letztere immer ausgezeichnet geblieben.

Der Schwabenfpiegel beftimmt an mehreren nicht mit einander übereinftimmenden Stellen über K i r c h e n d i e b f t a h l :

---

[50]) Krit. Ueberfchau III. 201.
[51]) vgl. C r o p p S. 382. 406.

a. Art. 331 L. (277 W.), an deffen Schlufs mehrere Hand-
fchriften auf ein römifches Concilium verweifen, enthält nur die
Feftfetzung des dreifachen Erfatzes der geftohlnen Sache und der
Bufse an die Kirche.

b. Art. 205 W. 248 L. hat die criminalrechtliche Satzung:
» und ftilt er dar inne drier phenninge wert, man fol im hut
unde har abe flahen . und ftilt er eines fchillinges wert, man fol
in hahen.«

c. Art. 149 W. 174 L. wiederholt die Beftimmung des Sfp.
II. 13. § 4.

Genau entfprechende Stellen finden fich zwar in den alamannifchen Rechten nicht, aber als fchweres und todeswürdiges Verbrechen erfcheint der Kirchendiebftahl in den Rechtsquellen [52])
und noch häufiger in der Praxis.

Ein Weib entwendete 1447 in der Pfarrkirche zu Ettiswyl eine
confervirte Hoftie; die heilige Laft, heifst es, wurde aber der
Thäterin fo fchwer, dafs fie diefelbe nach wenigen Schritten in
einen Hag warf, wo die Hoftie von einer Schweinehirtin gefunden
und nun mit grofser Feierlichkeit in die Kirche zurückgebracht
wurde. Die Schuldige wurde zum Feuertode verurtheilt, aber
augenfcheinlich als Hexe (wiewohl diefer Name nicht gebraucht
ift), denn ihre Verbindung mit böfen Geiftern, ihre Verpflichtung
gegen einen derfelben zum Mifsbrauch des allerheiligften Sacra-
ments etc. ift erwähnt. [53])

Das engelberger Thalrecht S. 88 hat eine Klagformel, nach
welcher dem, der fich nicht gefcheut hat, Gott und feine Heiligen
kirchenräuberifcher Weife anzugreifen, dero Kirchen und Kapellen
zu befteigen, Stöcke und Gotteskaften aufzubrechen etc., nach
kaiferlichen Rechten an den lichten Galgen gehenkt werden foll.
Diefs entfpricht alfo der unter lit. b. aufgeführten Beftimmung
des Schwabenfpiegels. Am 5. September 1579 wurde Marfilius
Gefsner, ein Grofsneffe des berühmten Naturforfchers Conrad
Gefsner, in Zürich gehenkt, weil er die Sakriftei im Münfter
geplündert hatte. [54]) Aber im fechszehnten Jahrhundert war doch
fchon Enthauptung die gewöhnliche Strafe der Kirchendiebe. In

---

[51]) Fünf Dörfer S. 76.
[53]) Segeffer II. 654.
[54]) Chronik von Haller und Müslin S. 253.

Augsburg wurde 1571 fogar einer, der aus der St. Johanniskirche
die Monftranz geftohlen hatte, aus Gnaden nur geköpft. [55])
7) Ueber den Diebftahl aus befriedeten Mühlen [56]) hat der
Schwabenfpiegel zwei nicht mit einander harmonirende Artikel.
Mit dem Sfp. II. 13 § 4 ftimmt Art. 149 W. 174 L. überein;
Art. 205 W. 249 L. beftimmt: »Diu müle hat ouch bezer reht
danne ander hiufer. Swer in der müle ftilet korn oder mel vier
phenninge wert, dem fol man hut unde har abflahen . ift ez vier
fchillinge wert, man fol in henken. fwaz er anders dinne ftilt
danne korn oder mel, daz rihte als vor gereit ift.« Annähernd,
aber doch kaum, ftimmt mit dem letzteren Artikel überein Art. 132
der jüngeren Recenfion des augsburger Stadtrechts bei Walch,
deffen Sinn zu fein fcheint, dafs wer in Mühlen und Beckenhäufern
unter dem Werth eines Schillings ftiehlt, je für den Pfenning einen
Schilling büfsen foll; erreicht aber der Betrag einen Schilling, fo
follen die Strafen wie bei andern Diebftählen eintreten.

8) Gartendiebe wurden bisweilen in befonderer Weife behandelt. Nach einer Verordnung des ftrafsburger Magiftrats 1477
follten fie mit der Schnelle, Prelle, Schupfe [57]) beftraft werden.
Diefe Verordnung wird auch von Strobel III. 497 erwähnt; er
nennt aber als Subjecte nicht Gartendiebe, fondern Schädiger
fremden Eigenthums und diefe werden auch im augsburger Stadtrecht S. 105 eingeführt: »Swär den andern begrifet in finem
garten . oder in finem baumgarten oder in finen ängern an fime
fchaden tages oder nahtes . den fol man an die fchraiat flahen und
durch die zene brennen . unde danne uz der ftat flahen.« [58]) Wenn
auch folche Schädiger meiftens Diebe waren, ift diefs doch nicht
nothwendig der Fall.

c. Strafen der Diebftähle.

§ 128. Dafs der Galgen die Strafe des grofsen Diebftahls,

---

[55]) Gaffarus p. 1934. Stetten I. 595. f. auch Stetten I. 823. Chronik
von Haller und Müslin S. 47. Zellweger's Cefch. III. 2. 216. Attenhofer's Surfee S. 70. vgl. Blumer II. 2. 21.
[56]) Ueber den Frieden der Mühlen f. Datt p. 124.
[57]) f. oben § 50 S. 112. R. A. aus der Schweiz No. XIII. S. 101. Stöber's
Alfatia 1851 S. 38.
[58]) f. auch Walch § 306. 307.

wie anderer erfchwerter Diebftähle war, ift im Vorhergehenden
mehrfach angegeben worden. [59]) Schwfp. 174 L. (149 W.): »Den
diep fol man henken . gefchiht aber ein diepheit, diu minre ift
danne fünf fchillinge, diu höret ze hut und ze hare.« (Sfp. II. 13 § 1.)
Damit ftimmt das augsburger Stadtrecht (S. 59. 67) überein, denn
das »richten âne blutige Hand« ift = henken [60]) und das Schlagen
an der Schraiat entfpricht im Wefentlichen der Strafe zu Haut
und Haar.

Wir finden auch unzählige Nachrichten von der Ausführung
der Galgenftrafe für Diebe; aber oft wurden in Augsburg und
anderswo Diebe nicht gehängt, fondern geköpft, was Gaffarus
richtig auf ein Richten nach Gnade zurückführt, wenn er fagt:
»Menfe aprili tres fimul patibulo appenfi et paulo poft duo ex
gratia decollati.« [61]) Der Fortfchritt zur Milde brachte hier überhaupt Variationen, aber die Regel tritt doch immer hervor, dafs
der grofse Diebftahl mit dem Galgen zu beftrafen fei.

Für Frauen war die dem Galgen entfprechende Strafe das
Lebendigbegraben. Memmingen S. 251: »ift denn daz guot beffer
denn fünf Schilling Rotwiler phenning, fo fol man den oder die
vertailen, ob ez man fint, henken, fint ez aber frowan ainiu oder
mer, die fol man lebendig begraben.«

Nach demfelben memminger Rechtsbuch S. 252 war die Strafe
des kleinen Diebftahls der Verluft der Ohren: »und wär ob diu
diubftahl nit fünf fchilling Rotwiler pfenning wert ift, fo fol man
im die oren abfchniden, oder wez fich denn der mer tail des
Rautz erkennt.« [62])

Der Diebftahl nimmt die Hauptftelle ein unter den unehrlichen
Sachen. [63]) Die Strafe des Galgens war unehrlich im Gegenfatz
zu der Enthauptung, die Strafe zu Haut und Haar ebenfalls.
Auch wenn diefe Strafe abgelöst wurde, blieb die Unehrlichkeit.

---

[59]) f. befonders oben § 40 S. 87. § 127 S. 301. R. A. aus der Schweiz
No. XVI. S. 15.

[60]) f. oben § 40 S. 87.

[61]) Gaffarus p. 1653. 1904. 1933. 1934. 1946. Stetten I. 608. Chronik
von Haller und Müslin S. 19. 47. 50. 165. Gonzenbach in Schletter's
(Hitzig's) Annalen LXVII. (1844) S. 162. 164.

[62]) vgl. oben § 43 S. 93.

[63]) Beitrag zur Strafrechtsgefchichte der deutfchen Schweiz (1859) S. 24.

Augsburg S. 108: »fwer diupheit hat vergolten, der mak' niht geziuk fin.« (Schwfp. 38. 149 W. 41. 174 L.)

2. Raub.

§ 129. Von den barones und nobiles fagt die Urfperger. Chronik [1]): »Hi in Alemannia plerumque solent esse praedones.« Edelleute auf Hohenkrähen im Hegau nannten fich Gottes Freunde und aller Welt Feinde. [2]) Diefes Raubfyftem der kleinen Dynaften, mit ihren fortwährenden Fehden zufammenhängend, finden wir vom dreizehnten Jahrhundert an, trotz den vielen Landfrieden, in Permanenz gegen die Städte und ihre Bewohner, deren Intereffen denen des auf feinen zerftreuten Burgen haufenden, im Feudalwefen und in Kriegszügen, grofs und klein, feine Kräft habenden Adels fchnurftracks entgegenliefen, deren Gedeihen ein langfames, aber ficheres Untergraben des Feudalfyftems war. Eichhorn [3]) hat geltend gemacht, dafs man die Verwilderung des Herren- und Ritterftandes, durch welche ein Theil des deutfchen Adels einer grofsen Räuberbande nicht unähnlich geworden fei, nicht als eine Eigenheit des Feudalfyftems betrachten dürfe, wie es fo vielen neueren Schriftftellern eigen fei, fondern als eine Folge des Verfalls diefer Verfaffung; auch dürfe nicht überfehen werden, dafs in den Schilderungen, welche von den Räubereien des Adels im vierzehnten und fünfzehnten Jahrhundert gemacht würden, manches übertrieben fei und die grellften Befchreibungen der Art von Italienern herrührten, denen jede Selbfthülfe, die fich der deutfche Ritter erlaubte, ein Raub fchien, und die nicht erwogen hätten, wie oft diefe Gewaltthätigkeiten von ihm blofs um deswillen begangen worden feien, weil ihm der mächtige Gegner nicht habe zu Recht ftehen wollen. Allein was zunächft die letztere Bemerkung anlangt, fo nahm fich der damit angedeutete Fundamentalfatz des Fehderechts [4]) in der Theorie gut aus; für die fchlimmften und häufigften Räubereien der Dynaften an den Bewohnern der Städte kam derfelbe wenig oder nur zum Schein zur Anwendung, und wir brauchen nicht zu den Schilderungen der

---

[1]) Stälin II. 154.
[2]) Haggenmüller, Kempten I. 492.
[3]) II. § 433 Anm. a.
[4]) f. oben § 19 S. 34. vgl. mit S. 36.

Italiener zu greifen, fondern können aus den Klagen ehrlicher deutfcher Chroniften das Unwefen zur Genüge kennen lernen. Ein Hiftoriker aus der erften Hälfte des fünfzehnten Jahrhunderts fchildert in fchlichter Weife den Zuftand feiner Zeit. [5]) Es find auferftanden, fagt er, etliche Häupter weltlichen Staates, denen es nicht beliebte, das Schwert kaiferlicher Gerechtigkeit zu führen oder in Ehren zu halten, noch in dem römifchen Reiche den Frieden zu handhaben, fondern fie haben neue Satzungen aufgebracht, fonderlich wie einer um feine Anfprache des Andern Feind möchte werden, wenn er ihm widerfagte und feine Ehre bewahrte; was er dann nach der Bewahrung thäte, es wäre Nome, Brand, Todfchlag, Vahen oder andrer Schaden, das wäre er von Ehren wegen nicht fchuldig zu kehren. Zum allgemeinen Verderben fei hieraus eine Gewohnheit geworden, und man habe fich nicht gefcheut, mancherlei fchnöde und üppige Anfprachen zu fuchen und Kriege daraus zu machen; man habe fich auch über die Form weggefetzt, und manche hätten angefangen, ohne Widerfagen und ohne Bewahrung zu nehmen, wo und was ihnen werden mochte.

Der Zufammenhang des Raubes mit der Fehde war fein Palladium, und fo konnte es denn einen rechtmäfsigen und unrechtmäfsigen Raub geben. [6]) Eine gänzliche Unficherheit der Strafsen war die Folge des zum Theil legalifirten Raubfyftems. Die vielen Landfrieden zeigen in ihrer Vielheit und Wiederholung ihre Wirkungslofigkeit; die höhere Staatsgewalt, die Kaifer und Könige, hatten weder die Kraft, dem Unwefen zu fteuern, noch auch immer den Willen, infofern ihnen das Erftarken der Städte, deren oft grofsartige Gefchenke, wie in Augsburg und Strafsburg, fie zwar gern annahmen, nicht ganz genehm war. Noch mehr ftellten fich die Territorialfürften oft feindlich zu dem Gedeihen der Städte. Verfchiedene Maafsregeln wurden jedoch, abgefehen von der allgemeinen Reaction gegen die Fehde, von Zeit zu Zeit ergriffen, um der Unficherheit der Strafsen entgegenzuarbeiten. Das basler Concil 1435 ernannte den Bifchof von Strafsburg und einen Herrn von Rappoltftein zu capitanei stratarum publicarum während des

[5]) f. Schilter zu Königsh. S. 911.. vgl. Wächter's Beiträge S. 54. 55.
[6]) f. oben § 21 S. 42.

Concils. [7]) Die ſtädtegründenden und die Städte mit Freiheiten begabenden Fürſten mufsten es für ihre nächſte Aufgabe halten, die Verkehrswege und Zugänge zu den Städten vor `Gewalt und Raub zu ſichern, aber die betreffenden Artikel in den Freiheits- briefen der Städte zeigen eben die Ausdehnung der Räubereien, welche als die Regel vorausgeſetzt ſind. Freiburg 1120 § 3 : »Ego vero pacem et securitatem itineris omnibus ʼforum meum quaeren- tibus in mea potestate et regimine meo promitto. Si quis eorum in hoc spatio depredatus fuerit, si predatorem nominaverit, aut reddi faciam, aut ego persolvam.« [8])

In der gröfsten Ausdehnung finden wir das Rauben und Bren- nen in dem dritten und vierten Jahrzehend des ſechszehnten Jahr- hunderts, nach dem Bauernkriege, und da waren die Räuber mei- ſtens von einem andern Schlage als früher.

Wie verhalten ſich nun bei ſolchen Zuſtänden diejenigen ala- manniſchen Rechtsquellen, aus denen wir vornemlich die Ent- wicklung des Strafrechts zu erkennen haben, dem Unweſen gegen- über, bis die bamberger H. G. O. den kurzen Satz ausſprach: »Item ein jeder boshaftiger überwundener Rauber ſoll mit dem Schwert vom Leben zum Tod gericht werden.«?

Wir finden für Räuber eine beträchtliche Anzahl von Bezeich- nungen : praedo, insidiator stratarum, grassator, welcher Name aber nicht immer grade den Räuber bedeutet [9]); im Deutſchen : Schnapphähne, Staudenreuter, Heckenfiſcher und für das vagirende räuberiſche Geſindel niederer Art : Gartknechte oder gartende Knechte. [10])ʼ Der Raub wird bezeichnet durch robaria, im Deut- ſchen auch häufig durch »Nome« (Name, Nam), am meiſten in den Fehdebriefen, [11]) vielleicht, um hier ein allgemeineres und auch unſchuldiger ausſehendes Wort zu gebrauchen.

---

[7]) Schöpflin, Als. dipl. II. p. 353.

[8]) Bern 1218 § 4.

[9]) Gaſſarus a. 1446. 1455. vgl. unten § 152.

[10]) Stetten I. 469. Strobel II. 137. — Weigand, Synon. No. 2206 erklärt die Gart = »das bettelhafte Herumgehen herrenloſer Kriegsknechte von Haus zu Haus, von dem ein ſolches Herumgehen bezeichnenden garten, gar- tieren, was eben ſo aus dem ſoldatiſchen quartieren, Quartier ſuchen gebildet ſcheint, wie Gant aus in quantum.«

[11]) ſ. oben § 21 S. 42. vgl. C. C. C. Art. 48. — Wilda in der Ztſchr. für deutſches Recht I. 181.

In den Bezeichnungen »rechter« und »übler Strafsenraub« find die Prädicate von juriftifcher Bedeutung, drücken nicht blofs im Allgemeinen die Schwere des Strafsenrâubes aus. Das augsburger Stadtrecht fpricht an mehreren Stellen vom »übeln« Strafsenraube (S. 56. 57. 69. 106), an einer Stelle (S. 108) wird dafür »rechter« Strafsenraub gefetzt, was im Schwabenfpiegel der regelmäfsige Ausdruck für diefelbe Sache ift (38. 39. W. 41. 42. 43. 48 L.). Der rechte oder üble Strafsenraub wird begangen an Pfaffen und Pilgern auf der Reichsftrafse, an Kaufleuten, welche reiten, gehen oder fahren von Land zu Land, von Zunge zu Zunge, auf des Reiches Strafse und zu Waffer. Man foll den rechten Strafsenräuber henken an des Reiches Strafse, wenn er dreier Pfenninge Werth genommen hat, nach dem augsburger Stadtrecht S. 56. Der Schwfp. 39 W. 32 L. fetzt fünf Schillinge. Von den drei Claffen der Perfonen, an denen der rechte Strafsenraub begangen werden kann, find die Pfaffen und Pilger durch ihre perfönliche Qualität befonders gefriedet auf der gefriedeten Land-ftrafse; [12] an ihnen konnte kein Raub unter dem Palladium der angefagten Fehde ftatt haben. Bei den Pilgern ift von der perfön-lichen Qualität nicht zu trennen der Reifezweck, und diefer ift es, der die Kaufleute in diefelbe Kategorie bringt. Wenn ein Kaufmann einer Stadt angehörte, welcher von Dynaften abgefagt war, fo wurde dennoch von diefen rechter Strafsenraub begangen, wenn der Kaufmann in feinen Gefchäften reifte. So wollte es die reichsgefetzliche Theorie; aber die Kaufleute mufsten es vorziehen, ftatt es auf die Anwendung diefer Theorie ankommen zu laffen, fich durch eine bewaffnete Escorte zu fchützen.

Das augsburger Stadtrecht S. 69 betont den üblen Strafsenraub auch dadurch als fchweres Verbrechen, dafs es ihn wie Verrath, Mord, Vergiftung, Notnunft, Mordbrand unter die kampfwürdigen Sachen zählt.

Bei der Auszeichnung jener drei Claffen von Perfonen blieben noch viele Leute übrig, an denen zwar nicht der rechte oder üble, aber doch Strafsenraub begangen werden konnte, wenn der Raub nicht in dem Fehderecht feine Widerrechtlichkeit verlor. Die Strafe des gewöhnlichen Strafsenraubes ift nach dem augs-burger Stadtrecht S. 57 Enthauptung.

[12]) Datt p. 122. 125. Schwfp. 205 W. 248 L.

Vom Strafsenraube unterfcheidet dasfelbe Stadtrecht den Raub, welchen es S. 57 fo befchreibt: »Swär den andern beraubet uf fime gute in dorfern oder uf dem velde . wirt er daran begriefen daz er es ane des gerihtes boten getan hat . uber den bedarf man kains geziuges mer wan des fchubes unde als daz gefchiht fo fol man über in rihten mit blutiger Hant.« Hier liegt der Kern des Delicts in dem Nehmen ohne Autorifation und Zuthun des Gerichts, alfo in der Eigenmacht; aber das N e h m e n mufs ein o f f e n e s fein, im Gegenfatz zu der Heimlichkeit des Diebftahls. Diefes Unterfcheidungsmerkmal des Raubes vom Diebftahl ift in den Be-ftimmungen über den Raub zwar nicht direct ausgefprochen, weil man es nicht für nöthig hielt, etwas allgemein Bekanntes zu fagen, aber es geht aus der Characterifirung des Diebftahls hervor und aus Zufammenfetzungen, wie »daz es im diuplichen verftoln fi oder geraubet.« [13]) Dagegen ift die perfönliche Vergewaltigung, ohne die freilich der Strafsenraub kaum gedacht werden kann, nicht ein wefentliches Merkmal des Raubes überhaupt.

Noch mehr als die letztgenannte Stelle des augsburger Stadt-rechts zeigt der entfprechende Artikel des Schwfp. 196 W. 235 L., wie weit fich der Raub dem eigenmächtigen Nehmen überhaupt nähert. Bemerkenswerth ift hiefür fchon, dafs bei L. die Rubrik diefes Artikels lautet: »Daz ift umbe den Roup reht der nut ftrafsroup ift«, bei W.: »Der vrevelt an Gute«. Unter diefen Rubriken ift gefagt: Wenn jemand eines Guts, das in des Andern Gewer ift, ohne gerichtliche Anfprache fich unterwindet, fo ift das ein Frevel; das Anfichnehmen irgend eines Stückes v o n dem Gute — »unde nimet er dar uf iht« — macht ihn zum Räuber. Der erfte Satz führt auf die Treuga Henrici 1230 § 11: »Nullus a possessione rerum quas possidet ejicietur, nisi possessio ab eo in judicio evincatur.« Das eigenmächtige, widerrechtliche und zwar nicht heimliche Nehmen der beweglichen Sache macht erft das Handeln zum Raube. So heifst es auch in einem Bündniffe zwi-fchen Baiern, dem Hochftift und der Stadt Augsburg 1308: »Wir heifsen auch Gerauber, wer den andern pfendet oder ihm fein Gut nimbt und das mit rechter Clag nicht zubracht hat und auch des Richters Poten dabei nicht hat, der umb diefelben Sache durch Recht richten foll.« [14])

---

[13]) Augsburg S. 60.   [14]) L o r i , Gefchichte des Lechrains II. No. 23.

Nach der Rubrik des Schwfp. 234 L.: »Von Lant roubern« könnte es fcheinen, als ob diefes Rechtsbuch alle Räuber eintheile in zwei Claffen: Strafsenräuber und Landräuber, allein im Texte diefes Artikels, der nur von den Gehülfen des Räubers handelt, ift der Ausdruck Landräuber gar nicht gebraucht; das dort Gefagte pafst ganz auch auf Strafsenräuber und deren Gehülfen, und bei W. lautet die Rubrik auch nur: »Von Roubern«. Darnach können wir »Landräuber« nicht als technifchen Gegenfatz zum Strafsenräuber nehmen.

Wie der Schwabenfpiegel fagt, der rechte Strafsenräuber folle gehenkt werden, fobald der Strafsenraub fünf Schillinge werth fei, das augsburger Stadtrecht nur drei Pfenninge fordert, fo heifst es im Rechtsbuch von Memmingen S. 252: »und ift es umb roub, wär denn der fchub ze gagen vor gericht, und das beffer ift denn dryer Rotwiler pfenning etc.« Dadurch wird angegeben, dafs die Sache einen Werth haben folle, Vermögensobject fein müffe; es wird dadurch nicht etwa der Gegenfatz des grofsen und kleinen Raubes hingeftellt.

Nach dem Vorhergehenden ift die Strafe des rechten oder übeln Strafsenraubes der Galgen, [15]) und zwar bewilligt der Schwfp. 39 W. 42 L. dem rechten Strafsenräuber einen befondern Galgen an der Landftrafse; die Strafe des nicht erfchwerten Strafsenraubes und des Raubes überhaupt war Enthauptung. [16)] Die Augsburger haben Strafsenräuber vielfach fowol aufhängen als enthaupten laffen; ob mit genauer Unterfcheidung des rechten und des einfachen Strafsenraubes, ift aus den Berichten bei Gaffarus und Stetten nicht erkennbar; man gefiel fich aber darin, die ritterlichen Schnapphähne mit Stiefel und Sporen aufzuknüpfen. [17)]

In einem dem Raube nahe verwandten Falle der Erpreffung trat 1482 in Augsburg die Strafe der Enthauptung ein. Gaffarus meldet: » publico loco securi percussus est Michael Roechlinus lanius, eo quod Wartmanno Kluzio, zytopolae, in proprio suo moenia horto, nihil tale vel merito vel expectanti, armata vi metuque concussionis centum aureos extorsisset.«

---

[15]) f. auch Schwfp. 265 W. 317 L.
[16]) f. auch Memmingen S. 253.
[17]) Gaffarus a. 1399. 1431. 1436. 1458. 1467. 1482. Stetten I. 138. 149. 160. 180. 198. 202.

3. Unterfchlagung.

§ 130. Während die fächfifchen Rechte reich find an Beftimmungen über das diebliche Behalten und deffen verfchiedene
Fälle, ift diefer Gegenftand im alamannifchen Recht nur dürftig
behandelt.

Im augsburger Stadtrecht S. 103 haben wir nur civilrechtliche
Beftimmungen über empfohlenes Gut und Regeln, wie in verfchiedenen Fällen, wenn empfohlenes Gut abgeleugnet werde, der Beweis zu führen fei. Dem criminalrechtlichen Gebiete nähert fich
etwas die Offnung von Tablatt. [18]) Wird einer beklagt, dafs er
empfohlenes Gut nicht wiedergegeben habe, fo foll das Gericht
zuerft bei einem Pfund Pfenninge die Herausgabe gebieten und
dann im Falle des Ungehorfams höhere Gebote anlegen.

Es ftreift auch nur an das criminalrechtliche Gebiet, was im
Stadtrecht von Diefsenhofen § 14 von Handwerksleuten gefagt ift.
»Es fol enhain antwerchman, ez fi fnider huter fchmid oder weber,
nüt verfetzen fwas inen bevolhen wirt ze machenne, fi haben es
denn vollewerchet und font ez öch nüt türo fetzen won umb ir
lon, den man in von den felben werch fol. öch fon fi das werch
nit fetzen wan gantzes und vollemachet und fwer den ainunge
brichet als dike er ez tuot, der git 5 Sch. an die ftat, dem
Schulthais 3 Sch. und fol iener dem das phant geben wirt in
phandes wis und verfetzet das felb phant wider geben ledigs ane
phantfchatz.« [19])

Bei den Hiftorikern ift häufiger erwähnt die Unterfchlagung
von öffentlichen und Corporations - Geldern. [20]) Da man hiefür
eine niedrigere Strafe als die des Diebftahls nicht für gerecht
hielt, ift die Unterfcheidung vom Diebftahl nicht fcharf ausgedrückt, aber doch nicht ganz verwifcht. Ein Schneiderzunftmeifter,
der feiner Zunft über 400 Gulden »abgetragen« hatte, wurde 1513
in Augsburg gehängt, »patibulo furum suspensus est«.[21]) Stetten
gebraucht hier, wie in ähnlichen Fällen, [22]) das Wort »abtragen«,

---

[18]) Grimm, Wsth. I. 232.
[19]) f. auch Augsburg S. 135. Köftlin in der krit. Ueberfchau III. S. 212·
[20]) Haggenmüller, Kempten I. S. 395. f. oben § 45 S. 96.
[21]) Gaffarus h. a. Stetten I. 273.
[22]) I. 285. 576.

welches zwar, als dem lateinifchen »auferre« entfprechend, vom
Diebe gebraucht werden könnte, aber doch nicht von diefem gebraucht ift. Gaffarus bedient fich in folchen Fällen der Ausdrücke: peculatus, publicae pecuniae furtum, repetundae. [23])
Der Schwfp. 280 — 282 W. 346. 347 L. enthält genaue Beftimmungen über gefundenes Gut, die fich meiftens an das
römifche Recht, auch an das mofaifche, anfchliefsen und über
den Bereich des Civilrechts nicht hinausgehen. .Die Satzungen
von Emmenthal ordnen auch nur an, dafs ein gefundener Bienen-
fchwarm, [24]) ein »Impp«, und gefundenes Vieh, das fechs Wochen
und drei Tage unangefprochen bleibt, der Obrigkeit und Herrfchaft zufallen foll. Ein deutlich redendes Zeugnifs über Fund-
unterfchlagung habe ich in den alamannifchen Rechten nicht
gefunden.

4. Gebrauchsanmafsung.

§ 131. Derfelbe Fall des Gebrauchs einer fremden Sache
ohne Erlaubnifs des Eigenthümers, den die alten Volksrechte [25])
wegen feiner Häufigkeit hervorheben, ift auch im Landbuch von
Davos S. 35 aufgeführt: »Welcher dem andern fein Rofs ritte, es
were Tags oder Nachts, ohne Erlaubnufs, der verfaltt dem Landt
um R. 6 ohne Gnad. Was aber von Hirten gefcheche, die folche
nur in der Atzung und nit weiter ritten, find R. ½ buofs verfallen ohne Gnad; und fo dem Rofs hierdurch etwas zufiele, ift
dem, deffen es ift, fein Recht vorbehalten.«
Ueber einen anderen, ebenfalls in den Volksrechten erwähnten Fall [26]) beftimmt das Landbuch von Obwalden § 260. Es fei
viel geklagt worden, dafs man die Schiffe in den Seen abbinde,
gebrauche und nicht wieder hinftelle; das folle mit 5 Pfund gebüfst werden.

5. Anmafsung unbeweglicher Sachen.

§ 132. Nach dem Schwfp. 196 W. 235 L. ift·es Frevel, wenn
jemand ohne·gerichtliche Anfprache fich eines in fremder Gewere

---

[23]) a. 1370. 1449. 1478. 1520. 1567. 1571.
[24]) vgl. Schwfp. 301 W. 365 L.
[25]) Wilda S. 349. Köftlin in der krit. Ueberfchau III. 349·ff.
[26]) v. Woringen, Beiträge I. S. 65. Wilda a. a. O.

befindlichen (unbeweglichen) Guts unterwindet.[27]) Näher wird das unrechtmäfsige Handeln an einer unbeweglichen Sache zum Diebftahl hingeführt in dem Vogteibuch der Abtei Alpirsbach, [28]) indem dort gefagt ift, wenn ein Lehenmann Acker und Wiefe heimlich aus feinem Lehen verkaufe, das heifse verftohlenes Gut, und wenn das ein Abt oder ein Pfleger erforfche, fo möchten fie das Veräufserte an das Gotteshaus ziehen; der Käufer habe dann fein Kaufgeld und der Lehenmann den »verftohlnen« Theil verloren. Das Handeln ift hier nicht Diebftahl, aber das Grundftück kommt in die Claffe der geftohlenen Sachen, [29]) wovon die Rechtsfolge fogleich angegeben ift; es gefchieht das wegen der Heimlichkeit, denn will ein Lehenmann fein Lehen verkaufen, fo foll er es zuerft dem Lehenherrn anbieten, hinterrücks darf er es nicht veräufsern. [30]) Handfefte von Zofingen: »Alfo daz doch die lehen die von uns oder von andern herren rürent mit unferem oder unfer phleger die des gewalt habent und mit den andern lehenherren handen gewandelt werden als das umb Lehen Recht und. gewonlich ift ân alle geverde.«

Weit ab vom Diebftahl, aber doch in Beziehung zum Thema von der Anmafsung unbeweglicher Sachen fteht der Fall, wenn jemand auf des Andern Lehen ftellt oder ihn davon drängt. Es ift darauf eine hohe Bufse gefetzt. Hofrodel von Wädenfchweil (1409): »Item wer jeman, der uf des anderen Lehen ftalte oder jeman dem andren fein Lehen entwerti und das kuntlich wurde, der ift dem Herren verfallen 10 Pfund Pf. on Gnad und fol den andren Theil entfchädigen und wider in Gewer fetzen.« [31]) Aehnliches gilt von dem allgemeineren Falle der unrechten, nicht durchgeführten Anfprache von gelegen Gut, Erb' und Eigen. Offnung von Tannegg und Fifchingen: »Welcher dem ander anfpricht erb, aigen oder gelegen gut, und das nicht behept, ift verfallen dem herrn die grofsen bufs und dem fächer ablegen allen fchaden, mit gnad. Doch umb erb, ob kainer mit behub, der ift dem

[27]) vgl. oben § 129 S. 313. — Schwfp. 65 W. (Sfp. I. 53 § 2.)
[28]) Reyfcher, Stat. S. 40.
[29]) f. oben § 126 S. 296.
[30]) Kraut, deutfches Privatrecht § 273.
[31]) Ztfchr. für fchweiz. Recht IV. 95. Grimm, Wsth. I. 216. 217. 280. Schauberg, Ztfchr. I. 11. II. 139.

318

Herren nit verfallen, aber dem fächer allen koften und fchaden.«[32])
Die Verbindungen, in denen die Quellen diefe Fälle aufführen,
laffen jedoch nicht undeutlich erkennen, dafs man dergleichen
weniger als Eingriff in die Vermögensfphäre denn als Unrecht
gegen die Perfon durch die Klage fafste,[33]) daher es auch im
knonauer Amtsrecht 1535 Art. 11 heifst: »Wellicher dem andern
zu der Ee anfpricht fin Sun, Tochder oder die im zuverfprechen
ftand, und die nicht behept, der foll umb 10 Pfund geftraft werden. — Welcher ouch dem andern einicherlei guts anfpricht,
und das nit beheben mag, der foll umb 10 Pfund geftraft werden« und in der Offnung von Tablatt: »welcher dem andern fin
varendt guott anfpricht, und der des das guott ift das mit
finem aid beheben mufs, fo ift die buofs aim herren und gericht
ein pfund phening.«[34])

Wer von dem feinem Begriffe nach zur allgemeinen Nutzung
der Bürger daliegenden Gemeindelande, der Allmend,[35]) Theile
durch Einzäunung oder eine ähnliche Vorrichtung für fich zu
nehmen fich unterfteht, »welicher Gemeinmerk inlait«, »wer Alpen
und Allmenden einfchlägt«, der foll den Einfchlag wegthun, die
Allmend wieder ausfchlagen und hohe Bufse zahlen. Handfefte
von Fieiburg im Uechtland § 52: »Si quis pascua clauserit et in
proprios suos usus verterit, si quis de ipso, qui pascua clausit,
sculteto conquestus fuerit, et ille non emendaverit, ita quod clau-
suram suam removeat, quam removere tenetur, tenetur omnibus
conquerentibus cum banno trium librarum emendare et sculteto
similiter.« Offnung von Kilchberg[36]): »Item welicher gemeinmeick
inlait für fin aigen guot, oder weg oder ftrafsen inzüut, der ift
einem herren ze buofs 10 Pfund Pf. verfallen und fol das glich
wider ufslegen.« Stadtrecht von Luzern § 149: »Wir fezen ouch
als das von alter herkomen ift, wer der ift, der unfer alment
invacht, der fol ein mark filber zebufs gen ob er burger ift.
Welcher gaft die aber invacht, der fol von unfer Statt und niemer

[32]) Grimm, Wsth. I. 280. — I. 19. 88. 214. 220. 228. Schauberg,
Ztfchr. I. 2. II. 87. Ztfchr. für fchweiz. Recht I. 61. 90. Peftalutz I. 173.
[33]) vgl. Köftlin in der Ztfchr. für deutfches Recht XV. 212.
[34]) Peftalutz I. 224. Grimm, Wsth. I. 231.
[35]) Bern 1218 § 6. Thun § 3.
[36]) Grimm, Wsth. I. 208. 220. 228. Ztfchr. für fchweiz. Recht I. 90.

mer dar in komen, bis das er die wider us gelat und darzu unfer
ftraff erwarten nach gelegenheit der dingen.« Das Landbuch von
Uri ift ftrenger. Auf das Einfchlagen der Allmend ift im § 98
eine Bufse an das Land von 25 Gulden gefetzt, »es möcht aber
einer fo grob handlen, fo mag ein Oberkeit ihn an Ehre, Leib
und Gut ftrafen, je nach feinem Verdienen.« Im § 32 fteht das
Einfchlagen von Alpen und Almenden im Catalog der Malefizfachen.

6. Befchädigung fremder Sachen.

§ 133. Die unter diefe Rubrik fallenden Schädigungen find,
wie nach den Objecten, fo in der Form des Handelns fehr verfchieden. Der Schaden kann beftehen in einer Verfchlechterung
der Sache und in der Vernichtung derfelben. An diefe letztere
fchliefst fich für den Eigenthümer oder Berechtigten als gleich
fchädlich das Entziehen oder Entwenden der Sache, und zwar
ift es diefe Form des Handelns,, welche bei weitem die meiften
Fälle, nach Ausweis der Quellen, für das rubricirte Thema bringt.
Diefe Fälle liegen zwifchen dem völlig erlaubten Nehmen und
dem Diebftahl, deffen Gepräge, die Heimlichkeit, nach der einen
Seite hin die Grenze regulirt, daher denn auch nach fo vielen
Quellenzeugniffen die Wahl der Nachtzeit ein Handeln zum Diebftahl macht, [37]) das am Tage zwar ftrafbar, aber in einem geringeren Grade ift. Was die Verfchiedenheit der Objecte betrifft,
fo ift nach der Seite des Diebftahls hin der Umftand, ob die
Sache im Befitz des Berechtigten war oder nicht, gewichtig. [38])
Im Allgemeinen ift es der Ertrag in Feld und Wald, mit dem
fich die Rechte in der fraglichen Beziehung voraus befchäftigen,
und bei der Regulirung der Grenze des Erlaubten und Nicht-
erlaubten kommen in Betracht theils die Allmendverhältniffe, theils
die befonderen Herrfchaftsverhältniffe, theils auch fchon forftwirth-
fchaftliche Rückfichten und befonders auch das Zugeftändnifs,
welches die alte Zeit dem Menfchen machte, den beim Anblick
der Früchte, die Gott hatte wachfen laffen, die Effensluft überkam.

---

[37]) f. oben § 126 S. 300.
[38]) f. oben § 126 S. 297.

a. Mifsbrauch der Allmend.

§ 134. Die Allmend ift da zum Nutzen der Gemeindegenoffen-
fchaft. Damit fie diefs fei, find nicht geftattet Eingriffe der Einzelnen, durch welche den Genoffen Eintrag gefchieht. Daher heifst
es in der Stadtfatzung von Thun Art. 15: »Were ouch jemand der
Almend nüzete und bruchte mit eren fchnyden meyen oder andrer
Geftalt anders dann als man gemeinlich Almend niefsen fol, der
ift den Burgern ein Pfund Pf. zu eynung an gnade vervallen;
welcher ouch von den Bürgern Allmend empfangen hat, foll mit
den zünen nit fürbas faren dann wie ihme die Mark gezöugt würdt
und welicher hinwider thäte, fol das mit dem vorgefchribnen
Eynung ablegen fo dick das befchäche.« [39])

b. Feldfrevel.

§ 135. Die allgemeinfte häufigfte Satzung ift, dafs, wer den
Andern auf feinem Acker, in feinen Reben und Hölzern, auf
feinen Matten und in feinen Gärten gefchädigt hat, den Schaden
erfetze und Bufse zahle. [40]) Dahin gehört auch fchon der nicht
felten erwähnte Fall, dafs einer zu verbotenen Zeiten über fremde
Aecker fuhr oder ritt.

Stadtrecht von Ulm § 23: »Qui alium dampnificaverit in pas-
cuis, in ortis, in agris, in arboribus, sive in aliis bonis suis —
tenetur ministro et advocato libras X, actori vero tenetur damnum illatum refundere.« [41]) Der Schwyzer »Obsbrief« von 1440
(Landbuch S. 33) beftimmt: »— das nieman' in unferm Land dem
andern fin korn und obs nit wüften noch etzen [42]) foll, weder
korn, haber, bonen noch ärbs, räben noch truben, nufs — noch
wynreben, noch theinerley obfes. — Und wer difer vorgefchribnen
ftucken theines tätty oder übergiengy — der oder die fond zu bufs
und eynung verfallen fin und geben dry pfund pf., ein pfund
dem, fo der fchad befchechen ift, und ein phund dem gerichte,
und ein pfund den Landlüten. — Und foll auch der oder die, fo
vellig werdent, dem gefchedigetten finen fchaden ablegèn.« [43])

[39]) Rubin zur thuner Handfefte S. 77. vgl. oben § 132.
[40]) f. fchon Pact. Alam. III. 38.
[41]) f. auch Jäger S. 611.
[42]) vgl. R. A. aus der Schweiz No. X. S. 78.
[43]) Bafel Rechtsq. I. S. 134. 296. Ztfchr. für fchweiz. Recht III. S. 45.
Schauberg, Ztfchr. I. 15. II. 81. Grimm, Wsth. I. 132. 216.

Landbuch von Klofters S. 82: »Item, es ift geordnet, dafs welcher dem andern zu verbotnen Zeiten durch feine Güter, es wäre Acker, Wiefen, Gärten oder Baumgärten, oder was das fein mag, fähre,[44]) und ihm Schaden thäte, dafs der, dem der Schaden gefchehen, fich gegen den Gefchwornen derfelbigen Gmeind erklagte und zeigte, der ift dem Gericht oder den Gefchwornen — zu Buefs verfallen ein Pfund Pf.; auch foll er dem andern feinen Schaden abtragen und ergentzen, was dann diefelbigen Gefchwornen fprechen und erkennen werden. Solches verftat fich auch auf denjenigen, welcher den andern mit dem Pflug überbauwen thäte.«

Ein folcher bufswürdiger Frevel wurde, wenn ein Nehmen ftatt hatte, durch die Nacht dem Diebftahl gleichgeftellt,[45]) oder zog dann eine höhere Bufse nach fich,[46]) oder wurde auch bisweilen als Nachtfchach behandelt.[47]) Das Stadtrecht von Luzern § 150 fagt: »Aber fetzen wir, das nieman dem andern in fin garten old güter gan fol, das fin darus tragen old fchaden zufügen tags by eim pfund bufs und ze nacht by eim diebftal.«

Den Uebergang von der alten Auffaffung, nach welcher ein Nehmen von Korn, Obft, Gras u. drgl. in Gärten und auf dem Felde, wenn es nicht bei Nacht gefchah, nicht Diebftahl war, zu der fpäteren, die es dem Diebftahl einverleibte, zeigen folche Verordnungen, welche darauf fchon die Strafe des Diebftahls fetzen, aber noch mit diefem Namen zurückhalten. In einer basler Verordnung von 1534, die eine frühere von 1530 erneuert, heifst es, nachdem die Schädigungen befchrieben find: »thut iemands dem anderen fchaden und das gefchicht by nacht, das will man für ein diepftal achten, an lyb und leben mit dem ftrangen oder ufsftechung finer ougen one gnad ftrafen . befchicht es aber. by tag, dann foll der fo alfo den fchaden gethan den bannwarten den einig (Einung), ouch fchaden abtragen und darzu gefanklich angenommen, in das halsyfen geftelt, des lands verwyfen, durch die baggen gebrennt oder ime die oren abgefchnitten werden.« In beiden Verordnungen ift angezeigt, dafs man fich vordem mit

[44]) Schwfp. 168 W. 195 L. (Sfp. II. 27 § 4.)
[45]) Augsburg S. 105. Luzern § 150.
[46]) Grimm, Wsth. I. 216. 333. Diefsenhofen § 76. Frauenfeld 1331 § 7. 8. vgl. Ztfchr. für deutfches Recht XVII. 467.
[47]) Schauberg, Ztfchr. II. 81. 82. R. A. aus der Schweiz No. X. S. 75.

Geldbufse begnügt habe. In einem fpäteren Strafgefetze von 1637 Art. 7 ift dergleichen einfach als Felddieberei hingeftellt, wie auch Art. 113 des Landbuchs von Uri rubricirt ift »Der Obs-Dieben halber«.

Das augsburger Stadtrecht S. 105 fondert die beiden Fälle, wo jemand den Andern fchädigt in feinem Korn und wo er be-griffen wird im Garten, Baumgarten oder im Anger zum Schaden des Andern.

a. Nur das nächtliche Befchädigen des Korns heifst Diebftahl und ift mit dem Galgen bedroht;[48]) gefchieht es am Tage, fo foll der Eigenthümer des Kornfeldes den Schädiger pfänden. Will diefer kein Pfand geben und wehrt fich, fo kann jener Gewalt gebrauchen, und bringt er den Schädiger gebunden und gefangen vor Gericht, fo foll man ihm die Hand abfchlagen.

b. Wenn jemand den Andern begreift in feinem Garten, Baumgarten oder in feinen Aengern an feinem Schaden, Tags oder Nachts, fo foll man diefen an die Schraiat fchlagen und durch die Zähne brennen und aus der Stadt fchlagen.

Der Umftand, dafs der Garten und der Anger näher mit Haus und Hof verbunden find als das Kornfeld, hat wohl auf die Son-derung eingewirkt. Wenn aber in dem letzteren Satze auch für den Fall der Nacht nur die Strafe des kleinen Diebftahls gedroht ift, fo mag das Abmähen eines Kornfeldes als grofsen Schaden bringend im Gegenfatz zu der geringen Entwendung von Obft, Gras u. drgl. genommen fein.

Nach Offnungen aus dem Gebiet von St. Gallen und dem Thur-gau foll der, welcher dem Nachbar feinen Anrifs[49]) nimmt, den Werth desfelben erfetzen und eine Bufse zahlen. Offnung von Niderbüren: »Item, welcher dem andern fin anrifs wider finen willen nympt, da ift die buels fünf fchilling pfening, und fol difem das fin bezalen.«[50])

Nach Lafsberg ift im Sehwfp. 281 vom »Aehrenlefen« die Rede. Sein Text lautet: »Mit erren gan mag finen gefunt nieman verwürken. ez en fi danne alfo. daz das lant vor gerihte

[48]) Schwfp. 173 W. 202 L. (Sfp. II. 39. Dtfchfp. 149.)
[49]) vgl. Bluntfchli II. 101. Hillebrand in der Ztfchr. für deutfches Recht IX. 310 ff. — Augsburg S. 100. Grimm, R. A. 550 ff.
[50]) Grimm, Wsth. I. 223. 231. 238. Ztfchr. für fchweiz. Recht I. 91.

behabet fi . und er das weiz . und der rihter finen botten dar uf
habe gegeben unde ienem vride dar uffe hat gebannen . fo verliufet er die hant.« Es ift möglich, dafs der Schreiber diefes
Textes des Rechtsbuchs an Aehrenlefen gedacht hat, aber kaum
glaublich, weil feine Zeit nicht fo dachte, fondern den Armen
und Hungrigen weit gröfsere Zugeftändniffe in diefem Gebiete
machte[51]) als in dem Auflefen der nach vollendeter Ernte liegen
gebliebenen Aehren gefehen werden könnte. Wackernagel hat:
»Mit erenn mac nieman etc.« (Art. 231) und erklärt diefs als
»beackern« wie im Art. 230 das »eret« und fchon früher haben
Homeyer u. A. die entfprechende Stelle des Sfp. II. 20 fo aufgefafst. Das »eren« ift = arare und hat fich noch im Schweizer-
dialect erhalten;[52]) vom » Uebereren « wird im folgenden § die
Rede fein. Da Daniels die Auffaffung Lafsberg's wieder
aufnahm und daraus eigenthümliche Folgerungen machte, hat
Homeyer in feiner Schrift: » Die Stellung des Sachfenfpiegels
zum Schwabenfpiegel « S. 84 das Sachliche weiter erklärt.

c. Holzfrevel.

§ 136. Reichliche Beftimmungen enthalten die alamannifchen
Rechte über den Holzfrevel.[53]) In den Verboten, ohne Wiffen
und Willen der Herrfchaft Holz zu hauen, ift auf die Arten und
die Qualität der Bäume[54]) für die Bufsfatzung Rückficht genommen.[55]) Nach dem Stadtrecht von Luzern § 148 foll niemand, er
fei Bürger oder Gaft, in den Stadtwäldern Eichenholz abhauen bei
fünf Pfund Bufse.[56]) Der Baum, welcher Früchte trägt (bärende,
bärhafter Baum), ift vielfach ausgezeichnet,[57]) wie der Eichbaum,
der durch fein Holz und feine Frucht Bedeutung hat.

---

[51]) f. unten § 145.
[52]) Stalder s. v.
[53]) Ein grofser Theil diefer Beftimmungen ift enthalten in den Holzordnungen
vgl. Sigwart-Müller, Strafrecht der Kantone Uri, Schwyz etc. (1833) S. 33 ff.
[54]) vgl. Grimm, R. A. 506.
[55]) Reyfcher, Stat. S. 17. Schauberg, Ztfchr. I. 123. 131. 135.
[56]) vgl. das lübifche Rechtsfprichwort: »Der Eichbaum ift für die Stadt.«
f. Hillebrand, deutfche Rechtsfprichwörter No. 86.
[57]) Augsburg S. 100. Ztfchr. für fchweiz. Recht I. 93. 96. Zug 1432 § 43.
Schauberg's Ztfchr. II. 66. 87. — Schwfp. 196. 366 L. 302 W. Der Dtfchfp. 136
hat das »barende böme« des Sfp. II. 28 § 2 corrumpirt in »prenne paume«.

Das Abhauen grünen Holzes ift erfchwerter Holzfrevel, während das Abnehmen dürren Holzes bis zu einem gewiffen Grade erlaubt ift. Hofrecht von Sigolzheim im Oberelfafs 1320: »Aber des vörftirs reht ift, fwen er uf dem walde vindet burnen kolen von gruneme ftandeme holze, den phendet er vor ein phunt. Ift das er der phenninge nut mac han, fo fol er ime die hant uf dem ftumphe abe flahen.« [58]) Handfefte von Thun § 102: »Quicunque fuerit, qui fasciculum suum aut summatam aut quadrigatam lignorum in nemore fecerit, postquam nemus exierit, nullus ipsum vadiare presumat.« [59])

Bauholz wird auch hinfichtlich der Bufse höher angefchlagen als Brennholz. Offnung von Wagenhufen: »Wer dem andern fyn brännholtz oder felwen (d. i. Weide) ftumpt oder abhouwt, der foll von jedem ftumpen drei fchilling pfenning, und von dem ftumpen buwholtz, es fyge eiche, thenne, föri, afpe, äfchi, kriefsboümi, dem Vogtherren ein pfund pfenning zuo buofs verfallen fin, und den fchaden, dem er befchehen, abtragen.« [60])

Ein Bannwald'ift feinem Begriffe nach in einem befondern Schutz, aus welchem Grunde auch der Wald gebannt fein mag. In der Schweiz bilden Wälder an Bergabhängen oft eine Schutzwehr gegen Lawinenfturz, fo das Wäldchen oberhalb Andermatt; [61]) an den Ufern der Flüffe find fie natürliche Wehren gegen Ueberfchwemmungen. In einem Bannwalde darf entweder gar kein Holz gehauen werden oder nur mit fpezieller Erlaubnifs und unter Controle des Bannwarts oder Förfters, [62]) wobei auch ein Unterfchied der Bäume gemacht ift, fo dafs nur beftimmte Sorten der Bäume im Walde gebannt find. Das Statut von Böblingen [63]) macht den Unterfchied des »verfchwornen« und »lichten« Waldes.

Gebannt waren auch die Landwehren, [64]) zu denen fich grade Waldungen an den Grenzen eigneten. Die Scheidewand von

[58]) Grimm, Wsth. I. 666. 747.
[59]) vgl. Rubin zu diefer Stelle S. 159.
[60]) Schauberg, Ztfchr. II. 82. vgl. G. L. von Maurer, Gefchichte der Markenverfaffung S. 128 ff.
[61]) vgl. meine Schrift über die Brandftiftung S. 81. — Sigwart-Müller S. 35.
[62]) Schwyz Landbuch S. 87. Kothing, Rechtsq. S. 91. 184.
[63]) Reyfcher, Stat. S. 409. — Schwfp. 169 W. 196 L. (Sfp. II. 28.)
[64]) G. L. von Maurer, Einleitung zur Gefch. der Markverfaffung (1854) S. 215.

Obwalden und Nidwalden bildet ein Kernwald, daher auch die
Unterfcheidung von Unterwalden »ob und nid dem Kernwald«;
die Landwehr von Schwyz beftand gleichfalls in Waldung und
unter der Rubrik »Dafs nieman unfer Landtweriny wüften, rüten
noch ützit darin howen foll« findet fich im Landbuch von Schwyz
S. 49 eine Verordnung von 1457, in welcher beftimmt wird: »Were
aber, dafs in unferm Landt yemantz fölich unfer Landtwerinen
oder unfere Höltzer, fo verbannen find, rüte, wüfte oder hüwe
ane ürlob eines Landtammans und der Rätten, der und die föllent
zu rechten eynung und bufs verfallen fin 4 Pfund Pf. von yetlichem
ftok ane alle gnad.«

Von allgemeiner Bedeutung ift der von Köftlin [65]) mit vielen
Stellen belegte Unterfchied, ob jemand excedirte in der ihm an
fich zuftehenden Holzgerechtigkeit oder als Ausmärker, Unge-
noffe etc. in fremde Holzgerechtigkeit eingriff. Diefer Unterfchied
ift auch jetzt noch in der Schweiz fehr wichtig, indem man den
Gemeindegenoffen für dasfelbe Handeln nur als Holzfrevler ftraft,
welches den Fremden in die Kategorie der Diebe bringt.

d. Schädigungen durch Thiere.

§ 137. Schädigung durch Thiere, fo weit fie unter den
Begriff des Feldfchadens fällt, unterliegt der allgemeinen Regel,
dafs der Schaden erfetzt und eine Bufse gezahlt werden foll.
Dabei kommt aber in Betracht, ob es bei Tage oder bei Nacht
gefchah, ob das Vieh mit oder ohne Wiffen feines Herrn auf den
fremden Acker oder die Wiefe oder in das Holz ging.

Augsburg S. 107: »Vindet er daz vihe an fime fchaden . fo fol
er ez hin heimtreiben ane des rihters boten . unde uf fwiv er finen
fchaden bereit . alfo foln im iener des daz vihe ift zwifpilde gelten.«
Klofterordnung von Blaubeuren: »wann man vich es fei rofs oder
küen in verbotten hewen oder heltzer befindt ift es tags, fo gibt
ain jetlich haupt, fo vil erfunden werden, 3 Sch. So fy aber
nachts erfunden würden gibt ain hopt 3 Pfd. 5 Sch.« [66]) Offnung
von Rickenbach: »welicher dem andern fchaden thuot mit fim
vich, fo das am morgen vom vorfter ergriffen wirt, ift die buofs

---

[65]) Kritifche Ueberfchau III. S. 163.
[66]) Reyfcher, Stat. S. 356.

aim frömbden dry Schilling Pf., und in dem ougften von den nach-
puren vich och dry Schilling Pf., und der, des das vich, ift fchuldig
dem fo er den fchaden gethan den abzetragen . Item, welicher dem
andern fin vich frevenlich in das fin täthe und fich das mit recht
erfunde, ift zebuofs verfallen zehen Pfund Pfenning.« [67])

Konnte der Eigenthümer,. deffen Vieh ohne fein Wiffen auf
fremdes Gebiet zum Schaden gegangen war, beweifen, dafs der
Zaun des fremden Ackers »fo bös gewefen, dafs der Schaden
durch desfelbigen Zaun befchehen fei«, fo war er nicht verantwortlich. [68])

Wer fremdes Vieh auf dem Seinen traf, konnte es heraus-
treiben; aber dafür war ein Maafs vorgefchrieben, damit dem
Vieh kein Schaden gefchehe. Hofrecht von Adligenswil: »Gat der
eber oder der pharr oder der fchel deheim gnoffen ze fchaden,
fo fol er in us triben mit einr haslin fumerlatten, die des jars
gewachfen ift; het er da latten nit, fo fol er in ustriben mit dem
rechten ermel us fim guot in daz nechft.« Offnung von Wülflingen: »Wer aber, dafs es (ein tragendes Rofs) in fein wifsen
ginge, und der das alfo zornlich darab jagte, dafs im der fchwantz
wagete, der foll dem herrn drü pfunde geben.« [69])

Er konnte auch das Vieh pfänden, [70]) welches ihn in dem
Seinen gefchädigt hatte, um zum Erfatz zu gelangen, er konnte
es »hintreiben ohne des Richters Boten«. [71]) Daheim brauchte
er dem gepfändeten Vieh weder Futter noch Trank zu geben, fo
dafs der Eigenthümer des Viehes gezwungen war, fich baldmöglichft
mit ihm abzufinden. Die altfchweizerifche Rechtsfprache hat dafür
die eigenthümliche Bildform, er folle oder möge dem gepfändeten
Vieh Steine in einem Korbe oder anderen Gefäfse und Waffer in
einem Siebe vorfetzen. Offnung von Kilchberg: »Wo aber der,
dem es kund than wirt, dem er mit fim vich fchaden gethan hat,
nit pfand geben, und fin vich löfen welt, fo mag der dem fchaden

---

[67]) Grimm, Wsth. I. 216. 217. 143. 368. Schauberg, Ztfchr. II. 66.
Ztfchr. für fchweiz. Recht I. 96. III. 45. Glarus 80. Jäger's Ulm S. 611.
[68]) Glarus a. a. O. Grimm, Wsth. I. 17.
[69]) Grimm, Wsth. I. 17. 138. 163. 234. vgl. Wilda in. der Ztfchr. für
deutfches Recht I. 232.
[70]) vgl. Wilda a. a. O. S. 229 ff.
[71]) Augsburg a. a. O.

befchechen ift, das vich in ftal thuon, und dem vich ain gelten mit ftain und ain ritheren mit waffer fürftellen, und das vich nit witer zefpifen fchuldig fin, er thue es dann gern, und ob das vich hunger fturb, fo fol der, defs das vich ift, das tod vich on defs coften und fchaden ufs dem ftal thuon, on defs entgeltnus.« [72]) Eigenthümliche plaftifche Beftimmungen finden fich über Schädigungen durch Gänfe, Hühner und Ziegen. In der Offnung von Kilchberg ift zuerft beftimmt, dafs wenn Gänfe, nachdem ihr Herr vorher gewarnt ift, Schaden thäten, fo möge der Gefchädigte »inen . den fchnabel durch den zun ftofsen, und die gans hinüber werfen, und alfo im zun hangen laffen, und damit nit gefreflet haben.« [73]) Hühner follen nicht weiter vom Haus und Hof gehen, als wie weit die Frau, welche auf die Firft des Haufes fich ftellt und eine Sichel in die linke Hand nimmt, damit werfen kann. Der Eigenthümer von Geifsen foll zuerft gewarnt werden; wenn jemand fie darauf an feinem Schaden ergreift, » fo mag er die gaifsen an den ruggen legen, und inen die horn in die erden ftofsen, und fy alfo ligen laffen, und hat damit nit gefreflet.« [74])

Ueber andern durch Thiere angerichteten Schaden finden fich nicht fo viele Beftimmungen als über den Feldfchaden. Das augsburger Stadtrecht S. 106. 112 führt einige Fälle auf, und unterwirft fie civilrechtlichen Regeln. [75])

Nach dem angeführten Artikel des glarner Landbuchs konnte der wegen Schädigung durch fein Vieh in Anfpruch Genommene fich mit dem Nachweife, dafs der Zaun des Ackers feines Klägers fchlecht gewefen, fchützen. Schädigungen durch Thiere hatte man auch vornemlich im Auge, wenn die Rechtsquellen fehr forgfame Anordnungen über Einzäunung der Aecker, Wiefen etc. machen, z. B. die Offnung von Mühlheim im Thurgau: »Item alle, die wingarten oder reben handt, föllen die verzünen und vermachen, dafs ein muetterfchwyn mit neun frifchlingen umb und umb die reben

[72]) Grimm, Wsth. I. 206. Schauberg, Ztfchr. I. 194; Beiträge III. 307. 411. Kothing, Rechtsq. S. 361. f. auch Grimm, Wsth. I. 137. Ztfchr. für fchweiz. Recht IV. 81. Grimm, R. A. 370.

[73]) vgl. Hillebrand, Rechtsfprichwörter No. 123 (»Gänfe bezahlen mit dem Kopf«). Wilda a. a. O. S. 261. Grimm, R. A. 595.

[74]) Grimm, Wsth. I. 205. 206. 127. Schauberg, Ztfchr. I. 57.

[75]) Schwfp. 204. 205. 244 L.

loffen und durch die zun nit komen mögendt, und föllen die zeun
mit zweyen ättern geätert fein; wa die nit alfo verforgt feindt,
mag eines herren aman ftrafen und pfenden.« [76]) Diefer mit Androhung von Bufsen eingefchärften Verpflichtung entfpricht es
andrerfeits, dafs das Schädigen der Zäune und Einfriedigungen
durch Fremde ftreng unterfagt ift und als eine befondere Art der
»Befchädigung fremder Sachen« dafteht. Hofrecht von Reichenburg § 8: »Item die minft bufs ift nün fchillig, die felben bufs
verfalt einer, der dem andren fin zun uffbrächy oder überfüry
zu den zitten, fo man es nit tun folt.« [77]) Offnung von Schwarzenbach: »welcher oder welche einen fridhag unerlaupt der vieferen
uffbreche, dardurch dann fchaden befcheche oder befchechen
möchte, derfelbig oder diefelbigen follend auch einem herrn zechen
pfund pfennig ze ftraff und bufs verfallen fyn.« [78])

7. Verletzung der Eigenthumsrechte durch Untreue und Fälfchung.

§ 138. Wilda hat diefes Thema nur kurz behandelt, weil
die älteren Quellen dafür wenig Ausbeute gaben; die Rechte des
deutfchen Mittelalters bieten dagegen eine beträchtliche Maffe des
hieher gehörigen Materials. Die Verfchiedenheit hat fichtbarlich
darin ihren Grund, dafs Betrug und Fälfchung, wie man diefe
Verbrechensgruppe gewöhnlich benennt, in älterer Zeit weit
weniger vorkamen. Der vergröfserte Verkehr, das dichtere Zufammenleben der mehr auf den Erwerb ausgehenden Menfchen
in den Städten und ähnliche Verhältniffe übten ihren Einflufs.
Köftlin [79]) hält es für richtig, im Syftem des deutfchen
Strafrechts die Fälfchung und den Betrug nach ihren verfchiedenen Angriffsobjecten, bei jener öffentliche Treu und Glauben,
bei diefem das Vermögensrecht, durchaus zu fondern, gibt aber
zu, dafs diefe Sonderung für das deutfche Mittelalter nach Ausweis der Quellen nicht beftand, und dafs nicht blofs in den
Fällen, in denen eine Fälfchung vorgenommen wurde, um zu

[76]) Grimm, Wsth. I. 263. 230. Schauberg, Ztfchr. II. 66. 81. Grimm,
R. A. 550.
[77]) Kothing, Rechtsq. S. 69.
[78]) Grimm, Wsth. I. 216. 217. Peftalutz I. 189.
[79]) Abhandlungen aus dem Strafrechte S. 120 ff.

betrügen, ein Ineinandergehen der Begriffe ftattfand. [80]) Die
Unterfcheidung, dafs die Sache gefälfcht, die Perfon betrogen
werde, will er nicht gelten laffen, und doch hat fie wohl im
deutfchen Sprachgebrauch vollkommen ihre Berechtigung, wenn
auch mittelft derfelben das Wefen .der beiden Begriffe nicht vollftändig juriftifch dargeftellt werden kann.

Der Gefichtspunkt, dafs durch die Fälfchung öffentliche Treu
und Glauben verletzt werde, tritt darin hervor, dafs im augsburger
Stadtrecht S. 66 z. A. gefagt ift, der Vogt habe mit dem Gute
des Fälfchers nichts zu fchaffen, da über ihn gerichtet werde »der
Stadt und dem Lande«, wie kurz vorher vom Ketzer fteht, durch
fein Verbrennen werde Gott und der Chriftenheit gerichtet.

Wenn wir uns an die mittelalterlichen Rechtsquellen halten,
fo finden wir zunächft, dafs die Fälfchung weit häufiger aufgeführt
ift als der Betrug. Beftimmte Arten der Fälfchung find vorzugsweife überall behandelt. Nicht felten kommt der Ausdruck vor,
dafs gerichtet werden foll »nach Falfches Recht«, z. B. im augsburger Stadtrecht S. 16. Vielleicht darf man daraus entnehmen,
dafs das »Falfch« der allgemeine Begriff war für die rechtswidrige
Täufchung zum Nachtheil Anderer, wo ein Falfches gefetzt wird,
als wäre es das Wahre, fei es durch den Gebrauch der falfchen
Münze oder die Vorfpiegelung unwahrer Thatfachen. Wahrfcheinlich liegt aber in folchen Wendungen nur die verkappte Angabe,
dafs die Normalftrafe der Fälfchung, das Abhauen der Hand oder
das Aequivalent, 10 Pfund Bufse, eintreten foll. [81])

a. Falfch mit Maafs und Gewicht.

§ 139. In der Gruppe der zähringer Stadtrechte erfcheint es
als ein wichtiges Recht der Städte, Maafse und Gewichte
für den Handelsverkehr zu beftimmen und ihnen öffentliche Zeichen der Giltigkeit und Richtigkeit als »Normalgröfsen für die

---

[80]) Sehr gut ift von Langenbeck zum hamburger Stadtrecht 1497 C. 18
angedeutet, dafs durch das Ausgeben falfcher Pfenninge öffentliche Treu und
Glauben untergraben und Andere in ihrem Vermögen gefchädigt werden: » den
fchal man handlen als Deve der ganzen Welt «.

[81]) Zürich Rb. S. 47. Augsburg S. 16. 30. 31. 33. Colmar und Dattenried
§ 28. Basler Dienftmannenrecht § 8.

Beftimmung der Quantitäten im Verkehr« zu geben, [82]) und daraus
entfprang eine Quelle beträchtlicher Einnahmen für die Städte.
Theils die Nothwendigkeit einer feften Regelung des Verkehrs
in der genannten Beziehung, theils auch die Rückficht auf die
ftädtifchen Einkünfte führte die Strafbarkeit des Abgehens von
der betreffenden Einrichtung herbei.

Freiburg im Breisgau hatte, wie andere Städte, [83]) eine öffentliche Waage und einen Aúffeher derfelben. Diefe Waage, deren
Benutzung den Bürgern ohne Entgelt zuftand, follte nothwendig
gebraucht werden in Kaufgefchäften der Bürger mit Fremden,
während ein Bürger für den Verkehr gegen eine Abgabe eine
eigene Waage haben konnte. [84]) Die Waagen der letzteren Art
waren mit öffentlichen Zeichen der Richtigkeit verfehen, [85]) wie
die Maafse und Gewichte für Wein, Getreide u. dgl. unter öffentlicher Autorität geregelt und geftempelt wurden. [86]) In Augsburg
wurden alle Gelöte gleich gemacht nach des Münzmeifters Normal-
gewichten; anderswo ftand dergleichen unter der Auffucht des
Raths, oder es wurden auch die Normalmaafse in den Kirchen
aufbewahrt und den Kirchherrn die Controle zugewiefen. [87]) Von
Zeit zu Zeit wurde eine Schau der Maafse und Gewichte vorgenommen, [88]) und in Augsburg wurden die unrichtigen Maafse
verbrannt. Wenn ein neues Gewichtfyftem eingeführt war, wie
1425 und in den folgenden Jahren in Luzern das von Zürich, fo
war das Gebrauchen der alten, nicht von Neuem gezeichneten,
alfo aufser ´Curs gefetzten Gewichte ftrafbar. [89])

Das rechtswidrige Verhalten in Beziehung auf Maafse und
Gewichte umfafst zwei Arten, bei denen die Rechtswidrigkeit eine
verfchiedene ift. Im Stadtrecht von Diefsenhofen § 29 ff. ift eine

---

[82]) **Brackenhoeft** im Archiv des Crim. 1848 S. 227.
[83]) Augsburg S. 28. Chronik von Schaffhaufen a. 1381.
[84]) Freiburg 1120 § 36. 37; Stadtrodel § 15 ff. Bern 1218 § 18.
[85]) Diefsenhofen § 29.
[86]) Freiburg 1120 § 38; Stadtrodel § 20. Bern 1218 § 19. Murten § 29.
Strafsburg § 56. 57. Colmar § 28. Hagenau § 21. 22. Augsburg S. 16. 82. 116. —
Die regelmäfsigen Ausdrücke für diefes Zeichnen find **aichen** (eichen) und
pfechten (fechten).
[87]) **Segeffer** II. 250. 255.
[88]) Augsburg S. 82. 116. 127. Murten § 30. Klofters S. 75.
[89]) **Segeffer** II. 252.

geringere Bufse dem gedroht, der die öffentliche Waage (Frohn-
waage) umgeht, oder der mit einer Waage wiegt, in welcher
nicht der Bürger Zeichen ift, als dem, der »unrecht Gewege git.«
In dem erfteren Falle kann die gebrauchte Waage materiell richtig
fein, [90]) es ift lediglich ein Uebertreten der Marktpolizei, welches
geftraft wird, kein wirkliches »Falfch«; eben fo wenig als wenn
jemand bei einer von der dazu beftellten Behörde vorzunehmenden
Schau der Gewichte die in feinem Befitz befindlichen Gewichte
nicht vorweif't. [91]) Allein oft gehen die beiden Fälle in einander
über, infofern diejenigen Maafse und Gewichte, welche wirklich
falfch find, gewöhnlich keinen Stempel haben, und man bei der
Neigung zu präfumiren aus dem Befitz nichtautorifirter Maafse
auf den Betrug fchlofs. Sicherer war aber der Schlufs, den das
augsburger Stadtrecht S. 16 macht, indem es fagt, wenn das
geftempelte Gelöte dennoch nicht richtig gefunden würde, »daz
haizzent valfch gelöte«.

Als Strafen für wirkliches Falfch an und mit Maafsen und
Gewichten finden wir theils Geldftrafen, theils Strafen an Leib
und Leben.

Freiburg im Uechtland § 86: »Si quis falsam mensuram alicui
dederit, et ille cui data est, poterit probare, sibi falsam mensuram fuisse datam, ille qui dedit, emendabit illi cui data est cum
banno trio librarum et sculteto similiter et vinum non vendat per
quadraginta dies.« [92])

Ausführlich behandelt den Gegenftand das augsburger Stadtrecht 1276. Der Burggraf hatte die Controle über Maafse und
Gewichte; [93]) unrichtig befundene follte er verbrennen und 5 Schilling Bufse für fich einziehen (S. 127 vgl. mit S. 10); aber bei
Erwähnung der unrichtigen Gelöte der Fleifchmanger und Höker
ift gefagt, dafs aufserdem dem Vogte der Falfch gebüfst werden
folle, wie auch in Betreff der unrichtigen Metzen (S. 83). Der
Vogt hatte ebenfalls in diefen Dingen zu revidiren, und bei unrichtig gefundenen Schaffen, die von den Metzen gefondert find,

---

[90]) Köftlin, Abhandlungen S. 132.
[91]) Murten § 30.
[92]) Thun 56. Burgdorf 126. Murten, Stadtrodel § 29. — Augsburg 1156.
III. 12. VI. 2. Frauenfeld 1368 § 11. Grimm, Wfth. I. 223. 231. 334.
[93]) f. auch Schwfp. 4. 149 W.

ein halbes Pfund Bufse zu fordern. In Betreff unrechten Gelötes ift aber Genaueres vorgefchrieben (S. 82), nemlich:

a. Wird unrechtes Gelöte bei einem Mann gefunden, es fei zu fchwer oder zu gering, ift er ein unerfahren [94]) (d. i. unbeleumdeter) Mann, der dann beredet, dafs er keine Gevärde daran wiffe, fo ift er ftraffrei.

Dafs hier auf eine Linie geftellt ift, ob das Gewicht zu fchwer oder zu leicht fei, erklärt fich einfach daraus, dafs, wer mit feinem zu fchweren Gewichte einkauft, den Verkäufer ebenfo bevortheilt, als wenn er mit feinem zu leichten Gewichte verkauft, den Käufer. [95])

b. Wird dergleichen zum zweiten Mal bei ihm gefunden, fo foll der Vogt »den Falfch hinze ihm richten«, alfo dafs er ihm die Hand foll abfchlagen, er gebe denn 10 Pfund, ift er ein Wirth, 5 Pfund, ift er ein Knecht, für die Hand.

c. Wird folches zum dritten Mal bei ihm gefunden, fo verliert er unbedingt die Hand.

Beim erften Mal konnte die rechtswidrige Abficht noch zweifelhaft fein, beim dritten nicht mehr; daher follte die eigentliche Strafe des Falfches, [96]) der Verluft der Hand, eintreten.

So wie nach dem augsburger Stadtrecht der Vogt, als Inhaber der Criminaljuftiz, zur fchweren Strafe des Falfches vorfchreiten kann, ift in dem Statut von Böblingen [97]) zur Beftimmung der Bufse an die Stadt für das Haben und Gebrauchen unrechter Gewichte und Maafse hinzugefetzt, dafs der Herrfchaft ihr Recht vorbehalten fei, und dafs, wenn die Sache fo gröblich und gefährlich erfunden werde, der Vogt von der Herrfchaft wegen ftrafen möge.

Da der Diebftahl unter den Eigenthumsverbrechen das Centrum einnahm und an ihn die fonftigen Verbrechen diefer Gattung fich anlehnten, [98]) fo erklärt es fich wohl, wie in den älteften der hier zu benutzenden Urkunden, dem freiburger Stiftungsbriefe § 38, ein Kaufen und Verkaufen mit falfchem Maafs und Gewicht gradezu Diebftahl genannt ift, »furtum perpetravit«. Die berner Hand-

---

[94]) vgl. S. 62. 78.

[95]) f. auch Freiburg 1120 § 38.

[96]) Wilda S. 938. f. oben § 138 a. E.

[97]) Reyfcher, Stat. S. 402.

[98]) f. oben § 126 S. 295.

felte 1218 § 19 hat diefs in eine andere Form gebracht: »tanquam fur et falsarius judicetur«; und ähnlich verfährt die Hand-
felte von Freiburg im Uechtland § 85 in einem verwandten Falle:
»Quicunque tabernarius vinum limphaverit, aut aliquo modo falsificaverit, pro latrone habetur.« Das augsburger Stadtrecht S. 66 a. E.
hat auch für eine Art der Fälfchung die Diebftahlsftrafen gedroht.

Das ftrafsburger Stadtrecht 1270 § 48 beftimmt: »Swer ouch
unrehte miffet den win, den fol man fchüpfen [99]) und der wurt
des der win ift, der git ein pfunt.« [100])

Im luzerner Recht ift der Gebrauch falfcher Maafse und Gewichte als »offen falfch« bezeichnet und mit Strafe an Leib und
Gut bedroht. [101]) Der von Segeffer angeführte Fall von 1432,
in welchem einer, der zu leichtes Gewicht gebraucht hatte, um
100 Gulden geftraft wurde, »doch feinen Ehren ohne Schaden«,
wäre eine Abnormität, da Fälfchung wie Diebftahl zu den unehrlichen Sachen gehörte, wenn man nicht annehmen dürfte, dafs
dem Schuldigen der zum »offen falfch« gehörige dolus nicht nachgewiefen war, fondern nur, dafs er zu leichtes Gewicht gebraucht
und dazu nicht »gelugt« hatte.

Das freiburger Stadtrecht 1520 p. XCVI. 1. ift für diefes Verbrechen bis zur Todesftrafe fortgefchritten: »Welcher fich wiffentlich und betrüglicher geftalt falfches gewichts und mafs gepruchte,
der fol darumb am Leben geftraft und erdrenkt werden.«

Zu erwähnen ift, dafs der Schwfp. 307 W. 370 L. nicht aus
dem Sfp. und Dtfchfp. entlehnt ift und auch mit dem alamannifchen
Rechte nicht harmonirt. Der Artikel »Von unrehter Waage« lautet
bei W.: »Swer ein gelöte ringer macht gegen einem phenninge, der
ein phunt an eine mark get, danne ez ze rehte fin fol: dem fol
man daz houbet abe flan. Swer ouch den andern überwiget als
fwäher, als ein phündic phenninc ift, dem fol man hut unde har
abe flahen.«

b. Waarenfälfchung.

§ -140. Wenn auch der Weinbau in Alamannien fpäter als in
andern Gegenden Deutfchlands, am Rhein und an der Mofel, be-

---

[99]) f. oben § 49 S. 111.
[100]) Strobel I. 331.
[101]) Segeffer II. 647. Stadtrecht von Sempach 1474 im Gefchichtsfr. VII. 150.

deutend wurde, finden wir ihn doch im fpäteren Mittelalter überall,
wo die Lage der Gegend nicht ein Hindernifs war, am beften im
Elfafs und im Breisgau. Daher kommen denn auch in den Rechtsquellen nicht allein viele auf die Weinberge bezügliche Beftimmungen vor, fondern auch die Weinfälfchung und die Maafsregeln
dagegen bilden ein befonderes Thema. Die Weinfchenken und
Wirthe mufsten zu beftimmten Zeiten fchwören, dafs ihre Weine
echt und dafs denfelben keine ungehörigen Zuthaten beigefetzt
feien;[102]) man wollte »guten, einfchmeckenden, aufrichtigen« Wein
trinken, wie es in einem Weisthum heifst; es follte weder Waffer
zugegoffen fein, noch verfchiedene Sorten Weines gemifcht,[103])
noch der Wein durch andere Ingredienzien verändert werden.
Zwar liebte man im Mittelalter mehr als in der Gegenwart Weine
durch Gewürze und Kräuter pikant zu machen,[104]) und Mifchun-
gen, wie Falftaff's berühmter Sekt, waren in Deutfchland nicht
unbekannt, aber wo der Wein für rein ausgegeben wurde, follte
er es auch fein. Die Zuthaten, welche zur Weinfälfchung gebraucht
wurden, erfcheinen uns höchft fonderbar, und manche derfelben
waren der Gefundheit fchädlich: Alaun, Kalk, Senf, Bismut, Blei-
weis, Vitriol etc.[105]) Es ift diefs in Anfchlag zu bringen, wenn
die Rechtsquellen fehr ftrenge Beftimmungen über Weinfälfchung
aufführen.

Freiburg im Uechtland § 85: »Quicunque tabernarius vinum
limphaverit, aut aliquo modo falfificaverit, pro latrone habetur.«
Ebenfo die Handfeften von Burgdorf § 125 und Thun § 55, wo
Rubin unrichtig überfetzt: »foll für einen Mörder gehalten wer-
den«. Latro ift hier als Kraftausdruck gefetzt, und bringt den
Weinverfälfcher in die Kategorie der Diebe.[106])

In Memmingen follte kein Wirth Wein mit Waidafche verfetzt
zum Schenken kaufen bei Strafe von 10 Pfund Heller und ein

---

[102]) Jäger's Ulm S. 458.
[103]) Augsburg S. 118. Freiburg im Uechtland § 85. Bafel im vierzehnten
Jahrhundert S. 43.
[104]) Pfaff, Efslingen S. 180. Wackernagel in Haupt's Zeitfchrift für
deutfches Alterthum VI. 268 ff.
[105]) Züricher Rb. S. 47. Memmingen S. 304. Gaffarus a. 1453. Jäger's
Ulm S. 458. Zarncke zu Brant's Narrenfchiff c. 102.
[106]) f. oben § 139 S. 333.

Jahr Stadtverweifung; aber naiv ift im Rechtsbuche S. 304 hinzugefetzt: »Er mag ihn aber wol anderswä hinführen.«

In Efslingen fcheint gegen das Ende des fünfzehnten Jahrhunderts die Weinverfälfchung ftark betrieben zu fein, was nicht
allein ftrenge ftädtifche Verbote hervorrief, fondern felbft ein Einfchreiten des Kaifers zur Folge hatte. [107])

Am ftrengften ift das Landbuch von Uri § 160: »welcher
fund wurden, es feien Sümmer oder andere, die den Wein mit
Waffer mifchen — die follen Leib und Gut der Oberkeit verfallen
haben und in Gefangenfchaft gelegt werden, da fie betreten, auch
ab ihnen als Dieben und Waarverfälfcheren gerichtet werden.«
Man kann diefs ein Popanz-Gefetz nennen.

Der züricher Richtebrief S. 47 hat eine Steigerung, bei welcher der nicht grade beftbeleumdete »Züriwie« [108]) mit befonderer
Ehre behandelt ift:

1) Wer züricher Wein vermehrt (mit Waffer), oder Alaun und
Kalk zufetzt, foll an die Stadt 5 Pfund zahlen.

2) Wer klingenauer [109]) oder andern Wein, der ärger ift als
züricher Landwein, in die Stadt führt, gibt von jedem Saum
1 Pfund; wer folchen Wein für Landwein verkauft oder unter
andern Wein mifcht, gibt 10 Pfund, und falls er diefe nicht
zahlen kann, ift er »des Valfches fchuldig«. [110]) Aus der züricher
Praxis wird berichtet, dafs ein Heinrich Ströli von Meilen im
Jahr 1372 eine Urphede fchwören mufste, als er im Geiängniffe
gewefen war, weil »Win hinder im funden wart, der mit waffer
vermert was, das ein offener falfch was«. [111])

Nicht fo häufig ift die Fälfchung anderer Waaren in den Rechtsquellen bedacht, doch fehlt es nicht an Beftimmungen darüber.
In dem Landbuch von Klofters S. 72 ift es bei der höchften Bufse
verboten, ungerechte oder falfche Waaren zu verkaufen; dergleichen Waaren follen verbrannt werden. In Luzern fcheint das
Verkaufen verfälfchten Oels arbiträr geftraft zu fein. [112]) Streng

---

[107]) Pfaff, Efslingen S. 180 ff. f. auch Chronik von Schaffhaufen a. 1393.
[108]) Wackernagel a. a. O. S. 267.
[109]) Klingenau im Canton Aargau.
[110]) f. oben § 138 a. E.·
[111]) Bluntfchli I. 408 Anm. 142.
[112]) Segeffer II. 648.

war das freiburger Stadtrecht 1520 p. XCV. 2: »Welcher fin kouffmanswar oder guot, es fyg korn, habern, win, tuch, fpecerey, apoteck oder anders gevarlich und betrugklich felfchet, vermifchet, und demfelben unredlich zufätz gibt, den wöllen wir nach gelegenheit der fach, an eren und guot ftrafen, und es möcht fo grob und gröfslich befchehen, einer wurd am leben darumb geftraft.« [113]) In Augsburg wurde nach Gaffarus im Jahr 1429 fogar ein fremder Krämer, der gefälfchten Safran [114]) verkauft hatte, zum Scheiterhaufen verurtheilt, aber begnadigt. Das augsburger Stadtrecht enthält vorforgliche Beftimmungen über die Fabrikate verfchiedener Handwerker. Ein Tuchweber (Lodweber) foll kein Tuch weben als nur von einfältiger Wolle, wer anderes dazu thut, wird er des bewährt, »daz heizzet valfch unde foll das büfsen als reht ift« (S. 30). Die Hüte, welche als wollen verkauft werden, follen reine Wolle und keine Haare enthalten; handelt der Huter dawider, fo foll er büfsen als um den Falfch (S. 31. 33). [115])

c. Münzverbrechen.

§ 141. So wie es in den neueren Syftemen des Strafrechts ein Collectiv Münzverbrechen gibt, aus welchem das Falfchmünzen als die fchwerfte Art hervortritt, [116]) müffen wir auch eine folche Gruppe im älteren deutfchen Recht annehmen, und neben dem Geltichtspunkt der Störung des Verkehrslebens und der Verletzung der öffentlichen Treu und Glauben durch folche Verbrechen ift es die Finanzhoheit des Staates oder vielmehr noch das Münzrecht der fehr verfchiedenen diefes ausübenden Stellen, deren Beeinträchtigung beftraft werden follte. Zwar wurde das Münzrecht als kaiferliches oder königliches Lehen den Städten, den Herzögen, den Bifchöfen und Abteien verliehen, und ift die Lehnsabhängigkeit auf den Münzen durch den Namen des Kaifers ausgedrückt, [117])

---

[113]) vgl. C. C. C. Art. 113.
[114]) Safran, neben dem Honig den Zucker vertretend, war im Mittelalter ein bedeutender Handelsartikel. In Zürich heifst noch jetzt die Kaufmannszunft »zur Safran«.
[115]) f. oben § 138 a. E.
[116]) f. den trefflichen Abfchnitt bei Berner § 208 ff.
[117]) Stälin I. 525. 528.

aber man liefs häufig den Namen des Kaifers weg, und das Streben nach Unabhängigkeit vom Reiche zeigte fich bei den Fürften auch in diefem Gebiete; manche Reichsftände hatten, wie Stälin fagt, das Münzrecht durch kühnes Zugreifen. Man übte das Münzrecht mit grofser Willkühr, weshalb unter Anderen K. Rudolf I., als in Breifach 1283 Klagen über Münzunwefen an ihn kamen, einfchärfte, dafs mit dem Münzrecht belehnte, geiftliche und weltliche Fürften münzen follten nach altem Recht und Herkommen und nicht nach der Willkühr der f. g. Hausgenoffen. [118])

, Wenn jetzt der Mangel an Einheit Deutfchlands deutlich aus dem Münzwefen erkannt werden kann, war diefs noch weit mehr im Mittelalter der Fall. Deutfchland war von einer Sündfluth verfchiedener Münzforten überfchwemmt, und oftmals verfchwanden die guten Münzen und die fchlechten blieben zurück. Das gute Geld ging ungeachtet der Verbote auswärts, fand fich auch hie und da, in den reichen Stiftern und Klöftern, [119]) in grofsen Maffen aufgehäuft, und war dadurch dem Verkehr entzogen; es wurde ebenfalls eingefchmolzen, trotz den Verboten dagegen. Vermehrt wurde der Münzwirrwarr durch das häufige Aufsercursfetzen von Münzen beim Eintreten einer neuen Herrfchaft. Solchen Uebelftänden zu fteuern kamen Münzvereine zu Stande, [120]) ohne anhaltend beffere Zuftände herbeizuführen und die »grofsen merklichen Gebreften der Münzen und Pfenninge« zu befeitigen.

Das Collectiv »Münzverbrechen« umfafste nicht etwa nur das Falfchmünzen, die Münzverfälfchung und das Ausgeben unrichtiger Münzen, fondern eine gröfsere Anzahl von Delicten, wie fchon im Vorhergehenden angedeutet ift. Maafsregeln und Verbote, welche die heutige Finanzwiffenfchaft als kurzfichtig und zwecklos verdammt, waren die Bafis mancher derartigen Delicte.

1) Während in den einzelnen Bezirken, fei es auf Grund landesherrlichen Rechts oder gemachter Verträge, beftimmte Münzen im Zwangscurs waren, hatten andere Münzen nur als

---

[118]) Pertz, Mon. Leg. II. 443. — Augsburg S. 10. 12. 13. Jäger's Ulm S. 379. Wackernagel zum basler Dienftmannenrecht S. 10. Arnold, Verfaffungsgefchichte der deutfchen Freiftädte I. 273.

. [119]) Stälin II. 779.

[120]) Stälin III. 784. Jäger's Ulm 386. 388. Segeffer II. 267. 275 ff.

338

Verkehrswaare einen conventionellen Werth. [121]) Schlechtes Geld follte überhaupt fern gehalten werden, weshalb der Rath von Ulm verordnete, dafs, wer fchlechtes Geld einführe, fünf Schilling Heller zahlen und nach Befund der Sache auch härter geftraft werden folle. [122])

2) Auf der andern Seite follte gutes Geld gar nicht oder nur in einem beftimmten Maafse ausgeführt werden, wie überhaupt Silber und Gold, das als Waare und Taufchmittel grofsen Befchränkungen im Handelsverkehr unterworfen war. [123]) Nach dem freiburger Münzbriefe von 1399 [124]) foll jeder, der Silber oder gemünztes Geld aus dem Lande führt, von jeder Mark einen Gulden zur Befferung geben; nach ulmer Recht durfte gemünztes und ungemünztes Silber bei Strafe Leibes und Gutes nicht aus dem Lande gebracht werden. [125])

3) Sehr ftreng war man gegen das eigenmächtige Einfchmelzen der angenommenen Münzen. Es follte niemand zu folchem Zweck die guten Münzen auslefen. »Wer fie auslifet und brennet, der foll Leib und Gut verfallen fein dem Herrn oder der Stadt«, droht der freiburger Münzbrief, [126]) und in Ulm wurde er wie ein Fälfcher behandelt. Weniger ftreng war man in Luzern. [127])

4) Da fehr häufig bisher gültige Münzen aufser Curs gefetzt und dann »verfchlagen« wurden, [128]) fo entftand auch in dem Gebrauch der alten und nunmehr verbotenen Münzen nach einer beftimmten Frift ein Münzvergehen. Augsburg S. 13: »Man foll auch wizzen, fwenne der bifchof fine pfenninge haizzet verflahen unde daz mit gutem rate tut . fwenne des zit ift, daz man fie verbieten fol, fo fol der vogt die fturengloggen haizzen luten unde fol der vogt die alten pfenninge verbieten, daz fi niemen näme . unde fol auch gebieten daz nieman mit den alten pfen-

---

[121]) Segeffer I. 135.

[122]) Jäger S. 386.

[123]) Augsburg 1156 III. 5. 6., 1276 S. 11. 12.

[124]) Schreiber, Urk. II. S. 130.

[125]) Jäger S. 388.

[126]) f. auch Abfcheide der zu Baden im Aargau gehaltenen Tagfatzungen I. S. 103. 183.

[127]) Segeffer II. 267 Anm. 1. Luzerner Stadtbuch Va. § 11.

[128]) Augsburg S. 12. 13. Schwfp. 165 W. 192 L.

ningen kauffe noch verkauffe etc. [129]) Strafsburg § 65: »Quando nova moneta percutitur et vetus interdicitur, a die interdictionis nunciabuntur terne quatuordecim dierum inducie, scilicet sex septimane, in quibus Monetarius quemcunque voluerit potest impetere, quod interdictam monetam acceperit. Quod si ille negare voluerit, cum septima manu iurabit se non fecisse, alioquin componet Monetario sexaginta solidos.« [130])

5) Fand man in Augsburg bei jemand falfche Pfenninge, fo machte es einen wefentlichen Unterfchied, ob er ein »unverfprochen« Mann war oder nicht. Der Erftere konnte mit feinem Eide die Geverde und Schuld von fich abweifen, der Andere follte nach Analogie des Diebftahls geftraft werden; waren nemlich der Pfenninge 60 oder mehr, follte er gehenkt, waren es weniger, an der Schraiat gerichtet und durch die Zähne gebrannt werden. [131])

6) Natürlich war denn auch das Ausgeben falfchen Geldes ftrafbar. [132])

7) Das Befchroten der Münzen [133]) bedroht der genannte freiburger Münzbrief mit dem Verluft der Finger.

8) Die Spitze unter den Münzverbrechen nimmt das Falfchmünzen ein. Der freiburger Münzbrief ftellt Falfchmünzer und die, welche Münzen fchlagen, dazu fie kein Recht haben, [134]) und die, welche böfe Pfenninge unter die neuen Pfenninge bringen, gleich, und drückt die Strafe allgemein aus, »den fol man darum zuo iren leyb und gut greifen«. [135]) Anderswo ift die eigentliche Strafe des Falfches, Verluft der Hand, gedroht. [136])

Fälle der Beftrafung von Falfchmünzern find oft erwähnt. In Augsburg wurden 1563 zwei Schweftern, weil fie aus Zinn und anderem Metall falfche Plappart gegoffen, von dem Scharfrichter auf Backen und Stirn gebrannt und aus der Stadt verwiefen. [137])

---

[129]) f. auch dafelbft S. 16. Schwfp. 165 W. 192 b L. (Sfp. II. 26 § 6.)
[130]) f. auch Schreiber, Urk. II. 133.
[131]) Augsburg S. 66. Schwfp. a. a. O. (Sfp. II. 26 § 2.)
[132]) Segeffer II. 646 Anm. 5. Blumer II. 2, 27.
[133]) vgl. Stetten I. 843.
[134]) Schwfp. 192 b L. (Sfp. II. 26 § 2.)
[135]) f. auch Freiburg XCVI. 1.
[136]) Strafsburg 69. Augsburg 1156 III. § 4.
[137]) Stetten I. 557.

In Appenzell wurde das Falfchmünzen mit Ruthenfchwung und Verbannung geftraft. [138]) Aber auch die fchwere Todesftrafe des Lebendigverbrennens und Siedens [139]) kam vor. In Augsburg ift 1564 nach Gaffarus ein Falfchmünzer lebendig verbrannt, feine Frau auf Stirn und Backen gebrannt worden.

Dafs fich auch die Münzmeifter und Hausgenoffen, obgleich fie unter einer forgfamen Controle ftanden, der Falfchmünzerei und anderer Münzverbrechen fchuldig machten, zeigen manche Stellen. Augsburg 1156 III. § 4: »Et si monetarius in falsitate deprehensus fuerit, quicquid habet publicari debet episcopo, et manus ejus advocato.« [140]) Der Rath von Augsburg liefs 1372 den Burggrafen Conrad von Höppingen und des bifchöflichen Münzmeifters Sohn wegen gemachter ringhaltiger Münze mit dem Schwert hinrichten. [141]) Wenn, nach dem freiburger Münzbriefe von 1399, die Mark über drei Mal zu fchwach gefunden wurde, »dafs die Verfucher auf ihr ayde bedeuchte, dafs es mit gevärden befchehen wäre, das föllent die drei für ihren herren oder ihr räte pringen, die denn zuo dem müntzmaifter fürderlichen mit dem keffel nach recht richten follen und ine des nit laffen hinkomen«.

d. Urkundenfälfchung.

§ 142. Beftimmungen über Urkundenfälfchung find in den Rechtsquellen nicht häufig. In einem fpätern züricher Gefetz von 1549 ift das Betrügen mit Brief und Siegel neben anderen Betrügereien mit Strafe an Leib, Leben, Ehre oder Gut bedroht. [142]) Zu einer Zeit, als nicht einmal immer ein König fchreiben konnte, und die Schreibverftändigen vorzugsweife unter den Geiftlichen waren oder doch die meiften Menfchen nicht fchreiben konnten, mufste das Verbrechen feltener fein als heutzutage. Der Schwfp. 306 W. 369 L. behandelt daher den Gegenftand unter der Rubrik »Von Schribern« und bedroht das wiffentliche Schreiben falfcher Handfeften und falfcher Briefe mit dem Verlufte der Hand. In

---

[138]) Schäfer S. 98.
[139]) Schreiber, Urk. II. 129. f. oben § 41 S. 91.
[140]) Augsburg 1276 S. 13. Jäger's Ulm S. 387. — Schwfp. 165 W. 192. 363. II. L.
[141]) Stetten I. 119. 370.
[142]) Ztfchr. für fchweiz. Recht IV. 69.

mehreren Fällen wurden Urkundenfälfcher enthauptet oder gehängt. [143]) Ein Siegelfälfcher wurde aber 1376 in Augsburg in
Oel gefiedet; 1532 ein Färber, der die Zeichen, welche mit dem
Stadtfiegel auf die gefärbten Tuche gefetzt wurden, künftlich nach-
gemacht hatte, enthauptet; ein anderer fehr angefehener Färber
foweit begnadigt, dafs er eine grofse Geldfumme·zahlen mufste,
ehrlos gemacht und für immer in fein Haus eingegrenzt wurde. [144])
Einen Wechfelfälfcher liefs Graf Ulrich von Würtemberg 1445 auf
Anfuchen der Augsburger zu Tübingen enthaupten. [145])

e. Verrücken von Grenzmarken. Ueberpflügen, Ueberzäunen,
Uebermähen u. drgl.

§ 143. In das Gebiet der Fälfchungen gehört auch das Befeitigen und Verrücken von Grenzzeichen und Marken. Es gab
zwar natürliche Landfcheiden, die unwandelbar waren, [146]) aber
fehr gewöhnliche Grenzzeichen waren Bäume, [147]) und als Ge-
markungszeichen der Allmenden wie der Privatländereien kommen
am häufigften Steine vor; daher ift das Delict der Grenzverrückung
regelmäfsig in den Rechtsquellen bezeichnet als: Markftein verrücken, ausgraben u. drgl. Es gab gefchworne Märker, welche
zu marken hatten »jedermann nach feinem Recht, niemand zu Lieb
noch Leid ungevarlich« [148]) und Feierlichkeiten beim Setzen der
Markfteine hatten fich von alter Zeit her erhalten. Die berühmte
germanifche Ohrfeige zur Gedächtnifsfchärfung der Jungen, die
handgreiflichfte Symbolik alter Zeit, blieb auch in den alamannifchen Gebieten in fteter Uebung. [149]) In dem Volksglauben
erhielt fich auch noch ein Nachklingen der alten Heiligkeit der

[143]) Stetten I. 420. 726. Chronik von Haller und Müslin S. 134. 154.
[144]) Gaffarus s. a.
[145]) Gaffarus s. a. Stetten I. 168.
[146]) Arx, Buchsgau S. 132. 203.
[147]) Wegelin, Toggenburg II. 130. Rochholz, Schweizerfagen aus dem
Aargau II. Einl. S. XLVI. vgl. im Allgemeinen J. Grimm's Grenzalterthümer
in den Abhandlungen der berliner Academie 1843 und deffen R. A. 544.
G. L. von Maurer, Gefchichte der Markenverfaffung § 95.
[148]) Schauberg, Ztfchr. II. 92. — Archiv für fchweiz. Gefchichte XI. 58.
[149]) Grimm, R. A. 143. 545. 826. Reyfcher, Beiträge zur Kunde des
deutfchen Rechts I. (1833) S. 47. Mone, badifches Archiv I. 272. Blumer
I. 199. Vernaleken, Alpenfagen S. 393.

Markzeichen: wer fie heimlich verrückte, mufs dabei umgehen. [150])
Aber die alamannifchen Rechtsquellen des Mittelalters behandeln
das unrechtmäfsige Setzen, Verrücken, Ausgraben von Markzeichen
in nüchterner Weife als eine Fälfchung und Eigenthumsbefchädi-
gung und drohen auch nicht mehr die furchtbare Strafe, [151])
welche aus der Heiligkeit und Unverletzlichkeit folcher Zeichen
herzuleiten ift.

Wer einen umgefallenen Markftein fah, hatte ihn wieder
aufzurichten; [152]) wer ihn aus Verfehen umgepflügt hatte, follte
fogleich Sorge tragen, dafs er wieder an feine Stelle gefetzt
werde. [153]) Wer ihn argliftig verändert hatte, mufste Wette und
Bufse, nach manchen Stellen die höchfte Bufse zahlen. [154]) Die
Gerichtsordnung von Adelberg [155]) beftimmt zwar nur die Bufse
von 10 Gulden, nennt diefs aber die bürgerliche Strafe und fügt
hinzu: »aber in peinlichen Rechten möcht er fein Leib, Ehr und
Guet verwürkt haben.« So wie hier die peinliche Behandlung offen
gehalten ift, wird an andern Stellen die Grenzfälfchung ganz in
das Gebiet des Malefizes gezogen. Offnung von Kilchberg: »welicher aber offen marchen abtät und ufszüg, das fol für die Hochen-
gricht gewift werden.« [156]) Knonauer Amtsrecht Art. 10: »Wellicher einen Markftein ufs eygenem fräflen gwalt hinder finem
anftöfser,usgrabt, abweg thut, oder einem andern in fin gut fetzt,
by tag oder nacht, uff welichen das kundlich wirt, den habent
mine herren zeftrafen an lyb oder an gut, je nach gftalt der
fach.« [157]) Freiburg im Breisgau 1520 p. XCV. 2: »Item welcher
wiffentlich zu fchaden und nachteil dem andern markftein und
lochen verendert, der fol von allen Eren gefetzt und funft nach
gelegenheit der fachen an gut darzu geftraft werden, und einer
möchts fo oft und dick thun, es gieng im an fin leben.«

[150]) Grimm, R. A. 546. Rochholz a. a. O. II. 122. vgl. Panzer,
bayerifche Sagen II. 298.
[151]) Grimm, R. A. 547.
[152]) Reyfcher, Stat. S. 12 a. E.
[153]) f. oben § 61 S. 140.
[154]) Grimm, Wsth. I. 39. 151. 817. Kothing, Rechtsq. S. 31 a. E. 52.
58. 66. 69. 105. 173. Schauberg, Ztfchr. I. 11. 14. Diefsenhofen § 83.
[155]) Reyfcher, Stat. S. 12. — Schwfp. 169 W. 196 L. (Sfp. II. 28 § 2.)
[156]) Grimm, Wsth. I. 208. 223. 231.
[157]) Peftalutz I. 189. 224. II. 35.

Mit der Grenzfälfchung durch Verrücken oder Ausgraben eines Markfteines ift überall in den Quellen in Verbindung gefetzt die Schädigung des Feldgebiets des Nachbarn oder der Früchte des Feldes durch Uebereren, [158]) Ueberfchneiden, Uebermähen, Ueberzäunen, Ueberhauen im Holz u. drgl. Meiftens ift diefs als ein geringerer Feldfrevel behandelt. [159]) Die geringere Schwere einer folchen Schädigung der Feldnachbarn tritt befonders in der Offnung von Schwarzenbach [160]) darin hervor, dafs in folchem Falle die vier dazu verordneten Männer die Parteien um den Schaden gütlich berichten follen und dafs dann der Herr nichts mit der Sache zu thun habe und keine Bufse verfallen fei. An andern Orten ift aber eine folche Schädigung dem Abthun der offnen Marken fcheinbar oder wirklich gleichgeftellt. Scheinbar ift diefs der Fall in der kyburger Offnung § 11: »Item wer marchftein ufsert oder verruckt, und wer den andern überfchnit oder übermeigt oder uberzünt, und wer nachtfchach tut, die föllent einem herrn zü Kiburg ze beftraffen zu bekennt werden, je nach geftalt und gelegenheit der fachen.« Wenn fo die Strafe der drei Delicte in gleicher Weife unbeftimmt gelaffen ift, liegt darin nicht die Gleichftellung. Die mit diefer Offnung in Verbindung ftehende und daraus hervorgegangene Offnung von Nerach § 34. 35 hat die fcheinbare Gleichftellung aufgehoben, indem fie es für das Auspflügen und Ausgraben eines Markfteins bei der vagen Beftimmung der kyburger Offnung läfst, für das Uebereren, Ueberfchneiden u. f. w. die Bufse von 18 Pfund fetzt. Wo eine wirkliche Gleichftellung fich findet [161]) (Bufse von 10 Pfund), ift ficherlich die Argfift vorausgefetzt, wie fich ergibt aus dem Herrfchaftsrecht von Büron S. 108. 109, welches genau unterfcheidet: »Item wer den andern überert oder ubermayt uber offnen markftein, do vervalt ietlicher wer folichs tut, von ietlicher furen oder maden, fo er uber den markftein mayt old ert, dem fecher 9 pfund und dem herrn 27 pfund. — Item wer den andern ubermeyt oder uberzünt oder

[158]) f. oben § 135 S. 323.
[159]) Grimm, Wsth. I. 40. 208. 223. 231. Schauberg, Ztfchr. II. 139. Ztfchr. für fchwz. Recht I. 100. III. 45. Bluntfchli II. 52. Segeffer II. 647.
[160]) Grimm, Wsth. I. 217.
[161]) Schauberg, Ztfchr. II. 65. Ztfchr. für fchweiz. Recht I. 91. Peftalutz I. 62.

uberhagt oder uberert oder uberſcheidet, da nit offen markſtein
ſind, tut ers frevenlich, ſo ſol ers ouch ablegen by der hochen
buſs (d. i. 9 und 27 Pfund). Tut ers aber nit frevenlich, ſo vervalt er ouch dem ſecher 3 pfund und dem herrn 9 pfund.
Welicher aber begert eins undergangs, den ſoll man im geſtatt-
gen, darnach gat aber denn kein buſs.« Untergang iſt der Augen-
ſchein bei Grenzſtreitigkeiten und Regulirung der Grenzen. [162])
Wer daher in ſeinem Rechte geweſen zu ſein glaubte und ſich
dem Ausfall des »Untergangs« unterwerfen will, iſt nicht buſs-
fällig und hat nur dem Nachbar den Schaden zu erſetzen.

An einigen Stellen iſt, wie in dem Herrſchaftsrecht von Büron,
die Buſse in beſonderer Weiſe normirt. Herrſchaftsrecht von Tagmerſellen [163]): »Item wer den andern ubererret — der ſol beſſren
dem kleger von ieklichem furen 9 Sch. und der herrſchaft 1 Pfund
7 Sch. Wer ouch den andren uberſchnitti — der ſol dem kleger
beſſren 9 Sch. von jeklicher Handvoll und der Herrſchaft 1 Pfund
7 Sch. Item des gelich wer den andren ubermäyet — der ſol dem
kleger beſsren 9 Sch. und der Herrſchaft 1 Pfd. 7 Sch. von jedem
maden ſtraich.« Aehnlich normiren die Gerichtsſatzung von Bern
1614 I. 21. 17. und die Satz- und Ordnungen von Huttwyl und
Emmenthal. Beim Ueberzäunen ſoll von jedem Paar Stecken der
Schuldige 3 Pfund Pf. Buſse zahlen.

f. Betrügereien verſchiedener Art.

§ 144. Verſchiedene Betrügereien, denen nicht oder nicht
nothwendig eine Fälſchung einer Sache vorangeht, ſind in den
Rechtsquellen aufgeführt:

1) Betrügeriſches S p i e l. Die Beſtimmungen hierüber lehnen
ſich zum Theil an Verbote des Spiels überhaupt oder beſtimmter
Arten oder junger Perſonen oder des Spiels auf Borg an. [164])
Eine Art des Betrugs im Spiel führt auf Fälſchung zurück, das
Spiel mit unrichtigen Würfeln. In Conſtanz wurden einem, der

---

[162]) Reyſcher, Stat. S. 234. 410. 453. 503. 525. Landbuch von Schwyz
S. 158. Glarus § 326. Appenzell A. Rh. § 34. Knonau 1535 Art. 9. Elgg Art. 66.
[163]) Segeſſer I. 666.
[164]) Augsburg 1276 S. 76; Walch Art. 207. 208. 403. Jäger's Ulm S. 539 ff.
Landbuch von Schwyz S. 50 ff. Sigwart-Müller, Strafrecht der Kantone Uri,
Schwyz etc. S. 50. Renaud, Zug S. 87. Baſel im XIV. Jahrhundert S. 52.

falfche Würfel gebraucht hatte, 1434 die Augen ausgeftochen;
in demfelben Jahre zwei Gefellen um falfches Spiel im Bodenfee
ertränkt. [165]) Ein ulmer Gefetz verordnet, dafs, wer »falfch oder
geblit Würfel« trage und damit umgehe, ein halb Jahr oder länger
von der Stadt fein folle. [166]) Das augsburger Stadtrecht S. 77
fagt: »Swer mit den andern fpilt mit hole wrfeln oder mit ge-
fülleten. daz heizzet geviertätet [167]). wirt er des bewärt felbe
dritte mit den die ez gefähen hant fo fol man ime die Hant
drumbe abe heizzen flahen. ern muge die wrfel danne gefchieben.
Mag aber er die wrfel niht gefchieben alfo daz er in beziugen
muge felbe dritte fo ift er felbe fchuldic . unde fwa der fchup
danne gelit der ift der hant fchuldic.« Der Name »Viertäter«
kommt unter den fchlimmen Scheltworten S. 75 vor und in dem
Rubrikenverzeichnifs S. 8 »Umbe allez fpil ane hol unde vol wrfel
unde ane viertäten.« Bei Walch Art. 209. 210 ift das Wort nicht
mehr verftanden und daher corrumpirt.

Dem eben genannten Falle ftellt das augsburger Stadtrecht
S. 77 gleich das Benehmen deffen, der beim Spiel zweier Leute
fitzt und es mit ihnen beiden hat, »daz heizzet volleclichen geviertätet unde uber den fol man rihten hinze der hant.«

In der jüngeren Recenfion bei Walch Art. 397 fteht auch
die Beftimmung, dafs, wenn zwei Leute bei der Nacht gefpielt
haben und einer derfelben bei Gericht klagt, der Andere habe
ihm. fein Gut mit Unrecht abgewonnen, das Spiel keine Kraft
haben und der Gewinner ein Jahr aus der Stadt fein foll.

In der Gerichtsordnung von Adelberg 1502 ift feltfamer Weife
das Spielen in einem andern Haufe als in einem Wirthshaufe ein
grofser Frevel; dagegen find die verfchiedenartigften Fälle als
Mittelfrevel zufammengefafst: gefährliche und fchädliche Spiele
thun, höher fpielen als um einen Pfenning, falfch Spiel brauchen,
dem Andern im Spiel Unrecht thun, auf Borg fpielen. [168])

[165]) Mone, Quellenfammlung I. S. 337. — Speth, Conftanz S. 300.
[166]) Jäger, Ulm S. 541.
[167]) Da das anderswo nicht vorkommende Wort hier vom Spiel mit Würfeln
gebraucht ift, liegt die Vermuthung nicht fern, dafs es mit der quadratifchen
Form des Würfels zufammenhange; aber Müller, Wörterbuch III. 149 fagt
von dem Verbum viertäte: »Schwerlich mit vier zufammengefetzt, fondern
wohl von der ahd. firintät = flagitium abgeleitet und daraus entftellt.«
[168]) Reyfcher, Stat. S. 13.

2) Sehr häufig ift die Doppelverpfändung derfelben Sache genannt. Nach dem luzerner Stadtrecht § 59 foll der Schuldige in den Thurm gelegt werden und da fo lange bleiben, bis er den Betrogenen vollftändig befriedigt hat. Im Stadt- und Amtbuch von Zug 1432 § 14 ift der allgemeinere Ausdruck gebraucht »an Pfändern betrügen«, wobei ficherlich an die betrügliche Doppelverpfändung als den Hauptfall gedacht ift. Die nächfte Rechtsfolge ift bezeichnet mit »der fol den Schuldner [169]) entriegen« und dazu eine Bufse von 5 Pfund an Stadt und Amt gedroht. Weiter geht ins criminalrechtliche Gebiet die Gerichtsordnung von Adelberg, [170]) indem der Androhung einer Bufse von 10 Gulden hinzugefügt ift: »aber in peinlichen Rechten, fo man das gegen einen folchen brauchen wollt, möcht im erkennt werden, fein Leib Ehr und Gut verwürkt zuehaben, nach gelegenheit der fachen.« Aehnlich fprechen die basler Verordnungen, [171]) in denen die Schwere des Delicts in dem falfchen Eide gefehen wird, den der Verpfänder fchwört, dafs das Gut »vormals niemandem ftande noch verfetzet fei«.

Das »Brief auf Brief machen« in den altfchweizerifchen Rechten z. B. im Landbuch von Uri § 32, wo es unter den Malefizfachen aufgeführt ift, hat diefelbe Bedeutung. [172])

3) Uebervortheilung beim Kauf konnte ins Strafgebiet fallen. Diefsenhofen 1260 § 30: »Quicunque civium alterum in praedio vel feodo dolo vel fraude emptionis gravavit, stabit in poena trium librarum apud comitem, et unius librae apud civitatem, et trium solidorum apud scultetum, et extra civitatem ejiciendus usque ad persolutionem praedictae poenae non aliqua compositione interveniente tali feodi vel praedii de cetero possessor existat.« Vertragsbruch beim Viehkauf behandelt eine basler Verordnung von 1402. [173]) Aufserdem find Uebertretungen markt-

---

[169]) Schuldner = Creditor f. Anzeiger zur Kunde der deutfchen Vorzeit 1858 No. 2 Sp. 45. Gengler, Hofrecht des Bifchofs Burchard von Worms S. 39. Bemerkenswerth ift auch »entriegen« == enttrügen == den Betrug wieder gut machen.

[170]) Reyfcher, Stat. S. 12.

[171]) Rechtsq. I. S. 112. 134. 344. 430. 478. f. auch Freiburg 1520 p. XCV. 2.

[172]) Blumer II. 2, 23. Fünf Dörfer S. 75.

[173]) Rechtsq. I. S. 82. vgl. S. 110.

polizeilicher Anordnungen Kauf und Verkauf betreffend an unzähligen Stellen erwähnt. Weil man, zumal in den Städten, in
kurzfichtiger und engherziger Weife überall Schranken fetzte,
wurde viel dagegen gehandelt. [174])

4) Befondere Aufmerkfamkeit ift den Bäckern, als denen,
die das täglich Brot liefern, gewidmet. An verfchiedene andere,
marktpolizeiliche Vorfchriften über Brotverkauf [175]) fchliefst fich
die Controle über Gewicht und Güte des Brots. Sehr gewöhnlich
wurde den Bäckern zu leichtes oder nicht gut gebackenes Brot
weggenommen und diefes unter die Armen vertheilt. [176]) Bufse
ift dafür an fehr vielen Stellen gedroht. [177])

Reichliche Beftimmungen über diefen Gegenftand enthält das
augsburger Recht. Im älteften Stadtrecht 1156 Art. VI § 1 lefen
wir: »Urbis praefectus cottidie in judicio sedere debet secundum
urbanorum justitiam, et semper in unoquoque mense praecipiet,
decoqui probaticios panes, secundum judicium frigidae aquae, et
quicunque panifex hos panes vilicaverit, praefecto quinque solidos dabit, et si secundo fecerit, iterum praefecto quinque solidos,
et si tercio, urbanorum justicia cute et crinibus punietur, et tunc
abjurabit penitus decoqui panes in civitate.« Wenn wir vorerft die
Worte »secundum judicium frigidae aquae« bei Seite laffen, ift
der Sinn der Stelle leicht zu faffen. Der Schultheifs foll vor-
fchreiben und allmonatlich die Vorfchrift einfchärfen, dafs probaticii panes d. i. währhafte [178]) Brote, Brote, welche die Probe
beftehen, die das gehörige Gewicht haben und gar find, gebacken
werden. Die Gradation der Beftrafung ift deutlich; nur erwartet
man ftatt des letzteren decoqui decoquere. Aber das Einfchiebfel: secundum judicium frigidae aquae! Man könnte ver-

[174]) vgl. Köftlin's Abhandlungen S. 133.
[175]) Augsburg S. 118 ff. Jäger's Ulm S. 619 ff.
[176]) Jäger's Ulm S. 621. Freiburg im Uechtland § 89. Thun § 57.
Grimm, Wsth. I. 150. 156. Kothing, Rechtsq. S. 158.
[177]) Freiburg im Uechtland und Thun a. a. O. Stadtrodel von Murten § 43.
Frauenfeld 1331 § 18. Reyfcher, Stat. S. 545. 638. Grimm, Wsth. I. 150.
[178]) Bullinger fagt in feiner Chronik vom Bäcker Wackerbold in Zürich,
der 1280 geftraft wurde: »dann wie der Schölm nit Wärfchaft bachete«.
vgl. Chronik von Schaffhaufen 1540 vom Wein »der nit Werfchaft und gar kain
Nütz gfin ift«. In derfelben Chronik a. 1544 fteht »werfchafte« Arbeit. Grimm,
Wsth. I. 90: »Wann die Efaden nit werfchaft werind«.

fucht werden, zu glauben, dafs diefe Worte 'von einer andern Stelle des Statuts fich hieher verirrt haben. Sind fie hier an der richtigen Stelle, fo fragt man: wie kommt das Gottesurtheil des kalten Waffers hieher und in welcher Verbindung ftehen damit die panes probaticii? Gaupp [179]) überfetzt »Beweisbrote« und meint, man könnte glauben, dafs dem Ordal jedesmal der Genufs des heiligen Abendmahls vorausgegangen [180]) und dabei diefe Brote gebraucht worden feien, aber er nimmt denn doch Anftofs daran, dafs die hier gegebenen Beftimmungen über das Verhalten der Bäcker den Verbrauch einer gröfseren Quantität folcher Brote vorausfetzen und fragt daher vermuthend weiter: »Sollte man alfo vielleicht an ein gemeinfchaftliches Mahl aller bei einem folchen Gottesurtheil thätig gewefenen Perfonen denken dürfen, welches dem glücklichen Ausgange desfelben nachfolgte? In dem Effen diefer Brote hätte dann allerdings gleichfam eine Befiegelung der Unfchuld des Angeklagten gelegen, weil dasfelbe nothwendig einen günftigen Ausfpruch des Gottesurtheils vorausfetzte, und daraus könnte fich zugleich der Name panes probaticii erklären. Uebrigens fcheint die Art, wie jenes Beweismittel in dem alten Stadtrechte erwähnt wird, auf einen ziemlich häufigen Gebrauch desfelben hinzudeuten.« Das ift Phantafiefchwung, dem gegenüber fich meine Erklärung fehr profaifch ausnimmt, aber auch die Anficht des alten Ueberfetzers [181]) gewefen zu fein fcheint. Diefer überfetzt: »Der Statt Pfleger foll teglich im Gericht fitzen, nach der Statt Recht, und er foll alle Monat verfchaffen, das bewert Brod nach des kalten Waffers Anzeig gebachen werden. Und wölcher Beck dife Brot zu gering machet, foll dem Pfleger 5 Schillinge geben.« Die probatio der Brote bezog fich nicht blofs auf das Gewicht, zumal da erft 1309 der Rath in Augsburg befahl, das Brot nach dem Gewicht zu verkaufen, [182]) fondern auf das Garfein, das Ausgebackenfein derfelben. Schlecht ausgebackene Brote find fchwerer

[179]) Stadtrechte II. 196.
[180]) vgl. H. Runge, Adjurationen, Exorcismen und Benedictionen vorzüglich zum Gebrauch bei Gottesgerichten. Ein Rheinauer Codex. (Mittheilungen der antiquarifchen Gefellfchaft in Zürich. Bd. XII. Heft 5 vom Jahr 1859.)
[181]) Lori, Gefch. des Lechrains II. No. 5.
[182]) Gaffarus s. v. Stetten I. 90.

und finken im Waffer fchnell unter. Sollte nicht dem gemäfs die Probe gemacht fein? Dabei wäre immerhin denkbar, dafs der Verfaffer des Statuts den Ausdruck »secundum judicium frigidae aquae« in fpielender Weife gewählt habe. Wir wiffen aus Grimm's Anführung, [183]) dafs nach zwei rheinifchen Weisthümern Angeklagte in eine mit Waffer gefüllte Maifchbütte geworfen werden follten und als fchuldig erfchienen, wenn fie unterfanken.

Das augsburger Stadtrecht 1276 befpricht S. 118 ff. verfchiedene Uebertretungen der Bäcker und ihrer Knechte, fetzt darauf Geldftrafe, zeitweilige Entziehung des Gewerbes und für einige Fälle die Strafe der Schupfe. [184]) Von der Anwendung diefer Strafe werden uns mehrere Fälle gemeldet. Gaffarus [185]) erzählt vom Jahre 1442: Als bei der Theurung und Hungersnoth die Bäcker nicht aufhörten gegen die amtliche Beftimmung des Brotgewichts zu verftofsen, liefs der Rath einen Schnell-Galgen (Wipp-Galgen) mit einem Korbe bei der Rofsfchwemme zu St. Ulrich errichten. Darin follten die betrügerifchen Bäcker gefetzt, und wenn fie dann dort oben dem Volke genug Augenweide verfchafft hätten, in die darunter befindliche Pfütze hinabzufpringen gezwungen werden. Diefer Schimpf bewog die Bäcker, die von ihrer Gewohnheit nicht laffen wollten, insgefamt nach dem benachbarten (bairifchen) Friedberg auszuziehen; aber nach acht Tagen kehrten fie zurück und fügten fich dem Willen des Raths, von dem ihnen nun zur Strafe ihres Austretens auf 10 Jahre der Rathgang verboten und ihr Zunftmeifter aus der Stadt gefchafft wurde. [186])

Ein merkwürdiger ähnlicher Fall ift der vom Pfifter Wackerbold in Zürich, der jene fchimpfliche Strafe erlitten haben und dafür aus Rache im Jahr 1280 Zürich angezündet haben foll. [187])

Im älteften deutfchen Entwurf des freiburger Stadtrechts 1275 fteht die Schupfe auf Vergehen der Metzger.

5) Aufser den genannten Betrügereien kommen noch manche

[183]) R. A. 925.
[184]) f. oben § 50 S. 111.
[185]) f. auch Stetten I. 166.
[186]) Aehnliche Differenzen zwifchen Rath und Bäckern kamen auch in andern Städten vor. f. Pfaff, Efslingen S. 193.
[187]) R. A. aus der Schweiz No. XIII.

350

einzelne Arten vor, ohne jedoch fo ausführlich behandelt zu fein.
Aelter als der Schwfp. Art. 55 W. 66 L. »von arcwaenigen Pflegern«
ift die Beftimmung des freiburger Stiftungsbriefes Art. 49: »Si
quis in extremis positus liberos suos alicui commiserit et ille
mercedis causa malefecerit eis . si testibus convincetur . corpus
erit burgensium . et bona domino sunt adjudicanda.«

8. Straflofe Eingriffe in fremdes Eigenthum.

§ 145. Die Zugeftändniffe, welche in altgermanifcher Zeit
dem Menfchen gemacht find, der beim Anblick der Früchte und
Gaben des Feldes verfucht wird, feinen Hunger zu ftillen oder
feine Effensluft zu befriedigen, und befonders dem wegfertigen
Manne, der auf der Reife fich und fein müdes Rofs erfrifchen
will, find in Continuität geblieben im deutfchen Mittelalter, [188])
und erft die Neuzeit hat das früher Erlaubte auf ein Minimum
reducirt. Die humane Geftattung hatte aber ihre Grenzen, welche
ihrem Grunde entfprechen, und daraus ergibt fich nach der Seite
deffen, der zwar gefchädigt wird, ein Maafs der Einbufse, fo dafs
diefe leicht zu ertragen ift, und wer heute rechtmäfsig abgeben
mufste, konnte morgen in die Lage kommen, rechtmäfsig nehmen
zu dürfen. Man kann darin eine gegenfeitige Gaftfreundfchaft fehen.

Das Maafs des Nehmens, wie es die angeführten Reichsgefetze,
der Sachfenfpiegel und Schwabenfpiegel fetzen und befchreiben,
treffen wir in ähnlicher Weife in einem alamannifchen Weisthum [189]): »Und wer das pferd — het, der fol an der hub uf und
nider gan, und ein fufs im weg hon, den andern in der hub, mit
einer fichlen in der hand, und war er gelangen mag, das fol er
abfniden dem pferd als ver fo die hub gat.«

Sehr beftimmt ift der Begriff des f. g. Mundraubs ausgeprägt, wenn auch der Ausdruck in den alamannifchen Rechten

---

[188]) Grimm, R. A. 400 ff. Wilda in der Ztfchr. für deutfches Recht I. 278.
Köftlin in der krit. Ueberfchau III. 359. — Sfp. II. 68, entfprechend früheren
Reichsgefetzen (Juram. pacis 1085, Frid. I. const. 1156 § 9. Treuga Henrici § 7
in: Pertz, Mon. Leg. II. 59. 103. 267). Dtfchfp. 189 (fehlerhaft). Schwfp. 173 W.
202 L. — Unrichtig im Ausdruck Hälfchner I. S. 41: »Der im Nothftande
von einem Reifenden an Getreide zu eigenem Bedarf, und ohne dafs er dasfelbe
fortführt, begangene Diebftahl ift ftraflos.« Man fafste dergleichen eben nicht
als Diebftahl.
[189]) Grimm, Wsth. I. 367.

nirgends vorkommt; es ift das Nehmen reifen Obftes zum unmittelbaren Genufs. Wann und wie feine Grenze überfchritten, das Erlaubte zum Unerlaubten (Obftfrevel) werde, ift in malerifcher Weife uns vorgeführt in dem idyllifchen Rebenweisthum von Twann am Bielerfee vom Jahr 1426. [190]) Es foll niemand Obft in die Tafche (den Sack) ftecken, noch in irgendwelche Gefäfse thun, um es fortzutragen. [191]) Die Grenze des Erlaubten und Unerlaubten wird aber weiter durch eine quantitative Beftimmung gefteckt, bei welcher die Effensluft mit einem billigen, reichlichen Maafse gemeffen wird: drei Trauben find dem Bannwart erlaubt. [192]) In Betreff der Birnen, als eines geringeren Obftes, ift noch mehn bewilligt: der Bannwart, welcher fein Gebiet begeht, darf von dem Birnbaum Birnen effen, fo viele er in feiner Hand vorne an der Bruft tragen kann. Ein vorbeigehender Fremder mag Trauben effen fo viele er will, aber er foll keine in den Sack ftofsen; einem Einheimifchen dagegen ift es gar nicht geftattet, Trauben aus einem Weinbérge eines Nachbarn zu nehmen, denn er kann feinen Appetit aus dem eigenen Vorrath ftillen. Die Dreizahl ift noch weiter in intereffanter Weife geltend gemacht: einem vorübergehenden Ritter foll der Bannwart, wenn jener es begehrt, die Trauben von drei Schoffen geben, einem Pfaffen drei Trauben, einer fchwangeren Frau ebenfalls drei, dem Kinde eine und ihr zwei; als allgemeine Claufel ift aber diefen Geftattungen hinzugefügt: »ab demfelben ftücke aber in demfelben jahre nichts mehr«. Die Dreizahl in Betreff der Trauben finden wir auch in einer Herbftordnung von Haltingen aus dem fünfzehnten Jahrhundert [193]): »Item wenn es och ift, das die Bänne geteilt werdent, und man dar in lifet, uff den obent, als die lefer heim gond, fol ieglicher bannwart by finer ftiglen [194]) fton und luogen, wie vil

---

[190]) Grimm, Wsth. I. 182. R. A. aus der Schweiz No. X.
[191]) f. auch Landbuch der March § 24. Obwalden § 62. vgl. V. Buch Mof. 23, 24. Schwfp. 172, 101 W.
[192]) f. fchon Edictum Rotharis 301. — Schmeller I. 409. Grimm, R. A. 209. 401. 554. Hillebrand, deutfche Rechtsfprichwörter No. 298: »Drei find frei.«
[193]) Grimm, Wsth. I. 821.
[194]) Stigele, Stigel = Stiege an einem Feldzaun, um den Ueberfteigenden als Stufe zu dienen. f. Wackernagel, altd. Wörterb. S. 500. Stalder II. 398. Schauberg, Ztfchr. I. 4: »ftigel und ftapfen«.

ieglicher lefer trübel in finem kübel trage, und was er über dry trübel treit, fol er die überigen in eins bifchofs von Bafel oder nuv in eins bumeifters trotten tragen.«

Wie weit es geftattet war, Holz im Walde zu hauen, zum Bauen oder zum Brennen, das hing ab von den Verhältniffen der Markgenoffenfchaften und den grundherrlichen Rechten und Zugeftändniffen. [195]) Wenn mehrfach angegeben ift, dafs es nicht bei Nacht gefchehen, und dafs dabei keine Heimlichkeit ftatt haben folle, um fich der Controle des Förfters oder der etwaigen Abgabe zu entziehen, fo ift damit in einer gewöhnlichen Weife die Grenze des Erlaubten und Unerlaubten angedeutet.

Grimm fagt [196]): »Der galt für keinen Dieb, der bei Tag in der Mark Holz hieb und lud, denn das Hauen und Laden ruft und führt Leute herbei,« und er macht auf die weite Verbreitung diefer in eine Formel gekleideten Rechtsanfchauung aufmerkfam. Die Formel findet fich auch in den alamannifchen Rechten: »die wile er howet fo rueffet er, die wile er ladet (bindet) fo beitet er.« [197]) In mehrfacher Beziehung intereffant ift die hieher gehörige malerifche Befchreibung eines Weisthums von Stollhofen [198]): »Howet einer aber holz zue buwen oder zue bürnen das do fchadebar ift, oder im nit von eym apt erloubt' ift, die wile er howet, fo rueffet er, die wile er ladet, fo beitet er. Wurdet er dann funden von eym forfter, obe er ganz geladen hat, fo fol er überkomen mit eym forfter, hat er aber geladen und ift noch nit von ftatt gefaren, fo fol ein forfter hinden abe dem wagen oder karrich zychen fovil holz als er mag bifs er ganz zue gebindet, fo mag er dann von ftatt faren. Hat er aber ganz zue gebunden und geladen, und ift komen bifs in den gementen weg, fo mag er für fich faren ungerehtfertigt von dem forfter. Volget aber der forfter im noch heyme und wolt den frevel von im haben, ftecke dann ein ax ungeverlichen in der mittelfülen und fluge den forfter an den kopfe, das er ftürbe, zühet er in dan under der fwellen

---

[195]) Grimm, R. A. 501 ff.

[196]) R. A. 47. f. auch 514. 637.

[197]) Grimm, Wsth. I. 428. 753. 761. — »Beiten« (engl. *bide*) fehr gewöhnlich = warten (Grimm, Wsth. I. 726. 729. 818), daher auch »uff Beit« = auf Borg (Schauberg, Ztfchr. I. 308).

[198]) Grimm, Wsth. I. 428.

harufs, [199]) fo fol er ungefrevelt haben.« Eben fo malerifch und den Hauptpunkt am deutlichften hervorhebend ift das Weisthum von Saspach [200]): »Auch fol man fêtzen zwen knecht, die des waldes hüetten, do fol einer zu Saspach fin, und der ander zu Krefswiler, und diefelben zwen knecht follen des waldes hüetten und foll flegel und weck den förfter wecken; wenn er hauwet, fo rüfft er dem förfter, und wenn er ledet, fo beittet er, und um das ruffen das er dut mit der exe und mit dem beitten das er dut mit dem laden, kommet er dann von dem ftock, do er das holtz gehauwen hat mit dem wagen, das in der förfter mit finer exe mit der linkhen handt den wagen nit mag erlangen, wil do der förfter fo mag er dem wagen nachgen und foll fein rechte handt unter feinen gürtel ftofsen, und was holtzes er den mag geziehen ab dem wagen mit feiner linkhèn hande, [201]) bitz er kume an feinen hoff, das mag er thun; volget er ihm aber nach in feinen hoff, kert fich dann der margman umb, und fchlecht den förfter an feinen kopf zu tode, fo foll weder gericht noch rath darnach me gon.«

Das genannte Weisthum von Stollhofen ift genau und bilderreich in feinen Beftimmungen über Holzhauen. Wenn ein Gotteshausmann Holz zum Bauen bedarf, foll er zum Abte kommen »mit hangender Hand«, um die Erlaubnifs zu gewinnen. Für das fragliche Thema ift noch bemerkenswerth eine Stelle von dem Flofser, der Holz bedarf zur Reparatur feines Flofses: »Wenn ouch ein flotze ufs der Mittelbach heruff vert unz in das Swarz-wafser, und wann er kompt unz in das Swarzwafser, fo hat der flozer reht im ban zue howen ftelzen und fterzen, [202]) und wann er zue gebindet, fo fol er drye ftreiche mit der ax in das floze flahen, und fol drymole rueffen; kompt jeman der den zolle empfohe, fol er im geben, komet aber nyeman, fo fol er den pfole ufsziehen, do das floze angebunden ift, und fol 28 Pfenninge in das loche legen, und fol fur fich faren.«

[199]) f. oben § 94 S. 218.

[200]) Grimm, Wsth. I. 414.

[201]) Die linke Hand als die fchwächere, wie auch beim Werfen mit der Sichel und dem Hammer, f. Grimm, Wsth. I. 29. 206. 218. Schauberg, Ztfchr. I. 186; oben § 54 S. 122, § 137 S. 327.

[202]) vgl. das noch gebräuchliche »Pflug fterz«.

H. Verbrechen, durch welche verfchiedenartige Güter verletzt werden konnten.

1. Brandftiftung.

§ 146. Wie der Raub, fo war auch das Brennen eine gewöhnliche Fehdehandlung, und wurde wie der Raub in den Abfagebriefen als rechtmäfsig präcavirt. [1]) Städte und Dörfer wurden auf diefe Weife oft gefchädigt, und manche Burg ift »im Rauch zum Himmel gefchickt«. Das augsburger Stadtrecht S. 9 befpricht das Brennen in den Fehden, indem es heifst: Wenn zwei Herren oder zwei Dienftmannen mit einander »urliugent« und einander brennen, wird dann ein Bürger von Augsburg davon mit Brand befchädiget, fo foll, von weffen Seite das gefchieht, den Bürgern der Schaden erfetzt werden, und foll der Vogt darüber richten. Thäte das der Vogt nicht, fo mögen die Bürger fich felbft Erfatz verfchaffen. Auch die fchwyzer Satzung über Brennen 1365 im Landbuch S. 81 berührt den Fall des Schadens durch Brand von den offenen Feinden. Als nach langem mühfamem Ringen der Landfrieden durchdrang und das Fehderecht zu Ende ging, da mufste die Brandftiftung häufiger als fchweres Verbrechen erfcheinen und ihr Character als einer durch Erfatz zu beffernden Eigenthumsfchädigung fchwinden. Wir finden fie daher als Malefiz [2]) und bei den Competenzbeftimmungen unter den fchwerften Verbrechen aufgeführt. Vor Allem lag es im Intereffe der Städte, wie gegen die Fehde, fo gegen das Brennen mit ftrengen Satzungen aufzutreten. Handfefte von Zofingen: »Wir geben inen auch ze Rechten, daz man nyemand in iren gericht anvallen fol, der ufserhalb irem gericht icht verfchuldet oder getan hat daz im an den Leib gat, es fey denn umb mort oder umb deubftal oder umb Ketzerey oder umb raub oder umb prant oder umb notzog wan das er in fride fol haben umb all ander erber Sache ân geverde.« Aehnlich in dem luzerner Statut »umb bös lüte« von 1373 [3]): »Item die Rete und die burger von Lucern hand fich geeinbert, das fi mit ir ftat recht alfo von alter har komen fin, das nieman den andern in ir Statt ze Lucern umb einhein ding

---

[1]) f. oben § 21 S. 42.
[2]) Uri § 32. Fünf Dörfer S. 76.
[3]) Segeffer II. 617.

angevallen, noch berechten mag, denn umb difu nachgefchriben
ftuck, das ift, des erften umb Mord, umb Tüb, umb nachtbrand, umb Strafsroub, umb falfch, umb Nodzog, umb ketzrye.«
Das augsburger Stadtrecht S. 68 nennt den Mordbrand unter
den Sachen »darumbe man kempfen muz« [4]) neben Verrath, Mord,
Notnumft, übeln Strafsenraub, Vergift.

Wir finden, wie die eben genannten und andere Stellen zeigen,
die Bezeichnungen Mordbrand und Nachtbrand, aber eben fo
häufig, wenn nicht häufiger, nur Brennen und Brand. Für den
gleichen Fall und in demfelben Zufammenhange hat die zofinger
Handfefte »Prant«, das faft gleichzeitige luzerner Statut »Nachtbrand« [5]) und im augsburger Stadtrecht fteht »Mordbrand«.

Das Brennen gefchah in der alten Zeit, was jetzt zu den
Seltenheiten gehört, fehr oft in der Abficht, feinen Feind durch
das Feuer zu tödten, und darum wurde die Nacht gewählt. Mordbrand kann daher zunächft nach feinem Silbengehalt genommen
werden, und die Identificirung von Mordbrand und Nachtbrand
lag nahe. Wie nun mit dem Namen »Mord« fich über den Buchftabenfinn hinaus fich die Vorftellung des Heimlichen und Schändlichen verband, [6]) fo auch mit dem Namen »Mordbrand«: der
Begriff erweiterte fich von dem Brennen, um dadurch zu morden,
zu dem fchändlichen Brennen überhaupt, und Wendungen wie im
augsburger Stadtrecht S. 58: »wande er mortlichen gebrennet hat«
ftimmen ganz mit dem fonftigen Sprachgebrauch in Betreff des
»mortlich« überein. Die genannte fchwyzer Satzung hat den Satz:
»das enkein Landtman noch Landtfrow, noch ouch nieman anders
dieplich noch frävenlich noch mit geverden den andern brennen
foll«, und es ift hier durch »dieplich« das Heimliche vorangeftellt.

Die urfprüngliche Bedeutung von Mordbrand fchimmert noch
durch in dem fehr gewöhnlichen Ausdruck »einen brennen«, wie
ihn die fchwyzer Satzung hat. So beginnt auch der Abfchnitt
»Umbe den brant« in dem augsburger Stadtrecht: »Ift daz ein
man einem burger dreut ze brennen in der ftat«, und im Verlauf
heifst es: »Ift daz ieman einen burger hie brennet.« [7]) Zu viel

[4]) f. auch Landbuch von Schwyz S. 81.
[5]) f. auch die basler L. O. in Ztfchr. für fchweiz. Recht III. 46.
[6]) f. oben § 95.
[7]) vgl. Wilda S. 274. 944. — Lex Alam. Kar. LXXXI: »Si quis super

356

Gewicht darf man aber darauf nicht legen; wer dem Andern fein Haus angezündet hatte, von dem konnte man fagen: »er hat ihn gebrannt.« Aber in natürlicher Weife treten dabei fchon die Wohnhäufer als nächfte Objecte der Brandftiftung hervor und es wurde ficherlich nicht als Mordbrand gefafst, wenn jemand, um den Andern in feinem Eigenthum zu fchädigen, deffen auf dem Felde ftehende nicht zum Wohnen beftimmte Hütte oder deffen Wald oder Korn auf dem Felde anzündete.

Die Strafe des Rades, die nach manchen deutfchen Rechtsurkunden, auch dem Schwfp. 149 W. 174 L., entfprechend dem Sfp. II. 13 § 3, [8]) Strafe für Mord und Mordbrand ift, haben die alamannifchen Rechte der erfchwerten Brandftiftung nicht gedroht, fondern den Mordbrenner follte der Tod durchs Feuer treffen, wobei die Vorftellung der Talion nicht fern lag.[9]) Augsburg S. 59: »Ift daz iemen einen burger hie brennet. wird der begriffen, uber den fol man rihten . alfo, daz man in verbrennen fol . Kumt aber er davon fo fol man in ähten . unde fol auch von der ähte niemer mer chomen . unde wirt er darnach begriefen fo fol man uber in rihten mit dem brande, wande er mortlichen gebrennet hat.«[10]) Diefe Strafe ift denn auch oft auf dem alamannifchen Gebiete ausgeführt worden [11]) und wenn eine mildere Strafe eintrat, fo ift diefs auf das Richten nach Gnade zurückzuführen.

Erft vom Ende des fechszehnten Jahrhunderts an trat in Appenzell die Enthauptung an die Stelle des Lebendigverbrennens.[12]) Für Augsburg ift aber fchon in der jüngern Recenfion des Stadtrechts, bei Walch Art. 116, die alte Strafe geändert in »henken auf der Brandftatt« und demgemäfs ift auch der Schlufs der angeführten Beftimmung des Stadtrechts geändert oder corrumpirt: »fo foll man über ihn richten als über einen Dieb

aliquem focum in nocte miserit ut domum eius incendat« entfpricht dem deutfchen »Mordbrand« und »Nachtbrand«.

[8]) Treuga Henrici 1230 (?) § 20.
[9]) f. oben § 39 a. E.
[10]) f. auch Memmingen S. 253. Landbuch von Schwyz S. 80. R. A. aus der Schweiz No. XVI. S. 15.
[11]) Gaffarus a. 1467. 1514. Königshoven S. 290. 291. Attenhofer, Surfee S. 46. Segeffer I. 749.
[12]) Blumer II. 2, 18.

wann er mordlich gebrennt hat.« Die jüngere Recenſion hat auch
ſchon die Unterſcheidung des Brandes in der Stadt und auf dem
Lande: »Brennet aber ieman einen Burger draufse uff ſinem Gut,
wird der gevangen, mag er den klägern iren ſchaden abtun und
dem Vogt gebüſsen, ſo ſoll man ihn lan geneſen mit gutem Rat;
mag er des nit, ſo ſoll man über ihn richten als über einen Diep
aun blutig hand.«

So wie ein B a n n w a l d überhaupt in einem beſonderen Schutze
ſtand, [13]) war auch das Anzünden eines ſolchen mit ſchwerer Strafe
bedroht. Statuten von Fürſtenau und Ortenſtein: »Wann einer
ein Bannwald anzündet, ſo ſoll er geſtraft werden an Leib, Leben,
Ehr und Gut, nach Gerichts Erkanntnus.« Dagegen iſt in den
Statuten von Ober-Vaz § 75 das Anzünden eines ſonſtigen Waldes,
wodurch der Gemeinde Schaden erwachſen würde, mit einer Buſse
von 10 Pfund bedroht und je nach der Gröſse des Schadens kann
das Gericht auf weitere Strafe erkennen.

2. Hausfriedensbruch.

a. Begriff der Heimſuchung.

§ 147. Es konnten verſchiedene Rechtsverletzungen im Gefolge
der Heimſuchung ſein oder aus derſelben hervorgehen, weshalb der
züricher Richtebrief I. 32 ff. mehrere Arten in dieſer Weiſe aufführt: Heimſuochi ane Schaden, mit Schaden, mit Brande, mit
Roube u. ſ. w. Das ſpricht für W i l d a 's Einordnung der Heimſuchung in dieſe Verbrechensgattung, allein die Heimſuchung iſt
deshalb doch kein vages Verbrechen, ſondern hat einen feſten Begriff, weil ein beſtimmtes rechtliches Object, und dieſes iſt der
Hausfrieden. [14]) Sie iſt eine Art des Hausfriedensbruchs und nimmt
die Hauptſtelle ein unter den Hausfriedensbrüchen, ſo dafs ſich die
übrigen Arten an ſie anlehnen.

H e i m ſ u c h u n g (Haimſuche, Heimſuochi, — im Rechtsbuch
von Memmingen S. 275 hainſuochen, im Stadtrecht von Ulm § 20
auch Hanſucha, im augsburger Stadtrecht bei W a l c h § 5 Han-
ſuch) bedeutet ſeinem Buchſtabenſinn nach nur: »jemand in ſeinem
Hauſe aufſuchen«, daher iſt der Art. 59 des andelfinger Herr-

---

[13]) ſ. oben § 136 S. 324.
[14]) ſ. oben § 25.

358

fchaftsrechts rubricirt: »Wie der Weybel den Vogt heymfuchen
foll.« Aber faft immer bezeichnet das Wort den ftrafrechtlichen
Begriff: »jemand freventlich fuchen (auffuchen) in feinem Wohnhaufe«, auch wo kein weiterer Zufatz beigefügt ift. Sehr gewöhnlich wird jedoch ein diefelbe als rechtswidrig und ftrafwürdig
characterifirender Zufatz gemacht oder in der Umfchreibung ihr
juridifcher Gehalt angegeben:

    a. Freiburg 1120 § 23: »Si quis — vel t e m e r e ad domum
suam accesserit.« Colmar § 9: » in fime huze f r e v e n l i c h
fuchet.« [15]) Dem Freventlichen fteht gegenüber das was mit Recht
gefchieht, daher heifst es im älteften ftrafsburger Stadtrecht § 36:
»Si quis concivem suum sine iudice vel nuncio iudicis infra septa
domus suae vel atrii sui temere invaserit«, und im Herrfchaftsrecht
von Tagmerfellen [16]): »Item wer den andern uberlüffe oder keinen
freven begieng unter finem fchopff oder in finem hufe unvervolget
des rechten.« Einen Fall des Betretens von Haus und Hof wider
Willen des Eigenthümers, worin doch kein Unrecht liege, alfo
nicht Heimfuchung fei, nennt die lex Alam. Kar. XCVII. 2: »Nisi
homicida suus ei in curte aut in casa fuerit et pro ipso nullus
offert iustitiam, si sequenter ipsum currit, hoc non est ad requi-
rendum.« [17]) Aehnlich das Rechtsbuch vom Memmingen S. 289:
»Man fol ouch niemant hie fachen, man erfar denn vor, ob er
gelait hab oder nit, und fo man erveirt, daz einer nit gelait hat,
dennocht fol in niemant fachen in iemans hus, es hab denn einer
by im den Burgermaifter oder wer an finer ftat ift . — es wär
denn, das man ain jagty umb diubftal die ze maul befchechen
wär, oder ob aim fin friund ze Tod erfchlagen wär, ob denn der
flüchtig in iemans hus entrinnen welt, dem mag man wol nach
louffen u. f. w.«

    b. Oft ift die G e w a l t hervorgehoben. Freiburger Stadtrodel
§ 42: »Si quis burgensem in propria area v i invaserit vel temere
domi quesierit, quicquid ei mali fecerit, non emendabit.« Stadtrecht von Luzern § 132: »gewaltenklich old frevenlich überloufft.«

    c. Oft ift die Abficht zu fchädigen betont. Breifach
§ 13: » malignandi animo «. Luzern a. a. O.: » in der Meinung,

---

[15]) f. meine Schrift über den Hausfrieden S. 61.
[16]) S e g e f f e r I. 666.
[17]) vgl. lex Alam. Hloth. XLV, oben § 15 S. 24.

das er ihn, fie old die Iren, dienft old ander welle befchedigen,
fchand old fchad zu zefügen.«

d. Die Gewalt und die Abficht zu fchädigen war am deutlichften, wenn jemand den Andern mit gewaffneter Hand in
feinem Haufe überlief. Augsburg S. 72: »Swär den andern iagt
mit gewäfenter Hant in eins Mannes hus u. f. w.« Waldftattbuch
von Einfiedeln § 40: »wellicher einen in fynem hus mit gewafneter
hand under fynem ruofsigen Rafen erfuocht.« [18]) Strafsburg 1322
§ 189: »Wir heifsent heymefuche, der den andern doheimefuchet
mit woffen und an finer thure und an fin venfter ftofset u. f. w.«
Schwfp. 354 W. 301 L.: »Diu haimefuochenge ift das, fwer mit
gewafenter hant in ains mannes hus loefet und ainen drin jaget
oder ainen drinne vindet, dem er wil fchaden oder fchadet: das
haiffet haimfuochünge.« Solche Stellen führen zu der Frage, ob
das Bewaffnetfein nothwendig zum Begriff der Heimfuchung gehöre,
oder ob es nicht wefentlich fei, wohl aber daraus, und befonders
daraus die Frevelhaftigkeit des Thuns erkannt werden könne.
Wilda erklärt für die ältere Zeit die Heimfuchung im engern
Sinne als die fchwere Verletzung des Hausfriedens, welche durch
einen Angriff auf die Were mit gefammeltem Gefolge begangen
wurde. Darin liegt denn zugleich das Bewaffnetfein der Angrei-
fenden. Diefe alte Auffaffung hat zwar noch ihren Nachhall im
deutfchen Mittelalter, aber die gefammelte Mannfchaft und das
Bewaffnetfein ift nicht mehr allgemein das characteriftifche Merkmal der Heimfuchung, fondern die Zufammenrottung und das Bewaffnetfein ift zu einem erfchwerenden Moment der Heimfuchung
geworden, wie bei mehreren anderen Verbrechen. Die alte Art
heimzufuchen erhielt fich noch mit der Fehde, als deren Ausdruck
wir die Heimfuchung neben dem Raube und dem Brande finden.
Augsburg S. 9: »Ein Marggrafe von burgawr (Burgau) der fol
rihten den burgern, dem armen unde dem richen uf finen lantteidin
gen fwaz fi im clagent. daz in gefchähen ift mit raube . mit brande .
mit haimfuche.« Die fich immer wiederholenden Befehdungen der
Städter durch den Adel, der aufserhalb den Städten wohnte, fielen
am wirkfamften der Jurisdiction des mit Anfehen und Macht be-
gabten Burggrafen anheim.

---

[18]) Grimm, Wsth. I. 151. 331. Kothing, Rechtsq. S. 52. 57.

Wenn es noch eines Beweiſes bedürfte, daſs die Heimſuchung im deutſchen Mittelalter auch mit bewaffneter Mannſchaft geſchah, ſo ſagt die burgdorfer Handfeſte § 183 : »Quicunque domum alicujus armata manu et nocere parata aut violenter intraverit, vel violentiam in domo fecerit — emendabit conquerenti cum tribus libris et sculteto similiter.« Daſs aber Gefolge und Bewaffnung nicht nothwendig dazu gehörte, iſt eben ſo ſicher. Der Rechtsbrief von Solothurn (1280) nimmt Heimſuchung an »sive solus sit sive plures« und die Offnung von Güttingen im Thurgau hat verſchiedene Artikel, 18 und 25, für die Heimſuchung mit gewaffneter Hand und ohne dieſelbe.[19])

Das Eingehen in das Haus gehörte zur Heimſuchung. Memmingen S. 275 : »Wer dem andern louffet, gaut oder dringt uber den hustürſchwellen, da er ze hus iſt, oder in die tür.« Zofingen : »Wer auch dem andern freveleich in ſein haufe laufet.« Daher heiſst es im augsburger Stadtrecht S. 73 : »Iſt daz biderbe lute zerwärfent mit einander in eime lithufe . oder in eim anderm Hufe, da ſi bi einander ſint . daz iſt niht ein heimſuche.«

Für das Eingehen oder Einlaufen in das Haus bezogen auf die Perſonen, deren Hausfrieden geſtört wird, iſt vielfach »überlaufen« gebraucht.[20])

Eine Ausdehnung des urſprünglichen Begriffs fand darin ſtatt, daſs oft gewiſſe Frevel vor und an dem Haufe ſchon als Heimſuchung bezeichnet werden. Memmingen a. a. O. fährt fort : »oder in die tür ald dar in ſticht oder ſchlecht, oder in die wänd ald venſter frävenlichen, der verſchult ain hainſuchen.« Das Stadtrecht von Dieſſenhofen § 59 ſondert aber und belegt mit verſchiedener Buſe die beiden Fälle des freventlichen Eindringens in ein Haus und des Unfugs vor dem Haufe.

Zunächſt iſt der Hauswirth, als Repräſentant des Haufes, der durch die Heimſuchung Verletzte;[21]) daher hat er als Kläger aufzutreten und iſt der zum Empfang der Buſe Berechtigte. Augsburg S. 73 : »Gat ein man in eins mannes Hus unde ſleht den wirt oder ſine ehehalten . oder ſinen gaſt . oder ſwär in dem Hufe

---

[19]) Schauberg, Ztſchr. II. 86. 87.

[20]) Grimm, Wsth. I. 39. Luzern § 132. Appenzell 1585 § 30. Schauberg, Ztſchr. II. 87. Kothing, Rechtsq. S. 52. 57. — Straſsburg § 36 : invaserit.

[21]) Freiburg 1120 § 23. Augsburg S. 72. 73.

ift . der hat den wirt volleklichen geheimfuchet. — Hat ein man
ein Hus da er felbe inne ift . unde hat auch gehufide bi im dainne
ir fi lutzel oder vil . wird der geheimfuchet . diu heimfuche ift
niemens wan des wirtes, des daz hus ift.« Der Hausfrieden ruhte
aber auf dem bewohnten Haufe, erftreckte fich daher auch auf
alle, die unter dem Dache lebten, weshalb Heimfuchung auch
dann vorhanden war, wenn der Frevel des oder der in das Haus
Eindringenden gegen andere Bewohner des Haufes gerichtet war
als gegen den Wirth. Diefer einfache Satz geht fowol aus dem
augsburger Stadtrecht als aus anderen Stellen hervor und bedarf
keiner weiteren Belege, aber bemerkenswerth ift es, dafs das
Stadtrecht von Diefsenhofen verfchiedene Bufsen fetzt, je nachdem der perfönliche Angriff des Heimfuchers gegen den Wirth
und deffen Eheweib oder gegen das Gefinde und den Gaft gerichtet war.

Bei der Heimfuchung dachte man regelmäfsig an ein bewohn-
tes Haus, aber zu diefem gehörte der Hof, der Bezirk oder Begriff
des Haufes, und war Terrain der Heimfuchung wie des Hausfriedens. [22]) Ein Hofrecht von Gerfau 1436 [23]) fagt daher: »Ouch
wo einer den anderen fuchet in zornes wife in finem Hus, oder
in anderem finem gezimber.«

Wegen feiner Beftimmung nimmt ein »offen« Wirthshaus hier
eine andere Stellung ein als andere Wohnhäufer, [24]) aber für den
Gaftwirth als Bewohner feines Haufes exiftirte denn doch der
Hausfrieden. Landbuch von Glarus § 30 (und 167): »Welcher
in unferm Landt mit einem wirt in Frid kumpt und der wirt im
das Hus verbüt, und einer darüber dem wirt in das Hus gieng, der
ift fridbrech.«

Der Vorbedacht ift oft bei der Heimfuchung hervorgehoben [25])
und die Heimfuchung mit gefammeltem Gefolge war ohne Vorbedacht nicht denkbar, [26]) aber zum Begriff derfelben gehört er
im deutfchen Mittelalter nicht mehr. Wer mit einem Andern auf
der Strafse Streit bekommen hatte und diefem in fein Haus nach-

[22]) f. oben § 25.
[23]) Gefchichtsfreund VII. 144.
[24]) f. oben § 25 S. 51. Hausfrieden S. 8.
[25]) Augsburg S. 73.
[26]) Wilda S. 272. 954. Lex Alam. Hloth. 45. f. oben § 15 S. 24.

ſtürzte, um ihn zu ſchädigen, war der Heimſuchung ſchuldig, obgleich er im Affect gehandelt hatte. Augsburg S. 72: »Swär den anderm iagt mit gewäfneter Hant in eins mannes Hus ſwes daz iſt ſleht er nah im in das biſtal [27] . oder in die tur . oder in daz driſchufel [28] . oder in das übertur — der hat den wirt geheimſuchet. — Iſt daz ein man in eins mannes Hus gejagt wirdt unde laufet iener nah im in daz Hus unde wundet in darinne . oder ſleht in . oder raufet in . oder reit im ſcheltwort mit . der hat den wirt auch geheimſuchet.«

b. Arten der Heimſuchung. Buſsen.

§ 148. Aus dem groſsen Detail der Beſtimmungen über die Heimſuchung treten deutlich zwei Arten derſelben hervor: die einfache und erſchwerte Heimſuchung.

Oft iſt dieſelbe unter den ſchweren Miſſethaten aufgeführt oder mit der höchſten Buſe belegt, oft iſt die Buſe eine mäfsige. Der freiburger Stiftungsbrief § 23 hat die Formel: » gratiam domini sui amisit«. [29] Die Handfeſte von Zofingen ſagt, der Heimſucher habe die hohe Buſse verſchuldet. [30] Der Schwſp. 354 W. 301 L., ſich als allgemeines Rechtsbuch über die particularen Rechte erhebend, ſagt nur: »Diu buoſse iſt etwa ringe, etwa ſwäre, ie nach des landes gewonhait.«

Als Erſchwerungen der Heimſuchung finden wir die gewaffnete Hand und die geſammelte Mannſchaft, wie die Wahl der Nacht und die Gröſse der dabei ausgeübten Gewaltthätigkeit und Unbill gegen die Bewohner des Hauſes. Rechte des Gotteshauſes Güntersthal (1344): »Der den andern ſuocht in ſim hufe bi naht und bi nebel mit gewäffneter hant, das iſt lib und guot.« [31] Stadtbuch von St. Gallen S. 42: »Um die hamſuochi . Swer das tut nahtes

---

[27]) = Thürpfoſten ſ. Stalder I. 175.
[28]) = Schwelle ſ. Hausfrieden S. 12 Anm. 5.
[29]) ſ. oben § 52 S. 115. — Colmar § 17. Breiſach § 13. — Grimm, Wsth. I. 233. 307. Schauberg, Ztfchr. I. 14.
[30]) ſ. auch Grimm, Wsth. I. 817. Kothing, Rechtsq. S. 68. Augsburg S. 10. 15. 73.
[31]) Schreiber, Urk. I. S. 360. Grimm, Wsth. I. 831. — Zürich Rb. I. 32 ff. Burgdorf § 183. Grimm, Wsth. I. 351. Schauberg, Ztfchr. I. 11. 77. 100. II. 66. 86. 87. Appenzell A. Rh. § 163. 164. Segeſſer I. 666. Obwalden § 51. 53.

oder tages mit gewaffenter hand, der foll es büfsen als von der wunden. — Swer das tut ân waffen und ân fchelten, ift der ftat fchuldig ze bufse 5 Sch.«

Die Normirung der Bufsen gefchieht in den Rechten der Schweiz, in welcher die Heimfuchung als »Frevel unter rufsigen Raffen«, »fuchen unter rufsigen Raffen« erfcheint, [32]) mit Anfchlag der Zahl der Râffen d. i. Dachfparren, welche ein Wohnhaus hat.[33]) Offnung von Wettefchwil: »Were ouch, dafs deheiner den andern fräffenlich überlüffe in finem hus, derfelb fol das einem vogt befsren von jegklichem raffen dri ftund nün fchilling Züricher pfening und dem cleger ouch fo vil.« [34]) Segeffer II. 677 fafst diefs nicht fo auf, als ob die Quote der Bufse für jeden Sparren gezahlt werden follte, den das Dach des Haufes hatte, fondern fagt: »Das Herrfchaftsrecht von Tagmerfellen unterfcheidet fogar Grade der Strafe nach Anzahl der Rafen d. h. nach weiterm Eindringen ins Haus.« Zur Unterftützung, diefer Auffaffung liefse fich anführen, dafs nach einem elfafser Weisthum, [35]) freilich für einen andern Fall, die Bufse fo viele Mal gezahlt werden foll, als jemand Tritte in den Freihof thäte, und eine ähnliche Berechnungsweife, wie fie Segeffer annimmt, findet fich auch in öfterreichifchen Rechten bei der Heimfuchung, aber aus den altfchweizerifchen Rechten tritt doch die obige Norm ganz deutlich hervor z. B. aus einer thurgauer Offnung [36]): »wie meng raffen denn uf dem hufs ift, als meng zehen pfundt pfenning ift er verfallen.« Nur ein anderer Ausdruck für diefelbe Sache ift es, wenn es im regenfperger Herrfchaftsrecht Art. 32 heifst: »der ift unferen Herren verfallen fo manich fchlofs uff dem Tach, fo manige 10 Pfund.« [37]) Warum nach der Zahl der Sparren die Bufse vervielfältigt werden foll, fo dafs das freventliche Eingehen in ein gröfseres Haus eine gröfsere Bufse nach fich zieht als in ein kleineres, ift nirgends gefagt.

[32]) f. oben § 25 S. 50.
[33]) Aehnliche Berechnungsarten f. Grimm, Wsth. I. 703. Hausfrieden S. 87. R. A. aus der Schweiz No. V.; oben § 103 S. 238, § 143 S. 344.
[34]) Grimm, Wsth. I. 39. 83. 282. Schauberg, Ztfchr. I. 11. 77. Ztfchr. für fchweiz. Recht V. 108. Peftalutz I. 190. II. 157. Landbuch von Gafter bei Blumer I. 414.
[35]) Grimm, Wsth. I. 703.
[36]) Grimm, Wsth. I. 282.
[37]) Peftalutz I. 190.

Vielleicht ift bei der gröfseren Zahl der Dachfparren an die
gröfsere Zahl der Bewohner des Haufes zu denken, deren Frieden
geftört wurde; jedenfalls ftellt eine derartige Normirung der Bufse
die Heimfuchung als einen fchweren Frevel hin.

Als in den Städten die Strafe der Verweifung gewöhnlich geworden war, wurde auch die Heimfuchung damit belegt. Ein
basler Strafgefetz von 1339 droht ein Jahr Verweifung, wie für
Verwundung, ein anderes von 1402 fünfjährige Verbannung dem,
der mit gewaffneter Hand jemandem in das Haus nachläuft. Das
Rechtsbuch von Memmingen S. 273. 275 fetzt auf Heimfuchung
5 Pfund Bufse und ein Jahr von der Stadt. [38])

Bisweilen ift ausdrücklich hervorgehoben, was wohl an manchen Stellen hinzuzudenken ift, dafs die im Haufe von dem Heimfucher ausgeführte Verwundung oder anderer Frevel noch befonders gebeffert werden foll. Stadtrecht von Luzern § 132: »dera
jeglicher fol das bufsen der Statt mit zechen pfunden und dem
fecher ouch mit zechen pfunden und wer ouch darüber dehein
frevel begienge, es fy mit worten oder werken, der und die felben
wollen wir nit defter minder nach finem verdienen ftraffen nach
lut und fag des gefwornen brieffs.« [39]) Anders verfährt das ältefte
ftrafsburger Stadtrecht § 36: » — componet iudici triginta solidos
pro frevela; illi, quem invasit, componet suam missetat triplicatam.«

c. *Das Herausfordern aus dem Haufe.*

§ 149. Ganz eng an die Heimfuchung fchliefst fich an das
H e r a u s f o r d e r n oder A u s h e i f c h e n a u s dem eignen H a u f e,
zum Kampfe oder um dem Andern »ein Arges oder Uebel« zuzu-
fügen. Bald ift diefes Ausheifchen mit derfelben Bufse bedroht
wie die Heimfuchung, bald mit einer geringeren. [40]) Das Rechtsbuch von Memmingen S. 275: »Ift aber, das ainer den andern
frävenlichen aifchet uffer finem hus und gemach, da er ze hus
ift, oder us ains andern erbern mans hus, der verfchult ain hain-

[38]) f. auch Strafsburg 1270 § 28. 29. Jäger's Ulm S. 309.
[39]) f. auch Davos S. 12.
[40]) G r i m m, Wsth. I. 16. 18. 208. 215. 221. 229. 237. S c h a u b e r g,
Ztfchr. I. 77. 100. 179. II. 86. 87. Bafel Rechtsq. I. S. 389. Bern 1614 I. 19, 17.
Zug 1566 § 125. Nidwalden § 8. Uri § 27. Engelberg § 17. Davos S. 16.
Fünf Dörfer S. 73.

fuochen.« Das luzerner Stadtrecht § 135 fetzt darauf nur die Hälfte der Bufse der Heimfuchung, fügt aber auch hier hinzu, dafs das, was dem Ausgeládenen gefchieht, befonders, nach Laut des gefchwornen Briefs, geftraft werden foll. Die häufige Gleich-ftellung diefer Störung des Hausfriedens mit der Heimfuchung kann weniger auffallen, als dafs in der burgdorfer Handfefte § 183 fogar derjenige dem Heimfucher gleichgeftellt ift, der boshafter Weife einen Stein über das Dach eines Andern oder an fein Haus wirft.

Die Nachtzeit erfchwert das Ausheifchen, wie die Heimfuchung, bis zur doppelten Bufse, oder verfetzt dasfelbe aus dem Kreife der bufswürdigen Frevel in das Gebiet des Malefizes. [41])

d. Betreten des verbotenen Haufes.

§ 150. Der Hausherr konnte nach feinem Hausrecht dem Fremden fein Haus verbieten oder durch die Obrigkeit verbieten laffen, [42]) wenn das Haus nicht ein offenes Wirthshaus war. [43]) Betrat der Fremde dennoch das Haus, fo durfte der Hausherr in ausgedehnter Weife von feinem Hausrecht Gebrauch machen. [44]) Es war das Betreten des Haufes dann aber auch ein bufswürdiger Frevel, und weil Hausrecht und Hausfrieden in unmittelbarem Zufammenhang ftehen, war eine folche Verletzung des Hausrechts auch ein Hausfriedensbruch, verfchieden jedoch von der Heim-fuchung, zu der das Eingehen mit der Abficht, Gewalt zu üben, zu fchädigen u. dgl. gehörte. Daher finden wir die beiden Delicte mehrfach getrennt aufgeführt. Freiburg im Uechtland § 63: » Si autem intrator domum ipsam sine dampno exierit, et ille bur-gensis, cujus domum intravit, sculteto conquestus fuerit et poterit probare, quod post contradictionem ejus suam domum intravit, debet intrator eidem emendare cum banno trium librarum et sculteto similiter.« Handfefte von Zofingen: »Wer dem andern fein Haus oder Hof verbütet, irret er in darüber, der kümet umb die höchften bufse und umb zehen fchilling ze einung.« [45]) Standen

---

[41]) Grimm, Wsth. I. 208. 221. 229. 237.
[42]) Glarus § 15. 132. Uri § 15. Luzern § 131.
[43]) Freiburg im Uechtland § 64. Nidwalden §.182. f. aber Glarus § 30. 167.
[44]) Freiburg im Uechtland § 62. Hausfrieden § 7.
[45]) Thun § 37. Schreiber, Urk. I. 82. Luzern § 131. 132. Grimm, Wsth. I. 83.

die beiden Leute in einem befondern Frieden mit einander, fo war das Betreten des verbotenen Haufes Friedensbruch im engern Sinne⁴⁶); beftand kein folcher Frieden, fo war es ein bufswürdiger Frevel, aber geringer als die Heimfuchung.

Die Heimfuchung nimmt unter den Hausfriedensbrüchen den erften Platz ein, wie der Diebftahl unter den Verbrechen gegen das Eigenthum; an fie lehnen fich die übrigen Arten des Hausfriedensbruchs an, und find häufig unter diefelbe Bufse geftellt. ⁴⁷) Daraus erklärt es fich, ift aber doch den fonftigen Quellen gegenüber unrichtig, wenn es im fchaffhaufer Richtebrief Art. 20 heifst: »und ift das ain haimfuochi, der den andern vrävellichen über die fwelle alde in das hus jaget alde fuochet alde der an fine türe vrävellichen bozot wirfet und ftozèt alde der in befchiltet in finem hufe ald der in vrävellichen her us vorderot.« Diefe Erklärung oder Gloffe findet fich weder in der älteren noch jüngeren Recenfion des züricher Richtebriefs, kehrt aber buchftäblich wieder im Stadtbuch von St. Gallen S. 42. ⁴⁸)

3. Nachtfchach.

§ 151. Wie aus dem Hausfriedensbruch und der Heimfuchung, fo konnten aus dem Nachtfchach verfchiedene Rechtsverletzungen hervorgehen, weshalb auch der züricher Richtebrief I. 28 ff. nach einander aufführt: »Von anfprechi nachtfchaches umbe den mort; um`wunden; um unfuoge und unzuht; da fchaden ift an gute.« Dem Buchftaben nach ift Nachtfchach = nächtlicher Angriff. ⁴⁹) Man glaubte, nächtliche Angriffe Anderer in ihren Perfonen und Gütern als fchwere Delicte fixiren zu müffen, in einer Weife, die für das gegenwärtige Strafrecht nicht pafst, denn Angriff ift, wie Gewalt, etwas fehr Allgemeines, das durch das Hinzutreten der Nacht nicht fo weit fpezialifirt wird, um in der Geftalt eines beftimmten, alfo genau begrenzten Verbrechens auftreten zu können. Allein es hat der »Angriff« in der Zeit, als die Rechtsordnung auf dem Frieden ruhte und die Neigung der Menfchen zu Gewaltthätigkeiten fehr grofs war, eine eigenthüm-

⁴⁶) Nidwalden § 182. Glarus § 15. Uri § 15.
⁴⁷) Appenzell 1585 Art. 30.
⁴⁸) vgl. oben § 8 S. 18.
⁴⁹) Ztfchr. für deutfches Recht XVII. 473.

liche Geltung, [50]) und die Nacht warf in dem altdeutfchen Strafrecht ihre Schatten weithin. Wir haben auch noch in der gegenwärtigen Schweiz, zwar nicht in den Strafgefetzbüchern, aber im
Leben, einen Begriff, der dem alten Nachtfchach ähnelt und zur
Erklärung dienen kann, die Nachtbuberei. Man nennt Nachtbuben die jungen Burfchen, welche zur Nachtzeit auf allerlei
Unfug ausgehen und in ihrem durch Wein gefteigerten Uebermuth
gar oft fich Dinge zu Schulden kommen laffen, die ins ftrafrechtliche Gebiet fallen, Angriffe auf Frauen, Verwundung und felbft
Tödtung, wenn zwei Rotten derfelben auf einander ftofsen. An
fo Schlimmes denkt man freilich zunächft nicht beim Gebrauch
der Worte »Nachtbuben« und »Nachtbuberei«; die letztere entfpricht dem »Nachtfchach um Unfuoge und Unzucht« des züricher
Richtebriefs.

Bedeutung und Wefen des Nachtfchachs läfst fich am ficherften aus den altzüricher Rechtsquellen darftellen.

Den Kern des Nachtfchachs bildet die G e w a l t. Daher erklärt
ein Weisthum von Fluntern aus der erften Hälfte des vierzehnten
Jahrhunderts: »Si vero sub noctis silencio quis violenciam fecerit,
que vulgariter dicitur nachtschach.« [51]) Allein Gewalt gehört
regelmäfsig auch zum Raube, und ift fehr gewöhnlich bei der
Heimfuchung hervorgehoben, daher berühren fich Nachtfchach,
Raub und Heimfuchung, und werden oft als verwandte Miffethaten
neben einander aufgeführt. Die Offnung von Fluntern aus dem
fünfzehnten Jahrhundert [52]) ftellt Nachtfchach und Heimfuche zufammen unter die höchfte Bufse; das augsburger Stadtrecht S. 108.
nennt neben einander rechten Strafsenraub und Nachtfchach. Aber
diefes Nebeneinander zeigt auch die Sonderung, denn zum Raube
gehört die Entwendung, und die Gewalt finkt zum Mittel herab,
zur Heimfuchung das Eingehen in Haus und Hof, und Raub und
Heimfuchung konnten fo gut am Tage als in der Nacht vorkommen.
Daher wird der Nachtfchach in fehr beftimmter Weife vom Raube
und der Heimfuchung getrennt:

1) vom Raube. Das augsburger Stadtrecht S. 64 behandelt

[50]) f. oben § 66. 73 S. 161.
[51]) Ztfchr. für fchweiz. Recht IV. 71.
[52]) Ztfchr. für fchweiz. Recht IV. 143.

nach einander die Fälle, wo einer um Nachtfchach und wo er um Raub oder Brand in die Acht kommt [53]);

2) von der Heimfuchung. In dem augsburger Stadtrecht S. 64 ift ebenfalls die Acht wegen Heimfuchung und wegen Nachtfchach gefchieden. [54]) An manchen der hieher gehörigen Stellen find die nächtliche Heimfuchung und der Nachtfchach durch eine verfchiedene Bufsfatzung aus einander gehalten. Offnung von Niderbüren: »umb ein nachtfchach ift die buofs 10 Pfund Pf. — Item, welcher dem andern für fin hufs oder herberg löfft oder gät, und in freffenlich darufs vordret, ift die buofs 10 Pfund Pf., gefchieht es aber nachtz, fo ift die buofs 20 Pfund Pf. Item, welcher dem andern freffenlich in fin hufs nachlöfft, oder in fin herberg, ift die buofs 25 Pfund Pf., gefchicht es aber nachtz, fo ift die buofs zwifalt.« [55])

An beiden Stellen, an denen im älteren Text des augsburger Stadtrechts der Nachtfchah vorkommt, ift in der neueren Recenfion daraus »Nachtfchaden« geworden. Man verftand den alten Ausdruck nicht mehr, und verflüchtigte den an fich fchon fehr weiten Begriff bis zum Aeufserften. Die Weite des Begriffs und die unrichtige fprachliche Auffaffung des Worts zufammen bewirkten nun verfchiedenartige Abweichungen von dem urfprünglichen Standpunkte, wie er fich in dem, feiner. erften Geftalt nach noch dem dreizehnten Jahrhundert angehörigen züricher Richtebrief und den züricher Urkunden des vierzehnten Jahrhunderts findet:

1) In der Offnung von Wagenhufen 1552 ift die Rede vom Feld- und Obftfrevel, und da heifst es: »befchehe aber fölliches by nächtlicher wyfs: als dann blybt es by der nachtfchaach und by derfelbigen ftraff, namlich by den zehen pfund pfenning.« [56]) Der nächtliche Feldfrevel ift hier nicht Nachtfchach genannt, fondern es ift beftimmt, dafs die oft gefetzte hohe Bufse des Nachtfchachs [57]) eintreten foll.

---

[53]) f. auch dafelbft S. 108. Zürich Rb. III. 42. Züricher L. G. O. von 1383 in Ztfchr. für fchweiz. Recht IV. 5.

[54]) Zürich Rb. I. 28 ff. 32 ff. und die Stellen in der Ztfchr. für deutfches Recht XVII. 471.

[55]) Grimm, Wsth. I. 221. 208. 229. 236. Schauberg, Ztfchr. II. 65.

[56]) Schauberg, Ztfchr. II. 82. Elgger Herrfchaftsrecht 1535 Art. 50 § 34. Art. 67 § 6. Art. 70 § 1. (Peftalutz I. 336. 375. 377.)

[57]) Grimm, Wsth. I. 208. 214. 221. 229. 236.

2) Das Landbuch von Schwyz hat zwei Satzungen über den Nachtſchach aus verſchiedenen Zeiten. [58]) Der erſte »Brief um den Nachtſchach« vom Jahr 1394 ſagt, wenn jemand dem Andern Nachts in ſein Haus nachginge, und ihn da wollte angreifen, oder ihm ſeine Thüren wollte freventlich aufbrechen, oder mit Steinen oder mit anderen Dingen. freventlich hineinwürfe oder hineinſtäche, oder jemand den Andern aus ſeinem Hauſe freventlich lüde, »ab dem ſoll man richten uff der weidhub als um ein Nachtſchach um der-vorgenampten ſtucken yetlichs beſunder, ob es zu ſchulden kumpt.« Der Eingang der zweiten Satzung vom Jahr 1521, welche rubricirt iſt: »Wie man den Nachtſchach büfsen ſoll« zeigt, dafs es damals ſchon nöthig geweſen iſt, ſich zu erkunden und zu erinnern, was der Nachtſchach ſei und wie er gebüſst werden müſſe. Die Strafbeſtimmung lautet ſodann, daſs in beiden Fällen, wenn jemand an dem Andern einen Nachtſchach beginge, ohne ihm einen Leibesſchaden zuzufügen, und wenn dem, an dem der Nachtſchach begangen werde, von dem Thäter an ſeinem Leibe Schaden, wie der wäre, zugefügt ſei, der Thäter mit 50 Pfund zu büfsen und auf immer das Land zu räumen habe; ferner, wenn bei der Begehung des Nachtſchachs der Angegriffene vom Leben zum Tode‘ gebracht werde, ſo ſolle man über den Thäter richten als über einen Mörder.

Es iſt in dieſen Beſtimmungen die Bedeutung des Nachtſchachs als eines nächtlichen Angriffs noch ſichtbar, aber Nachtſchach und nächtlicher Hausfriedensbruch, obgleich erſterer auf offener Strafse, alſo ohne Beziehung auf den Hausfrieden, ſtatt haben konnte, ſind nicht auseinander gehalten.

Von den ſchweizeriſchen Rechtshiſtorikern hat B l u m e r I. 414. 420 ſich nur an das Landbuch von Schwyz gehalten und darnach Nachtſchach und nächtliche Verletzung des Hausrechts identificirt. Richtiger ſagt S i e g w a r t - M ü l l e r in ſeinem Strafrecht der Cantone Uri, Schwyz etc. S. 75: »Wer zu Nacht Unfugen treibt, zu Streit herausfordert oder in Streit ſich einläfst — Nachtſchach heifst dieſes Vergehen in den Landrechten — verfällt in eine Strafe von 50 Pfunden«; und O t t in der Zeitſchrift für ſchweiz. Recht I. 92 Anm.: »Nachtſchach iſt die in

[58]) Landbuch S. 28, 29.

24

fchweizerifchen und füddeutfchen Statuten häufig vorkommende Bezeichnung für Frevel zur Nachtzeit im Allgemeinen, nicht nur Raub zur Nachtzeit.«

3) Indem aller Nachdruck auf die Nacht gelegt ift, mit der fich fo gewöhnlich die Vorftellung der Heimlichkeit verbindet, ift auf Nachtfchach auch bisweilen die Strafe des Diebftahls gefetzt und damit noch weiter von dem urfprünglichen Begriffe abgegangen. Regenfperger Herrfchaftsrecht 1538 Art. 27: »Ob jemand dem anderen mit wiffen ein Nachtfchach zufügte ald anders thäte, dann er foll, das foll, fo es fich erfunde, gericht und gebüfst werden als ein Diebftal.« [59])

Der Nachtfchach ift, wie fchon aus dem Vorftehenden erhellt, bald mit Strafe, bald mit Bufse bedroht. Die Offnung von Rorfchach bezeichnet ihn als »Ungericht« neben Notzucht, Heimfuche und fridbrech Wunden; in einem badifchen Weisthum ift er der Jurisdiction des Vogts überwiefen, neben Todfchlag, Blutruns, Erdfälligmachen und Diebftahl [60]); nach der Offnung von Neerach Art. 25 ift für Nachtfchach Leib und Gut auf Gnade verfallen. Häufiger ift eine beftimmte hohe oder auch die höchfte Bufse darauf gefetzt, wie manche der genannten Stellen zeigen. Bisweilen ift auch nur gefagt, dafs nach Geftalt und Gelegenheit der Sache geftraft werden foll, [61]) was wieder mehr der alten Behandlung im züricher Richtebrief fich nähert, nach welchem der, welcher angefprochen wird » des Nachtfchachs umb den Mort « und fich des nicht entreden kann, des Mörders Bufse fchuldig ift, und ebenfo bei Nachtfchach mit Verwundung, fo dafs alfo, wenn der nächtliche Angriff zu einer wirklichen, im Strafrecht mit einer feften Strafe belegten Verletzung geführt hatte, eben diefe Strafe eintreten follte, alfo der Nachtfchach vom Mord, von der Verwundung u. f. w. abforbirt wurde und nur feine volle Selbftftändigkeit behielt, wenn keine folche klagbare Verletzung vorlag.

Weil der Nachtfchach fich in verfchiedene Bahnen verlaufen konnte, und die Grenze zwifchen ihm und den verwandten gewaltthätigen Delicten oft fchwer zu finden war, bewährte er fich in

---

[59]) Andelfinger Herrfchaftsrecht Art. 35. Wädenfchweiler Herrfchaftsrecht Art. 41. (Peftalutz I. 189. II. 62. 157.)

[60]) Grimm, Wsth. I. 233. 310.

[61]) Grimm, Wsth. I. 18.

der Praxis nicht als brauchbar. Man brachte noch die über-
lieferte Satzung zur Anwendung, ohne der Handhabung des Begriffs mächtig zu fein; bis der Nachtfchach ganz aus dem deutfchen
Strafrecht verfchwand. Ein folcher Fall aus der Praxis vom Ende
des fechszehnten Jahrhunderts ift uns überliefert. Im Jahr 1572
hatten zwei Menfchen, denen der Wirth von Nürenftorf im Canton
Zürich in fpäter Nacht keinen Wein zu trinken geben wollte, mit
der Axt an deffen Thür gefchlagen und ein Fenfter eingeftofsen.
Es entftand hier nicht die Frage, ob diefs Heimfuchung fei, denn
ein Eingehen ins Haus hatte nicht ftattgefunden, wenn freilich
folche Unbill am Wohnhaufe verübt fehr häufig ins Gebiet der
Heimfuchung genommen wurde. Der Hauptgrund, warum die
Heimfuchung nicht in Frage kam, lag aber wohl darin, dafs der
Frevel vor und an einem Wirthshaufe gefchehen war. [62]) Man
verhandelte hier darüber, ob Nachtfchach vorhanden fei oder ein
geringerer Frevel; und Bürgermeifter und Rath der Stadt Zürich
entfchieden fich für das Erftere, freilich aus Gründen, die wenig
auf das Wefen des Nachtfchachs eingingen. [63])

4. Wegelagerung.

§ 152. Ein aus alter Zeit herüberreichendes Verbrechen, welches, wie der Nachtfchach, im Fortfchritt des Strafrechts, bei
genauerer Grenzregulirung der Verbrechenskreife, zurückweichen
und dann verfchwinden mufste, ift die Wegelagerung. [64])
Die lex Alamannorum enthält in der älteften fragmentarifchen
Ueberlieferung, Pactus II. 53, den kurzen Satz: »De wega lauge [65])
6 solidos solvat«; darnach in der lex Hloth. LXVII.: » Si quis
liber liberum in via manus injecerit contra legem et ei viam
contradixerit aut aliquid ei tollere voluerit, cum tribus solidis

---

[62]) f. oben § 147 S. 361.
[63]) Schauberg, Beitr. II. 2. 9.
[64]) vgl. John I. S. 173 ff. 187.
[65]) Lâgôn = insidiari. f. Grimm, R. A. 632. — Merkel ad h. l. —
Im Reineke Vos ift häufig »Lage« = Nachtfellung, Lauer und »Lage leggen«.
f. Hoffmann von Fallersleben, Gloffar und Dreyer's Nebenftunden S. 56.—
Noch in dem Landbuch von Obwalden § 50 finden wir: »der den andern farete
oder lagete«. Beide Wörter bezeichnen die Nachtfellung. f. über vâren, fâren
meine Abhandlungen aus dem deutfchen Strafrecht I. 7.

componat.« Die lex Lantfr. LVII. und Karol. LXVI. haben wieder sex solidi.

Die alamannifchen Rechte des fpäteren Mittelalters haben die Sache feftgehalten, und vornemlich in der Schweiz blieb die Wegelagerung, wenn auch mit veränderter Bezeichnung, ein felbft-ftändiges Delict, das häufig in Verbindung mit der Heimfuchung und dem Ausheifchen aus dem Haufe behandelt ift.

Im luzerner Stadtrecht folgt auf den Artikel von der Heim-fuchung Art. 133 mit der Rubrik: »Wer uff den andern wartet ihm Arges zuzufügen.« Für beide Delicte ift diefelbe Wette und Bufse gefetzt, und bei beiden ift hinzugefügt, dafs der weitere Frevel, fei es mit Worten oder Werken, der daraus und darauf erfolgt, nach dem gefchwornen Briefe gerichtet und geftraft werden foll. Das Warten in der markirten Abficht ift alfo ein felbft-ftändiger Frevel, der durch das Weitere nicht abforbirt wird. Zug 1566 § 81 bezeichnet die Sache mit den Worten »wann einer des Andern wartet auf offener freier Strafs oder fonft wartete«, aber es ift keine Strafe ausgedrückt, fondern nur bemerkt, dafs, wenn in folchem Fall der des da gewartet ift, fich des Andern mufs erwehren, er nichts zu verantworten habe. Vollftändiger ift das Delict characterifirt und behandelt im Landbuch von Davos S. 12. Der Artikel ift überfchrieben »Wägswarten« und im Texte das Delict bezeichnet mit den Worten: »Wer fich dem Andern freventlich und wider Recht an den Weg legt« [66]); fodann wird unterfchieden, ob er nun den Andern bekriegt oder nicht. Im erften Fall ift er dem Lande 5 Pfund Pfenninge verfallen für die Wegelagerung und was weiter daraus erfolgt ift den Parteien und dem Gericht vorbehalten; im zweiten Falle verfällt er dem Lande 50 Schillinge. Das Delict tritt nicht mehr fo in feiner Selbftftändigkeit auf in der Gerichtsfatzung von Brugg 1620: »Welcher gefehrlich auf einen wartet mit gewehrter Hand ihne zu befchedigen, es feye mit werfen, hauwen, fchlagen oder ftechen und ihn ungewahrneter fachen anfalt, befchicht es tags, fo verfalt er 20 Pfund ohne gnad, befchicht es nachts, ift die Bufs 50 Pfund ohne gnad, und ob er ihn vom Leben zum todt brecht, fo foll er als ein Mörder gerichtet werden.« Auch im Herrfchaftsrecht

[66]) f. auch Nidwalden § 216.

von Büron S. 108 ift nicht das Warten allein, fondern der dazugekommene freventliche Angriff unter die höchfte Bufse geftellt.

Das Handeln befteht nach diefen Stellen im Warten auf jemand am Wege, fich an den Weg legen. Es ift diefs »wider Recht« oder »Frevel«, wenn es gefchieht, um den Andern anzugreifen öder ihm Arges zuzufügen, und die Wegelagerung gehörte zu den Fehdeäufserungen. [67]) Nicht nothwendig, aber häufig fand die Wegelagerung ftatt, um einen Raub auszuführen, daher finden wir für Raubritter und deren Gefindel die Namen »Heckenfifcher«, »Staudenreuter« u. dgl., [68]) und die lateinifchen Namen »insidiator stratarum« und »grassator« drücken fowol den Wegelagerer aus wie den Räuber. [69])

Dafs der Vorbedacht zur Wegelagerung gehört, [70]) tritt fchon hervor aus den Bezeichnungen des Handelns, ift auch bisweilen befonders ausgedrückt. Herrfchaftsrecht von Büron a. a. O.: »Item wer dem andern wartet in offnem feld mit verdachtem mut.«

Die Sonderung der **Wegfperre** oder **Wegwehrung** von der Wegelagerung, worauf **Wilda** S. 780 für die ältere Zeit aufmerkfam macht, ift auch im fpäteren Mittelalter zu finden. Jene ift ein geringeres Unrecht. Appenzell 1585 Art. 147 »Wegwehren«: »Rechtmäfsige Weeg. Wo einer ein Weeg wehrt, da einer nit recht dazu hat und das nit befetzen mag, und fich mit recht findt, der ift zu Buofs dem Kleger 3 Pfund Pf. und meinen Herren 3 Pfund.«

I. Miffethaten, deren Wefen und Character durch die religiöfen Vorftellungen beftimmt wurde.

1. Zauberei.

§ 153. **Wilda** weift hin auf den Doppelcharacter der Zauberei, welche die Giftmifchung in fich begriff, als zwar durch die religiöfen Vorftellungen beftimmt, aber zugleich eine Rechtsverletzung gegen Perfonen enthaltend. So ift es auch im augsburger Stadtrecht S. 67. Hier finden wir noch nicht eine förm-

---

[67]) Schöpflin, Als. dipl. II. 196.
[68]) f. oben § 129 S. 311.
[69]) Festus ed. Müller p. 97: » Grassari dicuntur latrones vias obsidentes.«
f. auch die Fälle bei Strobel III. 245. Jäger's Ulm S. 313.
[70]) f. John I. S. 175 ff.

374

liche Abtrennung der Vergiftung von der Zauberei, wie in der C. C. C. Art. 109. 130, aber nur der Fall des Zaubers und der Vergiftung ift in das ftrafrechtliche Gebiet genommen, wo es »dem Manne an den Leib geht«.

Die Bezeichnung der Miffethat in diefem Stadtrecht »fwer mit Zauber umbe gat« haben wir auch in dem aus dem Sfp. II. 13 § 7 [1]) in den Schwfp. 149 W. 174 [b] L. übergegangenen Satze: »Swelich kriften menfche mit zouber umbe gêt oder mit vergift«, aber das augsburger Stadtrecht hebt hervor: »Ift ez ein fogtan Zauber, daz dem man an den lip gat« und »Vergit aber iemen dem andern daz im an den lip gat, er genäfe oder ftärbe«. Damit hängt die Verfchiedenheit der Strafe im Schwabenfpiegel und im Stadtrecht zufammen. Im Schwfp. a. a. O. und 305 W. 368 L L. ift die Strafe, wie im Sfp., die des Scheiterhaufens, wie bei der Ketzerei; im augsburger Stadtrecht die des Mordes, das Rad, aber nur, wenn es dem Manne an den Leib geht; es foll die Rechtsverletzung von Perfonen exiftent geworden fein, während in den Rechtsbüchern nur die religiöfe Auffaffung geltend ift, weshalb auch das Subject mit den Worten eingeführt wird: »Swelich kriften menfche u. f. w.« Die Auffaffung des Stadtrechts ift ohne Zweifel die ältere; [2]) fie ift auch noch zum Theil erhalten in der Bamb. Art. 131 und in der C. C. C. Art. 109. [3])

Einen feltfamen augsburger Fall der Anwendung von Zauberkünften von Seiten eines achtzigjährigen Schufters, der eine junge Frau geheiratet hatte und feine verfchwundene Manneskraft wieder erwecken wollte, erzählt Gaffarus vom Jahr 1469. Der Alte wurde vom weltlichen Gericht »propter peccatum idolatricum« zum Ertränken verurtheilt, aber wegen feines früheren guten Lebens, feines Alters und weil feine Unternehmung an Wahnfinn ftreifte, zu einer dem Findelhaufe zufallenden hohen Geldbufse begnadigt. Die geiftliche Obrigkeit liefs ihn aber damit nicht frei; er mufste an einem Sonntage nach der Meffe halbentkleidet das hölzerne Kreuz, welches er von einem Grabe für feine Zauberei genommen hatte, durch das Menfchengewühl von einer Kirche zur andern tragen, und wurde dabei von dem Dominicaner Zucht-

---

[1]) Unrichtig überfetzt Sachfse: »mit Zauberern umgeht«.
[2]) f. Hälfchner I. 37.
[3]) Wächter, Beiträge S. 290.

meifter jämmerlich gepeitfcht. Auch wenn diefer Fall in eine frühere Zeit gefallen wäre, hätte die obige Beftimmung des Stadt-rechts nicht zur Anwendung kommen können, denn hier war kein Zauber, der an den Leib ging.

Zum Zauber gehört auch das Darreichen des Liebestranks verbunden mit Zauberfprüchen. [4]) Im Rathsbuch von Luzern vom Jahr 1406 kommt vor [5]): »Anna Kollers het Annen Leners zu ir ze ftuben gelatt, und het ir ze trinken geben us einem gefchire, von des trankes wegen fi Herrn Heinzman Walker hold ift wor-den.« Welche Strafe hiefür erkannt wurde, hat Segeffer nicht angegeben.

2. Ketzerei.

§ 154. Der Name Ketzer, welcher im zwölften Jahrhundert aufgekommen fein foll, [6]) findet fich im augsburger Stadtrecht (S. 65), wie Ketzerie (S. 47) zur Bezeichnung eines in zwei Arten abgezweigten Begriffs, die aber beide mit derfelben Strafe be-legt find. 1) »Unde ift daz ein chetzer wirt gevangen umbe ungelau-ben unde wirt den phaffen geantwrtet. wird der bewärt den fol man dem vogte antwrten. mit libe unde mit gute. unde fol der uber ihn rihten mit der Hurt. unde fwaz gutes bi im begriffen wirt daz ift des vogtes.« Ob alfo der Thatbeftand diefer Ketzerei im einzelnen Falle vorhanden fei, hatte die Geiftlichkeit zu ent-fcheiden, aber die weitere Behandlung des Verbrechens fiel nicht dem geiftlichen Gerichte zu. Ebenfo fagt der Schwfp. 258 W. 313 L.: »Swa man kezer [7]) innen wirt, die fol man rüegen dem geiftlichen gerihte. wan daz fol fi bi dem erften verfuochen. unde als fi überkomen werdent, fo fol fich ir werltlich gerihte under-winden, unde fol über fi rihten als reht ift, alfo daz man fi uf einer hürde brennen fol.«

[4]) vgl. Weinhold, die deutfchen Frauen in dem Mittelalter S. 147. — Eine folche lateinifche Zauberformel findet fich in einem alten Gebetbuche aus dem Klofter Muri. f. Graff's Diutiska II. S. 296.

[5]) Segeffer II. 652 Anm. 1.

[6]) Weigànd, deutfches Wörterbuch s. v. vgl. Eichhorn II. § 318. 322.

[7]) Sfp. II. 13 § 7 (Dtfchfp. 111): »Svelk kerften, man oder wif unge-lovich is.«

2) »Ift aber ez ein fogetan fchulde daz des vogtes gerihte uber
in ftat . wird der vor im bewärt . fo fol er der criftenheit rihten
alfo daz man in uf der Hurde brennen fol . unde fwaz gutes da
ift daz ift des vogtes . ift er ein gaft . unde auh alfo ob er niht
erben hat die ez durch reht erben fuln . wande fwenne er hince
dem libe gerihtet . fo ift gote unde aller der criftenheit gerihtet.«
Ohne Zweifel ift hier die Ketzerei im Sinne der widernatürlichen
Unzucht gemeint,[6]) die fehr gewöhnlich als »Unchriftliches« bezeichnet wird, daher auch der Schuldige »der Chriftenheit gerichtet«
werden foll. Dasfelbe Stadtrecht hat noch eine hierauf bezügliche
Stelle, S. 75: »Schiltet aber er in von der criftenheit . daz ift ob
er in heizzet eine zohenfun . oder merhenfun . muffenfun . ketzer .
meineide.«[9]) Während diefes Stadtrecht die widernatürliche Unzucht nicht undeutlich als unchriftlich der Ketzerei gleichftellt,
ift dafür in den altfchweizerifchen Rechten geradezu der Name
»Ketzerei« verwendet[10]) und es heifst kurz im Landbuch von
Uri § 32: »Ketzerei es fei in Glaubensfachen oder fleifchlichen
Sünden.«

Wir haben hier nur die Ketzerei in Glaubensfachen zu berückfichtigen, deren Strafe nach dem augsburger Stadtrecht, wie nach
dem Schwabenfpiegel, der Scheiterhaufen ift. [11]) Es ift fchon im
Jahr 1229 in Kolmar ein Ketzer verbrannt[12]) und mancher Scheiterhaufen ift nachdem auf dem alamannifchen Gebiete zur Aufrecht-
haltung des »wahren« Glaubens angezündet worden, z. B. in
Bern im Jahre 1277 und 1374. [13]) Auch Wiedertäufer find in
fpäterer Zeit in der Schweiz verbrannt worden, obwohl fie gewöhnlicher mit dem Waffer[14]) geftraft oder enthauptet wurden.
In Schwyz verbrannte man 1525 drei Wiedertäufer, in Luzern in
demfelben Jahre den Hans Krüfi, ein Haupt diefer Secte. [15])

---

[6]) f. oben § 123.
[9]) f. oben § 108 S. 248.
[10]) f. auch Bafel im XIV. Jahrhundert S. 135.
[11]) vgl. Henrici regis sententia de bonis haereticorum 1231 (Pertz, Mon. Leg.
II. p. 284), wo die Feuerftrafe nebenbei als eine fchon beftehende erwähnt ift.
[12]) Böhmer, Fontes II. 2. 3.
[13]) Juftinger's Berner-Chronik S. 37. 194.
[14]) R. A. aus der Schweiz No. III. S. 31.
[15]) Walfer I. 439. 440. f. auch Mone's Quellenfammlung II. 106 (a. 1527).

Viele von den zahllofen Verbrennungen der Juden find direct oder indirect auf den Begriff der Ketzerei zurückzuführen. Wenn manche Juden dem Chriftenglauben zufchworen, um das Leben zu retten, fo fehlt es auch nicht an Beifpielen, dafs Juden nicht laffen wollten von dem Glauben, den fie für den »rechten« hielten und dafs folche, die fich die Taufe hatten aufzwingen laffen, von Reue ergriffen, mit ihrem Leben das Bekenntnifs ihrer Väter wieder befiegelten. B u l l i n g e r erzählt in feiner (ungedruckten) Chronik VII. c. 19: »Im Jahr 1348 habend die von Conftanz ihr Juden auch verbrannt, doch war aller derer verfchonet, die den Chriftenglauben annahmend und fich taufen liefsend; es war aber einer unter ihnen, · der fich aus Forcht auch taufen laffen, den es aber gerauwen und fich zur Bufs zu opfern underftund, der befchlofs fich in fein eigen haus mit zweien feiner kinderen und zündte felbft fein haus an und verbrennt fich felbs; in allen feur luff er den fenftern zu und fchrie zu den fenftern aus, er wol nit ein Chrift, fondern ein frommer Jud fterben.« Bekannter ift der Fall vom Jahr 1390, den S t u m p f f in feiner Chronik V. c. 10 unter der Rubrik »verzweyfleter Jud« einführt und den auch Chroniken von Conftanz erzählen. [16]) Zum Bürgermeifter von Conftanz kam ein Jude, fiel vor ihm auf die Knie und flehte, er möchte ihn verbrennen laffen; er habe fich verfündigt dadurch, dafs er fein Judenthum verlaffen und der Chriften Taufe angenommen habe und fei deshalb fchuldig verbrannt zu werden. Der Bürgermeifter antwortete: Du fcheinft mir wahnfinnig zu fein. Der Jude aber fprach: Ich bin nicht wahnfinnig, haltet mich in Haft bis auf den morgenden Tag, ich werde dann nicht anders reden als heute. Der Bürgermeifter liefs ihn in einen Thurm fetzen bis zum dritten Tage. Der Jude blieb bei feiner Rede und bat alle, die zu ihm kamen, man möchte ihn verbrennen laffen.- »Als er von feiner Bitt nicht wollt ablaffen, fagt S t u m p f f, ward er verbrannt am 20. September.«

3. Hexerei.

§ 155. Die Hexerei reiht fich an die Zauberei und Ketzerei; diefe fchoffen zum Begriff der Hexerei zufammen und als der Be-

---

[16]) M o n e, Quellenfammlung I. 326. S p e t h, Conftanz S. 230.

griff practicabel befunden war, abforbirte er für die ftrafrechtliche Behandlung grofsentheils die Zauberei, während die Ketzerei
noch darüber hinwegragte.

Der kirchliche und juriftifche Schwerpunkt der Hexerei lag in
dem Bündnifs mit dem Teufel, woran fich die Vermifchung mit
demfelben anfchlofs. [17]) Die entthronten Götter der heidnifchen
Welt, die noch lange im Geheimen verehrt wurden, die alten
Dämonen, welche man Jahrhunderte lang geglaubt hatte durch
Zauberformeln fich dienftbar machen zu können, gingen auf in
dem Teufel, dem Widerfacher Gottes, und aus der Zauberei trat
die Hexerei hervor, die zum ftärkften Ausdruck der Ketzerei wurde.

Die directen alamannifchen Rechtsquellen bieten wenige Satzungen über diefes Verbrechen, das feine kirchliche Grundlage, und
über deffen Exiftenz in fraglichen Fällen die Kirche zu entfcheiden
hatte, wie über die Ketzerei.

Häufig ift die Bezeichnung » Unholderei « und häufiger für
Hexen » Unholde «. [18]) Im Landbuch von Uri § 32 ift die Unholderei genannt unter den Malefizfachen, nach der Ketzerei. Das
engelberger Thurnbuch (S. 90 ff.) enthält die Formel einer »Klag
über ein unholdin oder hexen« und fodann auch eine Anweifung
zur Vertheidigung einer folchen Perfon. In der Klagformel ift die
Sünde und das Verbrechen fo ausgemalt: »— fich an den feind
menfchlichen gefchlechts, den leidigen fatan ergeben, fein zeichen
angenommen, ime in allen threw und gehorfam zuo leiften ver-
pflicht, vor ime fchendliche abgötterey und abfcheuliche ftumme
und fodomitifche vermifchung mit ime getriben, darzuo auch leut
und vich, hab und guot gefchent und verderbt durch fturmwind,
reyf, hagel, regen die liebe frücht zuonichten gemacht, den nebet-
menfchen wo nit gar durch ihr teuflifche zauberei hingericht, doch
erlembt oder unfinnig gemacht u. f. w.«

In den Hexenproceffen aus dem dreihundertjährigen Zeitraum
von der Mitte des fünfzehnten bis zur Mitte des achtzehnten Jahrhunderts finden wir als die ordentliche Strafe der Hexerei das
Lebendigverbrennen, alfo die fchon früher übliche Strafe der
Ketzerei; aber nicht felten wurde die Strafe noch gefchärft durch

[17]) Wächter's Beiträge S. 89.
[18]) Ueber diefen Namen f. Mone's Anzeiger 1837 S. 229. 230. 1839 S. 425.
Weigand, Synon. No. 1991. 2304.

vorangehende einzelne Graufamkeiten, wie das Zangenreifsen an
den Brüften und Handabhauen, nicht felten auch nur der Körper
der enthaupteten oder ftrangulirten Hexe verbrannt. Auch Ertränken kommt vor. Es laffen fich diefe Beftrafungen aus fehr
vielen Fällen vom alamannifchen Gebiete nachweifen. [19]) Ein genaueres Eingehen auf diefe Fälle würde kaum neue juriftifche
Refultate liefern, wenn auch die culturgefchichtliche Seite nicht
gering anzufchlagen wäre. Der Cardinalpunkt war überall derfelbe, die Unterfuchung nach dem gleichen Leiften, das Refultat
das gewünfchte.

Von den vielen fchweizerifchen Hexenproceffen find einige bemerkenswerth als letzte Ausläufer der Hexenverfolgung auf deutfchem Boden und einer derfelben, in actenmäfsiger Darftellung
bekannt gemacht, [20]) fteht wenigftens im achtzehnten Jahrhundert
unübertroffen da.

Katharina Kalbacher, ein fiebenzehnjähriges verwahrlofetes,
fchwachfinniges Mädchen, erfchien am 2. Auguft 1737 vor dem
Hexentribunal in Zug, nachdem fie vorher eine Unterredung mit
den Vätern Jefuiten in Luzern gehabt und von deren Rector die
Weifung erhalten hatte, zu thun, was er fie heifse, wenn fie von
ihrem Stande erledigt fein wolle. Ihre Ausfagen waren fehr
abentheuerlich. Als fie nur noch ein Kind von 3 Jahren gewefen,
fei der Teufel ihr erfchienen und habe fie gezwungen, Gott und
allen Heiligen abzufchwören, fodann fei fie mit drei anderen

---

[19]) S c h r e i b e r, die Hexenproceffe zu Freiburg im Breisgau, Offenburg in
der Ortenau und Bräunlingen auf dem Schwarzwald. 1838. — Die Hexenproceffe
im Elfafs in: S t ö b e r's Alfatia 1856 und 57 S. 265 ff. — F i f c h e r, die basler
Hexenproceffe in dem fechszehnten und fiebenzehnten Jahrhundert. 1841. K a i f e r,
Liechtenftein S. 352. 393. Gefchichtsfreund VI. 244. X. 266. A t t e n h o f e r,
Surfee S. 68. 117. 120 ff. W a l f e r I. 674. 677. P f y f f e r, Luzern I. 360. 391.
S e g e f f e r II. 653 Anm. IV. 206. B l u m e r II. 2, 29. E n g e l h a r d, Murten S. 81.
L e h m a n n, patriot. Magazin S. 280. Chronik von H a l l e r und M ü s l i n S. 136.
157. 212. S c h l e t t e r's (Hitzig's) Annalen LXVII. 165. Chronik von Schaff-
haufen a. 1553. 1653. 1657. 1658. — S t e t t e n I. 718. 858. — P f a f f, Efslingen
S. 569. R e y f c h e r, Stat. S. 366. f. noch die Anführungen einiger Berichte über
Hexenproceffe in Würtemberg bei W ä c h t e r a. a. O. S. 287. 288.

[20]) Der Hexen - Procefs und die Blutfchwitzer - Procedur, zwei Fälle aus der
Criminal-Praxis des Kantons Zug, aus den Jahren 1737—1738 und 1849. Zug 1849.
Die Darftellung jenes Hexenproceffes ift durchaus getreu, wie ich nach Einficht
der Acten bezeugen kann.

382

Perfonen »blutnackend« auf die˙ »Ehrlofen«, einen Berg bei
Münfter im Canton Luzern, auf »Stecklenen« ausgefahren; dort
habe fie viele Hexen gefunden und die Zufammenkünfte hätten
fich oft bei Tag und Nacht wiederholt. In diefem Hexen-Stande
habe fie über hundert Mal communicirt und zwar fchon vom vierten Jahre an, indem der Teufel fie gleich grofs gemacht habe;
dabei habe fie die heilige Hoftie aus dem Munde in ein Tüchlein
genommen, auf ihre Sammelplätze getragen, fie vergraben und
darauf geftampft und getanzt. In verfchiedenen Geftalten von
Hund, Katze, Maus, fchwarzer Taube habe fie den Klofterfrauen
Vieh, Hühner und Fifche verdorben mittelft Gift, das fie aus den
Apotheken, in welche fie durchs Schlüffelloch gelangt fei, genommen; denfelben Klofterfrauen habe fie aus einem wohl verfchlof-
fenen Kiftchen, in das fie auch durchs Schlüffelloch gelangt,
200 Gulden entwendet. Sie gab noch viele andere Schädigungen
an Menfchen und Vieh an; oft habe fie Hagel gemacht, auch auf
Anftiften des Böfen mit anderen Hexen die Stadt Surfee anzünden müffen.

Als Mitfchuldige denuncirte fie das ganze weibliche Perfonal
einer Familie Bofsard, eine Katharina Gilli, genannt die Liederfrau aus dem Thurgau, fpäter auch einen Max Stadlin und deffen
Ehefrau und Tochter. Die Liederfrau, eine kräftige Frau von
40 Jahren, hatte muthig alle erdenklichen Folterqualen ausgehal-
ten, ohne fich zum Geftändnifs bringen zu laffen; fie wurde eines
Morgens im Januar 1738 in einem Winkel des feuchten, kalten
»Kaibenthurms« zufammengekauert todt gefunden. Max Stadlin
und feine achtzehnjährige Tochter Euphemia liefsen fich kein
Geftändnifs abzwingen, die Mutter bekannte fich fchuldig, wie die
übrigen Inquifiten, unter denen eine fiebenzigjährige Frau war.
Die Folter wurde in den verfchiedenften Formen angewendet. Die
Angefchuldigten wurden mit Ruthen auf den Rücken und die
Fufsfohlen »im Namen der heiligften Dreifaltigkeit« gefchlagen;
fie wurden aufgezogen und ihnen Steine, von denen der gröfste
zwei Zentner wiegt und noch zu fehen ift, an die Beine gehängt,
die Glieder verrenkt u. f. w.

Die Angeberin wurde einfach mit dem Schwert vom Leben
zum Tode gebracht, die übrigen Frauen und Mädchen wurden
verbrannt oder ftrangulirt, nachdem mehrere derfelben vorher

mit glühenden Zangen geriffen waren, einer auch die rechte Hand
abgehauen und die Zunge mit einer feurigen Zange aus dem Munde
geriffen war. Kurz, diefer Procefs endigte im Jahr 1738 mit der
Hinrichtung von 14 Hexen!

Der actenmäfsigen Darftellung gegenüber nimmt fich die Verficherung eines zuger Pfarrhelfers im Jahr 1859, [21]) dafs die
Geftändniffe der Unholdinnen »fchauderhafte Thaten ans Licht
gebracht«, fehr naiv aus. Die Behandlung derfelben im Folter-
thurm und ihre Hinrichtungen erfcheinen dem harmlofen Manne
nicht fchauderhaft, — es gefchah das Alles ad majorem Dei gloriam.

Diefe Tragödie und der Rückblick auf fo manche andere, die
ihr vorangegangen waren, veranlafst mich zu einer Bemerkung
über Segeffer, deffen Rechtsgefchichte II. 648 ff. eine fehr lefens-
werthe Partie über Zauberei, Ketzerei und Hexerei enthält, aber
mit eigenthümlichen Sympathieen, die fich zum Theil fchon bei
Jarcke und Rofshirt finden. Segeffer meint: »Die Jefuiten-
hetze, die in den Jahren 1847 und 1848 von der Schweiz ausgehend, electrifch durch Europa zog, fteht in ihrem Urfprung
und der Art und Weife ihrer Verbreitung geiftig nicht höher als
die Hexenproceffe jener früheren Zeiten« und: »Wie bei der
Ketzerei, fo erfcheint auch bei der Hexerei durchaus keine Spur
von Mitwirkung oder Concurrenz der geiftlichen Gerichtsbarkeit.«
Wie reimt fich aber damit fein Satz (S. 879 vgl. mit 648 Anm. 4),
dafs die Härefie völlig dem geiftlichen Richter anheimfiel? Er
fucht wie Jarcke, und in Oppofition gegen Wächter, die
Schuld an den Gräueln der Hexenproceffe möglichft von der Kirche
abzuwälzen; aber Kirche und weltliche Gerichte find in der Schweiz,
wie überall, hiefür in fefter Allianz gewefen und die Initiative ging
in der Regel von der Kirche aus. So auch in dem erzählten zuger
Fall. Die Angeberin hatte vorher mit den Jefuiten in Luzern eine
Unterredung gehabt und vom Rector derfelben Weifungen erhalten und während der peinlichen Verhöre fehlte der geiftliche
»Zufpruch« nicht.

Eine oft berührte Frage ift es, wann auf deutfchem Boden
der letzte Hexenprocefs ftatt gefunden habe oder wann die letzte
Hexe verurtheilt fei. Im Jahr 1752 wurde eine »erzboshafte,

[21]) Gefchichtsfreund XV. 237.

382

mit dem Teufel verpaktete Frau, die dem Klofter im Muotathal und den Thalleuten grofsen Schaden an Vieh u. f. w. zugefügt hatte«, verhaftet und im Gefängnifs zu Schwyz erdroffelt. [22]) Mit den letzten Fällen, die aus Deutfchland angeführt werden, [23]) aus Würzburg 1749, aus Augsburg 1766, concurrirt aber befonders ein glarner Fall von 1782, wenn derfelbe Hexenprocefs genannt werden darf. Eine Magd, Anna Göldi, hatte der neunjährigen Tochter ihrer Dienftherrfchaft in Glarus, weil das Kind unartig gegen fie gewefen, ein »Leckerli« gegeben, nach deffen Genufs das Kind längere Zeit hindurch zu wiederholten Malen über 100 Guffen (Stecknadeln) verfchiedener Art und Gröfse, 3 Stücke krummen Eifendrahts, 2 gelbe Heftli und 2 Eifennägel erbrochen hatte und fehr elend geworden war. Da fie ihr Verbrechen eingeftand, wurde geurtheilt [24]): »dafs diefe arme Uebelthäterin als eine Vergifterin zu verdienter Beftrafung ihres Verbrechens und anderen zum eindrückenden Exempel dem Scharfrichter übergeben, auf die gewohnte Richtftatt geführt, durch das Schwert vom Leben zum Tod hingerichtet und ihr Körper unter den Galgen vergraben werden folle.« Die Anna Göldi ift hier nicht als Hexe bezeichnet, fondern als Vergifterin, auch der Bund mit dem Teufel nicht hervorgehoben, die Vergiftung beftand aber darin, dafs fie durch ein übernatürliches Mittel das Kind elend gemacht hatte, und da die Folter als Wahrheitserforfchungsmittel angewendet wurde, [25]) fo fieht diefer Fall einem Hexenproceffe fo ähnlich wie ein Ei dem andern; nur vermied man den fchon anftöfsig gewordenen Namen. Nicht unintereffant ift, dafs in diefem Falle die alte Verbindung von »Zauber und Vergift« [26]) wieder hervortritt, fo dafs beim Ausgange aus dem Gebiete der Hexenproceffe der Eingang wieder fichtbar wird.

Diefer Fall hatte in Glarus noch fein Nachfpiel im Jahr 1789. Ein Bube in Netftall gab Guffen, Heftlein und Wachholderbeeren von fich, wahrfcheinlich durch Erzählung der Gefchichte mit der

[22]) Gefchichtsfreund VI. 117.
[23]) Wächter's Beiträge S. 286.
[24]) Das Urtheil fteht in Lehmann's Briefen, den f. g. Hexenhandel zu Glarus betreffend (1783), Heft 2, Beilage 12.
[25]) Blumer II. 2, 30.
[26]) f. oben § 153 S. 373.

Göldi dazu angeregt. Eine fremde Weibsperfon wurde deshalb auf das Rathhaus in •Glarus in Haft gefetzt. Sie mochte aber auch von der Göldi gehört haben, und wollte deren Schickfal nicht leiden, daher fprang fie in Verzweiflung aus dem Fenfter ihres Gefängniffes, wobei fie fich bedeutend verletzte._ Der Rath von Glarus fand nun doch Bedenken, aus der Sache einen regelrechten Hexen- oder Vergift-Procefs zu machen; der Betrug des Knaben wurde entdeckt, denn als man ihn entkleidete, gab er keine Guffen oder dergleichen von fich. Es waren dem Lande aber 1900 Gulden an Koften daraus erwachfen. [27])

Bemerkenswerth ift, dafs die Gefetzgebung von Bern, befonders durch das Uebermaafs der Hexenverfolgungen im Waadtlande angeregt, fchon im fiebenzehnten Jahrhundert dem Gebrauch der Folter und den Hexenproceffen Schranken fetzte. [28])

In Zürich verftand man fich im achtzehnten Jahrhundert nicht mehr recht auf die Sache. Zwar waren in dem wafterkinger Hexenhandel von 1701 eine grofse Anzahl Perfonen implicirt, Viehverderben, Hagelmachen, Tänze mit dem Teufel kamen zur Sprache, und die Folter wurde gebraucht, aber es wurde nur ein Weib mit dem Schwert hingerichtet.

4. Gottesläfterung und böfe Schwüre.

§ 156. Der Glaube, dafs durch Schmähung und Läfterung der Gottheit und durch etwelchen Mifsbrauch des göttlichen Namens Gott zum Zorne gereizt, allerlei Landplagen fende, [29]) bildet die Grundlage der ftrafrechtlichen Beftimmungen über diefen Gegenftand. In dem basler Verbot des Schwörens und Fluchens von 1490 ift es als ein Erfahrungsfatz hingeftellt, dafs der allmächtige Gott deshalb viele heimliche Strafen und offenbarliche Plagen über die Menfchheit verhänge, Krieg, Theurung, Sterben, Hagel, Reif, Mifswachs und dergleichen Unfälle. [30]) Jener Glaube erftreckte fich fowol auf die Schmähung der Gottheit, welche als ein Angriff auf die Perfon derfelben aufgefafst

---

[27]) Schuler, Gefchichte des Landes Glarus S. 359.

[28]) Tillier, Gefchichte Berns IV. 419.

[29]) vgl. Nov. 77 und die in Wächter's Lehrbuch II. S. 537 angeführten Reichsgefetze.

[30]) f. auch Reyfcher, Stat. S. 6.

wurde, als auf die »böfen Schwüre«, und überhaupt find diefe beiden Themata in den Rechtsquellen fo fehr mit und neben einander behandelt, dafs fie auch hier fich nicht durchweg trennen laffen, wiewol das Wefen der Gottesläfterung hie und da deutlich angegeben ift, z. B. im luzerner gefchw. Briefe 1252: »Ad laudem etiam omnipotentis dei et eius iniuriam vindicandam statuimus, ut quicunque ipsi deo, beatae virgini et Sanctis eius contumeliam et obprobrium infra terminos nostrae pacis inferre presumpserit duodecim solidis emendabit.« Dafs die böfen Schwüre auch als Gottesläfterung genommen wurden, zeigt die fchwyzer »Einung um bös Schwür« von 1517, in welcher verboten find die »fchantlichen böfen Schwür, damit Gott fo jämmerlich gelettert wird«. In dem Art. 113 des glarner Landbuchs von »Gotzleftern« ift nur die Rede vom Schwören »by Gottes Wunden, Liden, Marter, Lib, Fleifch, Blut, Sterben etc.« [31]) Wie hier, fo find auch an andern Stellen die im Mittelalter üblichen Formen der böfen Schwüre angegeben, [32]) und diefe Stellen, wie andere Nachrichten, bekunden darin eine fchlimme Sitte des Mittelalters. [33])

In der basler G. O. 1534 § 30 ift unterfchieden, ob das Fluchen und Schwören gefchehe »aus böfer Gewohnheit, unverdacht und in Zorns Weife« oder »verdachten Muths, frevenlicher Weife«. Im erften Fall foll von jedem Schwur 10 Schilling gezahlt werden, im letzteren, je nach Gelegenheit der Schwüre, Strafe an Leib, Gut oder Leben eintreten; auch wenn ein Rückfall aus böfer Gewohnheit oder Zorn ftatt findet, foll diefs für eine verdachte freventliche Gottesläfterung gehalten werden.

Auf die Trunkenheit, nicht zur Entfchuldigung, fondern als gewöhnliche Veranlaffung zur Gottesläfterung ift oft Bezug genommen. Die Gerichtsordnung von Adelberg [34]) deducirt, wie aus dem Zutrinken Trunkenheit und aus diefer Gottesläfterung, Todfchläge und fonft viel Uebel erwachfe.

Die Strafen find mannigfach, je nach Geftalt der Sache; fie gehen von Geldbufsen bis zur Todesftrafe hinauf. [35])

[31]) f. auch Reyfcher, Stat. S. 6. 117.
[32]) Kothing, Rechtsq. S. 176. Uri 37. Bafel Rechtsq. I. 215. 300. 505.
[33]) Hüllmann IV. 275.
[34]) Reyfcher, Stat. S. 6. f. auch Pfaff, Efslingen S. 159.
[35]) Uri 97. Schwyz Landb. S. 35.

1) Die genannte Stelle des luzerner gefchw. Briefs von 1252 fetzt als Bufse 12 Schillinge, die als Bufse »gegen unfern Herrgott« bezeichnet wurde; eventuell trat dafür das Schwemmen ein; [36] anderswo im Falle der Zahlungsunfähigkeit Gefängnifsftrafe. [37] Mit der Bufse wurde auch Verweifung verbunden, fo in Colmar. [38] Nach dem Waldftattbuch von Einfiedeln § 55 follte die Bufse von 5 Schillingen verwendet werden »an die Kertzen vor unfer lieben Frowen und Sanct Catharina; fo jetzunder vor St. Meinrats Altar brünnt«. In Bafel fiel eine Zeitlang das »Schwörgeld« in die Caffe für die neue Befeftigung. [39]

2) Gebrauch war auch ein Widerruf in der Kirche. [40] Nach der Gerichtsfatzung von Brugg 1620 follte der Gottesläfterer fufsfällig Gott um Verzeihung bitten und die fonftige Strafe leiden. Eine eigenthümliche, fehr verbreitete Form der Abbitte fehen wir darin, dafs der, welcher den göttlichen Namen gemifsbraucht hatte, den Erdboden küffen mufste. Glarus § 113: »und foll dann der, fo gefchworen hat, von Stund an in derfelben Fufsftapfen niderknüwen und das Erdrich küffen.« Basler Strafgefetz 1637: »welche unter diefen Perfonen das erfte Mal über gethane Verwarnung mit unbedachtem Schweren und Fluchen fürgefahren, die foll vorderift fich auf die Knye niderlaffen, den Boden küffen und Gott umb Verzeihung bitten, auch fünf Schilling zur Geldftraf ohne Gnad verbefferen. Wer aber zum andern Mal über befchehene Abmahnung fein Fluchen oder Schweren beharret, der foll neben dem Herdfall zur Geldbufs geben zehen Schilling.« [41] In dem wafterkinger »Unholdenhandel« (Canton Zürich 1701) lautete das Urtheil über einen der peinlich Behandelten: »Weil er mit fchnödem Mifsbrauch des hohen Namens Gottes fich gröblich verfündigt, foll er durch zwei Stadtknechte aus dem Wellenberg an die Schifflände geführt werden, allda die Erde küffen, in dem Fifchmarkt, allwo ihm unter Augen feine hinter ihm gefun-

[36]) Segeffer II. 657 Anm. 2.
[37]) Reyfcher, Stat. S. 6. — Klofters S. 79.
[38]) Strobel II. 137.
[39]) Bafel im vierzehnten Jahrhundert S. 130.
[40]) Chronik von Haller und Müslin S. 85. 108.
[41]) Attenhofer, Surfee S. 84. Chronik von Schaffhaufen a. 1530. 1594. 1671. Troll, Winterthur I. 173.

386

denen Büchlein und Bündel durch den Meifter verbrannt werden
follen, den Erdkufs wiederholen, hernach künftigen Sonntag in
der Kirche zu Glattfelden unter die Kanzel gefetzt, von Herrn
Kammerer B. die Predigt auf ihn gerichtet und einer ganzen Gemeinde die Schwere diefer Sünde nachdruckfam erklärt werden.«
3) Leibesftrafen verfchiedener Art. Oft ift nur allgemein gefagt, dafs Gottesläfterer an ihrem Leibe geftraft werden follen, [42])
oder es ift für die fchwerften Fälle Strafe an Leib und Gut gedroht [43]); fpeziell war aber die Stellung ins Halseifen eine verbreitete Strafe, [44]) und in Luzern, wie in Bafel, kam zu diefer
befchimpfenden Strafe eine andere derfelben Art, das Schwemmen,
hinzu. [45])

In Fällen der fchweren Gottesläfterung ift die Strafe des Aus-
fchneidens der Zunge, des Schlitzens der Zunge, des Aufnagelns der
Zunge, nicht blofs gedroht, fondern auch oft ausgeführt worden. [46])

4) Am ftrengften find die fchweizerifchen Hochgerichtsformen
von Glarus, Schwyz und der Freien-Aemter: »Urthel über grau-
fame Gotteslefterung, Schwerer und Flucher.« — »Man foll ihn als
ein fchandlichen Uebelthäter ausführen an die gewonliche Richtftatt neben dem Galgen und ihm allda fein Genick auffpalten und
fein gottslefterende Zungen hinden zum Nacken ausziehen und
aus dem Hals fchneiden und abhauen und diefelbe heften an den
Galgen, darnach fein haubt abfchlagen und alfo vom Leben zum
Tod richten, auch den Kopf und Körper unter dem Galgen vergraben etc.« Ein Beifpiel der Ausführung diefer graufamen Strafe
liegt nicht vor, aber Gottesläfterung fchwerer Art ift nicht felten
mit Enthauptung und durch's Waffer gerichtet worden. [47])

Die Pflicht, eine gehörte Gottesläfterung anzuzeigen, war

[42]) Reyfcher, Stat. S. 117.
[43]) Bafel Rechtsq. I. S. 216.
[44]) Uri 97. Ztfchr. für fchweiz. Recht III. 14.
[45]) Segeffer II. 626. 657. Pfyffer, Luzern I. 360. Bafel Rechtsq. I. S.129.
R. A. aus der Schweiz No. III. S. 30.
[46]) Strobel III. 497. Stetten I. 306. Speth, Conftanz S. 227. Bafel
im vierzehnten Jahrhundert S. 130. Schaefer S. 98. Chronik von Schaffhaufen
a. 1671. Blumer II. 2, 29. R. A. aus der Schweiz No. XVI. S. 19. 20.
[47]) Schletter's (Hitzig's) Annalen LXVII. S. 161. Haller und Müslin,
Chronik S. 154. Chronik von Schaffhaufen a. 1585. 1682. 1685. 1714. 1726.
Rüttimann, zur Gefchichte der zürcherifchen Rechtspflege S. 23.

allgemein, und ift oft bei Strafe und Bufse geboten. ⁴⁸) Nach
einer zürcherifchen Polizeiverordnung von 1576 foll jeder, der
einen Andern fluchen oder fchwören hört, den Schuldigen an-
halten, nieder zu knien und die Erde zu küffen, oder ftatt deffen
foll er ihm einen Schilling Bufse abfordern, und diefen Schilling
beförderlich dem nächften armen Menfchen oder in das gemeine
Almofen geben. ⁴⁹)

An das böfe Fluchen und Schwören lehnt fich als hoher Frevel
an die Ladung ins Thal Jofaphat, die im fpäteren·Mittel-
alter fehr gebräuchlich war, und fowol kirchliche Ahndung als
auch eine ftrafrechtliche Behandlung erfuhr. ⁵⁰) In Appenzell
wurde ein Soldat und Reisläufer im Jahr 1682 wegen folcher
Ladung und anderer Vergehen fogar mit dem Schwert gerichtet.
Die Sache beruht auf der Vorftellung, die aus der jüdifchen in
die chriftliche Welt überging, dafs Gott der Herr am jüngften
Tage im Thal Jofaphat Gericht halten werde über feine und feiner
Kirche Feinde (Prophet Joel cap. 3). Wenn, wie es häufig gefchah, eine weltliche Obrigkeit in das Thal geladen wurde, fo
follte darin deren Ungerechtigkeit und dereinftige Verdammung
durch den höchften Weltrichter ausgedrückt fein.

5. Meineid.

§ 157. Die berner Gerichtsfatzung 1614 I. 15 rubricirt den
Meineid unter Frevel, fo wider Gott begangen werden, und als
Entweihung des göttlichen Namens ift derfelbe regelmäfsig aufgefafst.

Obgleich meiftens der Meineid einfach genannt ift, ohne dafs
etwas hinzugefügt wird, was zur Characteriftik desfelben dienen
könnte, finden wir im augsburger Stadtrecht S. 78 zwei wichtige
Momente angegeben in den Worten » einen geftapten eit williclichen gefworen habe und gebrochen habe«.

1) Der nach feiner Bedeutung hinlänglich bekannte Ausdruck
» geftabter Eid « ⁵¹) ift in der Recenfion bei Walch Art. 215

⁴⁸) Schwyz Landb. S. 35. Kothing, Rechtsq. S. 176. Glarus 113. Uri 97.
Bafel Rechtsq. I. S. 216. Pfaff, Efslingen S. 159.
⁴⁹) Rüttimann a. a. O.
⁵⁰) R. A. aus der Schweiz No. XVIII.
⁵¹) Haltaus s. v. ftaben. Grupen, deutfche Alterthümer Cap. 2. Grimm,
R. A. 902. vgl. Schmid, angelf. Gloffar s. v. athstaef.

in »einen geftelten Aid« verwandelt. [52]) Auch nach luzerner Recht gehörte zum Meineide, dafs der Eid mit »gelerten Worten und ufgehabener Hand« geleiftet war. [53]) Dafs der Eid vor Gericht gefchworen wurde, verlangt das augsburger Stadtrecht an jener Stelle nicht, betont es aber S. 108.

Die Eidesformel vorzufagen, war auch bei promifforifchen Eiden üblich. ‚ Rebenweisthum von Twann [54]): »Diefe drei bannwarten follen von dem twingherren — in gelübd genommen werden mit einem gelehrten leiblichen eid zu gott und den heiligen.« Der Componift des augsburger Stadtrechts hat hier (S. 78) auch grade einen Eidesbruch vor Augen gehabt, denn es heifst: »gefworn habe unde gebrochen habe.« In einer fpäteren Abfchrift des Statuts find, wie wir aus den Varianten bei Walch fehen, die Worte »und gebrochen habe« weggelaffen.

Die Hindeutung auf eine allgemeine Sitte in dem Ausdruck »geftabter Eid« darf nun wohl nicht in der Weife betont werden, dafs nach alamannifchem Recht ein falfcher Eid, deffen Formél nicht vorgefagt worden wäre, nicht als Meineid hätte beftraft werden können. Es war das Vorfagen und Nachfprechen aber durchaus Regel, und dafs dabei keine Hinterthür follte offen gelaffen werden, zeigt die basler L. O. im Art. 79: »Befchehe es das etwas ihro viel mit einanderen einen Eydt fchwören folten und einige darunder wären, die deme fo ihnen den Eydt gibt, die Wort, die er alfsdan nachfprechen follt, nicht nachfpreche und meinete, damit nicht gefchworen zu haben, derfelbe wäre meineidig bekandt und befferet derowegen dem Herrn Leib und Gut und feyge darzu ewiglich für einen verworffnen Mann zu halten.«

2) Wie das augsburger Stadtrecht in dem Worte »williclichen«, fo hebt der Schwfp. 367 I. L. dasfelbe wichtige Moment hervor in den Worten: »Swer ein mein eit fwärt mit wizzen.« [55])

---

[52]) Dafs diefer letztere Ausdruck auch fonft vorkommt, fehen wir aus der Anführung bei Grimm. Nicht ungewöhnlich war auch die Formel »den Eid geben«. f. aufser Iwein 7908. 7924, von Grimm genannt, das Rechtsbuch von Memmingen S. 252, die basler L. O. § 79.

[53]) Segeffer II. 660. — C. C. C. Art. 107.

[54]) Grimm, Wsth. I. 182.

[55]) f. dagegen über das ältere germanifche Recht Wilda S. 982.

§ 158. Die Offnung von Kilchberg in St. Gallen [56]) überweiſt
den Meineidigen an die hohen Gerichte und das Stadtrecht von
Colmar § 29 beſtimmt neben der Unfähigkeit zum ferneren Zeug-
niſſe [57]) und der Verbindlichkeit zum Schadenerſatze die eigentliche criminelle Folge nur mit den allgemeinen Worten »und ſoll
darzu ein Unhulde beſſern«. Sehr gewöhnlich iſt aber die Straffolge in anderer Weiſe angegeben.

Das augsburger Stadtrecht droht den Verluſt der rechten Hand
an zwei Stellen, die aber nicht vollſtändig mit einander übereinſtimmen. S. 75: »Swär eine meineit ſwert . wirt der des bewärt
ſelbe dritte als reht iſt mit den die es gehöret habent unde ge-
ſähen . der hat die Hant verloren mit rehte . unde ſol man im
die uf dem ſtocke abeſlahen ez en ſi danne als verre ob er den
clager geſtille unde dem vogte gebezzer . Diu bezzerunge iſt alſo.
Iſt er ein wirt ſo ſol er dem vogte zähen phunt nach gnaden .
Iſt er ein kneht ſo ſol er im fünf phunt nach gnaden.« S. 101:
»Wolte aber diu frowe ir morgengabe ane wärden durch ſwälhe
not daz wäre . ſwär die gewinnet . dem mak ſi chein ander ſtäti-
cheit drüber getun diu im ſtäte muge beliben ane daz ſi daz
berede zen Heiligen . daz ſie die morgengabe nimmer wider an-
ſpräche . unde als daz geſchiht brichet ſi danne den eit . daz ſi
die morgengabe wider anſprichet . ſo hat ſi die Hant verlorn mit
rehte . damit ſi die morgengabe verſwr daz iſt reht.« Während
nach der erſten Stelle die verwirkte Hand losgekauft werden kann,
ſpricht diefs die zweite Stelle nicht aus, iſt aber vielleicht hier
hinzuzudenken. Möglicher Weiſe iſt es aber·die Beſonderheit des
Falles, welche hier gröfsere Strenge veranlaſst hat. Es war der
Frau zugeſtanden, lediglich mit ihrem Eide ihre Morgengabe zu
bereden, [58]) ſo wie auch, wenn ſie im Falle der Noth dieſelbe
veräufserte, mit ihrem Eide. Sicherheit zu geben, dafs ſie die
Morgengabe nimmer wieder anſprechen werde. Wenn man nun
in beiden Fällen in dem bloſsen Eide eine der Frau zugeſtandene
Gunſt ſehen kann, ſo correſpondirt damit vielleicht die gröfsere
Strenge für den Miſsbrauch der Gunſt.

Statt des Verluſtes der rechten Hand blofs das Abhauen der

[56]) Grimm, Wsth. I. 208.
[57]) vgl. lex Alam. Hloth. XLII.
[58]) R. A. aus der Schweiz No. XI. S. 82.

Schwurfinger anzuordnen, war eine Milderung, zu der man leicht kommen konnte, da mit den Fingern, in fymbolifcher Weife, [59]) gefchworen wurde, nicht mit der ganzen Hand. Die P. G. O. Art. 107 nennt es einen gemeinen Gebrauch im heiligen Reiche, den Falfch-fchwörern »die zwen Finger, damit fie gefchworen haben,« abzu-hauen und diefe Strafe droht auch das freiburger Stadtrecht 1520 p. XCV, 1 nebft ewiger Verweifung von der Stadt; beim Rückfall foll Lebensftrafe eintreten. Man kann fragen, wie hier ein Rück-fall möglich gewefen, da fchon beim erften Mal die Schwurfinger verloren gingen und ein Meineidiger nie wieder zum Eide zugelaffen werden follte. Aber wie die Hand, da wo deren Verluft gedroht war, fo find gewifs die verfallenen Schwurfinger oft losgekauft.

Strenger ift die Formel der züricher Blutgerichtsordnung [60]): »Umb folichen meineyd und überfechen des gefchwornen urfechds ift von dem genanten N. gericht, das er dem nachrichter befol-chen werden, der im, by dem ftock, die zwen finger, fo er uff-gehept, da er follichen Eyd gethan, und fin zungen, damit er follichen Eyd gefworn hat, abhowen.« Diefe Strafe ift auch in Augsburg, obgleich das Stadtrecht nicht das Ausfchneiden der Zunge für den Meineid androht, nach G a f f a r u s in den Jahren 1448 und 1472 ausgeführt worden.

Da nach dem augsburger Stadtrecht S. 75 die verwirkte Hand losgekàuft werden konnte und wohl in der Regel losgekauft wurde, fo ift es nicht als eine unverhältnifsmäfsige Milde gegenüber dem Verluft der Hand oder der Schwurfinger anzufehen, wenn fo oft nur eine hohe Bufse auf den Meineid gefetzt ift, 10, 20, 25 Pfund u. f. w. [61]) Zur Bufse trat jedoch, aufser der wohl regel-mäfsigen kirchlichen Sühne, nicht felten noch eine weitere Straf-folge hinzu, wie die Verweifung aus der Stadt. [62])

Eine allgemeine Folge war, dafs der wegen Meineid Verur-theilte nie wieder zum Zeugnifs und Eide zugelaffen wurde. [63]) In einem civilrechtlichen Falle geftatteten jedoch Schultheifs und

[59]) R. A. aus der Schweiz No. XVI. S. 18.
[60]) Schauberg, Ztfchr. I. 387.
[61]) Grimm, Wsth. I. 216. 221. 229. 237. Ztfchr. für fchweiz. Recht I. 92. Schauberg, Ztfchr. II. 66.
[62]) Luzern § 86. Bafel Rechtsquellen I. S. 92. 135.
[63]) Augsburg S. 78. 108. Colmar § 29. Schwfp. 18. 367 I. L. 14 W.

Rath von Diefsenhofen eine Modification. Der Beklagte hatte vormals unredlich gefchworen. Wollte nun der Kläger den Eid thun, fo-habe er gewonnen; fei die Sache fo befchaffen, dafs dem Beklagten der Eid ertheilt werde, fo folle diefer, aber nur mit Willen des Klägers fchwören dürfen. [64])

Bei der engen Verbindung von Eid und Ehre, [65]) da taugliche Zeugen bezeichnet wurden als folche »denen Eides und Ehren zu getrauen« und von denen die ihren Eid gemifsbraucht oder gebrochen hatten, gefagt wurde, fie hätten »Eid und Ehre überfehen«, lag es nahe, mit der Einbufse der Eidesfähigkeit die Ehrlofigkeit als Folge der Verurtheilung wegen Meineid zu verbinden oder jene Einbufse dahin zu erweitern, da ja die Eidesfähigkeit der innerfte Kern der bürgerlichen Ehre war. Eine basler Verordnung von 1411 [66]) fagt daher: »wer hinnanthin kuntlichen meineidig funden wirt, es fye vor gerichte oder vor den unzuchtern oder wie er meineidig funden wirt, — der fol in der ftett buoch, das darumb in funders gemaht ift, gefetzt werden und verfchrieben werden, daz er ewiclichen ein verworfener menfche fei fin aller eren und wirdickeiten, und daz er ze keinem gezugen niemer genomen fol werden umb kein fach, und ob er gezugnifs umb dehein dinge gebe oder feite wider man oder frouwen, daz fol nimand keinen nutz noch fchaden bringen.«

§. 159. Es ift bekannt, dafs die altdeutfche Rechtsfprache Meineid und Eidesbruch nicht fcharf fonderte und dafs der Eidesbrüchige treulos und meineidig genannt wurde. Viele Stellen der alamannifchen Rechtsquellen find Belege dafür. [67]) Befonders ausgefprochen ift die Gleichftellung von Eidbruch und Meineid in einer basler Verordnung von 1487: »Demnach und bisher in üben gewefen ift, daz an dem gericht und andern enden durch die amptlüt einem by finem eid geboten, ouch ettlicher zu ziten einen eid fchwert umb fchulden und fuft vergnügen ze thund und aber durch die felben lichtvertig geachtet und nit gehalten wirt, ift erkannt — welcher einen eid vor gericht oder fuft fchwere umb

[64]) Diefsenhofen § 97.

[65]) f. oben § 49 S. 105. § 108 S. 250.

[66]) Bafel Rechtsq. I. S. 91. 135. 345. Segeffer II. 621. 660.

[67]) Augsburg S. 78. Reyfcher, Stat. S. 241. Bafel Rechtsq. I. S. 24. 99. 210. Zürich Rb. I. 43. III. 4. 11. Glarus 11. 12. 25. 27. 38. Obwalden 274.

was fachen das fye, oder im fuft geboten wirt by finem eid durch fchultheifsen vogt amptlüt, oder einer by finem eid etwas zufagt und verfpricht, daz er denn das halte und dem nachkome, denn welher das nit hielte und es wyter zue rechtvertigung und klage käme, den welle man an finem lib ftrafen und tuon als einem meineidigen zuogehört ze tund.«

Einige Arten des Eidbruchs treten aber befonders hervor, obgleich fie als Meineid qualificirt werden:

1) Bruch der Urphede. Die ftrenge züriçher Blutgerichtsordnung, welche den Urphedbrüchigen und Meineidigen ganz auf eine gleiche Linie ftellt, ift fchon vorher (S. 390) erwähnt worden. Glarus § 25: »Und welcher alfo von dem Lande will, der foll fchweren zu Gott und den Heiligen, nieman darumb zu bekümbern noch zehafsen, wann wer das überfäche, denfelben foll man für meineid han, und fol nieman me fchad noch güt fin.« [68]) Die Chronik von Schaffhaufen meldet, dafs man dort im Jahr 1610 einen Hallauer, welcher die gefchworne Urphede gebrochen hatte, zum Tode verurtheilte, ihn aber dahin begnadigte, dafs ihm die zwei Finger der rechten Hand abgehauen wurden und er auf Zeitlebens eingekerkert blieb. Als er im folgenden Jahr aus dem Gefängniffe brach und wieder eingefangen wurde, hieb man ihm ohne Umftände den Kopf ab. Hier ift wohl fchon eine Anwendung der C. C. C. Art. 108.

2) Ausführlich behandelt einen Fall des Eidbruchs, der häufig vorkommen konnte, die berner Gerichtsfatzung 1614 I. 15. 1. Wenn jemand, begangener Frevel wegen, einen Eid fchwur »für der Burgeren Zil hinus zu kehren und allda zu leiften« [69]) und wider den Eid handelt, fo foll er das erfte Mal fünf Jahr leiften und fünf Pfund Pfenning zur Einung geben; das zweite Mal gleiche Strafe leiden und dazu an das Halseifen geftellt werden; wer aber zum dritten Mal den Eid überfehe »und alfo ein Meineid gethan zu haben« bezeugt würde, der foll vom Leben zum Tode gerichtet werden.

3) Auch der Bruch des gelobten Friedens gehört hieher. [70])

---

[68]) f. auch § 224 desfelben Landbuchs. Segeffer II. 661. Pfaff, Efslingen S. 115. 116.

[69]) f. oben § 47 S. 101.

[70]) f. oben § 29 S. 58.

§ 160. Der Bruch des nichteidlichen Privatverfprechens ift oft dem Meineide analog behandelt und kommt in mehreren Fällen nahe an denfelben heran. Die Offnung von Kilchberg,[71]) welche den Meineidigen den hohen Gerichten überweif't, droht dem, der ein Gelübde nicht hielt, die Bufse von 10 Pfund. Das freiburger Stadtrecht 1520 ift ftrenger. Es läfst auf die Beftimmung über Beftrafung des Meineides[72]) einen Artikel »von der Straff der Trüwlofen« folgen: »Desglichen welcher fin trüw gibt und gelobt, es gefcheh in unferm kouffhufs oder andern orten, und dasfelb frevenlich und gevarlich verpricht, und dhein eehaft urfach dagegen darthun mag, den wöllen wir an' eren und guot ftrafen und es möcht fo oft und geverlich gefchechen, der trüwbrecher würd glicher wyfs wie der meineid geftrafft.«

Im luzerner Recht ift häufig vom Eide und eidlichen Verfprechen gefondert aufgeführt »feine Treu geben an eines gefchwornen Eides Statt« und der Bruch eines folchen an Eidesftatt gegebenen Verfprechens, vornehmlich eine Geldfchuld zahlen zu wollen, mit Bufse von 5 Pfund und Strafe an der Ehre bedroht.[73]) Dem Geloben an Eidesftatt gleichgeftellt ift das Verfprechen an den Stab des Richters,[74]) und als einft die Anficht aufgetaucht war, dafs, wenn einer feine Treue gebe ohne ausdrückliches Hervorheben, dafs es an Eides Statt gefchehe und das nicht hielte, diefs nicht fo fchwer fein könne, als wenn es mit der Nennung »an Eidesftatt« gefchehen fei, erläuterte der Rath im Jahr 1431, das folle keinen Unterfchied machen. Diefer Rathsfchlufs ift jedoch nicht in das Stadtrecht, welches 1480 zuerft zufammengeftellt wurde, aufgenommen.

§ 161. Dafs das falfche Zeugnifs vor Gericht nicht häufig in den Rechtsquellen erwähnt ift, hat feinen Grund darin, dafs es eidlich gegeben wurde und daher in dem Meineide aufgeht. Stadt recht von Strafsburg 1322 § 54: »Die gezügen die välfchliche und unrecht gefworen hant und gefeit, werdent die ergriffen, die fol man ftellen uff ein leiter offenlich fo lang der Rat fitzet, und fo man fie ab der leiter' nympt, fo fol man inen ir zunge ufsfniden

---

[71]) Grimm, Wsth. I. 208.
[72]) f. oben S. 390.
[73]) Stadtrecht § 82. Segeffer II. 501. 661.
[74]) Stadtrecht § 98. vgl. Ztfchr. für fchweiz. Recht I. 51.

und die zwen vinger abhowen, damit fie die meineide gefworen
hant.« Da haben wir alfo die auch fonft vorkommende Strafe
des Meineides. [75])

In einem erfchwerten Falle wurden 1392 in Bern zwei falfche
Zeugen in einem Keffel gefotten. [76]) Später, 1563, wurde in Bern
ein Mann, der zum falfchen Zeugnifs verleitet hatte, »als einer
der biderben Leuten ihre Ehr und Gut geftohlen« gehenkt, die
beiden Kundfchafter geköpft. [77])

K. Miffethaten gegen das Gemeinwefen.

1. Landesverrath.

§ 162. Wilda fagt S. 985: »Landesverrath beging, wer fich
vorfätzlich einer Handlung fchuldig machte, wodurch Beftand und
Sicherheit des Volkes und Landes, anderen ftaatlichen Gemeinwefen gegenüber gefährdet wurde. Er konnte begangen werden
a) durch Erweckung von Feinden und Beförderung ihrer kriegerifchen Unternehmungen, oder b) durch Verletzung von Pflichten, die jedem wehrhaften und zur Landesvertheidigung berufenen
Gemeindegenoffen oblagen. Man könnte diefe Pflichtverletzungen
unter dem Namen Heeresflüchtigkeit begreifen, und jenes als
Landesverrath im engern Sinne bezeichnen.«

Wenn wir diefe Definition und Eintheilung adoptiren, fo geben
uns die alamannifchen Rechtsquellen des deutfchen Mittelalters
und die hiftorifchen Aufzeichnungen aus diefem Gebiet und diefer
Zeit genügende Belege dazu und zeigen zugleich, wie veränderte
ftaatliche Verhältniffe und wie das auf die Geftaltung des Strafrechts überhaupt fo einflufsreiche Emporblühen der Städte in dem
Gebiete der politifchen Verbrechen ihren Einflufs geltend machten.

Die lex Alam. Karol. XXV. lautet: »Si homo aliquis gentem
extraneam infra provinciam invitaverit, ut ibi praedam vastet
hostiliter vel domos incendat, et de hoc convictus fuerit, aut
vitam perdat aut in exilium eat, ubi dux miserit, et res eius
infiscentur in publico.« Grofse Aehnlichkeit damit haben Be-

---

[75]) f. oben § 158 S. 390.
[76]) Juftinger's Berner-Chronik S. 234. vgl. oben § 41 S. 91 und R. A.
aus der Schweiz No. XVI. S. 24.
[77]) Chronik von Haller und Müslin S. 88 ff.

ſtimmungen des luzerner Rechts, wie ſchon Merkel angedeutet hat.

Das luzerner Stadtrecht Art. 144 beſtimmt, daſs wenn ein Bürger dazu hülfe, daſs ein Fremder in die Stadt käme, welcher der Stadt oder den Bürgern »gemeinlich« oder einem derſelben »ſunderlich« Uebel thun wollte oder thäte, deſſen Leib und Gut ſolle den Bürgern und der Stadt verfallen ſein. Hier iſt ſchon über den wirklichen Verrath von Land oder Stadt hinausgegangen und an dieſen der bei den häufigen Privatfehden der Städter mit Auswärtigen leicht vorkommende Fall angereiht, daſs ſtädtiſche Bürger in der Stadt, die ihnen Schutz und Schirm geben ſoll, von auswärtigen Feinden angegriffen worden.[1]) Dieſen Fall hatte auch ſchon der luzerner geſchworne Brief von 1252 behandelt: »Si quis civium homines extraneos tanquam hostes certa ratione suspectos in dampnum sui concivis introduxerit . ex hoc statutorum nostrorum penam homicidis infligendam in suis rebus mobilibus et immobilibus exspectabit.« In derſelben Richtung ergeht ſich das der Stadt Hagenau vom Kaiſer Ludwig 1332 verliehene Privilegium.[2]) Kein Bürger ſoll einen Landmann ſchirmen noch ihm helfen wider einen andern Bürger; niemand ſoll eine Gabe oder ein Gut annehmen zum Schaden der Stadt; niemand ſoll Gäſte in die Stadt laden zur Theilnahme an Privatkriegen im Innern und zum Schaden der Stadt; wer ſo handle, ſei meineidig und habe dem Schultheiſsen 10 Pfund, die gleiche Summe an die Mauern der Stadt zu geben und zehn Jahr die Stadt zu räumen. Sehr natürlich war es denn auch, daſs niemand einen Feind der Stadt oder eines Bürgers in der Stadt hauſen und hofen ſollte. In Augsburg wurde dieſs 1324 ſcharf verboten.[3])

Die P. G. O. Art. 124, indem ſie als Strafe deſſen, der »mit boshaftiger Verreterei miſshandelt«, die »Viertheilung« hinſtellt, verweiſ't auf die Gewohnheit und es laſſen ſich auch aus dem alamanniſchen Gebiete einige Fälle aus der Zeit vor der P. G. O. dafür anführen.

Peter Amſtalden im Entlebuch, der ſich in Einverſtändniſs mit Feinden der Stadt Luzern geſetzt haben und zu einem Ueberfall

[1]) Stetten I. 117.
[2]) Schöpflin, Als. dipl. II p. 145. Strobel II. 191.
[3]) Stetten I. 94. 96.

der Stadt confpirirt haben follte, [4]) wurde 1478 verurtheilt »dafs man ihn dem Nachrichter befehlen, der ab ihm als einem Verräther richten und ihn zu vier Stücken hauen foll und diefelben vier Stücke für die Thore an die vier freien Reichsftrafsen henken, da er fich vermeffen und Antrag gethan hat, unfre ehrwürdige Stadt, die alfo löblich von Alter herkommen ift, zu verrathen und Weib und Kind darin umzubringen.« Als die Strafe aus Gnaden auf einfache Enthauptung reducirt werden follte, weigerte fich der Scharfrichter (von Conftanz) diefe zu vollziehen 'und berief fich auf feinen Eid, nach den Gefetzen richten zu wollen. Luzern mufste, wie Müller fagt, ihm gegenüber das Recht der Gnade erft aus der Stadt Freiheiten [5]) beweifen.

Die Rädelsführer des »Bundfchuh« am Ende des fünfzehnten und im Anfange des fechszehnten Jahrhunderts wurden wirklich geviertheilt. [6])

Die Hochgerichtsformen von Glarus, Schwyz und der Freien-Aemter [7]) machen die Strafe der Landesverräther noch complicirter: »Einen folchen fol man ausführen auf die gewonliche Gerichtsftatt und ihm allda fein verrätherifch untreues Herz mit allem feinen Eingeweid aus feinem lebendigen Körper fchneiden und unter dem Galgen vergraben, demnach ihm das Haupt abfchlagen und an ein Stangen auf der Richtftatt neben dem Galgen ins Erdenreich wohl verftattet aufrichten, darnach den Cörper in vier Theil zerftucken und an vier Landftrafsen an jede ein Stuck auch unter dem Galgen vergraben werden, damit Lüth und Guot vor demfelben ficher und durch fein Verrätherei und falfch Herz niemand mehr verrathen werde und männigklich ihm das erfchröckliche Spectakel laffe ein Warnung fein und daran gedenke.«

Enthauptung und nachfolgende Viertheilung des Körpers, blofs Enthauptung, auch das Rad find als Strafen des Landes- oder Stadtverraths an verfchiedenen Orten ausgeführt worden. [8])

[4]) J. von Müller V. 2 S. 238 ff. Segeffer in Kopp's Gefchichtsblättern I. S. 204 ff. und in der Rechtsgefchichte II. 639.

[5]) f. oben § 81 S. 179.

[6]) Mat. Berler's Chronik a. 1493. 1513. Rosmann, Breifach S. 290. 303.

[7]) R. A. aus der Schweiz No. XVI. S. 25.

[8]) Petri, Mühlhaufen S. 84. 482. Chronik von Schaffhaufen a. 1549. Strobel III. 503.

Neben dem Landesverrath find andere Arten des Verraths in das ftrafrechtliche Gebiet genommen. Die Infidelität oder der Treubruch im Lehnsverhältniffe ift oft als Verrath gefafst. Das augsburger Stadtrecht S. 68 unterfcheidet, »fwer an das riche ratet unde fwer finen rehten herren verratet unde der ander biderbe lute verratet«. Im alten engelberger Thalbuch § 85 ift beftimmt, dafs Leib und Gut dem Gotteshaufe verfallen fei, wenn ein Gotteshausmann feinen Herrn verräth an Leib oder an feinen Ehren.

Den dritten Fall, den das augsburger Stadtrecht mit den Worten einführt »der ander biderbe lute verratet« finden wir an einer anderen Stelle diefes Stadtrechts genauer befprochen. S. 53: »Swär dem andern verratet finen lip oder fin gut . wirt er des bewärt mit geziugen von dem clager felb dritte . unde hat iener den er verraten hat von der verratnuffe verlorn finen lip oder fin gut . da horet lip wider libe . unde fol dem clager fin gut gelten oder finen erben . unde dem vogte bezzern an fine gnade . Ift aber daz er das gut verliufet von der verratnuffe unde niht den lip .˙ fo fol er ieme dem er fin gut verraten hat finen fchaden zwifach gelten . unde fol dem vogte zähen pfunt aufpurger gäben nach gnaden . Ift aber daz er der verratnuffe laugent fo fol in der clager beziugen felbe dritte daz er der verratnuffe fchuldic fi davon er den lip verlorn hat unde fol man in mit urtheile radebrechen [9]) daz ift reht.«

In einem von Gaffarus erwähnten Falle vom Jahr 1376, als durch einen Verrath nicht das Leben des Verrathenen verloren gegangen, fondern er feines Gutes beraubt worden war, wurde die Sache dahin vermittelt, dafs die Verräther zwanzig Jahr die Stadt meiden mufsten.

Diefer dritte Fall des augsburger Stadtrechts gehört nicht mehr dem Kreife der politifchen Verbrechen an, aber die Verbindung der verfchiedenen Arten des Treubruchs und' Verraths zeigen uns, dafs die Treue die Grundfefte des focialen und politifchen Lebens fein follte, und in der Treue haben fie ihr gemeinfames Angriffs-object. Auf die Treue laffen fich faft alle politifchen Verbrechen

---

[9]) vgl. Schwfp. 174 L.: »Morder haizzen wir die fwer ein menfche toetet und er dez lougenet«; oben § 95 S. 216. 217.

zurückführen, fei es die Treue gegen den Lehnsherrn und Landesherrn oder gegen das Reich oder die dem Gemeinwefen eidlich
gelobte Treue.

In dem kleinen Freiftaate Schwyz war es eine Untreue gegen
diefen, wenn ein Einwohner den Namen eines ausländifchen Fürften oder Herrn öffentlich berief oder ausfchrie; es follte auch
niemand folcher fremder Fürften und Herrn Wappen und Zeichen
in den Häufern an die Wände, an die Thüren oder anderswohin
öffentlich anfchlagen noch malen. Es ift darauf eine Bufse von
5 Pfund gefetzt. [10])

Köftlin macht in feiner Gefchichte des deutfchen Strafrechts
S. 94 die fehr beachtenswerthe Bemerkung, dafs die Claffe der
gegen das Gemeinwefen gerichteten Verbrechen ihre concretere
Erfüllung erhalten habe, indem fich dem ins Perfönliche gewen-
deten Begriffe des germanifchen Verraths der politifche Begriff
des römifchen Majeftätsverbrechens gefellte. Wir modernifiren
aber wohl nicht die alte Vorftellung, wenn wir das in der lex
Alam. Hloth. XXIV. bedrohte Verbrechen fchon Majeftäts-
verbrechen nennen. [11]) Es heifst dort: »Si quis aliquis homo
in mortem duci consiliatus fuerit et exinde probatus, aut vitam
perdat aut se redimat, si dux aut [12]) principes populi iudicaverint.«
Merkel hat in feinem Commentar zu diefem Volksrecht p. 138
eine Reihe von Fällen der Verletzung der königlichen Majeftät
aus dem neunten bis elften Jahrhundert genannt. Als Majeftäts-
verbrecher find auch aufzufaffen die falfchen Prätendenten auf
die Kaiferkrone, welche in der zweiten Hälfte des dreizehnten Jahrhunderts erfchienen und in dem alamannifchen Gebiete eine Zeit
lang eine Rolle fpielten, wie Tili Kolup (oder Holzfchuh), der
fich für den Kaifer Friedrich ausgab und dafür auf dem Scheiterhaufen endete. [13])

---

[10]) Landbuch S. 60.

[11]) vgl. Waitz, deutfche Verfaffungsgefchichte II. 137. 540.

[12]) Waitz a. a. O. II. 450: »Das aut mufs hier für et ftehen.« Die lex
Alam. Kar. XXIV. hat: »sicut dux aut principes populi iudicaverint.«

[13]) Strobel II. 88. Rosmann, Breifach S. 182. Stälin III. 13. 82.
Kopp, Gefchichte der eidgen. Bünde I. 748.

2. Heerflüchtigkeit.

§ 163. Die Heerflüchtigkeit ist in der lex Alam. Kar. XCIII. in der Art behandelt, daſs, wer in der Schlacht feinen Kampf-genoffen verliefs und floh, diefem nach deffen glücklicher Heim-kehr zwei Mal 80 solidi zahlen follte. Der Schwfp. 43 W. 49 L. (Sfp. I. 40) fagt von dem, der als ein Treulofer aus des Reiches Dienfte heerflüchtig wird, man vertheile ihm fein Erbe und fein Lehnrecht, nicht feinen Leib. Hinzugefügt ift aber, was der Sfp. nicht hat, daſs wenn der Herr vorher entfliehe, nach deffen Flucht niemand feine Treue durch die Flucht breche. Strenger ift der Schwfp. 367 L. für den Fall, wo einer mit dem Kaifer felbft auf der Heerfahrt ift und von ihm fliehet, wenn nicht der Kaifer felbft fich auf die Flucht begeben hat. Ein folcher foll, wie der, welcher gegen den Kaifer fich waffnet, lebendig begraben (nach andern Texten [303 W.] lebendig verbrannt) werden. Dabei ift auf altes Reichsrecht verwiefen. [14])

Ueber das, was auf dem alamannifchen Gebiete im Mittelalter über Heeresflucht Recht war, haben wir eine intereffante Notiz aus einer ungedruckten Chronik Alb. von Bonftetten's vom Jahr 1481 nach Müller's Mittheilung [15]): »Es war Sitte in den Waldftetten, daſs wer vor dem Feinde floh, vom Leben zum Tod gebracht wurde und feine Nachkommen bis in das dritte Gefchlecht ehrlos machte.« Nach dem Sempacherbrief von 1394 foll Leib und Gut des Heerflüchtigen denen, die über ihn zu richten haben, verfallen fein, und Aehnliches beftimmte der Rath von Bafel kurz vorher. [16])

Einem Heerflüchtigen ähnlich war der, welcher feiner Ver-pflichtung, zu einem kriegerifchen Aufgebot fich zu ftellen, ohne ehehafte Noth nicht nachkam. Die Beftimmung des freiburger Stadtrodels § 65: »Cum vero predicta expeditio communiter precipitur, quicunque civium audierit et non exierit, nisi legitimam causam pretenderit, domus ejus funditus destruetur« ift auch in den deutfchen Stadtrechtsentwurf von 1275 übergegangen. Colmar

---

[14]) f. befonders das Capitulare Ticinense a. 801. § 8, das Cap. Bonon. a. 811 § 4.

[15]) J. von Müller II. c. 4. Anm. 90.

[16]) Blumer I. 374. Segeffer II. 636. — Bafel im vierzehnten Jahrhundert S. 121. vgl. Datt S. 367.

§ 27: »unde fwenne man den burgern gebütet gemeinlich mit einander us ze varende, fwer denne blibet der hat unfer hulde niht,
in irre denne ehaftige not.« Nach dem Landbuch von Obwalden
§ 141 verfällt ein folcher Zürückbleibender dem Lande 100 Pfund,
oder er fchwöre denn »das er ein gebrefte hab, das er die reyfs
nit getun mög und weder nütz noch guot darzu fy«. Von fpäterer
Hand ift hinzugefügt, dafs er für meineid gehalten werden foll.

3. Andere politifche Verbrechen.

§ 164. Ich habe im Vorhergehenden, mich an Wilda anfchliefsend, den Landesverrath im engern Sinne und die Heerflüchtigkeit ins Auge gefafst, mufste aber fchon, weil die mittelalterlichen Rechtsquellen dazu hinführen, dem Landesverrath verwandte Handlungen und andere Arten des Verraths berückfichtigen.
Damit ift nun aber das Gebiet der politifchen Verbrechen im
Mittelalter nicht erfchöpft, fondern theils fchliefsen fich an den
Landesverrath andere Vornahmen an, welche den Zweck haben,
die Exiftenz des beftehenden Staats zu negiren und feine Verfaffung gewaltfam zu ändern, theils gab es, befonders in den
Städten, noch mancherlei Störungen des Gemeinwohls, welche
von der Grenze der fchweren politifchen Verbrechen mehr oder
weniger weit ablagen, aber doch als Angriffe auf das Gemeinwefen zu rubriciren find. Für jene Vornahmen, deren Tendenz
ift, die Exiftenz der beftehenden ftaatlichen Ordnung zu negiren,
fcheint zwar der Name Hochverrath nahe zu liegen; aber es ift
doch bedenklich, diefen Namen, der in den alten Quellen nicht
vorkommt, zu gebrauchen, weil dabei die Gefahr ift, moderne
Vorftellungen in die Zeit eines wefentlich anderen Staatslebens
zurückzuverlegen. Ich mufs es daher vorziehen, nach Laut der
Quellen die betreffenden Handlungen in eine Ueberficht zu bringen, in welcher die Erfcheinungsformen der Angriffe auf das
Gemeinwefen nach ihrer Verwandtfchaft und Verfchiedenheit Platz
finden.

An den Landesverrath im engern Sinne lehnen fich an
1) Verfchwörung und Umtriebe von Bürgern zum Umfturz
der beftehenden Ordnung. Die Gefchichte der ftädtifchen Gemeinwefen, in denen der Parteikampf permanent war, liefert reich-

liche Belege zu diefem Thema und zugleich zu dem unfterblichen Satze, dafs der Sieger, der fich behaupten kann, Recht hat. [17]) Der gefchworne Brief von Luzern 1252 fetzt eine Geldftrafe von 10 Mark Silbers oder zwei Jahr Stadtverweifung »ob dehein unfer burger hinnan vür werbe old mache dehein folich übelliche ficherheit« (»conspirationem malitiosam contraxerit«). Es war dergleichen kürzlich vorgekommen, wie der Eingang des Briefes zeigt. In dem Statut von 1343 (Stadtrecht § 154) ift diefelbe Sache bezeichnet durch »funderbar Gelübd und Bündnifs machen« und dem confpirirenden Bürger wie jedem Bürger, der davon wiffe, aber es nicht anzeige, die Strafe des Meineids gedroht, weil fie ihren Bürgereid überfehen hätten, und dazu foll ihr Leib und Gut der Stadt und den Bürgern verfallen fein. [18])

Mit dem wirklichen Landesverrath, bei welchem bezweckt wurde, ein Land oder einen Ort dem Feinde zu überliefern, ift zwar der Fall, der dem Gefetzgeber Luzerns hier vorgefchwebt hat, nicht zu identificiren, aber an Bündniffe mit Fremden, möglicher Weife auch Feinden der Stadt, [19]) zu Parteizwecken und zum Nachtheil des beftehenden ftädtifchen Gemeinwefens ift gedacht; nur Luzern follte mit Auswärtigen Bündniffe machen, nicht die einzelnen Bürger oder Parteien derfelben. Ein folches Verbot mufste dem Regiment der nach Selbftftändigkeit und fefter Ordnung ftrebenden Stadt nothwendig erfcheinen, und war durch die grofsen Parteiungen in jener Zeit hervorgerufen. [20]) Wir finden Aehnliches in andern Städten. Als um die Mitte des vierzehnten Jahrhunderts die Zünfte in Ulm, die Uneinigkeit der theils auf Oefterreichs, theils auf Ludwigs des Baiern Seite ftehenden Gefchlechter benutzend, einen Sieg über diefe errungen hatten und es zu einem Compromifs zwifchen Gefchlechtern und Zünften gekommen war, da lautete es auch in einem Schwörbriefe (1345), alle heimlichen Bündniffe und alle Bündniffe, welche nicht die Gefamtbürger-

[17]) Stetten I. 87. (Augsburger Stadtrecht bei Walch § 206) 103. 117. 216. Strobel II. 21. 144. 192. 197. III. 54. 83. Füfsli, Joh. Waldmann, Ritter, Burgermeifter der Stadt Zürich. 1780.
[18]) Segeffer I. 247. II. 217. 638.
[19]) vgl. Stetten I. 123.
[20]) Ueber die politifchen Verhältniffe Luzerns in diefer Zeit f. Kopp, Gefchichte der eidgen. Bünde II. S. 143 ff. Segeffer I. 88.

fchaft von Ulm angingen, und die bis auf diefe Zeit beftanden
hätten, fowol mit als ohne Briefe, Eide und Gelübde, follten gänzlich ab fein; wer fie nicht abthue, folle der Stadt 50000 Mauer-
fteine verfallen fein und ein ganzes Jahr die Stadt meiden. Welcher Schuldige fich vor Entrichtung diefer Strafe innerhalb der
Bannmeile von Ulm blicken laffe, mit dem folle man handeln als
mit einem überfagten fchädlichen Mann. Wem ein folches Bündnifs zugemuthet oder ein folches auch nur bekannt werde und er
nicht ohne Verzug dem Rathe davon die Anzeige mache, folle in
gleiche Strafe verfallen fein. [21])

Wenn fich bei dem fo häufig wiederkehrenden Streit um die
Kaiferkrone eine Partei der Bürger einer Stadt oder eins und das
andere der Gefchlechter einem der Bewerber verbindlich machte,
fo konnte daraus der Stadt grofsen Nachtheil erwachfen.

2) Aber nicht blofs von folchen Sonderbündniffen mit Auswärtigen drohte der Sicherheit und der Ruhe der Städte Gefahr,
fondern eben fo fehr von Zufammenrottirungen der Bürger zur
Erreichung von Parteizwecken im Innern, und darauf beziehen
fich ebenfalls manche ftädtifche Gefetze. [22]) Das freiburger Stadtrecht 1520 p. XCII, 1 verbietet den Einwohnern, mit einander
»einich verftentnufs oder pact zu machen, die zu rebellion und
uffrur des gemeinen mans dienen möcht«, und fetzt als Strafe
derer, fo Aufgelauf und Confpiration machen, die Enthauptung,
als Strafe der Mitwiffer, welche das nicht fofort anbrächten, Ver-
wirkung der Ehre und ewiges Verbot der Stadt.

Die Gerichtsordnung der Abtei Adelberg 1502 [23]) belegt zwar
diejenigen, welche Auflauf und Empörung machen und fich rottiren
wider den Prälaten, nur mit einer Geldftrafe von 10 Gulden,
aber im Hintergrunde fteht die peinliche Behandlung der Sache.

3) Auflauf in den Städten ift theils mit Strafen bedroht,
theils find vorforgliche Maafsregeln angegeben gegen die dadurch
drohenden Schaden und das Umfichgreifen der Störung des Stadtfriedens; befonders ift es auch den Bürgern eingefchärft, was fie
in folchen Fällen zu thun haben.

---

[21]) Jäger's Ulm S. 236. — Nördlingen § 30. Stadtbuch von St. Gallen S. 41 a. E.
[22]) Strafsburg 1249 § 27; 1322 § 65. Schreiber, Urk. I. S. 345. vgl. den
Fall bei Stetten I. 296.
[23]) Reyfcher, Stat. S. 10.

Nach dem Stadtrecht von Diefsenhofen § 80 follen diejenigen,
welche einen Auflauf machen und die ihnen dazu helfen, zwei Mal
10 Pfund Bufse geben und von der Stadt fahren, bis fie die Bufse
entrichtet haben. [24]) Strenger ift das Rechtsbuch vón Memmingen
Art. XXXVI. S. 295: »wer hie ze Memmingen ain ufflouf oder ain
Samnung macheti, darus der ftat oder dem Raut fchaden wachfent
wär und anders denn gewonlich ift, der felb und fin wib und kint
fölnt ewiklich von der ftat fin, wär aber, das iemant das als gevärlich tät, das den meren tail dez Rautz düchti, das es gevärlich wär,
den wil ain Raut an lib und an guot darumb ftrauffen, nach dem
und es gefchaffen ift.« Ein Auflauf der letzteren, gefährlichen Art
geht an den Aufruhr und die Rebellion heran, während mancher
Auflauf nur ruheftörend fein kann.

An den Eckhäufern der Strafsen hingen Ketten, um bei Aufläufen die Strafsen fperren zu können und namentlich auch die
Vereinigung berittener Aufrührer und Stadtfeinde zu verhindern.[25])

Vorfchriften über das Verhalten der Bürger bei Aufläufen und
entftandenen Unruhen find ungemein häufig. Freiburg 1120 § 14:
»Orta seditione si quis armatus forte illuc venerit satisfactionem
non subibit. Si autem domum redierit et arma apportaverit et de
hoc convictus fuerit gratiam Domini ducis amisit.« [26]) In einem
Privilegium Ludwigs des Baiern für Hagenau vom Jahr 1332 findet
fich diefe Anordnung: »Wäre och daz ein miffehelle oder ein gefchelle in der ftatt under den burgern — ufftünde, darzu foll kein
antwerchmann lauffen, noch zu entwederer fiten helffen, und ful-
lent die vier und zwaintzig und die zu in gefchworen hant zefamen
kumen und dazwifchen gan und bi irem eiden friden, fchirmen und
fchaiden, fo verre fi mögent. Welcher aber unter inen daz bräche,
der fol maineidig fin, und hat verbrochen ze rechter pene dem
fchultheizzen zehen pfundt, und fol geben an die muren zehen
pfundt, und foll zehen jar die ftatt rumen.« [27])

4) Sehr ftreng ift das augsburger Stadtrecht S. 107 gegen den,
der auf der Spähe ergriffen wurde: man foll ihm die Zunge aus-

[24]) f. auch Bafel Rechtsq. I. S. 16 a. E.
[25]) Stetten I. 228. 663. Hüllmann IV. 15.
[26]) Bern 1218 § 26. Diefsenhofen § 159. Strafsburg 1270 § 34. 35. Breifach § 14.
[27]) Schöpflin, Als. dipl. II. p. 145.

ſchneiden und er ſoll nie mehr in die Stadt kommen; läſst er ſich wieder blicken, ſo ſoll man ihm die Augen ausſtechen. [28]) 5) Der Schwſp. 146 W. 169 L. will aus dem Grunde der Heiligkeit der Stadtmauern Todesſtrafe eintreten laſſen, wenn einer, dem die Stadt verboten iſt, über die Mauer einſteigt, und dabei wird die Geſchichte vom Remus erzählt: [29]) Ein bemerkenswerther Unterſchied der Texte bei L. und W. beſteht darin, daſs in dem letzteren die heidniſche Vorſtellung von der Heiligkeit der Mauern ins Chriſtliche überſetzt iſt, indem dieſe Heiligkeit darauf zurückgeführt wird, daſs Heilige in der Stadt ſind und von den Mauern umſchloſſen werden.

In den alamanniſchen Rechten kommt das Ueberſteigen der Stadtmauern vielfach als Delict vor, aber nicht aus dem Geſichtspunkt der Heiligkeit der Mauern, ſondern der Sicherheit der Stadt aufgefaſst. Das Rechtsbuch von Memmingen S. 294 droht die Buſse von einem Pfund Heller und einen Monat Stadtverweiſung dem »welcher nachts uber der ſtat mur ald uber getüll us ald in klimmet«; in einem Zuſatz vom Jahr 1432 iſt die Strafe auf fünf Pfund Heller und ein Jahr Stadtverweiſung erhöht und hinzugeſetzt (S. 293): »Es möcht aber die ſach als gevarlich ſin, ſo mag in ain Rate hertigklicher darumb ſtraffen nach ains Rats erkantnüſs, nach genaden oder ungenaden.« [30]) Wie in andern Fällen, ſo iſt auch hier das freiburger Stadtrecht 1520 p. XCV, 1 zu gröſserer Strenge vorgeſchritten: »Item welcher by nacht und nebel, ſo diſer Statt Fryburg thor oder porten beſchloſſen ſind, über und durch die muren, gräben, thürn, und porten, on unſer erloubung uſs oder inſtyget und ſchlüffet, der ſol für das erſtmal ſiner eren entſetzt ſin, und darzuo in unſer ſchweren ſtraff ſtan, und ſo er das widerumb thett, ſin leben verwirkt haben.« Nach einem Rathsbeſchluſs in Schaffhauſen 1492 ſollte der, welcher »bi Nacht und Nebel in die Stadt ſtiget oder ſchlüfed, an Lib und Gut geſtraft werden«; in einem ſpäteren Falle wurde aber ein Bürger, der ſich verſpätet hatte und nach Thorſchluſs nicht mehr in die Stadt gelaſſen wurde und deshalb die Stadtmauer überſtieg, nur um

---

[28]) vgl. oben § 43 S. 93.
[29]) vgl. l. 11. D. de divisione rerum, § 10. J. eod.
[30]) ſ. auch Luzern Stadtrecht § 161, Stadtbuch IV[a.] 17. IV[b.] 15. 18.

100 Gulden geftraft. [31]) Als 1397 zwei Bauern in Augsburg nach Thoresfchlufs ein noch nicht ganz vollendetes Thor aufgebrochen hatten und trotz des Zurufs des Wächters herausgedrungen waren, follten fie — temeritatis sive potius contemptus causa, fagt Gaffarus — Andern zum Beifpiel vor demfelben Thore aufgeknüpft werden, fie wurden aber aus Gnaden nur enthauptet.

6) Das Verbot, mit Fremden in den Krieg zu ziehen, wurde in den Städten Strafsburg, Augsburg u. a. und in den Ländern der Schweiz oft wiederholt, die Motive des Verbots und die Strafen der Uebertretung find aber verfchieden gewefen.

Strafsburg 1270 § 49: »Swelre unfer burger, fo urlüge ift, keret in ein ander ftat, mit finer bereitfchefte an dez burgermeifter und dez rates urlop, und mit andern burgern uzfert, der git fünf pfunt, und wurt ouch gefcheiden von dem rehte dirre ftette.« Im Stadtrecht von 1322 § 70 ift diefs wiederholt, aber noch hinzugefetzt: »und fol niemer gen Strosburg komen noch in den Burgbann, wurde er aber daruber in der Statt oder in dem Burgbann ergriffen, fo fol man von Ime richten als von eim ehter.« Die beiden Stadtrechte ftimmen darin überein, dafs mit des Rathes Urlaub ein Bürger wohl zur Theilnahme an einer »Urlüge« ausfahren konnte, und andere Stellen geben an, was, damit die Stadt keinen Schaden leide, gefchehen folle, wenn ein Bürger fich verpflichtet oder angelockt fühle, an einem fremden Kampfe Theil zu nehmen oder auf eigne Hand einen Privatkrieg zu beginnen: er mufste dann fein Bürgerrecht aufgeben, mit ihm folle feine Familie und die in feinem Dienfte ftehen die Stadt verlaffen oder es wurde möglichft präcavirt, dafs die Stadt aufser aller Verantwortlichkeit bleibe. Freiburg im Uechtland § 71: »Si quis amicum suum sine consilio villae juvare voluerit, primo burgensiae debet renunciare, et cum familia sua de villa exire, nec villam deinde debet intrare, donec ipsa guerra fuerit pacificata aut per treugas sedata. Si quis contra hoc ius fecerit, omnia dampna, quae propter illud iuvamen burgensibus et villae venerint, ipse debet et tenetur emendare.« [32]) Gefchworner Brief von Luzern 1252: »Wurde aber dehein urlige innerhalb dem Sewe under den waltlüten (a lacu Lucernensi apud

[31]) Chronik von Schaffhaufen a. 1492. 1635.
[32]) f. auch Schreiber, Urk. I. 393. II. 106. — Füfsli, Waldmann S. 63.

íntramontanos), fwer da hin vert, der fol fich dar zuo erbeiten und vlizen dafs er daz urlige zerftöre und ze gute und ze fuone bringe . und wil er finem· vründe ze helfe ftan, daz fol er tuon mit harnefche und mit rate, alfo daz er felbe bi dem vründe nüt belibe, e daz urlige ende hat. Ift aber er mit finem libe bi dem urlige, daz foll er beffern mit 5 phunden e daz er wider in die ftat kome. Stat aber anderfwa dehein urlige uf, dar zu fol enhein Burger varn. Keme aber dehein burger uz der ftat dur des urliges willen, der fol niemer wider in komen, e daz ein vride old ein luter fuone uf des urliges ende beftetet wirt . old keme er dar uber in die ftat, daz fol er beffern mit 5 phunden.« [33])

Ein verwandtes, in der Schweizergefchichte ungemein bedeutendes Thema ift das Reislaufen, das man hauptfächlich aus dem Grunde immer von Neuem verbot, weil dadurch die junge Mannfchaft dem heimifchen Leben und Wirken entfremdet und entzogen wurde, und auch durch die etwa wieder Heimkehrenden fchlechte Sitten [34]) und fchlimme Krankheiten in die Heimat kamen. Aber ungeachtet der Verbote und der Bufsen, der Strafen an Leib und Gut und an Ehren war die Sitte des Reislaufens nicht auszurotten und J. von Arx bezeichnet es in feiner Gefchichte St. Gallens als ein Stück des fchweizerifchen Nationalcharacters »jedem Kriege, der entftund, nachzulaufen«. [35]) Von den vielen Verordnungen gegen das Reislaufen [36]) ift die ftrengfte eine züricher Satzung von 1542, in welcher die Ehrlofigkeit als Hauptftrafe hingeftellt und für die Wiederholung bis zur Todesftrafe vorgefchritten ift. [37])

7) Zu den Rechten, deren Erlangung die Städte in ihren Kämpfen um Selbftftändigkeit überall zu erftreben hatten, gehört befonders die Befreiung ihrer Bürger von den Landgerichten und

[33]) Segeffer II. 403.
[34]) Bufinger's Luzern S. 98.
[35]) Das bekannte, hiemit in Verbindung ftehende *point d'argent point de Suisse* hat man neuerdings wohl mehr patriotifch als wahr dahin gedeutet, dafs die Schweizer fich nicht wie andere Kriegs- und Landsknechte auf den Lohn durch Plünderung hätten vertröften laffen, fondern nur bei ficherer Ausficht auf feften Sold fremden Dienft genommen.
[36]) Glarus 38. Nidwalden 143. Obwalden 59. — Segeffer a.a.O. Füfsli's Waldmann S. 63. 76. Troll, Winterthur I. 170 ff.
[37]) Schauberg, Ztfchr. I. 395 ff.

überhaupt auswärtigen Gerichten, das *privilegium de non evocando*.
Den Anfang machten die gröfseren Städte. Schon 1129 erhielt
Strafsburg diefes Recht von K. Lothar II. »ut videlicet nullus eorum
cujuslibet conditionis placitum aliquod, quod vulgo Thinch vocatur,
extra civitatem suam constitutum adeat, vel prorsus ab aliquo
cogatur adire, vel de aliquo sibi imposito ibi cuiquam respondere,
nisi pro hereditatibus vel aliis bonis seu proprietatibus extra civitatem conquirendis vel defendendis.« [38]) Die öftere Erneuerung
diefes Rechtes für diefe Stadt zeigt, dafs es fortwährend eins der
wichtigften Kampfobjecte blieb. [39]) Auch die kleineren Städte des
Elfafses erlangten dasfelbe Privileg: Hagenau, Thann, Mühlhaufen, Weifsenburg. [40])

Der Stadt Augsburg wurde eine folche Befreiung auch mehrere
Male erneuert und dasfelbe war mit andern Städten Alamanniens
der Fall. [41]) Die Städte und Länder der Schweiz blieben darin
nicht zurück. Die Handfefte von Bern § 23 enthielt fchon die Beftimmung: »Si burgensis alium burgensem coram extraneo iudice
convenerit, omne dampnum, quod ibi incurret ei persolvet, et
insuper emendabit sculteto tres libras et tres conquerenti.« Diefe
Beftimmung wurde 1293 von K. Adolf, fo wie von fpäteren Kaifern dahin erweitert, dafs auch kein Aufserer, welches Standes
er fei, Bürger von Bern vor einen fremden Richter berufen folle,
fo lange fie bereit feien, vor dem Schultheifsen von Bern rechtlich
zu antworten. [42]) Die kleinen Freiftaaten der innern Schweiz hatten
einen fehr nahe liegenden Grund, ihre Freiheit auch nach diefer
Seite hin zu wahren und ihre Bürger zu fchützen, daher finden
wir hier ftrenge Strafbeftimmungen gegen derartige Eingriffe.
Glarner Landesfatzung 1387 § 10: »Es fol ouch nieman der zuo
uns gehöret, noch nieman von finen wegen den andern mit frömden
gerichten geiftlichen noch weltlichen bekümbern noch uftriben,
wer daz dar über täte, der fol zehen pfund züricher pfenning

[38]) Schöpflin, Als. dipl. I. No. 255. Strobel I. 360.
[39]) Schöpflin a. a. O. I. No. 486. 613. II. 701. vgl. No. 1251. — Strobel
I. 511. II. 427. III. 176.
[40]) Schöpflin I No. 557. II. No. 849. 1187. 1197. 1403.
[41]) Stetten I. 92. 93. 101. 158. Jäger's Ulm S. 176. Haggenmüller,
Kempten I. S. 121. 142.
[42]) Stettler, Staats- und Rechtsgefchichte des Kantons Bern S. 41. 60.

unferm land ze rechter pene und buofse verfallen fin und fol dar
zuo von dienfelben frömden gerichten laffen ane widerred und dar
zuo fol er dem oder dien fo er ufgetriben hat, iren fchaden ablegen.« 1529 wurde darauf in Glarus Strafe an Leib und Gut
gefetzt (Landbuch § 103). Das Landbuch von Schwyz S. 46. 57.
enthält gleichfalls betreffende Beftimmungen. Die gröfste Strenge
zeigte aber Zug. Es erwarb 1379 zugleich mit Schwyz von
K. Wenzel die' gänzliche Befreiung von auswärtigen Gerichten; [43])
aber fchon 1376 hatten fich die Stadt und die drei Landgemein-
den geeinigt, [44]) dafs, wer immer aus dem Amt Zug ziehe an
andere Orte als Zürich, Luzern, Uri, Schwyz oder Unterwalden,
und das Amt oder einzelne Perfonen daraus angriffe mit fremden
Gerichten, an Leib oder Gut, und nicht vor den zuger Gerichten
Recht fuche, verruft fein und nicht in das Amt kommen folle ohne
der Amtsgemeinde Erlauben; fein Gut, liegendes und fahrendes,
fei verfallen; er folle auch ein rechter Meineid fein und rechtlos
an allen Stetten, es wäre denn, dafs ihm das Recht verweigert
worden wäre. Die Drohung geht noch weiter: wenn er im Amte
Zug betreten werde, fo möge man ihn anfallen und »von Lip thuon
wie man wil, mit Gricht alder one Gricht und zwei Stuck us im
machen ald über einen Todfchlag« u. f. w.

Schwierigkeit machten die geiftlichen Gerichte. Im Bürgerbuch von Zug find von dem genannten Privileg ausgenommen
geiftliche Sachen und wo einer rechtlos gelaffen wurde. [45]) Aber
es find auch grade wieder die geiftlichen Gerichte, gegen die
man fich zu fchützen fuchte und eben das katholifche Zug zeigte
fich fehr unabhängig von den canonifchen Satzungen. [46]) Ueberhaupt bildete die Frage, welche Sachen vor die geiftlichen Gerichte gehörten, einen fortdauernden Streitgegenftand, fo wie auch
die Gerichtshörigkeit der Priefter. [47])

[43]) Stadlin IV. 113. Blumer I. 230.

[44]) Ztfchr. für fchweiz. Recht I. 7.

[45]) Ztfchr. für fchweiz. Recht I. 67.

[46]) Stadlin IV. 445. 587. Renaud, Zug S. 27.

[47]) Glarus § 81. 84. Ztfchr. für fchweiz. Recht IV. 81. Diefsenhofen § 69.
Stadtbuch von Luzern III[b] § 16. Segeffer I. 210. II. 742. 864 ff. Bluntfchli,
I. 178. 386. Blumer I. 362. — Stälin III. 737. Haggenmüller, Kemp-
ten I. 257.

In den Verboten der Ladung vor geiftliche Gerichte ift oft, wie fchon erwähnt, der Fall ausgenommen, dafs einer fonft kein Recht hätte erlangen können. Eine folche Refervation der Competenz fremder Gerichte, unter denen die weftphälifchen Freigerichte eine bedeutende Stelle einnehmen, findet fich häufig in den *Privilegia de non evocando*, welche fich Fürften und Städte vom Kaifer verfchafften. Nicht allein ift die Claufel beigefügt: »salva in omnibus reverentia et jurisdictione culminis imperialis«, [48]) fondern in den Privilegien wurde oft den Territorialherrn ein beftimmter Zeitraum vorgefchrieben, in welchem fie den Rechtfuchenden Recht zu geben hätten, widrigenfalls es diefen frei ftehe, fich auswärts Recht zu fuchen. [49]) Auf diefe Weife konnten fremde Gerichte in subsidium eintreten, und es gehört grade zum Character der weftphälifchen Gerichte, als kaiferlicher Gerichte, dafs fie fubfidiär waren. [50]) Als auf diefen Rechtstitel hin diefe Gerichte der »rothen Erde« ihre Wirkfamkeit auch auf das alamannifche Gebiet [51]) erftreckten, und auch hier überall Freifchöffen für dasfelbe thätig [52]) und felbft Mitglieder der Stadträthe als Freifchöffen eingefchworen waren, wie in Strafsburg, [53]) da konnten die bedenklichften Collifionen mit der einheimifchen Rechtspflege nicht ausbleiben, und es mufste eine Reaction gegen jene Gerichte um fo eher entftehen, als nicht nur der Fundamentalfatz in Betreff der Subfidiarität derfelben von Rechtfuchenden fo gefafst wurde, dafs fie eine Rechtsverweigerung fahen, wenn von den einheimifchen Gerichten ihren Anfprüchen nicht gewillfahrt wurde, fondern auch die ftärkfte Willkühr der weftphälifchen Gerichte und mehr noch einzelner Freifchöffen die Vehme zu einer Geifsel in Deutfchland gemacht hatten. [54]) Die Reaction zeigte fich in Bündniffen von Herren und Städten gegen die

---

[48]) Schöpflin, Als. dipl. I. No. 486.
[49]) Wächter's Beiträge S. 191. Jäger's Ulm S. 300.
[50]) Wächter S. 16. 27. 187 ff. 237. Strobel III. 92. 368.
[51]) Datt lib. V c. 2. — Pfaff, Efslingen S. 125. — Strobel III. 91. 180. 230. 366. Petri, Mühlhaufen S. 134. — Archiv für fchweiz. Gefch. III. 291 ff. Segeffer II. 121. Diefsenhofen § 207. Stadlin IV. 183 Anm. 88.
[52]) Stetten I. 161. Haggenmüller, Kempten I. 321.
[53]) Strobel III. 91. vgl. Wächter S. 24.
[54]) Wächter S. 37. 237 ff.

Vehme; [55]) die Städte bemühten fich auch um ein privilegium de non evocando fpeziell in Betreff jener Gerichte bei Kaifer und Papft, [56]) und da finden wir denn auch fchon im fünfzehnten Jahrhundert die Uebergriffe der Vehmfchöffen als Verbrechen behandelt. Nachdem der augsburger Rath, erzählt Stetten, [57]) als die Freirichter des heimlichen weftphälifchen Vehmgerichts fich 1432 und 1433 unterftanden hatten, fowol einige augsburgifche Bürger, als auch die Stadt felbft vor ihr Gericht zu laden, fich beim K. Sigismund darüber beklagt hatte, erhielt die Stadt nicht nur die Freiheit, eigene Leute vor ihrem Landvogt zu berechten, fondern auch in zwei andern Gnadenbriefen die Befreiung von allem und jedem fremden Gerichte. Die weitere Folge davon war, dafs der Rath von Augsburg 1440 den Bürgern bei Strafe der Ertränkung verbot, der Stadt Freiheiten zuwider jemand vor fremde Gerichte zu laden. In Strafsburg wurden 1472 zwei Vehmfronen wirklich ertränkt; [58]) in Augsburg 1468 zwei Bürger geköpft, weil fie Mitbürger vor das weftphälifche Gericht geladen hatten »contra municipale iuramentum ipsaque adeo patriae privilegia«, fagt Gaffarus. Die Sache unterblieb aber dennoch nicht. Im Jahr 1478 lud ein Schweinfchneider, Nonnenmacher, den Rath von Augsburg vor das weftphälifche Gericht, der Rath hielt es aber nicht für nöthig, fich darauf einzulaffen. [59])

In Freiburg wagte man 1438 noch nicht fo energifch als bald darauf in Augsburg und Strafsburg gegen folche Ladungen aufzutreten. [60])

In Efslingen verbot der Rath 1458 und in der nächften Zeit, nach Verficherung des Beiftandes des Markgrafen von Baden, als Schirmherrn der Stadt, den Bürgern allen Verkehr mit den weftphälifchen Gerichten. [61])

[55]) Schöpflin, Als. dipl. II. No. 1366. Petri, Mühlhaufen S. 136. Tfchudi II. 618. Stälin III. 445. 736. Leibnitz, Codex iur. gent. dipl. No. 181.
[56]) Jäger's Ulm S. 300. Strobel III. 368.
[57]) I. 158. 165. vgl. 208.
[58]) Strobel III. 369.
[59]) Stetten I. 219.
[60]) Schreiber, Urk. II. S. 392.
[61]) Datt p. 750 ff. Schöpflin, hist. Zaringo-Badensis II. 163. Pfaff S. 126.

Regiſter.

(Die Zahlen verweiſen auf die Seiten.)

414